Stefanie Kessler
Demokratielehre in Politikunterricht und Schule

Bildung: Demokratie

Herausgegeben von
Nils Berkemeyer | Alexander Gröschner | Ralf Koerrenz | Michael May

Mit der Reihe *Bildung: Demokratie* soll ein Ort geschaffen werden, an dem disziplinären und interdisziplinären Forschungen zum Themenbereich Aufmerksamkeit verschafft wird sowie Beiträge erscheinen, die zivilgesell-schaftliche Perspektiven und Programme zur Demokratiebildung präsentieren. Ziel ist es, Beiträge in einer Reihe zu bündeln, die Fragen und Antworten auf das komplexe Thema *Bildung: Demokratie* geben.
Dabei werden sowohl institutionelle als auch informelle Bereiche der Bildung berücksichtigt. Mit der Reihe wollen die Herausgeber einen Beitrag zur Diskussion um den gesellschaftlichen Zusammenhalt in Deutschland, Europa und letztlich der Weltgesellschaft leisten. Die Reihe wird sehr guten Dissertationen genauso einen Platz bieten wie Monographien und Herausgeberbänden, die den Dialog über Bildung und Demokratie bereichern.

Stefanie Kessler

Demokratielehre in Politikunterricht und Schule

Eine qualitativ-rekonstruktive Studie zu Lehrorientierungen von Politiklehrern/innen

BELTZ JUVENTA

Die Autorin

Stefanie Kessler, M.A., ist wissenschaftliche Mitarbeiterin in der Abteilung Organisationspädagogik am Institut für Pädagogik der Christian-Albrecht-Universität zu Kiel. Ihre Arbeits- und Forschungsschwerpunkte sind Professionalität von Lehrern/innen und anderen pädagogischen Fachkräften, das Verhältnis von Organisation und Professionalisierung sowie politisch-demokratische Bildung in Schule und außerschulischen Bildungskontexten.

Dissertation zur Erlangung des akademischen Grades doctor philosophiae (Dr. phil.), vorgelegt dem Rat der Fakultät für Sozial- und Verhaltenswissenschaften der Friedrich-Schiller-Universität Jena

FSC
www.fsc.org
MIX
Papier aus verantwortungsvollen Quellen
FSC® C089473

Dieses Buch ist erhältlich als:
ISBN 978-3-7799-6641-8 Print
ISBN 978-3-7799-6642-5 E-Book (PDF)

1. Auflage 2021

in der Verlagsgruppe Beltz · Weinheim Basel
Werderstraße 10, 69469 Weinheim

Herstellung: Ulrike Poppel
Satz: Datagrafix, Berlin
Druck und Bindung: Beltz Grafische Betriebe, Bad Langensalza
Printed in Germany

Weitere Informationen zu unseren Autor_innen und Titeln finden Sie unter: www.beltz.de

Inhaltsverzeichnis

Danksagung

Ich danke Prof. Dr. May, meinem Erstgutachter, für die Möglichkeit, als externe Promovierende in der Politikdidaktik zu promovieren und meiner eigenen Fragestellung folgen zu können, sowie für die Betreuung und Begutachtung meiner Dissertation. Ebenso möchte ich mich bei Prof. Dr. Anja Mensching für die Übernahme des Zweitgutachtens, ihr Feedback im Zuge der Interpretation der Daten und insbesondere der Typenbildung sowie ihr persönliches Mentoring in den letzten Jahren bedanken.

Prof. Dr. Ulrike Liebert und meinen Kollegen/innen aus der Jugendbildungsstätte Hütten (insbesondere Frank Feuerschütz) möchte ich dafür danken, dass sie mich motiviert haben, eine Promotion anzugehen und noch einmal aus der Praxis zurück in die Wissenschaft zu wechseln. Gerade meine Tätigkeit in der Praxis der politischen Jugendbildung war ein Anreiz, das Thema Demokratielehre aufzugreifen und zum Thema meiner Dissertation zu machen.

Danken möchte ich auch allen, die mich in meiner Promotionsphase begleitet und mich mit ihrem Rat und Feedback unterstützt haben. Insbesondere gilt mein Dank allen, die mir bei der Transkription der Interviewdaten geholfen haben sowie allen, die in Forschungs-/Interpretationswerkstätten sowie Doktorandenkolloquien ihre Sichtweisen auf mein empirisches Material, meine Interpretationsvorlagen und auch meine ersten Entwürfe einer Typenbildung eingebracht haben. Das hat meine Untersuchung Schritt für Schritt vorwärtsgebracht und sicherlich auch die Qualität der Interpretation um ein wesentliches gesteigert!

Bei dieser Gelegenheit möchte ich mich auch noch bei Martin Hunold, Maike Tobies-Jungenkrüger, Adrian Beutler, Navina Schilling, Juliane Bendel, David Jahr, Benjamin Moritz und Ralf Schieferdecker danken, die zuletzt Kapitel der Dissertationsschrift gelesen und ihr Feedback dazu gegeben haben.

Einen persönlichen Dank möchte ich meinem Ehemann Jakob Franke aussprechen, der mich beständig motiviert hat, die Dissertation weiterzuverfolgen und zu Ende zu schreiben, sowie für die vielen Gespräche über die richtige Wortwahl von Typenbezeichnungen und ähnlichem. Vielen Dank auch für das sehr genaue Korrekturlesen!

Außerdem möchte ich mich bei ihm und meiner Familie ganz besonders für die uneingeschränkte, liebevolle und vielseitige Unterstützung während meiner Promotionsphase bedanken, die mir die Kraft und den Mut gegeben hat, diese Arbeit zu Ende zu schreiben.

Darüber hinaus gilt mein Dank unserer Babysitterin Antonia, ohne die ich während der pandemiebedingten Kitaschließzeit kaum ein Wort geschrieben hätte, und die mir viele freie zusätzliche Arbeitsstunden ermöglicht hat. In diesem Zuge möchte ich mich auch bei Horlali für ihre Hilfe im Haushalt bedanken.

Herzlich danken möchte ich nicht zuletzt allen beteiligten Politiklehrern/innen, die sich die Zeit für ein Interview mit mir genommen und mir aus Ihrer Praxis berichtet haben.

1. Einleitung

1.1 Forschungsinteresse und Fragestellung

Eine demokratische Bildung ist „für eine freiheitliche und pluralistische Demokratie unverzichtbar" (Breit/Massing 1992: 11). Schulische politische Bildung versteht sich daher als *demokratische* politische Bildung und „basiert auf demokratischen Grundwerten wie Freiheit, Gleichheit, Gerechtigkeit, Solidarität und Emanzipation" (Besand 2019: 268). Seit der Gründung des Schulfachs in der Bundesrepublik in den 1950er Jahren besteht seine Aufgabe darin, dass Kinder und Jugendliche in der Schule Demokratie lernen (vgl. Henkenborg 2001). Angesichts neuer politischer und gesellschaftlicher Verhältnisse und Herausforderungen nach der Wiedervereinigung, wurde diese Aufgabe im Darmstädter Appell von 1995[1] erneut ins Bewusstsein gerufen. So steht dort: „Politische Bildung hat die Aufgabe, die demokratische politische Kultur durch Erziehung zu festigen und zur Kontinuität demokratischer Entwicklung beizutragen. Ziel politischer Bildungsarbeit muß deshalb die Befähigung von Schülerinnen und Schülern zur Wahrnehmung ihrer Bürgerrolle in der Demokratie sein" (o. A. 1996: 35).

Die Aufgabe, Schüler/innen durch eine demokratische politische Bildung als Bürger/innen in der Demokratie zu befähigen, ist auch gegenwärtig noch immer aktuell und von hoher Relevanz[2]. Die Diagnose eines „Vertrauensverlustes weiter Teile der Bevölkerung in die gegenwärtige Politik", wie sie Schiele (2004: IX) benennt, hat nach wie vor Gültigkeit. Gegenwärtig kann man mehr denn je einen „Trend weg von Demokratie hin zu autoritären Systemen" (ebd. 2004: X) in der europäischen und globalen Politik verfolgen. In den Protesten von Pegida, die sich 2014 ausgehend von Sachsen auf den Straßen Deutschlands und auch im

1 Im Darmstädter Appell werden unter anderem als gesellschaftliche und politische Herausforderungen benannt: Arbeitslosigkeit, Wirtschaftsprobleme, Integration von Zuwanderern/innen, Umweltprobleme, Extremismus und Gewalt, geringere Handlungsfähigkeit nationaler Politik im Zuge der Globalisierung, die Unterschiede zwischen Ost und West etc. (vgl. o. A. 1996: 34–35).

2 Festzuhalten ist dabei aber auch, dass die politische Bildung nicht allein in der Verantwortung steht, junge Menschen zu demokratischen Bürgern/innen zu erziehen (vgl. Ackermann 1996). Auch andere Sozialisationsinstanzen wie die Familie, Peers und das weitere Umfeld sowie die Medien sind für die politische Sozialisation junger Menschen ausschlaggebend. Die Möglichkeiten des Politikunterrichts sind zudem begrenzt, da das Fach nur über einen geringen Stundenumfang an den meisten Schulen verfügt und in seiner Prüfungsrelevanz Hauptfächern wie Mathematik, Deutsch oder Englisch nachgeordnet ist (vgl. Buhl 2003: 387). Auch lässt eine Stundenstruktur im 45-Minuten-Takt kaum einen erfahrungsorientierten Unterricht, bei dem Schüler/innen beispielsweise in Planspielen politische Prozesse erfahren, zu (vgl. ebd. 2003: 387).

Internet ausbreiteten, oder der Gründung und den Wahlerfolgen der Alternative für Deutschland (AfD), die mittlerweile die größte Oppositionspartei im Bundestag stellt und in zahlreichen Länderparlamenten vertreten ist, wird deutlich, dass große Teile der Bevölkerung mit der gegenwärtigen Politik unzufrieden sind und sich nicht repräsentiert fühlen. Die Pegida-Demonstranten/innen sind heterogen, typischerweise meist männlich und zwischen 36 und 55 Jahren alt[3], haben mehrheitlich eine mittlere Bildung und ein durchschnittliches Einkommen (vgl. Vorländer et al. 2015: 43ff.). Auf den Demonstrationen waren Menschen aller gesellschaftlichen Schichten vertreten. Ein Großteil der Teilnehmenden kam aus dem Mitte-Rechts-Spektrum, darunter Wähler/innen der CDU und AfD, aber auch der Linken; NPD-Anhänger/innen stellten indessen nur eine Minderheit dar (vgl. Daphi et al. 2015: 21f.). Von diesen Demonstranten/innen wird die Demokratie nicht kategorisch abgelehnt (vgl. ebd. 2015: 25), aber sie haben wenig Vertrauen in die politischen Institutionen und relevanten Akteure (vgl. ebd. 2015: 26) und finden, dass das politische System in Deutschland nicht gut funktioniert (vgl. ebd. 2015: 27) und ihre eigenen Teilhabemöglichkeiten darin gering seien (vgl. ebd. 2015: 27). Hierin zeigt sich sehr deutlich, dass sie sich mit ihren Ängsten und Problemen nicht wahr- und ernstgenommen fühlen. In den Protesten und dem Erfolg der AfD kommt die gefühlte Unsicherheit gegenüber möglichen Wohlstandverlusten im Zuge der Finanz- und Eurokrise, das Unbehagen vor kultureller Überfremdung und dem Verlust vertrauter Ordnungen zum Ausdruck. Decker diagnostiziert hier eine „rechtspopulistische Grundstimmung in weiten Teilen der ostdeutschen Wählerschaft" (Decker 2015: 299). Die ist jedoch kein isoliertes Phänomen in den neuen Bundesländern, sondern aktuell auch in anderen europäischen Ländern wie Ungarn, Polen, Frankreich etc. zu beobachten.

Bei den jungen Menschen in Deutschland (zwischen 15 und 25 Jahren) lässt sich entsprechend der 18. Shell Jugendstudie von 2019 (Albert et al. 2020) feststellen, dass das politische Interesse sich auf einem stabilen Niveau bewegt. Es hat damit trotz der „Friday for Future"-Proteste, die medial als Anstieg des politischen Interesses gedeutet wurden, nicht zugenommen. Die „Friday for Future"-Proteste sind stattdessen ein Indiz dafür, das bereits politisch interessierte Jugendliche sich aktiver politisch engagieren[4] (vgl. Schneekloth/Albert 2020: 49ff.). Insgesamt sind junge Menschen in Deutschland überwiegend zufrieden mit der Demokratie allgemein und es zeichnet sich hier in den letzten Jahren ein leichter Anstieg ab. Dabei gibt es zwar noch leichte Unterschiede zwischen

3 Dass weniger ältere Menschen, Frauen und Familien vor Ort waren, lag möglicherweise auch daran, dass die Demonstrationen erst am Abend stattfanden (vgl. Demuth 2016: 5; Daphi et al. 2015: 10).

4 45% der Jugendlichen sehen sich selbst als politisch interessiert und 34% der Jugendlichen sehen es als wichtig an, sich politisch zu engagieren (im Vergleich zu 22% im Jahr 2002). Dabei bezeichnen sich insbesondere bildungsaffine Jugendliche als politisch interessiert (vgl. Schneekloth/Albert 2020: 49ff.).

West- und Ostdeutschland, doch nähern sich hier die jungen Menschen in ihrer positiven Einstellung gegenüber der Demokratie an (vgl. ebd. 2020: 90). Allerdings bedeutet dieser Befund auch, dass es junge Menschen gibt, die die Demokratie in Deutschland oder auch generell als Staatsform ablehnen[5] (vgl. ebd. 2020: 90 f.). Gegenüber der realen Politik herrscht bei allen Jugendlichen mehrheitlich weiterhin eine Politikverdrossenheit vor[6] (vgl. ebd. 2020: 95 ff.).

Da Populismus und eine stärkere Polarisierung in den letzten Jahren in Deutschland und Europa zugenommen haben, wurde in der 18. Shell Jugendstudie auch die Populismusaffinität junger Menschen untersucht. Schneekloth und Albert konnten dabei feststellen, dass Jugendliche durchaus an populistische Argumentationsmuster anschließen (vgl. ebd. 2020: 77 f.). Folglich herrscht auch unter einigen Jugendlichen das Gefühl vor, dass die gesellschaftliche Elite versucht, die anderen Menschen zu bevormunden und zu manipulieren. Die Politikverdrossenheit vieler Jugendlicher dient dabei als „Steigbügelhalter" (ebd. 2020: 78) für populistische Ansichten. Schneekloth und Albert sehen 24 % der Jugendlichen als dem Populismus zugeneigt und 9 % als Nationalpopulisten[7] (vgl. ebd. 2020: 80). Eine Populismusaffinität ist dabei ähnlich wie das politische Interesse sehr stark bildungsabhängig, das heißt umso höher die Bildungsposition der Jugendlichen, desto niedriger ist ihre Populismusaffinität (vgl. ebd. 2020: 81 f.). Mit einer stärkeren Neigung zu Populismus geht ein geringeres Kontrollempfinden, ein stärkeres Benachteiligungsempfinden, eine höhere Distanz gegenüber Vielfalt in der Gesellschaft (vgl. ebd. 2020: 85) und mehr Vorbehalte gegenüber Fremden (vgl. ebd. 2020: 87 f.) einher. Insgesamt gesehen nehmen Vorbehalte gegenüber Minderheiten jedoch ab.

---

5 77 % der Jugendlichen äußern Zufriedenheit mit der Demokratie in Deutschland, 86 % in Westdeutschland bzw. 80 % in Ostdeutschland finden Demokratie als Staatsform generell gut. Umgekehrt bedeutet dies, dass bundesweit 20 % der Jugendlichen eher oder sehr unzufrieden sind mit der Demokratie in Deutschland und 5 % in Westdeutschland und 9 % in Ostdeutschland die Demokratie als Staatsform generell ablehnen (vgl. Schneekloth/Albert 2020: 90 f.)

6 71 % der jungen Menschen sind politikverdrossen, wobei sich hier kaum Unterschiede zwischen Ost- und Westdeutschland abzeichnen (vgl. Schneekloth/Albert 2020: 95).

7 Schneekloth und Albert haben nach der Zustimmung von Jugendlichen zu populistischen Aussagen gefragt. Dabei bekommt die stärkste Zustimmung mit 68 % die Aussage „In Deutschland darf man nichts Schlechtes über Ausländer sagen, ohne gleich als Rassist beschimpft zu werden" (Schneekloth/Albert 2020: 77), gefolgt von 53 % für die Aussage „Die Regierung verschweigt der Bevölkerung die Wahrheit" (ebd. 2020: 77). Über die Hälfte der Jugendlichen finden es aber gut, „dass Deutschland viele Flüchtlinge aufgenommen hat" (ebd. 2020: 77). Betrachtet man die Zustimmung bzw. Ablehnung ihrer Aussagen zusammen, dann ordnen sich die Jugendlichen in einem Spektrum zwischen Weltoffenheit und Nationalpopulismus ein: 12 % der Jugendlichen können als „Kosmopoliten bezeichnet werden, 27 % als „Weltoffene", 28 % als „Nichteindeutig-Positionierte", 24 % als „Populismus-Geneigte" und 9 % als „Nationalpopulisten" (ebd. 2020: 79 ff.).

Vor diesem Hintergrund wird deutlich, dass es eine *demokratische* politische Bildung braucht und diese in einer Zeit, in der sich Menschen eher der Autokratie denn der Demokratie zuwenden, eine hohe gesellschaftliche Relevanz besitzt (vgl. Demuth 2016; Massing 2020). Um eine derartige Bildung im Politikunterricht und im weiteren Rahmen der Schule zu verwirklichen, muss daher kritisch danach gefragt werden, *wie Politiklehrer/innen Kindern und Jugendlichen Demokratie vermitteln* und welche Probleme und offenen Fragen dabei bestehen. Die Notwendigkeit von Demokratie als normativer Bezugspunkt für die politische Bildung steht dabei außer Frage (vgl. Massing 2020).

Mit Blick auf die Auseinandersetzung der Politikdidaktik mit dem Bildungsziel von Politikunterricht, Schüler/innen zu Demokratie zu befähigen, lässt sich feststellen, dass die inhaltliche Ausgestaltung und die Zieldimension relativ offen bzw. unbestimmt sind (vgl. Kuhn 2014: 461 f.). So stehen Demokratie und politische Bildung „spätestens seit der Reeducation-Politik der Amerikaner in einem engen Zusammenhang" (Massing 2020: 295), demzufolge eine politische Bildung als unabkömmlich für den Erhalt der demokratischen Ordnung in Deutschland gilt. Doch herrscht in der Politikdidaktik keine Einigkeit darüber, wie Demokratie normativ bestimmt wird und was dies für den Politikunterricht bedeutet. Gemäß Massing lassen sich in dem Argument der Notwendigkeit einer politischen Bildung „zwei grundlegende normative Bezugspunkte erkennen, die die politische Bildung bis heute prägen: das Individuum sowie seine für die Demokratie notwendigen Einstellungen und Qualifikationen und die Demokratie als politisches System und seine Stabilität" (ebd. 2020: 295). Diese Bezugspunkte wurden in der Geschichte der (schulischen) politischen Bildung unterschiedlich gewichtet und definiert. So fokussierte die politische Bildung bzw. später die Politikdidaktik anfangs stärker „das Individuum in seiner unterschiedlichen Rolle als Bürger in der Demokratie" und betrachtete weniger „Demokratie als politische[] Ordnung" (ebd. 2020: 296), wie Massing in seinem Aufsatz auch weiter vertieft.

So ist denn auch zu verstehen, dass Ackermann anmerkt, dass im Darmstädter Appell[8] „die Bürgerrolle nicht näher definiert [wird]" (Ackermann 2002: 56), man sich hier also nicht auf ein gemeinsames Verständnis des/der Bürgers/in in der Demokratie als Bezugspunkt für die (schulische) politische Bildung einigen konnte. Je nachdem, welche Bürgerrolle hier als Zieldimension aufgegriffen worden wäre, hätten junge Menschen jeweils unterschiedliche, damit einhergehende Kompetenzen im Politikunterricht erwerben sollen (vgl. Kuhn 2014: 462). Wie

8 Im Darmstädter Apell wird die Bürgerrolle in der Demokratie nicht ausformuliert. Hier heißt es lediglich, dass Schüler/innen zur Wahrnehmung ihrer Bürgerrolle in der Demokratie folgende Kompetenzen vermittelt werden sollen: Wissen über die Gesellschaft und das politische System, demokratische Einstellungen wie das Tolerieren von Meinungsvielfalt, die Beteiligung am Austragen von Konflikten und das Aushalten von Kompromissen sowie Handlungskompetenzen um Partizipationschancen zu nutzen (vgl. o. A. 1996: 35).

hierin anklingt liegt der Fokus der politikdidaktischen Diskussion somit auf der Bestimmung der richtigen Bürger/innenqualifikation durch (schulische) politische Bildung und den entsprechend zu vermittelnden Kompetenzen, weniger jedoch auf der Bestimmung politischer Bildung durch eine bestimmte Vorstellung von Demokratie als politisches System.

Seit Anfang der 2000er Jahre wurde zudem viel zwischen der Politikdidaktik und der Demokratiepädagogik gerungen, wie die Aufgabe, Schüler/innen zu Demokratie zu befähigen, in Politikunterricht und Schule umgesetzt werden sollte (siehe u. a. Beutel 2011; Beutel/Fauser 2007; Fauser 2004; Goll 2011; Henkenborg 2009; Lange/Himmelmann 2007, 2010; May 2008a, 2008b; Patzelt 2007; Pohl 2011). Aber auch der demokratiepädagogische Ansatz setzt wie viele politikdidaktische Konzeptionen beim Individuum, bei dem/der Bürger/in an und „[vernachlässigt] die strukturelle Dimension, d. h. die Demokratie als politische Ordnung" (Massing 2020: 304).

Nichtsdestotrotz gab es gemäß May (2007) in unterschiedlichen politikdidaktischen Publikationen, in denen „nach einer spezifischen Zielformulierung für die politische Bildung gesucht wird" (ebd. 2007: 15), auch zahlreiche Referenzen auf verschiedene Demokratietheorien. Doch wurden daraus, wie May kritisch feststellt, keine didaktischen Überlegungen abgeleitet (vgl. ebd. 2007: 16), was May in seiner Dissertation zu bearbeiten versucht (siehe ebd. 2007).

Insgesamt stelle ich jedoch fest, dass es in der Politikdidaktik zwar einen Konsens über das Bildungsziel, aber keine gemeinsame genauere Bestimmung und Umsetzung für den Politikunterricht gibt. Mit Bezug auf Massing kann das Kompetenzmodell der Gesellschaft für Politikdidaktik und politische Jugend- und Erwachsenenbildung (GPJE), in dem an Schüler/innen zu vermittelnde Kompetenzen festgelegt wurden (siehe GPJE 2004), als minimaler Konsens darüber verstanden werden, welche Qualifikationen zukünftige Bürger/innen mindestens im Politikunterricht erlangen sollten, und die anschließend auch weitgehend in den Bildungsplänen der Bundesländer für das Fach übernommen wurden (siehe auch Besand 2019: 267).

Überraschenderweise wurde die Rolle der Politiklehrer/innen in diesem Diskurs lange kaum thematisiert – weder in der Politikdidaktik noch in der Demokratiepädagogik. Erst in letzter Zeit wird stärker danach gefragt, ob Lehrkräfte als „Botschafter der Demokratie" (Gloe/Rademacher 2019) auftreten, das heißt zum einen Haltung gegenüber demokratiefeindlichen Tendenzen zeigen und zum anderen den Schülern/innen Erfahrungsräume ermöglichen, in denen sie Mitbestimmung erleben (vgl. ebd. 2019: 13).

Dies ist aus verschiedenen Gründen erstaunlich. Erstens, da Politiklehrer/-innen den Politikunterricht in der Praxis leiten und organisieren und damit über den Rahmen bestimmen, wie in und durch ihren Politikunterricht Schüler/innen zu Demokratie befähigt werden. Den größten positiven Einfluss auf das Lernen von Schüler/innen im Unterricht haben, wie Hattie in einer groß angelegten Metastudie feststellt, (neben ihnen selbst) die Lehrer/innen (vgl. Hattie 2003, 2009). Alle anderen Faktoren, wie die Schulstruktur, Bildungspläne, die Klassengröße, die Peers etc. haben einen vergleichsweise geringen Einfluss. Zweitens übernehmen Lehrkräfte im Politikunterricht auch eine gewisse Orientierungsfunktion in der politischen Sozialisation ihrer Schüler/innen (vgl. Drygalla 2005b: 163). Wie in der empirischen Forschung festgestellt wurde, hat die Unterrichtsform und die Interaktionen zwischen Lehrern/innen und Schüler/innen einen Einfluss auf die politische Sozialisation der Schüler/innen (vgl. Buhl 2003; Kuhn 2014; Torney-Purta 2002; Watermann 2003)[9]. Und drittens wird noch nicht einmal der minimale Konsens, demnach Politiklehrer/innen über eine fachwissenschaftliche und fachdidaktische Ausbildung verfügen sollten (vgl. Ackermann 2004)[10], in der Praxis umgesetzt. So wird das Fach Politik so oft wie kaum ein anderes Schulfach fachfremd unterrichtet, also von Lehrern/innen, die nicht Politik studiert haben (vgl. Zurstrassen 2009: 40, 2013). Woran sie sich dabei orientieren und inwiefern sie einen Bezug zum Fachdiskurs haben (der zumindest bei ausgebildeten Politiklehrern/innen eher vermutet werden kann), ist dabei unbekannt. Es ist also erstens anzunehmen, dass Politiklehrer/innen einen großen Einfluss auf das Demokratielernen ihrer Schüler/innen haben und zweitens festzustellen, dass offen ist, inwiefern Politiklehrer/innen in der Praxis ihrer Aufgabe gerecht werden.

Hier setzt das Forschungsinteresse dieser Studie an. In der vorliegenden Untersuchung wird der Fokus auf die Politiklehrer/innen selbst gelegt. Dabei steht die Frage im Mittelpunkt, *welche Orientierungen Politiklehrer/innen zu Demokratielehren*[11]

---

9 Die IEA-Studie „Citizenship Education in Twenty-Eight Countries“ zeigt einen positiven Zusammenhang zwischen einem demokratischen Schul- und Unterrichtsklima, geprägt durch Partizipation und offene, demokratische Unterrichtsformen, und dem politischen Wissen sowie der Bereitschaft zu politischer Partizipation von Schülern/innen (vgl. Torney-Purta 2002; Torney-Purta et al. 2001: 152, 154). Watermann (2003) kam in einer Mehrebenenanalyse mit den deutschen Daten der Studie zum Ergebnis, dass ein diskursiver Unterrichtsstil (bestehend aus demokratischem Unterrichtsklima und Beachtung des Kontroversitätsprinzips im Unterricht) sowohl auf das politische Wissen als auch die politisch-demokratischen Einstellungen der Schüler/innen einen positiven Effekt hat, und zwar unabhängig von der Schulform und der sozialen Zusammensetzung der Schulklassen. Zu ähnlichen Ergebnissen kommt auch eine Studie aus Sachsen-Anhalt (vgl. Kötters-König 2001; Krüger et al. 2002). Die Thüringer Studie von Buhl (2003) zeigt zudem, dass Interaktionen zwischen Lehrern/innen und Schülern/innen, die geprägt sind von Mitbestimmung und Anerkennung, sich bei den Schülern/innen individuell positiv auf die Systemzufriedenheit und das Vertrauen der Schüler/innen in die politischen Institutionen auswirkt und auf der Klassenebene positiv auf das Interesse und eine aktive Auseinandersetzung mit Politik und politischen Themen Einfluss nimmt.

10 Welche Kompetenzen Politiklehrer/innen im Detail haben sollen, ist dagegen strittig (vgl. Zurstrassen 2009: 35).

11 Ich knüpfe mit dem Begriff des Demokratielehrens an den Diskurs zur Gestaltung von Demokratielernen im Politikunterricht und in Schule in der Politikdidaktik und in der

und Demokratie in Politikunterricht und Schule haben. Daran schließen zwei weitere Fragen an: *inwiefern entsprechen diese Orientierungen den Vorstellungen von Professionalität im Fach* und *welche Schlüsse sind hieraus für die Lehrer/innenbildung von Politiklehrern/innen zu ziehen?*

Der Begriff der Orientierung verweist dabei auf das erkenntnistheoretische Interesse, die „Sinnmuster (...), die unterschiedliche (einzelne) Handlungen hervorbringen" (Przyborski/Wohlrab-Sahr 2014: 295) zu verstehen und zu rekonstruieren. Das heißt, es soll das implizite, handlungsleitende Wissen von Politiklehrern/innen zu Demokratielehren und Demokratie untersucht werden. Nach Nohl können diese auch als Handlungsorientierungen (oder Modi operandi) zu einem spezifischen Themenbereich verstanden werden (vgl. Nohl 2019: 55). Die vorliegende Untersuchung orientiert sich damit methodologisch an der Wissenssoziologie von Mannheim (1980b, 2009c, 2015a), der zwischen kommunikativem Wissen (d.h. theoretischem, expliziten Wissen) und konjunktivem Wissen (d.h. atheoretischem, impliziten Wissen) unterscheidet. Seiner Theorie nach ist das konjunktive Wissen handlungsleitend und zudem derart an die Handlungspraxis der Subjekte gebunden, dass es für diese nicht explizierbar ist. Es ist damit als in die Praxis eingelassen zu verstehen.

Erkenntnisse aus der bisherigen Forschung können als ein Indiz dafür betrachtet werden, dass auch der Politikunterricht durch das atheoretische, implizite Wissen der Lehrer/innen bestimmt wird. So ist bekannt, dass Politiklehrkräfte im Gespräch Schwierigkeiten haben, explizit die Funktion bzw. die Ziele des Faches zu benennen, die für sie leitend sind bzw. die sie für zentral halten. Das heißt, „Lehrende wissen häufig, wie man etwas macht, sind jedoch nicht in der Lage, dieses Wissen zu artikulieren und zu erklären" (Grammes 2007: 39). Dies verweist darauf, dass handlungsleitendes Wissen in die Alltagsroutinen der Unterrichtspraxis eingelassen ist. Zudem ist bereits bekannt, dass sich Politiklehrer/innen weniger an fachdidaktischem, sondern mehr an alltagstheoretischem bzw. -didaktischem Wissen orientieren. Sie haben „eine eigene Kultur, das heißt eigenes praktisches Handlungswissen (...) über Planung und Durchführung des Unterrichts entwickelt" (Henkenborg 2002: 97). Erste Versuche, dieses atheoretische, implizite Wissen von Politiklehrern/innen zu untersuchen (Allenspach 2012, 2013b; Besand 2006; Henkenborg 1998, 2002, 2006), sind bisher jedoch überwiegend methodologisch wenig ausgereift und verbleiben meist auf der Ebene des expliziten, theoretischen Wissens. Eine Ausnahme bildet dabei nur die Forschungsarbeit von Allenspach (2012, 2013b). Es gibt somit einen großen Bedarf

---

Demokratiepädagogik an. Dort wird häufig auch dann von Demokratielernen gesprochen, wenn Demokratielehre gemeint ist. Dabei können, wenn der Blick auf die Lehrenden gerichtet ist, keine Aussagen über mögliche Lernprozesse der Schüler/innen getroffen werden. Gemeint ist hier somit, *wie* Politiklehrer/innen Demokratie in Unterricht und in Schule lehren.

an Forschung, die Orientierungen von Politiklehrern/innen rekonstruiert und genauer untersucht. An diese Forschungslücke soll hier angeschlossen werden.

Im Gegensatz zu den bisherigen Studien handelt es sich bei der vorliegenden Untersuchung um eine explorative, qualitativ-rekonstruktive Untersuchung, die es methodologisch ermöglicht, auf die Ebene des impliziten, handlungsleitenden Wissens vorzudringen. Dafür wurden leitfadengestützte Interviews mit 23 Politiklehrern/innen geführt, die möglichst offen gehalten wurden, um die Lehrenden selbst zu Wort kommen zu lassen. Im Anschluss wurden die Interviews sequenzweise transkribiert und mit der dokumentarischen Methode der Interpretation ausgewertet (vgl. Bohnsack 2014b; Nohl 2017b).

Der Demokratiebegriff wurde dabei bewusst offen gelassen, da Demokratie aus Perspektive der praxeologischen Wissenssoziologie nicht bereits normativ „gefüllt“[12] sein kann, sofern sie nicht bereits selbst eine Ideologie oder Weltanschauung darstellt. Praxeologisch muss Demokratie offen als Habitus – und zwar sehr weit gefasst als eine implizite (strukturierende) Struktur der Praxis des Zusammenlebens in der Gemeinschaft, die dann sowohl lebensweltliche, gesellschaftliche als auch staatliche Praxen und Verständnisse von Demokratie beinhaltet – verstanden werden.

Forschungspraktisch orientiere ich mich an einem Verständnis von Demokratielehre und Demokratie als sensibilisierenden Konzepten (vgl. Blumer 1954: 7). Im Anschluss daran fasse ich sie somit als interpretative Heuristiken, mit denen ich auf das empirische Material schaue, die jedoch anhand des empirischen Materials präzisiert werden müssen.

Als Forscherin verfüge ich natürlich über ein Vorwissen zu Demokratielehre und Demokratie, welches ich im Forschungsprozess nicht ausblenden, jedoch reflektieren und methodisch kontrollieren kann (siehe Auseinandersetzung zur Selbstreflexion als Forscherin in Kapitel 3.4). Mit Bezug auf Blumer verzichte ich jedoch auf eine elaborierte Darstellung von Demokratietheorien und mithin auf eine Festlegung auf eine derartige, da eine solche zum einen vorschnell dazu verleiten würde, subjektive Theorien und explizite Vorstellungen von Demokratie zu betrachten, und zum anderen bestünde die Gefahr, sie als Interpretationsfolie auf die Unterrichtspraxen und Verständnisse der Politiklehrer/innen zu legen und dadurch interessante Aspekte zu verkennen und zu übersehen.

Dementsprechend liegt der Fokus dieser Untersuchung auf der Rekonstruktion der Orientierungen zu Demokratielehren und Demokratie anhand des empirischen Materials. Das bedeutet jedoch nicht, dass keine Auseinandersetzung mit der zugrundeliegenden Metatheorie und spezifischen fachlichen Grundlagentheorien in dieser Arbeit erfolgt. Diese soll der Klärung des Verhältnisses von

12 Gemeint sind hiermit politische Demokratietheorien, denen jeweils eine Vorstellung zugrunde liegt, wie Gemeinschaft oder Gesellschaft am besten, am gerechtesten etc. (demokratisch) zu organisieren sei.

Handeln/Können und impliziten Wissensstrukturen im Allgemeinen sowie für das Handeln von Politiklehrern/innen in Schule und Unterricht im Konkreten dienen (siehe Kapitel 2).

Die rekonstruierten Orientierungen sagen dabei noch nichts darüber aus, wie professionell diese Politiklehrer/innen handeln, also inwiefern sie den im Fach diskutierten Vorstellungen von einer professionellen Politiklehrkraft gerecht werden. Im Zuge der Reflexion der vorliegenden Ergebnisse dieser Arbeit soll daher in Ansätzen betrachtet werden, inwiefern die Orientierungen der Politiklehrenden Vorstellungen von einem professionellen Habitus eines/einer Politiklehrers/in entsprechen (siehe Kapitel 5.2).

Diese Studie stellt damit einen wichtigen Beitrag in der politikdidaktischen Professionsforschung dar. Sie ermöglicht einen Einblick in die Vielfalt der Praktiken demokratisch politischer Bildung von Politiklehrern/innen zu gewinnen und trägt dazu bei, das handlungsleitende Wissen für das Unterrichten und Lehren von Politiklehrern/innen im Fach und in der Schule zu erfassen. Derartige Erkenntnisse haben vor dem Hintergrund des Bildungsziels des Faches, Schüler/innen zu demokratischem Denken und Handeln zu befähigen, eine enorme Relevanz auch für die Aus- und Fortbildung von Politiklehrern/innen. Politiklehrkräfte können mithilfe der Erkenntnisse dieser Untersuchung (zumindest ansatzweise) ihr eigenes Verständnis von Demokratielehren und Demokratie reflektieren.

1.2 Forschungsstand und zentrale Vorannahmen

Die vorliegende Untersuchung ist im Feld der politikdidaktischen Professionsforschung zu verorten. Dieses Forschungsfeld beschäftigt sich mit Fragen der Professionalität von Politiklehrern/innen, d. h. was professionelles Handeln von Politiklehrern/innen im Unterrichtsalltag ausmacht, wodurch es bestimmt ist und inwiefern hierbei auch die fachdidaktische Lehrer/innenausbildung und -fortbildung eine Rolle spielt. Da die Politikdidaktik noch eine recht ‚junge' Wissenschaft ist, die sich erst in den 1970er Jahren an den Universitäten etabliert hat, gibt es erst seit den 1980er Jahren eine empirische, fachdidaktische Forschung (vgl. Henkenborg 2002; Schelle 2003; Weißeno 1993), die ab den 1990er Jahren zunehmend an Bedeutung gewinnt[13]. Diese Hinwendung zur empirischen Forschung wurde unter anderem durch die Forschungsergebnisse von Harms und Breit (1992) ausgelöst. Sie haben in einer quantitativen Befragung von Politiklehrern/innen festgestellt, dass diese sich kaum an fachdidaktischen Prinzipien

13 Auch zuvor gab es bereits ab den 1950er Jahren Ansätze empirischer Forschung in der politischen Bildung (vgl. Henkenborg 2002: 81 f.). Diese wurden in der Politikdidaktik jedoch kaum aufgenommen und diskutiert.

orientieren, sondern vorwiegend eine eigene Didaktik entwickeln (vgl. Harms/ Breit 1992: 145), wodurch eine Diskrepanz von Theorie und Praxis deutlich wurde. Seitdem versucht die politikdidaktische Professionsforschung herauszufinden, wie diese Alltagsdidaktiken aussehen, woran sie sich orientieren und wie man sie gegebenenfalls in der Lehrer/innenausbildung und -fortbildung beeinflussen kann. Weißeno kritisiert, dass „die Qualität der Datenaufbereitung in vielen Studien meist unterkomplex [ist] und (...) zahlreiche Validitätskriterien nicht erfüllt und erst selten Kodierungen vorgenommen werden" (Weißeno 2012: 116). Als besonders problematisch erachtet er, dass gelegentlich „post-hoc-Interpretationen[14] (...) [erfolgen], deren empirische Evidenz fragwürdig ist" (ebd. 2012: 116).

Auch international betrachtet ist die Zahl an Studien im deutsch- und englischsprachigen Diskurs beschränkt, die sich mit der Professionalität von Lehrern/innen im Bereich citizenship education[15] beschäftigt. Dies liegt zum Teil daran, dass citizenship education nicht überall ein eigenes Unterrichtsfach ist, für das Lehrer/innen eigens ausgebildet werden. Stattdessen wird citizenship education in anderen Schulsystemen als übergreifender Bildungsauftrag verstanden, der durch alle Unterrichtsfächer mit behandelt werden soll. Dennoch gibt es einige Studien, die sich damit befassen, was Lehrer/innen unter citizenship education verstehen und an welchen Prinzipien sie ihren Unterricht ausrichten (siehe u. a. Allenspach 2012, 2013a, 2013b; Anderson et al. 1997; Barr et al. 1977; Dunkin et al. 1998; Leenders et al. 2008; Osler 2011; Oulton et al. 2004). Diese finden jedoch kaum Resonanz im Diskurs in Deutschland. Zudem wird in fast allen Publikationen im internationalen Diskurs angemerkt, dass es an Forschung im Feld mangelt.

Bisher gibt es keine empirische Untersuchung, die sich explizit damit beschäftigt, was Politiklehrer/innen selbst unter Demokratielehren und Demokratie (implizit oder explizit) fassen und welche Bedeutung dies möglicherweise für ihren Unterricht hat. In einigen wenigen Studien gibt es jedoch ansatzweise Bezüge darauf. So kann angeknüpft werden an politikdidaktische Forschungsarbeiten, die Alltagsphilosophien und -didaktiken politischer Bildung von Politiklehrern/innen rekonstruieren (siehe Allenspach 2012, 2013b; Anderson et al. 1997; Besand 2006; Henkenborg 1998, 2006; Klee 2008, 2010a, 2010b) und zum Teil auch quantitativ prüfen (siehe Allenspach 2013a; Anderson et al. 1997; Leenders et al. 2008), an Arbeiten zu Lehrer/inneneinstellungen (siehe Becker et al. 1967; Dann et al. 1978), insbesondere zu deren politischen und demokratischen

14 Weißeno kritisiert damit, dass die Interpretationen selten methodisch geleitet bzw. die Methodik für Dritte nur unzureichend nachvollziehbar ist, da beispielsweise die Auswertungsmethoden in den Publikationen nicht benannt sind.

15 Im englischsprachigen Diskurs wird, wenn von demokratischer politischer Bildung die Rede ist, von citizenship education gesprochen, da eine political education eher mit der Indoktrination bestimmter politischer Vorstellungen verknüpft ist.

Einstellungen (siehe Drygalla 2005b, 2005a) sowie an Unterrichtsforschung zu Demokratielernen[16] (siehe Henkenborg et al. 2007, 2008). Forschungsarbeiten, die sich mit den Alltagstheorien und Einstellungen von Lehramtsstudierenden und/oder Referendaren/innen beschäftigen (siehe Boeser-Schnebel 2014; Dippelhofer 2011, 2013; Richter 1996; Schöne 2010; Weißeno et al. 2015), sollen im Folgenden nicht weiter betrachtet werden, da diese in der vorliegenden Untersuchung als Zielgruppe nicht einbezogen wurden.

Im Folgenden sollen diese Forschungsarbeiten kurz dargestellt, im Hinblick auf ihren Erkenntniswert für das Forschungsinteresse der vorliegenden Untersuchung diskutiert und methodologisch beurteilt werden. Ferner sollen die Vorannahmen, die aus diesen Forschungsarbeiten für die vorliegende Untersuchung abgeleitet wurden, aufgezeigt werden. Zuerst werden die Forschungsarbeiten zu Alltagsdidaktiken bzw. -philosophien betrachtet werden, als Nächstes gehe ich auf Untersuchungen zu politischen Einstellungen der Politiklehrer/innen ein und zuletzt betrachte ich die Arbeiten aus der Unterrichtsforschung.

1.2.1 Die Rekonstruktion von Alltagstheorien/-didaktiken

Im Folgenden werden Forschungsarbeiten diskutiert, die versuchen, Alltagstheorien, -verständnisse und -didaktiken von Politiklehrern/innen zu rekonstruieren. Die hier vorliegenden Erkenntnisse bilden einen Ausgangspunkt für die hier realisierte Untersuchung, da sie zumindest ansatzweise einen Eindruck vermitteln, in welchem Maße die Alltagsvorstellungen von Politiklehrenden das Bildungsziel des Faches, Schüler/innen zur Teilhabe an Demokratie zu befähigen, in der Unterrichtspraxis bestimmen.

Henkenborg (1998, 2002, 2006) hat sich als einer der ersten mit den Alltagstheorien bzw. -philosophien von Politiklehrkräften im deutschsprachigen Diskurs beschäftigt. In einer ersten Publikation (ebd. 1998) dazu geht er explorativ der Frage nach, welches Professionswissen erfahrene Politiklehrer/innen darüber besitzen, wie eine Kultur der Anerkennung (in Bezug auf Honneth (1992)) im Unterricht umgesetzt werden kann.

Henkenborg (1998: 172) hat hierfür drei Politiklehrer (alle männlich, zwischen 39 und 50 Jahren alt) interviewt und diese Interviews anschließend im hermeneutischen Dreischritt interpretiert. Er gibt an, sich in der konkreten Textanalyse an die objektive Hermeneutik nach Oevermann (vgl. Oevermann et al. 1979) und die dokumentarische Methode der Interpretation nach Bohnsack (1991) anzulehnen. Dennoch entsteht in der Publikation der Eindruck einer starken

16 Im Diskurs wird vornehmlich von Demokratielernen gesprochen, und zwar auch dann, wenn eigentlich Demokratielehren gemeint ist und betrachtet wird, wie Demokratie im Unterricht und in Schule vermittelt wird (siehe u. a. Henkenborg et al. 2008).

theoretischen Rahmung, insbesondere durch die Anerkennungstheorie von Honneth. So leitet Henkenborg zuvor aus Honneths Anerkennungstheorie ab, dass eine politische Bildung als Kultur der Anerkennung Schülern/innen durch „die Erfahrung sozialer Wertschätzung" „Chancen für die Entfaltung von Selbstschätzung" (Solidarität), durch die Erfahrung von Gleichberechtigung „Chancen für die Entwicklung von Selbstachtung" (kognitive Achtung) und durch „die Erfahrung emotionaler Zuwendung" „Chancen für die Entwicklung von Selbstvertrauen" (emotionale Zuwendung) eröffnen soll (Henkenborg 1998: 169). Dieser theoretisch-normative Hintergrund dient der Interpretation und Deutung der empirischen Daten. Henkenborg kommt zu dem Ergebnis, dass erstens für alle drei Politiklehrer die Anerkennungsform der Solidarität eine starke Rolle spielt; zweitens die Entwicklung kognitiver Achtung von den Lehrern im Zusammenhang mit einem Unterricht steht, in dem Schüler/innen aktiv beteiligt werden und sie sich auseinandersetzen müssen; und drittens sich bei allen drei Politiklehrern gewisse Ambivalenzen gegenüber Anerkennung als emotionaler Zuwendung feststellen lassen (vgl. ebd. 1998: 182 ff.), womit in dieser Untersuchung keine reinen Typen deutlich werden.

Von seiner theoretischen Rahmung losgelöst, kommt Henkenborg ferner zum Ergebnis, dass selbst erfahrene Politiklehrer Probleme darin haben, „den Unterricht auf das Politische zu beziehen" (ebd. 1998: 189). Sie orientieren sich in der Unterrichtsvorbereitung und -gestaltung dagegen stärker an methodischer Innovation; daran, dass die Themen die Schüler/innen ansprechen; vorhandenen Materialien, wie dem Lehrbuch; pragmatischen Kriterien von Organisation und Durchführbarkeit sowie den Lehrplänen. Im Unterrichtsalltag ist dann „oft unklar, beliebig und zufällig (...), was Politik eigentlich ist" (ebd. 1998: 191) und wird mit dem Versuch, den lebensweltlichen Deutungsmustern von Schüler/innen entgegenzukommen, noch unbestimmter. Diese Ergebnisse legen die Interpretation nahe, dass das Bildungsziel des Faches keine Relevanz für den Unterricht dieser Politiklehrer hat und ihr eigenes Unterrichtsleitbild nicht zwangsläufig damit übereinstimmt.

Bei dieser ersten, explorativen Studie von Henkenborg stellt sich natürlich die Frage, inwiefern diese aufgrund ihrer theoretischen Rahmung überhaupt offen genug war, um die Alltagstheorien bzw. -philosophien der Politiklehrer/innen zu erfassen. Zudem ist anzumerken, dass der Datensatz, bestehend aus drei Interviews mit drei Politiklehrern, äußerst beschränkt war und die Ergebnisse dadurch nur einen spezifischen Einblick geben, die nicht unbedingt abstrahierbar sind.

In einer zweiten Publikation schließt Henkenborg an diese erste explorative Untersuchung an und untersucht ebenfalls das Professionswissen von Politiklehrern/innen über die Kulturen der Anerkennung im Politikunterricht (vgl. ebd. 2002: 97 ff.). Er geht somit weiterhin von der Anerkennungstheorie aus. Empirische Grundlage sind 20 Interviews mit Politiklehrern/innen aus Hessen und Sachsen, die er hier nun mit der qualitativen Inhaltsanalyse nach Mayring (2015) auswertet. Entsprechend ist davon auszugehen[17], dass er hier entweder weiter theoriegeleitet in der Auswertung vorgeht oder, sofern er induktiv Kategorien am empirischen Material gebildet hat, nur auf der Analyseebene des expliziten, theoretischen Wissens verbleibt. Der Grund dafür ist, dass eine Auswertung mit der qualitativen Inhaltsanalyse primär auf der Ebene der inhaltlichen Äußerungen verbleibt und damit die bewussten Handlungen, Einstellungen und Erfahrungen strukturiert, aber methodisch nicht auf das implizite, atheoretische Orientierungswissen, welches Handlungen zugrunde liegt, zugreifen kann (vgl. Kruse 2014: 407 ff.; Przyborski/Wohlrab-Sahr 2014: 183; Schmidt-Hertha/Tippelt 2011: 28).

Da die Ergebnisse der theoriegeleiteten Untersuchung wenig Relevanz für die vorliegende Untersuchung besitzen, soll nur der offenere Ergebnisteil weiter betrachtet werden. Hier findet Henkenborg nun Hinweise darauf, dass „die Idee der Mündigkeit im Alltäglichen wirklich normal geworden ist" (Henkenborg 2002: 100), auch wenn diese „doch sehr allgemein formuliert ist" (ebd. 2002: 100). Dieser Verweis auf die Idee der Mündigkeit verdeutlicht, dass doch – im Gegensatz zu den Ergebnissen der ersten Publikation von Henkenborg – davon auszugehen ist, dass das Bildungsziel des Faches eine Relevanz für den Politikunterricht der Politiklehrer/innen besitzt. Aus den Selbstverständnissen der Politiklehrer/innen kann Henkenborg vier Typen bilden: 1) „Typ Tradition", der sich an einem ganzheitlichen Professionsverständnis orientiert, 2) „Typ Moderator", der seine Rolle darin sieht, den Prozess der Urteilsbildung durch eine kommunikative Lernatmosphäre und geeignete Methoden zu unterstützen, 3) „Typ Interessen", der sich an einem Politikverständnis orientiert, das durch Interessen und Engagement bestimmt wird, sowie 4) „Typ Wissensvermittlung", der ausschließlich Wissen vermitteln will (ebd. 2002: 100). Die Typen verweisen darauf, dass das Bildungsziel, hier formuliert als Mündigkeit, von den Politiklehrern/innen unterschiedlich interpretiert und im Unterricht mit Leben erfüllt wird. Demnach ist auch in der vorliegenden Untersuchung davon auszugehen, dass es unterschiedliche Typen von Demokratielehren und Demokratie geben wird.

In einer weiteren Publikation stellt Henkenborg (2006) eine elaboriertere Typenbildung zu den Alltagsphilosophien von insgesamt zehn Lehrer/innentypen vor, die auf der Auswertung von 24 leitfadengestützten Interviews mit

17 Da Henkenborg die genaue Vorgehensweise in der Auswertung mit der Inhaltsanalyse nicht darstellt, kann nur den theoretischen Möglichkeiten der Methode entsprechend vermutet werden, wie er hier gearbeitet hat. Die Inhaltsanalyse ermöglicht sowohl ein deduktives, theoriegeleitetes als auch ein induktives Arbeiten am Material sowie eine Kombination, das heißt ein abduktives Vorgehen. Der Interviewtext wird im deduktiven Vorgehen mit Kategorien, die aus der Theorie abgeleitet werden, strukturiert, bei einer induktiven Herangehensweise werden Kategorien dagegen anhand des Materials entwickelt und damit anschließend das weitere Material strukturiert, ein abduktives Vorgehen kombiniert eine Kategorienbildung am Material mit theoriegeleiteten Kategorien in der Analyse.

Politiklehrern/innen (11 in Sachsen, 13 in Hessen) mittels der qualitativen Inhaltsanalyse basieren. Ich nehme hier an, dass er sich auf denselben Datensatz bezieht wie in der vorherigen Publikation (ebd. 2002) und diesen erweitert hat. Im Gegensatz zu den ersten zwei veröffentlichten Aufsätzen verweist Henkenborg nun nicht mehr auf den theoretischen Rahmen der Anerkennungstheorie, stattdessen wird nun stärker das jeweilige Verständnis der Politiklehrer/innen in den Fokus gerückt. Wie sich an der weiteren Verwendung der qualitativen Inhaltsanalyse in der Interviewauswertung zeigt, verbleibt er jedoch auf der Ebene des kommunikativen, theoretischen Wissens.

Im Anschluss an seine zweite Publikation führt er aus, dass zwar alle Mündigkeit als Bildungsziel und Prozesskategorie teilen, sich innerhalb dieses Paradigmas aber unterschiedliche Politiklehrer/innentypen herausbilden. Die Typenbildung aus der zweiten Publikation wurde erneuert, es gibt nun „Typ Mission", „Typ Mündigwerden", „Typ Emanzipation", „Typ Moderator", „Typ ‚Nicht nur einüben, sondern auch leben'", „Typ Aufklärung", „Typ ‚Dinge kritisch hinterfragen und sich eine Meinung bilden'", „Typ ‚Über Werte und Gemeinschaft nachdenken'", „Typ ‚Über Gesellschaft Bescheid wissen'" und „Typ ‚Sich im Leben zurechtfinden'" (ebd. 2006: 77–78). Problematisch ist, dass Henkenborg die Typen selbst nicht ausführlicher beschreibt, so dass es zum Teil der Vorstellungskraft des/der Leser/in überlassen ist, diese inhaltlich zu füllen. Damit werden jedoch tendenziell eher stereotype Bilder bedient und das Verständnis verbleibt auf der Ebene eines kommunikativ geteilten Wissens mit dem/der Leser/in. Deutlich wird dabei jedoch, dass eine Typenbildung von Politiklehrern/innen recht breit gefächert sein kann.

Im Vergleich der Politiklehrenden stellt Henkenborg fest, dass ost- und westdeutsche Politiklehrer/innen sich mittlerweile in ihrem Professionsverständnis angeglichen haben, das heißt die Idee der Mündigkeit teilen (vgl. ebd. 2006: 81). Dennoch belegen die Interviews professionskulturelle Unterschiede aufgrund der unterschiedlichen Lebens- und Berufsbiographien, Gesellschafts- und Politikerfahrungen sowie Wissenschaftskulturen. Allgemein ist ein Zusammenhang von „professionskulturelle[n] Unterschiede[n] mit den verschiedenen politischen, wissenschaftlichen und berufsbiographischen Sozialisations- und Erfahrungshintergründen" (ebd. 2006: 82) zu erkennen. So wird bei westdeutschen Politiklehrern/innen deutlich, dass ihre Philosophie politischer Bildung verknüpft ist mit eigenen Erwartungen an politische Bildung, Enttäuschungen und Entwicklungen. Das heißt, die meisten befragten hessischen Politiklehrkräfte mussten sich damit auseinandersetzen, dass ihre eigenen Motive Politiklehrer/in zu werden enttäuscht wurden, da Politik weder in der Gesellschaft noch unten den Schüler/innen mehr so en vogue ist wie in den 1960er und 1970er Jahren. Sie haben folglich die Erfahrung gemacht, dass die Idee, mit politischer Bildung die Gesellschaft zu verändern, nicht mehr akzeptiert ist und an ihre Grenzen stößt. Dabei gibt es aber durchaus noch Politiklehrer/innen, die weiter dem „Typ Mission“ (ebd. 2006: 83) entsprechen. Der „Typ Moderator“ (ebd. 2006: 84) hat dagegen die Enttäuschung verarbeitet und in neue Leitideen, orientiert an der Wissenschaft, transformiert. Allerdings bleibt bei allen Typen – bis auf den „Typ Emanzipation“ (ebd. 2006: 84) – unklar, welche Funktion politische Bildung heute haben soll. Eine mögliche neue Zielperspektive ist den Politiklehrenden unklar. Die ostdeutschen Politiklehrer/innen entwickeln ihre Philosophie politischer Bildung dagegen oftmals in „abgrenzender Auseinandersetzung mit der Sozialisation in der DDR“ (ebd. 2006: 82), allerdings sind diese oftmals weniger in „politikwissenschaftlichen, pädagogischen und didaktischen Wissenstraditionen verankert“ (ebd. 2006: 82), wirken „stärker subjektiv konstruiert (...) [und] der Bezug politischer Bildung auf Gesellschaft und Politik bleibt unklarer“ (ebd. 2006: 82).

Zusammenfassend spiegelt sich somit in allen Publikationen eine gewisse Orientierungslosigkeit bei den Politiklehrern/innen hinsichtlich der Ziele und der Funktion politischer Bildung, die sich zum Teil in einer inhaltlichen Beliebigkeit äußert und das Politische diffus erscheinen lässt. Diese Studien zeigen jedoch methodologische Schwächen, die in der unzureichenden Nachvollziehbarkeit der Datenerhebung und -auswertung in den vorliegenden Publikationen liegen. So ist zum einen unklar, wie theoriegeleitet bereits die Erhebung erfolgte, das heißt infolgedessen wie strukturiert die Interviewführung ablief. Und zum anderen wird mit Blick auf die Interviewauswertung in diesen Publikationen deutlich, dass Henkenborg entweder theoriegeleitet vorging, oder aber bei einer offenen Interpretation eher auf der Ebene des expliziten, kommunikativen Wissens verbleibt. Aus diesen Gründen bleibt auch weiterhin offen, woran sich die Politiklehrer/innen in ihrem Unterrichtsalltag, in der Praxis wirklich orientieren.

Dennoch lässt sich als zentrale Vorannahme für die vorliegende Untersuchung ableiten, dass die politische und berufsbiographische Sozialisation der Politiklehrer/innen im Zusammenhang mit ihrem Unterricht steht. Besonders stark zeichnet sich dies in den Unterschieden zwischen ost- und westdeutschen Politiklehrenden ab.

Eine weitere Publikation zu Alltagsvorstellungen von Politiklehrern/innen stammt von Besand (2006). Ihr zugrunde liegen 27 leitfadengestützte, intergenerationelle Interviews von jungen angehenden mit älteren, erfahrenen Politiklehrkräften sowie drei Gruppeninterviews mit jeweils neun bis 15 Politiklehrpersonen. Die Lehrer/innen kommen aus dem gesamten Bundesgebiet und definieren sich ihrem Selbstverständnis nach als Politiklehrende. Politiklehrer/innen, die keine ausgeprägte Fachidentität haben, werden damit ausgeklammert. Thema der Interviews sind die Vorstellungen und Bilder der Lehrkräfte zu Politik und zur Notwendigkeit intergenerationeller Bildungsprozesse (vgl. ebd. 2006: 77). Besands Anliegen ist es, hierdurch Alltagstheorien und Professionsverständnisse der Politiklehrer/innen sowie Mechanismen und Möglichkeiten der fachlichen Reproduktion von einer Generation zur nächsten herauszuarbeiten. Wie sie die erhobenen Daten auswertet, wird nicht genauer spezifiziert. Es ist aber entsprechend der verwendeten Begrifflichkeiten („Vorstellungen", „Alltagstheorien", „Professionsverständnis" (ebd. 2006: 77)) davon auszugehen, dass sie wie Henkenborg auf der Ebene des expliziten, theoretischen Wissens verbleibt.

In der Publikation beschreibt sie dann drei verschiedene Generationsprofile von Politiklehrern/innen: 1) die erste Generation von politischen Bildnern/innen nach dem Zweiten Weltkrieg (vgl. ebd. 2006: 77 f.), 2) die der 1968er-Generation (vgl. ebd. 2006: 78 f.) und 3) die nachfolgende Generation politischer Bildner/innen, die sich in Abgrenzung von der 1968er-Generation definiert (vgl. ebd. 2006: 79 ff.). Deutlich wird dabei, dass die jeweiligen Generationen oftmals im Rahmen des jeweiligen politischen Zeitgeschehens politisch sozialisiert wurden und ihre Fachidentität in Abgrenzung zur vorherigen Generation bestimmen. So versteht sich die erste Generation als „Pionier in einem bislang noch kaum bearbeiteten Bereich" (ebd. 2006: 78) und sieht entsprechend ihre Aufgabe darin, durch die Vermittlung von Hintergrundwissen Schüler/innen zu Demokraten/innen zu erziehen. Die zweite Generation beabsichtigt dagegen, die Gesellschaft zu verändern (vgl. ebd. 2006: 78). Den als unpolitisch erlebten Unterricht der Vorgängergeneration verstehen sie nicht als Politikunterricht. Selbst die weniger politisch aktiven und linksorientierten Politiklehrer/innen teilen dieses Verständnis. Die dritte, jüngere Generation grenzt sich wiederum von derart idealistischen Motiven ab. Politik wird eher als Zweitfach und nicht aufgrund einer Leidenschaft für Politik gewählt (vgl. ebd. 2006: 80). So steht denn für sie auch eher eine Professionalität im Unterrichten im Vordergrund. Normative Orientierungen und politische Stellungnahmen durch den/die Politiklehrer/in werden als unzulässig abgelehnt.

Auch wenn diese Generationsprofile sehr stark verallgemeinernd sind, so wird doch deutlich, dass es Unterschiede zwischen den Generationen gibt. Für die Sozialisation von Politiklehrpersonen sind somit der zeitpolitische Kontext und das eigene Erleben von Politikunterricht und -lehrenden als Schüler/in zentral. Es ist anzunehmen, dass sich diese Unterschiede auch auf der Ebene des impliziten, atheoretischen Wissens finden werden, das für den Unterricht der Politiklehrer/innen handlungsleitend ist.

Klees Dissertation (2008, 2010a, 2010b) ist eine weitere Untersuchung, die sich mit den Alltagsdidaktiken von Politiklehrkräften befasst, die er auch als „alltagsdidaktische Vorstellungen" (Klee 2008: 24) bezeichnet. Konkret fokussiert er alltagsdidaktische Vorstellungen eines Politikunterrichts zur politische Urteilsbildung (als Kern einer Demokratiebildung).

Klee definiert Vorstellungen in seiner Arbeit „als mentale Modelle, also Gedanken zu einem bestimmten Phänomen oder Sachgebiet" (ebd. 2008: 25), die auf den Alltagserfahrungen von Politiklehrern/innen beruhen. Er zielt damit auf ein Erfassen der Unterrichtsleitbilder sowie der Erklärungs- und Deutungsmuster der Lehrkräfte für ihren Unterricht, spezifisch für die Vermittlung von politischer Urteilsfähigkeit, ab und verbleibt somit ebenfalls auf der Ebene des expliziten, theoretischen Wissens. Dies spiegelt sich in dem Forschungsdesign seiner Arbeit, das darauf abzielt, dass die Politiklehrer/innen selbst ihre Vorstellungsmuster explizieren (vgl. ebd. 2010b: 299, 2010a: 32). Er hat entsprechend fokussierte problemzentrierte Interviews (Witzel 2000) mit sechs Politiklehrenden geführt und diese mit der qualitativen Inhaltsanalyse nach Mayring (2015) ausgewertet[18]. Klee orientiert sich dabei an dem Modell der „Didaktischen Rekonstruktion" (vgl. u. a. Gropengießer 2005, 2007), das Lange (2007) für die Politikdidaktik angepasst und weiterentwickelt hat[19]. Klee analysiert und kontrastiert entsprechend seiner Adaption des Modells für die Untersuchung von Lehrer/-innenvorstellungen die subjektiven alltagsdidaktischen Vorstellungen von Lehrern/innen mit professionstheoretischen und politikdidaktischen Theorien von Wissenschaftlern/innen.

Klee hat in seiner Arbeit fallübergreifend die Lehrer/innenvorstellungen zur politischen Urteilsbildung in fünf „Denkfiguren" (vgl. Klee 2008: 214 ff., 2010b: 299 ff.) strukturiert. Er kommt dabei zu dem Ergebnis, dass Denkfiguren der ‚Erfahrungs'- und ‚Wissensorientierung'[20] unvereinbar nebeneinander stehen und

18 Aus der Perspektive der praxeologischen Wissenssoziologie ist hinsichtlich der Rekonstruktion von Alltagsvorstellungen kritisch anzumerken, dass die qualitative Inhaltsanalyse nicht ausreichend für die Rekonstruktion impliziten Wissens geeignet ist. Es können zwar induktiv Kategorien gebildet werden, allerdings fließt dabei auch theoretisches Wissen der Forscher/innen in die Kategorienbildung mit ein (vgl. Murmann 2013: 5). Dabei bringt die Absicht Lehrer/innenvorstellungen zu erfassen und mit fachlichen und fachdidaktischen Theorien in Beziehung zu setzen, so Murmann (2013: 8) „zwangsläufig inhaltliche Strukturierungen mit sich", wodurch das Vorgehen zumindest teilweise theoriegeleitet ist.
Problematisch ist an der Auswertung qualitativer Daten mit der qualitativen Inhaltsanalyse, dass im Zuge der Auswertung der Texte durch die Zuordnung zu Kategorien stark zergliedert und die Ganzheit und Komplexität einer Sequenz dabei verloren geht und latente Sinnstrukturen nur schwer erfasst werden können (vgl. Ramsenthaler 2013: 39). Aus wissenssoziologischer Perspektive ist weiterhin festzuhalten, dass eine Auswertung mit der qualitativen Inhaltsanalyse primär auf der Ebene der inhaltlichen Äußerungen verbleibt und damit die bewussten Handlungen, Einstellungen und Erfahrungen strukturiert, aber methodisch nicht auf das implizite, atheoretische Orientierungswissen, welches Handlungen zugrunde liegt, zugreifen kann (vgl. Kruse 2014: 407 ff.; Przyborski/Wohlrab-Sahr 2014: 183; Schmidt-Hertha/Tippelt 2011: 28).

19 Die Idee dahinter ist ursprünglich, Vorstellungen von Schülern/innen zu erfassen, um diese als Ausgangspunkt für Lernprozesse nutzen zu können. Dabei werden sowohl die fachwissenschaftlichen Theorien als auch die Alltagsvorstellungen der Schüler/innen untersucht und wechselseitig unter der Perspektive der didaktischen Vermittlung aufeinander bezogen (vgl. Lange 2007: 60). Betrachtet wird hierbei, welche Verknüpfungen und Entsprechungen oder auch Widersprüche es zwischen fachwissenschaftlichen Theorien und den Alltagsvorstellungen der Schüler/innen gibt.

20 Unter der Denkfigur ‚Erfahrungsorientierung' wird ein erfahrungsorientierter Unterricht verstanden, während die Denkfigur ‚Wissensorientierung' auf einen Unterricht zielt, in dem es vorrangig darum geht den Schülern/innen Wissen zu vermitteln.

als Leitbild für den eigenen Unterricht fungieren. Klee geht davon aus, dass dies zu alltagsdidaktischen Dilemmata führt und „ursächlich für die teilweise vorhandene alltagsdidaktische Resignation, Verweigerung oder Nichtbeachtung fachdidaktischer Prinzipien“ (ebd. 2010b: 303) ist. Das heißt, problematisch ist nicht nur, dass alltagsdidaktische Vorstellungen fachdidaktischen gegenüberstehen, sondern alltagsdidaktische Vorstellungen auch in sich widersprüchlich sind.

Entsprechend der Wissenssoziologie von Mannheim (1980b, 2009c, 2015a) haben Paradoxien auf der Ebene des expliziten, theoretischen Wissens aber eher eine geringe Bedeutung, da sie nicht handlungsleitend sind. Zudem halte ich den Forschungszugang der politikdidaktischen Rekonstruktion unter Anwendung der qualitativen Inhaltsanalyse für nicht ausreichend offen und geeignet, um implizite, handlungsleitende Orientierungen von Politiklehrern/innen zu Demokratielehren und Demokratie zu erfassen. In der von mir realisierten Untersuchung wurde daher im Gegensatz zu Klees Arbeit der Fokus auf die Rekonstruktion des impliziten, atheoretischen Wissens gesetzt.

Darüber hinaus gibt es auch einzelne Arbeiten im internationalen deutsch- und englischsprachigen Diskurs, die sich mit dem Verständnis von Lehrern/innen[21] von politischer Bildung bzw. citizenship education beschäftigen, die jedoch bisher im politikdidaktischen Diskurs in Deutschland nur wenig Resonanz finden. Für die vorliegende Untersuchung sind sie jedoch durchaus von Interesse, da es hier einige Bezüge zum Verständnis von Politiklehrern/innen zu Demokratielehren und Demokratie gibt.

Eine amerikanische Studie aus den 1990er Jahren von Anderson et al. (1997) hat sich mit dem Verständnis der social studies teachers[22] von citizenship education befasst. Sie haben diese mit der Q-Technik erfasst, das heißt sie haben Lehrern/innen 40 aus der Theorie abgeleitete Statements vorgelegt, die unterschiedliche Perspektiven auf citizenship education werfen, die diese dann nach dem eigenen Verständnis von citizenship education ordnen sollten. Anschließend wurden die Lehrer/innen zu ihren Positionierungen der Statements interviewt. Nach diesem Prinzip wurden zwei Pilotstudien, eine mit Lehrern/innen aus Minnesota und eine weitere mit Lehrern/innen auf nationaler Ebene durchgeführt. Auf Basis der Ergebnisse wurde eine nationale quantitative Umfragestudie mit Lehrern/innen durchgeführt. Dieses Vorgehen ermöglichte Anderson u. a. ein offeneres Vorgehen, das den Lehrern/innen in den Pilotstudien erlaubte, ihr eigenes Verständnis mithilfe der Statements darzulegen. Dies wäre bei einer klassischen quantitativen Befragung, in der die Fragen aus der Theorie abgeleitet

21 Ich spreche hier explizit nicht von Politiklehrer/innen, da in anderen Ländern politische Bildung bzw. citizenship education oft kein eigenes Unterrichtsfach darstellt, sondern vielmehr ein fächerübergreifendes Prinzip darstellt, dass in alle Fächer eingebracht werden soll.

22 In den USA wird citizenship education als Teil der social studies (meist in Kombination Gesellschaftskunde und Geschichte) unterrichtet.

werden, nicht möglich gewesen. Dennoch ist auch hier festzustellen, dass die Studie auf der Ebene des expliziten, theoretischen Wissens verbleibt.

In der ersten Pilotstudie in Minnesota konnten Anderson u. a. drei Typen unterscheiden: 1) Lehrer/innen, die eine kulturell-pluralistische Auffassung von citizenship education vertreten, 2) Lehrer/innen, die eine kommunitaristische Perspektive auf citizenship education einnehmen und 3) Lehrer/innen mit einem legalistischen Verständnis von citizenship education (vgl. Anderson et al. 1997: 342 ff.). Die erste Gruppe fühlt sich der multikulturellen Bildung ihrer Schüler/-innen verpflichtet. Sie lehnen eine Indoktrination der Schüler/innen durch dominante, nationale Werte sowie Patriotismus ab. Die anderen beiden Gruppen vertreten indessen die Idee, dass den Schülern/innen Toleranz vermittelt werden sollte, legen aber keinen Wert auf die multikulturelle Bildung ihrer Schüler/innen. Die zweite Gruppe der Kommunitaristen/innen orientiert sich an der Bürgerpflicht des Einzelnen und dem Gemeinwohl aller. Sie lehnen eine individualistische Orientierung ab. Die dritte Gruppe der Legalisten/innen will den Schülern/innen Gehorsamkeit gegenüber Recht und Gesetz vermitteln, auch dann, wenn die Gesetze ungerecht sind. Damit einher geht ein Unterricht, in dem den Schülern/innen ihre politischen Bürgerrechte vermittelt werden sowie ein starker Patriotismus gegenüber dem Staat. Im Vergleich zu den anderen Typen sind Legalisten weniger kritisch eingestellt. Gemeinsam ist allen Gruppen, dass den Schülern/innen Toleranz und Offenheit sowie kontroverse Themen vermittelt werden sollen.

In einer nationalen Pilotstudie konnte die Typenbildung auf vier Typen erweitert werden: 1) die kritischen Denker/innen, 2) die Legalisten, 3) die Lehrpersonen, die eine Perspektive des kulturellen Pluralismus einnehmen und 4) die Lehrer/innen, die eine Assimilation vertreten (vgl. ebd. 1997: 346 ff.). Die Gruppe der kritischen Denker/innen fordert von ihren Schülern/innen, dass sie Fragen stellen über die Schule und die Gesellschaft. Sie vermitteln keinen Patriotismus oder Gehorsam gegenüber dem Staat und sind gegen die Indoktrination von Schülern/innen. Die Gruppe der Legalisten/innen bleibt weitgehend unverändert, ebenso wie die Gruppe der Lehrenden, die einen kulturellen Pluralismus vermittelt. Die letzte Gruppe Lehrer/innen fördert die Assimilation ihrer Schüler/innen an dominante, nationale Werte, das amerikanische Kulturgut und ein patriotisches Verständnis vom Staat. Sie lehnen eine multikulturelle Bildung ab. Die Gruppe der Kommunitaristen/innen scheint es auf nationaler Ebene nicht mehr zu geben. Gemeinsam ist allen Gruppen, dass den Schülern/innen Toleranz und Offenheit, kontroverse Themen, gesellschaftliche Teilhabe und Werte vermittelt werden sollen.

In der anschließenden nationalen quantitativen Umfragestudie (vgl. ebd. 1997: 352 ff.) konnte festgestellt werden, dass die kritischen Denker/innen vorwiegend der Demokratischen Partei verbunden sind, sich selbst als politisch liberal verorten und keiner Religion zugehörig fühlen. Die Gruppe der Lehrer/innen, die einen kulturellen Pluralismus vertreten, kommt vorwiegend aus den Staaten im Südwesten und an der Pazifikküste, wo in den Schulen mehr Schüler/innen unterschiedlicher kultureller Herkunft vertreten sind und stimmt ansonsten weitgehend mit den Charakteristika der kritischen Denker/innen überein. Dagegen sind unter der Gruppe der Lehrer/innen, die eine Assimilation fördern, vorwiegend Lehrer/innen aus kleinen Städten und dem ländlichen Raum, die sich meist der Republikanischen Partei verbunden fühlen, sich entsprechend selbst konservativ verorten und gegenüber der damaligen Regierung durch die Demokraten negativ eingestellt sind. Die letzte Gruppe der Legalisten/innen liegt quer, das heißt bei Lehrern/innen diesen Typs finden sich sowohl Parteiaffinitäten zu den Demokraten als auch den Republikanern, liberal und konservativ eingestellte Lehrende, die in der Stadt wie auf dem Land leben.

Trotz dessen, dass die politische Kultur in den USA sicherlich eine Spezifische ist, konnte eine ähnliche Typenbildung sowohl in der niederländischen Studie von Leenders u. a. (2008) als auch in der Deutschschweizer Studie von Allenspach (Allenspach 2012, 2013a, 2013b) gebildet werden. Da die Deutschschweizer Studie eher dem deutschen Kontext entspricht und ihre Ergebnisse besser publiziert sind, soll diese hier eingehender betrachtet werden.

Das Forschungsprojekt „Verständnisse Deutschschweizer Lehrpersonen von politischer Bildung“ von Allenspach (2012, 2013b, 2013a) untersucht das Alltagsverständnis von Politik und politischer Bildung von Deutschschweizer Lehrer/innen. Allenspach verwendet den Begriff des Verständnisses im Sinne des englischen Begriffs „belief“ und bezieht sich damit auf die Forschungstradition der teacher beliefs und der political beliefs (vgl. ebd. 2012: 77). „Ein Belief ist demnach 1) ein implizites, nicht artikuliertes, 2) für subjektiv wahr gehaltenes, 3) sich auf kognitive Komponenten stützendes und 4) aufgrund persönlicher Erfahrung konstituiertes Verständnis 5) eines idealtypischen Zustands, das 6) die Zielorientierung und das Handeln beeinflusst“ (ebd. 2012: 77). Allenspachs Arbeit beabsichtigt damit, tiefer als die zuvor diskutierten Studien zu greifen; seiner Definition nach rekonstruiert er das implizite, atheoretische Wissen der Lehrer/-innen. Er nimmt dabei insbesondere die Verständnisse von politischer Bildung als Fachbereich in den Blick und vernachlässigt Verständnisse von Lernen und Lehren in der politischen Bildung (vgl. ebd. 2012: 78).

Dafür hat er leitfadengestützte Experteninterviews mit 16 Deutschschweizer Lehrer/innen in der Sekundarstufe 1 durchgeführt und sie unter anderem nach der Natur des Faches und ihrer Zielvorstellung für das Fach (d. h. nach den Fähigkeiten eines politisch gebildeten Jugendlichen) sowie nach Vorstellungen von der Gestaltung des Zusammenlebens gefragt. Seine Fragen zielen damit stärker auf die Explikation von subjektiven Theorien und Vorstellungen (ebd. vgl. 2012: 81 f.), wie es sich auch in den ausgewählten Zitaten in seinen Publikationen andeutet (siehe ebd. 2012: 84 ff., 2013b: 223 ff., 2013a: 81 ff.). Die konkrete Unterrichtspraxis der Lehrer/innen kommt damit nicht oder nur indirekt in den Fokus.

Damit dienen ihm als Ausgangsbasis seiner Analyse vor allem explizite, kommunikativ-generalisierte Wissensbestände. Die Interviews hat Allenspach mit der Grounded Theory-Methodologie (vgl. Glaser/Strauss 1998) ausgewertet. Die Auswertung erfolgte damit induktiv am Material und ermöglicht somit auch einen Zugang zum impliziten Wissen. Dieses implizite Wissen umfasst dabei eher eine Rekonstruktion der Strukturen des kommunikativ-generalisierten Wissens und ist damit von einem impliziten Wissen, das (geschilderten) Handlungspraktiken zugrunde liegt und als handlungsleitend zu verstehen ist, zu unterscheiden.

Allenspach gelangt zu dem Ergebnis, dass die Lehrer/innen politische Bildung als Prozess begreifen (vgl. Allenspach 2013b: 222). „Ausgangspunkt dieses Prozesses sind die Vorstellungen der Lehrpersonen von einer idealen politischen Organisation des Zusammenlebens der Menschen. (...) Am Endpunkt dieses Prozesses steht für die Lehrpersonen die Hoffnung, den gegenwärtigen Zustand der Gesellschaft ihren Vorstellungen von einer idealen politischen Organisation des Zusammenlebens der Menschen anzunähern." (ebd. 2013b: 222). Auf Basis dessen, dass gesellschaftliche Werte sich als zentral für die Verständnisse politischer Bildung herauskristallisierten, konnte Allenspach drei Typen bilden: „1) die ‚Kommunitaristen', 2) die ‚Demokraten' und 3) die ‚Funktionalisten'" (ebd. 2012: 83). Diese Typen sind bei allen Lehrern/innen mehr oder minder vorhanden, jedoch ist einer besonders stark ausgeprägt. Die Typen unterscheiden sich dabei in ihrem Politikbegriff: die Kommunitaristen gehen von einem weiten, handlungsorientierten Politikbegriff aus, die Demokraten von einem Politikbegriff, der stark mit demokratischen Regeln (Gesetze) verbunden ist, und die Funktionalisten von einem engen, systemorientierten Politikbegriff (vgl. ebd. 2012: 83). Damit einher geht ein jeweils spezifisches Verständnis politischer Bildung (ausführlich bei ebd. 2012: 84ff.).

Allenspach konnte auf Basis des empirischen Materials eine ähnliche Typologie rekonstruieren, wie sie sich auch in der amerikanischen Studie von Anderson u. a. (1997) und in der niederländischen Studie von Leenders u. a. (2008) findet. Er geht daher davon aus, dass diese drei Verständnistypen politischer Bildung für westliche Demokratien zentral sind. Zudem konnte er zeigen, dass sich kein Verständnistyp grundsätzlich gegen Demokratie richtet.

Allenspach hat seine Typik anschließend mit einem quantitativen Design validiert (vgl. Allenspach 2013a). Dafür hat er eine konfirmatorische Faktoranalyse mit Daten zu 353 Lehrern/innen aus der schweizerischen Civic Education Study aus dem Jahr 1999 durchgeführt. Er hat hierfür bestehende Fragen aus der Studie, die inhaltlich passten, den Typen zugeordnet (vgl. ebd. 2013a: 87f.). Anhand dessen konnte er feststellen, dass sich alle drei Typen unter den befragten Lehrern/innen der Civic Education Study wiederfinden lassen. In einem zweiten Schritt hat er untersucht, ob es Zusammenhänge zwischen den soziodemographischen und schulischen Daten der Lehrer/innen und den Typen gibt. Dabei konnte er aber nur schwache Korrelationen ermitteln. Eine Häufigkeitsverteilung der Typen zeigte, dass „die meisten Lehrpersonen ein leicht negatives kommunitaristisches, ein leicht positives funktionalistisches und ein leicht positives oder leicht negatives demokratisches Verständnis von politischer Bildung haben." (ebd. 2013a: 95). Die Schwierigkeit dieser Validierung liegt sicherlich darin, dass Sekundardaten verwendet wurden. Interessant wäre, was herauskommen würde, wenn man sich auf Basis der Typen eigene Frageitems überlegen, erheben und analysieren würde.

In der Studie von Allenspach wird insgesamt eher vom Politikbegriff ausgegangen und das Demokratieverständnis nur mit einem Typ recht eng verknüpft. Dennoch lässt sich auch in den anderen Typen von Allenspach und auch von Anderson u. a. ein Bezug auf verschiedene Demokratieverständnisse herstellen, auch wenn dies durch die Autoren/innen selbst nicht erfolgt. In der vorliegenden Untersuchung wird im Gegensatz zu Allenspach von einem weiten Verständnis von Demokratie und Demokratielehren ausgegangen, um ähnlich wie bei Allenspachs Politikbegriff, verschiedene explizite wie implizite Verständnisse bei den Politiklehrern/innen zuzulassen. Dabei dienen jedoch als Ausgangsbasis die in Interviews geschilderten Demokratielehrpraktiken in Politikunterricht und Schule. Damit können stärker als bei Allenspach die impliziten, handlungsleitenden Wissensbestände rekonstruiert werden. Offen ist, ob sich auch in Deutschland aufgrund seiner spezifischen Vergangenheit des Nationalsozialismus und der Trennung in BRD und DDR, ähnliche Typen zeigen oder es hier zu Abweichungen kommt. Im Gegensatz zu Allenspach Studie wird in der hier realisierten Untersuchung stärker das Lehr-Lernverständnis fokussiert. Dementsprechend soll nicht nur das implizite Demokratieverständnis rekonstruiert werden, sondern auch Orientierungen des Demokratielehrens, die den Demokratie-Lehrpraktiken der Politiklehrer/innen im Fach und in der Schule zugrunde liegen.

Da die Studie von Allenspach der vorliegenden Untersuchung näher als die meisten anderen hier diskutierten Forschungsarbeiten kommt und auch die Typen von Anderson u. a. validiert wurden, soll am Ende dieser Arbeit in der Diskussion noch einmal darauf eingegangen werden, inwiefern es Gemeinsamkeiten und Unterschiede bei den Typiken gibt.

1.2.2 Politische und demokratische Einstellungen von (Politik-)Lehrern/innen

Im Vergleich zu den Forschungsarbeiten, die sich mit der Rekonstruktion von Alltagstheorien und -didaktiken beschäftigen, gibt es bisher nur wenige Studien, die sich mit den politischen, demokratischen Einstellungen von Politiklehrern/innen (vgl. Drygalla 2005a, 2005b) bzw. ihren Einstellungen zur Demokratieerziehung (vgl. Becker et al. 1967: 123 ff.) beschäftigen. So untersucht Drygalla (2005a, 2005b) in ihrer Dissertation die politischen Einstellungen von

Politiklehrern/innen in Sachsen-Anhalt nach der Wiedervereinigung und deren Einfluss auf die Unterrichtspraxis. In der schon älteren Untersuchung von Becker u. a. (1967: 123 ff.) wurde nicht direkt nach den politischen Einstellungen der Politiklehrer/innen gefragt, sondern nach ihren Auffassungen zu Zielen der politischen Bildung und deren Umsetzung in der Unterrichtspraxis. Somit werden hier eher Einstellungen zum Politikunterricht und zur Demokratieerziehung analysiert. Beide Studien stellen dabei fest, dass alle Politiklehrer/innen allgemein dem Bildungsziel der Demokratieerziehung ihrer Schüler/innen zustimmen, dies jedoch unterschiedlich deuten. Darüber hinaus gibt es eine weitere ältere Studie von Dann u. a. (1978), die den Einstellungswandel von jungen Lehrern/innen allgemein, also unabhängig vom Fach, untersucht. Diese ist vor allem interessant, da sie von der Annahme ausgeht, dass bestimmte innovative Kompetenzen bei Lehrer/innen vorhanden sein sollten, um den Bildungsauftrag von Schule, „die Schüler zur Wahrnehmung und Erhaltung der Grundrechte und zur aktiven Teilhabe am Demokratisierungsprozeß der Gesellschaft zu befähigen" (ebd. 1978: 23), im Unterricht umzusetzen. Es geht somit um Einstellungen, die förderlich für ein Demokratielehren im Unterricht sind. Diese drei Studien sollen im Folgenden genauer betrachtet und diskutiert werden.

Die Dissertation von Drygalla (2005a, 2005b) beschäftigt sich mit den politischen Einstellungen von Politiklehrern/innen aus Sachsen-Anhalt zu Demokratie und Wiedervereinigung sowie deren Einfluss auf den Politikunterricht. Sie hat dafür 105 teilstandardisierte Fragebögen erhoben, die sie durch sechs qualitative Interviews mit Politiklehrern/innen ergänzend vertieft. Der Fragebogen ist im standardisierten ersten Teil angelehnt an Fragebögen von Meinungsforschungsinstituten, die sich mit der politischen Einstellung von Bürger/innen befassen, im zweiten Teil hat sie die Politiklehrer/innen nach ihrem Studium, ihrer Berufserfahrung sowie Unterrichtsvorbereitung und -praxis befragt (vgl. ebd. 2005a: 108). Die Interviews dienten der Vertiefung des Fragebogens und waren selbst auch eher standardisiert (vgl. ebd. 2005a: 116). Aufgrund der starken Strukturierung werden hier vorrangig Positionen der Politiklehrer/innen abgefragt, wodurch diese Untersuchung auf der Ebene des expliziten, theoretischen Wissens verbleibt. Dadurch ist es den befragten Politiklehrern/innen kaum möglich, eigene Schwerpunkte und Themen zu setzen. Fraglich ist, ob und inwiefern mit einem solch standardisierten Verfahren wirklich ein Zusammenhang zwischen politischen Einstellungen und dem Unterricht der Politiklehrer/innen untersucht werden kann oder ob nicht vielmehr am Ende politische Einstellungen neben Positionen zur Unterrichtsvorbereitung und -praxis stehen und Zusammenhänge eher nur vermutet werden können.

Drygalla stellt in ihrer Studie fest, dass sich die Politiklehrer/innen zwar nach der Wende von der politischen Ideologie der DDR losgesagt haben und generell der Idee der Demokratie zustimmen, jedoch die politische Umsetzung in Deutschland kritisch bewerten. Dabei ordnen sie sich in die Reihe der

Politik- und Parteiverdrossenen ein. Zudem fällt Drygalla auf, dass sie ein sehr „spezifisches Verständnis von Demokratie haben“ und „widersprüchliche Tendenzen bei der Interpretation des Begriffes“ (ebd. 2005b: 166) zeigen. So fordern sie zum einen eine starke politische Führung, zum anderen wird die Wichtigkeit der Opposition betont, deren Aufgabe sie weniger in der Kritik als in der Unterstützung der Regierung sehen (vgl. ebd. 2005b: 166). Der Parteienpluralismus steht nach Auffassung der Politiklehrer/innen einer vernünftigen Kompromissbildung entgegen. Dabei zeigt sich auch hier ein überzogenes Konsensbedürfnis. Diese Ein- und Vorstellungen von Demokratie erachtet Drygalla als problematisch, da sie den Zielen des Politikunterrichts entgegenstehen (vgl. ebd. 2005b: 169) und Schüler/innen gegebenenfalls negativ in ihrer politischen Sozialisation beeinflussen (vgl. ebd. 2005a: 89).

Daneben stellt Drygalla fest, dass gerade die Politiklehrer/innen, die noch in der DDR ausgebildet wurden, auf tradierte Handlungsmuster im Unterricht zurückgreifen (Lehrer/innenzentrierung, Frontalunterricht, unkritische Einschätzung vom Desinteresse der Schüler/innen) (vgl. ebd. 2005b: 167). In diesem Zusammenhang geht sie zudem davon aus, dass vereinzelt ideologische Vorgaben, wie sie in der DDR üblich waren, von diesen Politiklehrern/innen auch weiterhin im Unterricht transportiert werden (vgl. ebd. 2005b: 167). Dementsprechend kommt Drygalla zu dem Schluss, dass die berufliche Sozialisation von Politiklehrern/innen stärker als eine positive Demokratieeinstellung oder neu erlernte fachdidaktische Theorien auf ihre Unterrichtsgestaltung wirken kann. Die Dissertation von Drygalla verweist damit darauf, dass Orientierungen, die mit der Sozialisation erworben wurden, in der Handlungspraxis wirkungsmächtiger sind als explizite Einstellungen und Positionierungen. Damit wird deutlich, dass die Untersuchung impliziter, handlungsleitender Orientierungen eine hohe Relevanz hat, was den Forschungsansatz der vorliegenden Untersuchung zu Orientierungen von Demokratielehre und Demokratie von Politiklehrern/innen bestätigt.

Zudem kann für die Datenerhebung abgeleitet werden, dass in den Interviews mit den Politiklehrern/innen unbedingt auch ihr Erleben von Politik und Demokratie während ihrer Jugend sowie während der (Schul- und Berufs-)Ausbildung einbezogen werden sollte, da davon auszugehen ist, dass diese auch langfristig auf das Unterrichtshandeln einwirken und aktuellere Entwicklungen gegebenenfalls überlagern.

Ähnliche Ergebnisse wie Drygalla konnten Becker u. a. (1967: 123 ff.) bereits in den 1960er Jahren für die Politiklehrer/innen in Westdeutschland zeigen. Sie haben in ihrer Studie neben Schülern/innen auch Lehrer/innen zum Politikunterricht befragt. Es wurden mit 24 Klassenlehrern/innen an Volksschulen, 20 Berufsschullehrern/innen und 18 Mittelschullehrern/innen Einzelinterviews sowie mit insgesamt 41 Lehrern/innen (21 von Volksschulen, 20 von Berufsschulen) vier Gruppendiskussionen geführt. Inhaltlich wurden die Politiklehrer/-innen zu den Zielen politischer Bildung und der Umsetzung der Bildungspläne in der Unterrichtspraxis befragt. Wie die Interviews und Gruppendiskussionen ausgewertet wurden, ist in der Publikation nicht vermerkt. Die Erhebungsform durch Interviews und Gruppendiskussionen ist im Vergleich zu Drygallas Untersuchung offener gehalten und lässt Politiklehrende damit in der Erhebung stärker zu Wort kommen. Da in der Studie von Einstellungen und Auffassungen die Rede ist, gehe ich davon aus, dass hier eher explizites, theoretisches Wissen in Form von eigenen Definitionen, Theorien und Positionierungen untersucht wurde. Es ist somit unklar, inwiefern die dargestellten Einstellungen und Auffassungen handlungsleitend für den Unterricht der Politiklehrer/innen sind. Zudem ist natürlich anzumerken, dass die Studie schon recht alt ist und sich die damalige Situation von der gegenwärtigen unter anderem zeitgeschichtlich, aber auch in der Ausbildung der Politiklehrer/innen und in der Schulpraxis unterscheidet.

Becker u.a. stellen fest, dass alle Politiklehrer/innen darin übereinstimmen, dass es Ziel politischer Bildung ist, die Schüler/innen zu „demokratischen Staatsbürger[n] [zu erziehen]" (ebd. 1967: 134). Formal wird somit dem Bildungsziel des Faches zugestimmt. Dieses Ziel wird jedoch von den Politiklehrern/innen unterschiedlich gedeutet. Daher untersuchen Becker u. a. diese unterschiedlichen Deutungen der Politiklehrer/innen, deren Konsequenzen für ihren Unterricht sowie mögliche Ursachen, die diesen Deutungen zugrunde liegen. Dabei wird deutlich, dass die Politiklehrer/innen bei Demokratieerziehung mehrheitlich an „Erziehung zur ‚Gemeinschaft', zu ‚Gemeinschaftsgefühl', zur ‚Bereitschaft, Verantwortung zu tragen', zu ‚Rücksicht' und zur ‚Ordnung' im Zusammenleben der Menschen" (Zitate von Lehrern/innen nach Becker et al. 1967: 134) denken. Becker u. a. konstatieren, dass hier im Vergleich zur früheren ‚Erziehung zum Staat' nur der Begriff des ‚Staates' durch den der ‚Gemeinschaft' ausgetauscht wurde und die Politiklehrer/innen sich im Wesentlichen „an der ‚Ordnung' des menschlichen Zusammenlebens" (ebd. 1967: 134) orientieren. Typisch dafür ist, dass die Pflichten und die Verantwortung gegenüber dem Staat und der Gemeinschaft sowie Disziplin und Ordnung im Vordergrund stehen. Aufgabe der politischen Bildung sei es demnach, Wissen über die Aufgabe und das Wirken von Gemeinschaften im Nah- wie Fernraum der Schüler/innen zu vermitteln sowie „‚auf das Gemeinschaftliche hin (zu) erziehen'"(Zitat eines Lehrers/in nach Becker et al. 1967: 135). Diese Auffassungen sind nach Ansicht von Becker u. a. kaum „von explizit obrigkeitsstaatlichen" (ebd. 1967: 135) zu unterscheiden. Von Volksschullehrern/innen wird Politikunterricht zum Teil auch als „Sozialerziehung des Kindes" bzw. „als säkularisierter Religionsunterricht verstanden" (ebd. 1967: 136), in dem es eher darum geht, zu Toleranz, Partnerschaft und Gemeinschaftsgefühl zu erziehen. Becker u. a. stellen fest, dass „nur ganz wenige Lehrer – in erster Linie die, welche an Sozialkunde reges Interesse zeigen – (...) sich des harmonisierenden Charakters solcher Auffassungen von Gemeinschaft und Partnerschaft bewußt [sind]" (ebd. 1967: 136) und einen Politikunterricht, der nicht mehr als ein

Staatsbürgerkundeunterricht ist, kritisieren und ablehnen. Nur sie verknüpfen mit Demokratieerziehung die Auffassung, dass Politik mit der Vertretung von Interessen verknüpft ist und das politische System Konflikte um Macht und Einfluss reguliert. Sie versuchen den Schülern/innen daher ein Verständnis des Systems zu vermitteln sowie ihnen beizubringen die eigenen Interessen zu vertreten. Die große Mehrheit der Politiklehrer/innen ist jedoch uninteressiert und richtet den eigenen Unterricht entsprechend ihrem undifferenzierten, unreflektierten Politik- und Gesellschaftsverständnisses aus (vgl. ebd. 1967: 137). Sie verstehen ihre Rolle als parteipolitisch neutral, obwohl ihr Unterricht keineswegs neutral ist, wie Becker u. a. (1967: 140) anmerken. Auch verzichten sie weitgehend darauf, Interessensgegensätze, soziale und politische Konflikte zu besprechen (vgl. ebd. 1967: 142). Parteien und Gewerkschaften, die partikulare Interessen vertreten, werden von den Politiklehrern/innen negativ als gegen das Gemeinwohl gerichtet verstanden. Dabei kommt eine Unkenntnis der Politiklehrer/innen gegenüber sozialen, gesellschaftlichen und politischen Zusammenhängen sowie der Wirkung von Machtverhältnissen zu Tage. Entsprechend den Äußerungen von Schülern/innen und Politiklehrern/innen dominiert demzufolge im Unterricht eine „formale Institutionenkunde und die Vermittlung von Kenntnissen über aktuelle Ereignisse" (ebd. 1967: 146). Da das Bildungsziel der Demokratieerziehung vorwiegend als Staatsbürgerkunde von den Politiklehrern/innen interpretiert wird, werden die Schüler/innen dabei auch nicht wirklich zu aktiven Bürgern/innen in der Demokratie erzogen, sondern die Unterrichtspraxis trägt vielmehr zu einem politischen Desinteresse bei (vgl. ebd. 1967: 147/149). Als ursächlich sehen Becker u. a., zum einen die fehlende Reflexion der Politiklehrer/innen – und zwar der eigenen Erfahrungen im Nationalsozialismus sowie der sozialen und politischen Realität (vgl. ebd. 1967: 151, 162 ff.), so dass „Restbestände autoritärer Ideologie (…) fortleben" (ebd. 1967: 161 f.). Und zum anderen „verfügen die Lehrer über keinen angemessenen Begriff der Demokratie" (ebd. 1967: 156). Demokratie gilt als Ideal, womit die Politiklehrer/innen meist die Verfassung verbinden, die jedoch eher als „Normenkatalog" (ebd. 1967: 155) für vorbildliches politisches Verhalten verstanden wird. Ferner sehen Becker u. a. es als problematisch an, dass Demokratie „als nur eine Herrschaftsform neben anderen" (ebd. 1967: 156) verstanden wird und es vorrangig um die Sicherung des Gemeinwohls geht. Demokratie erscheint damit austauschbar, Unterschiede zwischen einer Demokratie und anderen Herrschaftsformen kommen nicht zum Ausdruck. Zudem werden Herrschaftssysteme allgemein, das heißt sowohl Demokratien als auch Diktaturen, nicht als Systeme verstanden, sondern personalisiert. Politik wird damit als abhängig von Personen mit guten oder schlechten Eigenschaften begriffen und damit enorm vereinfacht dargestellt.

In den Ergebnissen von Becker u. a. wird deutlich, dass Demokratielehren stark verknüpft ist mit dem eigenen Verständnis von Demokratie und Politik. Auch wird – ähnlich wie bei Drygalla – deutlich, dass die politische Sozialisation der Politiklehrer/innen, hier durch den Nationalsozialismus, auch in ihrem Verständnis von Demokratie und Demokratieerziehung fortwirkt. Dies geschieht zudem im besonderen Maße, wenn die eigene Vergangenheit wenig reflektiert und gegebenenfalls sogar verklärt wird. Zu unterscheiden sind nur jene Politiklehrer/innen, die sich selbst für Politik und Politikunterricht interessieren und die sich aufgrund dessen stärker mit Politik und deren Vermittlung an Schüler/-innen befassen. Es ist folglich anzunehmen, dass ein Interesse leitend ist für eine differenzierte Auseinandersetzung mit Politik im Politikunterricht sowie mit der eigenen Rolle als Politiklehrer/in.

In der etwas älteren Studie von Dann u.a. (1978) wird der Einstellungswandel von 2000 jungen Lehrern/innen unabhängig von ihrem Fach in einer Längsschnittstudie untersucht. Ausgegangen wird von der Annahme, dass liberale, demokratische Einstellungen notwendig sind, um den Bildungsauftrag von Schule, Schüler/innen zur Teilhabe in der Demokratie zu befähigen, im Unterricht umzusetzen. Dann u.a. stellen fest, dass die Einstellungen von Lehramtsstudierenden während ihres Studiums liberaler und progressiver werden (vgl. Dann et al. 1978: 32ff.). Sie sind kritischer, aufgeschlossener gegenüber Reformen und einem an den Schüler/innen orientierten Unterricht. Eine erste Verunsicherung in ihren Einstellungen ist während des Praktikums in der Schule zu beobachten, was sich danach in einer stärkeren Befürwortung von Disziplinierungs- und Kontrolltechniken im Unterricht ausdrückt. Sobald die jungen Lehrer/innen dann ganz in der Schulpraxis sind, verändern sich ihre Einstellungen deutlich. Versuchen sie zu Beginn noch einen demokratischen Unterrichtsstil, neigen sie mit der Zeit stärker zu konformem Verhalten und einer konservativen Sicht auf die Gesellschaft (vgl. ebd. 1978: 37). Die Hauptursache dafür sehen Dann u.a. darin, dass die jungen Lehrer/innen in der Schule recht schnell auf Schwierigkeiten treffen (vgl. ebd. 1978: 335ff.). Sie können die Ideen aus dem Studium nicht umsetzen, da zum einen die Schüler/innen einen anderen Unterrichtsstil gewohnt sind und unsicher und undiszipliniert reagieren, und zum anderen gibt es auch von Kollegen/innen und Vorgesetzten einen indirekten bzw. subtilen Anpassungsdruck an die traditionelle Unterrichtspraxis. Das heißt, sie erleben Schule als hierarchische, bürokratische Organisation, in der Demokratie keinen Raum hat und verschieben daraufhin eine schülerorientierte Haltung schnell in eine autoritäre Richtung.

Ähnlich wie die Studie von Drygalla wird auch in dieser Studie nur das explizite, theoretische Wissen von Lehrern/innen untersucht. Es ist demnach offen, inwiefern diese Einstellungen sich mit den (Handlungs-)Orientierungen der Lehrer/innen für ihren Unterricht decken, das heißt inwiefern sie wirklich handlungsleitend sind. Auch ist die Studie selbst natürlich schon älter und die Bedingungen in der Lehramtsausbildung und in der Schulpraxis haben sich durchaus verändert. Von daher ist fraglich, ob ein ähnlicher Einstellungswandel heute bei jungen Lehrern/innen ebenfalls in dem Maße festzustellen ist. Nichtsdestotrotz weist diese Studie darauf hin, dass auch die Schule als Erfahrungsraum auf die Unterrichtspraxis der Lehrer/innen einwirkt und gegebenenfalls wirkmächtiger ist als andere.

Ich folgere daraus für meine eigene Untersuchung, dass ich auch das Verhältnis zu Kollegen/innen und Vorgesetzten sowie das Erleben von Demokratie in der Schule allgemein in die Analyse der Interviews einbeziehen muss.

1.2.3 Unterrichtsforschung zu Demokratielehren und -lernen

Im Folgenden nehme ich ausgewählte Forschungsarbeiten aus der Unterrichtsforschung, die sich mit Demokratielehren und -lernen im Unterricht beschäftigen, in den Blick. Sie sind vor allem deshalb interessant, da sie einen Bezug zum Verständnis von Politiklehrern/innen zu Demokratie und Demokratielehren herstellen, um die Forschungsbefunde aus den Unterrichtsbeobachtungen zu erklären.

Das Forschungsprojekt ‚Demokratie lernen und leben durch kognitive Anerkennung‘[23] von Henkenborg u. a. (2007, 2008), das die Implementierung schülerorientierter bzw. aktivierender Unterrichtsmethoden mittels Unterrichtsbeobachtung sowie Gruppendiskussionen und Interviews mit Gemeinschaftskundelehrern/innen und Schülern/innen in Sachsen untersucht, fokussiert den Unterricht ostdeutscher Gemeinschaftskundelehrer/innen und schließt an die Erkenntnisse über die Alltagsphilosophien ostdeutscher Politiklehrer/innen von Henkenborg (2006) an.

Hierin wird deutlich, dass die im Projekt beteiligten Gemeinschaftskundelehrer/innen zwar Demokratielernen durch schüleraktivierende Methoden ermöglichten, aber den Erwartungen der Schüler/innen nur bedingt gerecht werden konnten und sich professionelle Defizite in der Unterrichtsgestaltung zeigten. Daraufhin wurden Ursachen für diese Differenzen gesucht und hierbei u. a. auch ein Bezug zu den Ideen der Gemeinschaftskundelehrer/innen von Demokratielernen und ihrem zugrundeliegenden Verständnis von Demokratie hergestellt. So ist die unzureichende Implementierung von schülerorientierten und -aktivierenden Methoden unter anderem darauf zurückzuführen, dass den Gemeinschaftskundelehrern/innen das Bildungsziel und der Nutzen des Faches Politik unklar ist und insbesondere die Idee des Demokratielernens ihnen (und auch

23 Es handelt sich bei diesem Projekt um eine Evaluation des sächsischen Modellprojektes „Schule und Unterricht demokratisch gestalten“, einem Teilprojekt des bundesweiten Modellprojektes „Demokratie lernen und leben“ der Bund-Länder-Kommission für Bildungsplanung und Forschungsförderung (BLK). Der Fokus der Untersuchung lag auf den Modulen ‚Unterricht‘ und ‚Partizipation‘ (Henkenborg et al. 2008: 10).

den Schülern/innen[24]) kaum fassbar erscheint (vgl. Henkenborg et al. 2008: 122). Demokratielernen wird dabei nicht abgelehnt. Aber „wenn die befragten Lehrer etwas mit Demokratielernen assoziieren, dann ist das entweder sehr allgemein oder reduziert sich im Kern auf das Vermitteln von Kenntnissen über das politische System der Bundesrepublik Deutschland, das dann im Gemeinschaftskundeunterricht stattfinden soll" (ebd. 2008: 122)[25]. Im Unterricht dominiert ein „traditioneller institutionenkundlicher Zugriff auf das Politische" (ebd. 2008: 125). Politik als Prozess und die ihr innewohnende Kontroversität werden dagegen stark vernachlässigt (vgl. ebd. 2008: 125). Dies wird damit begründet, dass Gemeinschaftskundelehrer/innen zum einen oft ein Idealbild einer konfliktfreien Gesellschaft haben, wonach Streit eher unangebracht ist und nicht zur demokratischen Lösung von Konflikten herangezogen wird (vgl. ebd. 2008: 126). „Demokratie scheint für Lehrer etwas zu sein, was durch Harmonie und Einvernehmen der Beteiligten gekennzeichnet sein sollte" (ebd. 2008: 126). Zum anderen sind sich Gemeinschaftskundelehrer/innen auch oft unsicher und haben Angst vor dem Konflikt, da sie befürchten die Diskussion nicht mehr steuern zu können.

Diese Ergebnisse geben einen ersten Eindruck davon, über welches explizite Verständnis von Demokratie und Demokratielehre ostdeutsche Politiklehrer/innen verfügen und inwiefern sich dies auch im Unterricht spiegelt. Das Verständnis der ostdeutschen Politiklehrer/innen wird dabei jedoch eher negativ gerahmt, da sie nicht der normativen Vorstellung, die dieser Evaluationsstudie zugrunde liegt, entsprechen. Eine Ursache dafür ist sicherlich der evaluative Charakter der Studie, in dem – wenn auch in einem offenen Vorgehen – überprüft wurde, wie die Module ‚Unterricht' und ‚Partizipation' des Modellprojektes im Unterricht umgesetzt wurden. Dabei werden die Ideen von Demokratielernen und das Verständnis von Demokratie als Erklärungsansatz für die Differenzen in der Unterrichtspraxis herangezogen. Die Ideen und Verständnisse der Politiklehrer/innen standen damit nicht selbst im Vordergrund der Untersuchung. Infolgedessen bleibt ihre Untersuchung im Rahmen des Forschungsprojektes auch eher unsystematisch und oberflächlich. In der vorliegenden Untersuchung soll dagegen die Rekonstruktion der Orientierungen der Politiklehrer/innen zu Demokratielehren und Demokratie im Fokus stehen.

---

24 Eine andere Studie (außerhalb dieses Projektkontextes) von Heidemeyer (2006, 2009) fokussiert die Untersuchung der Demokratievorstellungen von Schülern/innen (siehe auch Heidemeyer/Lange 2010).

25 Damit werden Ergebnisse einer ersten Evaluierung des BLK-Programms (Klieme et al. 2004) bestätigt, die festgestellt hatte, dass den Schulen die Idee und die Ziele von Demokratielernen an der Schule unklar sind und eine Zielklärung bis dato kaum erfolgt ist (ebd. 2004: 33).

1.2.4 Zentrale Vorannahmen

Aus der kritischen Betrachtung der bisherigen Forschungsarbeiten lassen sich folgende Vorannahmen für die vorliegende Untersuchung ableiten:

Erstens) ist davon auszugehen, dass die Politiklehrer/innen überwiegend mit dem Bildungsziel des Faches übereinstimmen, dieses jedoch in der Praxis unterschiedlich auslegen. Dementsprechend ist zweitens) anzunehmen, dass Politiklehrer/innen über unterschiedliche Orientierungen zu Demokratielehren und Demokratie verfügen. In Anbetracht der Ergebnisse aus der Unterrichtsforschung von Henkenborg u. a. denke ich drittens), dass Orientierungen zu Demokratielehren und Demokratie aufeinander bezogen sind.

Viertens) verweisen viele der bisherigen Untersuchungen auf eine Bestimmung der Handlungsorientierungen durch unterschiedliche Sozialisationsinstanzen, die da wären: die eigene Schul- und Unterrichtserfahrung der Politiklehrer/innen mit Lehrern/innen als Schüler/in in ihrer eigenen Schulzeit; das von ihnen erlebte politische Zeitgeschehen; ihr Studium und ihr Erleben der Schulen, an denen sie als Politiklehrende in ihrem bisherigen Berufsleben bereits unterrichtet haben bzw. aktuell unterrichten. Ich gehe davon aus, dass diese Sozialisationsinstanzen ansatzweise auch in den Interviews deutlich werden, jedoch stellt eine Bestimmung dieser im Zuge der Analyse nicht den zentralen Fokus dieser Studie dar und wird folglich ausgeklammert.

Fünftens) ist zu erwarten, dass das eigene Interesse an Politik und Politikunterricht sowie eigene politische Tätigkeiten innerhalb oder auch außerhalb von Schule die Orientierung zu Demokratielehren und Demokratie sowie gegebenenfalls auch den eigenen Reflexionsgrad darüber bestimmen. Auch hier nehme ich an, dass das eigene politische Interesse und mögliche Engagement der Politiklehrer/innen als Bürger/innen Thema in den Interviews sein wird. Die Rekonstruktion eines Zusammenhangs stellt jedoch, auch wenn es interessant ist, ebenfalls keinen zentralen Fokus dieser Studie dar.

1.3 Aufbau der Arbeit

In der rekonstruktiven Sozialforschung steht die Entscheidung für eine Metatheorie und die Klärung der zentralen metatheoretischen Begriffe zu Beginn des Forschungsprozesses, da damit nicht nur ein bestimmter Forschungszugang gewählt wird, sondern auch ein spezifischer Blick auf die soziale Wirklichkeit (vgl. Przyborski/Wohlrab-Sahr 2014: 25 ff.). Metatheorien zeichnen sich dadurch aus, dass sie „als Disziplin, fach- und damit domänenübergreifende Theorien des Sozialen bzw. zu sozialer Wirklichkeit“ (Dörner/Schäffer 2012: 16) verstanden werden. Sie besitzen einen hohen Abstraktionsgrad und erzielen damit eine große Reichweite. Zu unterscheiden sind hiervon fachbezogene Grundlagentheorien (auch als Theorien mittlerer Reichweite verstanden) und gegenstandsbezogene Theorien, die als Ergebnis am Ende der Untersuchung stehen.

Kapitel 2 befasst sich daher in einem ersten Teil mit metatheoretischen Überlegungen zu dieser Untersuchung. Hier wird in die praxeologische Wissenssoziologie nach Mannheim sowie dessen weitere Ausarbeitung durch Bohnsack als Metatheorie dieser Arbeit eingeführt, um zentrale metatheoretische Begriffe nachzuvollziehen und somit die Analyseeinstellung, die dieser Studie zugrunde liegt, zu klären. Daran schließt sich ein zweiter Teil an, in dem eine Klärung des Verhältnisses von Metatheorie und fachbezogenen Grundlagentheorien erfolgt. Hierbei beziehe ich mich auf die Professionstheorie und -forschung zu Lehrern/-innen und gehe dabei auch auf die politikdidaktische Bezugnahme auf diese Diskurse ein.

In der Professionstheorie und -forschung zu Lehrern/innen wird das Verständnis von Wissen und Handeln seit den 1980er Jahren sehr stark diskutiert und es gibt auch hier unterschiedliche Theorien und Modelle darüber, welches Wissen für das Handeln der Lehrer/innen im Unterricht handlungsleitend ist. Da sich die vorliegende Untersuchung mit dem impliziten, handlungsleitenden Orientierungswissen von Politiklehrern/innen beschäftigt, besteht eine Notwendigkeit, die Untersuchung in diesem Diskurs auch zu verorten. Dafür muss geprüft werden, welches Verständnis des Zusammenhangs von Wissen und Handeln aus der Professionstheorie und -forschung zu Lehrern/innen an die Wissenssoziologie anschlussfähig ist, das heißt, welche Theorie bzw. welches Modell in seinem erkenntnistheoretischen Zugang und in seinen metatheoretischen Prämissen, insbesondere in seinem Verständnis impliziten Wissens mit dem der Wissenssoziologie übereinstimmt. Insgesamt wird damit in diesem zweiten Teil von Kapitel 2 aufgezeigt, welche Differenzen und Anschlüsse es zur Professionstheorie/-forschung zu Lehrern/innen gibt. Dies ermöglicht zum Ende des Kapitels eine Präzisierung der Fragestellung und damit des Forschungsgegenstandes.

Ich verzichte an dieser Stelle auf ein eigenes Kapitel zur politikdidaktischen Professionstheorie und -forschung, da diese sich weitgehend an den erziehungswissenschaftlichen Diskurs der Professionstheorie und -forschung zu Lehrern/-innen anlehnt und die für diese Arbeit relevanten Forschungsarbeiten bereits im Forschungsstand dargestellt und eingehender diskutiert wurden.

In Kapitel 3 wird das Forschungsdesign der realisierten Untersuchung dargestellt, um nachvollziehbar zu machen, wie die Untersuchung durchgeführt wurde. Einleitend verorte ich die Forschungsarbeit kurz methodologisch in der qualitativ-rekonstruktiven Sozialforschung. Daran anschließend wird geklärt, wie die Fallauswahl in der Datenerhebung und -auswertung sowie der Zugang zum Feld erfolgte, wie die Datenerhebung geplant und durchgeführt wurde, und wie die Daten danach mit der dokumentarischen Methode der Interpretation ausgewertet wurden. Als Teil dessen verdeutliche ich auch, wie man mit Hilfe der dokumentarischen Methode zu einer sinngenetischen Typenbildung gelangt und im nächsten Schritt in der relationalen Typenbildung Verbindungen zwischen den sinngenetischen Dimensionen aufzeigen kann. Abschließend erfolgt in diesem dritten Kapitel eine Selbstreflexion als Forscherin.

Kapitel 4 umfasst die Darstellung der Ergebnisse. Hier stelle ich die vier erarbeiteten Typiken vor: 1) die sinngenetische Typik I *Modi des Demokratielehrens* und hier *implizit zugrundeliegende Demokratieverständnisse*, 2) die sinngenetische Typik II *implizites Selbstbild als Politiklehrer/in*, 3) die *relationale Typik*, die Verbindungen zwischen den Modi des Demokratielehrens und dem impliziten Selbstbild als Politiklehrer/in in den Demokratie-Lehrpraktiken aufzeigt und 4) die sinngenetische Typik III *Modi des Umgangs mit Anforderungen an den Politikunterricht*. Die Typiken werden jeweils kurz eingeführt und dann die auf Basis der Interviewdaten rekonstruierten Typen ausführlicher dargestellt und durch Zitate aus den Interviews mit den Politiklehrern/innen empirisch illustriert.

Kapitel 5 bildet das Resümee dieser Arbeit. In diesem fasse ich zu Beginn noch einmal überblicksartig und stark verdichtet die Ergebnisse zusammen und daran anschließend verorte ich die Ergebnisse im Fachdiskurs. Ziel dieser Diskussion der empirischen Ergebnisse ist es, der Frage nachzugehen, inwiefern die typisierten Handlungsorientierungen auch einer professionellen Lehr-/Unterrichtspraxis im Fach entsprechen, und ausgehend davon zu überlegen, welche Schlüsse daraus für die Lehrer/innenbildung zu ziehen sind. Konkret werden die Ergebnisse vor dem Hintergrund des politikdidaktischen und des demokratiepädagogischen Diskurses reflektiert sowie im weiteren Diskurs der Professionsforschung/-theorie zu Lehrkräften verortet. Darüber hinaus schließe ich mit den Ergebnissen aus der sinngenetischen Typik III *Modi des Umgangs mit Anforderungen an den Politikunterricht* an Forschungsarbeiten an, die sich ebenfalls mit der Bearbeitung von Spannungen zwischen handlungsleitenden Orientierungen (bzw. übergeordnet dem Lehrer/innenhabitus) und Normen, mit denen sich Lehrer/-innen in ihrer Praxis auseinandersetzen müssen, befassen, und reflektiere die Ergebnisse unter Bezugnahme auf einschlägige Theorien. Dabei gehe ich noch einmal gesondert auf das Zusammenwirken von Handlungsorientierungen des Demokratielehrens und einer spezifischen Schulkultur an der Einzelschule von Politiklehrenden ein. Abschließend stelle ich in diesem Kapitel Schlussfolgerungen aus der Diskussion der Ergebnisse für die Lehrer/innenbildung vor.

In dem letzten Kapitel 6 dieser Arbeit zeige ich Grenzen der Untersuchung auf und gebe Anregungen für weitere Forschungsarbeiten im Anschluss an die von mir realisierte Untersuchung.

2. Methodologische Verortung und metatheoretische Überlegungen zum Zusammenhang von Handeln und Wissen von Lehrern/innen im Unterricht

Die vorliegende Untersuchung will einen Einblick in ein nahezu unbekanntes Forschungsfeld erlangen. Sie ist demnach ergebnisoffen und folgt dem Ansatz der gegenstandsbegründeten Theoriebildung (vgl. Flick 2012: 124). Dies bedeutet jedoch nicht, dass diese Arbeit theoriefrei wäre. In der deutschsprachigen qualitativen Sozialforschung ist es mittlerweile Konsens, „dass es keine theoriefreie Interpretation qualitativer Daten geben kann" (Nohl 2017a: 105). Folglich bestimmt und leitet die Wahl einer Metatheorie den Blick auf die soziale Wirklichkeit. Metatheorien zeichnen sich dadurch aus, dass sie „als disziplin-, fach- und damit domänenübergreifende Theorien des Sozialen bzw. zu sozialer Wirklichkeit" (Dörner/Schäffer 2012: 16)[26] verstanden werden. Sie besitzen einen hohen Abstraktionsgrad und erzielen damit eine große Reichweite. Zu unterscheiden sind hiervon fachbezogene Grundlagentheorien (auch als Theorien mittlerer Reichweite verstanden) und gegenstandsbezogene Theorien, die als Ergebnis am Ende der Untersuchung stehen.

Metatheorien strukturieren damit auch die Interpretation qualitativer Daten (vgl. Bohnsack 2005b: 70) und dienen als „‚Sprache'" (Nohl 2017a: 107) für die empirische Analyse. Infolgedessen „fließen sie auch in die zu generierenden Gegenstandstheorien ein" (Nohl 2017a: 107). Dörner und Schäffer gehen sogar davon aus, dass Metatheorien überhaupt erst die „begriffliche[n] Mittel zur Verfügung [stellen], mit deren Hilfe Gegenstandstheorien (...) konstituiert werden können" (vgl. Dörner/Schäffer 2012: 16). Die Wahl der Metatheorie dient demnach dazu, zum einen das Verständnis des Forschungsgegenstandes

26 In der Literatur werden die Begriffe Metatheorie, Grundlagentheorie und gegenstandsbezogener Theorie zum Teil etwas unterschiedlich belegt. Kubisch und Störkle unterscheiden in Anlehnung an Bohnsack (2014b: 222) und Przyborski und Wohlrab-Sahr (2014: 25 ff.) nur zwischen Metatheorien und gegenstandsbezogenen Theorien, wobei Metatheorie hier die Klärung grundlegender Begriffe, die die Analyseeinstellung fassen, meint und gegenstandsbezogene Theorien jene Theorien sind, die am Ende einer rekonstruktiven Untersuchung als Ergebnis stehen (vgl. Kubisch/Störkle 2016: 57). Dörner und Schäffer unterscheiden im Prinzip Grundlagentheorien mit großer Reichweite, die sich durch ihr hohes Abstraktionsniveau auszeichnen (hier als Metatheorien bezeichnet), von Grundlagentheorien im Fach, die eine geringere Reichweite besitzen (hier als Grundlagentheorien bezeichnet) (vgl. Dörner/Schäffer 2012).

zu schärfen, und zum anderen auch das Erhebungs- und Auswertungsverfahren zu bestimmen.

In diesem Kapitel sollen daher grundlegende metatheoretische Überlegungen angestellt und diese ins Verhältnis zu relevanten fachbezogenen Grundlagentheorien gesetzt werden, um den Forschungsgegenstand selbst und die Forschungsperspektive, die hier eingenommen wird, zu klären.

In der empirischen Untersuchung der vorliegenden Studie wird der Frage nachgegangen, welche Orientierungen Politiklehrer/innen zu Demokratielehren und Demokratie in Politikunterricht und Schule haben[27]. Grundlegend soll demnach ein handlungspraktisches Wissen der Politiklehrer/innen rekonstruiert werden. Die vorliegende Untersuchung folgt damit einem qualitativ-rekonstruktiven Forschungszugang.

Ziel rekonstruktiver Sozialforschung ist es, „die Konstruktion von Wirklichkeit zu rekonstruieren, welche die Akteure in und mit ihren Handlungen vollziehen" (Meuser 2011: 140). Diese Wirklichkeitskonstruktionen sind in der Regel „keine bewusst vorgenommenen und intentional gesteuerten Akte, sie geschehen gewissermaßen en passant im Routinehandeln" (ebd. 2011: 140). Damit ist das Wissen, das die Akteure über ihre Handlungspraxis haben, kein bewusst abrufbares Wissen, sondern ein implizites, in der Handlungspraxis eingelassenes Wissen. Rekonstruktive Verfahren analysieren somit die impliziten Wissensbestände und impliziten Regeln sozialen Handelns (ebd. 2011: 140)[28]. Da dieses Wissen für die Untersuchungssubjekte, hier die Politiklehrer/innen, nicht direkt kommunikativ verfügbar ist, wurden in der rekonstruktiven Sozialforschung methodische Zugänge hierzu entwickelt, wie beispielsweise die objektive Hermeneutik, die Grounded Theory, die Narrationsanalyse oder die dokumentarische Methode der Interpretation (vgl. Bohnsack 2014b; Przyborski/Wohlrab-Sahr 2014). Diese stehen in unterschiedlichen metatheoretischen Traditionen. Kruse macht entsprechend kritisch darauf aufmerksam, dass „die Rekonstruktion von ‚Sinn hinter dem Sinn' selbst sehr unterschiedlich konzipiert wird (…) und es hier ein Kontinuum zwischen der Fokussierung des Subjektiven und der Fokussierung des Kollektiven [gibt]" (Kruse 2014: 24 f.).

In der vorliegenden Untersuchung beziehe ich mich auf die praxeologische Wissenssoziologie als Metatheorie (siehe u. a. Bohnsack 2017), da in dieser durch Mannheim und daran anknüpfend durch Bohnsack das Verhältnis von Wissen

27 An die empirische Arbeit schließen dann zwei weitere Forschungsfragen an, die die Bedeutung der Ergebnisse fokussieren.

28 Die qualitative Inhaltsanalyse (siehe Mayring 2015), eine der am stärksten verbreiteten Methoden in der qualitativen Forschung, verbleibt vergleichsweise bei einer Analyse der inhaltlichen Äußerungen – auch dann, wenn für die Auswertung induktiv Kategorien am Material gebildet werden (vgl. Kruse 2014: 407 ff.). Sie ist somit nicht in der Lage, die Art und Weise von Formulierungen oder einer Interaktion zu erfassen. Es handelt sich aus diesem Grund nicht um einen rekonstruktiven Forschungszugang.

und Handeln geklärt wird und dabei die Aneignung von Wissen in einen gesellschaftlichen Kontext gestellt wird. Wissen unterliegt hiernach einer sozialen bzw. gesellschaftlichen Bedingtheit. Mit der Entscheidung für die praxeologische Wissenssoziologie als Metatheorie geht auch die Wahl für eine Methode, nämlich die dokumentarische Methode der Interpretation zur Analyse der Daten einher. Diese steht in der Tradition der Wissenssoziologie von Mannheim (siehe Kapitel 2.1) und eröffnet hierdurch einen Zugang zum impliziten handlungsleitenden Wissen der Akteure und folglich auch zu ihrer Handlungspraxis. „Die Rekonstruktion der Handlungspraxis zielt auf das dieser Praxis zugrunde liegende habitualisierte und z. T. inkorporierte Orientierungswissen, welches dieses Handeln relativ unabhängig vom subjektiv gemeinten Sinn strukturiert" (Bohnsack et al. 2013b: 9). Zudem ermöglicht die dokumentarische Methode eine Rekonstruktion der konjunktiven Erfahrungsräume bzw. des Habitus der Untersuchungspersonen, da sich dieser ebenso in den Beschreibungen und Erzählungen der Untersuchungspersonen dokumentiert (vgl. Meuser 2013: 234).

In diesem Kapitel werde ich in einem ersten Abschnitt (Kapitel 2.1) eingehender in die Wissenssoziologie nach Mannheim (1980b, 2009c, 2015a) sowie die weiterführende Ausarbeitung zur praxeologischen Wissenssoziologie durch Bohnsack (vgl. Bohnsack 2011b, 2014b, 2017) einführen. Hierfür wird der Frage nachgegangen, wie der Begriff des impliziten Wissens gefasst wird und in welchem Verhältnis er zum Handeln, das heißt zu den Praktiken von Subjekten steht. Daran anschließend soll geklärt werden, wie sich Subjekte dieses Wissen aneignen und es lernen. Dabei wird auf die soziale Gebundenheit des Wissens („Seinsverbundenheit"[29]) eingegangen. Zuletzt betrachte ich in diesem einführenden metatheoretischen Abschnitt, wie Mannheim die Analyse der Seinsverbundenheit mit der dokumentarischen Methode in Grundzügen entworfen und gedacht und wie Bohnsack daran anknüpfend die dokumentarische Methode weiterentwickelt hat[30].

Darauf folgt in einem zweiten Abschnitt (Kapitel 2.2) die Klärung des Verhältnisses von praxeologischer Wissenssoziologie als Metatheorie zu fachbezogenen Grundlagentheorien. Hier werden Bezüge zwischen der praxeologischen Wissenssoziologie und der erziehungswissenschaftlichen Professionstheorie/-forschung von Lehrern/innen aufgezeigt, um den Forschungsgegenstand der

29 Bei der Seinsverbundenheit bzw. auch Seinsgebundenheit des Denkens handelt es sich um einen Schlüsselbegriff aus Mannheims Wissenssoziologie, in dem die soziale Bedingtheit von Wissen zum Ausdruck kommt. Dieser ist mittlerweile in den allgemeinen Wortschatz der Wissenssoziologie übergegangen und wird in der Literatur nicht mehr original zitiert. Auch weitere Originalbegriffe, wie das konjunktive und kommunikative Wissen etc. werde ich nicht zitieren, aber im entsprechenden Kapitel, in dem sie genauer erklärt werden, kursiv setzten, um sie zu kennzeichnen.

30 Das konkrete Vorgehen in der Interpretation mit der dokumentarischen Methode wird jedoch erst im folgenden Kapitel als Teil des Forschungsdesigns erklärt (siehe Kapitel 3.3).

Orientierungen von Politiklehrern/innen zu Demokratielehren und Demokratie im Fachdiskurs näher zu bestimmen und zu verorten. Die Professionstheorie/-forschung interessiert sich bereits seit längerem für dieses Verhältnis, insbesondere mit dem Ziel, das professionelle Können von Lehrern/innen in der Aus- und Fortbildung besser fördern zu können. Entsprechend gibt es einen breiten Diskurs sowie verschiedene Forschungszugänge, die den Zusammenhang von (implizitem) Wissen und Handeln bzw. Können versuchen zu erklären.

Abschließend sollen ausgehend von diesen Erkenntnissen die Fragestellung und damit der Forschungsgegenstand präzisiert werden.

2.1 Kernkonzepte der Praxeologischen Wissenssoziologie

Mannheim gilt zusammen mit Scheler als Begründer der Wissenssoziologie (vgl. Barboza 2009: 7; Endreß 2007: 77; Maasen 2015: 9). Die Wissenssoziologie hat zum Ziel, diejenigen „historischen und kulturellen Faktoren [zu bestimmen bzw. zu analysieren], die das Denken beeinflussen (...)" (Maasen 2015: 8). Es geht darum, den Zusammenhang zwischen Wissen, Handeln und Gesellschaft zu erkunden (vgl. Knoblauch 2013).

Mannheim begründete seine Wissenssoziologie in den 1920er Jahren, kurz nachdem er von Ungarn nach Deutschland ins Exil gegangen war. Seines Erachtens kommt im Wissen die Standortgebundenheit des/r Denkenden bzw. Handelnden zum Ausdruck, was er als *Seinsverbundenheit des Wissens* bezeichnet (vgl. Maasen 2015: 24). Das heißt, in den Äußerungen, den Urteilen und den Handlungen eines Menschen dokumentiert sich seine *Weltanschauung*, wie Mannheim es in seiner Schrift *Beiträge zur Theorie der Weltanschauungs-Interpretation* (Mannheim 1921, 1964a, 2009a) und in seinem erst später veröffentlichen Manuskript *Über die Eigenart kultursoziologischer Erkenntnis* (Mannheim 1922, 1980c) darstellt.

Bohnsack hat in den 1980er Jahren die von Mannheim entwickelte dokumentarische Methode der Interpretation für seine Forschungsarbeiten aufgegriffen und im Anschluss an die Ethnomethodologie Garfinkels sowie die Kultursoziologie Bourdieus weiterentwickelt. Die Grundlagentheorie der dokumentarischen Methode bezeichnete Bohnsack dann in Anlehnung an die Terminologie von Bourdieu als *praxeologische Wissenssoziologie* (vgl. Bohnsack 2007, 2011b, 2014b, 2017).

Bourdieu (1976) bezeichnete seinen Ansatz und sein Vorgehen als ‚praxeologisch' (siehe auch Janning 1991) und brachte damit das Ziel seiner Arbeit zum Ausdruck, die Logik der Praxis zu verstehen und ihre soziale Bedingtheit nachzuvollziehen. Dafür suchte Bourdieu, wie auch Mannheim, einen Zugang zu den Regeln und zu dem Wissen, die der Praxis immanent sind. Auf dieser Suche nach einer angemessenen Methode kritisiert er bisher verwendete Herangehensweisen in der Forschung (objektivistische/Strukturalismus und subjektivistische/phänomenologische Methode) und entwickelt einen dritten Weg zwischen Subjektivismus und Objektivismus, den er als praxeologische Erkenntnisweise bezeichnet. Mit dieser entwickelte er einen Zugang „der der gesellschaftlichen Strukturiertheit ebenso wie der Handlungsproduziertheit der sozialen Welt gerecht zu werden sucht" (Müller 2016: 27). Indem Bohnsack den Begriff ‚praxeologisch' aufgreift, teilt er in der praxeologischen Wissenssoziologie Bourdieus Perspektive, die in ähnlicher Weise bereits in Mannheims Schriften zur Wissenssoziologie verankert ist.

Die praxeologische Wissenssoziologie teilt mit anderen praxistheoretischen Ansätzen die Grundposition, dass Praktiken, bestehend aus routinierten Bewegungen und Aktivitäten des Körpers, die kleinste Einheit des Sozialen sind (vgl. Reckwitz 2003: 290). Der Vollzug von Praktiken, das heißt von Handeln, setzt „eine ‚Inkorporierung' (Bourdieu) von Wissen, eine Inkorporierung von know how und praktischen Verstehens voraus" (ebd. 2003: 290). Handeln ist damit eine wissensbasierte Tätigkeit. Das hier gebrauchte Wissen ist gemäß praxistheoretischer Ansätze vorwiegend implizit; das heißt, dem Handeln gehen keine theoretischen Überlegungen oder Überzeugungen voraus, sondern Wissen ist als Teil der Praxis zu begreifen und damit immer als Teil einer sozialen Praktik zu rekonstruieren (vgl. ebd. 2003: 292).

Im Folgenden sollen die Grundannahmen und zentralen metatheoretischen Begriffe der Wissenssoziologie von Mannheim und Bohnsack geklärt werden. Dabei wird auch auf Theoriebezüge und -traditionen eingegangen, durch die Bohnsack die praxeologische Wissenssoziologie beeinflusst sieht. Für die vorliegende Untersuchung sind dabei insbesondere die Bezüge auf Polanyis Begriff des *tacit knowledge*, Bourdieus Begriff des inkorporierten Wissens, sein Habituskonzept sowie Bohnsacks eigene Ausarbeitung zum Milieu relevant.

2.1.1 Die Idee des konjunktiven respektive impliziten Wissens

Für die praxeologische Wissenssoziologie ist die Unterscheidung zwischen *konjunktivem* und *kommunikativem* Wissen zentral, die auf Mannheims Unterscheidung zwischen *Verstehen* und *Interpretieren* zurückgeht (vgl. Mannheim 1980c: 73 ff., 1980a: 272 ff.). In Veröffentlichungen anderer Autoren/innen, die zeitlich nach Mannheim zu verorten sind, wird das konjunktive Wissen später auch unter dem Begriff des *impliziten* Wissens aufgegriffen und weiterverfolgt. Bohnsack übernimmt Mannheims Verständnis des konjunktiven und kommunikativen Wissens als zentrale Begriffe in die praxeologische Wissenssoziologie. In seinem Buch *Praxeologische Wissenssoziologie* verbindet er diese mit anderen theoretischen Konzepten und klärt dabei den Begriff des impliziten Wissens eingehender (vgl. Bohnsack 2017: 142 ff.). Im Folgenden soll in die Idee konjunktiven respektive impliziten Wissens eingeführt werden, um zu verdeutlichen, welche Form von Wissen in den Handlungsorientierungen zu Demokratielehren und Demokratie angelegt ist.

Mannheim befasst sich in der Differenzierung von *Verstehen* und *Interpretieren* mit der Frage, was intuitives Verstehen von theoretisch-reflexivem begrifflichem Erfassen von Handlungen, Äußerungen, Dingen etc. unterscheidet. Ein unmittelbares, intuitives Verstehen im Sinne Mannheims ereignet sich in der Handlungspraxis und setzt voraus, dass Menschen den jeweiligen Kontext der Alltagspraxis kennen, das heißt über einen gemeinsamen Erfahrungsraum bzw. Erlebniszusammenhang verfügen. Dieses Verstehen zeigt sich, so Asbrand und Martens, „performativ in den Selbstverständlichkeiten des Alltags, die nicht expliziert werden, zum Beispiel im intuitiven Verstehen körperlicher Gesten oder in den selbstverständlichen und unhinterfragten Routinen des Alltagshandelns" (Asbrand/Martens 2018: 13 f.).

Mannheim verdeutlicht dies am Beispiel der dörflichen Kultur (vgl. Mannheim 2015b: 241). Demnach verstehen die Menschen, die in einem Dorf aufgewachsen sind, das Leben dort unmittelbar. Das dörfliche Denken, Reden und Handeln ist für sie selbstverständlich. Diese geteilte geistige Existenz konstituiert sich durch einen gemeinsamen *konjunktiven Erfahrungsraum* der Mitglieder der Dorfgemeinschaft. Eine Distanzierung dazu ist nur möglich, wenn, so Mannheim, eine/r der Dorfbewohner/innen in die Stadt zieht und vor dem Hintergrund der in der Stadt gesammelten Erfahrungen auf das Dorfleben zurückschaut. Eine weitere Möglichkeit sehen Asbrand und Martens in der theoretischen Auseinandersetzung mit dem ländlichen Leben (vgl. Asbrand/Martens 2018: 14). Erst aus dieser eingenommenen theoretisch-reflexiven Beobachterperspektive, die begrifflich die Unterschiede zwischen Dorf- und Stadtleben einzuordnen weiß, kann das Dorfleben als spezifisch ‚dörflich' erfasst werden. Diese begriffliche Unterscheidung geschieht auf der Ebene des *kommunikativen Wissens*, wogegen die intuitive Verständigung der Dorfbewohner/-innen auf der Ebene des *konjunktiven Wissens* geschieht. Für sie sind der Dorfalltag und spezifische Eigenheiten der dörflichen Kultur derart selbstverständlich, dass sie diese nicht explizieren können. Für Außenstehende, die der Dorfgemeinschaft nicht angehören, ist die dörfliche Kultur in seinen Besonderheiten dagegen nur schwer nachvollziehbar. Menschen, die aus der Stadt kommen, können nur vor dem Hintergrund ihres eigenen Erfahrungsraumes versuchen, das dörfliche Leben zu verstehen. Die Kommunikation zwischen Stadt- und Dorfmenschen kann daher nicht unmittelbar erfolgen. Die Stadtmenschen greifen in der Verständigung auf allgemein verfügbares theoretisches, kommunikatives Wissen über das Landleben zurück, das ihnen jedoch nicht dabei hilft, die Selbstverständlichkeiten zu entschlüsseln. Menschen aus verschiedenen gruppenspezifischen Erlebniszusammenhängen können sich daher nur im Modus des *Interpretierens* verständigen.

Mannheim verdeutlicht das *konjunktive Verstehen* an einem weiteren Beispiel – des Knotenbindens:

> „Nehmen wir an, ich lehre jemanden ein Gewehr zu laden und anzusetzen, oder ich zeige ihm, wie er einen Knoten zu binden hat. Es ist bekannt, wie umständlich, letzten Endes sogar unmöglich es ist, solche ‚technischen Vorschriften', ‚Handgriffe' auf Begriffe zu bringen. Man müßte lange Seiten füllen, wenn man ohne originäre oder abbildliche Veranschaulichungen jemandem mitteilen wollte, wie man einen Knoten oder eine Verschnürung zu machen hat; demgegenüber kann man den ganzen Vorgang im Nu jemanden mitteilen, sobald man die Gelegenheit hat, ihn dem Betreffenden ‚vorzumachen'." (Mannheim 1980c: 73)

An diesem Beispiel wird deutlich, dass „das handlungsleitende Wissen, welches mir ermöglicht, einen Knoten zu knüpfen, (...) ein atheoretisches Wissen [ist]" (Bohnsack 2013b: 180). Das heißt, ich kann niemandem abstrakt erklären, wie ich einen Knoten binde, sondern es ihm/ihr nur durch den Vollzug der Handlungspraxis demonstrieren. Alternativ ist es nur anhand von Abbildungen möglich, jemandem zu zeigen, wie man einen Knoten bindet. Dies ist jedoch bereits deutlich komplizierter. Als Lernende/r verstehe ich im Gegenzug, wie man einen Knoten bindet, indem ich die motorischen Bewegungsabläufe nachvollziehe. Dabei handelt es sich, so Mannheim, um *vorreflexives Verstehen* (vgl. Mannheim 1980a: 272), das heißt, ich denke im Vollzug der Handlung nicht theoretisch darüber nach, was ich mache. Derjenige/diejenige, der/die bereits weiß, wie man einen Knoten bindet, versteht mich zudem unmittelbar, das heißt ohne dass ich etwas zeigen oder erklären muss. Hierbei handelt es sich um *konjunktives Verstehen* bzw. *konjunktive Verständigung*. Im Gegensatz dazu bezeichnet Mannheim die Explikation des Knotenbindens, also des intuitiven Herstellungsprozesses und des hierin eingelagerten impliziten Wissens, als *Interpretieren* (vgl. ebd. 1980a: 272). Dies erfolgt insbesondere dann, wenn Individuen einander fremd sind, also keinen gemeinsamen Erfahrungsraum teilen. Hier kommt es im Gespräch nur zu einer *kommunikativen Verständigung* (vgl. Jung 2015: 117; Mannheim 1980a: 287 ff.).

Bohnsack greift für die Auswertung von Gruppendiskussionen in dem Projekt „Kollektive Orientierungen in Gruppen Jugendlicher" (Bohnsack 2014b: 33), welches von ihm und Mangold Anfang der 1980er Jahre durchgeführt wurde (Mangold/Bohnsack 1988), auf die dokumentarische Methode Mannheims zurück, um die Orientierungen verschiedener Jugendcliquen zu rekonstruieren. Dabei übernimmt er in der Ausarbeitung der dokumentarischen Methode die metatheoretische Fundierung von Mannheims Wissenssoziologie und folgt der für Mannheim zentralen Unterscheidung kommunikativen und konjunktiven Wissens. Die Rekonstruktion kollektiver Orientierungen verweist dabei auf das Erschließen des in einem Erfahrungsraum geteilten konjunktiven Wissens, das erst einmal nur für Gruppenmitglieder (selbst)verständlich ist. Bohnsack konkretisiert das, was Mannheim unter konjunktivem Wissen versteht auch im Rückgriff auf andere theoretische Konzepte, die hieran anschlussfähig sind.

So zieht Bohnsack bereits in seiner grundlegenden Einführung *Rekonstruktive Sozialforschung* Bezüge zu Polanyis Verständnis des ‚*tacit knowledge*' (wobei Polanyi selbst von ‚tacit knowing', das heißt dem Akt des Wissens, spricht[31], übersetzt in die deutsche Sprache als implizites Wissen) (vgl. Bohnsack 2014b: 209 f.). Polanyi war damit der Erste, der den Begriff des impliziten Wissens geprägt hat. Er fasst darunter, „that we know more than we can tell" (Polanyi 1966: 4), womit er auf Wissensbestände verweist, die wir nicht ohne weiteres explizieren können, die jedoch unser alltägliches Handeln strukturieren. Polanyi meint dabei das Wissen, das praktischem, künstlerischem, sprachlichem, technischem oder auch intellektuellem Können zugrunde liegt – es umfasst damit, so Bohnsack, auch „kognitive und sprachliche Kompetenzen" (Bohnsack 2014b: 209). Das heißt letztlich, dass auch gesprochener Sprache, implizites Wissen zugrunde liegt („this very act of communication displays a knowledge we cannot tell" (Polanyi 1966: 5)). Dieses implizite Wissen, auf dem Können basiert, kann nur durch ein Vorzeigen und ein Beschreiben vermittelt, jedoch nicht (oder nur sehr schwer) theoretisch gefasst werden (vgl. ebd. 1966: 5). Wir eignen es uns im Prozess des Beobachtens und/oder des Imitierens spontan und intuitiv an. Es entspricht damit dem, was Mannheim als *konjunktive Erfahrung* bezeichnet. Es verwundert daher nicht, dass Bohnsack hier Parallelen erkannt hat. In Bezug auf die vorliegende Arbeit lässt sich entsprechend das Handeln, das Sprechen, die Interaktion eines/einer Politiklehrers/lehrerin mit seinen/ihren Schülern/innen etc. als ein Können verstehen, in das implizites Wissen eingelassen ist und das durch Beobachtung und Imitation erlernt wurde. Es muss sich dabei aber noch längst nicht um professionelles Können handeln.

Das Erlernen impliziten, konjunktiven Wissens fasst Bohnsack mit Bezug auf Bourdieu (1992: 105) und Wulf (1999, 2001; siehe auch Gebauer/Wulf 1992, 1998)[32] auch als mimetische Aneignung sozialer Praktiken (vgl. Bohnsack 2014b: 159 f.). Der/die Lernende als ‚Mime' ist sich der Aneignung, des Lernens der Praktiken nicht bewusst, er/sie kann die jeweilige Praxis nicht verobjektivieren und ist ganz

31 Polanyi interessiert, wie Neuweg (2004b: 134 f.) verdeutlicht, nicht ‚knowledge' als statisches, vorhandenes Wissen, gespeichert im Gedächtnis, sondern der Akt des Wissens bzw. Wissen als Praxis („knowledge is an activity which would be better described as a process of knowing" (Polanyi 1969: 132)).

32 Für Gebauer und Wulf sind jedoch nur solche sozialen Praktiken mimetisch, die erstens) Bewegungen sind oder sich auf solche beziehen, zweitens) als körperliche Praktiken erachtet werden können und drittens) sich als eigenständige Praktiken, die auf andere bzw. die Welt Bezug nehmen, verstehen lassen (vgl. Gebauer/Wulf 1998: 11 f.). Nur wenn diese drei Kriterien erfüllt sind, kann man von mimetischen sozialen Handlungen in Anschluss an Gebauer und Wulf sprechen. Sie sind damit vorwiegend an Bourdieus und Bohnsacks Verständnis inkorporierten atheoretischen Wissens anknüpfbar.

im Tun, das heißt in der gegenwärtigen Praxis verfangen (vgl. ebd. 2014b: 61). Es handelt sich dabei jedoch nicht um Imitation (im Sinne eines Kopierens), sondern der/die Lernende führt eigene Bewegungen aus, die sich am Vorbild orientieren.

Mit dem Begriff und der Vielschichtigkeit des impliziten Wissens setzt sich Bohnsack eingehender in seinem Buch *Praxeologische Wissenssoziologie* (vgl. ebd. 2017: 142 ff.) auseinander. Bohnsack vertritt dort in Anschluss an Loenhoff einen ‚starken' pragmatischen Begriff des impliziten Wissens, demnach „ein Wissen-*wie* stets Vorrang vor einem Wissen-*dass* hat" (Loenhoff 2012: 16, Hervorhebung aus dem Original übernommen). Damit kann explizites Wissen, das heißt Überzeugungen und Common-Sense-Theorien, nur vor dem Hintergrund des impliziten Wissens verstanden werden.

Dem impliziten Wissen liegt, so Bohnsack, die Struktur der Performanz, des performativen Wissens zugrunde (vgl. Bohnsack 2017: 93 ff., 143 f.). Es ist „das Wissen im handlungspraktischen, im performativen Vollzug des Handelns" (ebd. 2017: 143). Bohnsack unterscheidet hier die Ebene der performativen Performanz, gemäß der sich implizites Wissen in der Art und Weise, wie beispielsweise in einer Diskussion miteinander gesprochen wird, dokumentiert, von der Ebene der proponierten Performanz, der zufolge implizites Wissen sich im Gegenstand des Gesprächs, eingelassen in Erzählungen und Beschreibungen, zeigt (vgl. ebd. 2017: 95) (siehe Abbildung 1).

Dabei fasst Bohnsack die Ebene der performativen Performanz (siehe linke Spalte Abbildung 1) anknüpfend an Bourdieu auch als inkorporiertes respektive habitualisiertes Wissen[33]. Unter inkorporiertem Wissen versteht Bohnsack das Wissen, das in körpergebundene Praktiken eingelassen ist, und unter habitualisiertem Wissen jenes, das verbalen Praktiken zugrunde liegt. Zugleich verwendet er den Begriff des habitualisierten Wissens aber auch als Oberbegriff für beide (vgl. ebd. 2017: 143). Da es sich hier um Wissen im Handlungsvollzug handelt, können die Akteure/innen dies nicht in Form von Erzählungen und Beschreibungen selbst thematisieren. Das implizite Wissen auf der Ebene der performativen Performanz unterscheidet sich somit vom impliziten Wissen auf der Ebene der proponierten Performanz.

---

33 Bourdieu fasst das habitualisierte, inkorporierte Wissen auch als atheoretisches Wissen. Es ist für ihn Teil des Habitus. In Kürze lässt sich an dieser Stelle sagen, dass Bourdieu davon ausgeht, dass im Habitus eines Menschen Dispositionen, die das Handeln eines Menschen strukturieren und anleiten, eingelagert sind. Diese Dispositionen stellen habitualisiertes bzw. inkorporiertes Wissen dar, das sich über Routinen und Gewohnheiten in die Körper der Menschen einschreibt. Dispositionen liegen zum einen als mentale Schemata vor und dokumentieren sich zum anderen auch in den Körpern der Subjekte (u. a. in der Körperhaltung, in Bewegungen, Mimik etc.) (vgl. Bourdieu 1993b). Damit haben für Bourdieu sowohl Sprache als auch Körper eine speichernde Funktion, die miteinander verknüpft sind und auf die im Alltagshandeln unbewusst gleichermaßen zurückgegriffen wird. So wird das Beispiel des Knotenbindens von Bohnsack als habitualisierte und inkorporierte Praxis (Bewegung) gefasst, die durch den Körper automatisiert erfolgt (vgl. Bohnsack 2013b: 180). Bohnsack spricht hier entsprechend auch von „körpergebundener Performanz" (ebd. 2013b: 180).

Abbildung 1: Darstellung der vier Ebenen von Performanz in Anlehnung an Bohnsack (2017: 143, Abbildung 5)[34]

Implizites Wissen als performatives Wissen	
Performative Performanz	**Proponierte Performanz**
Konjunktive Dimension	
Habitualisiertes konjunktives Wissen • z. B. Diskurs- und Interaktionsorganisation	**Imaginatives konjunktives Wissen** • Erzählungen, Beschreibungen, Metaphern
Inkorporiertes konjunktives Wissen • z. B. Mimik, Gestik u. a. körpergebundene Praktiken im Handlungsvollzug, wie sie sich bspw. in der Videografie dokumentieren	**Ikonisches konjunktives Wissen** • Abgebildete inkorporierte Praktiken/Habitus z. B. in Fotos oder Zeichnungen
Kommunikative Dimension	
	Imaginatives kommunikatives Wissen • Generalisierender Begriffe, Normen und Rollenerwartungen, imaginative soziale Identitäten (z. B. Vorbilder)
	Imaginäres kommunikatives Wissen • Imaginäre soziale Identitäten/Identitätsnormen, fiktive Vorstellungen und Handlungsentwürfe

34 Die Abbildung 1 wurde angelehnt an Bohnsack erstellt, wobei die Bereiche konjunktive Dimension und kommunikative Dimension miteinander getauscht wurden. Die Dimension des Zeuggebrauchs und der Motorik wurden weggelassen, da sie implizites Wissen sehr nah am Praxisvollzug betrachten, was für die vorliegende Untersuchung nicht relevant ist, da sie auf Interviews basiert. Die Abbildung wurde zudem ergänzt unter Bezugnahme auf die tabellarische Darstellung der Wissensformen von Przyborski (vgl. Przyborski 2017: Tabelle 4.1).

Das implizite Wissen auf der Ebene der proponierten Performanz (siehe rechte Spalte Abbildung 1) versteht Bohnsack auch als imaginatives Wissen, welches insbesondere in Form von Erzählungen, Beschreibungen und bildhaften Darstellungen zu finden ist (vgl. ebd. 2017: 143). Die proponierte Performanz ist dabei nicht zu verwechseln mit theoretisierenden Propositionen. Während sich in Erzählungen und Beschreibungen von Handlungspraxis implizites Wissen dokumentiert, wird in Motiven, Argumentationen und Begründungen von Handlungspraxis solches nicht deutlich, da diese keine Darstellung der Performanz, der Handlungspraxis enthalten (vgl. ebd. 2017: 98). Wesentlich ist dabei, dass die Handlungspraxis auch von denjenigen dargestellt wird, die diese selbst erlebt haben, denn nur dann findet man in der Textinterpretation Zugang zum impliziten Erfahrungswissen der Akteure (vgl. ebd. 2017: 99)[35].

Neben dem imaginativen konjunktiven Wissen gibt es auf der Ebene der proponierten Performanz auch noch das ikonische konjunktive Wissen, das ebenfalls in der Dimension des konjunktiven Wissens zu verorten ist. Dieses findet sich in den von Akteuren/innen selbst produzierten Bildern (Zeichnungen und Fotos). Das ikonische konjunktive Wissen ist jedoch für die vorliegende Untersuchung nicht relevant, da Bilder nicht in die Untersuchung einbezogen wurden.

In der vorliegenden Untersuchung, die auf transkribierten Interviews mit Politiklehrern/innen basiert, wird erstens herausgearbeitet, wie die Lehrkräfte Demokratie als Gegenstand oder Struktur von Lehrpraktiken thematisieren und verhandeln, und zweitens wie die Lehrkräfte sprechen, auf welche Art und Weise sie sich verbal im Interview darstellen. Damit wird mit der Untersuchung implizites Wissen auf der Ebene der proponierten Performanz bzw. des imaginativen Wissens rekonstruiert und – sofern es relevant erscheint – implizites Wissen auf der Ebene der performativen Performanz bzw. des habitualisierten Wissens mit einbezogen. Da ich im Rahmen der Untersuchung vorrangig implizites Wissen auf der Ebene der proponierten Performanz betrachte, gehe ich nun noch einmal konkreter darauf ein, was Bohnsack darunter versteht.

Das Wissen auf der Ebene der proponierten Performanz ist gemäß Bohnsack auch als imaginatives respektive imaginäres Wissen in der Dimension des kommunikativen Wissens zu begreifen. Während das imaginäre Wissen ausschließlich kommunikatives, explizites Wissen darstellt, ist das imaginative Wissen anteilig implizit und explizit (vgl. ebd. 2017: 143, 152 ff.). Es ist somit den Akteuren/-innen weder vollständig bewusst noch unbewusst, weshalb Bohnsack imaginatives Wissen als grundsätzlich explizierbar versteht.

35 Das heißt nicht, dass Common-Sense-Theorien in der Interpretation ausgeblendet werden müssen. Sie müssen nur als solche erkannt und in Relation zum impliziten Erfahrungswissen rekonstruiert werden. Dies ermöglicht es, die Relation von normativen Vorstellungen, Regel- und Rollenerwartungen sowie der sozialen Identität zum Habitus, das heißt dem Orientierungsrahmen im engeren Sinne, klären zu können.

Imaginatives kommunikatives Wissen ist in Abgrenzung zu jenem imaginativen konjunktiven Wissen, das in Erzählungen, Beschreibungen und Metaphern angesiedelt ist, „(...) elementarer Bestandteil kommunikativer Begriffsbildung und kommunikativer Typenkonstruktionen“ (ebd. 2017: 152) sowie Teil von Normen und Rollenerwartungen, die als allgemeine Vorstellungen im kommunikativ-generalisierten Sprachgebrauch (Common-Sense-Theorien) verankert sind. Normen und Rollenerwartungen kommen oft in imaginativen sozialen Identitäten, die uns im Handeln eines Anderen begegnen, zum Ausdruck. Bohnsack (2017: 156) bezieht sich hierin auf Goffmans Beispiel des Chefchirurgen und des Assistenten (vgl. Goffman 1961: 104ff., 118ff., in deutscher Übersetzung: 1973). In diesem wird deutlich, dass der Assistent sich am Habitus des Chefchirurgen orientiert und dessen Handeln als Vorbild für das eigene betrachtet – ohne dem bisher zu entsprechen. Dies stellt demnach einen Handlungsentwurf dar, der potenziell enaktiert (also in der Praxis umgesetzt) werden könnte – im Gegensatz zu imaginären, fiktiven sozialen Identitäten bei denen eine Enaktierung ausgeschlossen wird. In diesem Sinne dient der Habitus des Chefchirurgen als imaginative soziale Identität. In den Beschreibungen des Vorbilds und dessen Handeln dokumentiert sich damit neben explizitem auch implizites Wissen.

Im Rahmen der vorliegenden Untersuchung wäre es denkbar, dass auch die Politiklehrer/innen reale Vorbilder (beispielsweise Lehrer/innen der eigenen Schulzeit, Kollegen/innen etc.) haben, an deren Praxis sie sich orientieren, dem sie jedoch (noch) nicht entsprechen. Diese könnten dann als positiver Gegenhorizont für die eigene Praxis dienen.

Das bereits erwähnte imaginäre Wissen stellt einen weiteren Bereich des kommunikativen Wissens auf der Ebene der proponierten Performanz dar. Gemeint sind hiermit allgemein Vorstellungen und (Handlungs-)Entwürfe, deren Enaktierung in die Praxis ausgeschlossen oder nicht dargestellt wird – während imaginativ jene sind, die in der Praxis ausgeübt werden könnten (vgl. Bohnsack 2017: 157ff.). Imaginäre Vorstellungen und Praxen können den positiven oder negativen Gegenhorizont zu habitualisierten Alltagspraxen bilden, die selbst nicht expliziert werden können. In der Rekonstruktion dieser imaginären Vorstellungen und Praxen können auch Aspekte der performativen Alltagspraxis deutlich werden, die wiederum auf implizites Wissen verweisen (vgl. ebd. 2017: 159f.). Das macht einen Blick auf imaginäres kommunikatives Wissen durchaus für die Interpretation interessant.

Bestandteil imaginären Wissens sind im Besonderen Identitätsnormen bzw. gesellschaftlich normative (Rollen-)Erwartungen. Diese sind, so Przyborski, weitgehend implizit und werden erst explizit bzw. uns bewusst, wenn davon abgewichen wird, man dem also nicht entspricht bzw. entsprechen will (vgl. Przyborski 2017: Kapitel 4.3.1). Sie nehmen demnach erst im Vergleich zu habituellen

Praktiken Kontur an. Bohnsack (2017: 157) knüpft hier an Goffmans Konzept virtueller sozialer Identität („virtual social identity" (Goffman 1963: 3)) an, das dieser in seinem Buch *Stigma: Notes on the management of spoiled identity* entwickelt hat (vgl. ebd. 1963, in deutscher Übersetzung: 1967). In Abgrenzung zu imaginativen sozialen Identitäten, ist für imaginäre soziale Identitäten konstitutiv, dass die Akteure eine Enaktierung dieser Handlungsentwürfe in die Praxis selbst ausschließen bzw. nicht mit darstellen. Es bleibt somit bei einem fiktiven Handlungsentwurf, der sich in der imaginären sozialen Identität abbildet. Dieser dient als Gegenhorizont zur eigenen Praxis. Bohnsack sieht „die Imagination der Praxis und die Praxis selbst (...) in einem Spannungsverhältnis resp. in einer notorischen Diskrepanz zueinander" (Bohnsack 2017: 106). In einigen aktuellen Studien wird die Relation von Normen/Rollenerwartungen und habituellen Praxen in den Blick genommen und dabei auf solche Spannungsverhältnisse eingegangen (siehe u. a. Geimer/Amling 2019).

Imaginäre Vorstellungen und Praxen (und als solche auch imaginäre soziale Identitäten) sind, da eine Enaktierung ausgeschlossen wird, ‚kontrafaktisch' oder fiktiv. Mit Bezug auf Luhmann bezeichnet Bohnsack sie als „‚kontrafaktische Erwartungen', (...), die aufrechterhalten werden, obschon sie in Diskrepanz zu den Handlungspraktiken stehen, auf die sie bezogen sind" (Bohnsack 2017: 161; siehe auch Luhmann 1997: 638). Erst im Umkehrschluss, das heißt indem man in der Interpretation beispielsweise dem positiven Gegenhorizont den nicht explizierten negativen Gegenhorizont gegenüberstellt, kann man auf die habitualisierte Alltagspraxis und damit das konjunktive Erfahrungswissen schließen. Das Fiktive ist somit ein wesentliches Element in der Darstellung impliziten Wissens (vgl. Przyborski 2017: Kapitel 4.2.3).

Im Rahmen der vorliegenden Untersuchung könnten imaginäre Praxen solche Praktiken von Demokratielehren bzw. Demokratie sein, die von den Politiklehrern/innen im Kontext von Schule und Unterricht als nicht möglich bzw. als nicht umsetzbar betrachtet werden. Und imaginäre soziale Identitäten könnten normative Rollenerwartungen bzw. gängige Vorstellungen eines/einer Politiklehrers/in sein, von denen die Lehrkräfte abweichen bzw. denen sie nicht entsprechen können oder wollen. Eine Umsetzung der jeweils damit einhergehenden Handlungsentwürfe wird von den Lehrern/innen dabei abgelehnt, nicht benannt oder ausgeschlossen. Es kann sich dabei sowohl um positive als auch negative Gegenhorizonte handeln, die dabei implizit auf die jeweils eigenen Handlungsorientierungen zu Demokratielehren und Demokratie verweisen.

Im nächsten Abschnitt werde ich mich näher mit der Bindung impliziten Wissens an bestimmte konjunktive Erfahrungsräume befassen, was Mannheim in seiner Theorie der Seinsverbundenheit von Weltanschauung genauer versucht zu erklären sowie von Bohnsack unter Bezugnahme auf Bourdieus Habitus-Konzept weiter ausgeführt wird.

2.1.2 Die Idee der Seinsverbundenheit der Weltanschauung

Zentral für die Wissenssoziologie von Mannheim ist die Idee der Seinsverbundenheit des Wissens, laut der *konjunktives Wissen* (im Sinne des intuitiven Verstehens) auf *konjunktiven Erfahrungen* basiere und entsprechend, wie bereits im vorherigen Kapitel ausgeführt wurde, an *konjunktive Erfahrungsräume* gebunden ist. Für die vorliegende Studie ist dabei besonders interessant, dass Mannheim dabei von einer Analyse der Weltanschauung ausgeht und sie in einen Strukturzusammenhang zu gesellschaftlichen Strukturen stellt. Der Begriff der Weltanschauung und erst recht der von ihm synonym verwendete Begriff der Ideologie können als übergeordnete, umfassendere Begriffe betrachtet werden, denen die Orientierungen zu Demokratielehren und Demokratie zuzuordnen sind (siehe Abbildung 2). Ich werde sie daher im Folgenden eingehender erläutern.

Abbildung 2: Einordnung von Orientierungen zu Demokratielehren und Demokratie in Mannheims Verständnis von Weltanschauung bzw. Ideologie (eigene Darstellung)

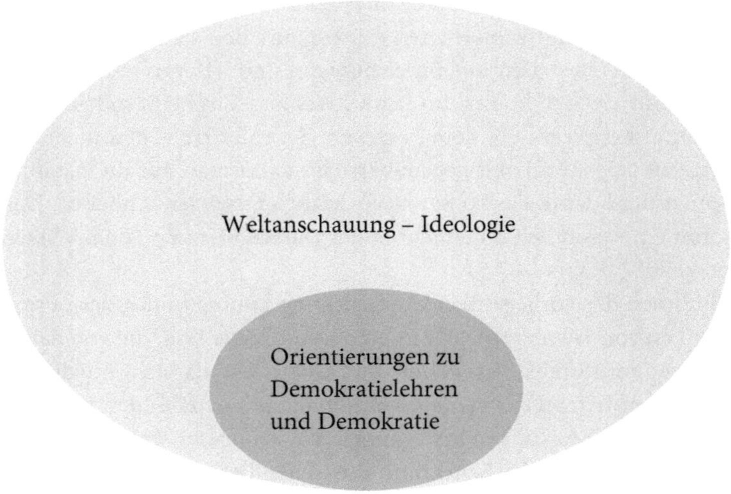

Unter dem Begriff der *Weltanschauung* versteht Mannheim die „Identität des erlebnismäßigen Fonds“ bzw. den „‚Geist‘“ (Mannheim 1980c: 102 Hervorhebung aus dem Original übernommen), der auf gemeinschaftlichen Erlebnissen einer Gruppe beruht (vgl. Barboza 2009: 50; Jung 2015: 141 ff.). *Weltanschauung* hat somit einen kollektiven Ursprung in gemeinsamen Erlebnissen von beispielsweise einer Klasse, einer Generation oder auch einer sozialen Gruppe wie einer Sekte, einer Berufsgruppe oder einer Partei. Mannheim bezeichnet diese unterschiedlichen kollektiven Erlebniszusammenhänge auch als *Seinsfaktoren* (vgl. Endreß 2007: 81). *Weltanschauung* ist geprägt durch „eine strukturell verbundene

Reihe von Erlebniszusammenhängen, die zugleich für eine Vielheit von Individuen eine gemeinsame Basis ihrer Lebenserfahrung und Lebensdurchdringung bildet" (Mannheim 1980c: 101). Diese Erfahrungen sind *konjunktiv*, sie sind also eher unbewusst und bleiben unhinterfragt. Das heißt, Menschen, die unter ähnlichen Bedingungen leben oder miteinander aufgewachsen sind (wie im vorherigen Kapitel 2.1.1 im Beispiel des Dorfes deutlich wurde), teilen gemeinsame Erfahrungen bzw. verfügen über eine gemeinsame Erfahrungsbasis und bilden aufgrund dessen gemeinsame Orientierungen für ihre Wahrnehmung von bzw. ihr Handeln in der Welt aus[36]. Mannheim bezeichnet diese kollektiven Erlebniszusammenhänge auch als konjunktive Erfahrungsräume (vgl. ebd. 1980a: 214ff.).

Weltanschauung ist somit „ein gemeinsames, in sich kohärentes, auf kollektive Ganzheit abgestimmtes Sinngebungsmuster dieser Erlebnisreihen" (Jung 2015: 143). Die erworbenen Erlebnisschemata[37] funktionieren zudem auch dann, „wenn die zu diesen Schemata gehörige Gruppe nicht leibhaftig gegenwärtig ist (...), es besteht auch dann eine Funktionalität gegenüber gemeinsamen Erlebniszusammenhängen, wenn das Individuum dem Anscheine nach nur aus sich heraus handelt, (...) in eigener Person zu agieren vermeint" (Mannheim 1980c: 81). Das Denken und Handeln einer einzelnen Person ist somit immer durchdrungen von kollektiven Erlebniszusammenhängen[38].

In seiner Schrift *Beiträge zur Theorie der Weltanschauungs-Interpretation* (Mannheim 1921, 1964a, 2009c) fasst Mannheim Weltanschauung noch umfassender (vgl. Jung 2015: 144ff.). Darin wird sie beschrieben als „die Einheit oder Totalität eines bestimmten Stil des Denkens, Handelns und Erlebens einer

36 Diese unbewusste Aneignung von Orientierungen in kollektiven Erfahrungszusammenhängen wird in der Soziologie auch als Sozialisation bezeichnet (vgl. u.a. Asbrand 2011; Breitenbach 2013).

37 Mannheims Begriff des Erlebnisschemas ist nicht zu verwechseln mit Bohnsacks Verständnis von einem Orientierungsschema. Während das hier gemeinte Erlebnisschema konjunktivem Wissen entspricht, ist das Orientierungsschema mit kommunikativem Wissen gleichzusetzen (vgl. Bohnsack 2012: 122).

38 Damit unterscheidet sich Mannheims Wissenssoziologie von der phänomenologischen Soziologie von Schütz (1971, 1974). Während Mannheim davon ausgeht, dass das handlungsleitende Wissen konjunktiv ist und unbewusst in kollektiven Erfahrungsräumen angeeignet wird, nimmt Schütz an, dass „die Handlungsfähigkeit der Subjekte darin fundiert [ist], dass sie zweckrationale Handlungsentwürfe („Um-zu-Motive") typenhaft konstruieren und ihr Handeln daran orientieren" (Bohnsack 2001: 327). Zu den Hintergründen der Entstehung der Handlungsentwürfe („Weil-Motive") hat jedoch der/die Handelnde auch nach Schütz keinen unmittelbaren Zugang, da diese in der Vergangenheit liegen und damit nicht in einem unmittelbaren Zusammenhang zum Handeln stehen. Wenn sich der Handelnde mit den Hintergründen seines Handelns befasst, wird er zum „Beobachter seiner selbst" (Schütz 1971: 25). Schützes Weil-Motive entsprechen damit Mannheims konjunktiven Erfahrungsräumen. Der Unterschied fokussiert sich damit auf jenes Wissen, das als handlungsleitend gilt. Bei Mannheim ist das Handeln im Gegensatz zu Schütz relativ unabhängig vom subjektiv gemeinten Sinn gefasst (vgl. Bohnsack 2011a: 41).

Epoche, einer historischen Zeitspanne und einer entsprechenden Trägerschicht, die diese Weltanschauung repräsentiert" (ebd. 2015: 145). Sie entspricht dabei jedoch nicht einem bestimmten religiösen oder philosophischen System, das das Denken einer Epoche prägt, sondern „basiert eben auf einer umfassenden, letztlich aus der gelebten (historischen) Seinserfahrung resultierenden Weltdeutung" (ebd. 2015: 145). Die Weltanschauung wird mithin dadurch geprägt, wie wir leben und unsere gegenwärtige Welt erleben. In Abhängigkeit von ihrer vortheoretischen Abstammung in strukturellen Erlebniszusammenhängen ist die Weltanschauung damit *atheoretisch*. Sie entspricht damit einem *konjunktiven* Denken bzw. Wissen.

Gleichzusetzen mit Mannheims Weltanschauungsbegriff ist sein Begriff der *totalen Ideologie* (vgl. Barboza 2009: 59), den er später in seinen Schriften zu *Ideologie und Utopie* (Mannheim 1929, 2015a) ausformulierte. Mit Ideologie sind hierbei allgemein die Ideen und Vorstellungen eines Individuums oder Kollektivs gemeint. Mannheim unterscheidet dabei zwischen einem partikularen und einem totalen Ideologiebegriff. Der Begriff der partikularen Ideologie meint bestimmte Ideen und Vorstellungen eines/r Gegners/in, die seinen/ihren Interessen entsprechen, während der Begriff der totalen Ideologie davon ausgeht, dass alle Ideen an bestimmte soziale Standorte und damit einhergehende Interessen gebunden sind. Damit verdeutlicht Mannheim, dass alle Ideen seinsverbunden sind und der soziale Standort und die damit einhergehende Interessenslage eines Individuums oder Kollektivs deren Wahrnehmung, Denken und auch Handeln bestimmen. Im Gegensatz zu Marx stellt Mannheim damit heraus, dass alle Standorte mit einer bestimmten Weltanschauung beziehungsweise Ideologie verbunden sind. Mannheim zeigt damit einen Zusammenhang zwischen dem Denken bzw. Handeln und dem sozialen Standort auf. Auch hier verweist er darauf, dass es sich bei dem sozialen Standort um einen kollektiven Erlebniszusammenhang handelt. Die Welt stellt sich somit aus verschiedenen sozialen Perspektiven unterschiedlich dar. Demnach kultiviert jede soziale Klasse, jede soziale Gruppierung ihre eigenen Ideen und nimmt eine besondere Perspektive auf die Welt ein (vgl. Knoblauch 2013: 9). Folglich sind moderne Gesellschaften durch eine Vielfalt von Perspektiven gekennzeichnet, die abhängig sind vom jeweiligen Standort des Subjekts.

In dem Aufsatz *Das Problem der Generationen* (Mannheim 1928, 1964b, 2009b) zeigt Mannheim beispielhaft für den Erlebniszusammenhang der Generationen, wie Menschen, die nicht in direkter Kommunikation stehen und über gemeinsame geteilte Erfahrungen verfügen, trotzdem durch das Erleben zeitgeschichtlicher Umbrüche und Veränderungen strukturell ähnliche Erfahrungen machen und somit den konjunktiven Erfahrungsraum der Generation, das heißt einen „Generationszusammenhang" (ebd. 2009b: 146), teilen. Ausschlaggebend ist für ihn nicht allein eine bestimmte Position in einer Generation qua Geburt

(Mannheim spricht hier von „Geburtslagerung“ (ebd. 2009b: 146)), sondern die „*Partizipation* an den *gemeinsamen Schicksalen*“ (ebd. 2009b: 147, Hervorhebung übernommen aus dem Original) des zeithistorischen Kontextes. Das heißt, die Position in einer Generation deutet nur auf eine potenzielle Teilnahme/Betroffenheit an zeithistorischen Ereignissen hin, während Individuen, die einen Generationszusammenhang teilen, tatsächlich, sei es aktiv oder passiv, betroffen sind – ohne sich dabei allerdings real zu kennen. Die Menschen, die innerhalb eines Generationszusammenhanges Erlebnisse auf eine ähnliche Art und Weise verarbeiten, bilden eine „Generationseinheit“ (vgl. ebd. 2009b: 148). Innerhalb eines Generationszusammenhanges können dabei verschiedene, sich polar gegenüberstehende Generationseinheiten existieren (z. B. verschiedene Jugendbewegungen). Den Kern einer Generationseinheit bilden oft Menschen, die Teil einer konkreten Gruppe sind. Es müssen sich aber nicht alle Individuen einer Generationseinheit notwendigerweise auch kennen. Eine Generationseinheit teilt nicht nur verwandte Gehalte im Bewusstsein des jeweils Einzelnen, „sondern auch die eingesenkten Formungstendenzen und kollektiv verbindenden Grundintentionen (…)“ (ebd. 2009b: 149). Diese sind, so Mannheim, „sozialisierende Faktoren im gesellschaftlich-historischen Geschehen“ (ebd. 2009b: 149). Generationseinheiten sind also sowohl durch explizit geteilte Ideen miteinander verbunden als auch durch eine geteilte Weltanschauung, einen Geist, eine Ideologie mit atheoretischem Charakter.

Ähnlich dem Generationszusammenhang sieht Mannheim auch einen Klassenzusammenhang, bei dem Menschen durch eine ähnliche sozioökonomische Position („Klassenlage“ (ebd. 2009b: 134)) ähnliche Schicksale erfahren und somit einen Erlebniszusammenhang teilen. Auch bei ihnen besteht eine hohe Wahrscheinlichkeit in ihrem (Alltags-)Leben strukturgleiche Erfahrungen zu machen. Es ist dabei, so Mannheim, „sekundär, ob man davon weiß oder nicht“ (ebd. 2009b: 134), das heißt man kann sich nicht willentlich für eine Klassenlage entscheiden bzw. seine Zugehörigkeit aufkündigen. Eine bestimmte Klassenlage kann man nur durch sozialen Auf- oder Abstieg verlassen, indem man seine wirtschaftliche Situation verbessert oder verschlechtert (vgl. ebd. 2009b: 134). Die verschiedenen Klassenlagen zeichnen sich jeweils durch eine spezifische Art der „Erlebnis-, Denk- und Gefühlsgehalte“ (vgl. ebd. 2009b: 136) aus.

Diese zwei Beispiele verdeutlichen den Strukturzusammenhang, den Mannheim zwischen gesellschaftlichen Strukturen und der Weltanschauung (bzw. synonym dazu dem Geist oder der Ideologie) sieht. Er nimmt an, dass Menschen, die Teil einer Generation oder Klasse sind, homologe Erfahrungen machen und dadurch einen konjunktiven Erfahrungsraum teilen, der ihre Weltanschauung (bzw. Ideologie) bestimmt. Bezeichnend spricht Mannheim an anderer Stelle in seinem Buch *Konservatismus* von einem „*objektiv-geistigen Strukturzusammenhang*“ (ebd. 1984: 94, Hervorhebung aus dem Original übernommen).

Bohnsack sieht hier zwischen Mannheims Wissenssoziologie und der Bourdieu'schen Soziologie Parallelen[39] (vgl. Bohnsack 2013b; siehe auch Meuser 2013). Bourdieu versucht mit dem Konzept des *Habitus* den Zusammenhang zwischen Praxis und Struktur zu klären. Der Habitus (auch bezeichnet als strukturierende Struktur) korrespondiert dabei mit Mannheims Konzept der Seinsverbundenheit. Ähnlich wie bei Mannheim schlägt sich nach Bourdieu die spezifische Soziallage bzw. die sozial strukturierte Umgebung eines Menschen in den inkorporierten[40] Schemata des Habitus nieder. Das heißt, gleiche Lebenslagen – oder in Bohnsacks Worten „strukturidentisches Erleben" (Bohnsack 2013a: 16) – führen zu der Erzeugung eines ähnlichen Habitus (vgl. Bourdieu 1993b: 98). Menschen verinnerlichen, so Bourdieu, soziale Strukturen über Prozesse der Sozialisation, Erziehung, Konditionierung und Disziplinierung und bilden so ein System von Dispositionen aus, die mit spezifischen Wahrnehmungs-, Denk- und Handlungsschemata verbunden sind (vgl. ebd. 1993b: 101; siehe auch Müller 2016: 37 f.). Der Habitus wird von ihm definiert als „System der organischen oder mentalen Dispositionen und der unbewussten Denk-, Wahrnehmungs- und Handlungsschemata" (Bourdieu 1974: 40). Die Genese dieser Dispositionen wird im Laufe der Zeit vergessen, die Erfahrungen aber werden inkorporiert. Das Handeln, die Entscheidungen und das Weltbild eines Menschen tragen damit immer den Index der sozialen Verhältnisse, in denen sie erworben wurden, in sich. Das Handeln wird geleitet – aber nicht determiniert[41] – durch inkorporiertes Erfahrungswissen, das heißt es ermöglicht bestimmte Handlungsmuster in einer Situation und schließt andere dabei aus. Ganz konkret bedeutet das, dass Menschen eine Handlungssituation vor dem Hintergrund ihres inkorporierten Wissens einschätzen und interpretieren und daran anschließend angemessen handeln (vgl. ebd. 1993b: 97–121). Die Zugehörigkeit zu einer Klasse, zu einem Geschlecht, einem Milieu etc. prägt damit den Modus der Welterfahrung und die Gesamtheit aller Praxisformen eines Menschen. Bourdieu spricht in diesem Zusammenhang vom „modus operandi" (ebd. 1987: 281), der Art und Weise der Ausführung von Praktiken. Bohnsack übernimmt den Begriff des *modus operandi* auch für die

39 Bourdieu hat sich in seinen Texten nicht direkt auf Mannheim bezogen. Ein indirekter Bezug lässt sich jedoch über Bourdieus Bezug auf die Ikonologie von Panofsky (1932, 1975) rekonstruieren, auf deren methodologischen Grundlagen seine Habitustheorie basiert (vgl. Bohnsack 2013b: 188–189). Panofsky (1932, 1975) wiederum bezieht sich direkt auf Mannheim.

40 Bourdieu verwendet den Begriff inkorporiert weitgehend synonym für implizites Wissen, während Bohnsack nur dort von inkorporiertem Wissen spricht, wo es um implizites Wissen geht, dass sich in körpergebundenen Praktiken zeigt (vgl. Bohnsack 2017: 37). Verbale Praktiken fasst Bohnsack als habitualisierte Praktiken.

41 Das konkrete Handeln wird zwar geleitet durch das inkorporierte Erfahrungswissen, aber es ist auch bedingt durch die soziale Situation und den Kontext, in denen sich der/die Akteur/in befindet. Damit macht das inkorporierte Erfahrungswissen keineswegs das Handeln eines Menschen vorhersagbar (vgl. Müller 2016: 38).

praxeologische Wissenssoziologie und setzt diesen mit dem handlungsleitenden konjunktiven Wissen der Akteure/innen bzw. dem Orientierungsrahmen im engeren Sinne gleich (vgl. u. a. Bohnsack 2014a: 35, 2018b: 220). Die Praxisformen tragen wiederum zur Reproduktion gesellschaftlicher Strukturen bei, weshalb Bourdieu hier auch vom Habitus als strukturierender Struktur spricht. Das Milieu, das den Habitus prägt, ist auch bei Bourdieu kollektiv bestimmt. Menschen, die über dieselben Habitusschemata verfügen, können sich intuitiv verstehen, ähnlich zu Mannheims Konzept des konjunktiven Erfahrungsraums.

Der Habitus selbst ist relativ stabil, aber nicht starr und unveränderlich. „In Abhängigkeit von neuen Erfahrungen ändern die Habitus sich unaufhörlich. Die Dispositionen sind einer Art ständigen Revision unterworfen, die aber niemals radikal ist, da sie sich auf der Grundlage von Voraussetzungen vollzieht, die im früheren Zustand verankert sind. Sie zeichnen sich durch eine Verbindung von Beharren und Wechsel aus, die je nach Individuum und der ihm eigenen Flexibilität oder Rigidität schwankt" (Bourdieu 2001: 207)[42].

Nach Nohl lässt sich der Habitus „als Zusammenspiel von durchaus widerstreitenden Handlungsorientierungen" (Nohl 2019: 55; vgl. Nohl et al. 2015: 218) fassen. Mit Handlungsorientierungen meint Nohl handlungsleitende Orientierungen zu einer spezifischen Problematik bzw. Thematik (vgl. ebd. Nohl 2019: 55). Diese behandeln damit partielle Aspekte statt des großen Ganzen (Habitus).

42 Bourdieu wird zum Teil vorgeworfen, dass sein Verständnis von Habitus zu starr wäre und Veränderungen in den Praktiken und Verhaltensweisen von Menschen nicht erklären könne (vgl. Ebrecht 2004: 226). So merkt Ebrecht an, dass „die inkorporierten Dispositionssysteme der Akteure nicht nur kohärent, sondern durch die jeweilige Position im sozialen Raum und die Ausstattung an kulturellem, sozialem und ökonomischen Kapital auch weitgehend determiniert erscheinen" (ebd. 2004: 237). Thon geht dagegen davon aus, dass sich „der Habitus mit Bourdieu vielmehr als durchaus anpassungsfähig und veränderbar beschreiben" (Thon 2017: 134) lässt. Dabei gelten Bildungszusammenhänge als Möglichkeit neue Erfahrungen zu machen und durch den Zugewinn kulturellen Kapitals aufzusteigen. Bei einem Bildungsaufstieg wird jedoch nicht der Habitus des Herkunftsmilieus überwunden, vielmehr dient dieser als Voraussetzung für das Gelingen des Bildungsaufstiegs. Bildung kann darüber hinaus jedoch auch einen offenen Raum der Möglichkeiten für neue Erfahrungen darstellen und zu einer Ausweitung der Handlungsmuster führen. Diese Transformation des Habitus bleibt jedoch auf der individuellen Seite, das heißt hier erfolgt keine kollektive Habitustransformation (vgl. Kramer et al. 2013: 26). Anzunehmen wäre, dass gesellschaftliche Veränderungen oder Veränderungen in bestimmten Feldern zu einer Veränderung der kollektiven Habitus führen. Bourdieus Fallstudie *Das Ende einer Ära* in *Das Elend der Welt* zeigt, dass dies jedoch nicht zwangsläufig der Fall ist, vielmehr kann es, wenn sich das Feld verändert, zu einer fehlenden Passung von Habitus und Feld kommen, in der sich Verlusterfahrungen dokumentieren und die bei den Betroffenen zu Ohnmacht und Agonie führen (vgl. Bourdieu et al. 1997: 369 ff.). Budde führt dies auf eine Trägheit des Habitus zurück, dernach es zu Habitusabweichungen kommen kann, aber nicht muss (vgl. Budde 2005: 44). Um Transformationen des kollektiven Habitus erklären zu können, muss wie Ebrecht (2004: 237 ff.) und auch Thon (2017: 139 ff.) feststellen, das Habituskonzept modifiziert und weitergedacht werden.

Mit Hilfe der dokumentarischen Methode der Interpretation kann man den Habitus oder auch verschiedene Habitusdimensionen, das heißt den Orientierungsrahmen (im engeren Sinne)[43] und die damit verbundenen konjunktiven Erfahrungsräume der Forschungssubjekte, genauer bestimmen (vgl. Bohnsack 2018b: 221). Voraussetzung dafür sind geeignete Vergleichsfälle für eine komparative Analyse. Mit der dokumentarischen Methode können über Bourdieus Habitus und den Orientierungsrahmen im engeren Sinne hinaus auch die Orientierungsschemata, das heißt normative Vorstellungen, Regel- und Rollenerwartungen sowie die soziale Identität, die Common-Sense-Theorien entsprechen, in Relation zum Habitus, dem Orientierungsrahmen im engeren Sinne, rekonstruiert werden (vgl. ebd. 2014a). Das Zusammenspiel von Orientierungsrahmen und Orientierungsschemata ist dabei durch ein Spannungsverhältnis gekennzeichnet, welches erst in der Logik der Praxis deutlich wird (vgl. ebd. 2014a). Des Weiteren ermöglicht die Analyse mit der dokumentarischen Methode im Gegensatz zur Habitusanalyse von Bourdieu eine mehrdimensionale empirische Analyse des Habitus, das heißt man kann mit ihr die Überlagerung verschiedener Habitusdimensionen, beispielsweise des klassenspezifischen Habitus durch gender- und generationsspezifische Aspekte rekonstruieren (vgl. ebd. 2013b: 196).

Bohnsack formuliert auf Basis von Mannheims Analyse des Generationszusammenhangs den *Milieubegriff* grundlagentheoretisch für die praxeologische Wissenssoziologie aus (vgl. ebd. 2013a, 2017: 216 ff., 2018a). So entsteht eine Milieubindung erst durch die Gemeinsamkeiten in der Sozialisation der Menschen, das heißt auf der Basis konjunktiver Erfahrung (vgl. ebd. 2018a: 23). Milieubindung wird somit kollektiv erfahren und bearbeitet (vgl. Amling/Hoffmann 2018: 86). Analog zum Generationszusammenhang spricht Bohnsack hier vom Milieuzusammenhang[44]. Entsprechend müssen Menschen, die einem Milieu angehören, einander nicht kennen, können sich bei einer Begegnung aber dennoch intuitiv verstehen, da sie über geteiltes konjunktives Wissen verfügen[45]. Diese Menschen sind folglich über Gemeinsamkeiten in ihren impliziten handlungsleitenden Orientierungen verbunden (vgl. Amling/Hoffmann 2013: 181).

Analog zu Mannheim spricht Bohnsack von Milieuzusammenhang und Milieueinheiten. Um einer Milieueinheit anzugehören, müssen Menschen Teil einer Bewegung (oder auch Szene) sein, welche eine kollektive Identität, ein

43 Bohnsack spricht vom Orientierungsrahmen als Überbegriff im weiten Sinne, worunter er Orientierungsmuster versteht, die sowohl Orientierungsschemata (kommunikatives, theoretischen Wissen) als auch Orientierungsrahmen im engeren Sinne (konjunktives, atheoretisches Wissen) umfassen (vgl. Bohnsack 1998, 2012).

44 Bohnsack spricht analog zum Milieuzusammenhang auch vom „kollektiven Habitus" (Bohnsack 2013a: 32, 2018a: 35).

45 Im Unterschied dazu sind Menschen, die kein Milieu miteinander teilen, auf eine Interpretation angewiesen, welche sich auf der Ebene des kommunikativen Wissens bewegt (vgl. Bohnsack 2013a: 20).

gemeinsames Selbstverständnis teilt (vgl. ebd. 2018a: 27 f.). Innerhalb eines Milieuzusammenhanges kann es dabei mehrere Milieueinheiten geben, die sich auf Ebene ihrer kollektiven Identität (also in ihrem kommunikativen Wissen) voneinander abgrenzen.

Bohnsacks Verständnis von Milieu ist dabei mehrdimensional, demnach es Generationsmilieus, Bildungsmilieus, Gendermilieus etc. gibt – je nachdem, welchen konjunktiven Erfahrungsraum man in den Blick nimmt (vgl. Bohnsack 2013a: 23, 2018a: 25). Milieus sind in Anlehnung an Mannheim dynamisch zu verstehen – so ist beispielsweise die Konstitution von Generationszusammenhängen dem zeitgeschichtlichen Wandel unterworfen, das heißt nur Menschen eines Jahrgangs wachsen unter ähnlichen Bedingungen auf und erfahren potenziell eine ähnliche Sozialisation (vgl. ebd. 2013a: 23, 2018a: 26).

Anschließend soll nun betrachtet werden, welche Vorschläge Mannheim zur Analyse impliziten, konjunktiven Wissens und der zugrundeliegenden konjunktiven Erfahrungsräume macht und welche Analyseperspektive hierin eingenommen wird. Daran anknüpfend gehe ich kurz darauf ein, wie diese Vorschläge durch Bohnsack zu einer sozialwissenschaftlichen Methode weiter ausgearbeitet wurden. Die genauere Arbeit mit der dokumentarischen Methode der Interpretation erläutere ich dann in der Darstellung des Forschungsdesigns (siehe Kapitel 3).

2.1.3 Die Analyse der Seinsverbundenheit mit Hilfe der dokumentarischen Methode der Interpretation

Die Aufgabe der Wissenssoziologie ist nach Ansicht von Mannheim die Analyse der Seinsverbundenheit des Denkens, das heißt zum einen die *Seinsfaktoren* (bzw. sozialen Standortfaktoren) zu bestimmen, die das Entstehen und die Gestaltung des Denkens prägen, und zum anderen die *Aspektstruktur*, das heißt die Art und Weise, wie jemand denkt und die Welt wahrnimmt, zu untersuchen (vgl. Endreß 2007: 79–80; Mannheim 1929: 71, 1931: 660 f., 2015a: 230/234). Um einen Zugang dazu zu finden, hat Mannheim die *dokumentarische Methode* (auch genannt als Methode der *Weltanschauungsinterpretation*) entwickelt (vgl. Bohnsack 2014b: 58 ff.). Er will hiermit die „inhärente Logik und Gesetzmäßigkeit, also (…) das Was, Wie und Warum der Konstruktion" (Hofmann 2014: 121) rekonstruieren. Er greift dabei auf kulturwissenschaftliche Verfahren, insbesondere die Stilanalyse aus der Kunstgeschichte, zurück.

Mannheim unterscheidet in seiner Analyse zwischen einer immanenten und einer genetischen Betrachtungsweise (vgl. Mannheim 1922, 1980c: 59–93; siehe auch Barboza 2009: 44 ff.). Mit der immanenten Betrachtung versucht man erstens) ein Kunstwerk so zu erfassen, wie der/die Künstler/in es gemeint hat; zweitens) den/die Künstler/in besser zu verstehen als er/sie sich selbst; und drittens) den immanenten Sinngehalt nachzuvollziehen. Man bleibt dabei in der Betrachtungsweise jedoch immer im selben System verhaftet. Davon zu abzugrenzen ist die genetische Betrachtung, die sich mit dem Entstehungszusammenhang, der Genese, eines Kunstwerkes beschäftigt. Dazu zählt Mannheim auch die soziologische Betrachtung, da diese sich mit der Untersuchung der historischen, sozialen und wirtschaftlichen Bedingungen beschäftigt. Er unterteilt zwei verschiedene Typen der genetischen Betrachtungsweise: der erste Typ (Kausalerklärung) versucht kausal die Entstehungsbedingungen eines konkreten Kunstwerkes zu erklären, und der zweite Typ (sinngenetische Betrachtung) zielt darauf ab, die hinter einem Kunstwerk liegende Seinssphäre zu interpretieren. Wesentlich ist dabei, dass die Analyseeinstellung von der immanenten zur genetischen Betrachtung vom Was zum Wie wechselt und damit methodologisch die Beobachterhaltung in den Sozialwissenschaften begründet (vgl. Bohnsack 2007: 180). Es wird hier „eine ‚*konstruktivistische*' Analyseeinstellung [eingenommen]" (ebd. 2014b: 273, Hervorhebung aus dem Original übernommen) bzw. „vorweggenommen (...), was heute zum Kern konstruktivistischer Analyse gehört" (ebd. 2001: 327). Eingeklammert wird dabei der Geltungscharakter, das heißt ob etwas wahr, richtig oder falsch ist (vgl. Mannheim 1980c: 88, 95). Der Nachweis einer faktischen Wahrheit oder normativen Richtigkeit ist für die dokumentarische Methode somit nicht von Belang.

Daran anschließend verdeutlicht Mannheim am Beispiel von Kultur- bzw. Kunstgebilden die Interpretation von drei Sinnebenen: erstens) dem *objektiven Sinn*, d.h. der konventionellen Bedeutung eines Kunstwerkes; zweitens) dem *Ausdrucksinn*, d.h. dem intentionalen Sinn des/r Künstlers/in; und drittens) dem *Dokumentsinn*, d.h. die Weltanschauung oder Ideologie, die sich in dem Kunstwerk dokumentiert (daher z.T. auch als *Weltanschauungssinn* bezeichnet) (vgl. Barboza 2009: 43 ff.). Diese dritte Sinnschicht „markiert die Sinnschicht der konjunktiven Erfahrung" (Meuser 2013: 233). In ihr kommt zum Ausdruck, wie der/die Künstler/in in sozialstrukturelle Zusammenhänge eingebunden ist und ermöglicht die Rekonstruktion des „gesamtgeistigen ‚Habitus'" (Mannheim 1964a: 109; zitiert nach Meuser 2013: 234). Interessant ist dabei, dass Mannheim Kulturgebilde relativ breit interpretiert und auch „unbeachtete Gebilde, in denen das ‚lebendige Leben' sich darstellt" (Mannheim 2009a: 42) einbezieht. So erläutert er die drei Sinnebenen in der Schrift *Beiträge zur Theorie der Weltanschauungs-Interpretation* am Beispiel eines Freundes, der einem Bettler auf der Straße Geld gibt (ebd. 2009a: 42 ff.): Als objektiven Sinn interpretiert Mannheim hier die Situation als Hilfe gegenüber dem Bettler. Dies ist zu verstehen, ohne dass man Kenntnis von der Motivation des gebenden Freundes hatte. Der Ausdruckssinn, das heißt die Intention des Freundes könnte sein, dass er mit der Geste sein Mitleid kundtun will. Und als dokumentarischen Sinn erkennt Mannheim im Akt Heuchelei. Mannheim verweist dabei nochmal darauf, dass der dokumentarische Sinn nicht vom Freund beabsichtigt war, sondern sich in seiner Handlung dokumentiert. Das Beispiel verdeutlicht damit, dass Mannheim die Anwendung seiner Analyse sehr breit und auch lebensnah sieht.

In der Schrift *Über die Eigenart kultursoziologischer Erkenntnis* (ebd. 1922, 1980c) erläutert Mannheim, dass es sich bei der dokumentarischen Methode um eine soziologische Stilanalyse handelt, die auf einer ästhetischen Stilanalyse aufbaut. Das heißt „die rein ästhetische Stilanalyse wird zuerst genutzt, um die ästhetischen Eigenschaften dann als Dokumente einer Weltanschauung verstehen zu können" (Barboza 2009: 57). Die formalen, ästhetischen Eigenschaften eines Werkes sind somit zugleich Dokumente von Weltanschauung. Analog dazu spricht Mannheim in seinem Aufsatz *Wissenssoziologie* (Mannheim 1931, 2015a: 227 ff.) von der Analyse von *Denkstilen* (synonym verwendet zum Begriff Aspektstruktur (vgl. Barboza 2009: 59)). Der Begriff des Denkstils verweist laut Hofmann „auf die paradigmatische Nähe von Denken und künstlerischem Schaffen, (…) so ist auch (…) das Denken ein kreatives, an der Erschaffung der Wirklichkeit fundamental beteiligtes Handeln der vergesellschafteten Subjekte, die letztlich nie für sich allein die Realität schaffen, sondern nur als Mitglieder einer Gesellschaft bzw. Gruppe" (Hofmann 2014: 121).

In der Schrift *Eine soziologische Theorie der Kultur und ihrer Erkennbarkeit (Konjunktives und kommunikatives Denken)* verdeutlicht Mannheim (1980a) zudem, dass Sprache (genauso wie Denken und Handeln) an konjunktive Erfahrungen gebunden ist. Das heißt, wie jemand spricht und welche Bedeutungen mit bestimmten Begriffen einhergehen, ist ebenfalls auf spezifische Erfahrungsräume zurückzuführen. In Sprache dokumentiert sich somit die in ihr „gespeicherte Erfahrung" (Przyborski/Wohlrab-Sahr 2014: 281). Dies ermöglicht damit auch eine Rekonstruktion konjunktiven Wissens über Sprache.

Die dokumentarische Interpretation eines Denkstils bzw. der Aspektstruktur erfolgt anknüpfend an die Unterscheidung der ästhetischen und soziologischen Stilanalyse weniger an den Inhalten, sondern am begrifflich-konzeptionellen Aufbau, also daran, wie eine Person spricht, welche Begriffe sie verwendet und wie sie Themen behandelt (vgl. Mannheim 1931: 662 ff., 2015a: 234 ff.; siehe auch Barboza 2009: 59–60; Endreß 2007: 80). Darin dokumentiert sich die Weltanschauung (bzw. synonym dazu die Ideologie) einer Person und im Vergleich zu anderen zeigt sich eine Differenz von Weltanschauungen sowie spezifische Typen. Im Anschluss daran geht es darum, die Seinsfaktoren zu identifizieren, die dahinter liegen, also einen bestimmten Denkstil (bzw. synonym dazu eine bestimmten Typ von Weltanschauung oder von Ideologie) prägen (vgl. Mannheim 1931, 2015a: 264; siehe auch Barboza 2009: 66 ff.; Endreß 2007: 81).

Dies entspricht grundlegend auch der von Bohnsack weiterentwickelten dokumentarischen Methode der Interpretation. Mannheims Analyse von Denkstilen bzw. der Aspektstruktur fasst Bohnsack als sinngenetische Interpretation, bei der die (Handlungs-)Orientierungen rekonstruiert werden; die Analyse der Seinsfaktoren wird mittlerweile als *soziogenetische Interpretation* bezeichnet, mit deren

Hilfe die konjunktiven Erfahrungsräume bestimmter Orientierungen nachvollzogen werden. Die soziogenetische Analyse (oder Milieu-Analyse) der dokumentarischen Methode ermöglicht damit eine Zuordnung der Orientierungsrahmen zu den relevanten Erfahrungsräumen bzw. Milieus (vgl. Bohnsack 2018a: 39 ff.). Die Milieuanalyse bezieht sich somit ausschließlich auf die Handlungspraxis, die Gegenstand der jeweiligen Forschung ist (vgl. Amling/Hoffmann 2013: 182). Ziel ist es, die relevanten Erlebnisschichtungen für die Entstehung der Orientierungen zu rekonstruieren (vgl. ebd. 2018: 88). Eine soziogenetische Interpretation kann folglich nur auf Basis der sinngenetischen Interpretation und der Rekonstruktion der Orientierungsrahmen erfolgen.

Ziel der dokumentarischen Methode ist es heute, die Rekonstruktion der Orientierungen und konjunktiven Erfahrungsräume vom Einzelfall zu lösen und zu einer Typik auszuarbeiten (vgl. Nohl 2012: 157, 2017b: 9 f.) und damit eine gegenstandsbezogene Theorie zu entwickeln. Die dokumentarische Methode eröffnet damit die Möglichkeit, auf Basis von Einzelfällen zu einer Generalisierung der Ergebnisse zu gelangen (vgl. Bohnsack 2005b, 2007: 187). So kann zunächst auf Basis der komparativen Analyse der Fälle eine sinngenetische Typenbildung zu den fallübergreifenden Orientierungen herausgearbeitet und im Anschluss daran eine soziogenetische Typenbildung zur Soziogenese der Orientierungen erstellt werden (vgl. Nohl 2017b: 9 f.). Das heißt, in dieser zweiten Typenbildung wird analysiert, in welchem Erfahrungsraum Orientierungen spezifisch verankert sind bzw. für welchen Erfahrungsraum sie typisch sind. Sollte eine soziogenetische Typenbildung nicht erreicht werden können, besteht nach Nohl (2013b) noch die Möglichkeit einer relationalen Typenbildung, mit der man fallübergreifende Relationen zwischen unterschiedlichen sinngenetischen Dimensionen, für die Typiken entwickelt wurden, herausarbeiten kann.

In einem ersten Zwischenfazit werde ich im Abschluss dieses Kapitels nun herausstellen, welche Bedeutung die hier dargestellte Metatheorie für die vorliegende Untersuchung hat, um im Zuge dessen die Fragestellung zu konkretisieren.

2.1.4 Fazit I – Orientierungen zu Demokratielehren und Demokratie als Ausschnitt der Weltanschauung von Politiklehrkräften

Nach dieser eingehenden metatheoretischen Einführung in die Grundbegriffe und Annahmen der praxeologischen Wissenssoziologie soll ein erstes Zwischenfazit gezogen und die Fragestellung der vorliegenden Studie präzisiert werden.

Im Anschluss an Mannheim können die Orientierungen von Politiklehrenden zu Demokratielehren und Demokratie, die in dieser Studie rekonstruiert werden sollen, als ein Teil ihrer Weltanschauung bzw. Ideologie verstanden werden. Dabei handelt es sich um ein atheoretisches, konjunktives Wissen (auch implizites Wissen), das den Politiklehrern/innen nicht bewusst vorliegt. Es kommt vielmehr in ihrem Denken und Handeln ein bestimmter ‚Geist', eine bestimmte Perspektivität zum Ausdruck, wie sie die Welt erfahren und sehen. Es ist damit gebunden an ihre Handlungspraxis und dokumentiert sich zum einen in dieser, leitet diese aber zum anderen auch wieder selbst an. Dieses Verständnis ist, wie Bohnsack in seiner weiteren Ausarbeitung der praxeologischen Wissenssoziologie aufzeigt, anschlussfähig an Bourdieus Konzept des Habitus. Die Orientierungen der Politiklehrer/innen zu Demokratielehren und Demokratie können damit auch als Dispositionen (und damit als Teil ihres Habitus) verstanden werden, die ihr Handeln im Unterricht und somit ihre Lehrpraxis mitbestimmen. Sie sind aber nicht gleichzusetzen mit dem Habitus als solchem.

Der vertieften Auseinandersetzung Bohnsacks mit dem Begriff des impliziten Wissens folgend, handelt es sich bei den Orientierungen der Politiklehrer/innen um implizites Wissen, das auf der Ebene der proponierten Performanz (imaginatives Wissen) sowie anteilig auch auf der Ebene der performativen Performanz (hier nur habitualisiertes Wissen) angesiedelt ist (siehe Abbildung 1). Ausgehend von der Theorie ist anzunehmen, dass sich das implizite Wissen auf der Ebene der proponierten Performanz, in den geschilderten Demokratie-Lehrpraktiken der Politiklehrer/innen dokumentiert, und auf Ebene der performativen Performanz durch die natürliche Art und Weise, wie sie im Interview sprechen und sich darstellen. Dabei kann es sein, dass Orientierungen der Politiklehrer/innen erst in Anlehnung an Vorbilder (imaginatives kommunikatives Wissen) oder in Abgrenzung von imaginären, fiktiven Vorstellungen von Demokratie und Erwartungen an Demokratielehren (im Sinne positiver oder auch negativer Gegenhorizonte) deutlich werden und/oder das ihre Orientierungen in Relation, vielleicht gar einem Spannungsverhältnis, zu normativen Erwartungen an sie stehen.

Im Anschluss an Mannheim ist Weltanschauung als seinsgebunden zu verstehen und als solches auf kollektive Erlebniszusammenhänge bzw. Erfahrungsräume zurückzuführen. Diese können durch unterschiedliche Seinsfaktoren, das heißt soziale Standorte (wie etwa eine Generation, das Geschlecht, eine bestimmte Klasse etc.) bestimmt sein. Es wird somit von einem Zusammenhang von Praxis und gesellschaftlicher Struktur ausgegangen. Oder konkreter gefasst: es ist anzunehmen, dass die Orientierungen der Politiklehrer/innen zu Demokratielehren und Demokratie bedingt sind durch ihre Sozialisation in einem bestimmten Milieu, durch strukturidentische Erfahrungen beispielsweise als Teil der 1968er-Generation, ihr Aufwachsen in der DDR oder basierend auf dem Geschlecht beispielsweise als Frau in der Politik.

Die Interpretation mit der dokumentarischen Methode, wie sie in Grundzügen von Mannheim ausgearbeitet und von Bohnsack weiterentwickelt wurde, ermöglicht die Rekonstruktion impliziten Wissens. Das heißt in der vorliegenden Studie können die Orientierungen der Politiklehrer/innen zu Demokratielehren und Demokratie erfasst, und in einem an diese Studie anschließenden Schritt deren Genese in konjunktiven Erfahrungsräumen nachvollzogen werden.

Um die Frage nach den Orientierungen der Politiklehrer/innen zu Demokratielehren und Demokratie zu beantworten, werde ich mich vorrangig auf eine sinngenetische Interpretation mit dem Ziel der sinngenetischen Typenbildung stützen. Auch wenn eine weitere Rekonstruktion der Seinsfaktoren bzw. konjunktiven Erfahrungsräume durchaus interessant und erkenntnisbringend wäre, klammere ich eine Darstellung dessen im Weiteren aus.

Das konkrete Vorgehen wird als Teil des Forschungsdesigns in Kapitel 3 beschrieben.

2.2 Das Verhältnis von Metatheorie zu fachbezogenen Grundlagentheorien: Die nähere Bestimmung des Forschungsgegenstands in den Fachdiskursen

Auch in den fachbezogenen Grundlagentheorien gibt es Diskurse, die für die Präzisierung des Forschungsgegenstandes, den Orientierungen von Politiklehrenden zu Demokratielehren und Demokratie, Relevanz besitzen. Die vorliegende Untersuchung kann hier grundlagentheoretisch in der erziehungswissenschaftlichen Professionstheorie und -forschung zu Lehrern/innen sowie in der politikdidaktischen Lehrer/innenforschung verortet werden. Da sich der politikdidaktische Diskurs weitgehend auf die erziehungswissenschaftliche Professionstheorie und -forschung bezieht, fasse ich beide als einen Diskussionszusammenhang auf. Dies ist dadurch begründet, dass die Unterschiede zwischen beiden Feldern auf unterschiedlichen theoretischen Bestimmungsansätzen beruhen, eine Differenzierung zwischen erziehungswissenschaftlicher und fachdidaktischer Professionstheorie und -forschung dagegen eine geringere Rolle spielt.

In diesem Kapitel verfolge ich das Anliegen, den Forschungsgegenstand der Orientierungen von Politiklehrern/innen zu Demokratielehren und Demokratie in diesen fachbezogenen grundlagentheoretischen Fachdiskursen zu verorten und auf Basis dieser Auseinandersetzung näher zu bestimmen. Dabei interessiert mich vor allem, wie in diesen Fachdiskursen das Verhältnis von Wissen und Handeln bestimmt wird. Dafür werde ich zentrale Modelle, Theorien und Forschungsansätze vorstellen und kritisch diskutieren, welche Gemeinsamkeiten und Unterschiede im Verständnis darüber, welches Wissen handlungsleitend ist, zwischen der bereits zuvor dargestellten Metatheorie, der praxeologischen Wissenssoziologie, und den fachbezogenen Grundlagentheorien vorliegen. Ebenfalls soll aufgezeigt werden, an welchen Kenntnisstand im jeweiligen Fachdiskurs angeschlossen werden kann und wo die vorliegende Studie Neuland betritt.

Daran anschließend werde ich in einem weiteren Zwischenfazit den Forschungsgegenstand anhand der Auseinandersetzung mit den fachbezogenen Grundlagentheorien konkreter bestimmen.

2.2.1 Der Zusammenhang von Wissen und Handeln von Lehrern/innen im Unterricht

Die vorliegende Untersuchung ist fachlich in der erziehungswissenschaftlichen und politikdidaktischen Professionstheorie und -forschung zu Lehrern/-innen zu verorten. Insbesondere im erziehungswissenschaftlichen Diskurs gibt es verschiedene Verständnisse vom Zusammenhang von Wissen und Handeln (bzw. Können) von Lehrern/innen im Unterricht. In der politikdidaktischen Professionstheorie und -forschung werden diese aufgegriffen und deren Bedeutung im Fachkontext diskutiert. Seit den 1980er Jahren beschäftigt sich die erziehungswissenschaftliche Professionstheorie und -forschung damit, welches Wissen für professionelles Handeln im Unterricht leitend bzw. wichtig ist. Es soll daher im Folgenden dargestellt werden, wie verschiedene Theorien und Modelle den Zusammenhang von Wissen und Handeln von Lehrkräften im Unterricht verstehen.

Ein erster prominenter Vorschlag, der sich mit dieser Frage befasst hat, kommt aus dem englischsprachigen Diskurs von Shulman (1987, 1986; siehe auch Shulman et al. 2004). Er markiert einen Startpunkt für eine intensive Diskussion um Lehrer/innenwissen erst im englischsprachigen und später dann auch im deutschsprachigen Diskurs.

Hierzulande wurde der Vorschlag von Bromme (1992, 1997) aufgegriffen und auf empirischer Basis weiterentwickelt. Ein neueres Modell, das ebenfalls in dieser Tradition steht und auf das im Fachdiskurs, auch in der Politikdidaktik, sehr stark Bezug genommen wird (siehe u. a. Reichhart 2018; Weschenfelder 2014), stammt von Baumert und Kunter (2006, 2013). Dabei wird zum einen das Wissen der Lehrer/innen inhaltlich kategorisiert und zum anderen der Versuch unternommen, Wissensformen formal voneinander zu unterscheiden und zu überlegen, wie diese jeweils kognitiv bzw. mental repräsentiert sind (vgl. Neuweg 2011). Diese Modelle sind damit in der Kognitionspsychologie zu verorten.

Andere Ansätze in der Lehrer/innenwissensforschung sind die Theorie ‚Könnerschaft und implizites Wissen‘ von Neuweg (2004b) und der strukturtheoretische Ansatz von Oevermann (1996) und Helsper (1996), an die auch der Diskurs zu einem professionellen Lehrer/innenhabitus (siehe u. a. Helsper 2018a; Kramer 2013; Kramer et al. 2018; Kramer 2019a; Kramer/Pallesen 2018) anschließt. Auf den strukturtheoretischen Ansatz wird auch in der Politikdidaktik Bezug genommen (vgl. May 2014a, 2014b).

Diese verschiedenen Theorien und Modelle sollen in diesem Kapitel vorgestellt und diskutiert werden. Dabei beurteile ich, inwiefern die Theorien und Modelle in einem Passungsverhältnis zur Wissenssoziologie von Mannheim stehen, und somit anschlussfähig sind für die vorliegende Untersuchung.

2.2.1.1 Zentrale Modelle und Forschungsansätze zur Wissensgrundlage professionellen Handelns von Lehrern/innen

In den 1980er Jahren entwickelte sich in der Erziehungswissenschaft ein Interesse am Wissen von Lehrern/innen als Grundlage kompetenten Handelns in Schule und Unterricht. Dabei sind insbesondere die Arbeiten von Shulman und im deutschsprachigen Diskurs von Bromme von Bedeutung, die die Vielschichtigkeit des Fachwissens und des fachdidaktischen Wissens aufgezeigt haben und die auch heute noch als Orientierung für die Lehrer/innenwissensforschung dienen.

Shulman (1987) und seine Mitarbeiter/innen haben als erste versucht, die Wissensgrundlage von Lehrer/innenhandeln inhaltlich zu kategorisieren. Nach Ihrem Modell basiert das Handeln von Lehrern/innen auf der Wissensgrundlage von:

> „content knowledge;
> general pedagogical knowledge (…);
> curriculum knowledge (…);
> pedagogical content knowledge (…);
> knowledge of learners and their characteristics;
> knowledge of educational contexts (…);
> knowledge of educational ends, purposes, and values, and their philosophical and historical grounds“ (ebd. 1987: 8)

Im deutschsprachigen Diskurs wird übersetzt von Fachwissen, allgemeinem pädagogischen Wissen, curricularem Wissen, fachdidaktischem Wissen, Wissen über Lernende, Organisationswissen, erziehungsphilosophischem, bildungstheoretischem und -historischem Wissen (vgl. Baumert/Kunter 2006: 482) gesprochen[46].

Neu an dem Modell war zum Zeitpunkt der Publikation insbesondere das „pedagogical content knowledge“ als verbindendes Element zwischen Fachwissen und pädagogischem Wissen. Das Modell von Shulman wurde daher auch das PCK-Modell genannt. Dahinter verbirgt sich Wissen darüber, wie Themen, Inhalte, Probleme und Fragen in unterschiedlichen pädagogischen Kontexten an verschiedene Lerner/innen entsprechend ihrer Interessen und Fähigkeiten vermittelt werden können (vgl. ebd. 1987: 8). Ins Deutsche übersetzt wird hier von fachdidaktischem Wissen gesprochen (vgl. Baumert/Kunter 2006: 482; Bromme 1997: 196; Helsper 2002: 72). Dieses Wissen unterscheidet Lehrer/innen einerseits von Fachexperten, die über ein hohes Fachwissen verfügen, aber dieses

46 Im Diskurs hat sich später dann die allgemeinere Unterscheidung in Fachwissen, allgemeines pädagogisches Wissen und fachdidaktisches Wissen durchgesetzt (vgl. Baumert/Kunter 2006: 482).

nicht unbedingt Lernenden vermitteln können, und andererseits von Moderatoren, die zwar ein hohes pädagogisches Wissen, aber wenig Fachwissen haben.

Quellen für dieses von Shulman als notwendig erachtete Wissen sind seines Erachtens 1) das Fachstudium, 2) die Auseinandersetzung mit Lehrplänen, Unterrichtsmaterialien und verschiedenen Bildungssettings, 3) das Pädagogikstudium (hierin die Auseinandersetzung mit Theorien und Forschung zu Lehren und Lernen in Schule und darüber hinaus) sowie 4) die Praxis selbst (vgl. Shulman 1987: 8). Shulman (1987: 12) geht dabei davon aus, dass der Lernprozess von Lehrern/innen nicht abgeschlossen ist, sondern sie in allen Wissensbereichen immer wieder ihr Wissen erweitern.

Shulman macht dabei noch keine Aussage darüber, welchen Wissensformen dieses Wissen zuzuordnen ist oder wie es kognitiv vorliegt. Er hat hiermit ein theoretisches Modell konstruiert, das einerseits auf der Beobachtung des Unterrichts von jungen und andererseits bereits sehr erfahrenen Lehrern/innen[47] basiert. Es handelt sich dabei, wie Philpott hinweist, eher um eine normative Vorstellung davon, auf welches Wissen ein/e professionelle/r, erfahrene/r Lehrer/in idealerweise zurückgreifen sollte (vgl. Philpott 2014: 17). Shulmans PCK-Modell kann folglich als heuristisches Modell verstanden werden, auf das sich verschiedene Forschungsansätze beziehen.

Dementsprechend schließen an Shulmans PCK-Modell überwiegend Forschungsarbeiten an, die den Blick darauf richten, ob und inwiefern Lehrer/innen über dieses Wissen verfügen[48]. Die Idee dahinter ist, diese Wissensgrundlagen bei Lehrern/innen zu messen, um damit ihre Professionalität zu evaluieren (vgl. Morrison/Luttenegger 2015). Solch einem Forschungszugang liegt das Verständnis zugrunde, dass das für professionelle Lehrer/innen handlungsleitende Wissen zum Teil als explizit verfügbares Wissen (das heißt als theoretisches Wissen) vorliegt (siehe auch Neuweg 2011: 584) und entsprechend abgefragt werden kann. Um auch das implizite Erfahrungswissen zu erheben, werden in diesen Studien Lehrer/innen beobachtet und ihnen von außen durch Dritte ein bestimmtes Wissen zugeschrieben, das dann dem Modell von Shulmann zugeordnet wird. Kritisch anzumerken ist dabei, dass die Beobachter/innen mit eigenen und/oder theoretischen Bewertungsfolien das Handeln der Lehrer/innen interpretieren und bewerten. Neuweg kritisiert hier zurecht, dass im Zuge dessen den Lehrkräften jeweils „eine Verhaltensdisposition [zugeschrieben]" (ebd. 2011: 584) wird. Es ist zu bezweifeln, dass dabei wirklich das implizite, handlungsleitende Wissen der Lehrer/innen selbst erfasst wird. Vielmehr handelt es sich oft „um das Wissen des

47 Shulman hat untersucht, wie aus Lernern/innen Lehrer/innen werden (vgl. Shulman 1987: 12ff.).

48 Das Modell wurde entsprechend auf Basis empirischer Forschung weiterentwickelt (u.a. vgl. Turner-Bisset 1999).

Forschers, der die Logik des *Handelns* (!) von außen rekonstruiert" (ebd. 2011: 585, Hervorhebung aus dem Original übernommen).

Es gibt aber auch Forschungsarbeiten, die an Shulman anschließen und mit dieser Forschungslogik brechen. Die Forschungsarbeiten von Cochran u. a. haben gezeigt, dass noch junge, unerfahrene Lehrer/innen nur geringes, oberflächliches „pedagogical content knowledge" (Cochran et al. 1993: 264) besitzen und viel stärker auf ein Fachwissen oder curriculares Wissen aus vorhandenen Unterrichtsmaterialien zurückgreifen. Auch treffen sie pädagogische Entscheidungen meist ohne Rücksicht auf das Vorwissen und die Fähigkeiten der Lernenden. Cochran u. a. (1993) gehen daher davon aus, dass sich das „pedagogical content knowledge" erst im Laufe der Unterrichtserfahrung mit vielen verschiedenen Lernenden entwickelt. Sie schlagen daher vor, das „pedagogical content knowledge" eher als „pedagogical content knowing" (ebd. 1993: 266) zu begreifen, das heißt „a teacher's integrated understanding of four components of pedagogy, subject matter content, student characteristics, and the environmental context of learning" (ebd. 1993: 266). Damit wird „pedagogical content knowing" stärker als in die Praxis eingelassenes, handlungsleitendes Wissen verstanden. Diese Neukonzeption könnte dem entsprechen, was Helsper im deutschsprachigen Diskurs als „Transformationswissen" (Helsper 2002: 73) fasst. Er hebt dabei ähnlich wie Cochran u. a. hervor, dass eine Verbindung verschiedener Wissenskomponenten notwendig ist, um Fachwissen in zu vermittelnde Unterrichtsinhalte entsprechend dem Niveau und den Fähigkeiten einer bestimmten Lerngruppe zu transformieren. Der Begriff des „Transformationswissen" hebt dabei ebenfalls wie bei Cochran u. a. den Prozesscharakter des Wissens hervor. Dieses Verständnis ist damit anschlussfähig an die hier vorgeschlagene praxeologische Perspektive.

Im deutschsprachigen Diskurs knüpft Bromme (1992, 1997) als einer der Ersten an Shulman an und differenziert dessen Modell auf empirischer Basis[49] aus. Seine *Topologie des Wissens* ist zentral für die Diskussion um das Wissen professioneller Lehrer/innen im deutschsprachigen Diskurs. Bromme unterscheidet hierin fünf inhaltliche Wissenskategorien: 1) das fachliche Wissen, 2) das curriculare Wissen, 3) die Philosophie des Schulfaches, 4) pädagogisches Wissen und 5) fachspezifisch-pädagogisches Wissen (vgl. ebd. 1997: 196 f.). Er fasst damit einerseits Shulmans Modell stärker zusammen und fügt dabei andererseits mit der Philosophie eines Schulfaches eine neue Wissenskategorie hinzu. Auch sein Modell lässt sich als eine Heuristik begreifen, die das für Lehrer/innen notwendige Wissen in seiner Breite und Vielschichtigkeit aufzeigt.

Brommes Modell der Topologie des Wissens kann als Ausgangspunkt für eine politikdidaktische Auseinandersetzung mit dem Professionswissen von Politiklehrern/innen (siehe u. a. Grammes 1998: 57 ff.; Petrik 2009) sowie

49 Das Modell von Bromme basiert auf empirischen Untersuchungen mit Mathematiklehrern/innen (vgl. u. a. Bromme 1981).

erster Forschungsarbeiten (siehe u. a. Besand 2006; Henkenborg 1998; Klee 2008; Schöne 2010; Weißeno 1998) dazu betrachtet werden[50]. Dabei geht es besonders um die Diskussion des notwendigen fachdidaktischen Wissens von Politiklehrern/innen im Fach Politik sowie ihrer Philosophien zum Schulfach Politik. Die Untersuchung von alltagsdidaktischem Wissen und von Alltagsphilosophien des Faches kann sich dabei sowohl auf explizites Wissen (im Sinne eines Leitbildes, einer Zielvorstellung) als auch auf implizites Wissen (im Sinne impliziter Werthaltungen oder Orientierungen) beziehen, jedoch verbleiben bisherige politikdidaktische Untersuchungen überwiegend auf der Ebene einer Analyse expliziten, kommunikativen Wissens (siehe hier u. a. die Forschungsarbeiten von Henkenborg, Besand und Klee, auf die ich im Forschungsstand bereits eingegangen bin (siehe Kapitel 1.2)).

Bromme greift darüber hinaus in der Topologie des Wissens die Frage danach auf, wie dieses Wissen bei den Lehrern/innen mental vorliegt. So stellt er fest, dass diese Wissensformen „auf unterschiedliche Weise kognitiv repräsentiert [sind] und (…) auch in der psychologischen Forschung zu Lehrerkognitionen mit recht unterschiedlichen Konstrukten beschrieben [werden]" (Bromme 1997: 198). Er schließt damit an die Kognitionspsychologie an, die sich mit den „kognitiven Strukturen von Lehrern (…) als Ergebnis von Lernen einerseits, [und] als innere Erzeugungsgrundlage für kompetentes Verhalten andererseits" (Neuweg 2011: 584) befassen. Sie richtet damit den Blick auf das subjektive Wissen von Lehrkräften als Experten/innen (vgl. ebd. 2011: 584). Damit wird im Vergleich zur Wissenssoziologie Wissen gekoppelt an eine individuelle Trägerschaft verstanden, das heißt das individuelle Vermögen und Können der Lehrende steht im Vordergrund.

So geht Bromme davon aus, dass fachliches und curriculares Wissen „deklaratives und prozedurales Wissen" (Bromme 1997: 198) ist, und auch Teilbereiche des pädagogischen und fachspezifisch-pädagogischen Wissens können seiner Ansicht nach so gefasst werden. Fachphilosophien werden von Bromme als Überzeugungen (beliefs) verstanden, und übergreifende Wertvorstellungen als Einstellungen von Lehrkräften. Zentral ist dabei, dass Bromme darauf aufmerksam macht, dass sich nicht nachweisen lässt, dass einzelne Lehrer/innenhandlungen auf eine bestimmte Wissenskomponente zurückgehen (vgl. ebd. 1997: 199).

Besonders schwer ist es seiner Ansicht nach zu rekonstruieren, welche kognitiven Prozesse flüssigem, routiniertem Handeln, das heißt dem Können von Lehrern/innen, zugrunde liegen (vgl. ebd. 1997: 199). Auch stellt er fest, dass erfahrene Lehrende „oft Schwierigkeiten [haben] zu erklären, wie sie etwas

---

50 Das heißt jedoch nicht, dass es nicht auch zuvor schon eine intensive Auseinandersetzung mit der Professionalität von Politiklehrekräften gab. Ausgehend vom Beutelsbacher Konsens von 1976 wurde in der Politikdidaktik diskutiert, wie Politiklehrer/innen lehren sollten (vgl. Wehling 1977: 179 f.; siehe u. a. auch Reinhardt 1976, 1981, 1988).

Bestimmtes tun" (ebd. 1992: 121). Voraussetzung für dieses flüssige Handeln ist daher seines Erachtens implizites Wissen. Dieses Wissen kommt zur Anwendung, wenn Lehrer/innen unmittelbar in einer Situation reagieren müssen. Die Wahrnehmung der Unterrichtssituation erfolgt „in solchen Kategorien, in denen eine bestimmte Situationsinterpretation mit einer bestimmten Handlungsalternative verbunden ist" (ebd. 1992: 123). Das Handeln basiert damit auf der Situationsinterpretation. In der psychologischen Lehrer/innenkognitionsforschung wird davon ausgegangen, dass implizites Wissen vormals explizites Wissen ist, das aus dem Bewusstsein herabsinkt und daher nicht mehr expliziert werden kann. Bromme macht aber darauf aufmerksam, dass dieses Wissen zum Teil jedoch zu keinem vorherigen Zeitpunkt wirklich bewusst war, da es durch Erfahrung oder durch Imitation von Praxis erworben wurde, die zugrundeliegenden Regeln somit nicht bekannt sind (vgl. ebd. 1992: 131). So basiert die Erfahrung im Unterrichten von Lehrern/innen oft auf einem Versuch-Irrtum-Verhalten, das heißt es werden neue Unterrichtsmethoden in der Praxis ausprobiert.

Dieses Verständnis von implizitem Wissen als Handlungsgrundlage erscheint erst einmal als grundsätzlich anschlussfähig an die praxeologische Wissenssoziologie, die ebenfalls davon ausgeht, dass implizites Erfahrungswissen den Akteuren/innen dazu dient, Situationen zu interpretieren und angemessen zu handeln. Da Brommes Verständnis jedoch in der Kognitionspsychologie verankert ist, gibt es hier jedoch auch Differenzen zur praxeologischen Wissenssoziologie. Um zu verdeutlichen, worauf sich Bromme hier bezieht, soll hier ein kurzer Exkurs zur Unterscheidung von deklarativem und prozeduralem Wissen in der Wissenspsychologie erfolgen.

Deklaratives Wissen wird in der Wissenspsychologie (vgl. Renkl 2015: 4) als Faktenwissen oder Wissen über Zusammenhänge gefasst. Es ist demnach ein theoretisches Wissen. Prozedurales Wissen wird dagegen als Können verstanden, das heißt als Wissen darüber, wie man etwas macht (vgl. ebd. 2015: 4). Entsprechend der ACT*-Theorie von Anderson (vgl. u. a. Anderson/Lebiere 1998) wird prozedurales Wissen in Form von Wenn-Dann-Regeln konzipiert. Der *Wenn*-Teil bezeichnet dabei bestimmte Bedingungen, die, sofern sie in der Praxis eintreten, im *Dann*-Teil bestimmte mentale Aktionen auslösen und zu unmittelbarer Handlung führen. Prozedurales Wissen besteht somit in Handlungsregeln bzw. einem Regelwissen. Der Theorie nach kann deklaratives Wissen von Lehrenden expliziert werden, während prozedurales Wissen nicht verbalisiert werden kann, vielmehr kommt es in den Handlungen selbst zum Ausdruck. „Die Zuschreibung prozeduralen Wissens ist nur für den Beobachter möglich. Der Handelnde selbst handelt (...). Er ist sich des Gegenstand seiner Handlung bewußt, aber nicht seines eigenen Wissens" (Oberauer 1993: 37). Daher kann zwar das Wissen, das diesem Handeln zugrunde liegt, als implizites Wissen verstanden werden, jedoch muss dieses nicht mit dem von außen zugeschriebenem prozeduralen Wissen übereinstimmen.

Gemäß der Theorie von Anderson ist prozedurales Wissen ein unbewusstes Regelwissen, womit sein Modell auf eine Handlungsrationalität rekurriert (vgl. Neumann 2010: 274). Es entsteht, indem deklaratives Wissen, beispielsweise Fachwissen aus der Lehrer/innen-Ausbildung, in prozedurales Wissen umgewandelt wird (vgl. Gruber/Stamouli 2015: 34) (die ACT*-Theorie spricht hier von der Prozeduralisierung von Wissen (vgl. Anderson 1982)). Demnach geht deklaratives Wissen durch erfolgreich bewältigte Lernsituationen und Üben in prozedurales Wissen über. Deklaratives Wissen sinkt hierbei ins Unbewusste herab. Handeln ist damit „*unbewusst gewordenes Anwenden* von Wissen" (Neuweg 2004a: 5 Hervorhebung im Original), das Neuweg an anderer Stelle auch als „implizites Begriffswissen" (ebd. 2004b: 15) fasst. Im Können der Lehrer/innen zeigt sich dem wissenspsychologischen Modell nach ein „implizites Wissen um die Regeln, denen sein Können folgt, insbesondere wenn das Subjekt dieses Können wiederholt und unter wechselnden Umständen zu zeigen vermag" (ebd. 2004b: 15).

Die praxeologische Wissenssoziologie stimmt hier mit der Wissenspsychologie darin überein, dass sich in erfolgreich routiniertem Handeln implizites Wissen dokumentiert. Kritisiert werden kann, wie Neuweg (ebd. 2004b: 15 f.) anmerkt, dass die Wissenspsychologie davon ausgeht, dass sich im prozeduralen Wissen zwar ein unbewusstes, aber dennoch rationales Handeln verbirgt, das als ziel- und planvoll und somit als intelligentes Handeln verstanden wird, „während überall dort, wo kein ‚Programm läuft', ‚bloß' von ‚Verhalten' gesprochen werden könne" (ebd. 2004b: 16)[51]. Das heißt, dem/der Handelnden wird von außen eine Rationalität zugesprochen, die ihm/ihr gar nicht bewusst ist, während intuitives Können abgewertet wird.

Ein weiteres Modell der Lehrer/innenwissensforschung ist das von Baumert und Kunter (2006, 2013), die ebenfalls an Shulman anschließen und sein Modell in ein „psychologisch gehaltvolles Modell der professionellen Kompetenz von Lehrkräften" (Baumert/Kunter 2006: 481) einfließen lassen. Anhand dieser Bezeichnung wird bereits deutlich, dass auch dieses Modell in der Kognitionspsychologie verankert ist. Es soll hier trotzdem erwähnt werden, da es im Fachdiskurs sehr prominent ist und sich zahlreiche Studien – auch in der Politikdidaktik – darauf beziehen.

Nach Baumerts und Kunters Modell basiert professionelle Handlungskompetenz auf Professionswissen (erfahrungsgesättigtes deklaratives und prozedurales Wissen), Werten und Überzeugungen, motivationalen Orientierungen und Fähigkeiten der Selbstregulation (vgl. ebd. 2006: 481). Das Professionswissen ist zu unterscheiden in die Bereiche pädagogisches Wissen, Fachwissen und

51 Neuweg stellt in seinem Buch *Könnerschaft und implizites Wissen* (2004b) die Verständnisse der Wissenspsychologie und der Wissenssoziologie gegenüber (vgl. Neuweg 2004b: 22 f.). Er orientiert sich dabei an einem Begriff impliziten Wissens nach Polanyi und arbeitet die Unterschiede sehr genau heraus und verdeutlicht, dass Wissenspsychologie und Wissenssoziologie eben nicht dasselbe meinen, wenn sie von implizitem Wissen sprechen.

fachdidaktisches Wissen, ergänzt um Organisationswissen und Beratungswissen (siehe Wissensbereiche in Abbildung 3) (vgl. ebd. 2006: 482).

Abbildung 3: „Modell professioneller Handlungskompetenz – Professionswissen" übernommen aus Baumert/Kunter (2006: 482)

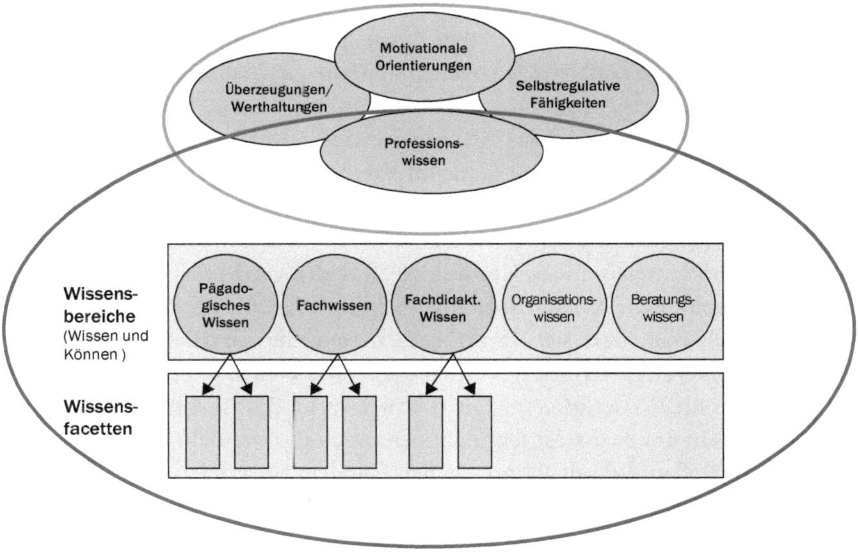

Baumert und Kunter gehen davon aus, dass das „beschriebene Wissen (…) in sich differenziert [ist], (…) unterschiedlichen epistemischen Status [besitzt] und (…) auf unterschiedliche Weise kognitiv repräsentiert [ist]" (ebd. 2006: 483). In Anlehnung an Fenstermachers (1994) Unterscheidung von „formal vs. practical knowledge" (theoretisch-formales vs. praktisches Wissen), sind Baumert und Kunter der Ansicht, dass ein Großteil der Expertise von Lehrern/innen (Fachwissen und Teile des fachdidaktischen und allgemein pädagogischen Wissens) sich als theoretisch-formales Wissen fassen lassen. Lehrer/innenhandeln, insbesondere in kommunikativen Situationen im Unterricht, basiert dagegen auf praktischem Wissen und Können (vgl. Baumert/Kunter 2006: 483). Dieses Wissen ist erfahrungsbasiert und zeigt sich im Können der Lehrer/innen. Es ist somit weitgehend implizit, jedoch, so Baumert und Kunter, „im praktischen Diskurs durch die Urteilskraft des professionell Lehrenden rechtfertigungsfähig" (ebd. 2006: 483). Praktisches Wissen und Können ist einerseits propositional mental repräsentiert (gilt insbesondere für die Unterrichtsvorbereitung) und andererseits an Fälle, Episoden und Skripte gebunden (vgl. ebd. 2006: 483). Werthaltungen und Überzeugungen haben ebenfalls einen unterschiedlichen epistemologischen Status (vgl. ebd. 2006: 496 ff.). Unterschieden werden Wertbindungen (Berufsethik), epistemologische Überzeugungen (Weltbilder), subjektive Theorien über Lehren und Lernen sowie Zielsysteme. In Anschluss an Op't Eynde, de Corte und Verschaffel (2002) verstehen Baumert und Kunter Werthaltungen und Überzeugungen sowohl „als implizite oder explizite, subjektiv für wahr gehaltene Konzeptionen, welche die Wahrnehmung der Umwelt und das Handeln beeinflussen" (Baumert/Kunter 2006: 497). Nur bei den subjektiven Theorien über Lehren und Lernen wird darauf verwiesen, dass diese auch implizit sein können, sonst werden hier keine weiteren Ausführungen dazu gemacht.

Angelehnt an dieses Modell wurden auch in der Politikdidaktik Kompetenzmodelle für Politiklehrer/innen entwickelt (siehe u. a. Weschenfelder (2014)) und/oder als Ausgangsbasis für Studien zur Untersuchung von Lehrer/innenwissen genutzt. Zu nennen sind hier u. a. die PKP-Studie (Weschenfelder 2014; Weißeno et al. 2013), die Dissertation zu politikdidaktischem Wissen und Können von Neumann (2015) sowie die Dissertation zur Lehrer/innenprofessionalität von Lehramtsstudierenden im Sachunterricht (politische Bildung in der Grundschule) von Reichhart (2018).

Gemein ist den Modellen von Bromme und Baumert/Kunter, dass sie zwar empirisch basiert sind, jedoch normativen Vorstellungen folgen. Ihre Grundlage ist ein Ideal eines/r professionellen, erfahrenen Lehrers/in, der/die sein/ihr Können im Unterricht regelmäßig unter Beweis stellt. Bei den Modellen handelt es sich somit um eine normative Vorstellung davon, auf welches Wissen ein/e professionelle/r, erfahrene/r Lehrer/in idealerweise in der Unterrichtspraxis zurückgreifen sollte (vgl. u. a. Philpott 2014: 17). Dem zugrunde liegt die Idee, „Expertenkönnen ließe sich als Wissensanwendung" (Neuweg 2002: 22) fassen. In der Forschung ist der Blick daher auch insbesondere darauf gerichtet, ob und inwiefern Lehrer/innen über dieses Wissen verfügen. Die Idee dahinter ist, diese Wissensgrundlagen bei Lehrer/innen zu quantifizieren, um damit ihre Professionalität zu evaluieren (vgl. Morrison/Luttenegger 2015). Die Kategorisierung der Wissensbereiche hat daher auch eher analytische Gründe, da Lehrer/innenwissen in der Praxis eher integrativ ist und die verschiedenen Wissensbereiche miteinander verwoben sind (vgl. Neuweg 2011: 596; Scherf 2013: 21). Um das Handeln von Lehrern/innen zu verstehen, reicht es aber nicht, die Lehrenden zu fragen, was sie wissen und können (vgl. Martens et al. 2012: 49).

Des Weiteren ist anzumerken, dass diesen Modellen kognitionspsychologische Handlungstheorien zugrunde liegen, die von einem Handlungsbegriff ausgehen, der an „mehr oder weniger bewusste Regulationsprozesse [gebunden ist], die zum Tun hinzutreten, insbesondere an das Setzen von Zielen, das Erinnern von Wissen, das Abwägen von Handlungsalternativen, das Planen, an Handlungsentschlüsse" (Neuweg 2002: 11; vgl. auch Kolbe 2004: 208). Ein/e Lehrkraft handelt demnach nicht nur, sondern er/sie reguliert gleichzeitig – der Theorie nach zum Teil unbewusst – das eigene Handeln. Es wird damit erstens von einer Kausalität von Wissen und Handeln ausgegangen (Handeln als Wissensanwendung) (vgl. Kolbe 2004: 209) und zweitens eine Handlungsrationalität vorausgesetzt, die jedoch nur von Dritten als solche gedeutet werden kann (vgl. Neumann 2010: 274f.; Neuweg 2011: 597). Implizites Wissen wird hier als prozedurales Wissen, das heißt als unbewusste Regelanwendung verstanden. Wie bereits zuvor ausgeführt wird dieses Regelwissen als vormals deklaratives Wissen (z. B. wissenschaftliches Fachwissen) aufgefasst, das ins Unbewusste hinabgesunken und damit implizit geworden ist (vgl. Kolbe 2004: 209).

Kognitionspsychologische Handlungstheorien differenzieren zudem zwischen intelligentem Handeln (Können) und bloßem Verhalten. Intelligentes Handeln bezeichnet das Anwenden von explizitem Wissen, während mit Verhalten intuitives Handeln gefasst wird. Neuweg kritisiert daran, dass einerseits Regelwissen über Lehr-Lern-Situationen nicht automatisch praktisches Geschick sichert und andererseits davon auszugehen ist, dass ein Großteil des Handelns von Lehrern/innen intuitiv erfolgt (vgl. Neuweg 2002: 11ff.). Intelligenzzuschreibungen können sich daher nur am konkreten Handeln orientieren, nicht aber daran, ob das Handeln geplant oder intuitiv war. So kann letztlich geplantes Handeln genauso dumm sein wie ein intuitives Handeln intelligent.

Insgesamt sind diese Modelle als Heuristiken hilfreich, aber in ihren erkenntnistheoretischen Grundlagen eher nicht mit dem Erkenntnisinteresse der Wissenssoziologie von Mannheim vereinbar. Für diese ist eine Beurteilung nach mehr oder weniger professionell erst einmal nachrangig, da der Geltungscharakter eingeklammert wird[52]. Der Wissenssoziologie von Mannheim folgend ist eher danach zu fragen, welches inkorporierte, atheoretische Wissen den Handlungen von Lehrern/innen im Unterricht zugrunde liegt und auf welche kollektiven Erlebniszusammenhänge bzw. Erfahrungsräume es zurückzuführen ist. Zwar wird in den Modellen auf implizites Wissen als Grundlage von Handeln verwiesen, jedoch wird dieses immer als subjektiv, das heißt einem Individuum zugeordnet, verstanden (vgl. Neuweg 2011: 584). Auch gibt es der Wissenssoziologie folgend kein planvolles Handeln, das durch explizites oder auch implizites Wissen geleitet wird. Es können lediglich Motive und Begründungen für Handeln expliziert werden, die das Handeln nachträglich rationalisieren.

Die Wissenssoziologie und -psychologie unterscheiden sich zudem in ihrem Forschungszugang zu implizitem Wissen. In der Wissenssoziologie hat Bohnsack im Anschluss an Mannheim mit der dokumentarischen Methode einen rekonstruktiven Zugang zu Bildern, Texten etc. der Akteure/innen entwickelt, um damit den dahinterliegenden dokumentarischen Sinn zu erfassen. In der Kognitionspsychologie wird dagegen eher theoriegeleitet vorgegangen, das heißt es wird entweder explizites/deklaratives Wissen abgefragt oder Dritte schreiben dem

52 Die Frage nach der Professionalität der Demokratielehre von Politiklehrer/innen stellt sich daher erst *nach* der empirischen Rekonstruktion der Orientierungen. Erst die vorliegenden Ergebnisse können vor dem Hintergrund von Professionalitätsvorstellungen im Fach bewertet und diskutiert werden (siehe Kapitel 5.2).

beobachteten Handeln von Lehrern/innen das zugrundeliegende prozedurale Wissen zu (vgl. Neumann 2010: 275). Sie erkennen in dem Handeln von Lehrenden bestimmte Wissensbestände und Regeln, die diese selbst aber nicht verbalisieren können (vgl. auch Oberauer 1993: 37) und die eher auf den Wissensbeständen der Forschenden beruhen.

Im nächsten Abschnitt soll die Theorie ‚Könnerschaft und implizites Wissen' von Neuweg (2004b) verdeutlicht und hinsichtlich seiner Anschlussfähigkeit an die praxeologische Wissenssoziologie diskutiert werden.

2.2.1.2 Die Bedeutung impliziten Wissens für das Können von Lehrern/innen

Der Blick auf die Praxis und hierbei das Können von Lehrern/innen verdeutlicht, dass die Modelle von Shulman, Bromme sowie Baumert und Kunter nur analytisch unterscheidbare Kategorien des Lehrer/innenwissens aufzeigen, die es in der Praxis nicht gibt. Das Wissen der Lehrenden ist integrativ und kann oftmals von den Lehrern/innen selbst nicht verbalisiert und somit abgefragt werden. Es ist dagegen oft eingelassen in situatives Handeln und mag manchmal auch „überhaupt erst in situ [entstehen]" (Neuweg 2011: 596). Das heißt Lehrkräfte wissen meist mehr, als sie sagen können (vgl. Polanyi 1966: 4), und umgekehrt sagen sie vielleicht auch mehr über ihre vermeintliche Handlungsbasis, als sie wirklich können (vgl. Neuweg 2002: 13 f.). Das Können von Lehrern/innen basiert – zumindest zu großen Teilen – auf implizitem Wissen.

Neuweg hat daher, so Neumann (2010: 274), einen Paradigmenwechsel und einen Abschied von der Kognitionspsychologie angemahnt. Er stellt dabei die Bedeutung von Professionswissen, wie es in den zuvor genannten Modellen dargestellt wird, für die Unterrichtspraxis nicht infrage. Er sieht den Wert der Topologisierung des Professionswissens als Systematik für den Fachdiskurs. Im Gegensatz zu den Modellen geht Neuweg jedoch nicht davon aus, dass ein Mehr an Professionswissen sich in mehr Professionalität ausdrückt. Professionelles Handeln von Lehrern/innen im Unterricht fasst er als intuitives, flüssiges Handeln.

Neuweg grenzt sich, wie bereits deutlich wurde, von kognitionspsychologischen Ansätzen ab (vgl. Neuweg 2004b: 22 f.) und geht entsprechend nicht von einer Handlungsrationalität aus und lehnt auch die Unterscheidung von intelligentem Handeln und bloßem Verhalten ab (vgl. Neumann 2010: 274 f.), da ein Großteil des Handelns von Lehrern/innen im Unterricht intuitiv ist, aber dennoch nicht als dumm bezeichnet werden kann.

Neuweg versteht unter „implizite[m] Wissen (tacit knowledge) (…) ein Wissen (…), das in der praktischen Kompetenz einer Person (…) zum Ausdruck kommt, das aber nicht oder nicht angemessen verbalisiert werden kann" (Neuweg 2000: 198). Seine Definition impliziten Wissens bezieht sich dabei auf Ryles'

(1949) Verständnis des „knowing-how“, demnach implizites Wissen für einen Modus des als intuitiv erlebten Handelns steht, dem kein Nachdenken bzw. Erwägen von alternativen Handlungsoptionen vorausgeht, sowie Schöns (1983, 1987) Verständnis des „knowing-in-action“, demnach Wissen stillschweigend, implizit in den Handlungen liegt bzw. in diesen eingelassen ist (vgl. Neuweg 2004b: 12 ff.). „Knowing“ verweist hier auf den dynamischen Charakter des Wissens im Gegensatz zu Fakten, Regeln oder die Theorien, die dagegen eher statisch sind (vgl. ebd. 2004c: 7). Unter Rückbezug auf Bohnsack und Bourdieu ist dieses Verständnis gleichzusetzen mit einem performativen Verständnis von implizitem Wissen (siehe Kapitel 2.1.1).

Dieses „implizite Wissen besteht nicht aus intern repräsentierten Handlungsregeln, sondern kann von ihm selbst [dem Lehrer] oder dem Beobachter partiell rekonstruiert und symbolisiert werden“ (Neuweg 2002: 16–17). Das Können kann seiner Ansicht nach „in seiner Flexibilität und Kontextsensibilität überhaupt nicht angemessen auf Regeln und Regelsysteme abgebildet werden“ (ebd. 2000: 199). Die Handlungsbedingungen im Klassenzimmer (hohe Komplexität, Handlungsdruck etc.) lassen, so Neuweg, auch gar keine bewusste Steuerung des Handelns zu (vgl. ebd. Neuweg 2008: 17). Bei einer Beschreibung des eigenen Handelns wird „knowing-in-action (...) *knowledge*-in-action“ (ebd. 2006: 67 Hervorhebung im Original). Es handelt sich somit um eine Konstruktion (vgl. ebd. 2006: 67; Schön 1987: 25).

In Anschluss an Polanyi unterscheidet Neuweg implizites Wissen in „tacit knowing how“, „tacit knowing that“ und „tacit roots of all our explicit knowledge“ (Neuweg 2004c: 9–11, 2006: 69–70). Das „tacit knowing how“ ist Wissen, welches in praktischen Fähigkeiten zum Ausdruck kommt, „tacit knowing that“ meint unsere impliziten Werthaltungen und Überzeugungen, und „tacit roots of all our explicit knowledge“ bezeichnet das Wissen, das uns hilft, Konzepte implizit zu verstehen. Neuweg verweist hiermit darauf, dass auch explizites Wissen nicht vollständig explizit ist, sondern implizite Wurzeln hat (vgl. ebd. 2004c: 11; Polanyi 1969: 144).

Implizites Wissen ist erfahrungsgebunden und wird durch Sozialisation erworben (vgl. Neuweg 2002: 19). Es lässt sich somit auch nur implizit lernen bzw. aneignen (vgl. ebd. 2000: 199). Neuweg stellt damit infrage, ob theoretisch vermitteltes Fachwissen, das als träges Wissen gilt, überhaupt in handlungsleitendes Wissen umgewandelt werden kann (ebd. 2000: 199). Oder anders formuliert: „An art cannot be transmitted by prescription, since no prescription for it exists“ (Polanyi 1962: 53). Polanyi fasst Können hiermit als Kunst, die man nicht über Anleitungen allein erlernen kann. Daran anknüpfend vertritt Neuweg (2000: 205) die Ansicht, dass im Transfer von Können implizite Lernprozesse beispielsweise in Form von Meister-Lehrlings-Beziehungen notwendig sind (vgl. Molander 1992: 11; Polanyi 1962: 53). Das heißt über Beobachten, Imitation und Coaching ist Können von einem/r Meister/in lernbar. Grundlegend übernimmt

Neuweg damit von Polanyi auch dessen konstruktivistisches Verständnis (vgl. Neuweg 2004b: 129 f., 145 ff.; Neuweg/Fothe 2011: 343).

In diesen Ausführungen wird deutlich, dass zwischen dem Ansatz von Neuweg und Mannheims Wissenssoziologie Parallelen bestehen. Sie stimmen in ihrem erkenntnistheoretischen Zugang, einem konstruktivistischen Verständnis, überein und auch die Auffassung von implizitem Wissen und dessen Aneignung ähnelt einander. Polanyis Theorie des tacit knowledge wirkt hier als Brücke. Bohnsack hatte hier bereits auf Gemeinsamkeiten zu Mannheims Verständnis von konjunktivem Wissen verwiesen (siehe auch Kapitel 2.1.1) (vgl. Bohnsack 2011a: 41, 2013b: 180; Kubisch/Störkle 2016: 61).

Ausgehend von diesen erkenntnistheoretischen Gemeinsamkeiten kann in der vorliegenden Untersuchung an Neuwegs Ansatz besser angeschlossen werden als an die kognitionspsychologischen Modelle. Bisher gibt es in der politikdidaktischen Forschung zum Lehrer/innenhandeln nur wenige Forschungsansätze wie u. a. Borski, Fenske und Klees (2015) Vorschlag der fallrekonstruierenden Didaktikforschung, die an Neuweg anknüpfen. Erste Untersuchungen, die wissenssoziologisch nach Mannheim arbeiten, beziehen sich durchaus auch auf Neuweg (vgl. Bergmüller/Asbrand 2010; Martens et al. 2012). Martens u. a. (2012) weisen jedoch darauf hin, dass mit der dokumentarischen Methode der Interpretation bereits eine erprobte Methode vorliegt, mit der man implizites Wissen rekonstruieren kann. Es ist damit hier nicht notwendig, auf das Forschungsprogramm von Neuweg zurückzugreifen.

Die Orientierungen von Politiklehrern/innen zu Demokratielehren und Demokratie, die Forschungsgegenstand dieser Untersuchung sind, können damit im Anschluss an Neuweg als implizites Wissen verstanden werden, das eine Grundlage für erfolgreiches, professionelles Handeln (Können) in der Unterrichtspraxis bildet. Es kann aber nicht konkret inhaltlichen Wissens- und Kompetenzbereichen der vorhergehenden Modelle (allgemeines pädagogisches Wissen, fachdidaktisches Wissen, Überzeugungen etc.) zugeordnet werden, da diese analytische Systematik sich nicht im impliziten Wissen der Lehrer/innen abbildet. Die Bereiche werden vielmehr im Handeln der Lehrenden integriert. Im nächsten Abschnitt werde ich den Ansatz des Lehrer/innenhabitus vorstellen.

2.2.1.3 Differenzierung zwischen beruflichem und professionellen Lehrer/innenhabitus

In der Lehrer/innenwissensforschung wurde festgestellt, dass oft in der Ausbildung erworbenes Wissen von Lehrern/innen kaum angewendet wird, und zwar selbst dann nicht, wenn sich Lehrende in Situationen befinden, in denen sie keinem Handlungsdruck ausgesetzt sind. Es muss also von einer Differenz oder auch von einem Nebeneinander von wissenschaftlich fundiertem professionellen Wissen und lebensweltlichem praktischen Wissen ausgegangen werden. Was jedoch nicht bedeutet, dass wissenschaftliches Wissen gar keine Anwendung in der Praxis findet. Es wird da jedoch situativ nach Bedarf verwendet, zuweilen eigensinnig interpretiert oder auch „innovationswidrig" (Radtke 2004: 111) genutzt, wie Radtke verdeutlicht.

Dabei stellt sich einerseits die Frage, ob Können gleichzusetzen ist mit der Anwendung von Wissen aus Studium und Ausbildung, und andererseits, ob Können allein als intuitives, flüssiges Handeln im Unterricht verstanden werden kann. Für Helsper (2002) greifen beide Ansätze zu kurz, da dann der Wert einer universitären Lehrer/innenbildung gar keine Relevanz besitzen würde. Unter Bezugnahme der strukturtheoretischen Professionstheorie (vgl. Oevermann 1996) liegt für ihn der Kern von Professionalität daher auf der theoretischen Reflexion des Handelns in der Praxis durch die Lehrer/innen. Pädagogen/innen „müssen" seiner Ansicht nach „in ihren Handlungen implizit enthaltene Entscheidungen (...) rekonstruieren und explizit begründen (...) können" (Helsper 2002: 69). Ein „einfaches Können, das unbegriffen implizitem Regelwissen folgt" (ebd. 2002: 69) hält er für unzureichend. Die Aufgabe der Lehrer/innenbildung sieht er folglich darin, Studierende in der Ausbildung und Lehrer/innen im Rahmen von Fortbildungen in ihrem impliziten Erfahrungs- und Alltagswissen zu irritieren, um damit die Voraussetzungen für einen reflektierten Umgang zu schaffen (vgl. ebd. 2002: 78) und sich einem reflexivem professionellen Lehrer/innenhabitus zu nähern.

Dabei unterscheidet Helsper zwischen einem beruflichen Lehrer/innenhabitus und einem professionellen Lehrer/innenhabitus, um zu kennzeichnen, dass die intuitive Gestaltung von Unterricht eben nicht mit Professionalität gleichzusetzen ist. Damit geht er letztlich über Neuweg hinaus.

In der empirischen Professionsforschung schließen hieran Arbeiten an, die danach fragen, wie sich professionelle pädagogische Orientierungen von Lehrenden und ein professioneller feldspezifischer Habitus herausbilden und entwickeln. Ausgangspunkt für diese Ansätze ist die Feststellung und Anerkennung, dass implizites Wissen handlungsleitend für Lehrer/innen ist (vgl. u. a. Combe/Kolbe 2008). Dabei bezieht man sich in der Professionsforschung auf Bourdieu[53] und praxistheoretische Zugänge wie unter anderem die praxeologische Wissenssoziologie, da diese implizite Orientierungen und Praktiken zugänglich machen können (vgl. Helsper 2018b; Kramer 2013, 2018; Kramer et al. 2018; Kramer/Pallesen 2018).

Helsper (u. a. 2018a, 2018b) und Kramer (u. a. 2015, 2018; zusammen mit Pallesen 2018) haben hierzu einen großen Beitrag geleistet und das Verhältnis von

53 Es soll hier kurz auf die Kritik von Bremer/Vester (2014) sowie von Kramer/Helsper (2011: 105) an großen quantitativen Studien in der Bildungs- und Professionsforschung, die sich ebenfalls an Bourdieu orientieren, verwiesen werden. Gemäß dieser findet darin nur ein verkürzter Bezug auf Bourdieus Habitus-Feld-Theorie statt. Auch werden diese Arbeiten Bourdieus Ansatz, den Habitus in der sozialen Praxis zu rekonstruieren, nicht gerecht. Dieser Forschungsstrang wird daher an dieser Stelle nicht aufgegriffen und thematisiert.

Milieu, Lehrer/innenhabitus und Professionalität sowohl theoretisch mit Bezug auf Bourdieus Habituskonzept ausgearbeitet als auch in zahlreichen Forschungsarbeiten untersucht.

Sie fragen erstens) nach „inkorporierte[n], also tief verinnerlichte[n] und unbewusste[n] Schemata der Wahrnehmung, Deutung und des Handelns (…) als Hervorbringungsprinzip – als *modus operandi* – [von] Äußerungen, Handlungen und damit soziale[r] Praxis" (Kramer/Pallesen 2019b: 12, Hervorhebung aus dem Original übernommen). Damit fokussieren sie jenes feldspezifische implizite Wissen von Lehrern/innen, dass ihre Lehr- und Unterrichtspraxis strukturiert und zugleich auch anleitet (bzw. hervorruft). Zweitens) fragen sie mit Bourdieu, der den Habitus als Ergebnis bzw. Inkorporierung objektiver sozialer Strukturen versteht, danach, wie sich der berufliche Lehrer/innenhabitus bildet bzw. erworben wird. Dabei interessiert Helsper, Kramer und Pallesen drittens) aus Perspektive der Lehrer/innenbildung natürlich insbesondere, wie sich ein professioneller Lehrer/innenhabitus entwickelt.

Dabei haben sie in ihren Studien festgestellt, dass biographische, milieuspezifische Erfahrungen und habituelle Orientierungen oft besonders bedeutsam sind für das Passungsverhältnis und damit eine gute Zusammenarbeit von Lehrkräften und Schülern/innen im Unterricht (vgl. Helsper 2018a; Kramer 2015; Kramer/Helsper 2011). Beide plädieren für eine Ausdifferenzierung des Habitusbegriffs und des Verhältnisses von Lehrer/innenhabitus und Professionalität. Sie trennen dabei einen beruflichen Lehrer/innenhabitus von einem professionellen Lehrer/-innenhabitus. Die Entstehung des professionellen Lehrer/innenhabitus ist dabei als Prozess zu betrachten (vgl. Helsper 2018b: 26).

Helsper schlägt folgende Differenzierung vor: erstens) in den „familiären, primären Herkunftshabitus", zweitens) den „erworbenen, individuellen Habitus", und drittens) „weitere feldspezifische Habitus" (ebd. 2018a: 120). Die feldspezifischen Habitus teilt er im Feld Schule in einen „Schülerhabitus" und einen „Lehrerhabitus" (ebd. 2018a: 120) (siehe auch ebd. 2018b: 21 ff.). Den familiären, primären Herkunftshabitus bezieht Helsper auf Bourdieus Konzept des Habitus, der ein Ergebnis der im familiären Kontext erlebten Orientierungen und kulturellen Praxen darstellt. Da diese wiederum eingebettet sind in einen sozialen Raum unterschiedlicher Milieus, werden in den familiären Kontexten jeweils verschiedene milieuspezifische Prinzipien der Lebensführung deutlich. Auf dem familiären Herkunftshabitus beruht der erworbene, individuelle Habitus, der im Laufe der Spätadoleszenz und im Erwachsenenalter geformt wird[54]. Er kann sich dann mehr oder weniger vom familiären Herkunftshabitus unterscheiden (vgl.

54 Helsper macht darauf aufmerksam, dass Bourdieu keine Theorie zur Transformation des Habitus entwickelt hat (vgl. Helsper 2018a: 121). Hier gibt es unterschiedliche Versuche einer Konzeption und Untersuchung dazu (siehe u. a. Kramer 2013; Mafaalani 2012; Rosenberg 2014).

ebd. 2018a: 121 f.). Von diesen beiden Habitusformen trennt Helsper die feldspezifischen Habitus – für das Feld Schule sind das der Schüler/innenhabitus, in dem sich „schul- und bildungsbezogene Orientierungen und Praxen [ausdrücken], die schon im familiären Raum (…) erworben und während der Schulzeit in Auseinandersetzung mit der Schule fortgeschrieben und erzeugt wurden" (ebd. 2018a: 121 f.), und der Lehrer/innenhabitus, in dem sich pädagogische Orientierungen der Lehrer/innentätigkeit ausdrücken. Der Schüler/innenhabitus wurzelt somit in spezifischen Orientierungen des familiären Herkunftshabitus, verändert sich jedoch im eigenen Erleben von Schule und Unterricht und ist hier abhängig von der jeweiligen Schulkultur.

Für den Lehrer/innenhabitus ist der Schüler/innenhabitus ausschlaggebend, da im Gegensatz zu anderen (Berufs-)Feldern Lehrer/innen Schule bereits als Schüler/innen durchlebt und erfahren haben[55]. Die schul- und bildungsbezogenen Orientierungen des Schüler/innenhabitus sind Basis des Lehrer/innenhabitus. Mit ihnen gehen bereits Bilder von und Haltungen gegenüber Lehrkräften einher, so etwa Bilder guter bzw. idealer Lehrer/innen wie auch schlechter bzw. abgelehnter Lehrkräfte (vgl. ebd. 2018a: 124 f., 2018b: 29 ff.)[56]. Helsper spricht hier von impliziten Orientierungen, die einen positiven oder auch negativen Gegenhorizont darstellen und damit auch Grundlage für das spätere Handeln als Lehrer/in werden. Kramer und Pallesen schlussfolgern daraus, dass „berufsspezifische Dispositionen im Sinne eines Lehrerhabitus (…) auf dem Weg einer berufsbezogenen Sozialisation lange vor der eigentlichen Berufstätigkeit erworben

55 Helsper macht darauf aufmerksam, dass Lehrer/innen aufgrund der Zugangsbeschränkung zum Lehrer/innenberuf (Erwerb der Hochschulreife und anschließendes Studium) in der Regel zuvor Schüler/innen mit einer positiven Passungskonstellation zu Schule waren (vgl. Helsper 2018a: 123 f.). Das heißt umgekehrt, Schüler/innen mit Erfahrungen und Orientierungen der Schul- und Bildungsfremdheit werden eher nicht Lehrer/innen. Dadurch sind den meisten Lehrkräften solche Orientierungen selbst fremd.

56 Helsper hat zusammen mit seinen Mitarbeitern/innen in Studien zum Schüler/innenhabitus vier Typen von Schüler/innenhabitus rekonstruieren können (vgl. Kramer et al. 2009, 2013), wovon er zwei davon für eine Wahl des Lehrer/innenberufs in Betracht zieht: erstens) den Schüler/innenhabitus der Schul- und Bildungsnotwendigkeit und zweitens) den Schüler/innenhabitus des Strebens, da diese beide sehr schulaffin sind. Den Typ des Schüler/innenhabitus der Schul- und Bildungsfremdheit schließt er aus, da diese in der Regel aufgrund der frühzeitigen Exklusion vom gymnasialen Schulweg keinen Zugang zum Studium erlangen, und den Typ des Schüler/innenhabitus der Bildungsexzellenz, da diese sich selbst exkludieren und den Beruf des/der Lehrers/in nicht wählen würden (vgl. Helsper 2018b: 30 f.). Nur für die zwei infrage kommenden Typen hat Schule eine hohe Relevanz und Dominanz in ihrem Leben. Passend zu ihren eigenen Orientierungen in Schule und Unterricht haben beide Typen implizite Bilder von Lehrern/innen, die jeweils ihrem positiven/negativen Gegenhorizont entsprechen (vgl. ebd. 2018b: 32 ff.). Helsper geht davon aus, dass diese Orientierungen in den beruflichen Lehrer/innenhabitus eingehen und die eigenen Unterrichtspraxen später bestimmen. Er merkt dabei jedoch an, dass es hierzu bisher kaum Wissen und Forschung gibt, wie dies erfolgt (vgl. ebd. 2018b: 35).

werden und stabil vorliegen" (Kramer/Pallesen 2018: 42; siehe auch Keller-Schneider/Hericks 2014). Man könnte auch sagen, Schule reproduziert folglich ihr eigenes Personal (vgl. Kramer 2015: 352)[57].

Der Wechsel vom Schüler/innen- zum Lehrer/innenhabitus vollzieht sich jedoch erst „mit dem beginnenden Perspektivwechsel" (Kramer/Pallesen 2019a: 81), wenn also junge Menschen nach ihrem Schulabschluss eine Ausbildung als Lehrer/in beginnen.

Die weitere Herausbildung der Lehrer/innenhabitus vollzieht sich in mehreren Schritten: erstens durch die Auseinandersetzung mit fachlichen, fachdidaktischen und erziehungswissenschaftlichen Wissensbeständen im Studium sowie ersten Praktika, zweitens durch die erste eigene Unterrichtspraxis im Referendariat und drittens durch die Position als „Berufsnovize" (Helsper 2018a: 126). Daraus entwickeln sich über die Jahre schulische und unterrichtliche Handlungsorientierungen, die, so Helsper, an den familiären Herkunftshabitus und den Schüler/innenhabitus anschließen, diesen aber auch verändern können (vgl. ebd. 2018a: 126). Lehrer/innen positionieren sich dabei „entweder im Sinne der Fortschreibung oder der Revision implizit zugleich zum Schülerhabitus der eigenen Schulzeit, also zu den schulbezogenen Orientierungen und Praktiken, die sie selbst als Schüler repräsentiert haben" (ebd. 2018a: 127). Damit bleibt der Lehrer/innenhabitus bezogen auf feldspezifische Dispositionen, die während der Schulzeit als Schüler/in erworben wurden (vgl. Kramer/Pallesen 2019a: 81).

Was ist nun unter einem beruflichen Lehrer/innenhabitus zu verstehen? Nach Kramer und Pallesen sind unter dem Lehrer/innenhabitus verinnerlichte, handlungsleitende Regeln zu fassen, die angepasst sind an eine routinierte Bewältigung beruflicher Anforderungssituationen (z. B. die Gestaltung von Unterricht, die Interaktion mit Schülern/innen, die Bewertung von Schüler/innenleistungen etc.). Diese verinnerlichten Regeln strukturieren die Schwerpunkte, die Lehrende in ihrer beruflichen Praxis setzen und ihre eigene berufliche Identität (vgl. ebd. 2018: 43 f.). Genauso wie dem Schüler/innenhabitus implizit Bilder und Haltungen von Lehrern/innen immanent sind, finden sich im Lehrer/innenhabitus auch Bilder von Schülern/innen, die zum eigenen Habitus passen. Diese dokumentieren sich in positiven und negativen Gegenhorizonten von Schülern/innen und deren Handeln in Schule und Unterricht.

---

57 Das heißt, es werden nur diejenigen Lehrer/innen, die ihre schulische Laufbahn erfolgreich absolviert haben. Sie reproduzieren dann oft das, was sie selbst in ihrer Schulzeit erlebt haben und was ihnen geholfen hat, erfolgreich zu sein. Sie werden Schule und die ihr zugrundeliegenden Annahmen damit in der Regel nicht hinterfragen (vgl. Kramer 2015: 352). Sie sind dann durch ihr berufliches Handeln selbst daran beteiligt, (erneut) die bestehenden Strukturen fortzuschreiben. Ihr Habitus wirkt somit als strukturierende Struktur. Erst eine Professionalisierung – im Sinne einer Habitussensibilität – ermöglicht es, ‚damit zu brechen' und nicht ‚blind' das System zu reproduzieren (vgl. ebd. 2015: 353 ff.).

In der Professionsforschung gibt es erste Studien, die in der Schul- und Unterrichtspraxis unterschiedliche Typen des Lehrer/innenhabitus als Ausprägungen eines beruflichen Habitus rekonstruieren (siehe u. a. Bennewitz 2014; Bremer/Lange-Vester 2014; Hericks 2004, 2006; Hinzke 2018; Keller-Schneider/Hericks 2014; Schieferdecker 2016; Schieferdecker et al. 2019; Wittek 2013; Wittek et al. 2020), auch wenn sie dabei nicht immer den Begriff des Habitus verwenden, sondern stattdessen von handlungsleitenden Orientierungen sprechen. In diesen wird u. a. mit der Habitushermeneutik (siehe u. a. Bremer et al. 2019; Bremer/Lange-Vester 2014; Bremer/Teiwes-Kügler 2013; Lange-Vester/Teiwes-Kügler 2013), der Objektiven Hermeneutik (siehe u. a. Oevermann 2000; Oevermann et al. 1979; und im Anschluss daran Kramer 2018, 2019b), ethnographisch (Pille 2009, 2013) und mit der dokumentarischen Methode der Interpretation (siehe u. a. Graalmann 2018; Hericks 2006; Hericks et al. 2018c; Hinzke 2018; Košinár 2014b, 2014c, 2018; Martens/Wittek 2019; Schieferdecker 2016; Schieferdecker et al. 2019; Sotzek 2018; Sotzek et al. 2018; Wittek et al. 2020) gearbeitet. In der Politikdidaktik gibt es bisher noch keine Forschungsarbeiten, die auf den Ansatz des Lehrer/innenhabitus von Helsper sowie Kramer/Pallesen Bezug nehmen, oder aber handlungsleitende Orientierungen von Politiklehrer/innen mit der dokumentarischen Methode der Interpretation rekonstruieren.

Die rekonstruierten Typen des Lehrer/innenhabitus sagen jedoch noch nichts über die Professionalität der Lehrer/innen aus und sind folglich von einem professionellen Lehrer/innenhabitus zu unterscheiden (vgl. Helsper 2018a: 128; Kramer/Pallesen 2018: 44). Nach der Rekonstruktion verschiedener Lehrer/innenhabitus müssten diese nun danach befragt werden, „inwiefern sie den Anforderungen an eine professionelle Handlungspraxis entsprechen“ (Helsper 2018a: 129). Das heißt, in einem nächsten Schritt muss eine Bewertung der rekonstruierten Typen gemäß fachlichen Professionalitätsvorstellungen erfolgen.

Ein professioneller Habitus entspricht dabei, so Helsper, auf Basis des strukturtheoretischen Ansatzes (siehe Helsper 2014; Oevermann 1996, 2002) einem „wissenschaftlich-reflexiven, forschenden Habitus, der in der Lage ist, auch eigene Ziele, normative Entwürfe und Orientierungen einer Relativierung und Geltungsprüfung zu unterziehen“ (Helsper 2018a: 129). Das heißt, von professionellen Lehrern/innen wird erwartet, dass sie in der Lage sind, ihre Praxis und die Zwänge, in denen sie sich bewegen, reflexiv hinterfragen zu können (vgl. Kramer/Pallesen 2018: 44). Damit einher geht die Fähigkeit, im Unterricht eigene Selbst- und Weltdeutungen zurückzunehmen, die Schüler/innen in ihren Selbst- und Weltdeutungen zu irritieren und damit Krisen des Wissens auszulösen, die dann zu neuem Wissen (und damit zu Krisenlösungen) führen. Voraussetzung ist hierfür, dass die Lehrer/innen eine Habitussensibilität/-reflexivität entwickeln, um eigene Selbst- und Weltdeutungen zurückzunehmen und den Schülern/innen Raum zu geben. Gemeint ist damit auch ein ‚Verstehen‘ im Sinne Bourdieus, das heißt, die „Fähigkeit und Bereitschaft, sich gedanklich an den Ort zu versetzen, den ein Schüler oder eine Schülerin im sozialen Raum einnimmt“ (Lange-Vester/Teiwes-Kügler 2014: 177). Damit verändert sich der erworbene, berufliche Habitus der Lehrer/innen notwendigerweise (vgl. Helsper 2018a: 131 f.).

Diese Forschungsansätze und -arbeiten sind anschlussfähig für die vorliegende Untersuchung, da sie sich auf Bourdieu und praxistheoretische Ansätze wie die praxeologische Wissenssoziologie beziehen. Es liegen somit metatheoretisch Gemeinsamkeiten in der Erkenntnisweise und Analyseeinstellung vor. Darüber hinaus sind die Forschungsarbeiten auch für die Konkretisierung des Forschungsgegenstandes relevant. Es lässt sich damit begrifflich konkretisieren, dass im Rahmen der empirischen Untersuchung dieser Arbeit Typen des beruflichen Lehrer/innenhabitus zu Demokratielehren und Demokratie rekonstruiert werden. Es ist anzunehmen, dass sich als Teil des Lehrer/innenhabitus auch Bilder von Schülern/innen dokumentieren. Dabei wird in der empirischen Rekonstruktion und Abstraktion zu Typen erst einmal nicht normativ gewertet, ob und welcher dieser Typen einem professionellen Verständnis der Lehr- und Unterrichtspraxis in der Politikdidaktik entspricht. Erst in einem nächsten Schritt im Rahmen der Diskussion der Ergebnisse wird geprüft werden, inwiefern die typisierten beruflichen Orientierungen, die einen Teil des beruflichen Lehrer/innenhabitus bilden, Vorstellungen von Lehrer/-innenprofessionalität im Fach erfüllen (siehe Kapitel 5.2).

2.2.2 Fazit II – Eine Konkretisierung des Forschungsgegenstandes anhand der Professionstheorie und -forschung zu Lehrkräften

Im Anschluss an die Auseinandersetzung mit Modellen und Forschungsansätzen zur Professionalität von Lehrern/innen soll nun noch einmal der Forschungsgegenstand dieser Untersuchung, die Orientierungen von Politiklehrern/innen zu Demokratielehren und Demokratie, konkretisiert werden.

Für die vorliegende Arbeit sind kognitionspsychologische Arbeiten der Lehrer/innenprofessionsforschung nicht anschlussfähig, da diese sich in ihren erkenntnistheoretischen Grundlagen von der praxeologischen Wissenssoziologie stark unterscheiden. Die Topologisierung des Lehrer/innenwissens kann als Heuristik dagegen durchaus mitgedacht werden, wobei für die Arbeit insbesondere das fachdidaktische Wissen im Sinne eines ‚pedagogical content knowing‘, das heißt eines in die Handlungspraxis eingelassenen Wissens von Demokratielehre bzw. -vermittlung, relevant ist. Hier hinein spielen auch implizite Überzeugungen und Werthaltungen zur Philosophie des Unterrichtsfaches im Allgemeinen und zum Lehren und Lernen von Demokratie im Besonderen. Darüber hinaus könnte auch ein Organisationswissen, verstanden als ein implizites organisations- und schulkulturelles Wissen über die Schule als soziale Organisation für Orientierungen des Demokratielehrens in Schule relevant sein.

Für die vorliegende Untersuchung ist die Lehrer/innenwissensforschung von Neuweg von Interesse, da hier geteilte Prämissen mit der Wissenssoziologie vorliegen. Demnach können die Orientierungen zu Demokratielehren und Demokratie auch als implizites Wissen für ein intuitives, flüssiges Handeln im Politikunterricht verstanden werden. Neuweg rückt den dynamischen Charakter impliziten Wissens in den Vordergrund, infolgedessen implizites Wissen als in Handlungen eingelassen zu verstehen ist. Dieses performative implizite Wissen kann im Rahmen dieser Studie jedoch nur zum Teil erfasst werden, da dafür eher eine Beobachtung oder Videographie des Handelns von Lehrern/innen in der Unterrichtspraxis notwendig wäre.

In der vorliegenden Arbeit können dagegen mit Bezugnahme auf Neuwegs weitere Ausdifferenzierung 1) implizites Wissen, das Beschreibungen des eigenen Handelns zugrunde liegt (knowledge-in-action), 2) implizite Werthaltungen und Überzeugungen (tacit knowing that) und 3) das implizite Wissen, das Theorien und Konzepten zugrunde liegt (tacit roots of all our explicit knowledge) rekonstruiert werden. Da mit der dokumentarischen Methode bereits eine ausgearbeitete und erprobte Methode vorliegt, um implizites Wissen zu rekonstruieren, wird nicht mit Neuwegs bislang sehr viel weniger genutztem Forschungsprogramm gearbeitet.

Weiterhin ist die vorliegende Forschungsarbeit anschlussfähig an den Diskurs und hieran anknüpfende Forschungsarbeiten zum Lehrer/innenhabitus. Demnach muss zwischen einem beruflichen Lehrer/innenhabitus und einem professionellen Lehrer/innenhabitus unterschieden werden. Der Forschungsgegenstand dieser Studie, die zu rekonstruierenden Orientierungen zu Demokratielehren und Demokratie können als Teil eines beruflichen Lehrer/innenhabitus verstanden werden. Inwiefern diese auch einem professionellen Lehrer/innenhabitus entsprechen, das heißt politikdidaktischen, demokratiepädagogischen und/oder professionstheoretischen Anforderungen an eine professionelle Demokratielehrpraxis im Politikunterricht und im weiteren schulischen Kontext nahekommen, kann erst nach der empirischen Rekonstruktion der beruflichen Orientierungen geprüft werden. Das heißt, ein professioneller Lehrer/innenhabitus stimmt mit normativen Erwartungen an ein professionelles Handeln von Lehrern/innen überein und seine Bestimmung basiert auf einer Bewertung der zuvor rekonstruierten Orientierungen zu Demokratielehren und Demokratie. Ich werde erst im Diskussionsteil darauf eingehen, inwiefern hier eine Passung zwischen den typisierten beruflichen Orientierungen als Teil eines beruflichen Lehrer/innenhabitus und Professionalitätsvorstellungen im wissenschaftlichen Diskurs deutlich wird (siehe Kapitel 5.2).

Im Anschluss an Helsper, Kramer und Pallesen zeigt sich zudem, dass eine Rekonstruktion der sozialen Räume, in denen sich berufliche Lehrer/innenhabitus bilden bzw. auf die sie zurückzuführen sind, eigene umfangreiche Studien umfassen und eine solche somit im Zuge der vorliegenden Dissertationsschrift nicht zu leisten ist.

3. Forschungsdesign

Die vorliegende Untersuchung der Orientierungen von Politiklehrern/innen zu Demokratielehren und Demokratie ist methodologisch in der qualitativ-rekonstruktiven Sozialforschung verortet. Konkret wird in dieser Untersuchung die Perspektive der praxeologischen Wissenssoziologie auf die soziale Welt eingenommen. Die methodologischen Grundlagen dieser wurden im vorherigen Kapitel 2 bereits ausführlich erarbeitet und dargestellt.

Für das Forschungsdesign gilt daraus hervorgehend, dass das Erhebungsverfahren möglichst offen gestaltet sein sollte, um den Untersuchungspersonen zu ermöglichen, ihr Handeln oder ihr Erleben der Wirklichkeit in ihrer eigenen Sprache darzustellen (vgl. Bohnsack 2014b: 22 f.; Kruse 2014: 150; Przyborski/Wohlrab-Sahr 2014: 140). Dies erfordert einen Rahmen, in dem die Politiklehrer/innen frei aus ihrer Unterrichtspraxis heraus erzählen können, ohne dass ich als Forscherin die Forschungsinteraktion zu stark strukturiere. Damit Untersuchungspersonen Themen selbst setzen und entfalten können, sind Erhebungsverfahren in der rekonstruktiven Sozialforschung eher offen gehalten und nicht-standardisiert. Damit kommt ihr Referenzsystem bzw. Interpretationsrahmen zur Geltung, eine Voraussetzung für methodisch-kontrolliertes Fremdverstehen.

Im Folgenden soll das Forschungsdesign der vorliegenden Untersuchung dargestellt werden. Dabei reflektiere ich den Forschungsprozess als Lernprozess im Rahmen der Promotion. Als Promovierende sehe ich mich selbst zugleich als Lernende, die im Rahmen dieses Forschungsprojektes Entscheidungen über das Sample, die Erhebungsmethode, die Auswertung etc. treffen musste, die im Nachhinein mit mehr Forschungserfahrung zum Teil auch anders ausfallen würden. Forschung ist in diesem Sinne als Herausforderung zu verstehen, mit der im Prozess auch das Problem der „Diskrepanz von Plan und Wirklichkeit, methodischer Anweisung und praktischer Handhabung“ (Lochner 2015: 131) einhergeht. Meine Absicht ist es, diese Diskrepanz nicht zu verschleiern, wie dies häufig in der Präsentation wissenschaftlicher Ergebnisse geschieht (vgl. Hoffmann/Keitel 2018: 212), sondern sie mit zu reflektieren. In diesem Sinne soll das Forschungsdesign auch kritisch beurteilt werden.

Zu Beginn stelle ich in einem ersten Teil die Auswahl des Sample, den Zugang zum Feld und die Fallgesamtheit vor (siehe Kapitel 3.1). Daran anschließend erkläre ich, wie ich die Datenerhebung durchgeführt habe (siehe Kapitel 3.2). Meine Entscheidung fiel hier auf eine offene, narrative Form des Leitfadeninterviews, welches sich im Laufe der zwei Erhebungen auf Basis meiner Erfahrung – auch in der Auswertung – auf immer weniger erzählgenerierende Fragen gestützt hat, um dem Referenzsystem der Lehrkräfte mehr Raum zu geben. Die Interviews habe ich anfangs erst komplett und später, nach den ersten Analysen nur noch sequenzweise transkribiert, da ich dann bereits gezielter nach Vergleichspassagen geschaut habe. Im nächsten Abschnitt erkläre ich, wie ich mit dem Interpretationsverfahren der dokumentarischen Methode die Interviewdaten ausgewertet und dann die rekonstruierten Orientierungen im Zuge der Typenbildung zu Typen abstrahiert habe (siehe Kapitel 3.3). In der vorliegenden Untersuchung konnte in drei sinngenetischen Dimensionen je eine sinngenetische Typisierung erreicht werden, wobei zwischen zwei Dimensionen Verbindungen bestehen, die in Form einer relationalen Typenbildung aufgezeigt werden. Eine soziogenetische Interpretation war mit den vorhandenen Daten zwar ansatzweise möglich, jedoch konnte hier keine soziogenetische Typik erzielt werden, die aufzeigen würde, auf welche konjunktiven Erfahrungsräume die Typen in den sinngenetischen Typiken jeweils zurückzuführen wären. Ich klammere die Soziogenese daher in der Ergebnisdarstellung aus. Die Gründe dafür sollen hier ebenfalls eingehender in Kapitel 3.3.3 geklärt werden.

Abschließend reflektiere ich in Kapitel 3.4 meine Rolle als Forscherin im Prozess der Datenerhebung und -interpretation. Hier steht für mich die Frage im Vordergrund, inwiefern ich möglicherweise mit meinen eigenen Orientierungen zu Demokratielehren und Demokratie Einfluss auf den Forschungsprozess genommen habe bzw. wie ich versucht habe, das zu verhindern oder im Gegenteil sogar produktiv zu nutzen.

3.1 Auswahl des Samples

In der vorliegenden Untersuchung wurde ein Sampling nach bestimmten, vorab festgelegten Kriterien in der Erhebung mit einem theoretischen Sampling in der Auswertung kombiniert. Diese beiden Samplingstrategien werden im Folgenden dargestellt. Ich beginne mit dem Sampling in der Erhebung und beschreibe anschließend die erhobenen Fälle. Zudem soll hier erläutert werden, wie ich einen Zugang zum Feld erlangt habe. Zuletzt wird das in der Auswertung vorgenommene Sampling geklärt.

3.1.1 Fallauswahl in der Erhebung

Im Zuge der vorliegenden Untersuchung wurden in zwei Phasen (2013 und 2014) Daten erhoben. Die Fallauswahl in der Erhebung orientierte sich dabei an inhaltlichen Kriterien, die ich entsprechend dem Forschungsstand und meinem Vorwissen über Politiklehrer/innen vorab bestimmt habe. Ausgehend vom Forschungsstand habe ich folgende zwei Kriterien als wichtig für die Auswahl der Politiklehrer/innen verstanden:

1) Er/sie unterrichtet Politik (das entsprechende Fach kann auch Sozialkunde, Gemeinschaftskunde, etc. heißen abhängig vom Bundesland, in dem er/sie unterrichtet). Offen gelassen habe ich, ob er/sie auch Politik auf Lehramt studiert hat.
2) Er/sie ist nicht mehr Referendar/in, sondern bereits als Politiklehrer/in angestellt bzw. verbeamtet. Da gerade Referendare/innen häufiger nochmal ihren Unterrichtsstil ändern (vgl. Dann et al. 1978) und ihren beruflichen Lehrer/-innenhabitus erst in der Schule ausbilden und festigen, wurden diese nicht in die Erhebung aufgenommen.

Ausgeschlossen habe ich darüber hinaus Lehrer/innen an Grundschulen, da das Fach Politik überwiegend erst in der Sekundarstufe I und II unterrichtet wird, und politische Bildung als Teil von Sachunterricht in den Grundschulen eine relativ neue Entwicklung darstellt.

Die Gesamtauswahl der Fälle sollte strukturell möglichst nach Geschlecht, Alter, Bundesland und Schultyp variieren, da ich vom Forschungsstand (Kapitel 1.2) ausgehend angenommen habe, dass es Unterschiede zwischen den Demokratie-Lehrpraktiken bei Politiklehrern/innen in Ost- und Westdeutschland sowie zwischen den Generationen geben könnte. Das Feld sollte so möglichst breit erfasst und unterschiedliche Fälle einbezogen werden (vgl. Flick 2012: 167), da eine hohe Diversität auch mehr Vergleichsmöglichkeiten in der Interpretation der Daten ermöglicht.

Daran habe ich mich grundsätzlich in beiden Phasen der Datenerhebung orientiert. In der zweiten Erhebungsphase habe ich explizit versucht nochmals fachfremd unterrichtende Politiklehrer/innen für ein Interview zu gewinnen, weil die Interviews mit den fachfremd unterrichtenden Politiklehrern/innen in der ersten Erhebung inhaltlich sehr facettenreich waren und die inhaltliche Diversität von Demokratie-Lehrpraktiken erhöht haben, was sich wiederum in der Interpretation als sehr hilfreich erwiesen hat. Dies ist mir jedoch in der zweiten Erhebung leider nicht gelungen.

Ich möchte an dieser Stelle bereits anmerken, dass aufgrund der Verschiedenheit der Hintergründe der Fälle eine soziogenetische Typenbildung, wie Bohnsack sie gedacht hat, nicht möglich ist. Hierfür hätte ich in der Zusammenstellung das Samples in der Datenerhebung stärker darauf achten müssen, dass die Hintergründe der Interviewpartner/innen möglichst gleich gehalten werden, um etablierte Erfahrungsräume (wie etwa dem Geschlecht, dem Lebens-/Berufsalter, einem bestimmten Schultyp etc.) zu kontrollieren (siehe u. a. Bohnsack 2009: 328). Ein Grund dafür ist, dass sich oftmals mehrere Erfahrungsräume überlagern und es schwierig auszumachen ist, für welchen Erfahrungsraum eine Orientierung typisch ist. Diesem Problem hätte man nur durch eine stärkere Begrenzung des Samples (beispielsweise durch einen Einbezug von Politiklehrer/innen aus nur 2 Bundesländern, die nur an einem bestimmten Schultyp oder auch nur in Sekundarstufe 1 unterrichten, etc.) begegnen können. Solch eine Kontrolle des Hintergrunds der Politiklehrer/innen war zu Beginn der Untersuchung so jedoch nicht möglich, da der Zugang zum Feld verhältnismäßig schwierig ist, wenn man sich nicht selbst als Lehrer/in darin bewegt.

Entsprechend ist davon auszugehen, dass eine Soziogenese in der vorliegenden Arbeit nur als soziogenetische Interpretation anhand von Hinweisen und Spuren konjunktiver Erfahrungsräume im Material erfolgen kann (siehe Kapitel 3.3.3).

3.1.2 Zugang zum Feld

Politik ist in der Regel ein Unterrichtsfach mit nur wenigen Wochenstunden und gilt daher meist als rand- oder nebenständig. Es gibt entsprechend meist nur wenige Politiklehrer/innen an einer Schule, die das Fach unterrichten.

Einen Zugang zu Politiklehrern/innen habe ich über verschiedene Kanäle hergestellt. Zum einen habe ich Politiklehrer/innen in meinem Bekanntenkreis (insbesondere aus meiner vorherigen Tätigkeit als politische Bildnerin in der außerschulischen Bildung) angesprochen, die Kontakte der Professur für Politikdidaktik am Institut für Politikwissenschaft an der Friedrich-Schiller-Universität Jena genutzt oder auf Tagungen und Fortbildungen Politiklehrer/innen direkt angesprochen und eingeladen an der Untersuchung teilzunehmen. Zum anderen habe ich einen Aufruf zur Teilnahme an der Untersuchung über Emailverteiler verschickt, von denen mir bekannt war, dass dort entweder spezifisch Politiklehrer/innen eingetragen sind oder aber Lehrer/innen, die sich für Demokratiebildung/-pädagogik interessieren. Des Weiteren haben Politiklehrer/innen, die interessiert waren und die Untersuchung unterstützen wollten, den Aufruf auch selbst weiter verteilt, sodass ich Interviewpartner/innen auch über das Schneeballprinzip gewonnen habe.

Offizielle Kanäle, wie beispielsweise über das Schulamt, wurden nicht genutzt, da zum einen der Zugang schwerer ist, es mehr Zeit braucht und der Erfahrung nach die Rücklaufquoten geringer sind. Ich bin davon ausgegangen, dass die potenziell interessierten Politiklehrer/innen auch über die genutzten Zugangskanäle erreicht werden können.

Dabei muss hier natürlich angemerkt werden, dass ich in meiner Untersuchung auf die Bereitschaft der Politiklehrer/innen, sich die Zeit zu nehmen und freiwillig an dem Projekt teilzunehmen, angewiesen war. Das heißt, ich nehme an, dass Politiklehrer/innen, die nicht an das kommunizierte Forschungsthema Demokratie und Demokratie-Lernen in Politikunterricht und Schule anschließen konnten, sich auch nicht zu einem Interview bereiterklärt haben. Meiner Ansicht nach entsteht dadurch von vornherein eine gewisse Schieflage im Sample, wodurch gegebenenfalls bestimmte Orientierungen zu Demokratielehren und

Demokratie nicht erfasst werden können. Damit hat das Sample natürlich einen Einfluss auf die Ergebnisse.

3.1.3 Erhobene Fälle

Es wurden in der vorliegenden Arbeit Interviews im Zuge von zwei Ergebungsphasen (2013 und 2014) geführt. In der ersten Erhebungsphase im Sommer/Herbst 2013 wurden 13 Politiklehrer/innen interviewt. Es handelte sich dabei um vier Frauen und neun Männer im Alter von 29 bis 65 Jahren. Diese Politiklehrer/innen unterrichten in verschiedenen Bundesländern (Bayern, Berlin, Brandenburg, Bremen, Niedersachsen, Nordrhein-Westfalen, Thüringen) an verschiedenen Schultypen (Gymnasium, Gesamt-/Gemeinschaftsschule, Realschule, Berufsschule). Vier dieser Politiklehrer/innen unterrichten Politik fachfremd, wobei drei der Politiklehrer/innen Lehramt für andere Unterrichtsfächer studiert haben und einer von ihnen als Quereinsteiger unterrichtet und aus einem anderen Fachgebiet kommt.

In der zweiten Erhebungsphase im Sommer/Herbst 2014 wurden Interviews mit zehn weiteren Politiklehrern/innen von mir sowie ein zusätzliches mit einer Politiklehrerin durch eine Studierende im Rahmen einer Lehrveranstaltung an der Friedrich-Schiller-Universität Jena im Wintersemester 2014/2015 geführt[58]. Es handelt sich hier um fünf Frauen und sechs Männer im Alter von 28 bis 48 Jahren. Diese Politiklehrer/innen kommen ebenfalls aus verschiedenen Bundesländern (Baden-Württemberg, Berlin, Mecklenburg-Vorpommern, Thüringen) und unterrichten an verschiedenen Schultypen (Gymnasium, Gesamtschule, Realschule, Berufsschule). In dieser Erhebung gibt es keine fachfremd unterrichtenden Politiklehrer/innen, da kein entsprechender Kontakt zustande kam.

Sowohl in der ersten als auch in der zweiten Erhebung gibt es zwei Politiklehrer/innen, die zusammen an derselben Schule unterrichten. Alle anderen Politiklehrer/innen unterrichten an unterschiedlichen Schulen.

Insgesamt konnten damit Politiklehrer/innen interviewt werden, die über unterschiedlich viel Unterrichtserfahrung verfügen. Es gibt sowohl Politiklehrkräfte, die bereits sehr lange Politik unterrichten, als auch Politiklehrer/innen, die erst vor kurzem ihr Referendariat abgeschlossen und daher bisher weniger Erfahrung gesammelt haben. Unter Letzteren befinden sich sowohl jüngere als auch ältere

58 Ich hatte in der Lehrveranstaltung den Studierenden die Möglichkeit gegeben, selbst ein Interview zu führen, oder aber von mir erhobene Daten vor dem Hintergrund einer eigenen Fragestellung auszuwerten. Die Möglichkeit selbst ein Interview zu führen, wurde von drei Studierenden genutzt, wodurch zwei Interviews mit Politiklehrer/innen zustande kamen. Ein Interview davon war in der Qualität der Interviewführung vergleichsweise sehr gut, weshalb ich Sequenzen aus diesem Interview mit in die Auswertung der Arbeit einbezogen haben. Die Nutzung der Daten wurde natürlich entsprechend geregelt.

Politiklehrer/innen, wobei letztere zuvor beruflich anderweitig tätig waren und erst vor kurzem in den Lehrberuf zurückgekehrt sind.

Auffällig ist zudem die geringere Repräsentation von Frauen im Sample. Es ist unklar, ob diese repräsentativ für die Geschlechterverteilung im Fach steht, da es hierzu keine Zahlen gibt[59].

Zudem hat Politik als Unterrichtsfach je nach Bundesland und Schultyp einen anderen Namen und wird zum Teil integriert mit anderen sozial- und wirtschaftswissenschaftlichen Fächern unterrichtet sowie hat eine unterschiedliche Stundengewichtung. Auch unterscheiden sich je nach Bundesland die Bildungspläne. Dies hat gegebenenfalls Einfluss darauf, welchen Stellenwert Politik tatsächlich im Unterrichtsfach hat und welche Gestaltungsmöglichkeiten die Politiklehrer/innen in der Unterrichtspraxis haben.

Erste Datenerhebung 2013

Tabelle 1: Übersicht über die Fälle der ersten Datenerhebung

Kerstin Neumann (Aw)[60]	Lehrerin (Altersgruppe zw. 30–49 Jahre) an einem beruflichen Gymnasium in Brandenburg (große Mittelstadt)[61]
Andreas Schmidt (Bm)	Lehrer (Altersgruppe zw. 30–49 Jahre) an einer reformpädagogischen Schule in Thüringen (kleine Großstadt)
Julia Weber (Cw)	Lehrerin (Altersgruppe zw. 30–49 Jahre) an einer Gemeinschaftsschule in Berlin
Stephan Fischer (Dm)	Lehrer (Altersgruppe bis 29 Jahre) an einer Berufsschule in Bremen

59 Auch wenn insgesamt mehr Frauen Lehramt studieren und Lehrerin werden als Männer (Hans-Böckler-Stiftung 2012), spiegelt sich dies nicht unbedingt in den einzelnen Fächern wieder. Für das Schulfach Politik findet man jedoch keine aktuellen Daten zur Geschlechterverteilung. Entsprechend einer älteren Erhebung von 1998 wird Politik als Leistungskurs bereits im Gymnasium an der Oberstufe drei Mal so häufig von Jungen als von Mädchen gewählt (vgl. Faulstich-Wieland/Nyssen 1998; zitiert nach Klika 2007: 124). Klika geht davon aus, dass diese Interessenswahl auch bei der Studien-/Berufsentscheidung eine Rolle spielt. Eine Studie zur Schul- und Fächerwahl im Lehramtsstudium an der TU Dresden von 2012 zeigt, dass männliche Schüler und Studienanfänger ein etwas höheres Interesse an gesellschaftswissenschaftlichen Fächern haben (vgl. Puderbach et al. 2012: 93). Es ist jedoch unklar, welchen Einfluss dies letztlich auf die Geschlechterverteilung der Lehrer/innen im Fach Politik hat.

60 Bei allen hier angegebenen Namen handelt es sich um Pseudonyme, um die Identität der Interviewpartner/innen zu schützen. Hinter den Namen ist ein Buchstabenkürzel angegeben, das jeweils in den Transkripten genutzt wird. Hierbei wurde der Großbuchstabe alphabetisch der chronologischen Reihenfolge der Interviews entsprechend vergeben und w/m steht für das Geschlecht des/der Interviewpartners/in.

61 Um die Identität der Interviewpartner/innen zu schützen, wurden auch ihre persönlichen Daten weitgehend anonymisiert. So wird hier nur der Schultyp, aber nicht der Schulname angegeben. Um die Schule geographisch zu verorten, wird das Bundesland und die Größe der Stadt genannt. Die Politiklehrer/innen wurden zudem größeren Altersgruppen zugeordnet.

Wolfgang Meyer (Em)	Lehrer (Altersgruppe ab 65 Jahren) an einer Berufsschule in Bremen, unterrichtet Politik fachfremd
Jan Becker (Fm)	Lehrer (Altersgruppe bis 29 Jahre) an einer Oberschule in Bremen
Matthias Lehmann (Gm)	Lehrer (Altersgruppe 50–64 Jahre) an einem Gymnasium in Nordrhein-Westfalen (Großstadt), unterrichtet Politik fachfremd
Peter Hoffmann (Hm)	Lehrer (Altersgruppe 50–64 Jahre) an einem Gymnasium in Nordrhein-Westfalen (kleine Mittelstadt), Kollege von Katrin Wolf (Iw)
Katrin Wolf (Iw)	Lehrerin (Altersgruppe bis 29 Jahre) an einem Gymnasium in Nordrhein-Westfalen (kleine Mittelstadt), Kollegin von Peter Hoffmann (Hm)
Markus Lange (Jm)	Lehrer (Altersgruppe zw. 30–49 Jahre) an einer Realschule in Bayern (Großstadt)
Bernd Schneider (Km)	Lehrer (Altersgruppe ab 65 Jahren) an einem Gymnasium in Bayern (Großstadt)
Sabine Klein (Lw)	Lehrerin (Altersgruppe 50–64 Jahre) an einer Realschule in Bayern (kleine Großstadt), unterrichtet Politik fachfremd
Tobias Krüger (Mm)	Lehrer (Altersgruppe bis 29 Jahre) an Erwachsenenschule der Erwachsenenbildung in Niedersachsen (kleine Großstadt), unterrichtet Politik fachfremd

Zweite Datenerhebung 2014

Tabelle 2: Übersicht über die Fälle der zweiten Datenerhebung

Anja Krause (Nw)	Lehrerin (Altersgruppe zw. 30–49 Jahre) an einem Gymnasium in Thüringen (kleine Mittelstadt)
Thomas Schröder (Om)	Lehrer (Altersgruppe zw. 30–49 Jahre) an einer Berufsschule in Thüringen (kleine Großstadt)
Frank Walter (Pm)	Lehrer (Altersgruppe zw. 30–49 Jahre) an einer Berufsschule in Thüringen (große Mittelstadt)
Melanie Wagner (Qw)	Lehrerin (Altersgruppe zw. 30–49 Jahre) an einer Berufsschule in Thüringen (kleine Großstadt)
Nicole Koch (Rw)	Lehrerin (Altersgruppe zw. 30–49 Jahre) an einem Gymnasium in Baden-Württemberg; Kollegin von Volker Zimmermann (Sm)
Volker Zimmermann (Sm)	Lehrer (Altersgruppe zw. 30–49 Jahre) an einem Gymnasium in Baden-Württemberg, Kollege von Nicole Koch (Rw)
Nadine Schwarz (Tw)	Lehrerin (Altersgruppe bis 29 Jahre) an einer Gemeinschaftsschule in Berlin
Robert Engel (Tm)	Lehrer (Altersgruppe zw. 30–49 Jahre) an einer Gesamtschule in Thüringen (kleine Großstadt)
Ulrich Müller (Um)	Lehrer (Altersgruppe zw. 30–49 Jahre) an einem Gymnasium in Berlin
Sarah Kern (Vw)[62]	Lehrerin (Altersgruppe zw. 30–49 Jahre) an einem Gymnasium in Thüringen (kleine Großstadt)
Daniel Hartmann (Wm)	Lehrer (Altersgruppe bis 29 Jahre) an einem Gymnasium in Mecklenburg-Vorpommern

62 Das Interview wurde von einer Studentin im Rahmen einer Lehrveranstaltung geführt.

3.1.4 Theoretisches Sampling

In der Auswertung wurde anschließend mit einem theoretischen Sampling (vgl. Glaser/Strauss 1967: 45 ff.) gearbeitet. Dieses folgt der Idee, dass sich das letztendliche Sample erst im Verlauf der empirischen Analyse herauskristallisiert (vgl. Przyborski/Wohlrab-Sahr 2014: 177). Welche Fälle interessant sind und genauer analysiert werden, entscheidet sich sukzessive im Forschungsprozess hinsichtlich theoretisch interessanter Varianzen in der Schilderung von Demokratie-Lehrpraktiken. Leitend ist dafür das Prinzip des Kontrasts. Das heißt, im Zuge der komparativen Analyse[63] werden Gemeinsamkeiten und Unterschiede hinsichtlich der Orientierungen zu Demokratielehren und Demokratie herausgearbeitet. Daraus entsteht eine erste sinngenetische Typik. Neue Fälle werden dabei mit den bereits ausgewerteten Fällen verglichen. Wenn hier neue Varianten auftreten, wird der Fall eingehender ausgewertet und geprüft, ob es sich um einen neuen Typ handelt. Wenn deutlich wird, dass keine neuen Typen mehr auftreten, wird die Auswertung abgeschlossen. Dann sollte eine theoretische Sättigung erreicht sein.

Dementsprechend habe ich mit der Auswertung einiger erster Fälle aus der ersten Datenerhebung begonnen, direkt nachdem ich diese abgeschlossen hatte. Dabei habe ich mit jenen Interviews angefangen, die meinem Eindruck aus der Interviewführung nach sehr narrativ waren, die Politiklehrer/-innen hier also viel aus ihrer Unterrichtspraxis berichtet haben. Einige andere Interviews aus der ersten Datenerhebung hatte ich dagegen erst einmal zurückgestellt und nicht interpretiert, weil ich wahrgenommen habe, dass ich innerlich ihre Demokratie-Lehrpraktiken eher ablehne und diese zu Beginn der Auswertungsphase nicht hätte distanziert wissenschaftlich auswerten können. Dies war mit einer größeren zeitlichen Distanz zu meiner vorherigen Praxistätigkeit in der politischen Bildung[64] und auch zu den geführten

63 In der vergleichenden Analyse besteht eine Gemeinsamkeit mit der Grounded Theory von Glaser und Strauss (vgl. Nohl 2013a: 272). Auch dort wird mit einer „constant comparative method" (vgl. Glaser/Strauss 1967: 101 ff.) gearbeitet.

64 Vor Beginn der Promotion habe ich während und nach dem Abschluss meines Studiums in der politischen Jugend- und Erwachsenenbildung gearbeitet. Ein Schwerpunkt meiner Bildungsarbeit war unter anderem die Demokratiebildung. Dadurch war ich insbesondere zu Beginn meiner Promotionsphase inhaltlich sehr involviert, da davon auszugehen ist, dass ich im Zuge der Praxis – äquivalent zu Lehrern/innen – einen beruflichen Habitus als politische Bildnerin entwickelt habe, der auch Orientierungen zu Demokratielehren und Demokratie beinhaltet. Diese Orientierungen haben bei mir anfangs Irritationen und/oder auch Ablehnung gegenüber geschilderten Demokratielehrpraktiken einiger Politiklehrer/innen hervorgerufen. Im Laufe meiner Promotionsphase konnte ich dem jedoch zunehmend distanzierter begegnen, da ich nicht mehr in der Jugend- und Erwachsenenbildung tätig war. Auch gehe ich davon aus, dass sich meine Orientierungen aus der Praxis durch die Entwicklung eines wissenschaftlichen Forscherinhabitus

Interviews später eher möglich. Diese Fälle waren dann oft durchaus interessant, da sich hier starke Kontraste abzeichneten zu bereits ausgewerteten Sequenzen aus anderen Interviews. So habe ich sukzessive kontrastierende Sequenzen aus unterschiedlichen Interviews, auch aus der folgenden zweiten Datenerhebung, einbezogen und im Zuge der Komparation unterschiedliche Typen abstrahiert.

Allerdings merkte ich schon während der Interviewführung in der zweiten Datenerhebung, dass sich in den Schilderungen der Demokratie-Lehrpraktiken die Art und Weise der Demokratielehre wiederholt. Dementsprechend habe ich Interviews, in denen sich Demokratielehrpraktiken stark ähnelten, ebenfalls in der Auswertung zurückgestellt und erst gegen Ende der Auswertung im Zuge der Typenbildung noch einmal durchgeschaut, ob und inwiefern sich die dort dokumentierenden Demokratielehrorientierungen in den Typiken einordnen lassen oder aber sich hier gegebenenfalls doch nochmal etwas Neues abzeichnet. Damit deutet sich bereits in der zweiten Datenerhebung eine gewisse Sättigung der Demokratielehrorientierungen an.

3.2 Datenerhebung mit dem leitfadengestützten Interview

Entsprechend dem rekonstruktiven Forschungszugang sollte die Erhebung möglichst offen und nicht zu standardisiert durchgeführt werden, um den Politiklehrern/innen die Möglichkeit zu geben, aus ihrer Unterrichtspraxis zu berichten, ihre Sichtweisen darzustellen und diese ausgehend von eigenen Relevanzgesichtspunkten zu entfalten – ohne dass die Situation bereits durch mich als Forscherin und meine Relevanzpunkte zu stark strukturiert wird. Für die Qualität qualitativer Daten in der rekonstruktiven Sozialforschung braucht es nämlich „einen offenen Äußerungsraum, der gefüllt werden kann mit dem, was für [die Forschungssubjekte] *selbst* wichtig ist, und in der Art und Weise, wie *sie selbst* sich ausdrücken möchten" (Helfferich 2011: 24, Hervorhebung aus dem Original übernommen).

Bohnsack u. a. weisen darauf hin, dass das implizite, handlungsleitende Wissen von Akteuren/innen derart an die Handlungspraxis geknüpft ist, dass ein Zugang nur durch eine Beobachtung der Handlungspraxis des Forschungssubjekts oder Erzählungen und Beschreibungen dieser Praxis durch das Forschungssubjekt selbst möglich ist (vgl. Bohnsack et al. 2013b: 14). Im Gegensatz zum kommunikativen Wissen, also den (Alltags-)Theorien, Motiven und Begründungen des eigenen oder fremden Handelns, kann das konjunktive Wissen von Akteuren/innen nicht (oder nur sehr begrenzt) kommunikativ

---

überlagert haben, durch den ich einen methodisch-kontrollierten Umgang mit dem empirischen Material entwickelt habe.

expliziert werden. Da die Orientierungen zu Demokratielehren und Demokratie jedoch über eine teilnehmende Unterrichtsbeobachtung von Politikunterricht allein schwer zugänglich sind, habe ich mich gegen diese Form der Erhebung entschieden.

Der Grund dafür ist, dass mir zu Beginn dieser Untersuchung nicht ganz klar war, in welchem Zusammenhang insbesondere Orientierungen zu Demokratie zur Lehr-/Unterrichtspraxis von Politiklehrern/innen im Politikunterricht und im weiteren Schulkontext stehen und ob das, was ich im Unterricht beobachten würde, wirklich auf bestimmte Orientierungen zu Demokratielehren und Demokratie zurückzuführen ist oder nicht eher auf andere Orientierungen, die ebenfalls für den Unterricht handlungsleitend sein können. Mir schien zudem die Gefahr, dass ich den Unterricht der Politiklehrer/innen vor dem Hintergrund meiner eigenen, subjektiven Vorstellungen von Demokratielehre bewerte oder aber einen Demokratiebezug in bestimmte Lehr-/Unterrichtspraktiken hineindeute, zu groß. Demzufolge gab es nur die Möglichkeit, Daten über eine Gesprächssituation in Form einer Gruppendiskussion oder eines Interviews zu erheben.

Wie bereits angedeutet ist das implizite, handlungsleitende Wissen auch über Erzählungen und Beschreibungen zugänglich (vgl. Nohl 2017b: 33). Dies hat den Hintergrund, dass auch Sprache entsprechend der Wissenssoziologie von Mannheim nie vollständig von konjunktiven Erfahrungen zu lösen ist (vgl. Mannheim 1980a: 217 ff.). Es gibt keine kontextfreie Sprache und folglich dokumentiert sich auch im gesprochenen Wort implizites, handlungsleitendes Wissen.

Obwohl die dokumentarische Methode von Bohnsack ursprünglich für Gruppendiskussionen ausgearbeitet wurde, habe ich mich in der vorliegenden Untersuchung für die Erhebung durch Interviews entschieden. Dies hat inhaltlich den Grund, dass Politiklehrer/innen zwar in einer bestimmten Schule und dort in einem Kollegium arbeiten, aber dennoch im Unterricht allein vor der Klasse stehen und zudem oftmals an ihren Schulen Einzelkämpfer/innen sind. In der Praxis unterrichten häufig einzelne bzw. nur sehr wenige Politiklehrer/-innen mehrere oder zum Teil auch alle Jahrgänge im Fach Politik (je nach Schulgröße), da es sich in der Regel um ein Fach mit nur wenig Unterrichtsstunden handelt[65].

Ausgehend vom Forschungsstand ist anzunehmen, dass die Schule als Organisation und das Kollegium nicht unbedingt der einzige bzw. ausschlaggebende Erfahrungsraum für die Bildung von Orientierungen zu Demokratielehren und

65 Handelt es sich um ein Ein-Stunden-Fach wie beispielsweise in Thüringen, dann sind Politiklehrer/innen an einer Schule oft allein. Wenn Politik dagegen über mehrere Wochenstunden verfügt wie beispielsweise in Hessen oder NRW dann kann es durchaus drei oder mehr Politiklehrer/innen an einer Schule geben.

Demokratie im Politikunterricht sind, sondern hier auch andere Erfahrungsräume wirksam werden. Daher erwarte ich, dass Politiklehrer/innen einer Schule nicht unbedingt über gemeinsame, geteilte Orientierungen zu Demokratielehren und Demokratie verfügen. Da die Arbeit mit dem Gruppendiskussionsverfahren jedoch auf die Rekonstruktion geteilter, kollektiver Orientierungen ausgerichtet ist (vgl. Przyborski/Wohlrab-Sahr 2014: 103 ff.), scheint mir diese hier nicht passend, um die Orientierungen der einzelnen Politiklehrer/innen tiefgreifender zu rekonstruieren. Letztlich scheidet das Gruppendiskussionsverfahren aber vor allem aus forschungspraktischen Gründen aus, da es an den meisten Schulen (bis auf die ganz großen) selten mehrere Politiklehrer/innen gibt, die tatsächlich eine Gruppe konstituieren könnten, vorausgesetzt alle Politiklehrer/innen einer Schule wären überhaupt bereit, an der Untersuchung teilzunehmen. Politiklehrer/innen aus unterschiedlichen Schulen für eine gemeinsame Gruppendiskussion zu gewinnen, wäre theoretisch eine Möglichkeit gewesen, die meiner Einschätzung nach jedoch in der Praxis – unter den gegebenen Bedingungen und Ressourcen – nur sehr schwer umzusetzen gewesen wäre. Ich war zum einen auf freiwillig an der Untersuchung teilnehmende Politiklehrkräfte angewiesen, die oftmals nur in freien Stunden zwischen ihrem Unterricht Zeit für ein Interview hatten. Und zum anderen konnte ich selbst nur auf sehr geringe Ressourcen zurückgreifen, da ich mich zur Zeit der ersten Datenerhebung aus eigenen Mitteln finanziert habe und somit nicht auf Unterstützungsmöglichkeiten im Rahmen einer Arbeitsstelle oder eines (finanzierten) Projektzusammenhangs zugreifen konnte. Die Erhebung in Form von Interviews war damit wesentlich einfacher umzusetzen und kam der Teilnahmebereitschaft der Politiklehrer/innen entgegen.

Im Nachhinein denke ich, dass vielleicht die Kombination von teilnehmender Unterrichtsbeobachtung und daran anschließendem Interview, wie Hinzke (2018) dies in seiner Dissertation durchgeführt hat, eine Möglichkeit gewesen wäre, um noch näher an die Praktiken der Politiklehrer/innen heranzukommen und damit auch ihr implizites performatives Erfahrungswissen zu Demokratielehren und Demokratie zu rekonstruieren. Allerdings setzt solch ein Erhebungsdesign natürlich andere Anforderungen an die Teilnahmebereitschaft der Politiklehrer/innen und hätte eventuell den Zugang noch weiter erschwert.

3.2.1 Offene leitfadengestützte Interviews

Konkret habe ich in der vorliegenden Untersuchung offene leitfadengestützte Interviews mit Politiklehrern/innen geführt (vgl. Przyborski/Wohlrab-Sahr 2014: 26 ff.). Hierbei ist für die Erhebung vor allem relevant, dass die Interviews möglichst viele narrative Passagen enthalten, da das implizite, handlungsleitende Wissen über Erzählungen und Beschreibungen zugänglich ist. Erzählungen sind, so Schütze, dadurch gekennzeichnet, dass der/die Befragte Handlungs- und Geschehensabläufe ausführt, die einen Anfang, ein Ende und einen zeitlichen Verlauf haben, während in Beschreibungen sich wiederholende Handlungsabläufe, Routinen und bestimmte, feste Gegebenheiten wiedergegeben werden (vgl. Schütze 1987: 146 f.; Nohl 2017b: 23 ff., 32). Davon abzugrenzen sind Argumentationen und Bewertungen, in denen die Befragten ihre (Alltags-)Theorien, ihre Motive und Begründungen für ihr eigenes oder fremdes Handeln darstellen sowie evaluieren. In Erzählungen und Beschreibungen sind die Befragten Zugzwängen unterworfen, durch die sie sich in ihre eigenen Erfahrungen verstricken und dadurch tiefe Einblicke in diese ermöglichen. Hier kann mit Schütze davon ausgegangen werden, dass die erzählte und erlebte Erfahrung miteinander zusammenhängen (vgl. Nohl 2017b: 32). Dennoch sind Erzählungen und Beschreibungen natürlich kein Abbild der Realität, sondern nur der Erfahrung der/des Befragten, die zudem im Gespräch konstruiert und/oder überformt wird (vgl. Bohnsack 2014b: 104 f.). Das heißt, die Erzählzeit entspricht nicht der Erlebniszeit. Auch gibt es in Erzählungen und Beschreibungen argumentative Einlassungen, in denen der/die Befragte dem/der Interviewer/in bestimmte Aspekte oder Sachverhalte erklärt.

Je nachdem wie der Redeteil im Interview durch den/die Befragte strukturiert wird[66], wird deutlich, auf welches Wissen hier zurückgegriffen wird. Ausgehend davon sollte der Leitfaden für die Interviews mit den Politiklehrern/innen möglichst offene, erzählgenerierende Fragen beinhalten.

In der ersten Erhebungsphase im Sommer/Herbst 2013 habe ich mit einem Leitfaden[67] gearbeitet, den ich nach dem SPSS-Verfahren[68] von Helfferich entwickelt habe (vgl. Helfferich 2011: 182 ff.)[69]. Hinter der Abkürzung SPSS stehen die vier Schritte Sammeln, Prüfen, Sortieren und Subsumieren. Im ersten Schritt habe ich Fragen in einem Brainstorming gesammelt, die im Zusammenhang mit meinem Forschungsgegenstand von Interesse sind, das heißt zur beruflichen und politischen Sozialisation der Politiklehrer/innen, zu ihrem Interesse an Politik und Politischer Bildung, zu Demokratielernen[70] in ihrem Politikunterricht und in

66 Damit soll nicht impliziert werden, dass die Befragten rational entscheiden würden, ob sie in Form einer Erzählung, Beschreibung, Argumentation oder Begründung sprechen. Dies wird vielmehr durch die Art und Weise der Fragestellung ausgelöst, wodurch die Befragten unbewusst auf den hier angelegten Erwartungshorizont reagieren.

67 Der Leitfaden ist im Anhang 8.1 zur Einsicht hinterlegt.

68 Das Verfahren sollte nicht verwechselt werden mit der statistischen Analysesoftware SPSS.

69 Ich habe den Leitfaden zudem im Rahmen des GESIS Seminars „Qualitative Interviews. Theorie und Praxis“ zur qualitativen Interviewführung vorgestellt und mir dort im Austausch mit den Dozenten Mey und Ruppel sowie den anderen Teilnehmern/innen Anregungen und Feedback eingeholt und dieses in den Leitfaden integriert.

70 Ich bin in den Interviews bei dem im Diskurs verwendeten Begriff geblieben und spreche hier nicht von Demokratielehre, da der Begriff des Demokratielernens für die Politiklehrer/-innen anschlussfähiger ist.

ihrer Schule (und hierbei sowohl als Unterrichtsthema als auch als Art und Weise zu unterrichten und Schüler/innen zu beteiligen) sowie zu ihren Positionen und Vorstellung zu (gelebter) Demokratie in der Politik und in unserer Gesellschaft. Daraus habe ich eine Liste erstellt, die ich in einem zweiten Schritt auf ihre Offenheit hin geprüft habe. Geschlossene Fragen bzw. Faktenfragen wurden daraufhin aus der Liste herausgenommen, da diese nicht erzählgenerierend wirken und den Redefluss der Befragten eher unterbrechen. Außerdem habe ich überlegt, welche Antworten ich auf die Fragen hin erwarten würde. Dabei sollen eigene Erwartungen und Vorannahmen reflektiert werden.

Im dritten Schritt habe ich die verbleibenden Fragen nach inhaltlichen Aspekten sortiert und zu Fragebündeln zusammengefasst. Wie im Leitfaden (siehe Anhang 5.1) deutlich wird, sind dies „Demokratielernen in Schule und Unterricht", „Demokratisch Handeln und Beteiligung", „Rolle und Qualifikation der Bürger/innen", „Rolle der Institutionen" und „Persönliche Demokratievorstellung". Für jedes Fragebündel habe ich eine einzige, möglichst offene Frage als Erzählaufforderung formuliert. Diese Erzählaufforderungen sind nicht für alle Themen narrativ ausgerichtet. Zum Teil zielen die Fragen auch darauf ab, dass die Interviewpartner/innen ihre eigenen Vorstellungen äußern oder sich positionieren. Im Leitfaden habe ich jeweils unter der Erzählaufforderung in einer linken Spalte thematische Aspekte gefasst, von denen ich erwartet habe, dass sie in der Antwort möglicherweise angesprochen werden; in einer mittleren Spalte habe ich Aufrechterhaltungsfragen aufgenommen; und in einer rechten Spalte habe ich Nachfragen aufgelistet, falls nicht alle Aspekte zum Thema angesprochen werden würden.

Dieser Leitfaden diente als flexibler Gesprächsleitfaden, der für mich als Interviewerin lediglich die Funktion hatte, darauf zu achten, dass bestimmte Themen im Interview behandelt werden, die anhand von wenigen offen formulierten Fragen angesprochen werden sollten (vgl. Kruse 2011: 62). Das Gespräch sollte so nach einem ersten Erzählimpuls eher durch den/die Interviewpartner/in und dessen/deren Relevanzen gesteuert werden.

Eingestiegen bin ich mit einem ersten Erzählimpuls: *Erzählen Sie mir doch bitte, wie Sie Politiklehrer/in geworden sind. Was war ihre Motivation, Politiklehrer/in zu werden?* Dieser wurde bei allen Interviews der ersten Erhebung gleich gehalten, um eine Vergleichbarkeit der Eingangspassage in der Auswertung zu ermöglichen. Davon ausgehend sollten die Politiklehrer/innen schildern, wie sie dazu gekommen sind, dass sie Politik unterrichten. Der Erzählimpuls zielt damit auf keine reine Erzählung ab. Vielmehr sind die Politiklehrer/innen aufgefordert, sowohl von ihrem biographischen Weg, Politiklehrer/innen zu werden, zu erzählen als auch ihre Entscheidung bzw. Motivation für diese berufliche Entscheidung zu begründen. Die Eingangserzählung enthält damit sowohl narrative als auch argumentative Teile, die jeweils je nach Interviewpartner/in unterschiedlich stark ausgeprägt bzw. verteilt sind. Ich habe mich für diesen Erzählimpuls entschieden, um möglichst offen in das Interview einzusteigen und es noch nicht gleich auf den Gegenstand der Untersuchung einzuschränken. In der Regel habe ich nach der ersten Antwort der Interviewpartner/innen Nachfragen dazu gestellt, bevor ich zu Fragen zum Politikunterricht übergegangen bin. Die Themenreihenfolge war dann meist flexibel und gesprächsabhängig.

Obwohl diese Eingangspassagen alle sehr narrativ sind, würde ich im Nachhinein sagen, dass es besser gewesen wäre, den zweiten Frageanteil nach der Motivation der Berufs-/Fächerwahl wegzulassen, da zumindest argumentative Anteile in der Antwort auf den Erzählimpuls impliziert werden, die für die Auswertung kaum Relevanz besitzen. Ich habe daher in der zweiten Datenerhebung einen offeneren Erzählimpuls gewählt.

Während ich insgesamt bei den ersten Interviews noch recht stark den Leitfaden im Blick hatte und mich daran orientierte, hat mir die Erfahrung gezeigt, dass die Interviews narrativer werden, wenn ich den Leitfaden beiseitelege und mich auf die Gesprächssituation einlasse. Damit konnte ich den Politiklehrenden mehr Raum geben, zuhören, was sie erzählen und konkretere, immanente Nachfragen stellen.

Auf Basis der Auswertung erster Sequenzen aus den Interviews der ersten Erhebung habe ich entschieden, eine zweite Erhebung im Sommer/Herbst 2014 durchzuführen. Hintergrund dessen war, dass ich den Eindruck hatte, dass die Politiklehrer/innen in den Interviews aus der ersten Erhebung relativ wenig aus ihrer Unterrichtspraxis erzählen und hier oft eher allgemein bleiben[71]. Auch zeichnete sich ab, dass die eher allgemeinen, theoretischen Fragen zu Politik und Demokratie gegen Ende des Interviews für die Auswertung mit der dokumentarischen Methode eher irrelevant waren, da die Politiklehrer/innen hier eher ihre politischen Positionen und Einstellungen äußern und somit tendenziell eher auf der Ebene des kommunikativen Wissens verbleiben. Mit dem Themenkomplex Institutionen konnten die meisten Politiklehrer/innen zudem nichts anfangen und reagierten darauf meist irritiert, sodass ich die Fragen dazu schon im Laufe der Interviews der ersten Erhebung weggelassen habe.

Basierend auf den Erfahrungen der ersten Erhebung habe ich mich in der zweiten Erhebung entschieden, themenzentrierte, narrative Interviews angelehnt an das biographische narrative Interview von Schütze (1983) durchzuführen. Das heißt, im Vergleich zur ersten Erhebungsphase habe ich auf eine geringere Strukturierung der Interviews gesetzt. Im Gegensatz zum biographischen narrativen Interview fokussierte das Interview jedoch nicht die (Lebens-)Biographie der Politiklehrer/innen, sondern ihren Politikunterricht. Damit beziehe ich mich mehr

71 Im Nachgang hat sich in der Diskussion mit anderen Forscher/innen, die Interviews oder Gruppendiskussionen mit Lehrern/innen geführt haben, herausgestellt, dass dies wohl ein allgemeines Problem in Untersuchungen mit Lehrkräften ist. Diese neigen offenbar dazu, sehr schnell zu abstrahieren und sich zu distanzieren – insbesondere, wenn es um ihren Unterricht geht, da sie als Lehrer/innen sowieso oft gefordert sind, diesen zu reflektieren.

auf die Ursprünge der Methode. So wurde das narrative Interview von Schütze erstmals im Kontext einer Studie zur Erforschung von Gemeindemachtstrukturen eingesetzt (vgl. Nohl 2017b: 19; Riemann 2011; Schütze 1976, 1978). In diesem Rahmen wurden die Politiker/innen aufgefordert von der Geschichte des Streits zur Gebietsreform in ihren Gemeinden zu erzählen. Somit ist das narrative Interview durchaus geeignet, auch thematisch gebundene Erzählungen hervorzurufen (vgl. Kruse 2014: 153).

Das narrative Interview kann damit als sehr offene Form des Leitfadeninterviews gefasst werden, bei dem es keinen Leitfaden, sondern nur noch eine Intervieworientierung[72] gibt, die auch nicht in die Interviewsituation mit hineingenommen wird.

Da ich davon ausgegangen bin, dass eventuell die biographische Einstiegsfrage bei den ersten Interviews dazu geführt hat, dass die Lehr-/Unterrichtspraxis weniger stark fokussiert und ausführlich beschrieben wurde, habe ich in der zweiten Erhebungsphase den Erzählimpuls geändert. Er lautete nun: *Wie sieht Ihre Unterrichtspraxis aus? Erzählen Sie doch einfach mal, was Sie in den letzten Unterrichtsstunden mit Ihren Schülern/innen im Politikunterricht gemacht haben.* Die Politiklehrer/innen wurden hiermit aufgefordert aus ihrer Praxis zu berichten, sich an die letzten gehaltenen Unterrichtsstunden zu erinnern und zu erzählen, was sie dort mit den Schülern/innen gemacht haben. Der Erzählimpuls ermöglicht damit sowohl eine erzählende als auch beschreibende Antwort. Tatsächlich variieren die Politiklehrer/innen in der Auswahl des Zeitabschnitts und erzählen entweder sehr detailliert, was sie in der letzten Unterrichtsstunde mit ihren Schülern/innen gemacht haben oder aber beschreiben eher allgemein, was für Themen sie im letzten Halbjahr mit unterschiedlichen Jahrgängen bearbeitet haben.

Der weitere Ablauf der Interviews entsprach dem Ablaufschema des biographischen, narrativen Interviews (vgl. Nohl 2017b: 19ff.; Przyborski/Wohlrab-Sahr 2014: 92ff.). Das heißt, an die Eingangserzählung des/der Politiklehrers/in schloss sich ein Nachfrageteil an, in dem erst immanente und dann exmanente Fragen zu weiteren Themen gestellt wurden, sofern diese nicht in der Eingangserzählung von den Politiklehrern/innen selbst angesprochen wurden. Immanente Fragen sind hierbei Nachfragen, die an die Eingangserzählung bzw. eine andere, vorhergehende Erzählung anschließen, beispielsweise durch die Bitte weiter zu konkretisieren, Beispiele zu schildern etc. Durch exmanente Fragen werden von der Interviewerin weitere Themen angesprochen. Durch diese können die Interviewpartner/innen entweder zu weiteren thematischen Narrationen aufgefordert werden oder aber auch zum Ende hin zu einer reflexiven Einordnung des eigenen Handelns durch die Erklärung von Motiven und Begründungen führen. Als exmanente Fragen wurden insbesondere die Themen ausgewählt, die sich in

72 Die Intervieworientierung ist ebenfalls im Anhang hinterlegt (siehe dazu Anhang 8.2).

den Interviews der ersten Erhebung als besonders gehaltvoll, sei es narrativ oder in Bezug auf die Fragestellung, herausgestellt haben. Somit wurde in der zweiten Erhebung mit einer reduzierten Intervieworientierung gearbeitet, die darauf abzielte, ähnliche Themen wie in der ersten Erhebung anzusprechen.

Der Erzählimpuls wurde in der zweiten Erhebungsphase wieder bei allen Interviews gleich gehalten, um eine Vergleichbarkeit unter diesen zu ermöglichen. Ein Vergleich mit den Eingangspassagen der Interviews aus der ersten Erhebungsphase war damit jedoch nicht mehr direkt möglich. Im Zuge der Komparation kann in der Auswertung aber sehr wohl in den Blick genommen werden, wie gleiche Themen, auch wenn sie an anderer Stelle im Interview thematisiert werden, behandelt werden. Dabei lässt sich der Erfahrung nach sagen, dass die Eingangspassagen oft sehr viel länger und detaillierter sind, während auf exmanente Fragen an späterer Stelle meist nicht mehr so ausführlich geantwortet wird. Das heißt, während in den Interviews der ersten Erhebung die Politiklehrenden sehr ausführlich von ihrem beruflichen Weg berichten und auch an späterer Stelle biographische Einschübe kommen, sind die Ausführungen dazu in den Interviews der zweiten Datenerhebung überschaubarer. Das ist schade, da in den Interviews der ersten Erhebung hier vielfach Hinweise auf konjunktive Erfahrungsräume deutlich werden, die in den Interviews der zweiten Erhebung nur an mancher Stelle erahnt werden können. Umgekehrt sind dafür natürlich die Schilderungen der Lehr-/Unterrichtspraxis der Politiklehrer/innen in den Interviews der zweiten Datenerhebung deutlich ausführlicher und zumindest in einigen Fällen detaillierter.

Insgesamt waren die Interviews in der zweiten Erhebungsphase wesentlich selbstläufiger und der Anteil an Erzählungen und Beschreibungen von Unterrichtspraxis höher, was einer Auswertung mit der dokumentarischen Methode entgegenkommt. Ich habe aus diesen zwei recht unterschiedlichen Erhebungen gelernt, welchen Einfluss eine stärkere oder geringe Strukturierung des Interviews auf die Interviewsituation und den Gesprächsverlauf haben kann. Bei einer erneuten Durchführung würde ich wieder für eine offene Intervieworientierung wie in der zweiten Erhebung plädieren. Darüber hinaus nehme ich aus diesen zwei unterschiedlichen Erhebungsphasen mit, dass auch der Erzählimpuls zentral dafür ist, was thematisch stärker fokussiert wird, und ich hier vor dem Hintergrund meiner Forschungsfrage genau überlegen muss, was ich hier erwarte.

Dies bedeutet jedoch nicht, dass die erhobenen Daten aus der ersten Datenerhebung unbrauchbar wären. Ganz im Gegenteil hat sich in der Interpretation der Daten gezeigt, dass diese in ihrer Spannbreite eine deutlich höhere Vielfalt an Demokratielehre aufzeigen, was sicherlich auch auf eine größere Varianz im Sample zurückzuführen ist. Die stärkere Strukturierung dieser Interviews bedeutet jedoch, dass ich in der Interpretation sehr viel mehr meine eigenen Einflussnahmen als Interviewerin mitinterpretieren muss.

3.2.2 Interviewsituation und -ablauf

Alle Interviews wurden an Orten durchgeführt, die die Politiklehrer/innen selbst bestimmt haben. Ich habe im Vorlauf lediglich darum gebeten, dass es sich um einen ruhigen Ort handeln sollte, um eine gute Aufnahmequalität zu gewährleisten. Entsprechend haben die Interviews in der Regel in der Schule in einem leeren Klassenraum oder bei den Politiklehrern/innen zu Hause stattgefunden. Damit konnte in beiden Fällen eine Atmosphäre genutzt werden, die den Politiklehrern/innen selbst vertraut ist. Die Interviews, die in der Schule stattfanden, waren jedoch im Vergleich zu den Interviews, die bei den Politiklehrern/innen zu Hause stattfanden, oft von einem höheren Zeitdruck geprägt, während sich die Politiklehrer/innen, die mich zu sich nach Hause eingeladen hatten, oft sehr viel Zeit für das Interview nahmen.

Vor Beginn des Interviews fand in allen Fällen eine kurze Small-Talk-Phase zum gegenseitigen Kennenlernen statt. Danach habe ich den Politiklehrern/innen den Charakter des Interviews noch einmal erklärt und den Zeithorizont mit ihnen abgesprochen. Auch habe ich sie über den Datenschutz und die in der Untersuchung vorgenommene Anonymisierung ihrer Daten informiert sowie eine Interviewvereinbarung unterschreiben lassen. Alle Interviews wurden mit einem digitalen Aufnahmegerät dokumentiert. Nach Ende des Interviews habe ich einen Kurzfragebogen zur Erhebung statistischer Daten zur Person (Alter, Ausbildung, Unterrichtsfächer etc.) ausfüllen lassen. Der Fragebogen diente dazu, zum einen das Sample der Erhebung genauer zu erfassen und zum anderen Informationen zum Hintergrund der Politiklehrer/innen zu dokumentieren, falls in der Auswertung dazu Fragen auftauchen sollten.

Zeitnah nach dem Ende des Interviews habe ich für die meisten Interviews ein Gedächtnisprotokoll angefertigt, um später noch nachvollziehen zu können, wie die konkrete Interviewsituation war, ob es Probleme oder Störungen gab, wie die Stimmung war etc.

3.2.3 Transkription

„Ziel der Transkription ist es, Audiodaten in eine Form zu überführen, die eine (…) methodisch systematische (…) Auswertungsarbeit“ (Kruse 2014: 349) ohne Zeitdruck ermöglicht. Die Art der Transkription muss dabei zur Auswertungsmethode passen. Das heißt, je nachdem, wie im Anschluss weitergearbeitet werden soll, muss darüber entschieden werden, welche Informationsreduktion vorgenommen werden soll bzw. wie nah und umfassend die Transkription das gesprochene Wort und die sprachlich-kommunikative Interaktion konservieren soll. Die Verschriftlichung der Audiodaten ist damit der erste Interpretationsschritt. An einer sehr starken Reduktion durch eine grammatikalische Glättung oder das Ausblenden von Dialekt mag dies besonders deutlich werden. Aber auch bei einer Transkription, die sich sehr nah am Audiomaterial orientiert, ist es abhängig davon, was der/die Transkribierende wie hört und verschriftlicht. So hört manche/r zum Beispiel eine Betonung und ein/e andere/r wiederum nicht. Daran wird deutlich, dass bereits die Wahrnehmung von Sprache subjektiv ist (vgl. ebd. 2014: 355). Auch kann die Erstellung von Transkripten fehleranfällig sein, je nachdem, wie erfahren jemand in der Verschriftlichung von Audiodaten ist und wie lange man gegebenenfalls hintereinander weg transkribiert.

Da die vorliegende Untersuchung auf eine Rekonstruktion des Orientierungswissens zielt, ist es besonders bedeutend, *wie* die Politiklehrer/innen sprechen. Insofern muss die Transkription auch möglichst umfassend wiedergeben, *wie* gesprochen wird (vgl. ebd. 2014: 352). Es wurde daher mit dem Transkriptionsprogramm F4 entsprechend den Transkriptionsregeln[73] von Bohnsack, dem Talk in Qualitative Research (TiQ) gearbeitet (vgl. Bohnsack 2014b: 253 f.). Die hierbei vorgenommene Informationsreduktion ist ausgerichtet auf die anschließende Auswertung mit der dokumentarischen Methode der Interpretation.

Zudem wurden alle Interviews in der Transkription anonymisiert. Den Interviewpartnern/innen wurde ein Kürzel zugeordnet. Entsprechend der Reihenfolge des Erhebungszeitpunkts wurde dafür ein Buchstabe des Alphabets verwendet und ein w für weiblich oder m für männlich zugeordnet (also z. B.: Aw, Bm, Cw etc.). Des Weiteren wurden alle Namen und Orte, die eine Rückverfolgung auf die Person zulassen würden, durch alternative Namen ersetzt.

Die ersten Interviews aus der ersten Erhebungsphase habe ich noch selbst vollständig transkribiert. Später bin ich dann dazu übergegangen, erst einen thematischen Interviewverlauf zu erstellen, indem ich die grobe Themenabfolge des Interviews festgehalten und markiert habe, von wem (ob von mir oder von dem/der Interviewpartner/in) Themen eingebracht wurden (vgl. Nohl 2017b: 50 ff.; Przyborski/Wohlrab-Sahr 2014: 286). Daran anschließend habe ich dann Sequenzen für die Transkription ausgewählt, sodass die Interviews nur noch sequenzweise transkribiert wurden[74].

Entsprechend habe ich für alle Interviews die Eingangssequenz verschriftlicht, da davon auszugehen ist, dass sich hier die Orientierungen der Politiklehrer/innen bereits dokumentieren bzw. andeuten (vgl. Bohnsack 2014b: 67). Des

73 Die Transkriptionsregeln wurden im Anhang 8.3 hinterlegt.

74 Ich habe nach der zweiten Erhebungsphase zum Teil Studierende und auch ein Transkriptionsbüro in die Transkription der Daten einbezogen. Die Studierenden habe ich im Rahmen einer Lehrveranstaltung in das Forschungsprojekt eingebunden. Alle Transkripte habe ich anschließend selbst noch einmal kontrolliert, indem ich die Audiodaten dazu selbst noch einmal angehört und das Transkript entsprechend korrigiert habe. Überwiegend wurden die Transkripte jedoch von mir allein erstellt.

Weiteren habe ich weitere narrative Sequenzen, in denen Fokussierungsmetaphern (vgl. ebd. 2011a) vorkommen, d.h. besonders selbstläufige Passagen mit hoher metaphorischer Dichte, sowie Sequenzen, die thematisch mit anderen Interviews vergleichbar sind, transkribiert. Dies war natürlich vor dem Hintergrund, dass die ersten Interviews, die ich noch komplett verschriftlicht habe, dann schon ausgewertet waren, einfacher. Insgesamt wurden nur Sequenzen einbezogen, die auch für die Forschungsfrage relevant sind.

3.3 Dokumentarische Methode der Interpretation und Typenbildung

Die Auswertung der Interviews mit den Politiklehrern/innen findet am Text statt, das heißt an den Transkripten der Interviews. Für die Auswertung wurde die dokumentarische Methode der Interpretation (vgl. Bohnsack 2014b; Nohl 2017b) ausgewählt, da diese eine Rekonstruktion des impliziten, handlungsleitenden Orientierungswissens der Politiklehrer/innen ermöglicht.

In diesem Kapitel wird in die dokumentarische Methode der Interpretation allgemein und spezifisch in die für die Auswertung von Interviewdaten notwendigen Schritte eingeführt. Konkret sollen die Schritte der Interpretation, der komparativen Analyse und der Typenbildung erklärt und dargestellt werden.

3.3.1 Die dokumentarische Methode der Interpretation

Die dokumentarische Methode der Interpretation wurde ursprünglich von Mannheim in den 1920er Jahren entwickelt und geriet, nachdem Mannheim kurz nach der Machtergreifung der Nationalsozialisten 1933 Deutschland verlassen musste und ins Exil ging, in Vergessenheit. Sie wurde dann erst in den 1950er, 1960er Jahren in dem von Garfinkel (1967, 1980) begründeten Konzept der Ethnomethodologie wieder aufgegriffen. Hier hatte die Methode jedoch seine Bedeutung ausschließlich als methodologisches Konzept in der epistemologischen Fundierung sozialwissenschaftlicher Forschung (vgl. Bohnsack 2013b: 176, 2014b: 58ff.). Das heißt, die Ethnomethodologie hat zwar den Wechsel der Analyseeinstellung vom immanenten zum dokumentarischen Sinngehalt (oder vom Was zum Wie) von Mannheim übernommen, hat diese jedoch „eingeschränkt auf die De-Konstruktion der *interpretativen und definitorischen* Herstellung von Realität“ (ebd. 2013b: 182) in Abhängigkeit vom Standort des Beobachters. Unbeantwortet blieb damit die Frage, „wie denn nun das alltagspraktische Handeln selbst in adäquater Weise zu beschreiben und zu ‚erklären‘ sei (...), [also] die Frage nach der handlungspraktischen Herstellung von Realität, (...) nach jenen habitualisierten Praktiken, die auf dem handlungsleitenden und z. T. inkorporierten Erfahrungswissen der Akteure basieren" (ebd. 2013b: 182–183).

Als Forschungsmethode wurde die dokumentarische Methode dann in den 1980er Jahren von Mangold und Bohnsack wiederentdeckt und für die Forschungspraxis ausgearbeitet (vgl. Bohnsack 1983, 1989). Konkret wurde sie im Kontext eines Forschungsprojektes zur Auswertung von Gruppendiskussionen mit Jugendlichen erstmals genutzt (vgl. ebd. 1989, 2014b: 33 ff.). In der Folgezeit entwickelte sich die dokumentarische Methode als rekonstruktiver Forschungszugang. Erfahrungen mit der Methode gibt es in der Auswertung von Gruppendiskussionen, Interviews, aufgezeichneter Alltagskommunikation (z. B. Tischgespräche, Peerinteraktionen und Unterricht), Videoaufzeichnungen, Dokumenten, Beobachtungsprotokollen und Bildmaterial (vgl. ebd. 2014b; Bohnsack et al. 2013a).

Bohnsack übernimmt von Mannheim den Wechsel in der Analyseeinstellung vom immanenten zum dokumentarischen Sinngehalt (vom Was zum Wie) und fokussiert dabei wie Mannheim, wie Orientierungen, Haltungen etc. sozial konstruiert werden. Er schließt dabei an Mannheims Unterscheidung des konjunktiven und kommunikativen Wissens an. Unter kommunikativem Wissen fasst er Common Sense Konstruktionen bzw. Alltagstheorien, während er mit konjunktivem Wissen das implizite, handlungsleitende Erfahrungswissen der Akteure/innen meint[75]. Die Interpretation des dokumentarischen Sinns löst sich damit von den Sinnzuschreibungen der Akteure/innen. „Gefragt wird nicht danach, *was* die gesellschaftliche Realität ist" oder wie diese von den Befragten selbst interpretiert wird, sondern „*wie* diese Realität hergestellt wird" (Nohl 2017b: 36, Hervorhebung aus dem Original übernommen).

Ziel der Arbeit mit der dokumentarischen Methode der Interpretation ist eine Typenbildung. Dabei geht es darum, zu einer über den Einzelfall hinausreichenden Generalisierung zu gelangen und folglich eine Theorie zu entwickeln (vgl. Nentwig-Gesemann 2013a: 295). Die dokumentarische Methode knüpft dabei „an das idealtypische Verstehen von Max Weber an" (ebd. 2013a: 299), und zwar „dort, wo Weber einen Weg zum Verstehen in der genetischen Rekonstruktion historischer Lebenswelten sieht[76] (vgl. Weber 1920)" (Nentwig-Gesemann 2013a: 299; siehe auch Bohnsack 2014b: 146 f.). Hier entspricht

75 Eine ausführliche Darstellung dazu findet sich in der methodologischen Auseinandersetzung mit der praxeologischen Wissenssoziologie in Kapitel 2.1.

76 Hier wird sich vorrangig auf Webers Forschungsarbeiten bezogen, die in ihrer Analyse der Vorgehensweise von Mannheims dokumentarischer Methode ähneln (vgl. Bohnsack 2014b: 152). Bohnsack verweist dabei auf die Kritik von Mannheim und Bourdieu, die beide auf die Diskrepanz von Webers theoretischer Darstellung der Idealtypen und seiner Forschungspraxis verweisen. So grenzt sich Weber in seinen theoretischen Ausführungen nicht von Kausalerklärungen ab, aber in seinen Forschungsarbeiten verfährt er dokumentativ, das heißt der dokumentarischen Methode von Mannheim entsprechend (vgl. ebd.

Webers Analyseeinstellung der von Mannheim. Die Idealtypenbildung von Weber geht von der konkret beobachteten Wirklichkeit aus und abstrahiert diese dann durch Übersteigerung und Vernachlässigung spezifischer Aspekte zu Idealtypen, die der Veranschaulichung und Erklärung sozialer Phänomene dienen (vgl. Nentwig-Gesemann 2013a: 299). Weber berücksichtigt dabei die Mehrdimensionalität von Fällen in seinen Typen, was sich auch in der Typenbildung der dokumentarischen Methode spiegelt. Hier bezieht sich die Mehrdimensionalität auf die sinngenetische und eine daran anschließende soziogenetische Typenbildung. Das heißt, ausgehend von einer Typisierung der Orientierungsmuster, also des impliziten, atheoretischen Wissens, das den Handlungspraktiken zugrunde liegt, wird der Frage der Soziogenese dieser Orientierungsmuster nachgegangen. Die soziogenetische Typenbildung stellt somit dar, in welchem Erfahrungsraum ein bestimmtes Orientierungsmuster typisch ist.

Die Typenbildung der dokumentarischen Methode folgt einer abduktiven Logik (vgl. ebd. 2013a: 307 f.). Sie grenzt sich damit ähnlich wie Weber von einem auf Einzelfallanalysen beruhenden induktiven Vorgehen einerseits und von einem auf allgemeine Gesetzesaussagen prüfenden deduktiven Verfahren andererseits ab (vgl. Bohnsack 2014b: 146). Im Gegensatz zu anderen Formen der Typenbildung setzt sie nicht an bestehenden Wissensbeständen und Theorien der Wissenschaft an, sondern am atheoretischen Wissen der Forschungssubjekte, das heißt an der Rekonstruktion ihrer Orientierungsmuster. Im Vergleich zu anderen rekonstruktiven Auswertungsmethoden nutzt die dokumentarische Methode den Fallvergleich sowohl zur Erkenntnisgenerierung als auch zur Kontrolle von Erkenntnis. Während beispielsweise die objektive Hermeneutik davon ausgeht, dass jedem Fall eine Generalisierung inhärent ist (Strukturgeneralisierung) und aus der Rekonstruktion eines Falls bereits ein Typ gebildet werden kann (vgl. Nohl 2013b: 24 f.), setzt die dokumentarische Methode den Fallvergleich voraus. Erst durch den Fallvergleich werden folglich Erkenntnisse generiert. Demzufolge kann ein Typ erst durch die Kontrastierung von Fällen gebildet werden. Fälle mit minimalem Kontrast bilden einen Typ, der sich von maximal kontrastiven Fällen, die jeweils andere Typen bilden, unterscheidet. Um diese Erkenntnisse zu kontrollieren, bezieht man in der Interpretation mit der dokumentarischen Methode als Forscher/in für die Rekonstruktion der Orientierungen eines Einzelfalls bereits andere Fälle als empirische Vergleichshorizonte ein und vermeidet es damit, vor dem Hintergrund eigener Vergleichshorizonte zu interpretieren (vgl. ebd. 2013b: 22 f.).

Das konkrete methodische Vorgehen in der Interpretation und Typenbildung wird nun im Anschluss dargestellt und erklärt.

2014b: 152 f.). Aus diesem Grund distanzieren sich Mannheim und Bourdieu von Webers theoretischen Ausführungen und beziehen sich nur auf seine Forschungspraxis.

3.3.2 Das Interpretationsvorgehen der dokumentarischen Methode der Interpretation

In diesem Abschnitt soll nun das konkrete Interpretationsvorgehen der dokumentarischen Methode der Interpretation dargestellt werden. Ich habe mich in der Arbeit mit der dokumentarischen Methode an den allgemeinen Hinweisen von Bohnsack (u. a. Bohnsack 2014b) und den spezifischen von Nohl (u. a. 2005, 2017b), der die dokumentarische Methode für die Auswertung von Interviews konkretisiert hat, orientiert.

Die Analyse am Text erfolgt demgemäß in zwei Schritten: erstens mit der formulierenden Interpretation und zweitens mit der reflektierenden Interpretation. Diese Schritte korrespondieren mit den Analyseschritten von Mannheims dokumentarischer Methode: Zuerst wird der immanente Sinngehalt bzw. das kommunikative Wissen herausgearbeitet und daran anschließend wird der Dokumentsinn bzw. das konjunktive Wissen rekonstruiert.

In der *formulierenden Interpretation* wird erfasst, was gesagt wird. Es geht also darum, sich die Inhalte und die behandelten Themen zu verdeutlichen sowie die thematische Struktur der Texte zu entschlüsseln (vgl. Bohnsack 2013b: 190). Man bleibt dabei jedoch auf der Ebene des immanenten Sinngehalts bzw. des kommunikativen Wissens. In der praktischen Durchführung wird das Gesagte inhaltlich in Ober- und Unterthemen differenziert und zusammengefasst. Es gilt dabei, inhaltliche Aussagen zu unterscheiden von der Art, wie ein Thema behandelt wird bzw. wie die Untersuchungsperson spricht. Die formulierende Interpretation sollte sich noch möglichst nah am Inhalt und gesprochenen Wort orientieren und hier noch nicht zu sehr abstrahieren.

Erst in der *reflektierenden Interpretation* wird die Analyseeinstellung gewechselt. Hier richtet sich der Fokus nun auf den Dokumentsinn bzw. das konjunktive Wissen. Dabei werden die Orientierungen der Politiklehrer/innen zu Demokratielehren und Demokratie rekonstruiert. „Grundgerüst der reflektierenden Interpretation ist die *Formalstruktur* der Texte“ (ebd. 2013b: 190, Hervorhebung aus dem Original übernommen). Sie nimmt dabei den *modus operandi* einer Schilderung in den Blick (vgl. ebd. 2013b: 13; und für die dokumentarische Bildinterpretation Bohnsack 2014b: 169, 273 f.). Die Ausführungen in den Interviews werden dabei jeweils als Dokument einer Orientierung rekonstruiert. Es wird untersucht, wie ein Thema gerahmt bzw. behandelt wird. Der Orientierungsrahmen, das heißt das konjunktive Wissen, dokumentiert sich dabei insbesondere in den Erzählungen und Beschreibungen. Im Gegensatz dazu entsprechen Argumentationen und Bewertungen eher den Orientierungsschemata (also kommunikativem Wissen). Hier wird an die methodologischen Überlegungen von Schütze (1987) angeknüpft, der diese Textsortentrennung für die Interpretation narrativer Interviews entwickelt hat (vgl. Küsters 2009: 24 ff.; Nohl 2005: 10 ff., 2017b: 23 ff., 32 ff.). Schütze (1987: 14) geht davon aus, dass Stegreiferzählungen (d.h. Erzählungen von selbsterlebten Erfahrungen) aufgrund ihrer Zugzwänge[77] besonders nah an der Erfahrung des/der Erzählers/in liegen. Erzählungen haben die Funktion, den/die Zuhörende/n am Erlebten teilhaben zu lassen und sind deswegen besonders detailreich (vgl. Küsters 2009: 25). Der/die Erzähler/in verstrickt sich in den Rahmen seiner/ihrer Erfahrungen und ist damit nicht mehr in der Lage zu abstrahieren. „Hier kann – so Schütze – von einem engen Zusammenhang zwischen erzählter und erlebter Erfahrung ausgegangen werden" (Nohl 2005: 11), auch wenn natürlich damit nicht auf faktische Geschehensabläufe zurückgegriffen wird. Schütze geht damit davon aus, dass insbesondere in Erzählungen Orientierungen reproduziert werden (Küsters 2009: 25). Das heißt, hier dokumentiert sich konjunktives Wissen. Im Gegensatz zu Schütze geht Nohl davon aus, dass auch Beschreibungen mit Erfahrungen korrespondieren und sich auch hier konjunktives Wissen dokumentiert (vgl. Nohl 2017b: 33). Damit verweist er zurück auf Mannheims Wissenssoziologie, der zufolge auch in Beschreibungen von Handlungen auf konjunktives Wissen zurückgegriffen wird[78]. Damit stehen insbesondere Erzählungen und Beschreibungen im Fokus der Interpretation.

Dafür wird zu Beginn der reflektierenden Interpretation eine *Textsortentrennung* der Sequenz vorgenommen (vgl. ebd. 2017b: 32 ff.).

Erzählungen sind Darstellungen von Handlungs- und Geschehensabläufen, gekennzeichnet durch einen Anfang und ein Ende. Behandelt wird dabei ein spezifisches Ereignis. Darin können Beschreibungen von wiederkehrenden Abläufen oder Sachgegenständen, die eher allgemeinerer Natur sind, eingelassen sein. Sprachliche Hinweise auf Beschreibungen sind beispielsweise die Wörter ‚immer', ‚öfters', ‚meistens' (vgl. ebd. 2017b: 23). Typisch für Beschreibungen sind statische Darstellungen oder Schilderungen von Eigenschaften (vgl.

77 Schütze unterscheidet hier erstens) den Detaillierungszwang, zweitens) den Gestaltschließungszwang und drittens) den Relevanzfestlegungs- und Kondensierungszwang (vgl. Nohl 2017b: 24 f.). Dem Detaillierungszwang nach ist der/die Erzähler/in gezwungen, die Reihenfolge der erlebten Ereignisse in der Schilderung einzuhalten; dem Gestaltschließungszwang nach ist der/die Erzähler/in gezwungen, eine angefangene Erzählung auch abzuschließen und somit zu Ende zu erzählen; und zuletzt ist der/die Erzähler/in dem Relevanzfestlegungs- und Kondensierungszwang nach gezwungen, nur die Punkte zu erzählen, die für die Erzählung relevant sind. Damit wird die Erzählung fortlaufend gewichtet und bewertet. Die Zugzwänge greifen nur, wenn die Erzählung im Vordergrund einer Schilderung steht – nicht aber, wenn es sich um eine Hintergrund- oder Belegerzählung handelt (vgl. ebd. 2017b: 33). Durch diese Zugzwänge erzählt der/die Interviewpartner/in oft mehr als er/sie es sich vielleicht anfangs vorgenommen hat.

78 In Mannheims Beispiel vom Knotenbinden wird deutlich, dass sich auch in Beschreibungen von Handlungspraxis konjunktives Wissen dokumentiert (vgl. Mannheim 1980c: 73). Die Handlungspraxis des Knotenbindens ist derart verkörperlicht, dass es nur über Bilder und konkretes Vorzeigen möglich ist zu erklären, wie man einen Knoten bindet. Es kann nicht abstrakt in Form von Regeln erklärt werden.

Küsters 2009: 25). Argumentationen und Bewertungen sind dagegen Alltagstheorien, Stellungnahmen, Motive und Begründungen eigenen und fremden Handelns (vgl. ebd. 2009: 25 f.). Auch diese können Teil von Erzählungen sein und werden als solche in die Interpretation einbezogen (vgl. ebd. 2009: 78). Umgekehrt können Erzählungen in der Funktion von Hintergrund- bzw. Belegerzählungen Teil von Beschreibungen bzw. Argumentationen und Bewertungen sein, um einen Sachverhalt noch genauer darzustellen oder zu begründen (vgl. ebd. 2009: 79). So sind unterschiedliche „ineinander verschachtelte *Vordergrund-Hintergrund-Verhältnisse* denkbar“ (Nohl 2017b: 24, Hervorhebung aus dem Original übernommen).

In den Interviews mit den Politiklehrern/innen gibt es selten ‚reine‘ Erzählungen und Beschreibungen. Oft sind diese durchsetzt von argumentativen Einlassungen oder umgekehrt gibt es auch in argumentativen und bewertenden Textpassagen erzählerische und beschreibende Momente, Metaphern und Redewendungen. Ich gehe davon aus, dass auch in diesen narrativen Elementen implizit-konjunktives Wissen zum Ausdruck kommt, allerdings muss man sich zugleich der Funktion dieser narrativen Elemente im Zuge von Argumentationen und Bewertungen bewusst sein und diese mit interpretieren, um in der Rekonstruktion zu tiefer liegendem Wissen zu gelangen.

An die Textsortentrennung schließt sich dann eine *semantische Analyse* an, in der wieder stärker der dokumentarischen Methode gefolgt wird (vgl. ebd. 2017b: 35 ff.).

Einen konkreten Zugang zum Orientierungswissen eröffnet dann die Suche nach *positiven und negativen Gegenhorizonten* sowie die Einschätzung ihrer Umsetzung bzw. Realisierungsmöglichkeit, dem *Enaktierungspotenzial* (vgl. Bohnsack 2014b: 138; Przyborski/Wohlrab-Sahr 2014: 290). Diese bilden wesentliche Komponenten des Erfahrungsraums (vgl. Bohnsack 2014b: 138). Zwischen positivem und negativem Gegenhorizont entfaltet sich der Orientierungsrahmen. Das heißt, die Orientierung strebt hin zu einem positiven Gegenhorizont und wird oft durch einen negativen Gegenhorizont begrenzt. Gemeint sind hiermit positive oder negative Rahmungen von erzählten respektive beschriebenen Handlungen, Abläufen etc. Die Enaktierung, also Realisierung einer Orientierung zeigt sich dann, wenn sie sich als erfolgreiche Handlungspraxis dokumentiert. Nicht genau gefasst werden kann das Enaktierungspotenzial einer Orientierung, wenn geplante Handlungen oder Praktiken anderer beschrieben werden, also folglich Handlungen (noch) nicht selbst erlebt bzw. vollzogen wurden. Ein *Orientierungsdilemma* wird dann deutlich, wenn die Realisierung des eigenen positiven Gegenhorizonts als schlecht oder schwierig eingeschätzt wird (vgl. Przyborski/Wohlrab-Sahr 2014: 290). Der Begriff „bezeichnet eine vom Subjekt selbst als belastend erlebte Diskrepanz zwischen den eigenen berufsethischen Vorstellungen und Orientierungen und der gelebten

Handlungspraxis" (Nentwig-Gesemann et al. 2011: 27). Ein Orientierungsdilemma beruht somit „auf einer grundlegenden Rahmeninkongruenz" (ebd. 2013b: 35).

Am prägnantesten kommt eine Orientierung in einer *Fokussierungsmetapher* zum Ausdruck, das heißt in den Passagen, die sich durch eine hohe metaphorische Dichte und starke Selbstläufigkeit auszeichnen (vgl. Bohnsack 2014b: 138, 140).

Die Interpretation eines Interviews erfolgt sequenzanalytisch, das heißt zuerst wird die Eingangssequenz Schritt für Schritt ausgewertet, da davon auszugehen ist, dass sich die Orientierung hier meist schon dokumentiert. In der Analyse schaut man danach, ob eine gewisse, implizite Regelhaftigkeit darin festzustellen ist, wie die Untersuchungsperson spricht bzw. Themen bearbeitet (vgl. Nohl 2017b: 36 f., 65). Hier ist anzunehmen, dass der Theorie nach in einem Fall Demokratielehren und Demokratie auf jeweils *eine* bestimmte Art und Weise erfahren wird. Das bedeutet, unterschiedliche Themenbereiche sollten in einem Fall immer in einem Orientierungsrahmen (in homologer Weise) bearbeitet werden. Um die konkreten Orientierungen eines Falls genauer zu bestimmen, ist somit eine *komparative Analyse*, erst in Form eines fallinternen und später dann auch fallexternen Vergleiches notwendig.

Jede Interpretation ist dabei an Vergleichshorizonte gebunden (vgl. ebd. 2017b: 40). Bei der Interpretation eines ersten Falls arbeitet der/die Forschende mit eigenen Vergleichshorizonten basierend auf eigenen Erfahrungen oder theoretischen Gedankenexperimenten. Im Zuge der Auswertung werden dann andere Fälle als Kontrast hinzugezogen. In der *komparativen Analyse* sucht man nach thematisch ähnlichen Passagen in anderen Interviews, die miteinander verglichen werden (vgl. Przyborski/Wohlrab-Sahr 2014: 296 ff.). Ausgewählt werden hier zum einen minimal kontrastive Fälle und zum anderen maximal kontrastive Fälle. Ziel dessen ist es, die Orientierungen der jeweiligen Fälle zu konkretisieren und die Besonderheiten eines jeden Falls herauszuarbeiten.

Im Rahmen der vorliegenden Studie wurden somit Orientierungen zu Demokratielehren und Demokratie anhand von Interviewsequenzen rekonstruiert und anschließend erst fallintern und später zunehmend unter Einbezug weiterer passender Sequenzen fallübergreifend verglichen. Dabei zeigte sich, dass Orientierungen zu Demokratielehren und Demokratie vor allem in Sequenzen rekonstruiert werden konnten, in denen Praktiken geschildert wurden, die sich thematisch mit der Planung und Gestaltung von Politikunterricht, von Projekten, AGs, der Unterstützung von Schüler/innenmitbestimmung oder anderer Formen der -beteiligung sowie persönlichen Erfahrungen insbesondere aus der Schulzeit oder auch im Zuge eigenen politischen Engagements innerhalb wie außerhalb von Schule dokumentieren. Passagen, in denen diese Themen aufgegriffen wurden, dienten dann auch einem Vergleich.

Im Zuge der komparativen Analyse haben sich folgende Vergleichsdimensionen herauskristallisiert (sinngenetische Dimensionen):

In der Dimension A) habe ich unterschiedliche Orientierungen des Demokratielehrens und das darin jeweils eingelassene implizite Verständnis von Demokratie rekonstruiert und im Rahmen der komparativen Analyse unterschiedliche minimale und maximale Kontraste zwischen diesen herausgearbeitet. In einer weiteren Dimension B) habe ich Orientierungen zum impliziten Selbstbild als Politiklehrer/in in den Blick genommen, die sich ebenfalls in den Demokratie-Lehrpraktiken dokumentierten.

Darüber hinaus wurde deutlich, dass sich die Politiklehrer/innen in fast allen Interviews mit normativen Erwartungen an ihren Politikunterricht durch Dritte (wie etwa durch die Schulleitung, Kollegen/innen, Lehrplananforderungen etc.) befasst haben, die sie als ein- oder beschränkend für ihre Vorstellungen und ihre Praxis von Demokratielehre im Politikunterricht und zum Teil auch im weiteren schulischen Kontext wahrnehmen und erleben. Da ich diese Auseinandersetzung für durchaus relevant für die Umsetzung von Demokratielehre insbesondere in der Unterrichtspraxis betrachte, habe ich mich dazu entschieden, dies in die Arbeit mit aufzunehmen und zu analysieren, wie die Politiklehrer/innen mit den an sie gestellten Anforderungen umgehen und was dies für ihre Demokratielehre vor allem im Politikunterricht bedeutet. Entsprechend habe ich in der Dimension C) die Orientierungen des Umgangs mit den Anforderungen an den Politikunterricht der Politiklehrer/innen rekonstruiert sowie fallübergreifend kontrastiert.

3.3.3 Vorgehen in der Typenbildung

In diesem Abschnitt werde ich nun das Vorgehen zur Entwicklung der Typenbildung aufzeigen. Grundlegend vollzieht sich diese im Fallvergleich. Demnach lassen sich aus dem Vergleich der verschiedenen Interviewsequenzen generelle Orientierungsmuster identifizieren und fallübergreifend Typen bilden (vgl. Nohl 2017b: 41 ff.). Hier wird somit eine Generalisierung vorgenommen.

Für eine *sinngenetische Typenbildung* werden die Orientierungsmuster im Zuge der komparativen Analyse zunehmend von den einzelnen Fällen gelöst und thematisch zu Typen zusammengefasst. Sie folgt damit einer abduktiven Logik (vgl. Bohnsack 2013c: 246). Im Rahmen der komparativen Analyse, in der die Orientierungsrahmen der Fälle miteinander verglichen und abstrahiert werden (vgl. ebd. 2013c: 253), zeigen sich minimal und maximal kontrastive Orientierungen in den geschilderten Demokratie-Lehrpraktiken. Dabei werden minimal kontrastierende Orientierungen zu einem Typ zusammengefasst und von maximal kontrastierenden Orientierungen abgegrenzt, die jeweils eigene andere Typen bilden. Jeder Typ wird dementsprechend durch spezifische Orientierungen in den Demokratie-Lehrpraktiken der Politiklehrer/innen repräsentiert. Ein Fall (d.h. ein/e Politiklehrer/in) ist dabei nicht mit einem Typ gleichzusetzen, da, wie sich gezeigt hat, in einem Fall durchaus unterschiedliche Demokratie-Lehrpraktiken deutlich werden, in denen sich auch unterschiedliche Orientierungen dokumentieren, die gegebenenfalls auch unterschiedlichen Typen zuzuordnen sind. Hier ist davon auszugehen, dass sich in der Praxis Orientierungen aus unterschiedlichen konjunktiven Erfahrungsräumen überlagern, die dann unterschiedliche Orientierungen in der Demokratielehre bedingen.

Die Typenbildung gilt als abgeschlossen, wenn alle unterschiedlichen Praktiken (hier: Demokratie-Lehrpraktiken bzw. Praktiken des Umgangs mit Anforderungen an den Politikunterricht) aus den Fällen einem Typ zugeordnet werden können. Dabei sollte ein Typ auf Praktiken aus mindestens zwei bis drei verschiedenen Fällen basieren, um eine Abstraktion zu ermöglichen.

Dabei wurde je eine eigene sinngenetische Typenbildung in den unterschiedlichen sinngenetischen Dimensionen vorgenommen:

In der sinngenetischen Dimension A) habe ich die unterschiedlichen Orientierungen zur Demokratielehren in fünf Typen gebündelt, in denen sich der modus operandi der Demokratielehre der Politiklehrer/innen darstellt. Im Vergleich kristallisierte sich zudem heraus, dass den verschiedenen modi operandi des Demokratielehrens bestimmte implizite Demokratieverständnisse zugeordnet werden können. Ich habe daher die modi operandi des Demokratielehrens und die impliziten Demokratieverständnisse in einer sinngenetischen Typik zusammengefasst (Typik I). Diese sinngenetische Typik verdeutlicht somit, welche unterschiedlichen Orientierungen zu Demokratielehren und in der Praxis eingelassenen Demokratieverständnisse es unter Politiklehrern/innen gibt.

In dieser Studie konnte ich zudem zwei weitere sinngenetische Typiken rekonstruieren, womit es sich bei der vorliegenden Typenbildung um eine mehrdimensionale sinngenetische Typenbildung handelt (vgl. Nohl 2013b: 8). Neben der Dimension A konnten anhand des vorliegenden empirischen Materials für die Dimensionen B) Orientierungen zum impliziten Selbstbildes als Politiklehrer/in und für die Dimension C) Orientierungen zum Umgangs mit Anforderungen an den Politikunterricht zwei weitere sinngenetische Typiken (Typik II und Typik III) entwickelt werden. In der dritten Typik konnten jedoch nicht alle vorhanden Falle zugeordnet werden, da nicht in allen Interviews Anforderungen an den Politikunterricht ein Thema waren. Das bedeutet, diese Typik basiert nur auf einem Teil des Samples.

In der Abbildung 4 werden alle Schritte hin zur sinngenetischen Typenbildung noch einmal graphisch dargestellt, um sie ausgehend vom vorliegenden Datenmaterial zu Beginn der Untersuchung nachzuvollziehen.

Abbildung 4: Schritte in der sinngenetischen Typenbildung (Darstellung angelehnt an Lessing-Sattari 2018: 8)

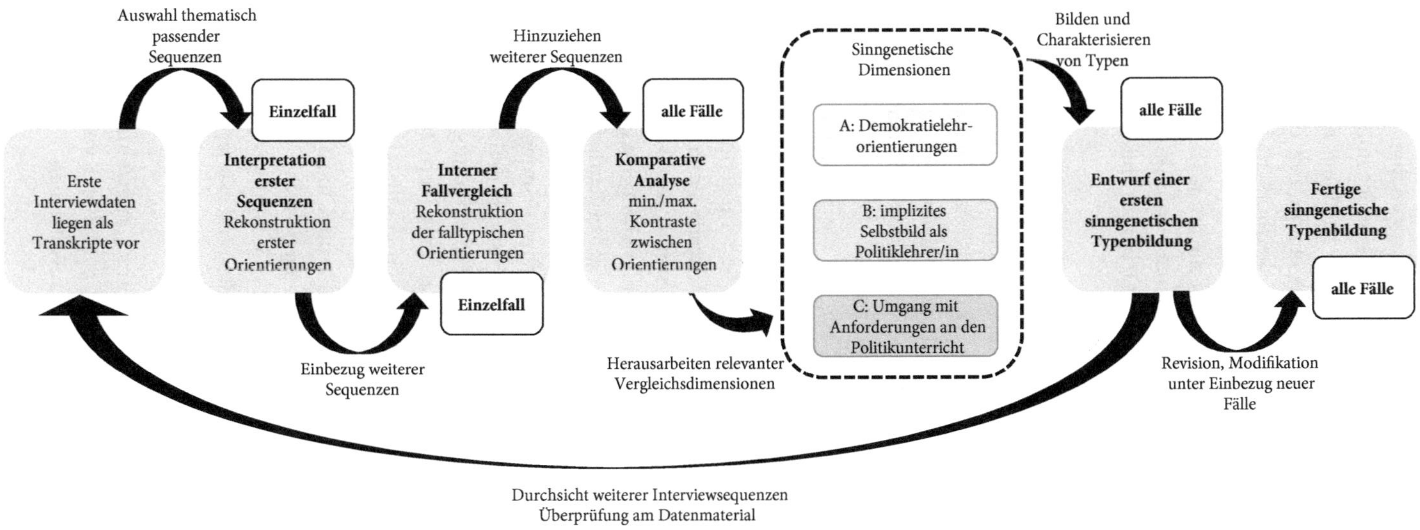

Wenn mehrere Dimensionen bzw. verschiedene sinngenetische Typiken rekonstruiert werden konnten, so ist es in einem zweiten Schritt möglich, nach Verbindungslinien zwischen diesen Typiken in den konkreten Fällen zu suchen. Nohl (2013b) hat hierfür die *relationale Typenbildung* entwickelt. Das Ziel ist es dabei, die Verbindungen in mehr als einem Fall zu rekonstruieren und zu typisierten Relationen zu gelangen. Diese müssen sich empirisch abgrenzen lassen (vgl. ebd. 2013b: 59). Dabei geht es nicht nur darum, die Parallelität von zwei Orientierungen in einer bestimmten Praxis fallübergreifend zu rekonstruieren, sondern auch die Sinnhaftigkeit bzw. Bedeutung dieser Verbindung zu verdeutlichen. „Auf diese Weise lassen sich mit der Bildung relationaler Typiken die sozialen Zusammenhänge von Orientierungen herausarbeiten" (ebd. 2013b: 59), „die die Genese der rekonstruierten Orientierungen erklären" (Asbrand/Martens 2018: 41) können.

Ich konnte in der vorliegenden Untersuchung fallübergreifende Verbindungen zwischen der sinngenetischen Dimension A und der sinngenetischen Dimension B aufzeigen. Das heißt, es dokumentiert sich zwischen den Typen der sinngenetischen Typik I und den Typen der sinngenetischen Typik II fallübergreifend in den Demokratie-Lehrpraktiken ein Struktur- bzw. Sinnzusammenhang. Entsprechend konnte ich hier eine relationale Typik entwickeln, die Relationen in der Praxis des Demokratielehrens zwischen bestimmten modi operandi des Demokratielehrens und jeweils einem der zwei Typen des impliziten Selbstbildes als Politiklehrer/in sichtbar macht. Gerade diese Relationen bestimmen eine spezifische Form der Praxis.

Zur Dimension C, den modi operandi des Umgangs mit den Anforderungen an den Politikunterricht konnte ich dagegen keine Verbindungen rekonstruieren.

Die *soziogenetische Typenbildung* baut ebenfalls auf der sinngenetischen Typenbildung auf. Sie geht der Frage nach, in welchem Erfahrungsraum ein bestimmtes Orientierungsmuster als typisch gelten kann. Hier wird somit von der Ebene der Orientierungen gewechselt zur Ebene der Erfahrungsräume. Zu beachten ist dabei, dass diese Ebene mehrdimensional ist, da sich bei den Forschungssubjekten meist mehrere Erfahrungsräume überlagern (vgl. Nentwig-Gesemann 2013a: 317). Das heißt, Ziel der soziogenetischen Typenbildung wäre es gewesen, zu bestimmen, auf welche Erfahrungsräume jeweils die modi operandi des Demokratielehrens, die impliziten Selbstbilder und/oder die modi operandi des Umgangs mit den Anforderungen an den Politikunterricht typischerweise zurückzubeziehen sind. Dabei ist davon auszugehen, dass dies für die drei sinngenetischen Dimensionen auch unterschiedliche konjunktive Erfahrungsräume sein können.

Amling und Hoffmann haben das Verfahren, um zu einer soziogenetischen Typenbildung zu gelangen, weiter ausgearbeitet (vgl. Amling/Hoffmann 2013; siehe auch Hoffmann 2018). Oft wird mit einer Suchstrategie gearbeitet, der zufolge Fälle, die hinsichtlich der handlungsleitenden Orientierungen kontrastreich sind, vor dem Hintergrund gesellschaftlich etablierter Dimensionen (wie Geschlecht, Alter, Herkunft etc.) betrachtet werden, um auch hier Kontraste herauszuarbeiten. Dies erfolgt meist über standardisierte Indikatoren, die in einem zusätzlichen Fragebogen mit erhoben werden. Amling und Hoffmann stellen dar, wie man hierbei vorgehen kann. Sie bezeichnen dieses Verfahren als eine fallvergleichende und eine typenvergleichende Korrespondenzanalyse. Solch ein Verfahren ist im Rahmen der vorliegenden Untersuchung nicht möglich, da die interviewten Politiklehrer/innen zu unterschiedliche Hintergründe haben, und für ein kontrolliertes Vorgehen bestimmte Indikatoren gleich gehalten werden müssten (wie etwa der Schultyp, Stadt/Land, die Generation etc.). Hierfür müssten insgesamt mehr Fälle mit einem ähnlichem soziodemographischen Hintergrund einbezogen und ausgewertet werden, um zu kontrollieren, ob das jeweilige Orientierungsmuster beispielsweise durch milieu-, generations- oder genderspezifische Erfahrungsräume hindurch identifizierbar bleibt (vgl. Bohnsack 2013b: 194).

Amling und Hoffmann plädieren daneben noch für eine Rekonstruktion der Erfahrungsräume durch eine soziogenetische Interpretation der Fälle, da eine Analyse anhand gesellschaftlich etablierter Dimensionen im Sinne Mannheims nur ein Potenzial für strukturidentische Erfahrungen anzeigt, also nicht gleichzusetzen ist mit den konjunktiven Erfahrungsräumen (vgl. Amling/Hoffmann 2013: 184). Im Fokus der soziogenetischen Interpretationen stehen die konjunktiven Erfahrungsräume, die sich in den Erzählungen und Beschreibungen als relevant erweisen. Dabei werden „die Zusammenhänge mit Erfahrungsdimensionen, die von den Befragten selbst eröffnet werden, [rekonstruiert]“ (ebd. 2013: 189). Ausgangspunkt für die soziogenetische Interpretation in der vorliegenden Untersuchung sind somit Erfahrungsdimensionen, die von den Politiklehrern/innen selbst benannt werden. Amling und Hoffmann verweisen darauf, dass insbesondere jene Erfahrungsdimensionen sich als relevant erweisen, die auch sehr häufig in Textpassagen auftreten. In den Erzählungen und Beschreibungen muss sich dabei aber „die Bedeutsamkeit der erzählten Erfahrungen für die Begrenzung und/oder Ermöglichung der eigenen Handlungspraxis dokumentieren“ (ebd. 2013: 189).

Mit diesem von Amling und Hoffmann beschriebenen Verfahren der soziogenetischen Interpretation ist es möglich, ansatzweise relevante konjunktive Erfahrungsräume in den Interviews der Politiklehrer/innen zu rekonstruieren. Eine soziogenetische Typenbildung ist anhand des vorhandenen empirischen Materials jedoch nicht möglich, da nicht definitiv gesagt werden kann, dass sich bestimmte modi operandi des Demokratielehrens, ein bestimmtes implizites Selbstbild oder der bestimmte modi operandi des Umgangs mit Anforderungen an den Politikunterricht auf jeweils konkrete Erfahrungsräume beziehen lassen und für diese typisch wären. Hierfür wäre weitere Forschung notwendig. Da ich somit keine soziogenetische Typik entwickeln konnte, klammere ich diese aus und sehe hier Potenzial für eine Anschlussarbeit (siehe Kapitel 6).

Nach dieser Darstellung des Forschungsdesigns werde ich im nächsten Abschnitt meinen Standort als Forscherin im Forschungsprozess reflektieren. Gerade vor dem Hintergrund, dass diese Studie eine Qualifikationsarbeit darstellt und mit ihr ein Lernprozess verbunden ist, habe ich es für notwendig gehalten immer wieder inne zu halten und danach zu fragen, inwiefern ich als Forscherin die Untersuchung möglicherweise beeinflusse und wie ich methodisch kontrolliert damit umgehen kann.

3.4 Selbstreflexion als Forscherin

Objektivität gilt als eines der Gütekriterien für Forschung schlechthin. Dahinter verbirgt sich der Anspruch, dass wissenschaftliche Erkenntnisse möglichst von den am Forschungsprozess beteiligen Personen unabhängig hervorgebracht werden, diese also keinerlei Einfluss auf die Ergebnisse nehmen. In der Debatte um die Qualität qualitativer Forschung wird dieses Ideal jedoch zunehmend hinterfragt, denn qualitative Forschung zielt auf einen deutenden und sinnverstehenden Zugang zur sozial-konstruierten Wirklichkeit und setzt ein Verstehen durch die beteiligten Forscher/innen voraus. Eine hier postulierte Objektivität stellt damit vielmehr eine (Selbst-)Täuschung dar (vgl. Behse-Bartels/Brand 2009: 15), die nach außen (wie innen) behauptet, es gäbe keine Einflüsse durch die Person der Forscher/innen selbst. Breuer kritisiert die „Verschweigekultur in der Gemeinschaft der Wissenschaftler und Wissenschaftlerinnen“ (Breuer 2003: 8), die Objektivität postuliert und Einflüsse durch Forscher/innen verschleiert. Ein solches Streben nach Objektivität verhindert seiner Ansicht nach eine produktive Auseinandersetzung mit der Position der Forschenden, die zur Gewinnung von Erkenntnissen im Forschungsprozess beiträgt (vgl. ebd. 2003). Ich schließe mich dieser Position an und gehe damit davon aus, dass für die Qualität qualitativer Forschung andere Gütekriterien herangezogen werden müssen.

So erfordert qualitative Forschung, die aussagekräftig und gehaltvoll sein will/soll, von den Forschern/innen die *Reflexion ihrer Subjektivität und ihres eigenen Standorts* während des Forschungsprozesses (vgl. Steinke 2000: 330 f.; siehe auch Bereswill 2003; Breuer et al. 2002; Breuer 2003). Für mich als Forscherin stellt sich daher die Frage, wie ich selbstreflexiv und -kritisch im Forschungsprozess arbeiten kann, wie ich also meine eigene Standortgebundenheit hinterfragen und mich damit befassen kann, ob und inwiefern ich gegebenenfalls die Erkenntnisbildung selbst beeinflusse.

Daran anschließend muss im Sinne der Qualität qualitativer Forschung darüber nachgedacht werden, welche Umgangsweisen mit Subjektivität möglich und auch erforderlich sind. Denn es wäre „problematisch, das Alltagswissen der Erforschten zu interpretieren, indem man auf die [eigenen] Alltagskategorien (…) zurückgreift (…)“ (Nohl 2017a: 109) bzw. „seine eigene Denkweise an die

Stelle der Denkweise der von ihm analysierten Handelnden zu setzen" (Friebertshäuser 2013: 266). Aus diesem Grunde erfordert ein sinnverstehender Zugang ein wissenschaftlich qualifiziertes Verstehen (vgl. ebd. 2006). „[A]nders als der Alltagsmensch versucht der wissenschaftliche Interpret, sofern er hermeneutisch reflektiert arbeitet, sich über die Voraussetzungen und die Methoden seines Verstehens Klarheit zu verschaffen" (Soeffner/Hitzler 1994: 33). Erst durch diesen Schritt wird, so Soeffner und Hitzler, „Verstehen zu einer wissenschaftlichen Methode" (ebd. 1994: 33).

Im Rahmen meiner Promotion, insbesondere im Rahmen der Erhebung und ersten Auswertung, habe ich mich sehr ausführlich mit meiner eigenen Standortgebundenheit beschäftigt und versucht, im Forschungsprozess einen Umgang mit Subjektivität zu finden. Ziel war es, die Voraussetzungen meines Verstehens zu reflektieren, um damit einerseits zu verhindern, dass ich selbst Einfluss auf die Erkenntnisbildung nehme; und andererseits auszuloten, wie ich Selbstreflexivität produktiv im Erkenntnisprozess nutzen kann. Außerdem habe ich mich mit methodisch kontrollierten Herangehensweisen im Umgang mit Subjektivität im Zuge der Interpretation der Daten befasst. Meine zentralen Erkenntnisse und Umgangsweisen möchte ich in diesem Kapitel kurz darstellen[79].

3.4.1 Selbstreflexivität als Weg zu wissenschaftlicher Erkenntnis

Gerade in der rekonstruktiv-qualitativen Forschung gehört es zu den Voraussetzungen, sich des eigenen Verstehens zu vergegenwärtigen (vgl. Kurt 2004: 9). Mit Bezug auf Kurt gehe ich davon aus, dass ein Verstehen immer an den eigenen Standpunkt des/der Forschers/in gebunden ist und mit diesem eine bestimmte Betrachtungsweise bzw. Deutung des Untersuchungsgegenstands einhergeht. Dieser Standpunkt ist geprägt durch die eigene Sozialisation und steht damit in einem Zusammenhang mit der Biographie des/der Forschers/in. Auch Mannheim zufolge ist „die Art, wie einer eine Sache sieht, was er an ihr erfaßt und wie er sich einen Sachverhalt im Denken konstruiert" (Mannheim 2015b: 234) das Resultat des sozialen Standorts bzw. der Seinsverbundenheit des/der Forschenden. Für Bourdieu, der diese Perspektive teilt, ist es daher Teil einer ‚reflexiven

79 Dieses Kapitel basiert auf dem veröffentlichten Aufsatz „Subjektivität im Forschungsprozess. Reflexion der eigenen Standortgebundenheit im Kontext der Dissertation" (Kessler 2016b), den ich 2014 geschrieben habe, das heißt während ich die Interviews aus der ersten Erhebung auswertete und eine zweite Erhebung durchführte. Ich war somit mitten in der Auswertung erster Interviewdaten und dem Führen weiterer Interviews mit Politiklehrern/innen. Entsprechend habe ich dort meine ersten Erfahrungen in der Interviewführung sowie in der Interpretationsarbeit verarbeitet. In diesem Kapitel nehme ich dagegen eher eine Retrospektive ein. Es handelt sich somit um eine Überarbeitung und Verdichtung des bereits veröffentlichen Aufsatzes.

empirischen Forschung', sich mit den „im Wesentlichen unbewußten Voraussetzungen" (Bourdieu 1993a: 370), den „unsichtbaren Bestimmungen, die der Stellung des Wissenschaftlers eingeschrieben sind" (ebd.) zu befassen. Seine Vorstellung der Reflexion des eigenen Standorts bezieht damit auch die soziale Position des/der Forschenden im Feld Wissenschaft mit ein. Für ihn geht es darum, die sozialen Bedingungen als Voraussetzungen für den gesamten Forschungsprozess zu betrachten (vgl. Friebertshäuser 2006: 241), wobei bereits die Entscheidung für eine spezifische Forschungsfrage hierdurch bedingt ist.

Die Wahl des Forschungsgegenstandes der vorliegenden Studie ist damit biographisch gesehen auf meine Tätigkeit als politische Bildnerin in der Jugend- und Erwachsenenbildung zurückzuführen. Ohne diese Erfahrungen in der Bildungspraxis während und nach dem Abschluss meines Studiums wäre ich kaum zu einer wissenschaftlichen Auseinandersetzung mit der politischen Bildung gelangt, da meine Schwerpunkte im Studium auf anderen Themenbereichen lagen. Meine Position als Novizin in der Wissenschaft hat zudem zu der Entscheidung geführt, die Orientierungen von Politiklehrenden und nicht von politischen Bildnern/-innen in der außerschulischen Jugend- und Erwachsenenbildung zu rekonstruieren, da mir einerseits die Untersuchung von Politiklehrern/innen anschlussfähiger an bestehende Diskurse schien und ich andererseits wahrgenommen habe, dass eine wissenschaftliche Auseinandersetzung mit der außerschulischen (politischen) Jugend- und Erwachsenenbildung im Wissenschaftsbetrieb äußerst marginalisiert ist. Mein Eindruck war demnach, dass dies kein Forschungsgegenstand ist, den man zu Beginn einer wissenschaftlichen Karriere bearbeiten sollte. Die Entscheidung für den Forschungsgegenstand der vorliegenden Studie ist damit, worauf Bourdieu hinweist, durch meine soziale Position als junger Wissenschaftlerin im Wissenschaftssystem bedingt. Ein/e etablierte/r Forscher/in hätte da andere Entscheidungsfreiräume in der Wahl der Forschungsfrage.

Darüber hinaus bringt mein sozialer Standort, meine eigene Seinsverbundenheit in verschiedenen Erfahrungsräumen als Person und zugleich als Forschende, mit sich, dass ich einen bestimmten Blick auf den Forschungsgegenstand (Demokratielehren und Demokratie); auf die Forschungssubjekte (die Politiklehrer/innen); und den Forschungskontext (Schule und Politikunterricht) einnehme. Wie auch bei den Politiklehrern/innen selbst ist davon auszugehen, dass hier meine eigenen Erfahrungen zu meiner Schulzeit wirksam werden, also wie ich selbst als Schülerin die Gestaltung und Vermittlung von Demokratie in der Schule im Allgemeinen und im Politikunterricht im Besonderen erlebt und wie ich meine Politiklehrer/innen wahrgenommen habe. Überlagert und ergänzt wird diese Sozialisation zur Schulzeit durch andere Erfahrungsräume, wie etwa mein Studium in den Sozial- und Politikwissenschaften an der Universität und meine hieran anschließende Tätigkeit als politische Bildnerin in der Praxis der Jugend- und Erwachsenenbildung. Im Verlauf meiner Promotionszeit bin ich zudem stark im Erfahrungsraum Wissenschaft und der Forschung sozialisiert worden, wodurch sich mein Blick auf den Forschungsgegenstand, die -subjekte und den -kontext verändert und überlagert hat. Ich denke, dass ich mit der Zeit Distanz gewonnen habe und letztlich inhaltlich weniger verstrickt und involviert bin wie zu Beginn meiner Promotion.

Wie hier deutlich wird, kann ich meine eigene Standortgebundenheit zu einem gewissen Grad selbst reflektieren. Ich kann auch meine Einstellungen und Ideale zu Demokratielehren und Demokratie, also mein explizites Wissen reflektieren. Die eigene Standortgebundenheit bis hin zu meinen eigenen Orientierungen zu Demokratielehren und Demokratie zu durchdenken, ist dagegen nicht ohne weiteres möglich, da ich nicht direkt auf mein implizites, konjunktives Wissen zugreifen kann.

Ich habe daher ein Interview mit mir selbst zu meinem Forschungsthema von einem Kollegen aus meinem Bekanntenkreis führen lassen (entsprechend dem Leitfaden aus der ersten Datenerhebung)[80]. Dies war als Interviewerfahrung interessant und wertvoll, da ich mich so in die Situation der Politiklehrer/innen hineinversetzen konnte und gemerkt habe, dass bestimmte Nachfragen (insbesondere zur Verortung als Bürger/in in der Demokratie und zur Rolle der Institutionen in der Demokratie) sehr schwer zu beantworten sind und man darüber erst einmal nachdenken muss. Das verweist zum einen darauf, dass diese Themenbereiche eher aus einem wissenschaftlich-theoretischen Bezug heraus entstanden sind und selten wirklich an die Alltagspraxis der Politiklehrer/innen anschlussfähig waren. Und zum anderen verdeutlicht sich hierin auch noch einmal, dass diese Fragen nicht erzählfördernd sind, sondern eher auf Argumentationen und Stellungnahmen abzielen, die eine vorherige Reflexion voraussetzen. Als Konsequenz daraus habe ich entschieden, diese Fragen nicht auszuwerten und in späteren Interviews auch nicht mehr zu stellen. Die Situation des Interviews mit mir selbst hat mir damit die Möglichkeit gegeben, noch einmal auf ganz andere Art und Weise zu reflektieren, wie sich die Interviewsituation den Politiklehrenden darstellt und wie sie in der Situation auf meine Fragen reagieren. Friebertshäuser sieht eine solche Reflexion als notwendige Voraussetzung für ein reflektiertes empirisches Forschen an (vgl. Friebertshäuser 2006: 249).

Das Interview war darüber hinaus eine Möglichkeit, mich meinen eigenen Orientierungen zu Demokratielehren und Demokratie zu nähern. Dafür war es notwendig, das Interview als Dokument meiner Orientierungen auszuwerten. Da dies für mich allein nicht ohne weiteres möglich ist, habe ich das Interview sequenzweise am Material mit anderen Promovierenden in einer gemeinsamen Forschungswerkstatt ausgewertet. Die Interpretation erfolgte in gleicher Art und Weise mit der dokumentarischen Methode der Interpretation. Dabei habe ich

---

80 Die Idee, ein Interview mit mir selbst durch jemand anderen führen zu lassen, war eine Anregung aus dem von mir besuchten GESIS Seminar „Qualitative Interviews. Theorie und Praxis" zur qualitativen Interviewführung von Mey und Ruppel.

mich zurückgehalten und darauf beschränkt zu protokollieren. Die an der Werkstatt Teilnehmenden berichteten mir hinterher, dass sie die Interpretation sehr schwierig empfanden, da sie mich persönlich bereits kannten und sich die Interpretation somit von einer Interpretation fremden Materials unterschied. Für mich selbst war es irritierend, die Auswertung zu verfolgen und meine eigenen Orientierungen gespiegelt zu bekommen, auch wenn mir einiges davon bereits bekannt war. Letztlich gelang es hier ansatzweise, mein eigenes handlungsleitendes Wissen zu erfassen (siehe für Ergebnisse Kessler 2016b).

In der Interpretation des Interviews hat sich denn auch bestätigt, dass ich wie die Politiklehrer/innen auch über Orientierungen zu Demokratielehren und Demokratie verfüge, die nicht nur auf meine Erfahrungen als Schülerin in der Schule zurückzuführen sind, sondern sich vor allem in meiner Lehr- bzw. Projekttätigkeit in der politischen Jugend- und Erwachsenenbildung weiter ausgebildet haben. Der Theorie des Lehrer/innenhabitus folgend ist davon auszugehen, dass ich – ähnlich wie die Politiklehrer/innen – einen beruflichen Habitus als politische Bildnerin entwickelt habe. Meine Orientierungen zu Demokratielehren und Demokratie in der politischen Bildungsarbeit sind als Teil dessen zu verstehen und haben als solche meine Tätigkeit angeleitet und strukturiert, was sich auch in den von mir im Interview geschilderten Demokratie-Lehrpraktiken dokumentiert.

Vor diesem Hintergrund ist zu erklären, warum mich bereits in der Interviewsituation manche geschilderten Demokratie-Lehrpraktiken von Politiklehrern/innen direkt angesprochen haben, während andere mich dagegen stark irritierten und ich zum Teil Ablehnung verspürte. Mit Bezug auf die praxeologische Wissenssoziologie ist anzunehmen, dass ich Orientierungen mit manchen Politiklehrern/innen teile und mit anderen dagegen nicht, bzw. bestimmte Demokratie-Lehrpraktiken meinem positiven oder negativen Gegenhorizont entsprechen. Nach Mannheim verfüge ich damit auch über ein intuitives konjunktives Verständnis gegenüber den Politiklehrern/innen deren Orientierungen ich teile (siehe Kapitel 2.1.1), während ich mit den anderen im Gespräch nur auf kommunikativer Ebene verbleibe und nicht ohne weiteres ihr konjunktives Wissen verstehen kann. Ich muss es interpretieren und mir dafür ihren Hintergrund vergegenwärtigen. Denn die Äußerungen meiner Interviewpartner sind ebenso mit ihrer „Position innerhalb des sozialen Raumes und mit der Logik des (…) untersuchten Feldes, dem die Person angehört und das seine Denk-, Wahrnehmungs-, Bewertungs- und Handlungsmuster prägt“ (Friebertshäuser 2006: 239), verknüpft. Ein Verstehen ihrer Äußerungen setzt damit voraus, dass ich mir den sozialen Standort der Person vergegenwärtige.

Retrospektiv denke ich, dass gerade meine Involvierung durch die Nähe zu meiner Tätigkeit als politische Bildnerin durchaus auch ein Nachteil zu Beginn meiner Forschungsarbeit war, auch wenn ich dadurch besonders motiviert war, diese Forschungsfrage zu verfolgen. In der Interviewführung hatte ein intuitives, konjunktives Verstehen sicherlich an mancher Stelle zur Folge, dass ich bestimmte Nachfragen nicht gestellt habe und Politiklehrer/innen dadurch manche Demokratie-Lehrpraktiken nicht weiter ausgeführt haben. Dies war sicherlich auch eine Ursache dafür, dass Erzählungen und Beschreibungen in den Interviews weniger ausführlich und detailreich waren, als ich es mir dann später in der Auswertung gewünscht hätte. Ein weiteres Problem in der Interviewführung bestand darin, dass es mir in diesen Interviews wirklich schwergefallen ist, mich zurückzuhalten und nicht entsprechend meinem Habitus als politische Bildnerin in einen praktischen Erfahrungsaustausch zu wechseln. Es ist daher nicht verwunderlich, dass in der späteren Interpretation aufgefallen ist, dass ich an einigen Stellen Aussagen der Politiklehrer/innen inhaltlich kommentiert habe. Umgekehrt haben mich geschilderte Demokratie-Lehrpraktiken von Politiklehrern/innen, die sehr weit entfernt waren von meinen eigenen Orientierungen, während der Interviewsituation und auch in der ersten Auswertung noch, stark irritiert und ein Verstehen fiel mir sehr schwer. Darin wird zudem deutlich, dass ich zu Beginn meiner Forschung sehr stark an einem konjunktiven Verstehen und sofern dies nicht gegeben war, einem empathischen Verstehen orientiert, wenn nicht gar verfangen war. Genau das erschwerte mir anfangs durchaus eine Rekonstruktion der Orientierungen der Politiklehrer/innen.

Nach Devereux ist jedoch genau das Gefühl der Irritation aber auch notwendig, um überhaupt zu Erkenntnissen zu gelangen (vgl. Devereux 1973; siehe auch Breuer et al. 2019: 83 ff.). Wenn wir nicht vielfach im Forschungsprozess Irritationen verspüren würden, würden wir womöglich tautologisch forschen (vgl. Kruse 2014: 71). Irritationen entstehen im Forschungsprozess – so wie ich es selbst in den Interviewsituationen gemerkt habe – in der Interaktion und Beziehung der Forschenden mit den Forschungssubjekten oder aber in der Auseinandersetzung der Forschenden mit dem Forschungsfeld.

Dabei geht Devereux grundlegend davon aus, dass die Interaktionen bei Forschenden Reaktionen[81] auslösen – genauso wie auch Forschende mit ihrem Aussehen, ihrem Habitus, ihren Handlungen etc. beim Forschungssubjekt, also bei den Befragten Reaktionen auslösen. Breuer, Muckel und Dieris fassen diese Reaktionen begrifflich mit Bezug auf Devereux als „Resonanzen" (Breuer et al. 2019: 95), die man gedanklich, emotional oder sogar körperlich erleben kann. Daraus kann zweierlei für meine Forschungsarbeit abgeleitet werden: zum einen nehme ich an, dass es für die Akzeptanz und Anerkennung durch die Forschungssubjekte, die Politiklehrer/innen, sicherlich hilfreich war, in mir nicht nur die Forschende, die ein Interesse an ihrer Arbeit hat, sondern auch die Praktikerin zu erkennen, die über einen Einblick in die Praxis verfügt. Ich denke, dass dies zu einer gegenseitigen Offenheit in der Interviewsituation beigetragen hat. Zum

81 Devereux spricht hier im Anschluss an Freud von „Gegenübertragung" (Devereux 1973: 17).

anderen wird damit meine Erfahrung bestätigt, dass das Forschungsfeld bzw. die Befragten besonders in der Interviewsituation auf mich als Forscherin wirken und dies einen Einfluss auf den Erkenntnisprozess haben kann.

Im Anschluss an Devereux war mir bewusst, dass ich diese Resonanzen nicht ausblenden darf, sondern bewusst im Forschungsprozess reflektieren muss. Daher habe ich mich dazu entschieden im Rahmen der Datenerhebung immer nach dem Führen eines Interviews ein Protokoll dazu anzufertigen[82]. Dies stellte für mich eine Möglichkeit dar, meine eigenen Reaktionen in den Interviewsituationen zu beobachten, zu protokollieren und zu reflektieren. Damit habe ich die Wirkung des Settings und meiner Interviewpartner/innen auf mich aufgenommen und konnte in der Interpretation darauf Bezug nehmen. Ich habe sie im Interpretationsprozess mit reflektiert und danach gefragt, wie sie das Gespräch möglichweise beeinflussten. In einem Fall habe ich mich aufgrund der schwierigen Interviewsituation dann im Austausch mit anderen Promovierenden in der Interpretationswerkstatt dagegen entschieden, diesen Fall weiter auszuwerten und habe ihn erst einmal zurückgestellt. Sehr viel später habe ich mir den Fall dann im Zuge der sinngenetischen Typenbildung wieder angeschaut und gemerkt, dass er bei mir keine negativen Resonanzen mehr auslöst und ich geschilderte Demokratie-Lehrpraktiken daraus wie andere auch auswerten konnte.

In der Interpretation habe ich mir als einen Zugang zu den ersten Fällen insbesondere auch Stellen angeschaut, die mich inhaltlich irritieren. Dies war für mich ein Hinweis darauf, dass zwischen mir und dem/der Interviewpartner/in kein geteiltes konjunktives Wissen zu vermuten ist und meine Orientierungen zu Demokratielehren möglicherweise einen negativen Vergleichshorizont zum Fall darstellen. Gemäß Bohnsack ist darin keine „bedrohliche Fehlerquelle" (Bohnsack 2014b: 214) für den Erkenntnisprozess zu sehen. Stattdessen ist das atheoretische Wissen des/der Forscherin „unabdingbare Voraussetzung (…) für Emergenz und Kreativität" (ebd. 2014b: 214).

Gerade zu Beginn in der Interpretation der ersten Fälle interpretiert man als Forscher/in oft noch vor dem Hintergrund des eigenen Relevanzsystems. Dabei hilft es, sich selbst bewusst als positiven oder negativen Vergleichshorizont zum zu untersuchenden Fall zu sehen. Da man sich als Forschende/r gemäß Bohnsack das in der Situation relevante atheoretische Wissen nicht vorab bewusstmachen kann, können gerade Irritationen gegenüber einem Fall ein Hinweis darauf sein, dass die geschilderten Praktiken eventuell dem negativen Gegenhorizont des/der Forschers/in entsprechen. Im Interpretationsprozess bedeutet eine Interpretation vor diesem Hintergrund, sich von bestimmten Praktiken und Einstellungen der

82 Devereux schlägt alternativ auch das Führen eines Forschungstagebuchs vor, in dem man als Forscher/in wahrgenommene Resonanzen bei sich oder – soweit man es beobachtet – auch bei den Forschungssubjekten festhält. Dies ermöglicht Forschenden etwas über eigene Präkonzepte, Denkweisen und emotionale Paradigmen zu erfahren.

Befragten abzugrenzen und sich im Abgleich mit dem empirischen Material eigenes implizites Wissen bewusst zu machen (vgl. ebd. 2014b: 214)[83].

Dafür ist es notwendig sich selbst als Interviewer/in mit zu interpretieren, um sich unbewusste Vorannahmen, Interventionen und mögliche Reaktionen und Antworten auf diese bewusst zu machen. Entsprechend habe ich meine Fragen und Reaktionen im Interview mit interpretiert und rekonstruiert, welchen propositionalen Gehalt sie gegebenenfalls haben. Damit habe ich konsequent nachverfolgt, ob und inwiefern ich in Fragen eigene Relevanzen gesetzt habe und wie die Politiklehrer/innen damit umgegangen sind. Dabei zeigte sich, dass Relevanzsetzungen durch mich unterschiedliche Reaktionen hervorgerufen haben: erstens) diese für die Politiklehrer/innen anschlussfähig waren und aufgenommen wurden, zweitens) sie ignoriert wurden, das heißt, der/die Politiklehrer/in weitergesprochen und sein/ihr Thema verfolgt hat, ohne auf meine Frage bzw. Reaktion weiter einzugehen, oder drittens) sie zu Irritationen geführt haben, die sich in längeren Denkpausen oder Allgemeinplätzen ausdrückten. Die dritte Reaktion in Form von Irritationen sehe ich als vergleichsweise problematisch an, da hier deutlich wird, dass der/die Politiklehrer/in in ihrem/seinem Referenzsystem unterbrochen wurde und sich gegebenenfalls genötigt sah, auf meine propositionale Setzung zu reagieren. Wenn sich somit Irritationen (oftmals angezeigt durch lange Pausen) dokumentiert haben, habe ich besonders darauf geachtet, was danach erzählt wurde und ob das Material in dem Fall überhaupt verwendbar war.

Diese Strategien ermöglichten es mir, meine Standortgebundenheit insbesondere in der Interpretation der ersten Interviews bewusst mitzudenken. Danach wechselt man entsprechend der dokumentarischen Methode in die komparative Analyse und vergleicht Fälle stärker untereinander. Damit verliert die eigene Standortgebundenheit an Gewicht und wird methodisch stärker kontrolliert (vgl. Bohnsack 2014b: 39, 213 f.; Nohl 2013b: 14).

3.4.2 Reflexive Analyse des wissenschaftlichen Vorgehens und Herstellung von Intersubjektivität als Umgang mit Subjektivität

Die Literatur der qualitativen Sozialforschung gibt viele Hinweise zu Strategien und Herangehensweisen eines methodisch kontrollierten Umgangs mit Subjektivität. Zu Beginn eines jeden Forschungsprojektes sollten Forschende ihre persönlichen Voraussetzungen reflektieren (vgl. Steinke 2000: 331). Wie im vorherigen Kapitel dargestellt, sollte man sich als Forschende den eigenen Standort,

83 Besser ist es aber noch, erste Interpretationen mit anderen Forschenden im Rahmen einer Forschungs-/Interpretationswerkstatt zu besprechen, diese also intersubjektiv zu prüfen, um nicht nur vor dem Hintergrund des eigenen Relevanzsystems zu interpretieren (siehe Kapitel 3.4.2).

das persönliche Forschungsinteresse sowie mögliche Vorannahmen bewusst machen (siehe Kapitel 3.4.1). Darüber hinaus gilt es, sich im Forschungsprozess auch selbst zu fragen, welche Methode(n) der Datenerhebung und -auswertung zu einem selbst und dem eigenen Arbeitsstil passen. Gerade in der qualitativen Forschung muss man in der Datenerhebung das Prinzip der Offenheit beachten (vgl. Rosenthal 2008: 48 ff.), um den Forschungssubjekten den Raum zu geben, im Interview ihr eigenes Relevanzsystem zu entfalten. Diese Aspekte habe ich bereits im Forschungsdesign reflektiert. Im Vordergrund soll daher an dieser Stelle nun stehen, wie ein reflexives Vorgehen in der Auswertung von qualitativen Daten erfolgen kann und wie ich in der vorliegenden Studie vorgegangen bin.

Um diesem Anspruch gerecht zu werden, ist es in der Interpretation qualitativer empirischer Daten grundlegend notwendig, sich „das handelnde Subjekt (…) immer als gesellschaftlich geformtes zu denken“ (Resch 2014: 81). Demnach muss durch den/die Forschende der Standort der Forschungssubjekte im sozialen Raum und innerhalb des Feldes mitgedacht und reflektiert werden, denn in Anlehnung an Bourdieu ist davon auszugehen, dass die „Äußerungen eines Befragten (…) immer eng verknüpft [sind] mit dessen Position innerhalb des sozialen Raumes und mit der Logik des jeweiligen untersuchten Feldes, dem die Person angehört und das seine Denk-, Wahrnehmungs-, Bewertungs- und Handlungsmuster prägt“ (Friebertshäuser 2006: 239). Im Rahmen meiner Dissertation ist es somit notwendig, dass ich mir in der Interpretation auch die soziale Position der jeweiligen Politiklehrer/innen in der Gesellschaft allgemein und im Feld Schule im Besonderen vergegenwärtige. Es gilt, dieses Wissen in der Interpretation mitzudenken. Nicht verwechselt werden sollte dieser Ansatz mit einem empathischen Verstehen (vgl. ebd. 2006: 243). Das heißt, es geht nicht darum, sich in die Person hineinzuversetzen und möglichst stark aus deren Perspektive heraus zu denken. Auf die Problematik dessen habe ich bereits im vorhergehenden Kapitel hingewiesen.

Daran schließt ein Vorgehen des methodisch kontrollierten Fremdverstehens an, demnach einzelne Äußerungen der Interviewpartner/innen erst im Kontext richtig erfasst und verstanden werden können (vgl. Bohnsack 2005b: 69). Mit Bezug auf Mannheim geht es darum, „einen Zugang zur jeweiligen ‚Totalität der Weltanschauung‘ zu erschließen“ (vgl. ebd. 2005b: 69). Das heißt, es muss die „Eigenlogik und Selbstreferentialität bspw. einer biographischen Erzählung“ (vgl. ebd. 2005b: 69) erschlossen werden. Dafür muss ich als Forschende offen sein für die Kontextuierungen beziehungsweise Rahmungen von Äußerungen der Politiklehrer/innen.

Die dokumentarische Methode der Interpretation stellt eine Möglichkeit des „methodisch kontrollierten Fremdverstehens“ (ebd. 2014b: 23) dar. Besonders wichtig ist dafür das sequenzanalytische Vorgehen in der Textinterpretation, durch die Schritt für Schritt der „innere[] Kontext (und damit die fallspezifische Besonderheit) erarbeite[t]“ (ebd. 2014b: 79) wird. Dafür gilt es zu Beginn der

Auswertung auch die Forschungsfrage zurückzustellen und einen Fall in seiner Gänze zu erfassen. Auf diese Weise kann die für uns fremde Weltanschauung verständlich werden. Der „Königsweg des methodisch kontrollierten Fremdverstehens“ (Nohl 2017b: 9) ist dann, so Nohl, die komparative Analyse, der zufolge Sequenzen eines Interviews mit denen anderer Interviews verglichen werden. Damit findet die Interpretation nicht mehr vor dem Hintergrund des eigenen Standorts als Vergleichshorizont statt, sondern wird durch die der anderen Interviews kontrastiert. Damit relativiert sich die Subjektivität des/der Forschenden. In der Auswertung der Interviews mit den Politiklehrern/innen habe ich daher so schnell wie möglich versucht zu einem Fallvergleich zu gelangen.

Darüber hinaus bietet die punktuelle gemeinsame Interpretation von empirischem Material oder alternativ auch von Interpretationsvorlagen die Möglichkeit, den Interpretationsprozess nicht ausschließlich allein durchzuführen. „Ziel ist jeweils, eigene Interpretationen mit den Interpretationen der anderen Forschenden zu ‚konfrontieren‘“ (Kruse 2014: 569). Damit ist man als Forscher/in gefordert, eigene Interpretationen zu prüfen und gegebenenfalls zu modifizieren. Die Arbeit in der Interpretations- bzw. Forschungswerkstatt öffnet damit zum einen den Blick für andere mögliche Interpretationen. Und zum anderen schafft sie eine „Interpretations-Intersubjektivität“ (ebd. 2014: 56). Das heißt, dadurch, dass man in der Interpretationswerkstatt verschiedene Lesarten diskutiert und sich dann auf eine mögliche Lesart bzw. Interpretationsweise einigt, wird diese intersubjektiv für andere nachvollziehbar. Damit ist die Arbeit in Interpretationswerkstätten auch ein Umgang mit der eigenen Subjektivität im Forschungsprozess. Unabhängig davon kann die gemeinsame Interpretation am Material auch grundlegend helfen, um überhaupt einen Zugang zum Material zu finden, es also zu verstehen (vgl. Reichertz 2013: 13). Forschungswerkstätten dienen damit schlussendlich der Qualitätssicherung und -verbesserung (vgl. ebd. 2013: 12).

Ich habe die gemeinsame Interpretation am Material bzw. alternativ die Besprechung von Interpretationsvorlagen in solchen Kontexten als sehr hilfreich und fruchtbar erlebt. Im Verlauf der Datenanalyse habe ich an drei verschiedenen Werkstätten regelmäßig teilgenommen und mit anderen Forschenden aus verschiedenen Disziplinen Sequenzen aus den Interviews oder auch entsprechende Interpretationsvorlagen besprochen. Damit wurden zum einen meine eigenen Deutungsversuche immer wieder hinterfragt und geöffnet für andere Perspektiven; und zum anderen konnte ich hier Interpretationen auch durch die Perspektiven anderer validieren. Durch die Konfrontation mit anderen Lesarten, hat sich zudem mein Blick immer wieder für verschiedene Perspektiven auf das Material geöffnet. Damit hat die Arbeit in der Interpretationswerkstatt den Erkenntnisprozess unterstützt. Zudem diente die gemeinsame Interpretation in diesem Rahmen auch der Kontrolle meiner Standortgebundenheit und dem Erreichen einer Intersubjektivität der Ergebnisse. Die Arbeit in relativ konstanten Gruppen war zudem hilfreich für den Fallvergleich, da die Mitglieder der

Forschungswerkstätten dadurch unterschiedliche Fälle kennenlernten und diese ebenfalls in der Interpretation ansatzweise mitdenken konnten.

Insgesamt denke ich, dass mir gerade die Beschäftigung mit meiner eigenen Standortgebundenheit zu Beginn meiner Promotionsphase die Notwendigkeit, meine Interpretationen mit anderen zusammen zu besprechen, vor Augen geführt hat. Die unterschiedlichen Herangehensweisen eines reflexiven Vorgehens in der Auswertung von qualitativen Daten haben mir dann sehr dabei geholfen, die Qualität der Interpretationen zu steigern und mich zunehmend auch selbst von meiner inhaltlichen Involvierung zu lösen.

4. Darstellung der Ergebnisse

In der vorliegenden Untersuchung wurde danach gefragt, welche Orientierungen zu Demokratielehre und Demokratie sich in der Lehrpraxis von Politiklehrenden in Politikunterricht und Schule dokumentieren. Da hier die Perspektive der Politiklehrkräfte verfolgt wird, handelt es sich hierbei um *Lehrorientierungen* und nicht um Lernorientierungen, da ich keine Aussage darüber treffen kann, welche Lernorientierungen sich in Demokratie-Lehrpraktiken auf Seiten der Schüler/-innen zeigen. Ich spreche daher im Weiteren von Demokratielehrorientierungen bzw. im Anschluss an Bohnsack von den modi operandi des Demokratielehrens (oder auch kurz Demokratielehrmodi). Um diese zu rekonstruieren, wurden Interviews mit Politiklehrern/innen geführt und mit der dokumentarischen Methode der Interpretation ausgewertet (siehe Kapitel 3.3 im Forschungsdesign).

In diesem Kapitel werden nun die Ergebnisse, das heißt die Orientierungen zu Demokratielehren und Demokratie in Form einer sinngenetischen, mehrdimensionalen Typenbildung sowie einer relationalen Typenbildung dargestellt. Die Ergebnisse werden dadurch vom Einzelfall gelöst und im Zuge eines Fallvergleichs auf ein höheres themenbezogenes Abstraktionsniveau gestellt. Generell ist dabei anzumerken, dass die Rekonstruktion der Typen nicht entlang von Fällen (Politiklehrern/innen) verläuft, sondern übergeordnet entlang der Orientierungsmuster, die sich in den Handlungspraktiken dokumentieren. Der Grund dafür ist, dass sich typische Praktiken zwar in unterschiedlichen Fällen, also bei verschiedenen Politiklehrern/innen finden lassen, diese aber auch innerhalb eines Falls auftreten können. Dies ist darauf zurückzuführen, dass das Handeln der Politiklehrer/innen in der Unterrichtspraxis durch unterschiedliche Erfahrungsräume bedingt ist und sich diese in ihren Orientierungen zu Demokratielehren und Demokratie überlagern können. Die Typen wurden durch kontrastierende Vergleiche herausgearbeitet und für die Darstellung exemplarisch mit Zitaten illustriert.

Ich gebe an dieser Stelle eine kurze Vorschau auf die Ergebnisse, um vorab einen Überblick über das Gesamtbild zu vermitteln und die einzelnen Typiken darin einordnen zu können. Die hier am empirischen Material entwickelte mehrdimensionale sinngenetische Typenbildung umfasst drei sinngenetische Dimensionen, zu denen ich jeweils eine Typik auf Basis des empirischen Materials entwickeln konnte:

Dimension A: Typik I – Modi des Demokratielehrens und des zugehörigen impliziten Verständnisses von Demokratie,

Dimension B: Typik II – Das implizite Selbstbild als Politiklehrer/in und

Dimension C: Typik III – Modi des Umgangs mit den an den Politikunterricht gestellten Anforderungen, die von den Politiklehrern/innen als Einschränkung oder auch Hindernis für ihre Vorstellungen und Praktiken des Demokratielehrens verstanden werden.

Darüber hinaus konnte ich eine relationale Typik auf Basis des empirischen Materials erarbeiten, der zufolge sich Relationen in den Demokratie-Lehrpraktiken der Politiklehrer/innen zwischen den Modi des Demokratielehrens und dem impliziten Selbstbild aufzeigen lassen (siehe Pfeil in der Abbildung 5).

Abbildung 5: Übersicht über die sinngenetischen Typiken I-III sowie die relationale Typik (eigene Darstellung)

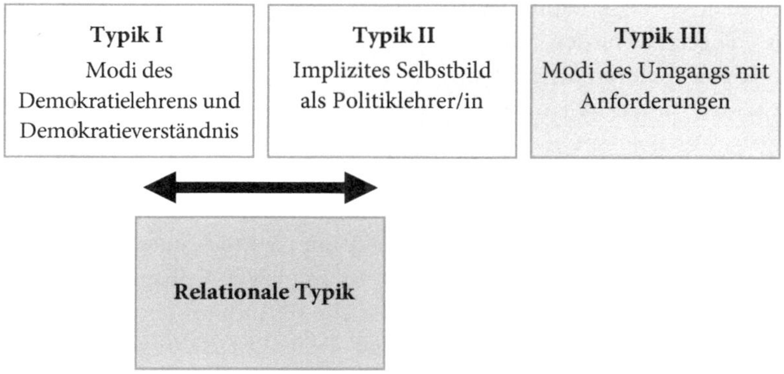

In der sinngenetischen Dimension A habe ich anhand der von den Politiklehrenden geschilderten Demokratie-Lehrpraktiken die Orientierungen zu Demokratielehren sowie die den Praktiken zugrundeliegenden impliziten Demokratieverständnisse der Politiklehrer/innen rekonstruiert. Dabei konnten im Zuge der komparativen Analyse fünf verschiedene Typen unterschieden und abstrahiert werden. In der Typik I stelle ich entsprechend fünf Modi des Demokratielehrens in Politikunterricht und Schule sowie die jeweils zugehörigen impliziten Demokratieverständnisse dar. Die in dieser Dimension gebildete Typik gibt damit eine Antwort auf die zentrale Fragestellung dieser Studie.

In einer weiteren sinngenetischen Dimension B konnte anhand der geschilderten Demokratie-Lehrpraktiken das implizite Selbstbild als Politiklehrer/in herausgearbeitet werden. Dieses umfasst Orientierungen zur Ausgestaltung der Rolle als Politiklehrer/in in Demokratie-Lehr-Lernprozessen und eine damit einhergehende Haltung gegenüber den Schülern/innen. Zudem zeigt sich als Teil dessen auch ein spezifischer Umgang mit der eigenen politischen Position in Demokratie-Lehr-Lernprozessen.

Darüber hinaus wurden in den Interviews mehrfach von den Politiklehrkräften Anforderungen thematisiert, die durch Kollegen/innen, Schulleitung oder auch in Form des Lehrplans, des Stundenkontingents etc. an sie gestellt werden, und die von ihnen als Beschränkung oder Hindernis für die eigenen Vorstellungen und/oder Praktiken des Demokratielehrens erlebt werden. Hierin zeigt sich eine Auseinandersetzung mit externen normativen Erwartungen und organisationalen Zwängen, die auf die Handlungspraxis der Politiklehrer/innen Druck ausüben (siehe Bohnsack 2014a). In den Interviews werden als Folge dessen spezifische Umgangspraktiken deutlich, die ich in der sinngenetischen Dimension C genauer betrachte. Auch hier konnten unterschiedliche Typen rekonstruiert werden, die in der sinngenetischen Typik III zu Modi des Umgangs mit Anforderungen an den Politikunterricht durch die Politiklehrer/innen abstrahiert und zusammengefasst wurden.

In einem weiteren Schritt habe ich nach Verbindungen zwischen den sinngenetischen Dimensionen gesucht, um Zusammenhänge zwischen diesen aufzuzeigen. Dabei konnte ich in den Demokratie-Lehrpraktiken zwischen den Demokratielehrmodi (Typik I) und dem impliziten Selbstbild (Typik II) fallübergreifende Verbindungen herausarbeiten und somit auch eine relationale Typik entwickeln. Dementsprechend geht ein bestimmter Modus des Demokratielehrens mit jeweils einem der beiden Typen des impliziten Selbstbildes als Politiklehrer/in einher sowie umgekehrt verweist ein bestimmtes implizites Selbstbild als Politiklehrer/in auf bestimmte Modi des Demokratielehrens. Dagegen wurden in den geschilderten Demokratie-Lehrpraktiken keine Verbindungen zur sinngenetischen Dimension C, dem Umgang mit Anforderungen an den Politikunterricht der Politiklehrer/innen deutlich.

Auch wenn die relationale Typik im Vergleich zur sinngenetischen Typik eine höhere Abstraktionsstufe darstellt, werde ich sie in der folgenden Ergebnisdarstellung nicht im Anschluss an die Darstellung aller sinngenetischen Typiken verdeutlichen, sondern in Kapitel 4.3 nach Typik I und Typik II einfügen, da sie an dieser Stelle inhaltlich sehr viel besser nachvollziehbar wird.

Im Folgenden werde ich nun die drei sinngenetischen Typiken und die relationale Typik eingehender erläutern.

4.1 Typik I: Modi des Demokratielehrens und implizites Verständnis von Demokratie

Auf Grundlage der von den Politiklehrern/innen ausgeführten Demokratie-Lehrpraktiken in Politikunterricht und Schule habe ich die impliziten Orientierungen des Demokratielehrens sowie die hierin eingelassenen impliziten Demokratieverständnisse rekonstruiert. Ich verstehe dabei sowohl die impliziten Orientierungen des Demokratielehrens als auch die damit verknüpften

Demokratieverständnisse als implizites, konjunktives Wissen, das in den geschilderten Handlungspraktiken zum Ausdruck kommt und diese zugleich in der Praxis auch anleitet. Eine eingehendere Erläuterung dazu findet sich in Kapitel 2.1.1.

Dementsprechend liegt den Demokratie-Lehrpraktiken der Politiklehrer/-innen ein implizites Wissen zugrunde, *wie* Demokratielehren in der Praxis erfolgt oder anders formuliert, *wie* Demokratie-Lehr-Lernprozesse für die Schüler/innen im Rahmen von Politikunterricht und Schule zu organisieren und zu gestalten sind. Im Anschluss an Bohnsack handelt es sich hierbei um die modi operandi des Demokratielehrens (kurz Demokratielehrmodi). Diese Handlungsorientierungen stehen wiederum in Verbindung mit einem bestimmten impliziten Verständnis von Demokratie, das nicht gleichzusetzen ist mit *expliziten* Positionierungen für oder gegen die repräsentative Demokratie oder aber normativen Vorstellungen bzw. Bezugnahmen auf demokratietheoretische Konzepte.

Die anhand unterschiedlicher Lehrpraktiken rekonstruierten Orientierungen des Demokratielehrens und die hier jeweils zugehörigen Demokratieverständnisse wurden im nächsten Schritt miteinander kontrastiert, abstrahiert und dann als Ergebnis dessen zu fünf Typen zusammengefasst. Es handelt sich hier somit um eine sinngenetische Typik, die auf den geschilderten Handlungspraktiken der interviewten Politiklehrer/innen beruht.

Konkret lassen sich die Demokratielehrorientierungen drei Subdimensionen zuordnen, die in den Demokratie-Lehrpraktiken der Politiklehrer/innen rekonstruiert und kontrastiert wurden: 1) die didaktische Bearbeitung bzw. Ausgestaltung durch den/die Politiklehrer/in, 2) die implizit hierin gestellten Anforderungen an das Sozial- und Arbeitsverhalten der Schüler/innen und 3) eine implizit angelegte Zielperspektive (nicht zu verwechseln mit expliziten Zielen). Ich verstehe unter der didaktischen Bearbeitung bzw. Ausgestaltung[84] die Art und Weise, *wie* Demokratie durch den/die Politiklehrer/in im Unterricht oder auch darüber hinaus im schulischen Rahmen gestaltet wird. Die didaktische Bearbeitung bzw. Ausgestaltung ist somit als Mittel zu verstehen. Entsprechend geht um es die Frage, welche Schwerpunktsetzung durch den/die Politiklehrer/-in erfolgt und wie er/sie diese in der Praxis aufbereitet und den Schülern/innen präsentiert. Darin angelegt sind praktische Anforderungen an das Handeln der Schüler/innen, wie sie sich in der Unterrichtspraxis bzw. -situation zu verhalten

84 Ich meine damit keine ausgearbeitete fachdidaktische oder allgemeindidaktische Perspektive, sondern die Orientierungen der Politiklehrer/innen, die sich in der Gestaltung der geschilderten Demokratie-Lehrpraktiken dokumentieren. Ich setze hier explizit keine ‚Theoriebrille' auf, sondern versuche die Orientierungen der Politiklehrer/innen möglichst wertungsfrei als berufliche Orientierungen zu rekonstruieren. Dies erfolgt durch den Fallvergleich methodisch kontrolliert.

haben[85], und eine implizite Zielperspektive. Das heißt, in der Art und Weise, wie die Politiklehrer/innen Demokratielehre gestalten wird immer auch eine bestimmte Zielperspektive deutlich. Diese ist zu unterscheiden von expliziten Unterrichtszielen, die die Politiklehrer/innen sich selbst für ihren Unterricht setzen.

In Tabelle 3 zeige ich eine Übersicht über alle fünf Typen, aus der auch hervorgeht, in welchen Fällen sich die unterschiedlichen modi operandi in den dort geschilderten Demokratie-Lehrpraktiken dokumentieren. Anschließend werden die Typen in den nächsten Abschnitten jeweils beschrieben und eingehender anhand von Zitaten aus den Interviews veranschaulicht, wobei ich immer zuerst auf den jeweiligen Modus des Demokratielehrens eingehe und danach auf das zugrundeliegende Demokratieverständnis.

Es handelt sich hier um abstrahierte Typbeschreibungen. Das heißt, es wird im Einzelnen nicht auf fallspezifische Besonderheiten von Demokratie-Lehrpraktiken eingegangen, die die empirische Basis für die Rekonstruktion dessen gebildet haben. In der jeweils anschließenden kurzen exemplarischen empirischen Vertiefung anhand von Interviewzitaten erfolgt eine beispielhafte Illustration für den jeweiligen Modus und das damit einhergehende Demokratieverständnis. Hiermit möchte ich einen konkreten Einblick in die jeweilige Demokratie-Lehrpraxis der Politiklehrer/innen in Politikunterricht und Schule ermöglichen. Dabei entstehende Redundanzen bitte ich zu entschuldigen.

4.1.1 Typ 1: Demokratielehren im Modus des Einübens repräsentativer demokratischer Verfahren – Verständnis von Demokratie als formales Ordnungsprinzip

Typ 1 vollzieht Demokratielehren im *Modus des Einübens repräsentativer demokratischer Verfahren*. In den hier zugeordneten Demokratie-Lehrpraktiken von Politiklehrern/innen dokumentiert sich, dass den Schülern/innen die formalen Verfahren und damit einhergehenden Regeln der repräsentativen Demokratie sowohl theoretisch als auch sehr praktisch vermittelt werden. Der Begriff des Einübens verweist dabei darauf, dass die Demokratie-Lehrpraktiken einer Logik des Wiederholens eines Vorganges (bzw. Musters), den (das) es zu verinnerlichen und zu reproduzieren gilt, folgen. Der Modus des Einübens hat damit einen mehr oder weniger mechanischen Charakter und ist von einem lernenden Einüben, das zu einem reflektierten Anwenden führt, zu unterscheiden.

85 Breidenstein (2006) bezeichnet das Verhalten der Schüler/innen als Reaktion auf die an sie gestellten Anforderungen durch den/die Lehrer/in in der Unterrichtssituation als „Schülerjob“. Während Breidenstein jedoch das Verhalten der Schüler/innen untersucht, werden in dieser Studie die implizit in der Praxis angelegten Anforderungen an sie rekonstruiert.

Tabelle 3: Übersicht zu den Typen aus der Typik I – Modi des Demokratielehrens und zugehörige Demokratieverständnisse

	Typ 1	Typ 2	Typ 3	Typ 4	Typ 5
Modus des Demokratielehrens	Einüben repräsentativer demokratischer Verfahren	Auseinandersetzen mit politischen Positionen in der repräsentativen Demokratie	Befähigen zur Selbstbestimmung	Aushandeln von Werten und Normen	Vorleben einer anderen Demokratie
Implizites Verständnis von Demokratie	Demokratie als formales Ordnungsprinzip	Demokratie als kontroverse Auseinandersetzung mit politischen Fragen	Demokratie als Selbstbestimmung und Gestaltung der eigenen Lebenswelt	Demokratie als Garant und Aushandlungsrahmen gesellschaftlicher Normen und Werte des Zusammenlebens	Demokratie als Gegenentwurf zur repräsentativen Demokratie
Zugeordnete Praktiken aus den Fällen	Andreas Schmidt (Bm) Markus Lange (Jm) Sabine Klein (Lw) Tobias Krüger (Mm) Volker Zimmermann (Sm)	Wolfgang Meyer (Em) Jan Becker (Fm) Anja Krause (Nw) Thomas Schröder (Om) Frank Walter (Pm) Nicole Koch (Rw) Robert Engel (Tm) Ulrich Müller (Um) Sarah Kern (Vw) Daniel Hartmann (Wm)	Stephan Fischer (Dm) Matthias Lehmann (Gm) Sabine Klein (Lw)[86] Tobias Krüger (Mm) Melanie Wagner (Qw)	Julia Weber (Cw) Peter Hoffmann (Hm) Katrin Wolf (Iw) Anja Krause (Nw) Nadine Schwarz (Tw)	Kerstin Neumann (Aw) Bernd Schneider (Km)

86 In den in grauer Schrift gesetzten Fällen dokumentiert sich ansatzweise auch in bestimmten Situationen dieser zweite Demokratielehrmodus.

Als explizites Ziel nennen die Politiklehrer/innen, dass ihre Schüler/innen lernen, sich an der Demokratie zu beteiligen und entsprechend später als wahlberechtigte Bürger/innen fähig sind, wählen zu gehen und zu wissen, wo und wie sie sich dafür vorab informieren können (Orientierungsschema). Sich selbst als Kandidat/in zur Wahl zu stellen wird zwar thematisiert, jedoch nicht als Erwartung oder gar Aufforderung an die Schüler/innen gerichtet. Grundlage dessen ist für die Politiklehrer/innen, dass ihre Schüler/innen das politische System in seinen formalen Prinzipien kennen.

In den Praktiken des Demokratielehrens dieses Typs dokumentieren sich Orientierungen entsprechend der drei Subdimensionen: 1) didaktische Bearbeitung, 2) Anforderungen an das Sozial- und Arbeitsverhalten der Schüler/innen und 3) Zielperspektive.

Hinsichtlich der didaktischen Bearbeitung bzw. Ausgestaltung von Demokratie-Lehr-Lernprozessen dokumentiert sich in den geschilderten Demokratie-Lehrpraktiken dieses Typs, dass die Politiklehrer/innen in der Praxis den Schülern/innen möglichst anhand von praktischen Erfahrungen im Rahmen von Projekten, Simulationen oder auch im Schulalltag theoretisches wie performatives Wissen über die Regeln und Verfahren des politischen Systems vermitteln. Dementsprechend rahmen die Politiklehrer/innen einen Unterricht, in dem ausschließlich Fachwissen gelehrt wird, als unzureichend. Dennoch wird eine Wissensvermittlung als notwendig verstanden. Mit Blick auf die Gestaltung der Wissensvermittlung zeigt sich eine starke Strukturierierung und Steuerung durch den/die Politiklehrer/in. Dabei beziehen sich Lehrende vornehmlich auf den Lehr- bzw. Bildungsplan für das Fach Politik im jeweiligen Bundesland.

Im Vordergrund stehen für diesen Typ jedoch Demokratie-Lehrpraktiken, die ein praktisches Erproben demokratischen Handelns ermöglichen, sei es eine Klassensprecher/innenwahl, eine Simulation oder ein Planspiel. Diese werden möglichst authentisch durch den/die Politiklehrer/in inszeniert und folgen den vorgegebenen Regeln und Verfahren im politischen System der repräsentativen Demokratie. Gerade im Kontrast zu Sequenzen anderer Interviews, in denen es ebenfalls um die Klassensprecher/innenwahl geht, wird deutlich, dass bei diesem Typ die Politiklehrer/innen einen Fokus auf das Einüben und Reproduzieren formaler Verfahren und Regeln (insbesondere von Wahlen) setzen.

In den Demokratie-Lehrpraktiken, die dem Modus des Einübens folgen, ist die Anforderung an die Schüler/innen angelegt, die formalen Regeln und Abläufe der Beteiligungsverfahren in der repräsentativen Demokratie zu lernen und sich einzuprägen sowie im Zuge der Wiederholung von Demokratie-Lehrpraktiken reproduzieren zu können (z. B. der Klassensprecher/innenwahl im nächsten Schuljahr). Ganz praktisch wird von den Schülern/innen ein Verhalten erwartet, demnach sie an den vorgegebenen Beteiligungsverfahren teilnehmen (meist im Sinne eines Abstimmens) und dies an anderer Stelle wiederholen können. Reproduzieren ist somit tatsächlich mehr als ein fast schon mechanisches Nachahmen zu verstehen und weniger als ein reflektiertes Anwenden. Insofern wird in diesen Demokratie-Lehrpraktiken an keiner Stelle eine kritische Auseinandersetzung mit den Beteiligungsverfahren der repräsentativen Demokratie deutlich. Auch eine Auseinandersetzung mit politischen Inhalten und Positionen ist nachrangig und wird von diesen Politiklehrern/innen im Vergleich zu anderen kaum thematisiert. Im Gegensatz zu den anderen Typen fällt zudem auf, dass die Schüler/-innen hier kaum dazu befähigt werden, ihre Kenntnisse zu den Regeln formaler Beteiligungsverfahren zu nutzen, um aktiv ihre eigenen Interessen in Unterricht und Schule zu vertreten.

Insgesamt zeichnet sich in der Zielperspektive der Demokratie-Lehrpraktiken dieses Modus ein Streben nach der Aneignung von reproduzierbarem Fachwissen und von Fähigkeiten der Regelausführung ab.

Im Kern gehen diese Demokratie-Lehrpraktiken im Modus des Einübens repräsentativer Verfahren auf ein Verständnis von *Demokratie als formales Ordnungsprinzip* zurück. Demokratie wird hierbei als System (oder Struktur) verstanden, das auf festgelegten Regeln basiert und wiederum durch die Regelpraktiken der Bürger/innen und Politiker/innen verinnerlicht und auch bestätigt wird. Diese Ordnung dient der Organisation einer Gemeinschaft – im Großen (Staat) wie im Kleinen (beispielsweise der Klassengemeinschaft) entlang von verfassten Regeln – und der Beteiligung von Bürger/innen (im Staat) beziehungsweise von Schülern/innen (in Unterricht und Schule) daran. Dabei nehmen die Politiklehrer/innen implizit Bezug auf die Regeln und Prinzipien der repräsentativen Demokratie, wie sie in Deutschland als politisches System des Staates verankert ist und praktiziert wird. Theoretisch denkbar wären in diesem Verständnis natürlich auch andere Formen von Demokratie als Ordnungsprinzip als die repräsentative Demokratie. Die Praktiken der Politiklehrer/innen beziehen sich jedoch fast ausschließlich auf diese; andere Formen wie beispielsweise die direkte Demokratie dienen nur der Abgrenzung und dem Anerkennen von repräsentativer Demokratie als bestmögliche Herrschaftsform. Wie sich hierin bereits andeutet, wird diese Orientierung von den Politiklehrern/innen auch nicht in Frage gestellt.

Die Beteiligung der Bürger/innen wird als selbstverständlich und immanent für die Demokratie verstanden, das heißt, es wird hier davon ausgegangen, dass Demokratie nur auf Basis der Beteiligung der Bürger/innen funktionieren kann. Beteiligung dient infolgedessen dem Demokratieerhalt. Sie wird jedoch dem hier vorliegenden Verständnis nach beschränkt auf formal geregelte Beteiligungsverfahren, d.h. eine legitime Beteiligung setzt die Befolgung und Ausführung bestimmter Regeln durch die Bürger/innen voraus. Sie wird somit begrenzt auf systemkonforme Beteiligungsformen und letztlich als ‚blinde' Regelerfüllung bzw. -befolgung verstanden, da die Frage des Vertretens einer bestimmten politischen Position und auch der Motivation für eine aktive wie auch passive Wahlbeteiligung nicht thematisiert und in der Lehrpraxis ausgeklammert wird.

Exemplarische empirische Vertiefung

Die empirische Rekonstruktion von Typ 1 basiert auf mehreren Sequenzen geschilderter Demokratie-Lehrpraktiken aus den Interviews verschiedener Politiklehrer/innen[87]. Exemplarisch lässt sich dieser Typ anhand von Zitaten aus dem Interview mit dem Politiklehrer Andreas Schmidt (Bm[88]) nachvollziehen, dessen Demokratie-Lehrpraktiken hierfür besonders charakteristisch sind. Andreas Schmidt ist ausgebildeter Politiklehrer an einer Reformschule in Thüringen.

Im Folgenden werde ich mit Zitaten aus dem Interview die Typenbeschreibung empirisch illustrieren und nachvollziehen. Redundanzen zur abstrahierten Typenbeschreibung können und sollen hierbei nicht vermieden werden, um die Bezüge klar zu verdeutlichen.

Andreas Schmidt expliziert an einer Stelle im Interview sehr klar sein Ziel für seine Demokratielehre:

Bm: *[…] wo ich sage das das ist ne Sache da können die Schüler ganz live einfach mal sehen wie funktioniert Wahl? äh auch wenn sie jetzt nicht wirklich ne Entscheidung treffen weil ihre Stimme ja in dem Moment nicht zählt ist es dennoch so dass die ganz klar lernen äh wie Wahl funktioniert. sie kriegen simuliert schon mal dargestellt was sie machen müssen. äh und das ist glaub ich gerade für äh gerade in diesem Kommunikationsraum Schule äh ne ganz wichtige Erfahrung für die Schüler weil sie nämlich da noch kommunizieren können wie gehts? wie mach ichs? wie wen muss ich fragen? weiß der Geier was oder wen kann ich fragen? äh was sie dann natürlich in gerade die die uns in der zehnten Klasse verlassen gegebenenfalls das nicht mehr so haben neunte zehnte Klasse rausgehen. äh und es dann auch definitiv Leute gibt die einfach nicht zur Wahl gehen weil sie nicht wissen wies geht. [Y: mhm] und wenn sie das aber schon mal erlebt haben wenn sie wissen alles klar erst Zweitstimme und so weiter äh und diese Unsicherheit schon mal genommen ist (.) das es daran scheitert dass sie ähm sagen wir mal nicht zur Wahl gehen aus Desinteresse sondern nur einfach nur weil sie im Wahllokal nicht da stehen wollen und nicht wissen was sie machen müssen so ungefähr. (.) ähm um diese Hürde einfach zu nehmen. sozusagen den den Schülern das schon mal zu- und*

---

87 Es sei dabei nochmal darauf hingewiesen, dass ein Fall nicht einem bestimmten Typ entspricht, da ein Typ eine Abstraktion aus verschiedenen geschilderten Demokratie-Lehrpraktiken mehrerer Politiklehrer/innen darstellt, in denen sich jeweils der gleiche Modus dokumentiert. Anzumerken ist hier weiterhin, dass unterschiedliche Demokratie-Lehrpraktiken, die von einem/r Politiklehrer/in beschrieben werden, auch unter Bezugnahme auf unterschiedliche Erfahrungsräume verschiedenen Typen zugeordnet werden können.

88 Es handelt sich hier um Kürzel, die im Transkript für den/die jeweilige/n Interviewpartner/in Interviewte/n vergeben wurden. Den Interviewpartner/innen wurde nach chronologischer Reihenfolge des Interviewzeitpunkts ein Buchstabe des Alphabets zugeordnet (A= erstes Interview, B= zweites Interview etc.) sowie je nach Geschlecht des/der Interviewpartners/in ein *m* bzw. *w* hinzugefügt.

auch ihnen zu zeigen wie informier ich mich wo kriege ich Informationen her? äh wie vergleiche ich die die Kandidaten? wie vergleiche ich die Programme? äh das halt einfach sozusagen das ähm naja das Grundwissen über Wahl da ist [...][89]

Andreas Schmidt, Volltranskript, 191–213

Der Politiklehrer Andreas Schmidt setzt in seiner Zielformulierung hier Demokratielernen mit einem Wählenlernen gleich. Im Fokus steht, dass sich die Schüler/-innen ein Grundwissen über den Wahlvorgang, also über das Verfahren im Sinne eines festgelegten, regelgeleiteten Ablaufs aneignen. Damit soll eine Nichtwahl aus Unwissen abgewendet und den Schülern/innen die nötige technische Kompetenz zum Wählen vermittelt werden. Sich eine eigene politische Meinung oder ein Urteil zu bilden ist dagegen hier kein ausdrücklich genanntes Ziel, worin sich schon ein Unterschied zu Typ 2 andeutet, nämlich dem Demokratielehren im Modus des Auseinandersetzens mit politischen Positionen in der repräsentativen Demokratie.

In diesem Zitat kündigt sich bereits der Modus des Demokratielehrens als Einüben repräsentativer demokratischer Verfahren an, indem darauf verwiesen wird, dass den Schülern/innen die Möglichkeit gegeben wird, den Wahlvorgang selbst zu erleben und zu erproben („ganz live einfach mal [zu] sehen", zu „simulieren" und die „Erfahrung" zu machen). Der Raum Schule (und Unterricht) wird hierbei als ein geschützter Rahmen verstanden, in dem die Schüler/innen zum einen Handlungsanweisungen erhalten („sie kriegen simuliert schon mal dargestellt was sie machen müssen.") und der es ihnen zum anderen erlaubt Fragen zu stellen („weil sie nämlich da noch kommunizieren können wie gehts? wie mach ichs? wie wen muss ich fragen? weiß der Geier was oder wen kann ich fragen?"). Zudem zeigt sich hier, dass Demokratielehren im Zuge von Wahlsimulationen stark durch die Politiklehrer/innen vorstrukturiert wird; diese legen genau fest, nach welchen Regeln die Schüler/innen zu handeln haben.

Andreas Schmidt verweist an dieser Stelle in Abgrenzung zum Raum Schule auf die ‚echte' Wahl, in der die Schüler/innen als Bürger/innen eigenständig – ohne Hilfestellung – handeln (müssen), das heißt selbst wählen und sich vorab informieren (müssen). Implizit dokumentiert sich hier eine angenommene Parallelität von Schule und Staat, laut der ein Demokratielernen im Erfahrungsraum Schule Schüler/innen auf das demokratische Handeln im Staat vorbereitet.

Wie bereits in der einführenden Typbeschreibung erläutert wurde, werden in der didaktischen Bearbeitung erfahrungsorientierte Praktiken des Demokratielehrens deutlich, die Schüler/innen die Gelegenheit bieten sollen, Demokratie praktisch zu erleben und demokratisches Handeln einzuüben. Konkret sind dies oft Planspiele oder Wahlsimulationen, wie hier auch im Interview mit Andreas Schmidt angesprochen und im folgenden Zitat noch einmal detaillierter ausgeführt wird.

---

89 Die Transkription erfolgte nach den Transkriptionsregeln von Bohnsack (Bohnsack 2014b: 253 f.), dem Talk in Qualitative Research (TiQ). Diese sind im Anhang 8.3 hinterlegt.

Bm:	*[...] ähm ich beziehe natürlich aktuell politische Sachen ganz stark mit ein. jetzt ist äh Bundestagswahl am 22.09. und (.) beispielsweise gibt's n Projekt ähm Juniorwahl 2013. das mach ich jetzt mit meinen Schülern. ähm dann gibts zum Beispiel nen Projekttag mit Wahlen zu und so weiter. also das wird hier die ganzen (.) also an der Schule hier die ganze achte bis elfte Klasse machen ähm*
Y:	*und das kommt. äh was ist das konkret? ist das so ne Wahlsimulation?*
Bm:	*das ist ne Wahlsimulation. das ist ne parallele Wahl sozusagen die an tausendsiebenhundert Schulen und in ganz Deutschland durchgeführt wird [Y: mhm] richtig mit ähm mit den naja Original äh wie sagt man? (.) na mit dem Originalwahlmaterial na mit so Wahlbenachrichtigung [Y: mhm] mit Wählerlisten mit Wahllokalen die hier an der Schule eingerichtet werden mit ähm (.) mit den Originalkandidaten des Wahlkreises und Parteien die hier zur Wahl stehen und so weiter. also äh hier dann beim Wahlkreis [Nr.] also für diesen Bereich hier und die Schüler äh. hier ist der Plan so da der äh Abstand zwischen Ferienende und Wahl relativ kurz ist [Y: mhm] äh machen wir das so dass wir am 19. einen kompletten Projekttag für die achter neuner zehner machen die dann äh im Prinzip an diesem Tag so viel wies geht über Wahlen lernen an verschiedenen Stationen. also A die sagen wir mal die ähm die Grundbedingungen. was ist Wahl? wozu ist Wahl da? Funktionen Aufgaben und so weiter von Wahlen. oder von Wahlen. wie funktioniert die Bundestagswahl? wie läuft die ab? was ist erst- Zweitstimme und so weiter und so fort? und ähm in nem anderen Bereich. wer steht hier zur Wahl in unserem Wahlkreis? welche Parteien? welche Kandidaten? äh was wollen die? wie präsentieren die sich? wie haben die Wahlkampf gemacht? äh was sind das für Leute? und so weiter und so fort. und im Abschluss dessen äh also dieser zwei Ebenen dieser einmal theoretischen Information über Wahlen an sich und dieser äh ja praktisch die die hier gewählt werden ähm Wählen die Schüler dann. [Y: mhm] äh und nehmen dann quasi an der Bundestagswahl schon- also simulieren jetzt diese Bundestagswahl. (.) äh das ist wie gesagt ja ein bundesweites Projekt und Juniorwahl 2013 heißt das. aber gibts im Netz ganz viele Infos zu wenn das weiter interessiert sozusagen @ [Y: ja] [...]*

Andreas Schmidt, Volltranskript, 155–188

Bm:	*[...] ähm diese was ich vorhin sagte diese Juniorwahlgeschichte wird ähm so laufen dass die Zehner die sich im Prinzip mit dem Thema Wahlen schon auskennen Kleingruppen von achter und neuner Schülern zugeordnet kriegen und die sozusagen nochmal drei bis fünf Schüler ein Mentor aus der Zehnten haben der sie durch diesen Tag begleitet und durch die Aufgaben begleitet und ihnen hilft und so weiter. ähm dass der Lehrer da im Prinzip völlig raus ist [Y: mhm] und es sozusagen Kleingruppen entstehen und Schüler von Schülern lernen. was denke ich auch ganz klar was mit dieser ähm naja mit dieser Grundeinstellung zu tun hat ihnen auch das Vertrauen gegenüber zu bringen dass sie das können dass sie das hinkriegen wenn man sie vorher anleitet ähm (.) [...]*

Andreas Schmidt, Volltranskript, 469–480

Die hier beschriebene Wahlsimulation wird von Andreas Schmidt als authentisches Setting gerahmt („na mit dem Originalwahlmaterial na mit so Wahlbenachrichtigung [Y: mhm] mit Wählerlisten mit Wahllokalen die hier an der Schule eingerichtet werden mit ähm (.) mit den Originalkandidaten des Wahlkreises und Parteien die hier zur Wahl stehen“), in dem die Schüler/innen – rein funktional – lernen sollen, wie eine Wahl abläuft. Die didaktische Bearbeitung erfolgt hier durch eine authentische Inszenierung des Wahlverfahrens durch den Politiklehrer.

In der Ausführung von Andreas Schmidt zeigt sich, dass die Wahlsimulation aus einem theoretischen Teil der Wissensvermittlung bzw. -aneignung durch die Schüler/innen und einem zweiten Teil des praktischen Erlebens und Vollziehens der Wahl selbst besteht. Der theoretische Teil wird dabei nicht von beteiligten Lehrern/innen, sondern durch ältere Schüler/innen vermittelt, die zuvor instruiert wurden. In der geschilderten Wahlsimulation wird deutlich, dass das Setting für die Wissensvermittlung (Stationenlernen) durch den Politiklehrer vorbereitet wurde und den älteren Schülern/innen der zehnten Klassen, die als bereits wissender im Vergleich zu den jüngeren Jahrgängen eingestuft werden, die Aufgabe übertragen wird, die jüngeren Schüler/innen in Kleingruppen durch die Stationen zu begleiten und ihnen dabei zu helfen. Hierin dokumentiert sich somit eine Art des Peerteachings, die jedoch von dem Lehrer sehr stark vorstrukturiert wurde. Im Vergleich zu Demokratie-Lehrpraktiken anderer Politiklehrer/innen erweist sich der Grad der Verantwortung, der den älteren Schülern/innen für die Ausgestaltung des Demokratie-Lehr-Lernprozesses hier übertragen wird, als äußerst gering.

In den hier genannten Themenschwerpunkten für das Stationenlernen kommt zum Ausdruck, dass Demokratielehren sich auf die Vermittlung von Wissen und Fakten zum Wahlverfahren sowie auf den Ablauf und die Inszenierung der konkreten Wahl (hier der Bundestagswahl) bezieht („also A die sagen wir mal die ähm die Grundbedingungen. was ist Wahl? wozu ist Wahl da? Funktionen Aufgaben und so weiter von Wahlen. oder von Wahlen. wie funktioniert die Bundestagswahl? wie läuft die ab? was ist erst- Zweitstimme und so weiter und so fort? und ähm in nem anderen Bereich. wer steht hier zur Wahl in unserem Wahlkreis? welche Parteien? welche Kandidaten? äh was wollen die? wie präsentieren die sich? wie haben die Wahlkampf gemacht? äh was sind das für Leute? und so weiter und so fort.“). Eine inhaltliche Auseinandersetzung mit politischen Positionen, für die die zur Wahl stehenden Parteien und Kandidaten/innen stehen, ist hier dagegen an keiner Stelle Thema und rückt damit vollkommen in den Hintergrund. Der theoretische Teil von Demokratielehren wird somit durch Andreas Schmidt begrenzt auf das Vermitteln von Fachwissen. Dabei dokumentiert sich eine Zielperspektive, der zufolge die Schüler/innen vor allem darin gefordert sind, sich reproduzierbares Fachwissen zu Wahlen in der repräsentativen Demokratie anzueignen.

An diese Phase der Wissensvermittlung schließt eine Form des praktischen, performativen Demokratielehrens an, bei der die Schüler/innen aufgefordert werden,

Wahlpraktiken selbst auszuüben bzw. durchzuführen. Wie zuvor schon dargelegt, wird dabei eine Ausrichtung am Ablauf und den Regeln der ‚echten' Wahl erkenntlich. In Anlehnung daran wird die Erwartung an die Schüler/innen gerichtet, in der simulierten Praxis genau das umzusetzen, was sie in der Theorie über die Wahl und das Wahlverfahren gelernt haben. Die Umsetzung ist dabei nicht frei, sondern in der Praxis durch das „Originalwahlmaterial", die „Wählerlisten" etc. strukturiert. Hierin dokumentiert sich die Anforderung an die Schüler/innen, das gelernte Wissen anzuwenden, allerdings im Sinne einer technischen Regelanwendung bzw. -ausführung. Demokratielehren im Modus des Einübens ist somit als Anforderung an die Schüler/innen zu verstehen, ein regelgeleitetes, -konformes Handeln in der Beteiligung an repräsentativen demokratischen Verfahren zu lernen.

Dies bestätigt sich im Interview mit Andreas Schmidt auch in den von ihm beschriebenen Praktiken der Mitbestimmung in seinem Unterricht und an seiner Schule.

Bm: *[...] äh aber es gibt natürlich gibt Klassen da brauchs mehr und es gibt Klassen da brauchs weniger. kommt auch ein bisschen auf die Altersstufe an. ist auch klar. äh aber zum Beispiel muss natürlich also was weiß ich mit ner zehnten Klasse brauch ich nicht mehr üben wie die Klassensprecherwahl abzulaufen hat sondern das machen die dann halt. äh was ich in jetzt in meiner neunten hier schon ganz klar noch vorgegeben habe wie das Wahlprozedere sein wird ähm wo ich ganz klar gesagt habe pass auf ich weiß dass das ähm in oder- ja Klassensprechwahl ist wirklich ein gutes Beispiel weil es wird in den meisten Klassen wird das mehr oder weniger per Handzeichen abgestimmt. wenns gut läuft mit Wahlzetteln aber dann ist es immer noch so dass im Prinzip jeder jedem aufs Blatt gucken kann. und ich habs tatsächlich dieses Jahr so gemacht dass ich Wahlkabinen aufgebaut hab und die Schüler in Wahlkabinen habe wählen zu lassen um auch dieses geheime Wahl ähm nochmal deutlich zu machen und auch niemanden oder jedem die Freiheit zu geben sich eben nicht vom Nachbarn aufs Blatt gucken zu lassen. was- wen wählt er jetzt als Klassensprecher? und weil sich da glaub ich einige Schüler auch immer wieder gehemmt fühlen. und ähm also da versuch ich drauf zu achten. so und das ist die- sagen wir mal das ich den Schülern so wenig wies geht vorgebe aber so viel wie nötig als dass es in nem demokratischen Rahmen funktioniert.*

[...]

ich habs diesmal so durch geführt äh dass ich zu aller erst haben die Schüler einen Zettel bekommen auf den mussten sie zwei Kandidatenvorschläge drauf schreiben [Y: mhm] dann hatten wir ne Liste von insgesamt zehn Kandidatenvorschlägen äh die haben wir aufgeschrieben. dann hab ich die Kandidaten einzeln abgefragt ob sie sich zur Wahl stellen. dann sind zwei da raus gegangen [räuspern] und dann blieben acht Kandidaten übrig. und äh die acht Kandidaten standen dann zur Wahl. und insofernhalt da ist da genau setzt dieser Punkt an zu sagen äh ich möchte tatsächlich auch das es eine geheime Wahl ist weils dann eben nicht passiert äh das halt nur der ders eh machen will so ungefähr und jeder jedem aufs Blatt guckt und sagt hier und da und insofern hat das ziemlich gut funktioniert dieses Jahr. da war ich sehr zufrieden mit. ist dann auch

Andreas Schmidt, Volltranskript, 300–336

In diesem Beispiel der Klassensprecher/innenwahl zeigt sich erneut, dass Beteiligung im Sinne von Wählen ein Lernen der Performanz des Wahlverfahrens voraussetzt. In der Beschreibung wird insofern deutlich, dass Andreas Schmidt bei älteren Schülern/innen voraussetzt, dass diese, da sie bereits mehrfach Klassensprecher/innenwahlen durchlaufen haben, das Prozedere durch die wiederholte Praxiserfahrung bereits verinnerlicht haben und ohne weiteres reproduzieren können („mit ner zehnten Klasse brauch ich nicht mehr üben wie die Klassensprecherwahl abzulaufen hat sondern das machen die dann halt"). Mit jüngeren Schülern/innen geht Andreas Schmidt dagegen das Prozedere noch sehr genau durch. An sie wird die Anforderung gerichtet, die Performanz des Wählens zu üben und zu verinnerlichen, um sie später ebenso wie die älteren Schüler/innen reproduzieren zu können. Dabei wird an dieser Stelle abermals eine Parallelität zwischen Schule (an der Praktik der Wahl eines/r Klassensprechers/in) und Staat (das wäre dann die Wahl eines/r Mandatsträger/in für ein Parlament) erkenntlich, indem Andreas Schmidt die Klassensprecher/innenwahl orientiert an dem Wahlakt des politischen Systems (Wahlzettel, Wahlkabinen, geheime Wahl etc.) und möglichst authentisch inszeniert. Damit bestätigt sich hier eine Orientierung an Schule als Erfahrungs- bzw. Erprobungsraum demokratischen Handelns. Ebenfalls wird hier wiederholt eine durch den Lehrer stark strukturierte und gesteuerte didaktische Bearbeitung deutlich.

Andreas Schmidt erwartet hier implizit eine Teilnahme der Schüler/innen an der Klassensprecher/innenwahl (d. h. Nichtwählen stellt keine explizite Option dar) unter Befolgung der vorgegebenen Regeln (insbesondere der Einhaltung geheimer Wahlen, bei der man dem Nachbarn nicht auf das Blatt schaut). Interessant ist an dieser Stelle, dass Andreas Schmidt hier die Möglichkeit, selbst Kandidat/in zu sein, thematisiert, während es in fast allen anderen Beispielen nur um das Wählen im Sinne eines Abstimmens geht. Allerdings wird eine Kandidatur in diesem Beispiel nicht mit dem Vertreten eines bestimmten politischen Programms verbunden, d. h. eine inhaltlich-programmatische Auseinandersetzung steht nicht im Vordergrund. Die vorgeschlagenen Kandidaten/innen werden hier somit den Regeln folgend gefragt, ob sie sich zur Wahl stellen wollen, jedoch nicht, welche Ideen oder Positionen sie vertreten und ob sie beispielsweise ein Wahlprogramm vorstellen möchten. Genauso wenig findet eine Auseinandersetzung damit statt, was aus der Wähler/innenperspektive der Schüler/innen für oder gegen eine/n Kandidaten/in sprechen würde. Demnach wird hier eine Befähigung zur Vertretung eigener Interessen durch die Wahl eines/einer Klassensprecher/in bzw. einer aktiven Kandidatur ausgeblendet. Im Vordergrund steht ein weiteres Mal die Zielperspektive, ein regelgeleitetes, -konformes Handelns in der Beteiligung an repräsentativen demokratischen Verfahren zu lernen.

Auch dieses Beispiel bestätigt somit, dass Demokratielehren vor allem ein praktisches Einüben von Abläufen und Regelpraktiken sowie ein Aneignen von reproduzierbarem Fachwissen von Wahlverfahren in der repräsentativen Demokratie meint.

Nach dieser empirischen Illustration des Demokratielehrmodus von Typ 1 befasse ich mich im Weiteren noch mit dem zugehörigen impliziten Demokratieverständnis, das sich ebenfalls in den geschilderten Demokratie-Lehrpraktiken dokumentiert.

Der bereits deutlich gewordene Bezug auf das System der repräsentativen Demokratie wäre theoretisch auch mit anderen Formen von Demokratie wie zum Beispiel der direkten Demokratie etc. austauschbar. Das heißt, sie ist nicht mit dem impliziten Demokratieverständnis von Andreas Schmidt zu verwechseln. Ausschlaggebender ist auf der Ebene des impliziten Wissens nicht der Bezug auf ein bestimmtes politisches System, eine Demokratieidee etc., sondern das in den Praktiken eingelassene Demokratieverständnis. Die starke Fokussierung auf das Einüben und Reproduzieren von Abläufen und Regelpraktiken von Verfahren verweist dabei auf ein Demokratieverständnis von Demokratie als formales Ordnungsprinzip. Dies soll anhand eines weiteren Beispiels aus dem Interview mit Andres Schmidt genauer erläutert werden.

Bm: *[...] ich weiß gar nicht wo die im Einzelnen momentan so im Großen mitabstimmen. (.) also die Schulordnung wurde auf jeden Fall durch die Schüler mitbestimmt oder mit abgestimmt zum Teil (..) naja darum gehts halt. also die Schüler an all diesen Prozessen an all diesen Entscheidungsfindungen an all diesen Regeln die für ne Schule gelten ähm in irgendner Form zu beteiligen – soweit das halt möglich ist. also ich mein klar hat das auch seine Grenzen weil äh Schüler werden in bestimmten Fällen Entscheidungen treffen die ihnen zu Gute kommen aber der Schule insgesamt nicht. @ ähm also es gibt zum Beispiel ganz massiv hier an der Schule die Diskussion darüber hitzefrei oder nicht? wo die Schulleitung sagt ganz klar also wir sind ne Ganztagsschule also das gibts nicht wir gewährleisten hier immer äh vollen vollständigen Unterricht wo das natürlich von den Schülern immer wieder die Anfrage gibt und immer wieder den Versuch gibt irgendwie ähm hitzefrei zu erwirken sozusagen. aber da ist es auch so. da hat unsere Schulleitung inzwischen gesagt also ganz klar wenn ihr als ähm Schülerrat also die Klassensprecher uns ein schlüssiges Konzept wie man das gestalten könnte vorlegt das dann zur Abstimmung in der Schulkonferenz führen könnte. dann können wir uns das angucken und gegebenenfalls darüber abstimmen das ähm haben die bisher noch nicht geschafft.*

[...]

Y: *okay mich würd jetzt noch interessieren ähm abstimmen ist ja das eine aber inwiefern können sie inhaltlich jetzt mitwirken?*

Bm: *naja zum Beispiel wie ich eben sagte. ähm das ganz klar gesagt wird also ihr wollt hitzefrei. wir werden uns nicht drum kümmern. entwerft ein Konzept denkt Euch was aus wie könnte das funktionieren? seid ihr dabei. und das können wir dann gerne durch Antrag von euch zur Abstimmung bringen. äh oder äh zum Beispiel Änderungen der Hausordnung. wenn die Schüler das wollen können sie das gerne machen. müssen sie einen Antrag stellen müssen sie dann die entsprechenden Paragraphen so wie sies gern hätten formulieren und dann kann auch das zur Abstimmung geführt werden. äh also da stehen ihnen im Prinzip alle Wege offen. aber das ist liefert auch ganz normal die Schulordnung also die beschränkt ja relativ also die Thüringer Schulordnung beschränkt ja relativ genau oder gibt ja relativ genau nen Rahmen Mitwirkungsrahmen für Schüler äh vor in jeglicher Form. und ähm das da ist es halt so alles was die Schüler (räuspert sich) in einer bestimmten Form einbringen kann schlussendlich in der Schulkonferenz zu ner Abstimmung geführt werden. was dann bei der rauskommt ist natürlich ne andere Frage.*

Andreas Schmidt, Volltranskript, Z. 379–432

In diesem Beispiel von Andreas Schmidt zur Beteiligung der Schüler/innen an der Bestimmung der Schulordnung im Rahmen der Schulkonferenz wird ein Verständnis der demokratischen Organisation der Schulgemeinschaft entlang von Regeln und einzuhaltenden Verfahren und Abläufen deutlich. Indirekt kommt hier zum Ausdruck, dass die Schulgemeinschaft nicht allein aus Schüler/innen besteht und diese entsprechend nicht allein Entscheidungen treffen können. Beteiligung wird hier folglich gerahmt als Teilnahme an Prozessen der Entscheidungsfindung und Abgabe einer Stimme zu Entscheidungen über Regeln, die für die gesamte Schulgemeinschaft gelten. Das Aufstellen von Regeln wird dabei als gebunden an bestimmte Vorgaben verstanden.

Konkret wird an die Schüler/innen die Erwartung gerichtet, ihr Anliegen, an bestimmten Tagen ein ‚Hitzefrei' zu erhalten, schriftlich als einen Antrag zur Änderung der Hausordnung der Schule einzureichen und damit zur Abstimmung zu stellen. Ein bloßes Verlangen danach wird als unzureichend gerahmt (negativer Gegenhorizont), stattdessen wird an die Schüler/innen die Forderung gerichtet, ein „Konzept" zur Umsetzung eines ‚Hitzefrei' auszuarbeiten, das den gesetzlichen Formalien entspricht.

Implizit wird hier ein Einhalten der Struktur und der Regeln durch die Schüler/innen erwartet, indem darauf verwiesen wird, dass das Anliegen der Schüler/-innen erst ernst genommen wird, wenn dieses innerhalb der vorgegebenen Strukturen und entlang der bestehenden Regeln eingebracht wird. Darin dokumentiert sich eine Orientierung an regelkonformer Beteiligung entsprechend den Strukturen der Schulordnung. Nur diese wird als legitim verstanden. Beteiligung erfordert somit eine Internalisierung des Ordnungsprinzips der Schulgemeinschaft, das heißt ein Kennen und Anwenden der existierenden Regeln und Vorgaben. Auffällig ist dabei, dass die Auseinandersetzung mit dem Anliegen der Schüler/-

innen in den Hintergrund gerät und sie auch nicht darin unterstützt werden, die Regeln richtig anzuwenden und ihr Anliegen regelkonform einzubringen.

Demokratie wird hier demnach als Organisations- und Entscheidungsstruktur verstanden, die auf festgelegten Regeln basiert und wiederum durch die Regelpraktiken der beteiligten Akteure – hier die Lehrer/innen und Schüler/innen – verinnerlicht und auch bestätigt wird. Die Regeln können, aber müssen dafür nicht schriftlich festgelegt sein; wichtig ist, dass sie für alle als allgemein verbindlich gelten.

Die im weiteren ausgeführten Typen bilden minimale wie maximale Kontrastfolien zu diesem Typ, worauf ich im Weiteren eingehen werde.

4.1.2 Typ 2: Demokratielehren im Modus des Auseinandersetzens mit politischen Positionen in der repräsentativen Demokratie – Verständnis von Demokratie als kontroverse Auseinandersetzung mit politischen Fragen

Bei diesem Typ erfolgt Demokratielehren im *Modus des Auseinandersetzens mit Politik bzw. politischen Positionen in der repräsentativen Demokratie*. Damit ist Typ 2 minimal kontrastiv zu Typ 1. Gemeinsam ist beiden Typen, dass sie die repräsentative Demokratie als Ordnungsprinzip als gegeben annehmen und diese nicht hinterfragen. Worin sich Typ 2 jedoch maßgeblich vom Typ 1 unterscheidet ist, dass die Praktiken des Demokratielehrens darauf ausgerichtet sind, dass sich die Schüler/innen mit politischen Positionen befassen. Sie sind aufgefordert die Interessen, die hinter politischen Positionen stehen, zu analysieren und zu entschlüsseln, sowie sich eigene Urteile zu politischen Fragen zu bilden. Im Vergleich zu Typ 1, in dessen Demokratie-Lehrpraxis die Schüler/innen theoretisch wie praktisch Beteiligungsverfahren und -regeln einüben und damit eine vorgegebene Struktur verinnerlichen sowie lernen diese zu reproduzieren, werden die Schüler/innen im Modus des Typs 2 viel stärker selbst gefordert, sich analytisch mit politischen Positionen von Politikern/innen und Parteien zu befassen und ein eigenes Urteil zu politischen Fragen zu entwickeln. Folglich werden die Schüler/innen hier im Vergleich zu Typ 1 viel stärker aktiviert, selbst zu denken und eigene politische Positionen zu vertreten.

Als explizites Ziel nennen die Politiklehrer/innen, deren Demokratie-Lehrpraktiken diesem Typ zuzuordnen sind, dass die Schüler/innen lernen, sich differenzierter mit Politik und politischen Positionen auseinanderzusetzen und sich selbst ein Urteil zu bilden (Orientierungsschema). Unabdingbar ist für sie, dass die Schüler/innen lernen, eine eigene politische Meinung zu entwickeln und diese zu vertreten.

Auch bei diesem Typ dokumentieren sich Orientierungen entsprechend der drei Subdimensionen: 1) didaktische Bearbeitung, 2) Anforderungen an das Sozial- und Arbeitsverhalten der Schüler/innen und 3) Zielperspektive.

Im Hinblick auf die didaktische Bearbeitung zeigt sich, dass bei diesem Typ Unterrichtspraktiken im Vordergrund stehen, die sich auf kontroverse Diskussionen unter den Schülern/innen, aber auch mit dem/der Politiklehrer/in oder Externen (beispielsweise Politikern/innen) stützen. Sofern möglich werden die Schüler/innen auch darin geschult und vorbereitet, ihre Positionen in der Öffentlichkeit oder gegenüber Politikern/innen real zu vertreten (in Gesprächen, im Gemeinderat etc.). In den Praktiken dokumentiert sich, dass der/die Politiklehrer/in das Setting für kontroverse Diskussionen durch ein entsprechendes Thema oder auch Unterrichtsmaterial vorbereitet und strukturiert bzw. die Schüler/innen darin anleitet, dies selbst zu tun. Auffällig ist, dass die Praktiken des Demokratielehrens dieses Typs vergleichsweise stärker im Rahmen des Regelunterrichts verortet werden, während die Politiklehrer/innen des Typs Demokratielehren im Modus des Einübens repräsentativer demokratischer Verfahren den „normalen" Politikunterricht als unzureichenden Rahmen betrachtet haben[90].

Interessanterweise wird in den Interviews, in denen Demokratie-Lehrpraktiken dieses Typs geschildert werden, auch das Thema Leistungsnachweise angesprochen. Dabei zeigt sich, dass die Schüler/innen auch im Rahmen dessen angehalten werden, sich kritisch mit dem jeweiligen Gegenstand zu befassen und ein eigenes Urteil zu formulieren. In den Bewertungspraktiken der Lehrkräfte wird deutlich, dass es hier nicht darum geht, das Urteil eines/r Schülers/in als richtig oder falsch zu bewerten (negativer Gegenhorizont), sondern die Art und Weise ihrer Begründung und ihrer Argumentation zu beurteilen.

Im Vergleich zu Typ 1 wird in den Demokratie-Lehrpraktiken in diesem Modus von den Schülern/innen eine aktive Teilhabe durch eigene Wort- und Diskussionsbeiträge sowie insgesamt ein eigenverantwortliches Arbeiten erwartet, das bis hin zur Übernahme der Verantwortlichkeit für die Organisation und Durchführung von Unterricht reicht (zum Beispiel der eigenständigen Vorbereitung und Moderation von kontroversen Diskussionen). Insgesamt gesehen zeichnet sich in diesem Modus somit eine Zielperspektive ab, der zufolge Schüler/innen zum Vertreten eines eigenen begründeten Urteils zu politischen Fragen und ansatzweise auch zur eigenständigen Gestaltung solcher Demokratie-Lehrpraktiken befähigt werden.

Das in den Demokratie-Lehrpraktiken eingelassene Demokratieverständnis dieses Typs fasst *Demokratie als kontroverse Auseinandersetzung mit politischen Fragen und Themen*. Es umfasst Praktiken des Herausbildens und Vertretens eines eigenen Urteils sowie der kritischen Auseinandersetzung mit anderen Positionen. Deutlich wird in den Praktiken, dass politische Positionen und politische

90 Das heißt nicht, dass Demokratielehre im Modus des Einübens repräsentativer demokratischer Verfahren nicht auch im Regelunterricht stattfindet. Aber insbesondere bei den Praktiken des Einübens, die über eine Wissensvermittlung hinausgehen – wie zum Beispiel bei Planspielen – wurde deutlich, dass hier oft ein Kontext außerhalb des Regelunterrichts gewählt wurde.

Forderungen als interessengeleitet verstanden und daraufhin hinterfragt werden. Darin ist ein Verständnis angelegt, demzufolge unterschiedliche Interessen auch gegensätzliche politische Positionen und Forderungen bedingen und infolgedessen zu einer kontroversen Diskussion im Diskurs miteinander führen. Im Vergleich zu Typ 1 meint Beteiligung hier eine aktive Teilnahme am Diskurs durch das Vertreten einer eigenen begründeten Position und eine Auseinandersetzung mit den anderen Positionen. Das setzt auf Seiten der Bürger/innen eine viel höhere Eigenverantwortlichkeit, sich selbst zu informieren und ein Urteil zu bilden, voraus, während von Bürger/innen im Fall von Typ 1 nur erwartet wird, sich formal richtig an der Wahl zu beteiligen und ihre Stimme abzugeben.

Das Verständnis des ‚Politischen', das heißt welche Fragen und Themen als politisch aufgefasst und diskutiert werden, ist hier vorrangig auf gesamtgesellschaftliche Belange bezogen, die es auf der Ebene des Staates bzw. in der Interaktion von Staaten miteinander zu klären gilt. In den Praktiken dieses Typs dokumentiert sich jedoch, dass die Auseinandersetzung mit diesen Themen nicht ausschließlich in der Verantwortlichkeit politischer Mandatsträger gesehen wird, sondern von jedem/jeder Einzelnen erwartet wird, sich damit zu befassen, eine Position zu bilden und diese auch im Austausch miteinander zu diskutieren. Darin zeigt sich ein Verständnis von einer kritisch diskutierenden Öffentlichkeit, die durch die Bürger/innen getragen wird.

Exemplarische empirische Vertiefung

An dieser Stelle soll nun der Typ 2 exemplarisch empirisch illustriert werden. Dafür beziehe ich mich auf Praktiken des Demokratielehrens, die die Lehrer Wolfgang Meyer (Em) und Ulrich Müller (Um) jeweils im Interview beschrieben haben. Wolfgang Meyer ist ein Berufsschullehrer aus Bremen, der viele Jahre neben Deutsch und Wirtschaft Politik fachfremd unterrichtet hat[91]. Ulrich Müller ist ausgebildeter Politiklehrer an einem Gymnasium in Berlin. Die beschriebenen Demokratie-Lehrpraktiken dieser zwei Lehrer sind besonders einschlägig für diesen Typ[92].

In dem folgenden Zitat aus dem Interview mit Wolfgang Meyer zum Anliegen seines Politikunterrichts, in dem er noch auf der Ebene des expliziten Wissens (Orientierungsschemata) verbleibt, wird in Ansätzen jedoch bereits sein Modus des Demokratielehrens und das darin eingelassene Demokratieverständnis deutlich.

91 Wolfgang Meyer ist zum Zeitpunkt des Interviews gerade in Rente gegangen, weshalb er retrospektiv über seine Demokratie-Lehrpraktiken spricht.

92 Anmerken möchte ich dabei explizit, dass die Tatsache, dass Wolfgang Meyer fachfremd unterrichtet, keine Rolle für den Modus dieses Typs spielt. Der Modus dieses Typs dokumentiert sich sowohl in den Demokratie-Lehrpraktiken von Politiklehrern/innen, die das Fach studiert haben, als auch jenen, die fachfremd unterrichten.

Em: *(.) ja sicher als- äh im Grunde genommen aus der Kritik heraus wie ich erlebt habe wie Politikunterricht äh praktiziert wurde in meinem Umfeld. als etwas wo ich einen anderen Politikbegriff habe. soll ichs an Beispielen deutlich machen um es äh anschaulich zu machen? (.) Politikunterricht jedenfalls an der Schule an der ich gearbeitet habe hat sich sehr oft reduziert auf Institutionenkunde. auf Faktenwissen und das Lernen in Zusammenhängen und die Bedeutung äh die die Institutionen eigentlich in der Gesellschaft haben und wie man die mit Leben erfüllt fand ich war immer ein Mangel. das heißt daraus abgeleitet dann entwickelten sich für mich Strukturen in Zusammenhängen zu lernen [...] das nächste war äh jahrelange Erfahrung als äh Berufsschullehrer mit Jugendlichen die sehr heterogen in ihren Eingangsvoraussetzungen waren also vom abgebrochenen Studenten bis zum Hauptschüler (.) die alle in einem Raum ähh (..) das führt zu Hierarchien (.) und um diese Hierarchien aufzubrechen im politischen Bereich ähh war es vor allen Dingen für diejenigen die zu schnell mit Allgemeinplätzen argumentierten eben aus der Institutionenkunde oder was man dann als Schlagzeile gelesen hat äh was insbesondere bei so Themen wie Bundestagswahl oder Parteiprogramm deutlich wurde und ich gemerkt habe der Politikunterricht wird immer mehr eine Maßnahmen gegen die Denkfaulheit mit vorgegebenen Mustern zu arbeiten und da zu versuchen differenzierter zu gucken und mit äh Kompetenz sprich mit Wissen gesellschaftliche Zusammenhänge zu deuten. das war eigentlich das Haupt- äh anliegen was ich die ganzen Jahre verfolgt habe und das auf der Ebene es gibt so einen Pädagogenspruch der sagt. ich hol sie mal da ab wo sie sind. auch wenn er mir persönlich nicht gefällt äh aber in der Praxis passierts einfach so und das in heterogenen Gruppen die voneinander lernen können im Politikbereich. das war immer das Ziel und da ist ja gelegentlich auch gut gegangen*

Wolfgang Meyer, 1. Sequenz, 17–45[93]

Wolfgang Meyer grenzt sich in diesem Zitat von einem Politikunterricht ab, der darauf fokussiert ist, lediglich Wissen und Fakten über das politische System zu vermitteln. Der Bezug auf einen auf „Institutionenkunde" reduzierten Politikunterricht verweist auf ein negativ konnotiertes Bild einer Lehrpraxis, die lediglich über die politischen Institutionen der repräsentativen Demokratie (Parlament etc.) informiert, nicht aber über deren Sinn und Bedeutung für eine Demokratie. Dieses negative Bild basiert auf Wolfgang Meyers Erfahrungen mit dem Politikunterricht von Kollegen/innen an seiner Schule. Aus der Kritik daran plädiert er stattdessen für eine differenzierte Auseinandersetzung der Schüler/-innen mit politischen Positionen, wie sie von Politiker/innen oder in Parteiprogrammen vertreten werden sowie der Bedeutung politischer Institutionen

93 Der Anfang des Zitats (Z. 18–25, 1. Sequenz) wurde bereits zur empirischen Illustration im Aufsatz *Empirische Einblicke in die Unterrichtspraxis von Lehrerinnen und Lehrern – Handlungsorientierungen für einen kritischen Politikunterricht* (Kessler 2016a: 165) genutzt.

(Orientierungsschema)[94]. In der Redewendung ‚mit Leben füllen' wird zudem auf sprachlicher Ebene und somit bereits implizit deutlich, dass die Auseinandersetzung mit Institutionen als Teil seiner Demokratielehre nicht wie in der Institutionenkunde leblos, ohne Bezug auf die Praxis gestaltet werden kann, sondern vielmehr als Teil politisch-demokratischer Praxis vermitteln werden muss.

Sein Bezugspunkt ist die Politik im politischen System der repräsentativen Demokratie in Deutschland. Ähnlich wie Typ 1 bezieht er sich damit auf die demokratische Ordnung der repräsentativen Demokratie. Gemein ist beiden Typen ein Verständnis von demokratisch-politischem Handeln im Kontext der institutionellen Arena des politischen Systems. Die konkrete Form der demokratischen Ordnung spielt aber auch für die Demokratie-Lehrpraktiken dieses Typs keine Rolle. Es könnte ähnlich wie auch bei Typ 1 genauso gut ein anderes Modell zugrunde liegen, jedoch wird die demokratische Ordnung der repräsentativen Demokratie nicht grundsätzlich infrage gestellt. Sie wird vielmehr als formaler Rahmen für Entscheidungsprozesse und damit Bezugspunkt für politische Diskurse begriffen. In Abgrenzung zu Typ 1 steht für diesen Typ nicht das Einüben von Verfahren und Regelpraktiken der demokratischen Ordnung im Vordergrund, sondern eine Auseinandersetzung mit der Bedeutung der demokratischen Ordnung für die Gesellschaft sowie mit den unterschiedlichen Positionen im politischen Diskurs.

In diesem Zitat wird bereits ansatzweise deutlich, dass es Wolfgang Meyer gerade vor dem Hintergrund seiner Erfahrungen mit einer als sehr heterogen wahrgenommenen Schüler/innenschaft darum geht, dass diese ihre unterschiedlichen Positionen auch differenziert und begründet in der Diskussion miteinander vertreten und nicht etwa „zu schnell mit Allgemeinplätzen argumentierten" (negativer Gegenhorizont). Darin dokumentiert sich bereits der für diesen Typ spezifische Modus des Auseinandersetzens mit Politik und politischen Positionen in der repräsentativen Demokratie, auch wenn in diesem Zitat noch keine Enaktierung (d. h. eine Umsetzung, die sich in Praxisbeschreibungen dokumentiert) erkennbar ist.

Die Enaktierung der Demokratielehrorientierung des Auseinandersetzens mit politischen Positionen wird im folgenden Beispiel, in dem Wolfgang Meyer von der Arbeit mit dem Wahl-O-Mat[95] zum Thema Wahlen berichtet, deutlich.

---

94 In seinen biographischen Ausführungen wird zudem deutlich, dass er genau solch eine Demokratielehre als Schüler selbst erlebt hat und kontrovers geführte Diskussionen zu politischen Themen im Deutschunterricht ihm sehr positiv in Erinnerung geblieben sind. Hierin dokumentiert sich folglich eine Parallelität von erlebter Demokratielehre mit eigener als Lehrer gestalteter Demokratielehrpraxis. Dies stellt ein Indiz für den konjunktiven Erfahrungsraum, in dem die Orientierungen von Wolfgang Meyer geprägt wurden, dar.

95 Der Wahl-O-Mat ist ein Tool der Bundeszentrale für politische Bildung, das im Vorlauf zu Wahlen bereitgestellt wird und den Nutzern/innen ermöglicht durch die Beantwortung von Fragen herauszufinden, mit welchen Parteipositionen sie die größte Schnittmenge haben.

Em: *[...] wenn Wahlen zum Beispiel Wahlen anstehen äh (.) [...] also ich habs im Unterricht immer wieder so gemacht das ich zu Beginn äh von Wahlperioden obs nun lokal oder äh auf Landes- und Bundesebene war (.) hab die Schüler spontan wählen lassen (.) ham wa in Umschlag gesteckt (.) und dann wurden Gruppen gebildet und man sich genauer mit parlamentarischen und außerparlamentarischen Bewegungen beschäftigt (.) und die Gruppen ham referiert plötzlich wurde es differenzierter (..) und anschließend ham wir wieder gewählt (.) und das hatte zum Teil enorme äh Unterschiede ergeben (..) und das fand ich äh sehr erhellend weil man sich nämlich in dem Moment wenn man sich genauer mit ner Gruppe beschäftigt sie einlädt oder hingeht und guckt was da passiert äh entsteht plötzlich n anderes Bild (..)*

Y: *habt ihr euch da auch mit so mit den Republikanern oder der NPD auseinandergesetzt?*

Em: *|_ ja ja ja das ganze Spektrum kl- (..) und das war dann schon selbstentlarvend oder beispielsweise der Wahl-O-Mat war auch so n Geschichte die äh ich zwar grundsätzlich nicht besonders attraktiv finde weil es zu selektiv ist aber ich gemerkt habe das für Schüler das n Aha-Erlebnis war. also um Beispiel zu nennen äh ne ganz brave angepasste Schülerin (..) macht beim Wahl-O-Mat mit. ich geh hin und sie sagt nicht gucken nicht gucken Herr [Name] (..) und dann ham wir natürlich doch geguckt was ist los? und sie ist plötzlich äh bei ner linksradikalen Gruppe gelandet weil die Thesen die angeboten wurde schon ihrer inneren Wunschdenken oder oder Überzeugung entsprach sie aber erschrocken war das sie plötzlich ne Linke ist. (.)*

Y: *weil sie sich selber gar nicht so gesehen hat*

Em: *ja (..) und (.) das hat mich innerlich äh posi- gut gestimmt na hab ich gedacht siehste guck mal da na jetzt steh mal dazu. aber ich bin doch nicht bei der Linken? ja das sind doch Kommunisten undundund (.) das hat zum Abbau von Vorurteilen auch in der Selbstwahrnehmung geführt umgekehrt natürlich genauso [Y: ja] äh das man plötzlich äh weil geschickte DVU oder NPD Thesen genannt- äh genannt wurden plötzlich landeten Leute da (.) und warn erschrocken ich bin doch keine rechte Socke (.) äh ja aber die Debatte dann darüber sich selbst zu kor- korrigieren und zu gucken wo steh ich denn wirklich? und wir wolln in Zusammenhängen denken und nicht nur immer plakativ in einzelnen Thesen (.) das war das Positive dabei und das hoff ich hatt dazu beigetragen nicht mehr nur mit Parolen durch die Welt zu laufen (...)*

Wolfgang Meyer, 3. Sequenz, 3–39

Im Gegensatz zu Typ 1 werden in dieser Beschreibung einer Wahlsimulation das Wahlverfahren und die hierfür geltenden Regeln gar nicht thematisiert; die Praktiken fokussieren stattdessen eine Auseinandersetzung mit den politischen Positionen der Parteien und der eigenen Verortung der Schüler/innen im Parteienspektrum. In den Praktiken dokumentiert sich somit eine vollkommen andere Schwerpunktsetzung im Zuge der didaktischen Bearbeitung. Der Wahl-O-Mat wird von Wolfgang Meyer als Mittel zur Initiierung einer eigenständigen Auseinandersetzung mit der eigenen politischen Position genutzt. Das heißt er schafft als Politiklehrer die Voraussetzungen, um einen eigenständigen Erkenntnisprozess der Schüler/innen anzustoßen.

Im Vordergrund der Beschreibung steht das „Aha-Erlebnis" einer Schülerin, die entgegen ihrer Selbstwahrnehmung als Ergebnis beim Wahl-O-Mat erfährt, dass ihre Interessen am stärksten mit den Positionen einer linksorientierten Partei übereinstimmen. In diesem Beispiel eines Erkenntnisprozesses im Unterrichtsverlauf wird besonders stark deutlich, wie unabdingbar für diesen Typ die Auseinandersetzung mit politischen Positionen und anhand dieser das Entwickeln einer eigenen politischen Meinung ist. Seinem negativen Gegenhorizont entspricht dagegen eine Übernahme plakativer politischer Positionen ohne sich bewusst mit den Inhalten und Interessen dahinter zu beschäftigen und zu überlegen, ob diese wirklich den eigenen entsprechen. Dementsprechend kommt in diesen Demokratie-Lehrpraktiken die angelegte Zielperspektive zum Ausdruck, die Schüler/innen durch die Auseinandersetzung mit unterschiedlichen politischen Standpunkten zu befähigen, eine eigene politische Position zu finden bzw. zu entwickeln.

Am Rande sei hier darauf hingewiesen, dass sich in dem in indirekter Rede wiedergegebenen Gespräch von Schülerin und Lehrer ebenfalls dokumentiert, dass er als Politiklehrer die Schülerin in ihrem Erkenntnisprozess begleitet. Dies verweist bereits auf sein implizites Selbstbild des Politiklehrers als Demokratielernbegleiter im performativen Sinne (siehe Kapitel 4.2.2).

Sehr kennzeichnend für diesen Typ sind, wie in dem ersten Zitat aus dem Interview mit Wolfgang Meyer schon auf expliziter Ebene deutlich wird, kontrovers geführte Diskussionen. Dieser Fokus wird im Interview mit Wolfgang Meyer aber vor allem auf biographischer Ebene in der Beschreibung des von ihm als Schüler erlebten Schulunterrichts sehr ausführlich beschrieben[96]. Da aber vor allem die eigenen Demokratie-Lehrpraktiken als Politiklehrer/in interessieren, möchte ich an dieser Stelle auf ein Zitat aus einem anderen Interview mit Ulrich Müller (Um), einem Gymnasiallehrer aus Berlin, zurückgreifen, dessen Demokratie-Lehrpraktiken ebenfalls diesem Typ zugeordnet werden können.

Ulrich Müller berichtet in diesem Zitat von einer öffentlichen Wahldebatte, die die Schüler/innen mit Politkern/innen im Zuge der Bundestagswahl an ihrer Schule organisiert und durchgeführt haben. Dabei thematisiert er im ersten Teil die Organisation und Durchführung durch die Schüler/innen und danach im zweiten Teil die im Unterricht und am Tag der Debatte geführte Diskussion darüber, welche Politiker/innen eingeladen werden und wer dann tatsächlich präsent sein darf.

Um: *[…] wir hatten dann noch n* <u>*Wahldebatte*</u> *äh an der Schule (.) äh zur Bundestagswahl und °ach diese schrecklichen Diskussionsveranstaltungen wo alle von Friede Freude*

96 Dabei zeigt sich, dass die von ihm als Schüler erlebten Lehrer/innen ihm als reale Vorbilder, im Sinne imaginativer sozialer Identitäten, dienen und somit einen positiven Gegenhorizont bilden, an dem er sich in der eigenen Demokratie-Lehrpraxis orientiert.

Eierkuchen das is ja unerträglich° äh [Y: [hustet]] da hattn- da nimmt ja keiner was mit [Y: ja] und die die wollten da ne Veranstaltung machen und da hab ich gesacht Leute könnt ihr gerne machen aber [Y: ja] für für so ne Diskussionsrunde bin ich mir zu schade das is mir zu zu oll und dann ham wir wirklich ganz arg dran gearbeitet und äh hatten dann so lustige Sachen auf der Bühne @ da warn die Teilnehmer dann auch n bisschen irritiert erst weil dann auf der Bühne halt ein Ja- und ein Nein-Pol und dann lasen die Schüler halt irgendwie und wie vor und die mussten halt irgendwohin halt eher zu ja oder nein hingehen und wenn se [Y: ja] dann (x) wurden se befragt und alle mussten sie wirklich eher Position beziehn und das war halt auch wirklich visuell ganz klar wer welche Position da einnahm und (.) hat natürlich auch n Unterhaltungscharakter fürs Publikum und das hat glaub ich durchaus mehr rüber gebracht als so ne profane Diskussionsveranstaltung @ und [Y: mhm] (x) in der zur Prioritätensetzung hatten se so ***Tafeln*** *aufgestellt die Schüler [Y: ja] und äh wo man jetzt Geld investieren würde. die drei Prioritäten in welche Politikfelder? da musste halt jeder was nehmen und die Hand nehmen und konnte sich nicht rausreden und so [Y: ja] und das fand ich dann schon ganz gut. also da haben die echt gut n Plan gemacht.*

[...]

und äh ja wir hatten ne ganz spannende Auseinandersetzung also zu dieser Debatte. äh weil ich (x) wen sie alles einladen sollen? [Y: mhm] [...] und da dachten sie ja eigentlich müssten wir alle einladen aber jetzt mit 28 Leuten da wird dann auch schwierig [Y: @] und dann hatten se sich suchten se nach irgendnem Kriterium wo sie denn auch den Spiegel schauen können @ und äh (.) und dann kamen se auf die Idee äh Direktkandidaten was dann noch dazu führte das sie halt n REP äh ein- äh laden mussten und überlegten ob sie das nun machen wollten [Y: ah okay] und äh (dachten) sie das mussten sie aber aushalten und wären dann durch ihre (x) ganz gut vorbereitet und äh sachten das würden sie sich zutrauen und auch da kritische Fragen zu stellen. ja gut macht ihr. ihr müsst euch bloß selber drauf einstellen das ihr ihr ***deswegen vielleicht Kritik*** *(.) äh einsacken werdet äh und das äh irgendwie aus der Schülerschaft oder Lehrerschaft oder von sonstewem [Y: ja] sonstewie und haben das dann- sachten sie wollen das und dann haben sie das gemacht und dann wars sehr lustig dann kamen die Vertreter und dann (..) ja da waren die Parteienvertreter da. und die ersten warn Linke und CDU und als sie mitkriegten das da n REP kommt wollten die eigentlich schon wieder* ***gehn*** *ähm [Y: @] das hat ich auch gesagt in der Diskussion die wir hier hatten man möchte denen keine Bühne geben und so aber da die andere Gegenargumentation ist dann immer zu sagen man muss sich auch auseinandersetzen und [Y: ja] es gibt ja auch Unterschiede zwischen NPD und REPs dann und äh jedenfalls ähm sachten die Schüler das dann da denen und da wars ganz lustig. äh dann wandten sich (.) die Parteivertreter an mich als den zuständigen Lehrer. da sacht ich nee da müssen sie mit den Schülern jetzt hier klärn denn das sind hier die Veranstalter. das war für die ganz* ***schwer****. [Y: ja] (.) als sie gemerkt haben das ich mich da beharrlich weigerte @irgendwie n Machtwort zu sprechen kam dann noch der Schulleiter und dann redeten die auf den ein. dann kamen die andern. (.) ulkigerweise warn dann ja Grüne und*

FDP diejenigen die sachten ja find wa nicht toll aber wir stellen uns der Auseinandersetzung mit denen. und die andern wollten dann eigentlich gehn und dann warn die Schüler ziemlich cool. die diskutierten sehr lange mit denen und versuchten denen klar zu machen dass sie durchaus vorbereitet wären und äh in dem Moment äh als sies eigentlich geschafft hatten die zum Gehn- äh zum Bleiben äh äh zu zu bewegen. äh kam der Schulleiter und sachte weil die hatten Aula hatte sich gefüllt und die lokale Antifa war da und äh das war alles schon ganz spannend was da passierte während wir (x) und der hatte dann weil ihn CDU und SPD aufgeforderten hatten doch von seinem Hausrecht Gebrauch zu machen war der Schulleiter etwas nervös geworden da und hatte den REP dann auch wirklich rausgeschmissen und verabschiedet und ähm und ja jedenfalls äh. das fanden die Schüler dann eigentlich gar nicht gut und so.

Ulrich Müller, 1. Sequenz, 439–504[97]

Wie in diesem Beispiel und auch an anderer Stelle im Interview deutlich wird, unterstützt Ulrich Müller seine Schüler/innen darin, Diskussionen zu politischen Fragen im Unterricht und auch darüber hinaus selbst zu organisieren und zu gestalten. In diesem Zitat zeigt sich überaus stark, dass er den Schülern/innen die Verantwortlichkeit für die Ausgestaltung der Wahldebatte und auch der Klärung kritischer Fragen überträgt, obwohl immer wieder er als Lehrer von außen (insbesondere durch die Politiker/innen) als Verantwortlicher adressiert wird („. äh dann wandten sich (.) die Parteivertreter an mich als den zuständigen Lehrer. da sacht ich nee da müssen sie mit den Schülern jetzt hier klärn denn das sind hier die Veranstalter. das war für die ganz **schwer**. [Y: ja] (.) als sie gemerkt haben das ich mich da beharrlich weigerte @irgendwie n Machtwort zu sprechen“). Das darin angelegte Moment, Schüler/innen zu aktivieren und zum Selbstdenken und Organisieren eines politischen Diskurses anzuregen, ist sehr charakteristisch für diesen Typ.

Dabei wird in der didaktischen Bearbeitung durchaus ersichtlich, dass er den Schülern/innen dabei hilft, das Setting für eine kontrovers geführte Diskussion zu gestalten. Er kommuniziert den Schüler/innen zu Beginn, dass er sich ‚zu schade ist‘ eine Diskussionsveranstaltung zu unterstützen, „wo alle [...] Friede Freude Eierkuchen“ miteinander sind. Die Metapher „Friede Freude Eierkuchen“ steht für den Typ harmonisch geführter politischer Diskussionen, die für die Zuhörenden wenig erkenntnisreich sind („da nimmt ja keiner was mit“), da die Unterschiede zwischen politischen Positionen vollkommen unklar bleiben und die Diskutanten/innen sich scheinbar einig sind. Sie bilden seinen negativen Gegenhorizont und er vermittelt den Schüler/innen damit klar, welche Form einer Diskussionsveranstaltung er nicht unterstützen wird. Um zu einer anderen Form zu gelangen, „ham wir wirklich ganz arg dran gearbeitet“. Hierin dokumentiert sich, dass Ulrich Müller mit den Schülern/innen auf Augenhöhe an der Gestaltung

97 Ein Ausschnitt aus diesem Zitat wurde bereits in dem Aufsatz *Empirische Einblicke in kritischen Politikunterricht* (Kessler 2017a: 117–118) publiziert.

eines anderen Diskussionsformates arbeitet. Diese Orientierung an einer gemeinsamen Zusammenarbeit in der Vorbereitung bestätigt sich auch im zweiten Teil des Zitates in der Auseinandersetzung mit der Frage, wer eingeladen werden sollte, die er mit den Schülern/innen diskutiert („und äh ja wir hatten ne ganz spannende Auseinandersetzung also zu dieser Debatte") und sie hierbei durch kritische Nachfragen zum Nachdenken anregt („wen sie alles einladen sollen?").

In der Beschreibung des Settings der Diskussionsveranstaltung wird dann ersichtlich, dass die Schüler/innen die Debatte moderieren und die Politiker/-innen auffordern Position zu beziehen. Darin zeigt sich, die in den Demokratie-Lehrpraktiken angelegte Anforderung an die Schüler/innen aktiv und eigenständig in der Durchführung dieser Diskussionsveranstaltung zu handeln und hier letztlich die Rolle der Lehrkraft zu übernehmen. In der methodischen Gestaltung der Diskussion in Form einer Positionierung im Raum zwischen einem Ja- und einem Nein-Pol zu politischen Fragen, die für die Zuhörer/innen sehr gut visuell ersichtlich ist, sowie der Erläuterung ihrer Position durch einen kurzen Redebeitrag, wird die Voraussetzung für eine kontrovers geführte Diskussion geschaffen, in der die Politiker/innen durch die Schüler/innen aufgefordert sind, ihre Positionen sehr genau offenzulegen. Die hier beschriebene Debatte orientiert sich somit an der Darstellung von Unterschieden und Konflikten zwischen den Parteipositionen. Darin kommt eine Orientierung an Kontroversität zum Ausdruck, die Ulrich Müller seinen Schüler/innen in der Vorbereitung mitgegeben hat.

Ulrich Müller wertet die Durchführung der Wahldebatte als sehr gelungen, indem er ihren „Unterhaltungscharakter" hervorhebt und sie für ihn den Wert, klare Unterschiede in den politischen Parteipositionen an die Zuhörer/innen zu vermitteln („hat glaub ich durchaus mehr rüber gebracht als so ne profane Diskussionsveranstaltung"), erfüllt hat. Darin wird ersichtlich, dass seiner Wahrnehmung nach die Schüler/innen gute Arbeit geleistet haben und die implizit angelegte Zielperspektive, nämlich die Befähigung, eine kontroverse Diskussion mit Politiker/innen in der Öffentlichkeit selbst zu führen, erreicht haben.

Im zweiten Zitatteil oszilliert die Diskussion bezüglich der Frage, welche Politiker/innen eingeladen werden sollen, letztlich um die Problematik, ob die Republikaner auch eingeladen werden und ob diese dann auch teilnehmen dürfen. Hierin dokumentiert sich, dass Ulrich Müller an die Schüler/innen die Anforderung stellt, eine Entscheidung zu treffen und ihren Standpunkt entsprechend zu begründen. Das heißt in der Diskussion über die Wahldebatte dokumentiert sich eine eigenständige kontroverse Diskussion mit Argumenten für (Kontroversität) und gegen (Bühne bieten zur Selbstdarstellung) die Einladung und Teilnahme der Republikaner, wobei sich die Schüler/innen am Ende für eine Einladung entscheiden. An dieser Stelle bestätigt sich, dass die Schüler/innen die Orientierung an einer kontrovers geführten Diskussion übernehmen.

Ulrich Müller macht sie bereits in dieser vorgelagerten Diskussion darauf aufmerksam, dass sie mit dieser Frage während der Diskussionsveranstaltung wieder konfrontiert werden würden, was sich denn auch so bestätigt. Auch dort sind die Schüler/innen, wie in Ulrich Müllers Ausführung deutlich wird, gefordert, ihre Entscheidung gegenüber den anderen Politikern/innen zu begründen und diese davon zu überzeugen, trotz ihrer Bedenken zusammen mit den Republikanern teilzunehmen. Hierin wird als Zielperspektive eine Vorbereitung und Befähigung der Schüler/innen zum Vertreten eines begründeten Urteils ersichtlich.

In diesem Zitat von Ulrich Müller zeigt sich zudem, dass den Demokratie-Lehrpraktiken dieses Typs ein implizites Demokratieverständnis von Demokratie als kontroverser Auseinandersetzung mit politischen Fragen zugrunde liegt. Sowohl in der Schilderung der vorgelagerten Diskussion als auch in seiner Wahrnehmung der Diskussionsveranstaltung erweist sich der Fokus der Praktiken auf kontrovers geführte Diskussionen zu politischen Fragen, in denen Unterschiede und auch Konflikte zwischen politischen Standpunkten offensichtlich werden, als zentral. Dies bestätigt sich auch in den Demokratie-Lehrpraktiken von Wolfgang Meyer, bei dem Demokratielehren ebenfalls mit einem impliziten Verständnis von Demokratie als kontrovers geführtem Diskurs verbunden ist.

Dabei bezieht sich der Typ auf makropolitische Fragen, die letztlich von Politikern/innen in Institutionen der repräsentativen Demokratie entschieden werden. Obwohl Typ 2 damit wie Typ 1 das politische System der repräsentativen Demokratie als Bezugspunkt nimmt und diese nicht hinterfragt, wird in den Demokratie-Lehrpraktiken nicht wie in Typ 1 ein Verständnis von Demokratie als formales Ordnungssystem deutlich. Vielmehr bezieht sich das implizite Demokratieverständnis auf die Gestaltung einer kritischen Öffentlichkeit. Damit geht auch eine andere Lesart der Beteiligung von Bürger/innen einher, die sich nicht auf eine Beteiligung in im System verankerten Beteiligungsverfahren fokussiert, sondern sich durch eine aktive Teilhabe und Mitgestaltung des öffentlichen Diskurses auszeichnet. Infolgedessen sind die Bürger/innen gefordert, sich zum einen aktiv mit politischen Fragen und unterschiedlichen Standpunkten dazu zu befassen, sich selbst eine Meinung zu bilden und diese auch begründet im Diskurs zu vertreten sowie zum anderen auch eine Positionierung zu politischen Fragen durch die Politiker/innen einzufordern und öffentlich zu machen. Dieses Verständnis von Beteiligung geht damit weit über das von Typ 1 hinaus.

Im nächsten Abschnitt soll nun der dritte Typ vorgestellt und empirisch anhand von Interviewzitaten illustriert werden.

4.1.3 Typ 3: Demokratielehren im Modus des Befähigens zur Selbstbestimmung – Verständnis von Demokratie als Selbstbestimmung und Gestaltung der eigenen Lebenswelt

Die Demokratie-Lehrpraktiken dieses Typs folgen dem *Modus des Befähigens zur Selbstbestimmung*, demzufolge sich in den geschilderten Praktiken eine Anleitung der Schüler/innen zum Selbstdenken und Engagieren für ihre eigenen Interessen dokumentiert. Demokratisch zu handeln ist für die Politiklehrer/innen, deren Demokratie-Lehrpraktiken hier einzuordnen sind, nicht begrenzt auf eine formale Beteiligung nach den Regeln des politischen Systems. Ein Demokratielehren im Modus des Einübens repräsentativer demokratischer Verfahren (Typ 1) ist damit für sie unzureichend (negativer Gegenhorizont). Weitaus anschlussfähiger ist dagegen der Modus von Typ 2, da auch in dieser Demokratie-Lehrpraxis die Schüler/innen aktiviert werden, selbst zu denken, sich an politischen Auseinandersetzungen zu beteiligen und Verantwortung für die Diskursgestaltung zu übernehmen. Allerdings geht der Demokratielehrmodus von Typ 3 über eine Auseinandersetzung mit vornehmlich makropolitischen Positionen und die Entwicklung einer eigenen Meinung zu gesamtgesellschaftlichen Belangen, die dann auf der Ebene des politischen Systems (Staat) entschieden werden (Typ 2), hinaus. Auch bezieht sich der Modus von Typ 3 nicht nur auf die repräsentative Demokratie als politisches System, sondern setzt viel stärker an der Lebenswelt der Schüler/innen und den Gemeinschaften, in denen sie verortet sind, an.

Als explizites Ziel formulieren diese Politiklehrer/innen, dass die Schüler/-innen anfangen sollen, sich die Welt selbst zu erschließen und sich für etwas, das ihnen wirklich persönlich wichtig ist, einzusetzen und zu engagieren (Orientierungsschema). Sie betrachten soziales oder auch zivilgesellschaftliches Engagement als Grundlage einer demokratischen Gesellschaft. Dagegen werden Demokratie- und Politikverdrossenheit, aber auch Unkenntnis und Apathie problematisiert als Gefahren für die Demokratie.

Die Demokratie-Lehrpraktiken dieses Typs umfassen Unterrichtspraktiken, in denen die Schüler/innen sich eigenständig mit aktuellen Themen befassen, die sie selbst wählen und aufbereiten; oder in denen sie engagierte Menschen kennenlernen und mit ihnen ins Gespräch über ihre Arbeit kommen. Auch gehören dazu projektorientierte Praktiken, in denen Schüler/innen sich mit Themen, die sie betreffen, auseinandersetzen, sowie Praktiken des Engagements in der Klassen- und Schüler/innenvertretung oder auch in Arbeitsgemeinschaften einer Schule.

Implizit dokumentieren sich in diesen Demokratie-Lehrpraktiken Orientierungen, die den drei Subdimensionen 1) didaktische Bearbeitung, 2) Anforderungen an das Sozial- und Arbeitsverhalten der Schüler/innen und 3) Zielperspektive entsprechen.

In der didaktischen Bearbeitung wird erkenntlich, dass die Demokratie-Lehrpraktiken durch einen offenen Unterricht sowie viel Frei- und Projektarbeit strukturiert sind, die den Schülern/innen die Möglichkeit geben, die Arbeitsthemen und deren Bearbeitung selbst festzulegen und zu organisieren. Es handelt sich hier somit um aktivierende Lehr-Lernformen. Der/die Politiklehrer/in nimmt dabei eine unterstützende Rolle ein und hilft den Schülern/innen, eigene Interessen zu erkunden und zu verfolgen sowie ihren Mitschülern/innen zu präsentieren.

Solch ein Demokratielehren setzt bei den Schülern/innen ein weites Verständnis von Politik voraus, demnach sie Themen ihrer Lebenswelt als politisch wahrnehmen, sowie ein Interesse, sich mit Themen der eigenen Lebenswelt unter einer politischen Perspektive zu befassen und sich für eigene Anliegen auch einzusetzen.

In dieser Art und Weise, Demokratielehren zu organisieren, ist die Anforderung an das Sozial- und Arbeitsverhalten der Schüler/innen angelegt, sehr selbstständig zu arbeiten und sich insbesondere in Gruppenarbeit und Projekten untereinander abzusprechen und die Zusammenarbeit miteinander zu bewerkstelligen. Es geht somit auch um eine Auseinandersetzung in der Gruppe bzw. Gemeinschaft.

Darin wird implizit eine Zielperspektive deutlich, dernach die Schüler/innen aktiviert und zu einem selbständigen Erkennen und Verfolgen politischer Themen in ihrer Lebenswelt befähigt werden. Die Lebenswelt der Schüler/innen wird dabei als über den Ort Schule hinausgehend betrachtet. Ein grundlegender Unterschied zu Typ 2 liegt darin, Schüler/innen durch Demokratielehren nicht nur im eigenständigen Denken und Vertreten einer politischen Position zu unterstützen, sondern ihnen vor allem auch konkrete Fähigkeiten zu vermitteln, aktiv handeln zu können und sich für ihre Belange und Themen einzusetzen.

Im Wesentlichen wird von den Politiklehrern/innen Demokratie als Praxis verstanden, die in der Lebenswelt der Menschen verankert ist. Dementsprechend unterstützen diese Politiklehrer/innen Praktiken der eigenen Interessenvertretung in der Gemeinschaft im Lebensumfeld (z. B. der Schule oder dem Stadtteil). Zentral ist für diesen Typ, dass Demokratie als strukturierter Rahmen den Menschen ermöglicht, ihre Anliegen und Interessen einzubringen und dadurch ihre eigenen Lebensverhältnisse (mit) zu gestalten. Der Rahmen wird dabei durchaus auch von den Menschen selbst strukturiert. Es liegt hier somit ein implizites Verständnis von *Demokratie als Selbstbestimmung und Gestaltung der eigenen Lebenswelt* vor.

Dabei geht das hier zugrundeliegende Verständnis von Partizipation über das von Typ 1 und auch von Typ 2 hinaus. Typ 1 verortet Partizipation im Rahmen der repräsentativen Demokratie und versteht sie als ein Ausführen formal organisierter Beteiligungsverfahren. Partizipation wird entsprechend als Befragung oder Anhörung der Bürger/innen verstanden, wobei die Anerkennung ihrer Stimme abhängig ist von der Befolgung und Einhaltung der Regeln des Verfahrens. Auch wird in Typ 1 mehr die formale demokratische Umsetzung (Regeleinhaltung) fokussiert als ein Vertreten von und Auseinandersetzen mit politischen Positionen. Dies entspricht wiederum dem Partizipationsverständnis von Typ 2, der Demokratie als die Gestaltung eines kontrovers geführten Diskurses in der Öffentlichkeit versteht, an dem die Bürger/innen durch das Vertreten und Beschäftigen mit anderen Standpunkten teilhaben und den sie aktiv mitgestalten. Sofern sie nicht gewählte Politiker/innen sind, treffen sie aber nicht die Entscheidungen.

Typ 3 versteht Partizipation dagegen im Sinne einer gemeinsamen Gestaltung der Lebenswelt durch die Betroffenen selbst, wobei die Lebenswelt sich nicht allein auf den/die Einzelne/n bezieht, sondern auf die Gemeinschaft, in der der/die Einzelne verortet ist. In diesem Sinne ist Partizipation als Selbstbestimmung des Zusammenlebens durch die Gemeinschaft (z. B. Klassengemeinschaft, Gemeinschaft der Anwohner/innen eines Stadtviertels etc.) und somit kollektives Ansinnen zu verstehen. Diesem Verständnis nach geht es also nicht nur um das Führen eines politischen Diskurses (Typ 2), sondern um eine klare Verbindung mit der Entscheidungsfindung zu den Themen und Bedarfen von Gemeinschaften.

Das Verständnis von Demokratie als Selbstbestimmung und Gestaltung der eigenen Lebenswelt wird von den Politiklehrern/innen als voraussetzungsvoll gerahmt, jedoch nicht in Bezug auf die Befolgung von Regeln, sondern darauf, dass die Menschen sich grundlegend erst ihrer eigenen Interessen und Anliegen gewahr werden und lernen müssen, diese zu vertreten, miteinander zu diskutieren und einen gemeinsamen Rahmen zur Aushandlung und Entscheidungsfindung der unterschiedlichen Interessen selbst zu organisieren. Dem negativen Gegenhorizont dieses Typs entsprechen folglich Praktiken, bei denen über Menschen hinweg Entscheidungen getroffen und sie hierdurch entmündigt werden.

Auf der Ebene der Diskussion und der Vertretung der eigenen Interessen und Anliegen gibt es damit durchaus Gemeinsamkeiten mit dem Typ 2. Sie unterscheiden sich jedoch grundlegend darin, dass der Fokus von Typ 2 mehr darauf liegt, einen öffentlichen Diskurs zu politischen Fragen und Themen herzustellen, wogegen Typ 3 den Diskurs untereinander als Basis sieht, um konkret selbst Entscheidungen zu treffen.

Demnach ist auch das Verständnis dessen, was politisch relevante Themen sind, wesentlich weiter gefasst als bei Typ 1 und Typ 2, deren Bezugspunkt das politische System der repräsentativen Demokratie ist. Dem Verständnis von Typ 3 nach sind jene Themen und Fragen politisch, die es in Gemeinschaften zu klären gilt. Politik ist demnach in der Lebenswelt der Menschen verortet.

Als nächstes soll die Darstellung von Typ 3 exemplarisch anhand von Zitaten vertieft werden.

Exemplarische empirische Vertiefung

Die Demokratie-Lehrpraktiken von Matthias Lehmann (Gm) und von Melanie Wagner (Qw) stehen beispielhaft für den Demokratielehrmodus und das zugehörige Demokratieverständnis dieses Typs. Matthias Lehmann unterrichtet als Lehrer neben Geschichte und Religion das Fach Politik fachfremd an einem Gymnasium in Nordrhein-Westfalen. Melanie Wagner unterrichtet Politik als ausgebildete Politiklehrerin an einer Berufsschule in Thüringen.

Ich beziehe mich zuerst auf das Interview mit Matthias Lehmann und beginne auf der expliziten Ebene (Orientierungsschema) mit zwei Zitaten von Matthias Lehmann zu seinem Anliegen im Politikunterricht.

Gm: *[...] also die eine äh Sache ist sicherlich sich zu engagieren in den- in der demokratischen Gesellschaft äh zivilgesellschaftlich würde man heute sagen. halt eben nicht einfach alles hinzunehmen sondern sich für bestimmte Dinge die man für sich als wertvoll erachtet als wichtig erachtet dann halt eben auch zu engagieren und sich halt eben auch die Qualifikation zu erwerben um das dann* ***tun zu können*** *also sowohl inhaltlich als auch methodisch äh in der Hinsicht dann auch fit zu werden (...)*

Matthias Lehmann, 1. Sequenz, 39–46

Gm: *[...] also die Schüler zu ermutigen da über die Schule hinaus sich zu engagieren und was zu zu machen für die Themen die ihnen am Herzen liegen. die einen wollen mehr den den* ***Busverkehr revolutionieren weil das äh ihnen auf den Zeiger geht*** *und die anderen mehr die Umweltfragen oder andere Themen sich für Kinder in aller Welt für Kinderrechte einzusetzen und so weiter. und ihnen da halt eben äh ja Motivation auch Handlungs- äh unterstützende Maßnahmen zu geben und so konkret zu sagen wo man was machen kann und was sinnvoll ist und also auch wie gesagt über den Unterricht hinaus äh Impulse zu geben mitzugeben*

Matthias Lehmann, 1. Sequenz, 73–82

Matthias Lehmann fokussiert hier, wie es für diesen Typ auf expliziter Ebene kennzeichnend ist, die Unterstützung von ‚zivilgesellschaftlichem Engagement' der Schüler/innen „in der demokratischen Gesellschaft". Im Vergleich zu Typ 1 und Typ 2 bildet somit nicht das politische System der repräsentativen Demokratie einen Bezugspunkt, sondern die „demokratische Gesellschaft" bzw. ‚Zivilgesellschaft', die hier synonym gebraucht werden. Damit knüpft Matthias Lehmann an die Vorstellung von einer Gesellschaft an, die durch das Engagement und ein selbstbestimmtes Zusammenleben der Bürger/innen in der Gemeinschaft geprägt ist. Hier deutet sich somit auf der expliziten Ebene des Orientierungsschemas bereits das Demokratieverständnis dieses Typs an.

Seine Demokratie-Lehrpraktiken zielen darauf ab, die Schüler/innen zu aktivieren, sich für etwas einzusetzen und zu betätigen (Orientierungsschema). Passiv zu sein und sich mit den gegebenen Verhältnissen abzufinden, entspricht dagegen dem negativen Gegenhorizont des Lehrers. Die Herz-Metapher („Themen die ihnen am Herzen liegen") verweist auf ein implizites Verständnis von Engagement als Handeln aus innerem Antrieb bzw. sehr persönlichen Beweggründen heraus. Zivilgesellschaftliches Engagement wird damit nicht auf der System- bzw. Staatsebene angeordnet wie das Verständnis von Beteiligung im Sinne eines Wählen Gehens bei Typ 1 oder der Beteiligung im Sinne des Einbringens der eigenen Position und der Teilhabe an einem politischen Diskurs in der Öffentlichkeit bei Typ 2, sondern viel stärker in der Lebenswelt der Schüler/-innen als intrinsisch motiviertes Handeln verstanden. Dies dokumentiert sich implizit auch in den von Matthias Lehmann genannten Beispielen der ‚Revolutionierung des Busverkehrs' und dem ‚Einsatz für Kinderrechte', die stark an der Erfahrungswelt und den Interessen der Schüler/innen anknüpfen und somit einen großen Lebensweltbezug zeigen.

Im Vordergrund der Demokratie-Lehrpraktiken dieses Typs steht, wie bereits ansatzweise anklang, die Unterstützung eines aktiven Handelns und Engagements der Schüler/innen. Dazu zählt zum einen die Ebene, Schüler/innen zu motivieren, sich zu engagieren („die Schüler zu ermutigen", „über den Unterricht hinaus äh Impulse zu geben mitzugeben") und ein Verständnis für die Wirksamkeit des eigenen Handelns zu vermitteln; und zum anderen die Ebene der Aneignung dafür notwendiger Kompetenzen („die Qualifikation [...] erwerben", „sowohl inhaltlich als auch methodisch äh in der Hinsicht dann auch fit zu werden"). Darin zeichnet sich bereits der Modus des Befähigens zur Selbstbestimmung ab, demnach die Schüler/innen angeregt werden, sich selbst Gedanken darüber zu machen, was ihnen wichtig ist und wofür sie sich aktiv einsetzen möchten.

Im Weiteren möchte ich nun diesen Modus ausführlicher anhand angeführter Demokratie-Lehrpraktiken aus dem Interview mit Matthias Lehmann betrachten.

Y: *wie machen Sie das konkret? (..) haben Sie vielleicht ein Beispiel*

Gm: *also zum Einen das wir versuchen selber äh Projekte projektorientiertes Arbeiten im Unterricht äh zu verwirklichen das sie halt eben da schon mal lernen dass man halt eben auch was machen äh bewegen kann in nicht die Welt verändern aber doch einige Dinge schon mal machen kann und das läuft halt eben in vielen Fällen auch methodisches Wissen dazu wie wie geht das? und auf der anderen Seite durch den Kontakt mit Menschen die halt eben in solchen Initiativen ähm aktiv sind entweder das sie in den Unterricht kommen oder das wir versuchen da hinzugehen mit den zusammen zu arbeiten ja was weiß ich Welthungerhilfe Kindernothilfe so in diesem Bereich der äh Kinderrechte und so weiter da halt eben in den Austausch zu kommen (..) und das sie durch den Kontakt mit diesen Leuten halt eben auch dann die entsprechenden äh Motivation finden sich zu engagieren und da vielleicht mitzumachen (..)*

Y: *okay ähm welche Möglichkeiten gibt es sich an der Schule sich zu engagieren und zu beteiligen?*

Gm: *(..) ja natürlich die klassische Form der SV also als Klassensprecher oder halt eben äh äh Schülersprecher Unterstufensprecher oder was auch immer da äh für Formen da sind. aber halt eben auch in diversen ähm A- AGs wie sie heißen wahrscheinlich an anderen Schulen auch. also wir haben hier im Moment ein eine AG die das Projekt verfolgt unsere Schule zur fairen Schule zu machen mit allem was äh dazugehört äh wobei halt eben auch da meiner Meinung nach sowohl das inhaltliche die inhaltliche Auseinandersetzung dazu gehört aber auch das Methodische wie kann ich andere davon überzeugen? ähm das sie halt eben mitmachen äh und das es äh Projekt unterstützen was weiß ich äh die haben dann Gruppen in der Schule also die Eltern die Lehrer die Schulleitung und so weiter also nicht nur Schüler halt eben dafür reichen wenn dann wenn man möchte das das umgesetzt wird sondern das man da halt eben mit den anderen Gruppen auch zusammenarbeiten muss und sich mit denen halt eben- die überzeugen muss das sie mitmachen (.) und äh ja und in dem Bereich äh gibts verschiedenen andere Angebote auch Öko-AG äh äh und so weiter die- müsste ich jetzt nachdenken was auch immer. ähm wir haben auch eine Klima-AG die sich für Klimaschutz an der Schule einsetzt und da halt eben solche Sachen äh wo man halt eben ja die Chance hat äh über den Unterricht hinaus sich da sowohl inhaltlich als auch methodisch und praktisch zu engagieren*

Matthias Lehmann, 1. Sequenz, 83–119[98]

Gm: *[...] (.) aber es ist halt eben auch im letzten Schuljahr so gewesen das wir äh oder das wir halt im Unterricht ganz normal über Kinderrecht- wir haben ja abstrakt und so weiter darüber gesprochen hatten und dann der (x) Wunsch der Schüler da war da noch mehr zu machen und dann äh in Absprache mit dem Klassenlehrer halt eben dann am Ende des Schuljahres einige Projekttage dazu gemacht haben äh wo wir halt eben auch die versucht haben die Ideen der Schüler oder die Wünsche der Schüler mit aufzugreifen und entsprechend umzusetzen*

Matthias Lehmann, 1. Sequenz, 125–133[99]

Gm: *(..) also es ist schon öfter so gewesen das äh sie halt eben äh dann auch zum Teil von ihren Eltern äh die dann wiederum in anderen Initiativen äh ähm oder an den anderen Initiativen beteiligt sind äh Beiträge mit in den Unterricht bringen äh als Präsentation oder selbst sagen äh dürfen wir das äh mal vorbereiten und im Unterricht vorstellen? äh was die Initiative was weiß ich äh stark vor allen Dingen dann in dem Bereich Kinderrechte äh Kinder in Afrika zum Beispiel halt eben da* **unternehmen** *und was die da machen und das die sich dann halt eben selber informieren und das dann den anderen Mitschülern vorstellen und äh da eben auf diese Art und Weise halt eben auch zeigen was man naja halt eben bewegen kann °wenn man sich engagiert°*

Matthias Lehmann, 2. Sequenz, 175–185

Gm: *[...] wie gesagt da bin ich persönlich äh n Liebhaber von Projektarbeit oder projektorientierter Arbeit weil man da und weil Schüler selber da auch merken dass ähm dass sie in der Tat äh das Zusammenspiel verschiedenster Kompetenzen eigentlich das ist*

98 Einen Teil dieses Zitats von Matthias Lehmann habe ich bereits in die Publikation *Fachfremder Politikunterricht Ein explorativer Blick in die Handlungsorientierungen fachfremd unterrichtender Lehrer*innen im Fach Politik* (Kessler 2017b: 70) aufgenommen.

99 Siehe vorherige Fußnote

was ihnen weiterhilft. und wenn sie dann halt in einem Team arbeiten dann eher es schaffen so ne ganze Palette von Herausforderungen zu bewältigen als wenn se alleine davorstehen. der eine kann halt eben besser formulieren und der andere es vielleicht grafisch darstellen äh n anderer besser was analysieren. und äh so dass wenn man das wirklich zusammen macht man dann auch in ner in ner Lage ist dass ähm zu einem vernünftigen Ergebnis zu führen. was in der Tat mehr ist als das Ergebnis des Einzelnen. aber das ist natürlich mit der sozialen Kompetenzen verknüpft. wenn man das nicht schafft als Team zusammen zu arbeiten dann wird das insgesamt schwierig. und sich immer die Zeit damit beschäftigt öh zu klären wer denn jetzt der Chef im Team ist oder so. oder auch über andere Dinge auch das (.) ist nur in Maßen möglich im Unterricht. aber zu reflektieren wollen wir schon äh dann auch äh bewusst machen und klar machen. dass sie sich überlegen mit wem sie zusammen arbeiten. und dass nicht einfach nur der beste Kumpel genommen wird sondern dass man vielleicht auch ein bisschen weiter darüber hinausschaut.

Matthias Lehmann, 4. Sequenz, 46–64

Auffällig ist in diesen Zitaten aus dem Interview mit Matthias Lehmann, dass seine Demokratie-Lehrpraktiken überwiegend über den Politikunterricht hinausgehen und ein Lernen der Schüler/innen im Rahmen von Projekten oder anhand beispielhafter Projekte und Initiativen im Vordergrund steht (Projekte von Schul-AGs, Projekttag, ‚projektorientiertes Arbeiten' und Vorstellung von Projekten und Initiativen aus der Zivilgesellschaft im Unterricht). Interessant ist dabei auch, dass er sehr schnell von ‚klassischen Formen' der Schüler/innenbeteiligung im Rahmen einer Schüler/innenvertretung wechselt zur Arbeit in schulischen Arbeitsgemeinschaften, in denen wiederum viel stärker projektförmig gearbeitet wird. Hierin dokumentiert sich, dass Demokratielehren im Zuge eines Engagements in den dafür vorgesehenen Strukturen und Gremien für Matthias Lehmann keine größere Relevanz besitzt.

Dagegen ist Projektarbeit, wie hier sehr deutlich wird, sehr wohl explizit die Methode seiner Wahl („da bin ich persönlich äh n Liebhaber von Projektarbeit"), kann aber darüber hinaus auch als Fokussierungsmetapher für seine Form der didaktischen Ausgestaltung von Demokratielehren verstanden werden. Demnach steht Projektarbeit für eine Lerngelegenheit, bei der Schüler/innen für die selbstständige Organisation eines zielgerichteten, einmaligen Vorhabens selbst verantwortlich sind, es entsprechend von ihnen selbst geplant und durchgeführt wird. In diesem Rahmen eignen sich die Schüler/innen sowohl Wissen zur entsprechenden Thematik an als auch Methoden im Zuge der Koordination und Umsetzung (z. B. Kampagnen durchzuführen und damit andere von der Relevanz des Themas zu überzeugen und sich ebenfalls selbst zu engagieren etc.). Im Vordergrund steht, dass die Schüler/innen lernen, selbstbestimmt zu handeln. In der Demokratie-Lehrpraktik Projektarbeit kommt folglich der Modus des Befähigens zur Selbstbestimmung zum Ausdruck, demzufolge die Schüler/innen sich im Zuge der Projektarbeit selbst Kompetenzen aneignen und lernen ihre Interessen selbst zu verfolgen.

Darüber hinaus dokumentiert sich in der Projektarbeit ein starker Bezug auf die Arbeit in Gruppen bzw. Teams. Hierin ist eine Anforderung an die Schüler/innen angelegt, im Gruppenzusammenhang eigenverantwortlich auf ein Ziel hin zu arbeiten und dafür miteinander zu kooperieren und selbstständig den Arbeitsprozess zu organisieren. Damit wird Demokratielernen als gemeinschaftliche Aufgabe gerahmt, wogegen Demokratielernen entsprechend Typ 1 und Typ 2 erst einmal stärker bei dem/der einzelnen Schüler/in verortet ist, entweder die formalen Regeln zu lernen und einzuüben (Typ 1) oder aber sich mit politischen Positionen zu befassen und ein Urteil zu bilden (Typ 2). Typ 2 geht dann in der Diskussion der Schüler/innen miteinander über einen Fokus auf den/die Einzelne/n hinaus, da erst in diesem Zusammenhang ein kontroverser Diskurs entstehen kann.

Zugleich bezieht sich auch das Engagement auf die Gemeinschaft. Im zweiten Zitat spricht Matthias Lehmann die Arbeit einer Arbeitsgemeinschaft an, die das Ziel „verfolgt unsere Schule zur fairen Schule zu machen". Damit schildert der Lehrer das Engagement einer Gruppe von Schülerinnen und Schülern, deren Ziel es ist, die gesamte Schulgemeinschaft zu verändern. Um eine Umsetzung ihrer Ideen zu erreichen, ist es notwendig, die ‚anderen davon zu überzeugen', und zwar nicht nur die anderen Schüler/innen, sondern auch die anderen Statusgruppen in der Schulgemeinschaft (Lehrer/innen, Schulleitung und Elternschaft). Hier geht es somit weniger um die Herstellung eines kontroversen Diskurses in der Schulöffentlichkeit, wie dies bei Typ 2 der Fall wäre, sondern um die Frage der gemeinsamen Gestaltung der Schulgemeinschaft. Wie in der Ausführung von Matthias Lehrmann deutlich wird, versuchen die Schüler/innen selbstbestimmt und organisiert in Interessengruppen auf die Schulgestaltung Einfluss zu nehmen, indem sie Lobbyarbeit für die eigene Sache machen und – wie im vierten Zitat von Matthias Lehmann deutlich wird – lernen, im Team gemeinsam Herausforderungen zu bewältigen. Darin dokumentiert sich somit auch das Lernen von politisch-demokratischem Handeln als Interessengruppe in einer Gemeinschaft.

Darüber hinaus zeigt sich, dass Matthias Lehmann die Äußerung und das Einbringen von Ideen und eigenen Themen durch die Schüler/innen ausdrücklich begrüßt und im Unterricht ermöglicht. Am Beispiel seines Einsatzes für eine Klasse, die das Thema Kinderrechte über den Unterricht hinaus weiterbearbeiten will (siehe drittes Zitat), wird deutlich, dass er die Schüler/innen darin unterstützt, eigene Ideen und Interessen zu artikulieren und zu verwirklichen. Hier ist als Zielperspektive angelegt, dass die Schüler/innen durch die Demokratie-Lehrpraktiken aktiviert und darin befähigt werden, eigene Interessen zu erkennen, zu verfolgen sowie sich für eine Realisierung in der Gemeinschaft einzusetzen. Sein wiederholtes Sprechen aus der Wir-Perspektive ist ein Zeichen dafür, dass er sich als Teil der Schulgemeinschaft versteht und als Politiklehrer mit den

Schülern/innen auf Augenhöhe arbeitet und sie mit ihren Interessen und Ideen ernstnimmt[100].

Zur weiteren Illustration möchte ich mich noch auf Demokratie-Lehrpraktiken aus dem Interview mit Melanie Wagner (Qw) beziehen. Auch bei ihr ist es so, dass Demokratie-Lehrpraktiken, die im Modus des Befähigens zur Selbstbestimmung erfolgen, stärker außerhalb des Politikunterrichts stattfinden. Sie leitet und unterstützt als Klassenlehrerin ihre Schüler/innen sehr stark darin, ihre Belange selbst in die Hand zu nehmen und sich eigenständig für ihre Interessen einzusetzen und Lösungen für die jeweiligen Situationen zu finden. Dies möchte ich im Folgenden anhand von Zitaten aus dem Interview veranschaulichen.

Qw: *[...] und das es sich lohnt wenn man für eine Sache für die man ähm kämpft oder die man erreichen möchte dass es sich lohnt dafür einzustehen [Y: ja] dass das was wichtiges ist aber das kann man das kann ich wie gesagt in [Politikunterricht] nur bedingt äh erreichen als Klassenlehrerin kann ich das eher wenn da irgendwelche Probleme sind in den Firmen oder so ne? wo wo man dann eher involviert ist [Y: ja] und sagt okay wenns diesen Missstand gibt wie können wir n beheben? was kannst du tun? und brings ins Rollen [Y: ja] ich bin hinter dir aber ins Rollen musst dus bringen ist dein Ziel ja das ähm das ist mir schon wichtig und das sie wie gesagt wirklich wach und kritisch ähm sind. das ist mir echt wichtig*

Melanie Wagner, 11. Sequenz, 1–9

Melanie Wagners Anliegen, die Schüler/innen darin zu unterstützen, für ihre eigenen Interessen und Belange einzutreten (Orientierungsschema), entspricht den Zielen dieses Typs auf expliziter Ebene. Sie illustriert dies hier bereits ansatzweise durch eine verallgemeinert dargestellte Situation, in der bei einem/r Schüler/in Probleme im Betrieb auftreten. Es handelt sich hier um ein Thema aus der Lebenswelt der Schüler/innen, das diese durchaus konkret betreffen könnte. Damit wird die Notwendigkeit von Engagement in der Lebenswelt der Schüler/-innen verortet. In der Form der indirekten Rede deutet sich an, dass sie sich in diesem Beispiel auf reale Erfahrungen bezieht und sprachlich in diese eintaucht. So verweisen die gestellten Fragen bereits ansatzweise darauf, dass Melanie Wagner in ihrer Lehrpraxis das Gespräch mit Schülern/innen sucht und sie durch Fragen auffordert, darüber nachzudenken, wie sie Probleme angehen können. Sie nimmt damit eine initiierende und unterstützende Rolle ein und vermittelt Schülern/innen zugleich Rückhalt. So wird in dem Gebrauch der Redewendung ‚etwas ins Rollen bringen' auf sprachlicher Ebene in diesem Beispiel bestätigt, dass sie den/die Schüler/in auffordert, selbst initiativ zu werden, um Probleme zu lösen oder die belastende Situation zu verändern (positiver Gegenhorizont). Hier

100 Darin deutet sich auch bereits sein implizites Selbstbild des Politiklehrers als Demokratielernbegleiter im performativen Sinne an (siehe Kapitel 4.2.2).

wird somit in Ansätzen bereits der Modus der Befähigung zur Selbstbestimmung erkenntlich.

Auf Nachfrage der Interviewerin schildert Melanie Wagner weitere konkrete Beispielsituationen.

Qw: *[…] die Befreiung von Deutsch hat der Schulleiter gesagt er befreit nicht von Deutschunterricht die Abiturienten, da bin ich reingegangen in die Klasse und hab gesagt okay der Schulleiter hat gesagt er befreit die Abiturienten nicht von Deutsch also die Jahre vorher gings ja noch, und äh und da hab ich gesagt es ist kein Recht ihr habt kein Recht darauf dass er Euch befreit [Y: ja] das ist Entscheidung des Schulleiters [Y: ja] aber ihr habt jetzt zwei Möglichkeiten (x) dieser schriftliche Antrag ist abgelehnt das reicht [Y: ja] ja dann macht ihr Deutsch mit [Y: mhm] oder ihr sagt organisiert Euch es sind sieben Schüler, und ihr fragt nach, ich sag ich will gern das Gespräch anberaumen mit m Schulleiter ja sind sie auch dabei? ich sag ich bin dabei aber ich bin nur dabei ich bin nicht Euer Sprecher [Y: ja] ich hab das Ziel nicht ich hab nicht ich muss mich nicht von Deutsch befreien lassen ich hab Deutsch hinter mir [Y: ja] ja es ist Euer Ziel [Y: ja] also überlegt Euch na wie würden Sies denn machen? na wenn ich das wäre ich würde erstmal rausfinden was steht überhaupt im Lehrplan ja kriegen das Schüler raus? ich sag na klar und da hab ich ihnen die ThILLMSeite gegeben und dann würd ich gucken was ihr im Abitur gemacht habt und dann würd ich aber mit dieser Sachanalyse auch ins Gespräch gehen [Y: ja] ich sag ich würde das Gespräch mit dem Schulleiter freundlich eröffnen und würd mhm einen zum Sprecher wählen von dem ich weiß (.) dass er das auch hinkriegt [Y: ja] na? und das haben die auch gemacht und sind tatsächlich von Deutsch befreit worden das war so diese erste Erfahrung positive Erfahrung die sie da am Anfang ihrer Ausbildung hatten ähm die zweite Erfahrung war das hier ein ähm (.) (Mädel) hatte die kam relativ äh Mitte des ersten Ausbildungsjahres zu mir und hat gesagt sie fühlt sich in ihrer Firma überhaupt nicht wohl sie wird nicht gefordert und nicht gefördert [Y: mhm] sondern sie ist halt muss halt nur Zeichnungen falten hat keine Möglichkeit irgendwie selber sich da mal auch ner Zeichnung auszuprobieren und so [Y: ja], und äh da gibts ja bei der IHK n Beauftragen die sich da [Y: ja] um die Ausbildung auch kümmert das wollte sie nicht [Y: mhm] ja ähm sie wollte dann, also eigentlich wollte sie die Firma wechseln [Y: ja] und da hab ich eben auch gesagt okay ähm ich kann dir nicht mhm ich kann ja nicht ihre Bewerbung schreiben mhm [Y: ja] hab ich gesagt was ich machen kann ist ähm du kannst in der Klasse mal diskutieren [Y: ja] vielleicht hat der ein oder andere weiß in seiner Firma wird noch jemand gesucht oder so [Y: ja] oder du kannst zusehen dass du vielleicht von den anderen die Firmenadresse kriegst und machst Initiativbewerbungen [Y: ja] naja da war sie erst n bisschen hin und hergerissen aber das hat se hat se hat se gesagt nee sie macht das [Y: mhm] hab ich gesagt okay ich geb dir den Raum im Unterricht, [Y: mhm] aber, es ist dein Problem also das heißt sie dann du möchtest das [Y: ja] ja das hat sie dann vorgestellt und das war auch wirklich so die hat die Firma gewechselt weil ein Mädel hat dann gesagt bei uns wir suchen noch jemanden [Y: ja] da war die innerhalb von 14 Tagen war der Wechsel [Y: ja] [...]*

Melanie Wagner, 11. Sequenz, 15–52

In den zwei von Melanie Wagner geschilderten Situationen wiederholt sich die Unterstützungspraktik in Form eines Gespräches, das Melanie Wagner mit den Schülern/innen führt. Darin zeigt sich, dass sie als Klassenlehrerin impulsgebend und beratend tätig wird und von den Schülern/innen auch so angesprochen wird, hier also eine Reziprozität vorliegt. Melanie Wagner weist dabei in beiden Situationen die Über- bzw. Abnahme von Verantwortung für die Vertretung der Interessen der Schüler/innen zurück (negativer Gegenhorizont) und fordert – wie für diesen Typ charakteristisch – ein eigenständiges aktives Handeln durch die Schüler/innen ein („ich sag ich bin dabei aber ich bin nur dabei ich bin nicht Euer Sprecher [Y: ja] ich hab das Ziel nicht ich hab nicht ich muss mich nicht von Deutsch befreien lassen ich hab Deutsch hinter mir [Y: ja] ja es ist Euer Ziel"; „da hab ich eben auch gesagt okay ähm ich kann dir nicht mhm ich kann ja nicht ihre Bewerbung schreiben mhm" und „ich geb dir den Raum im Unterricht, [Y: mhm] aber, es ist dein Problem"). Darin kommt die Anforderung an die Schüler/innen zum Ausdruck, selbst aktiv zu werden und selbstbestimmt zu handeln.

Melanie Wagner nimmt als Klassenlehrerin eine unterstützende Rolle ein, das heißt sie stellt den Rahmen für ein Gespräch zur Verfügung oder ist beim Gespräch auch anwesend, wenn die betreffenden Schüler/innen das möchten. Die Verantwortung und Entscheidung über die Ausgestaltung des Gespräches überlässt sie jedoch den Schülern/innen. Sie macht hier lediglich ein Angebot.

In den Beratungshinweisen, die sie hier erneut in Form von indirekter Rede wiedergibt, dokumentiert sich zudem, dass die Form der Gesprächsführung auch von ihr als Rahmen vermittelt wird, in dem die Schüler/innen ihre Anliegen ansprechen und mit anderen nach einer Lösung suchen können. Dabei plädiert sie in der Situation zur Befreiung vom Deutschunterricht für ein möglichst sachliches Vorgehen und eine gute Vorbereitung des Gespräches mit dem Schulleiter („und dann würd ich aber mit dieser Sachanalyse auch ins Gespräch gehen") sowie der Gesprächsleitung durch eine/n gewählte/n Sprecher/in der Gruppe („und würd mhm einen zum Sprecher wählen von dem ich weiß (.) dass er das auch hinkriegt") (positiver Gegenhorizont).

In der zweiten Situation zur Suche einer Schülerin nach einem neuen Ausbildungsbetrieb verweist sie zudem auf mögliche Unterstützungsmechanismen durch das Klassenkollektiv („du kannst in der Klasse mal diskutieren [Y: ja] vielleicht hat der ein oder andere weiß in seiner Firma wird noch jemand gesucht oder so [Y: ja] oder du kannst zusehen dass du vielleicht von den anderen die Firmenadresse kriegst und machst Initiativbewerbungen"). In beiden Situationen wird deutlich, dass sie sich für ein gemeinschaftliches Vorgehen und eine Besprechung in der Gruppe einsetzt.

Als Zielperspektive kommt in beiden Situationen zum Ausdruck, dass die Schüler/innen selbst aktiv werden und eigenverantwortlich ihre Interessen vertreten sowie sich dabei in der Gemeinschaft beraten und zusammenarbeiten, um zu einer positiven Lösung bzw. Veränderung zu gelangen.

Melanie Wagner rahmt die Unterstützung und Anleitung der Schüler/innen, sich für eigene Belange einzusetzen, als zeitintensives Arbeiten, für das ihr im Politikunterricht meist die Zeit fehlt[101]. In ihrem Politikunterricht dokumentiert sich entsprechend nur in Ansätzen ein Demokratielehren im Modus des Befähigens zur Selbstbestimmung. Dieser kommt beispielsweise, wie ich im folgenden Zitat veranschaulichen möchte, in ihrer Schilderung des Politikunterrichts mit den Schülern/innen im ersten Ausbildungsjahr zum Ausdruck.

Qw: [...] im ersten Ausbildungsjahr mach ich das so da haben wir relativ viele Freiheiten ähm, daaa ähm werden sie von mir relativ schnell ins kalte Wasser geworfen also das heißt dann da können sie müssen se einen Impulsvortrag ja halten, °da hören wir nochmal Präsentationstechniken und sowas kann ja man da noch n bisschen [Y: ja] so schön einschieben ° zu einem Thema ihrer Wahl [Y: ja] da sind sie immer völlig perplex, und sagen wie Thema meiner Wahl? was dich interessiert. wie was mich interessiert? zu einem Thema deiner Wahl., aber wir haben doch hier [Politikunterricht] und Politik sag ich jaa das kann man fast alles in [Politikunterricht] und Politik diskutieren und ich möchte wissen was interessiert dich und was möchtest du mal diskutieren, und ähm da halten se praktisch dann jeder n Vortrag [Y: mhm] das geht äh das is immer so n bisschen holprig am Anfang [Y: ja] weil se nicht vor der Klasse sprechen [Y: ja] das ist schwierig aber funktioniert am Ende doch also die können auch die Medien auswählen ne manche sind da recht fit auch mit irgendner Powerpoint oder so [Y: ja] [...] für mich ist wichtig sie reden mal vor der Klasse und der Vortrag hat vielleicht auch n bisschen Struktur bei der Vorbereitung kann ich sie unterstützen. und ähm äh das kommt gut an (.) dann im Nachhinein weil äh wir dann also drei Themen daraus machen wir mindestens. sie verkaufen praktisch in dem Sinne ihr ihr Thema [Y: ja] oder das was sie interessiert und äh drei Themen daraus nehm ich mindestens im Unterricht auf das können die Schüler anschließend wählen wenn sie dann alle Vorträge gehört sind die kriegen von mir n Blatt [Y: mhm] und da steht dann der Name der Vortrag und [...] und wie gesagt drei mache ich dürfen sie dann auswählen sie haben dann ja ihr Blatt wo die Themen drauf stehen und da muss jeder drei verdeckt abgeben und ich werte das denn zu Hause aus und dann ähm auch immer schön

101 Hier wird von ihr eine Diskrepanz erlebt zwischen ihrem Anliegen, was sie den Schülern/-innen mitgeben möchte und worin sie sie unterstützen will, und den Rahmenbedingungen des Faches. Dabei dokumentiert sich an dieser Stelle ein Umgangsmodus des sich Arrangierens mit den Anforderungen und Vorgaben an das Fach Politik und ein Ausweichen auf bestehende Freiräume, insbesondere jenen, über die sie als Klassenlehrerin verfügt (Typ 2 / Typik III). Dieser Umgangsmodus wird in Kapitel 4.4.2 dargestellt und anhand anderer Fälle veranschaulicht.

und freun diejenigen deren Themen genommen sich die freun sich dann immer nicht lang weil ich sag dann ja das mach ich mit Euch zusammen, ja [Y: @] und äh aber es ist keine nichts wird nicht- also ist jetzt nicht als Straf- [Y: ja] oder Sache so da ähm verbunden sondern meistens gucken wir nur vielleicht nochmal irgendwo n paar mehr Infos herkriegen. da wissen sie selber wo sies her hatten. das mans mal durchspricht und das die dann na das es eben läuft dass diejenigen dann auch mal mit vorne sitzen und so dann ist das Schuljahr ja auch schon relativ weit fortgeschritten [Y: ja] [...] ist dann auch immer ganz interessant äh grad in den Stunden, wenn das gelingt die wollten- einer hatte zum Bespiel mal den Sudan vorgestellt also hat den Konflikt im Sudan vorgestellt [Y: ahja] und ähm da gings auch da drum was leistet die UN? ja? und da hat ich n paar konkrete Zahlen die hatte mich selber auch überrascht und so da haben wir da auch so n bisschen diskutiert ähm wir hatten hier Infomaterial ja und äh da erinnere ich mich noch gerne dran weil die Stunde war rum und da ging das so weiter ja [Y: ja] die haben da weiter diskutiert und das kann ja wohl nicht sein [Y: x] wir kriegen überhaupt nichts mit und so ja das ist überhaupt nicht in Nachrichten [Y: ja] da warn da war vom Sudan schon keine Rede mehr das war letztes Jahr im (.) °wann haben wir die Stunde?° ich glaub im Mai oder so [Y: ja] also Ende des letzten Schuljahres ja da warn die auch so emotionalisiert ja [Y: ja] und des kriegt man überhaupt nicht in den Nachrichten mehr mit und so ja das war schön dass die da so merkt man dann da hat man sie erreicht [Y: ja] [...]

Melanie Wagner, 4. Sequenz, 3–76

In Melanie Wagners Ausführung zur Gestaltung des Politikunterrichts im ersten Ausbildungsjahr durch „Impulsvorträge" der Schüler/innen dokumentiert sich wie für diesen Modus charakteristisch die Anforderung an die Schüler/innen, selbstständig einen Vortrag zu einem selbstgewählten Thema, das sie selbst interessiert zu erarbeiten und vorzutragen. Der Fokus wird hier auf die Wahl eines eigenen Themas gesetzt. Melanie Wagner berichtet, dass sie daraufhin bei den Schülern/innen „perplexe" Reaktionen erlebt und Nachfragen zur Richtigkeit des Auftrages erhält („da sind sie immer völlig perplex, und sagen wie Thema meiner Wahl? was dich interessiert. wie was mich interessiert? zu einem Thema deiner Wahl., aber wir haben doch hier [Politikunterricht] und Politik sag ich jaa das kann man fast alles in [Politikunterricht] und Politik diskutieren und ich möchte wissen was interessiert dich und was möchtest du mal diskutieren"). Darin zeigt sich, dass diese Arbeitsform für die Schüler/innen neu ist und sie andere Lehrpraktiken aus dem Politikunterricht oder gegebenenfalls auch aus anderen Fächern gewohnt sind und selten nach eigenen Interessen gefragt werden.

Zudem wird hier deutlich, dass sie als Politiklehrerin – wie in diesem Modus typisch – den Schülern/innen selbst die Entscheidungsbefugnis zuspricht, was ein für den Politikunterricht relevantes Thema ist. Das heißt, sie ermöglicht den Schülern/innen ein Thema auszuwählen, das ihrer Ansicht nach im Politikunterricht verortet werden kann. Indem sie sagt, dass „fast alles" im Politikunterricht besprochen werden kann, vermittelt sie zudem ein weitgefasstes offenes Verständnis von Politik.

Sie selbst nimmt als Politiklehrerin erneut eine unterstützende Rolle ein, indem sie, wie sich im Zitat erkenntlich wird, nochmal „Präsentationstechniken" mit den Schülern/innen bespricht und ihnen bei der „Vorbereitung" hilft.

Im Weiteren schildert Melanie Wagner, dass sie den Schülern/innen die Möglichkeit gibt, drei Vortragsthemen auszuwählen, die sie dann im anschließenden Politikunterricht noch einmal weiterdiskutieren und bearbeiten. Sie gibt damit den Schülern/innen den Freiraum, Themen weiterzuverfolgen und zu vertiefen, die sie selbst interessieren. In der didaktischen Bearbeitung wird zudem erkenntlich, dass sie in der Vorbereitung dieses Unterrichts dann mit den jeweils vortragenden Schülern/innen auf Augenhöhe zusammenarbeitet und sie in die Vorbereitung und Durchführung miteinbezieht. Dies möchte sie explizit nicht als Strafarbeit verstanden wissen (negativer Gegenhorizont).

Als Ergebnis dessen erlebt sie ein hohes Engagement bei den Schülern/innen, eine hohe Involvierung und Emotionalisierung durch die besprochenen Themen und die Wahrnehmung eines sehr selbstläufigen Politikunterrichts, der auch noch über das Stundenende hinaus die Schüler/innen beschäftigt (positiver Gegenhorizont).

In den Demokratie-Lehrpraktiken dieses Typs ist ein Demokratieverständnis von Selbstbestimmung und Gestaltung der eigenen Lebenswelt eingelassen. Das heißt, in den Praktiken wird fokussiert, wie beispielhaft in den Zitaten von Matthias Lehmann und Melanie Wagner deutlich wurde, dass die Schüler/innen lernen, ihre eigenen Themen und Interessen zu identifizieren und zu artikulieren, in Interessengruppen zu verfolgen und in der Gemeinschaft auch zu vertreten, um Veränderungen auszuhandeln.

Im nächsten Abschnitt werde ich Typ 4 Demokratielehren im Modus des Aushandelns von Werten und Normen in der Gemeinschaft eingehender darstellen und empirisch illustrieren. Dieser bildet einen minimalen Kontrast zu Typ 3 Demokratielehren im Modus des Befähigens zur Selbstbestimmung.

4.1.4 Typ 4: Demokratielehren im Modus des Aushandelns von Werten und Normen in der Gemeinschaft – Verständnis von Demokratie als Garant und Aushandlungsrahmen für gesellschaftliche Normen und Werte des Zusammenlebens

In den geschilderten Demokratie-Lehrpraktiken dieses Typs dokumentiert sich eine starke Orientierung an gemeinsamen Werten und Normen sowohl sehr grundlegend als Basis für die Organisation des Zusammenlebens in der (Klassen-)Gemeinschaft als auch weitergefasst im Staat als größerer Wertegemeinschaft. Demokratie wird dabei als Rahmen verstanden, in dem gemeinsame Werte des

Zusammenlebens ausgehandelt und zum Teil auch schriftlich verfasst und garantiert sind (z. B. Klassenregeln, Verfassung bzw. Grundgesetz).

Demokratielehren wird von diesem Typ im *Modus des Aushandelns von Werten und Normen in der Gemeinschaft* vollzogen. Der Begriff des Aushandelns verweist dabei auf die Auseinandersetzung und Verhandlung einer Übereinkunft auf bestimmte Werte und Normen in der Gemeinschaft, die dann oft schriftlich, etwa in Form von gemeinsamen Regeln (oder Ähnlichem) festgehalten werden. Die Verschriftlichung dient dabei der Orientierung und dem Rückverweis auf die gemeinsam getroffene Vereinbarung, kann aber bei Bedarf auch erneut zusammen besprochen und verhandelt werden. Werte und Normen werden demnach nicht als feststehend verstanden, sondern als von der Gemeinschaft verhandelbar.

Im Vergleich zu den ersten zwei Typen wird hier somit Demokratielehren weniger darauf bezogen, dass Schüler/innen lernen, wie Demokratie als politisches System organisiert ist und wie man formal richtig wählen geht (Typ 1) und/oder welche Interessen und Positionen von den Parteien vertreten werden (Typ 2). Die Politiklehrer/innen, deren Praktiken Typ 4 zuzuordnen sind, erwarten entsprechend in Zukunft nicht unbedingt eine Wahlbeteiligung ihrer Schüler/innen (wie bei Typ 1) oder das Vertreten eines begründeten Urteils zu makropolitischen Fragen und Themen im öffentlichen Diskurs (Typ 2). Dies steht nicht im Vordergrund ihrer Demokratie-Lehrpraxis. Dennoch wird durchaus auch über das politische System, Wahlen und öffentlich diskutierte politische Themen gesprochen, jedoch erfolgt dies unter der Perspektivnahme von Demokratielehren im Modus des Aushandelns von Werten und Normen in der Gemeinschaft.

Neben diesen Unterschieden zeigen sich auch Gemeinsamkeiten mit anderen Demokratielehrmodi. Typ 4 teilt mit Typ 2 und Typ 3, dass in ihren Demokratie-Lehrpraktiken die Schüler/innen im Mittelpunkt stehen. Die Demokratie-Lehrpraktiken aller drei Typen setzen stark bei den einzelnen Schülern/innen an und fördern ihre Aktivierung. Während die Demokratie-Lehrpraxis im Modus von Typ 2 jedoch den Fokus auf die Auseinandersetzung der Schüler/innen mit politischen Standpunkten und das Herausbilden eines eigenen Urteils setzt, liegt der Schwerpunkt der Lehre in den Modi von Typ 3 und Typ 4 auf dem Formulieren und Einbringen eigener Anliegen durch die Schüler/innen. Typ 3 und Typ 4, die nur minimal kontrastiv sind, unterscheidet voneinander, dass die Demokratie-Lehrpraxis im Modus von Typ 3 auf die Verhandlung von Interessen und Belangen in der Gemeinschaft gerichtet ist im Sinne einer Selbstbestimmung und -organisation, während Lehrpraktiken im Modus von Typ 4 dagegen die Aushandlung von Werten und Normen in der Gemeinschaft fokussieren, die das gemeinsame Zusammenleben regeln. Das heißt, hier steht die Aushandlung, *wie* wir miteinander leben und das Zusammenleben in der Gemeinschaft *regeln* wollen im Vordergrund.

Als explizites Ziel formulieren die Politiklehrer/innen dieses Typs, den Schülern/innen Grund- und Menschenrechte als Grundwerte der Demokratie zu vermitteln (Orientierungsschema). Ihnen ist es wichtig zu verdeutlichen, dass demokratische Grundwerte nicht überall Allgemeingut sind, sondern Menschen in autoritären Systemen darauf nicht gleichermaßen zählen können. Sowohl rechtspopulistische als auch wirtschaftsliberale Positionen, denen ein stark ausgeprägter Individualismus zugrunde liegt, werden als ein Angriff auf die demokratisch ausgehandelten Grundwerte verstanden. Ferner wollen die Politiklehrenden ihren Schülern/innen ein Bewusstsein dafür vermitteln, dass Grundrechte nicht absolut sind, sondern im Verhältnis zueinander stehen, und hier zwischen individuellen Rechten und einer Gemeinwohlorientierung abgewogen werden muss. Dies kann zu Dilemmasituationen und in konkreten Fällen auch zu Einschränkungen persönlicher Rechte führen.

Als zentrale Demokratie-Lehrpraktiken lassen sich hier Praktiken der Gestaltung des sozialen Miteinanders und des Zusammenarbeitens bzw. -lebens zuordnen. Im Wesentlichen geht es bei diesen Praktiken darum, das Zusammenleben als verträglich für alle zu organisieren, indem gemeinsame Regeln unter der Beteiligung aller ausgehandelt und immer wieder im Diskurs miteinander aktualisiert werden. Auffällig ist dabei, dass der Politikunterricht hier erst einmal in den Hintergrund rückt. Zentral dagegen ist für die Politiklehrer/innen unter anderem der Klassen- und Schülerrat als regelmäßiges Ritual, aber auch Wandertage und Klassenfahrten als besondere Möglichkeit, um solche Fragen in den Mittelpunkt zu rücken. Demokratie-Lehr-Lernprozesse werden hiermit in der Praxis des Zusammenlebens einer Klassengemeinschaft und der gemeinsamen Bearbeitung von hierbei auftretenden Problemen angelegt. Aber auch darüber hinaus dokumentiert sich im Politikunterricht eine Thematisierung und Verhandlung von gesellschaftlichen Normen und Werten.

Auch in diesen Praktiken des Demokratielehrens kommen Orientierungen entsprechend den drei Subdimensionen 1) didaktische Bearbeitung, 2) Anforderungen an das Arbeitsverhalten der Schüler/innen und 3) Zielperspektive zum Ausdruck.

Insbesondere im Beispiel der Praxis des Klassenrats zeigt sich im Hinblick auf die didaktische Bearbeitung, dass die Politiklehrer/innen einen (oft durch die Schüler/innen selbst) moderierten offenen Rahmen schaffen, der als Routinepraxis in der Klasse etabliert wird. Dieser wird von ihnen als Raum verstanden, in dem die Schüler/innen ihre Interessen und Anliegen einbringen, alltägliche Konflikte untereinander bzw. mit dem/der Politiklehrer/in besprechen, die Perspektiven anderer nachvollziehen und verstehen sowie Umgangsweisen vorschlagen und gemeinsam bestimmen können. In manchen geschilderten Beispielen wird deutlich, dass gemeinsame Grundwerte als Klassenregeln festgehalten werden, die der Orientierung des/der Einzelnen dienen und im Fall von Konflikten wieder aufgegriffen, diskutiert und als Reflexionsfolie genutzt sowie gegebenenfalls auch aktualisiert werden. In diesem Umgang mit Regeln zeichnet sich ein starker Kontrast zu Typ 1 ab, der Regeln als starr und handlungsanweisend versteht.

Folglich müssen gemäß Typ 1 Regeln befolgt werden, um als Schüler/in oder Bürger/in gehört zu werden. Die Praktiken von Typ 4 verdeutlichen dagegen, dass Regeln gemeinsam durch die Gemeinschaft ausgehandelt und definiert werden. Sie dienen als Handlungsorientierung und werden im Konfliktfall zur Reflexion genutzt und bei Bedarf auch überarbeitet und neu verhandelt. Der/die Politiklehrer/in tritt in dieser Praxis als Initiator/in, Moderator/in oder gegebenenfalls auch als Mediator/in auf. Für den Typ ist zudem charakteristisch, dass die Organisation und Durchführung des Klassenrats zunehmend den Schülern/innen selbst übertragen wird.

Im Politikunterricht dokumentiert sich bei diesem Typ der Versuch, einen Bezug zwischen der sozialen, lebensweltlichen Ebene und der politischen Ebene (Staatsebene) herzustellen. Dabei wird ein starker Bezug auf das Grundgesetz deutlich, in dem Grundwerte in Form von Grundrechten verankert sind. Auch hier wird in der didaktischen Bearbeitung eine ausgeprägte Schüler/-innenorientierung deutlich, der zufolge der Politikunterricht als offener Rahmen verstanden wird, in dem die Schüler/innen zusammen mit der/dem Politiklehrer/in über Grundrechtsverletzungen sprechen. Alternativ werden den Schülern/innen aktivierende Aufgaben gestellt, durch die sie selbst zu einer bestimmten Erkenntnis gelangen. Hier wird unter anderem mit Fallbeispielen, in denen Dilemmata zwischen Grundwerten deutlich werden, gearbeitet oder mit Rankings von Grundwerten und einer anschließenden Diskussion darüber. Aufgegriffen werden auch historische oder gegenwärtige Beispiele von Menschenrechtsverletzungen in nicht-demokratischen, autoritären, totalitären Staaten. Auffällig ist dabei, dass die Politiklehrer/innen hier immer wieder versuchen, an die eigenen Erfahrungen der Schüler/innen anzuknüpfen und einen Bezug herzustellen.

In diesen Praktiken ist die Anforderung an die Schüler/innen angelegt, sich aktiv einzubringen, eigene Themen und Positionen in der Klassenöffentlichkeit zu kommunizieren, andere Positionen zu hören und nachzuvollziehen sowie sich mit den Mitschülern/innen auf gemeinsame Umgangspraktiken bzw. Regeln des Zusammenlebens zu verständigen. Damit sind die Schüler/innen auch gefordert, miteinander zu interagieren und eine gemeinsame Arbeitsbasis untereinander auszuhandeln. In dem Anspruch, dass die Schüler/innen zunehmend den Klassenrat selbst durchführen, steckt zudem die Erwartung, dass diese den Rahmen selbstständig organisieren und somit die Rolle des/der Politiklehrenden als Moderator/in bzw. auch Mediator/in übernehmen. Darin dokumentiert sich eine Zielperspektive, der zufolge die Schüler/innen aktiviert und zunehmend zur eigenverantwortlichen Regelung des gemeinsamen Zusammenlebens miteinander befähigt werden. Zudem wird in diesen Praktiken ein Verständnis deutlich, demnach Werte des Zusammenlebens erst gelernt und auch im kleinen Rahmen wie der Klassengemeinschaft ausgehandelt und gemeinsam festgelegt werden müssen.

Das Demokratieverständnis, das auf den hier einzuordnenden Demokratie-Lehrpraktiken basiert, fasst *Demokratie zugleich als Garanten wie auch Aushandlungsrahmen gesellschaftlicher Normen und Werte des Zusammenlebens.* Demokratie wird dabei sowohl auf die Ebene des Zusammenlebens in der Gemeinschaft (Klasse) bezogen als auch auf die Ebene des Staates (im Sinne eines Rechtsstaates). Angenommen wird dabei, dass das Zusammenleben auf grundlegenden Werten beruht, die regelmäßig neu verhandelt und in Form von Regeln festgehalten werden. Als solche dienen sie als Handlungsorientierung für den/die Einzelne/n. Demokratie bietet den Rahmen, das heißt eine Struktur für diese Aushandlungsprozesse und sichert zudem jedem/jeder den Schutz dieser Grundwerte des Zusammenlebens zu.

Zugleich wird hier mit Blick auf die Beteiligung der Bürger/innen die Erwartung deutlich, dass jede/r auch Verantwortung für die Gestaltung des Zusammenlebens in der Gemeinschaft übernimmt, man gemeinsam über Themen und Belange spricht und hierfür notwendige Regelungen trifft.

Im nächsten Abschnitt werde ich den Demokratielehrmodus und das implizite Demokratieverständnis dieses Typs anhand ausgewählter Zitate aus den Interviews mit den Politiklehrern/innen verdeutlichen, die auch Grundlage für die Rekonstruktion des Typs waren.

Exemplarische empirische Vertiefung

Für die exemplarische empirische Vertiefung dieses Typs werde ich mich auf Zitate aus den Interviews mit den Lehrerinnen Katrin Wolf (Iw) und Nadine Schwarz (Tw) stützen, da die von ihnen berichteten Demokratie-Lehrpraktiken den modus operandi dieses Typs besonders gut illustrieren, auch wenn die Praxis des Klassenrates hier nur von Nadine Schwarz am Rande thematisiert wird. Beide Lehrerinnen sind ausgebildete Politiklehrerinnen. Katrin Wolf unterrichtet Politik an einem Gymnasium in Nordrhein-Westfalen und Nadine Schwarz ist Lehrerin an einer Gemeinschaftsschule in Berlin, an der sie Politik im Fach Wirtschaft mit unterrichtet[102].

Zu Beginn werde ich die Ziele von Demokratielehren für diesen Typ empirisch nachvollziehen und somit die explizite Ebene (Orientierungsschema) aufzeigen. Im Anschluss daran betrachte ich ausführlicher Demokratie-Lehrpraktiken und nehme dort den Demokratielehrmodus und das zugrundeliegende Demokratieverständnis in den Blick, womit ich auf die implizite Ebene (Orientierungsrahmen) wechsle.

Ich möchte mit einem ersten Zitat aus dem Interview mit Katrin Wolf beginnen, in dem sie ihr Ziel für das Demokratielehren in ihrem Unterricht ausführt.

---

102 Bis zum Schuljahr 2019/2020 gab es das Schulfach Politik in der Sekundarstufe 1 in Berlin nicht.

Iw: *[…] und dann ist es mir sehr wichtig dass ich den Schülern irgendwie so n ganz bisschen Verantwortungsbewusstsein beibringe. ähm so für ihr Leben ähm also dass das sie also welchen Platz sie in dieser Gesellschaft haben oder haben könnten und ähm ja Selbstständigkeit so in diesem Sinne. so also das das ist so n Ziel was so ein bisschen darüber schwebt und da brauch ich ja irgendwie verschiedene Maßnahmen um dieses Ziel zu erreichen […]*
also dann wenn wenn so um Verantwortungsbewusstsein geht dann geht es aber auch so ein bisschen um Gemeinschaftsgefühl. also solidarisch sein und das ist leider ganz ganz selten. also es würd wirklich seltener und das ist extrem erschreckend. und ich selber hab auch noch überhaupt keine Ahnung wie ich das angehen soll. oder wie man das fördern soll. denn diese diese Egozentriertheit diese Ich-Orientierung die ja auch von der Gesellschaft ja auch vorgelebt wird oder auch von ihren Eltern ähm wie soll ich das erreichen in den paar Stunden die Woche das aus denen aus- also denen auszutreiben. so. das ist ganz schwer und eigentlich müsste die Schule da als ja als Gesamtinstitution daran arbeiten. also die Gemeinschaft zu stärken auch dieses Schwächere helfen also Schwächere helfen sich gegenseitig Stärkere helfen Schwächeren. etc. etc. also das finde ich teilweise noch fast wichtiger als das Fachwissen dann. weil ähm was bringt es mir wenn Leute ähm ja verstehen wie der deutsche Sozialstaat funktioniert aber selber das nicht leben oder auch selber trotzdem sagen äh seh ich nicht so. find ich ähm der ist zu aufgeblasen oder was auch immer ne? also es muss äh was weiß ich Leistung muss äh noch extremer bewertet werden. etc. das ist nicht mein Anspruch so. deswegen würd ich sagen dass so Verantwortung und Solidarität noch n bisschen mehr wiegt als dann die Fachkompetenz.

Katrin Wolf, 1. Sequenz, 235–273

Katrin Wolf setzt sich das Ziel, den Schülern/innen „Verantwortungsbewusstsein“ und einen ‚solidarischen Umgang‘ im Unterricht zu vermitteln (Orientierungsschema). Dabei wird ein Handeln, das sich an egoistischen Motiven orientiert, von ihr sehr stark negativ bewertet, was sich auch auf sprachlicher Ebene dokumentiert („Ego-Zentriertheit“; ‚austreiben‘ einer „Ich-Orientierung“) und demnach ihrem negativen Gegenhorizont entspricht. Stattdessen steht für sie eine Orientierung an der Gemeinschaft, das heißt Empathie anderen gegenüber und ein Einsetzen füreinander, insbesondere für schwächere Mitglieder der Gemeinschaft, im Vordergrund. Dies deutet daraufhin, dass sie ein stark individualistisches Handeln ablehnt und eine Orientierung an einem solidarischen Miteinander in der Gemeinschaft bevorzugt.

Demokratielehren wird hier von der Lehrerin auf expliziter Ebene als Wertevermittlung verstanden. Der Wert von Solidarität in der Gemeinschaft wird ihrer Ansicht nach im Elternhaus vernachlässigt (Orientierungsschema). Als Konsequenz daraus fordert sie eine stärkere Fokussierung auf eine Wertevermittlung in Unterricht und Schule und weist damit der Schule einen klaren Auftrag zu (Orientierungsschema).

In der Auseinandersetzung, was für eine Wertevermittlung es braucht, rahmt sie eine rein theoretische Behandlung des Sozialstaats im Politikunterricht als unzureichend (negativer Gegenhorizont), da dieser als Konzept nicht nachvollzogen werden kann, wenn die Schüler/innen nicht über die hiermit korrespondierende Wertorientierung verfügen („was bringt es mir wenn Leute ähm ja verstehen wie der deutsche Sozialstaat funktioniert aber selber das nicht leben oder auch selber trotzdem sagen äh seh ich nicht so. find ich ähm der ist zu aufgeblasen oder was auch immer ne?"). Darin zeichnet sich ab, dass sie eine Wertorientierung an Solidarität und damit einhergehend die Übernahme von Verantwortung für Schwächere in der Gesellschaft im Vergleich zu Fachwissen über den Sozialstaat als wichtiger empfindet. Daraus folgt für die Gestaltung ihres Politikunterrichts, dass eine reine Vermittlung von Fachwissen für eine Aneignung der Wertorientierung eines solidarisch gestalteten Miteinanders nicht ausreicht. Solch eine Wertorientierung gilt es zu „leben" und muss insofern in das eigene Handeln inkorporiert werden. Damit geht ihr Verständnis letztlich über eine bloße theoretische Vermittlung von Werten (bzw. von Wissen über gesetzlich verankerte Prinzipien wie etwa das Sozialstaatsprinzip) hinaus.

Eine unterrichtspraktische Umsetzung dessen fällt ihr jedoch schwer („und ich selber hab auch noch überhaupt keine Ahnung wie ich das angehen soll. oder wie man das fördern soll."), weshalb eine Enaktierung ihrer Orientierung, wie auch im folgenden Zitat erkenntlich wird, nur ansatzweise im Interview zum Ausdruck kommt.

Y: *wie versuchst du das umzusetzen?*

Iw: *ja das ist ne gute Frage. also ich ver- [räuspert sich] kommt immer so n bisschen drauf an. also ich denke halt grad jetzt immer parallel an den LK weil ich jetzt auch grad Thema Soziologie da habe. und das ist sehr schwer. weil die Meinung ist sehhhr konservativ und ähm (.) also wirklich dieses ich bin stark und wenn du schwach bist dann streng dich doch mehr an dann wirst du auch stark. und da bin ich eigentlich also einerseits bist du ja gar nicht befugt das so krass zu sagen weil du versuchst ja ähm dieses Neutralitätsgebot auch einzuhalten aber das is mir an manchen Stellen is- find ich das ganz ganz schwer. also dann sag ich halt sorry ja du verstößt gegen das Grundgesetz. also wenn wirklich Meinungen zu extrem werden dann versuch ich auf der Grundlage des Grundgesetzes vielleicht da noch mal drauf einzugehen. aber das versucht man also solche Sachen versuch ich eigentlich eher in Zwischentönen. also in Gesprächen oder wenn du Aufgaben verteilst in der Klasse oder wenn du Gruppenarbeit machst oder wenn du soziales Lernen im weitesten Sinne machst. also das kannst du eigentlich ähm schwer planen oder ich bin noch nicht so weit dass ich das so für mich effektiv planen könnte. also das ist aber für mich n Anspruch dass ich versuche das bei mir mehr in meinen Unterricht zu integrieren. natürlich solltest du wenn du Themen mit Schülern erarbeitest immer versuchen ein sehr sehr sehr breites Bild zu zeigen auch von der Gesellschaft und dieses Multiperspektive. also auch immer zu zeigen welche Perspektiven es gibt ähm und klassisch dann auch vielleicht ja was weiß ich Lebensläufe auch mal zu zeigen in denen es halt vielleicht nicht so glatt lief und ähm das liegt nicht daran dass die Leute einfach zu faul waren und zu blöd. so. also ich kann nicht mehr machen als als denen versuchen die Wirklichkeit so realitätsnah wie möglich zu zeigen aber wenn sie sich dann trotzdem immer noch ähm ja ihre Rosinen halt so rauspicken ist es halt schwer. ähm da sind dann irgendwann also da sind dann Grenzen erreicht weil ich halt nicht überwältigen will. [Y: mhm] in dem Sinne. ne? also- wobei ich sagen muss dass ich also teilweise innerlich schon mich sehr zusammenreißen muss. und das hätte ich das war mir schon immer klar dass das mal irgendwann schwer wird. ähm (.) aber normalerweise hast du ja (.) ja auch so n heterogene ähm so n Meinungsbild. das heißt du weißt manchmal sogar dass manchmal das bei manchen Fragestellungen okay jetzt habe ich hier ne extreme rechte oder konservative Position. und frag dann bestimmte Leute. also wenn du halt ne dann weißt du die sind extrem links oder extrem rechts und die sind so mittel wie auch immer. aber wenn du dann halt schon ein Gros der Leute hast die sehr auf eine also auf dieses leistungsorientierte Ich-denken gehn und diejenigen die für andere Meinungen sind sind aber sehr schüchtern und die will ich jetzt auch nicht so da rein werfen. ähm dann muss du irgendwann auch einfach für dich sagen okay dann werdet es vielleicht wenn ihr selber mal Erfahrung macht dann irgendwann verstehen. aber jetzt leider nicht. so. und das ist dann für mich schon so n bisschen also jetzt nicht ja Scheitern aber man fühlt sich dann schon so n bisschen versagend. weil man ja denkt also eigentlich ist es doch meine Aufgabe alles zu zeigen und es gilt natürlich nicht die eine Meinung aber wenigstens die Perspektive ein bisschen zu erweitern und zu sagen ja unter bestimmten Umständen kann es ja auch so sein. das also das kann man eigentlich nur machen. [Y: mhm] (...)*

Katrin Wolf, 1. Sequenz, 274–321

Katrin Wolf sieht sich mit einer von ihr weitgehend als homogen wahrgenommenen Schüler/innenschaft konfrontiert, die ihrem Eindruck nach vorwiegend wirtschaftsliberale, leistungsorientierte und individualistische Werte verfolgt. Eine solche Wertorientierung wird von ihr abgelehnt und entspricht, wie in ihrer starken persönlichen Involvierung deutlich wird, ihrem negativen Gegenhorizont. Ihr fällt es schwer, sich hier mit einer klaren Gegenposition zurückzuhalten („wobei ich sagen muss dass ich also teilweise innerlich schon mich sehr zusammenreißen muss.") und die Schüler/innen im Unterricht „nicht [zu] überwältigen". Im Vergleich zu bisher von ihr erlebten Klassengemeinschaften wird diese Situation von ihr als Ausnahme bzw. Abweichung gerahmt. Ihrem Erleben nach sind sonst ‚normale' Klassengemeinschaften durch eine stärkere Diversität von Meinungen respektive Einstellungen gekennzeichnet („aber normalerweise hast du ja (.) ja auch so n heterogene ähm so n Meinungsbild."). In dem von ihr vorgenommenen Vergleich dokumentiert sich, dass eine als homogen wahrgenommene Schüler/innenschaft mit solchen Wertorientierungen von ihr problematisiert wird (negativer Gegenhorizont) und sie im Politikunterricht vor eine Herausforderung stellt.

In einer anderen Klasse mit höherer Diversität unter den Schülern/innen würde sie – und hier bezieht sie sich auf ihre Lehrpraxis in zuvor unterrichteten Klassen – Schüler/innen gegensätzlicher Positionen einbinden, so dass eine Diskussion unter den Schülern/innen entsteht (positiver Gegenhorizont). In diesem Rahmen nimmt sie jedoch Andersdenkende als Minderheit wahr und erlebt sie zudem als „schüchtern". Diese Schüler/innen sieht sie somit als tendenziell gefährdet und nicht unbedingt als meinungs- und durchsetzungsstark in der Klassengemeinschaft. Entsprechend kann sie ihre Vorstellungen und bisherigen Praktiken von Demokratielehre, die sich an Diversität in der Klasse orientieren, nicht umsetzen.

Da sie in der Praxis nicht auf andersdenkende Schüler/innen setzen kann, zeigt sich, dass sie in Ausnahmesituationen selbst die Gegenposition einnimmt. Wenn nämlich die meinungs- und durchsetzungsstarken Schüler/innen ihrer Ansicht nach in ihren Meinungen „zu extrem" werden, dann argumentiert sie als Politiklehrer/in auf Basis des Grundgesetzes dagegen. An dieser Stelle wird jedoch deutlich, dass das nicht die Methode ihrer Wahl ist und sie nur in Ausnahmesituationen so handelt. Dies entspricht ihrem Standpunkt, die Schüler/innen nicht überwältigen zu wollen. Sie bevorzugt, dass die Schüler/innen sich selbst ändern bzw. zu einer Erkenntnis gelangen.

Überwiegend setzt sie in der didaktischen Gestaltung des Demokratielehrens mit der als homogen wahrgenommenen Schüler/innenschaft auf eine Bearbeitung des Themas in „Zwischentönen". In dieser Metapher dokumentiert sich eine subtile Form des Umgangs, der zufolge sie, wie von ihr geschildert, in Gesprächen mit einzelnen Schülern/innen, bei Gruppenarbeiten etc. eher beiläufig die Thematik aufgreift oder aber in Praktiken des „sozialen Lernens" integriert. Darin wird erkenntlich, dass sie als Politiklehrerin den Kontakt und das Gespräch mit den Schülern/innen sucht.

Im Politikunterricht selbst versucht sie das Thema zu bearbeiten, indem sie den Schülern/innen ein „breites Bild [...] von der Gesellschaft" aufzeigt. Hier verweist sie unter anderem auf das Beispiel der Arbeit mit ‚ungeraden' Lebensläufen von Menschen, die mit der von ihre wahrgenommenen Wertorientierung der Schüler/innen brechen. Dabei deutet sich an, dass sie implizit von den Schülern/-innen ein Umdenken und die Wahrnehmung anderer Perspektiven erwartet. Sie erlebt jedoch, dass dies nicht gelingt und die Schüler/innen ihren impliziten Anforderungen nicht entsprechen („und das ist dann für mich schon so n bisschen also jetzt nicht ja <u>Scheitern</u> aber man fühlt sich dann schon so n bisschen <u>versagend</u>."). Sprachlich kommt hier zum Ausdruck, dass sie ihre Lehre als Fehlschlag und damit als unzureichend für ihr angestrebtes Ziel erfährt. Damit wird an dieser Stelle auch sehr stark deutlich, dass sie noch keine rechte Umgangspraxis mit der Problematik entwickelt hat und sich selbst noch in einem Suchprozess befindet („das kannst du eigentlich ähm schwer planen oder ich bin noch nicht so weit dass ich das so für mich effektiv planen könnte")[103]. Es fehlt hier somit an einer Enaktierung ihrer Orientierung. Auch zeigt sich, dass ein Handeln entsprechend dem Modus von Typ 5 Demokratielehren im Modus des Vorlebens einer anderen Demokratie für sie keine Option darstellt; sie möchte letztlich nicht die Schüler/innen für ihre Position einnehmen, sondern sie sollen selbst zu der Erkenntnis gelangen. Solch einen Erkenntnisprozess kann sie als Lehrerin jedoch nur unterstützen.

Insgesamt wird von Katrin Wolf Demokratielehren als eine sehr praxisnah angelegte Wertebildung verstanden, was für diesen Typ sehr spezifisch ist. Dabei wird sowohl auf das gemeinsame Zusammenleben im Kleinen (Klassengemeinschaft) als auch im Großen (Staats- und Gesellschaftsebene) eingegangen. Der Modus des Aushandelns von Werten und Normen deutet sich in der Bedeutung des Verhältnisses von Theorie zu gelebter Praxis bereits an, demnach eine rein theoretische Auseinandersetzung als unzureichend erachtet wird. In Katrin Wolfs Verweis auf den Sozialstaat und auch das Grundgesetz deutet sich ansatzweise bereits ein Verständnis von Demokratie als Garant und Aushandlungsrahmen gesellschaftlicher Normen und Werte des Zusammenlebens an.

Im Weiteren möchte ich nun die Demokratie-Lehrpraktiken dieses Typs stärker fokussieren und den Modus des Aushandelns von Werten und Normen in der Gemeinschaft sowie das hierin eingelassene Demokratieverständnis verdeutlichen. Dafür beziehe ich mich auf Ausschnitte aus dem Interview mit Nadine Schwarz.

Nadine Schwarz thematisiert gleich zu Beginn des Interviews, wie sie mit antisemitischen Äußerungen im Zuge des Nahostkonfliktes, die von Schüler/innen in ihrem Unterricht vertreten wurden, umgegangen ist.

Tw: *[...] mhm das ist so das was ich eigentlich immer mit den mache (.) ähm was auch bei uns jetzt wieder an der Schule angedacht ist was auch leider so in <u>keinem</u> Curriculum verankert ist hier in Berlin. ähm (.) find ich immer ganz wichtig dass sie sich auch grade hier allgemein in Deutschland auseinandersetzen mit dem <u>Rechtsextremismus</u>. wir hatten jetzt auch gerade durch- auch wieder aktuelles Geschehen durch diese ganze Palästina-Israel Geschichte [Y: mmh] das war bei uns an der Schule n n <u>ganz krasses</u> Thema und ähm ja dass wir das einmal im Unterricht aufarbeiten und das wir das auch einfach als Projektwoche verankern werden das auch weils nicht mehr vorgeschrieben ist was ich überhaupt für <u>super sinnlos</u> erachte (.) mmh ja und dass wir das machen [...]*

Nadine Schwarz, 1. Sequenz, 26–35

103 Ihre Umgangspraktik mit der von ihr hier wahrgenommenen Anforderung an ihren Politikunterricht entspricht damit zugleich dem Typ 1 / Typik III Nachdenken und Entwerfen von Umgangspraktiken (siehe Kapitel 4.4.1).

Y: *okay (.) sie haben jetzt gerade schon ähm gesagt der Israel-Gaza Konflikt ist der ähm war da n krasses Thema ähm*

Tw: I_ja einfach auch glaube ich weil (.) ähm die keine Vorbildung haben die hören dann halt eben etwas von zu Hause [Y: mhm] die Eltern sind aber auch nicht unbedingt gebildet. das sag ich jetzt einfach auch mal so so doof wies is. [Y: mhm] ähm (.) ja ja die kloppen da Sprüche raus wo man auch wirklich sagt und wo ich dann auch wirklich sauer werde weils einfach so n Punkt ist oder und da sind wir uns auch einig im Kollegium, das ist nicht viel anders als das was wir vor ein paar Jahren hier hatten. also das da wird also wir haben hier ganz schlimmes Problem mit Antisemitismus [Y: mhm] der da aber nicht so hochgehalten wird weil is ja nicht wie bei Hitler wie sie dann immer sagen aber im Endeffekt ist es sind es dieselben Sprüche. sie haben sich mit dem Konflikt nicht auseinander gesetzt was mir dann fehlt ist einfach dass wir ich auch meistens Zeit nicht dazu ich muss ja auch mein Curriculum irgendwie durchbringen ähm das auch aufzuarbeiten also sie kennen die Hintergründe nicht sie wissen gar nicht warum das so ist. und es wird auch alles über einen Kamm geschoren und auch diese Vorurteilsgeschichte das find ich ist auch immer so n Thema was mir im normalen Sozialkunde- Politikunterricht fehlen würde (.) ähm ja dass man auch mal lernt andere zu akzeptieren tolerieren das war immer das war auch mein Anspruch immer so im im Politikunterricht das es ja nicht darum geht dass wir jetzt irgendwie nur das die irgendwie durchpauken eben was ist Demokratie? was ist irgendwie totale- äh also keine Ahnung Marxismus? und frag mich nicht. sondern wie können wir das hier miteinander machen? und ich finds grade bei uns wir sind in [Stadtteil] dass ist halt gemischt ich mein ich wohn in [Stadtteil] das ist halt auch so n Ding. da muss man miteinander klarkommen anders funktionierts ja auch nicht [Y: mhm] und auch wenn Deutschland vielleicht nicht sagt dass es ein Einwanderungsland ist das sind wir ja nun mal doch und an unserer Schule wir haben halt wir sind komplett durchgemixt da ist irgendwie aus jedem Land irgendwas da vertreten. wo wir dann auf solche Sachen dann da anspielt dann können wir das auch als als Lehrkörper dann irgendwie nicht ertragen wenn da solche Leute da so ausrasten und dann auch ähm die Wände bei uns draußen beschmiern mit Free Palastine und keine Ahnung und ja oder dann auch solche Schimpfwörter kommen wie du scheiß Jude die Geschichten [Y: mhm] obwohl die gar nicht wissen was ein Jude ist geschweige denn was ne Synagoge ist.

Nadine Schwarz, 1. Sequenz, 80–114

In diesen zwei Zitaten aus der Eingangssequenz problematisiert Nadine Schwarz antisemitische Äußerungen der Schüler/innen („n ganz krasses Thema"). Dabei deutet sich auch eine kollektive, geteilte Problemwahrnehmung unter den Lehrern/innen ihrer Schule an („da sind wir uns auch einig im Kollegium", „Lehrkörper"). In ihrer Ausführung zeigt sich, dass sie sich durch diese antisemitischen Äußerungen emotional angesprochen fühlt („die kloppen da Sprüche raus wo man auch wirklich sagt und wo ich dann auch wirklich sauer werde", „dann können wir das auch als als Lehrkörper dann irgendwie nicht ertragen"). In dieser emotionalen Involvierung kommt zum Ausdruck, dass die antisemitischen Äußerungen auch ihrem negativen Gegenhorizont entsprechen und diese Orientierung durch andere Lehrer/innen geteilt wird.

Einen Teil des Problems sieht sie darin, dass die Auseinandersetzung mit Rechtsextremismus, Antisemitismus und auch mit Vorurteilen kein in den Lehrplänen vorgesehenes Thema[104] ist. Dies ist für sie nicht nachvollziehbar, da es für sie essenziell dazugehört („was auch leider so in keinem Curriculum verankert ist hier in Berlin", „weils nicht mehr vorgeschrieben ist was ich überhaupt für super sinnlos erachte"). Dagegen wird der bestehende Lehrplan von ihr als Hindernis gerahmt, um im Unterricht das Thema bearbeiten zu können, da sie nach Lehrplan andere Themen vermitteln müsste („was mir dann fehlt ist einfach dass wir ich auch meistens Zeit nicht dazu ich muss ja auch mein Curriculum irgendwie durchbringen")[105]. Hier wird somit eine Diskrepanz wahrgenommen[106] zwischen der eigenen Vorstellung von Demokratielehren und den vom Lehrplan gesetzten Anforderungen an ihren Unterricht, wobei sich andeutet, dass Nadine Schwarz hier versucht eine Balance zu finden zwischen dem Erfüllen der Anforderungen und ihren eigenen Vorstellungen von Demokratielehren.

Darin zeigt sich bereits, dass Nadine Schwarz eine Beschäftigung mit demokratischen Werten und Normen als essentiellen Bestandteil von Politikunterricht begreift. Rechtsextremismus und spezifisch Antisemitismus werden dabei von ihr weniger als historisches, sondern vielmehr als sehr aktuelles Thema verhandelt. Gerade mit Blick auf ihre Schüler/innen erachtet sie eine Auseinandersetzung damit als dringend notwendig, da sie die Schüler/innen als unwissend erachtet („keine Vorbildung"; „sie haben sich mit dem Konflikt nicht auseinander gesetzt", „also sie kennen die Hintergründe nicht sie wissen gar nicht warum das so ist", „obwohl die gar nicht wissen was ein Jude ist geschweige denn was ne Synagoge ist"). Sie wertet damit ihre Schüler/innen auf Basis ihrer Äußerungen

---

104 Nadine Schwarz spricht hier explizit nicht vom Lehr-/Bildungsplan Politik, da es wie eingangs erwähnt in Berlin bis zum Schuljahr 2019/2020 kein eigenes Schulfach Politik gab. Nadine Schwarz unterrichtet Politik im Fach Wirtschaft mit. Da Nadine Schwarz im Plural spricht („in keinem Curriculum verankert") ist anzunehmen, dass es ihrer Kenntnis nach auch in den Lehr-/Bildungsplänen für die anderen Fächer keinen Bezug auf das Thema gibt.

105 Hier kommt zudem hinzu, dass sie vorrangig das Fach Wirtschaft unterrichtet und nach Lehrplan ganz andere Themen bearbeiten müsste.

106 In der Typik III greife ich die Problematik auf und befasse mich ausführlich mit dem Umgang der Politiklehrer/innen mit Anforderungen an ihren Politikunterricht, die sie als ein- bzw. beschränkend für die Umsetzung ihrer Vorstellungen oder aber ihrer Praktiken von Demokratielehre wahrnehmen (siehe Kapitel 4.4). Dabei ist Nadine Schwarz natürlich noch einmal ein Sonderfall, da sie eigentlich mit Anforderungen an ihren Unterricht im Fach Wirtschaft konfrontiert ist, die sie versucht auszubalancieren mit ihren Vorstellungen und Praktiken von Demokratielehre, die für sie ein genuiner Bestandteil von Politikunterricht wären.

nicht ab, sondern versteht ihre Äußerungen vielmehr als Bildungsanlass, auf den in sie als Politiklehrerin reagieren muss und der eine Auseinandersetzung mit dem Nahostkonflikt, Vorurteilen und auch dem Judentum erfordert.

In Nadine Schwarz Äußerungen dokumentiert sich, wie auch bei Katrin Wolf, ein sehr genauer Blick auf die Ursachen der politischen Äußerungen ihrer Schüler/innen. Sie beschreibt ihren Eindruck, demnach ihre Schüler/innen unreflektiert antisemitische Positionen wiederholen, die sie in ihren Familien zu Hause hören und aufnehmen. Als Ursache dafür nimmt sie eine fehlende Bildung und ein entsprechend mangelndes Problembewusstsein bereits auf Seiten der Eltern wahr. Wie auch bei Katrin Wolf wird die Familie als starke Instanz einer informellen politischen Wertesozialisation wahrgenommen. In der umgangssprachlichen Redewendung ‚Sprüche rauskloppen' zeigt sich, dass sie die antisemitischen Äußerungen der Schüler/innen entsprechend ihrer familiären Sozialisation als unreflektiertes Wiederholen von Phrasen versteht. Sie interpretiert diese folglich nicht als gefestigte Urteile.

Im Weiteren zeigt sich, wie für diesen Typ charakteristisch, dass für Nadine Schwarz die Auseinandersetzung mit diesem Thema eine deutlich höhere Priorität einnimmt als ein Vermitteln von Fachwissen zum politischen System einer Demokratie, und zwar vor dem Hintergrund, dass es darum geht, das gemeinsame Zusammenleben im „Einwanderungsland" Deutschland aktiv zu gestalten. Sie grenzt sich damit von einem Demokratielehren im Modus von Typ 1 ab (negativer Gegenhorizont). Die Auseinandersetzung mit Rechtsextremismus und Vorurteilen wird zudem an dieser Stelle als Voraussetzung für ein Land, in dem Menschen unterschiedlicher Herkunft zusammenleben, verstanden. Unreflektierte antisemitische Äußerungen oder auch Gewalt werden dagegen als Gefahr für das gemeinsame Miteinander wahrgenommen. Darin dokumentiert sich, dass Nadine Schwarz darum ringt, in ihrer Klassengemeinschaft eine Wertebasis herzustellen, die Vielfalt und Sensibilität gegenüber anderen als Grundlage eines gemeinsamen Miteinanders anerkennt. Dabei wird eine Verbindung geknüpft zwischen der Klassengemeinschaft und der Gesellschaft.

Im Interview beschreibt Nadine Schwarz dann an anderer Stelle noch einmal ihren Umgang mit dem Thema im Unterrichtsgeschehen.

Y: *und wie sind Sie jetzt konkret im Unterricht aktuell damit umgegangen?*

Tw: *ähm ja dadurch dass ich normalerweise will- versuche ich das zu beschränken dieses aktuelle Geschehen immer auf die 10 bis 15 Minuten am Anfang ich mach das entweder als Fragebogen dass sie [Y: mhm] halt so was bekommen und man kann das ja bei Schrödel zum Beispiel runterladen oder ich mach mir halt die Mühe und mach das selber. ähm wenn se noch müde sind mach ichs auch mündlich was ist euch letzte Woche so aufgefallen und dann kann man das zumindest miteinander klären. das ist halt also haben zumindestens ne Schlagzeile aufgeschnappt und dann klären wir halt was ist Isis? oder so was was ist das? warum ist das n Problem? ähm was ist Nordkorea? warum sind die da so komisch? das machen wir halt vor- vornehmlich und natürlich momentan auch grade mit dem Palästinenserproblem äh beziehungsweise Israelkonflikt (.) das leider dann halt auch mal was heißt leider ich mein ich freu mich immer wie gesagt weils ich mag auch Wirtschaft gerne aber ich finde das halt immer wichtiger dass sie dann das Problem erstmal klären und ich sie dann damit nicht so entlasse und das ungeklärt ist. nimmt das halt auch mal 60 Minuten in Anspruch. aber man merkt aber auch schon dass es durchaus auf Interesse stößt sonst wären sie in dem Moment nicht ruhig (.) [Y: mhm] also da hab ich schon andere Stunden erlebt und wenn ich dann meinen kompletten Wirtschaftsunterricht so durchziehe dann ist manchmal ja auch nicht vielleicht so ähm jedermanns Sache aber das merkt man auch das ist nen Unterrichtsgespräch (.) und die machen auch alle mit weils sie auch interessiert und wir haben da auch Schüler teilweise die auch wirklich mal mit auf Demonstrationen gehen und solche Geschichten und das hat mich auch gewundert also man kommt auch mehr an die ran (.) und das ist glaub ich eher super und da muss man halt ich glaub solche Sachen einmal stärken also so n bisschen die Gemeinschaft obs jetzt meine eigene Klasse ist oder allgemein. man hat so n bisschen n Vertrauensverhältnis und das ist glaube so der erste Schritt den man aber auch haben muss um mit den aber auch solche solche fiesen Themen auch teilweise ähm zu besprechen [Y: mhm] das fängt ja wie gesagt das ist ja nicht nur so n Thema das ist jetzt rein politisch. aber was ja auch damit so das Miteinander auch in der Demokratie in Deutschland ist ja auch das fängt ja auch solche Sachen an wie (.) darf ich jetzt sagen das ist ne doofe Schwuchtel oder nicht? und das sind auch so Themen das ist für die n normales Schimpfwort dass das vielleicht auch mal irgendwann grad in deren Alltag die sind alle ab 12 bis 16 plus ne [Y: mhm] das ist n Thema und es ist auch problematisch wenn wir das nicht besprechen und wenn wir das nicht so hinbekommen dann- also man muss irgendwann ja so die Basis dafür schaffen dass man das mit denen so bespricht. (.) joa das ist so das was wir in den letzten Wochen große Arbeitsphase war [Y: räuspert sich] und was auch wirklich immer noch sein wird es wird ja nicht der letzte Konflikt der da irgendwie ausbricht.*

Nadine Schwarz, 1. Sequenz, 135–175

Nadine Schwarz beschreibt hier ihre Unterrichtspraxis, in der sie zu Beginn einer jeden Stunde für zehn bis fünfzehn Minuten ein aktuelles Thema aufgreift und mit den Schülern/innen bearbeitet – entweder didaktisch aufbereitet oder aber offen. Dabei dokumentiert sich eine weitgehend offene didaktische Bearbeitungspraxis, die sich an den Themen und Interessen, die die Schüler/innen mitbringen, orientiert. Hier deutet sich somit eine Schüler/innenorientierung in ihrer Lehrpraxis an, die sich zugleich auch in ihrem stark umgangssprachlich geprägten Sprachduktus wiederfindet, der sich durch das ganze Interview zieht.

Die in dieser offenen Bearbeitungspraxis angelegte Anforderung an die Schüler/innen, sich mit Fragen und eigenen Themen einzubringen, wird von ihnen auch erwidert. Das heißt sie stellen tatsächlich, wie in der Schilderung von

Nadine Schwarz deutlich wird, Fragen zu politischen Tagesthemen und sprechen im Zuge dessen auch den Nahostkonflikt an. In der geschilderten Unterrichtspraxis deutet sich somit eine Reziprozität in der Interaktion zwischen Lehrerin und Schülern/innen an.

In Nadine Schwarz Ausführung zeigt sich ferner, dass sie der Bearbeitung des von den Schülern/innen geäußerten Themas eine höhere Priorität einräumt als dem eigentlich anstehenden Wirtschaftsunterricht. Darin dokumentiert sich erneut, dass sie, wenn es ihr notwendig erscheint, ihrer Demokratielehrorientierung folgt und Anforderungen des Lehrplans hintenanstellt.

In ihrer weiteren Situationsbeschreibung wird deutlich, dass sie mit einer ausführlichen Besprechung des Nahostkonflikts ihre Schüler/innen erreicht („aber man merkt aber auch schon dass es durchaus auf Interesse stößt sonst wären sie in dem Moment nicht ruhig (.) [Y: mhm] also da hab ich schon andere Stunden erlebt") und sie diese in der Situation als durchaus politisch interessiert und aktiv erlebt („und die machen auch alle mit weils sie auch interessiert und wir haben da auch Schüler teilweise die auch wirklich mal mit auf Demonstrationen gehen und solche Geschichten und das hat mich auch gewundert also man kommt auch mehr an die ran"). Unabhängig von den vertretenen Positionen, die Nadine Schwarz stark problematisiert, wird an dieser Stelle das Interesse und auch die äußerst aktive Unterrichtsbeteiligung der Schüler/innen von Nadine Schwarz als grundsätzlich positiv erfahren. Hier bestätigt sich somit ein reziprokes Verhältnis zwischen Nadine Schwarz' schülerorientiertem Demokratielehren und einer als aktiv, interessiert und zugewandt wahrgenommenen Unterrichtsbeteiligung durch die Schüler/innen.

Zusammengenommen kommt somit in der Unterrichts- und Sprachpraxis von Nadine Schwarz eine für diesen Demokratielehrmodus spezifische Offenheit und Orientierung an der Lebens- und Erfahrungswelt der Schüler/innen zum Ausdruck. Darin liegt auch ein klarer Unterschied zu Typ 1, in dessen Demokratielehrmodus die Lebens- und Erfahrungswelt der Schüler/innen keine Rolle spielt. Dort geht es nur darum Regeln und Verfahren der repräsentativen Demokratie möglichst praktisch einzuüben, dadurch zu verinnerlichen und an späterer Stelle wieder zu reproduzieren. Demokratie-Lehrpraktiken im Modus von Typ 4 (wie auch von Typ 3) zeichnen sich dagegen dadurch aus, die Schüler/innen in ihrer Lebens- und Erfahrungswelt ‚abzuholen'.

Ein demokratisches Miteinander setzt für Nadine Schwarz ein „Vertrauensverhältnis" voraus, das heißt es braucht eine Beziehung zueinander, nicht nur im Unterricht zwischen Schüler/innen und Politiklehrer/in, sondern auch in der Gesellschaft. Es stellt die Voraussetzung dar, um miteinander ins Gespräch zu kommen, auch über konfliktreiche Themen[107]. Analog dazu ist gerade die Gestaltung

107 Darin deutet sich über den Demokratielehrmodus hinaus bereits das implizite Selbstbild einer Politiklehrerin als Demokratielernbegleiterin im performativen Sinne (siehe Kapitel 4.2.2) an.

des Miteinanders, d.h. von zwischenmenschlichen Beziehungen, für die Demokratielehre dieses Typs zentral. Wie bereits in der Typenbeschreibung anklang, ist eine der zentralen Praktiken die Organisation von Schüler/innenbeteiligung im Rahmen einer Schüler/innenvertretung und regelmäßig stattfindender Klassenräte. Auch Nadine Schwarz berichtet an einigen Stellen im Interview davon.

Tw: *[...] mmh ja und dass wir das machen. und was wir an der Schule auch was ich mit ner Kollegin jetzt verankert hab dass wir ähm ne Gesamtschülervertretung ist ja sowieso eigentlich Pflicht aber wir sind ne neu gegründet Schule und bisher ist das eigentlich nicht gelaufen das wir die Schüler da einfach wesentlich mehr mit ähm hier mit ein- also dass die das wissen welche Rechte hab ich? welche Pflichten hab ich? das ist ja nun [Y: mhm] auch einfach also auch wenns langweilig ist auch Gesetztextarbeit mit den. das mach ma grad mit den so und das läuft jetzt in diesem aber das ist jetzt aber auch ein Kulturschock weil die das nicht kennen. das sie halt auch Mitspracherecht haben dass sie in ne Schulkonferenz mit rein dürfen das sie halt auch unseren Schulleiter auch mal die Meinung sagen dürfen in nem gewissen Rahmen natürlich (.) ja so was. [...]*

Nadine Schwarz, 1. Sequenz, 35–46

In diesem Ausschnitt aus der Eingangssequenz berichtet Nadine Schwarz skizzenhaft davon, dass sie zusammen mit einer Kollegin Schüler/innen über ihre Rechte in der Schüler/innenvertretung und als Schüler/innenvertretung in der Schule aufklärt. Dabei deutet sich eine Praxis der gemeinsamen Arbeit mit den Schülern/innen am Gesetzestext an, anhand dessen eine Beschäftigung mit den hierin verankerten Mitspracherechten erfolgt. Hier kommt somit eine Homologie von Inhalt und Form zum Ausdruck. Dabei wird von Nadine Schwarz die Mitsprache der Schüler/innen als gesetzlich verankertes Recht der Schüler/innen und somit Pflicht für die Schulen („ne Gesamtschülervertretung ist ja sowieso eigentlich Pflicht") gerahmt. Trotz dessen erlebt sie bei den Schülern/innen einen „Kulturschock", da diese bisher ihre „Mitspracherecht[e]" nicht kannten. Die Metapher des Kulturschocks steht hier einerseits für das Erleben eines positiv besetzten Überraschungserlebnisses bei den Schülern/innen, die bisher keine Kultur der Mitsprache in ihrer Schullaufbahn erlebt haben und für die es neu ist, dass sie ihre „Meinung sagen dürfen" (positiver Gegenhorizont); und andererseits für einen negativ besetzten Schock der Lehrerin, für die eine fehlende Beteiligung und Information über diesen gesetzlich verankerten Grundwert einen negativen Gegenhorizont bildet.

Zugleich dokumentiert sich hier erneut die Orientierung von Nadine Schwarz, dernach es für sie zentral ist, dass Schüler/innen mitreden und ihre eigene Meinung äußern dürfen. Auch legt sie – wie für diesen Typ charakteristisch – Wert darauf, dass die Schüler/innen dies im Rahmen eines Klassenrats regelmäßig üben und praktizieren, wie in den folgenden zwei Zitaten zum Ausdruck kommt.

Tw: […] also wenn mans dann gemeinsam- wir machen da jetzt keinen Stuhlkreis dafür sind se da auch schon zu alt das ist ja auch Quatsch [Y: mhm] aber dass man sie halt wenigstens so aufnimmt wie sie sind. das man sie auch mal reden lässt und dass man sie auch nicht gleich verurteilt wenn so was sagen sondern dass man auch einfach sagt ok das ist vielleicht ne komische Meinung aber [Y: mhm] ist halt so aber da sind auch die Klassenlehrer bei uns dran. also ich denke mal n Großteil bei uns nen großer Vorteil ist einfach dass wir auch momentan alle so an einem Strang ziehen und das auch alle gemeinsam so hinbekommen. und das versuche ich bei meiner Klasse auch zu machen (.) dass wenn wir zum Beispiel nen Klassenrat haben dass es bei uns auch eine Stunde im äh bei uns in der Schule verankert mit m Klassenlehrer dann ist das wirklich auch demokratisch organisiert also einer organisiert das. dann können wir Themen aufschreiben Lob und Kritik und was ist Scheiße gelaufen? was ist gut gelaufen? und äh jeder hat so seine Zeit die er mal erzählen darf und solche Geschichten und ich find damit fängts ja im Grund auch schon an dass wir das Miteinander muss funktionieren damit wir das im Unterricht hinbekommen.(.) […]

Nadine Schwarz, 1. Sequenz, 190–205

Y: [hustet] und was sind so Themen jetzt im Klassenrat? mit der Klasse? wie kann ich mir das vorstellen? wie läuft das ab?

Tw: °ähm° ja im Grunde alles also momentan ganz viel auch Schulgestaltung, [Y: mhm] wann wir die einbringen wollen. das persönliche Miteinander, mhm was gefällt Euch nicht? also womit was ist am Schulgebäude vielleicht nicht gut? was können wir gemeinsam daran ändern dass es hier bisschen besser ist? dass wir uns hier wohlfühlen, […]

also letztens da setz ich mich tatsächlich in Stuhlkreis, und jeder darf mal was sagen also was ist doof gelaufen? auch diese ganzen Streitigkeiten also keine Ahnung irgendwie der hat gesagt und des ist alles doof und keine Ahnung das ist bei mir nämlich ganz ganz viel vorhanden, dieses Petzen ist ne ganz große Problematik und des müssen wir so halt mit denen dann immer klären. aber auch was ist- (wie gesagt) was ist auch gut gelaufen? wir gehn das Klassenbuch n bisschen durch gibts n Eintrag? woran lags? [Y: hustet] joa was können wir wie können wirs lösen?, was ist für nächste Woche angesagt? das machen wir halt da. also ich stell mir das über kurz oder lang noch n bisschen besser vor dass wir das wirklich auch so machen dass sie selber Tagungsordnungspunkte da drauf schreiben [Y: ja] momentan ist des noch nicht so dass die so selbstständig sind [Y: ja] aber über kurz oder lang möcht ich schon dass wir das spätestens in der achten Klasse durchaus hinkriegen dass die das [Y: mhm] für sich n bisschen anders aufbauen und des wir wirklich sagen können okay, wies vielleicht auch in der Parallelklasse läuft brauchen wir n Kuchenverkauf? wollt ihr was für die Klassenor- fahrt organisieren? eben auch solche Geschichten wobei ich glaube wir sind aufm guten Weg also bisher benehmen sie sich @ halbswegs joa

Nadine Schwarz, 1. Sequenz, 289–326

Nadine Schwarz etabliert, wie sie hier ausführt, als Klassenlehrerin den Klassenrat als wöchentlich stattfindende Routinepraxis, bei der die Schüler/innen die Möglichkeit haben, Konflikte, den Verlauf der Woche und ihre Gefühle anzusprechen, und der auch für die Schüler/innen einen Rahmen bietet, Ideen zur Schulgestaltung einzubringen. Der Klassenrat wird dabei von ihr als dem Unterricht vorgelagerter Raum verstanden, in dem sie und die Schüler/-innen das soziale Miteinander in der Klasse besprechen und regeln können. Ein ‚funktionierendes' soziales Miteinander wird dabei von ihr als Voraussetzung für die Arbeit im Unterricht gerahmt („ich find damit fängts ja im Grund auch schon an dass wir das Miteinander muss funktionieren damit wir das im Unterricht hinbekommen").

In der Praxis des Klassenrats dokumentiert sich erneut eine didaktische Gestaltung, die den Schülern/innen den Raum gibt, sich frei zu äußern – ohne dass sie als Person oder für ihre Positionen verurteilt werden und ohne dass sie als Lehrerin interveniert (negativer Gegenhorizont). Darin ist erneut die Anforderung an die Schüler/innen angelegt, sich aktiv einzubringen und ihre Themen im Rahmen der Klassenöffentlichkeit zu äußern sowie ihren Mitschülern/innen auch zuzuhören und sie ernst zu nehmen. Zugleich wird der Klassenrat als Raum verstanden, in dem Schüler/innen Probleme untereinander besprechen und bearbeiten können. Im Vergleich dazu wird eine Praxis des ‚Petzens' bei den Lehrern/innen, also diesen einen Regelverstoß oder Konflikte im sozialen Miteinander unter den Schülern/innen zu melden, von ihr negativ gerahmt. Nadine Schwarz lehnt damit die ihr von einzelnen Schülern/innen zugeschriebene Rolle einer Exekutiven, die Regeln durchsetzt und Regelverstöße ahndet, ab.

Nadine Schwarz versteht den Klassenrat explizit als demokratisch organisierte Veranstaltung, für dessen Organisation und inhaltliche Ausgestaltung sie zunehmend die Verantwortung den Schülern/innen selbst überträgt. Der Klassenrat stellt damit eine Praxis des Demokratielehrens auf der Ebene der Gestaltung des sozialen Miteinanders dar. In dieser Praxis ist eine für diesen Typ charakteristische implizite Zielperspektive angelegt, der zufolge die Schüler/innen durch die regelmäßige Wiederholung mit der Zeit das hier eingelassene implizite Demokratieverständnis von Demokratie als Aushandlungsrahmen sowie Garant für Werte und Normen des Zusammenlebens inkorporieren.

In der Praxis des Klassenrats dokumentiert sich ganz besonders stark das für diesen Typ kennzeichnende implizite Verständnis von Demokratie als Aushandlungsrahmen und Garant für Werte und Normen des Zusammenlebens. In den Praktiken des Austauschs und des gemeinsamen Bearbeitens von Problemen im gemeinsamen Umgang zeigt sich, dass implizit Normen und Werte des Zusammenlebens in der Klassengemeinschaft verhandelt werden. Dabei erwartet Nadine Schwarz von ihren Schülern/innen, dass sie untereinander einen Modus des Regelns des sozialen Miteinanders und auch des Umgangs mit Regelbrüchen finden. Der Klassenrat bietet dafür einen strukturierten Rahmen, dessen Etablierung sie anfangs auch begleitet und die Schüler/innen hier moderierend unterstützt. Ein Verständnis von Demokratie als Garant von Normen und Werten deutet sich implizit in der hier angelegten Meinungsfreiheit und dem Recht auf Mitsprache in der Schulgestaltung (siehe ihr zuvor bereits ausgeführter Bezug auf das gesetzlich verankerte und zugesicherte Recht auf Mitsprache) an.

Ein Verständnis von Demokratie als Garant von allgemeingültigen Normen und Werten auf der makropolitischen Ebene findet sich auch im folgenden Unterrichtsbeispiel von Nadine Schwarz zu einem eher klassischen Thema, nämlich der Beschäftigung mit Wahlen.

Tw: *[…] doch klar Wahlen haben wir durchgeführt das mach ich aber meistens dann auf die Tour dass wir dann halt ähm (uff) das war auch ne krasse Geschichte ich machs jetzt andersrum [Hund bellt] das ich einmal die ähm das ich die Wahl genau falsch rum mache genau so wie sie nicht läuft also ich habe gesagt okay ich bin ne Lehrerin ich hab hier drei Sp- drei Stimmen und unsere Pädagogin die hier mit drin sitzt die hat auch drei Stimmen wir machens dann auch wirklich ganz krass so ihr Mädels ihr habt gar also ihr habt eine Stimme und wenn mir die nicht passt dann und wenn mir das nicht passt dann ist die Stimme auch wieder weg und wir wählen einen Klassensprecher. und die Jungs äh die Stimme zählt zweimal und das ist auch okay so und vor allen Dingen wählt ihr bitte auch noch so dass ihr äh für euren Nachbarn wählt und ihr müsst das auch bitte zeigen vorher und ich les das auch laut vor wer was gewählt. […] in [Schulname] wo ich mein Referendariat mache das ist in der Nähe von [S-Stadt in Niedersachsen] hat das auch sehr gut geklappt und ihnen ist auch aufgegangen [Y: hustet] dass es irgendwie komisch ist […]*

Nadine Schwarz, 2. Sequenz, 13–29

Im Unterschied zu Typ 1 liegt der Fokus dieser geschilderten Wahlsimulation weniger darauf, das Wahlverfahren zu üben und zu verinnerlichen, sondern praktisch zu erleben und im Nachgang zu reflektieren, welche Normen und Werte in den Wahlgrundsätzen verbrieft sind. Gerade in der hier beschriebenen Umkehr der Wahlgrundsätze wird den Schülern/innen bewusst, „dass es irgendwie komisch ist", hier also allgemeingültige gesellschaftliche Normen und Werte wie beispielsweise die Gleichberechtigung von Männern und Frauen nicht geachtet werden. In dieser Praxis wird folglich ein implizites Verständnis von Demokratie als Garant allgemein in der Gesellschaft gültiger und als selbstverständlich wahrgenommener Normen und Werte deutlich.

Im nächsten Abschnitt werde ich nun den letzten Typ dieser ersten Typik zu Modi des Demokratielehrens und dem zugehörigen Demokratieverständnis darstellen und empirisch anhand von Zitaten aus einem Interview illustrieren.

4.1.5 Typ 5: Demokratielehren im Modus des Vorlebens einer anderen Demokratie – Verständnis von Demokratie als Gegenentwurf zur repräsentativen Demokratie

Auffällig ist an den Demokratie-Lehrpraktiken der Politiklehrer/innen dieses Typs, dass sie im Vergleich zu allen anderen sehr stark bestimmt sind durch die politischen Einstellungen und Positionen des/der Politiklehrers/in. In ihren geschilderten Demokratie-Lehrpraktiken zeigt sich, dass sie sowohl ihre persönliche Kritik an der repräsentativen Demokratie und ihrer Ausgestaltung als auch als Konsequenz daraus die Erforderlichkeit und Vorstellung einer anderen Demokratie vermitteln.

Dieser Typ vollzieht Demokratielehren im *Modus des Vorlebens einer anderen Demokratie*. Der Begriff des Vorlebens verweist dabei darauf, dass die Demokratie-Lehrpraktiken der Politiklehrer/innen durchdrungen sind von ihrer inneren, persönlichen Überzeugung. Das heißt, in ihren Demokratie-Lehrpraktiken transportieren sie ungefiltert ihre politischen Einstellungen und auch ihre Vorstellung einer anderen Demokratie und nehmen damit implizit durch ihre Lehrpraxis Einfluss auf ihre Schüler/innen.

In ihrer Demokratie-Lehrpraxis dokumentiert sich eine Ablehnung und ein Abarbeiten an Praktiken repräsentativer demokratischer Politik und der dazu entsprechenden Praxis der Entscheidungsfindung (negativer Gegenhorizont). Auch wenn die individuelle Kritik unterschiedlich gelagert ist, erweist sich die Forderung nach einer anderen Form der demokratischen Entscheidungsfindung als gemeinsamer Bezugspunkt. Ein Fokus ihrer Demokratie-Lehrpraxis ist die Überzeugung von der Notwendigkeit einer Alternative zur repräsentativen Demokratie. Demokratie wird folglich durch die Politiklehrer/innen typischerweise uminterpretiert gemäß eigenen Vorstellungen. Diese Uminterpretation ist aber nicht als bewusster Akt zu verstehen, sondern vielmehr ein Prozess, der auf ihrem Erleben von demokratisch-politischem Handeln beruht und demnach in ihrer politischen Sozialisation wurzelt.

Dieser fünfte Typ stellt damit einen starken Kontrast zu den ersten zwei Typen dar, die affirmativ auf die repräsentative Demokratie ausgerichtet sind und diesen Rahmen nicht hinterfragen. Ferner wird auch ein Kontrast zum dritten und vierten Typ deutlich, deren didaktische Bearbeitung durch eine starke Offenheit und Schüler/innenorientierung geprägt ist, wogegen für die Demokratie-Lehrpraxis im Modus des Vorlebens einer anderen Demokratie die Interessen, Anliegen und Positionen der Schüler/innen nachrangig sind und nur in den Blick des/der Politiklehrer/in geraten, wenn sie den eigenen entsprechen.

Als explizites Ziel formulieren die Politiklehrer/innen, dass die Schüler/innen lernen, Kritik an der Politik im gegenwärtigen politischen System nachzuvollziehen und selbst zu üben; dass sie entsprechende Alternativen kennenlernen; dass sie lernen gemeinsam Entscheidungen zu treffen und zum Teil auch, dass sie sich politisch engagieren (Orientierungsschema).

Die Demokratie-Lehrpraktiken dieser Politiklehrer/innen werden sowohl im Politikunterricht als auch darüber hinaus ersichtlich. Bevorzugt werden jedoch Rahmen, die möglichst frei und wenig eingeschränkt sind durch externe Anforderungen (z. B. Lehrplan etc.). So werden auch Situationen in Klassenfahrten oder ein Schüler/innenstreik als Lernsituationen gerahmt, sofern sie ein Lernen einer anderen Form der demokratischen Entscheidungsfindung zulassen. In diesen Praktiken dokumentieren sich auch bei diesem Typ Orientierungen in den drei Subdimensionen: 1) didaktische Bearbeitung, 2) Anforderungen an das Arbeitsverhalten der Schüler/innen und 3) Zielperspektive.

Im Politikunterricht werden vorrangig Praktiken deutlich, in denen die Impulse von dem/der Politiklehrer/in ausgehen, seien es Lehrer/innenvorträge, spezifische Formen von Stadtrundgängen und anderen Exkursionen sowie Kleingruppenarbeiten mit entsprechend gerichtetem Auftrag. In diesen Praktiken zeigt sich eine didaktische Bearbeitung, die sehr stark durch den/die Politiklehrer/in strukturiert ist und zumindest dem Anspruch nach alle Arbeits- und Interaktionsprozesse der Schüler/innen steuert und kontrolliert. Demnach ist der Unterricht nicht ausschließlich durch einen Frontalunterricht gekennzeichnet, aber sehr wohl von einer stark strukturierten Erwartungshaltung des/der Politiklehrer/in geprägt. Das heißt, in den hier geschilderten Demokratie-Lehrpraktiken wird ersichtlich, dass von den Lehrkräften eine bestimmte Zielvorstellung vorgegeben und erwartet wird, dass diese rezipiert wird. Diese muss von der Lehrkraft gar nicht expliziert werden, da diese implizit in der Art und Weise des Unterrichtens angelegt ist. Darin dokumentiert sich die Anforderung an die Schüler/innen, die Arbeitsaufträge des/der Politiklehrers/in zu erfüllen und dabei seinen/ihren Erwartungen zu entsprechen.

In dieser Demokratie-Lehrpraxis ist eine Zielperspektive angelegt, der zufolge die Schüler/innen sich an die Demokratievorstellung des/der Politiklehrers/in anpassen sollen. Im Gegensatz zu den Typen 2, 3 und 4 werden die Schüler/innen hier nicht zum eigenständigen Denken angeregt, sondern vielmehr zu einem Befolgen bzw. Einnehmen der vorgegebenen Vorstellung.

Nichtsdestotrotz lässt sich hier festhalten, dass keiner der Politiklehrenden die Schüler/innen bewusst einseitig unterrichtet oder gar von ihrer Position überzeugen will, das heißt weder planen noch beabsichtigen sie eine Indoktrination ihrer Schüler/innen.

Dieser Form der Demokratie-Lehrpraxis ist ein Verständnis von *Demokratie als Gegenentwurf zur repräsentativen Demokratie* zugrunde gelegt. Der Begriff des Gegenentwurfs verweist dabei zum einen darauf, dass eine Gegenposition eingenommen und Kritik geübt wird an der Politik bzw. der repräsentativen Demokratie als demokratischer Organisationsform; und zum anderen darauf, dass in den Demokratie-Lehrpraktiken der repräsentativen Demokratie ein neuer, anderer Entwurf von Demokratie entgegengestellt wird. Es geht somit auch um das Denken von Alternativen demokratischer Entscheidungsfindung. Allerdings bleibt der demokratische Gegenentwurf in den beschriebenen Demokratie-Lehrpraktiken diffus. Die gemeinsame Orientierung besteht in einer Ablehnung repräsentativer Demokratie und einer Suche nach der richtigen Alternative.

Exemplarische empirische Vertiefung

Der Modus dieses Typs lässt sich sehr gut anhand der von der Lehrerin Kerstin Neumann (Aw) im Interview beschriebenen Unterrichtspraktiken illustrieren. Ergänzend werde ich mich auf das Interview mit Bernd Schneider (Km), Politiklehrer an einem Gymnasium in Bayern, beziehen.

Kerstin Neumann ist an einem beruflichen Gymnasium in Brandenburg Lehrerin für Sport, Geschichte und Politik. Zum Zeitpunkt des Interviews unterrichtet sie jedoch bereits das Fach Politik nicht mehr[108]. Ein Grund dafür ist ihre persönliche Kritik an der Performanz der repräsentativen Demokratie und die damit einhergehende fehlende Motivation, die im Fach gestellte Anforderung, sich genau damit zu befassen, umzusetzen.

Y: *und welche Erfahrungen hast du jetzt konkret im Unterricht gemacht? also mit den Schülern im Umgang dem Thema?*

Aw: *mit Demokratie? [Y: mmhm] (......) na es is immer unterschiedlich. also wenn ich jetzt in der GOS Unterrichtet habe ... weil ich ja immer so irgendwie schülerzentriert arbeite. was interessiert die da? wo kann man die ansprechen? und dann sind die ja aufgeschlossen und dann kann man das zusammentragen und dann (..) sehen die auch irgendwo schon wie wichtig Demokratie ist. aber das Problem ist dann halt immer an dem wies umgesetzt wird ne? wir haben ja Politik auch immer als Problemlösungsprozess. da hast du dann halt das Problem. was weiß ich halt wie mit der Krankenkasse oder Generationenkonflikt oder demographischer Wandel. das geht ja schon seit 20 30 Jahren das Problem. das ist ja nicht neu. dann hast du das in der Mitte und dann guckst du dir an die Interessenlage die Situation die Rechtslage. wie wie gehen die Parteien mit dem Thema um? und was sind Lösungen? oder wie wird entschieden? und was ist Lösung? und was macht man dann mit dieser Lösung? ist das Problem gelöst? oder muss man dann wieder lösen weil das Problem ja jetzt eben nicht gelöst ist. also die merken schon wies geht. aber die kriegen auch mit wie wie sich alles so im Kreis dreht und wie bekloppt das eigentlich ist. was so abgeht. und das ist auch der Grund weshalb ich keen Politik mehr Unterrichten will. weil mir das auf den Keks geht. (.) man sieht irgendwo (..) wie toll Demokratie ist im Vergleich*

108 Diese Tatsache war mir vor dem Interview nicht bekannt. Ich wusste nur, dass sie ausgebildete Politiklehrerin ist. Ihre Ablehnung gegenüber dem Fach wurde erst im Interviewverlauf deutlich, wie im Zitat auch sehr gut ersichtlich wird.

zur Diktatur oder zur Volksdemokratie wie wir sie in der DDR hatten. aber du siehst genauso das sich nichts bewegt und immer nur der kleinste Nenner und das ist so unbefriedigend. deswegen habe ich auch keen Bock mich damit zu beschäftigen. da bin ich froh wenn ich das nicht unterrichten muss. weil du kommst immer zum selben Punkt auch als Lehrer. und wenn du immer in diesem in diesem Mist rumrührst und immer wieder und du kommst immer wieder an den Punkt. da sag ich mir. da da mach ich lieber Geschichte. das ist gewesen und man sieht irgendwo es entwickelt sich positiv. da hat man noch irgendwie so was positives. aber hier ist es ja nicht positiv. das ist ja einfach nur. (.) ich dreh mich im Kreis und werd schwindelig weßte de? das geht mir so auf den Keks. (.) deswegen bin ich froh dass ich kein Politik Unterrichten muss und ich reiß mich auch nicht drum. und letztlich hab ichs in der Geschichte ja sowieso drin weil Geschichte ist auch Politik. aber es ist nicht so vordergründig. und das. da hab ich dan n besseres (.) besseres Gefühl wenn ich dieses Unterrichtsfach hab. (.)

Kerstin Neumann, 1. Sequenz, 125–162[109]

In diesem Zitat wird vor allem deutlich, dass es Kerstin Neumann schwergefallen ist, Demokratie im Politikunterricht zu vermitteln, da sie selbst „Problemlösungsprozess[e]" im Zuge demokratischer Entscheidungsprozesse auf der Ebene des politischen Systems als zu langwierig und um sich selbstdrehend problematisiert. Ihrer Ansicht nach führen demokratische Entscheidungsprozesse zu keiner Problemlösung bzw. nur zu ‚unbefriedigenden' Lösungen, die zwar konsensorientiert geschlossen werden, aber kaum zu Veränderungen hinsichtlich des Ergebnisses führen. Demnach entsprechen demokratische Entscheidungsprozesse im politischen System (Staatsebene) – so wie sie sie beobachtet und wahrnimmt – ihrem negativen Gegenhorizont. Als Politiklehrerin sieht sie sich jedoch zum einen der Anforderung gegenübergestellt, ein positives Verständnis von demokratischen Entscheidungsprozessen in der repräsentativen Demokratie im Politikunterricht zu vermitteln, von dem sie selbst nicht überzeugt ist. Und zum anderen wird hier deutlich, dass sie ihrem eigenen Anspruch, Unterricht „schülerzentriert" zu gestalten, das heißt von den Interessen der Schüler/innen auszugehen, nicht entsprechen kann. Es gelingt ihr somit nicht, den an sie gestellten Anforderungen und ihrem eigenen Anspruch gerecht zu werden, da dem ihre eigene politische Einstellung gegenüber Entscheidungsprozessen in der repräsentativen Demokratie im Weg steht, weshalb es letztlich zum berichteten Abbruch kommt und sie sich für einen Ausstieg aus dem Fach entscheidet[110].

---

109 Dieses Zitat habe ich zuvor schon einmal in dem Aufsatz *Subjektivität im Forschungsprozess* (Kessler 2016b: 211–212) veröffentlicht.

110 Hier zeigt sich somit eine Diskrepanz zwischen der eigenen Vorstellung von Demokratielehren und den im Fach gestellten Anforderungen an die Politiklehrerin. Kerstin Neumann realisiert, dass sie die Anforderungen nicht erfüllen kann, da sie nicht ihren Überzeugungen entsprechen. Die Umgangsweise Kerstin Neumanns entspricht Typ 6 der sinngenetischen Typik III, demnach sie sich distanziert und für einen Ausstieg aus der als

Eine solche Ablehnung der Entscheidungsprozesse im Rahmen der repräsentativen Demokratie ist symptomatisch für diesen Typ, jedoch nicht gleichbedeutend mit einer generellen Ablehnung von Demokratie. Auch führt dies nicht in jedem Fall zu einem Abbruch von Demokratielehren im Politikunterricht. Stattdessen wird oftmals eine Uminterpretation von Demokratielehren gemäß eigenen Vorstellungen deutlich.

Auch im Interview mit Kerstin Neumann wird in ihrer weiteren Ausführung eine andere Demokratielehrorientierung und eine Uminterpretation von Demokratie deutlich, auch wenn sie dies nicht im Politikunterricht, sondern außerhalb dessen verfolgt.

Im folgenden Zitat berichtet Kerstin Neumann von einer Fahrradtour mit Schülern/innen zur Ostsee.

Aw: […] ich war ja mit Schülern zum Beispiel war ich an der Ostsee mit dem Fahrrad. und da war alles frei. (..) ne ich hab gefragt wer traut sich das zu? wer hat Lust? (.) ich könnte mir vorstellen so und so. ja und dann war alles frei. wir haben alles frei geregelt. die Strecke. wir haben Zelt mitgehabt Schlafsack mitgehabt. wir haben kein Quartier gehabt. wir haben alles vor Ort geregelt. gucken was passiert. und das war alles ganz pseudodemo- also nicht pseudo sondern richtig alles demokratisch. von Anfang bis zum Schluss.

Y: I_und wie ist es gelaufen?

Aw: na super. wir sind bis an die Ostsee gekommen. haben auch gearbeitet. das wir da mal irgendwo zelten durften auf so nem Gutshof. wir haben Leute gefragt ob wir auf ihrem Grundstück zelten dürfen. ja und da haben die mitgekriegt dass das weil das hieß das Projekt ohne viel Geld viel erleben. und wir sind dann also auch noch in Kloster [Am See] gewesen und äh (.) mit dem Schiffshebewerk. das man also auch davon so a bissl was mitbekommt. bissl Kultur. bissl was für den Kopf. (.) und dann mussten die die Strecke alles selber führen und dann (.) sich halt in der Natur waschen und also wirklich mit wenig und dann haben wir über Ernährung gesprochen weil sie mitgekriegt haben die haben eigentlich keine Power wenn sie ihr komischen Weißbrot da essen. die waren nämlich immer so schnell wieder hungrig. ne und dann haben wir darüber gesprochen und dann haben sie auf einmal Vollkornbrot gegessen und Tomate Mozzarella. es kostet alles nicht viel Geld aber es macht auch satt und ist gesund und fruchtig und alles. ne und darüber haben wir so viel denk ich mit denen besprochen auch. das war für die wahrscheinlich super. na und dann waren wir noch zwei Tage da oben an der Ostsee und dann sind wir mit dem Zug für 29 Euro fünf mal fünf Mann so nem Wochenendticket da wieder zurückgedüselt. na und da waren sie wie Kings in der Schule. da haben sie das präsentiert das Projekt. haben viel zu erzählen gehabt. schöne Bilder gehabt. und die anderen haben halt Projekte in der

---

diskrepant wahrgenommenen Situation entscheidet. Eine genauere Darstellung der Typik und dieses Typs findet sich in Kapitel 4.4.6.

Schule gemacht oder irgendwo eine pillepalle Geschichte. aber du musst eben die Planung haben und du musst am Ende auch wieder Schüler haben die sich auf sowas einlassen. da kommen ja allein schon wieder die Eltern was soweit mit dem Fahrrad können wir nicht das Gepäck dann schon mal vor schaffen? nee wer hier Gepäck hier irgendwo hin vorschafft der brauch gar nicht teilnehmen weil das Projekt heißt aus eigener Kraft mit wenig Geld viel erleben und nicht dass Mama alles hinschafft. (..) na und da bist du aber auch immer auf Messers Schneide wenn da irgendwas passiert. du bist nicht auf dem Zeltplatz. dann gewitterts. da weßte nie ob n Baum umkippt. also das sind ebenso Sachen. aber ich sag wenn man immer alles vorher dann brauchst du dich gar nie bewegen. nu. und das sind dann so Sachen darum sag ich sowas mach ich gern. weil da lernen die fürs Leben. ne müssen sich organisieren absprechen Lernen auch aus Pleiten. aber einer ist dann noch am selben Tag wos losgehen sollte abgesprungen. der war zuständig für n Kocher und für n Zelt. (.) da hat also schon mal n Kocher gefehlt und n Zelt gefehlt. da haben wir hier noch schnell n Ersatzzelt geholt. da hat sich rausgestellt da hat das Überzelt gefehlt. weil ich da nicht darauf vorbereitet war n Ersatzzelt mitzunehmen nehmen zu müssen. aber es hat Gott sei Dank nicht geregnet. also hat es auch gereicht mit dem Unterzelt so nem Igluzelt ohne Überzelt. hat nicht geregnet. na mit dem Kocher der hat natürlich gefehlt. dann wurde eben nicht warm gekocht. da mussten wir so (.) abends Brot und Obst und Gemüse und so war ja Sommer (.) ja

Kerstin Neumann, 2. Sequenz, 310–362

Kerstin Neumann versteht die von ihr ausgeführte Fahrradtour als Möglichkeit für die Schüler/innen, Demokratie zu lernen. Während der Fahrradtour war für sie „richtig alles demokratisch. von Anfang bis zum Schluss.“. In dem Adjektiv ‚richtig‘ wird dabei der Unterschied zu den von ihr abgelehnten demokratischen Entscheidungsprozessen in der repräsentativen Demokratie offensichtlich. Die vorliegende demokratische Organisation wird damit als frei von Fehlern oder Mängeln gerahmt. Zugleich deutet sich hiermit die Vorstellung einer besseren Demokratie an, wie es sehr charakteristisch ist für diesen Typ.

In diesem von ihr ausgeführten Beispiel zeigt sich, dass für Kerstin Neumann Prozesse dann demokratisch sind, wenn die Beteiligten die Freiheit haben, alle Entscheidungen untereinander selbst treffen zu können („und dann war alles frei. wir haben alles frei geregelt. die Strecke. wir haben Zelt mitgehabt Schlafsack mitgehabt. wir haben kein Quartier gehabt. wir haben alles vor Ort geregelt. gucken was passiert.“). Demokratie wird dabei verbunden mit einer aktiven Umsetzung und einem sehr direkten Ergebnis – also Merkmalen, die sie an der Performanz der repräsentativen Demokratie zugleich bemängelt. Hierin dokumentiert sich, dass die hier vollzogene Praxis mit ihrer Vorstellung von Demokratie übereinstimmt. Es kommt hier folglich eine Enaktierung ihres positiven Gegenhorizonts zum Ausdruck.

Mit Blick auf die didaktische Gestaltung des Demokratie-Lehrens im Zuge dieser Radtour wird deutlich, dass Kerstin Neumann als Lehrerin ein egalitäres

Verhältnis mit den Schülern/innen anstrebt und sich somit als Teil der Gruppe begreift. Ihrem Verständnis nach hat sie im Prozess genau die gleiche Stimme wie auch die teilnehmenden Schüler/innen. Dies dokumentiert sich auch in ihrem Sprachduktus, der in der Erzählung sehr stark ins Umgangssprachliche wechselt. Dabei werden real bestehende Unterschiede zwischen der Position der Lehrerin und der der Schüler/innen in der schulischen Hierarchie, mit der auf Seiten der Lehrerin auch eine Übernahme von Verantwortung für das Handeln der Schüler/-innen auf einer solchen Fahrt einhergeht, sowie ein Wissens- und Erfahrungsvorsprung der Lehrerin gegenüber den Schülern/innen zurückgewiesen.

Jedoch ist diese Form des Demokratielehrens voraussetzungsreich, das heißt nicht jede/r Schüler/in kann teilnehmen und erfüllt die Zugangsvoraussetzungen. Zwar versteht Kerstin Neumann die Teilnahme als freiwillige Entscheidung („ne ich hab gefragt wer traut sich das zu? wer hat Lust? (.) ich könnte mir vorstellen so und so."), allerdings ist dieser eine Selbstselektion der Schüler/innen auf Basis des Interesses und dem Zutrauen der Schüler/innen in die eigene (sportliche) Leistung und ihr Durchhaltevermögen, die Fahrt bis zur Ostsee tatsächlich zu schaffen („nee wer hier Gepäck hier irgendwo hin vorschafft der brauch gar nicht teilnehmen weil das Projekt heißt aus eigener Kraft mit wenig Geld viel erleben und nicht dass Mama alles hinschafft."), zugrunde gelegt. Letztlich erfolgt somit eine Selektion auf Basis eines Passungsverhältnisses an die Vorstellung von der Fahrt und die Leistungserwartung der Lehrerin, wodurch letztlich der Rahmen der Fahrt bereits vor der Abreise durch die Lehrerin vorgegeben wird. Infolgedessen wird die Fahrt, entgegen der Selbstinszenierung der Lehrerin als gleichrangiges Mitglied der Gruppe, maßgeblich durch ihre Vorstellungen beeinflusst.

In der Fahrtbeschreibung werden zudem darin angelegte Anforderungen an das Sozial- und Arbeitsverhalten der Schüler/innen deutlich. So erwartet sie von den Schülern/innen ein gewisses Verantwortungsbewusstsein gegenüber der Gemeinschaft, das sich vor allem in der negativen Rahmung des kurz vor der Abfahrt nicht erschienen Schülers zeigt. In der Honorierung der Schüler/innen nach erfolgreichem Erreichen des Ziels und ihrer Rückkehr in die Schule kommt implizit ihre anfängliche Erwartungshaltung an ihre (sportliche) Leistung zum Ausdruck („da waren sie wie Kings in der Schule. da haben sie das präsentiert das Projekt. haben viel zu erzählen gehabt. schöne Bilder gehabt.").

Im folgenden Zitat werden die Entscheidungsprozesse in der Gruppe von Kerstin Neumann noch einmal ausführlicher beschrieben.

Y: *und wie waren so die Entscheidungsprozesse in der Gruppe?*

Aw: *das mussten die immer selber machen. [Y: ja] ja.*

Y: *und hat das ist das gut gelaufen oder?*

Aw: *es gab auch mal wos gerumst hat weil einer der hat immer bloß gegrummelt der wollte irgendwie nen Döner essen ganz wichtig und hat das aber irgendwie nicht so richtig zum Thema gemacht sondern bloß so unterschwellig. und war dann megaenttäuscht als wir nach rechts gefahren sind wo kein Döner war statt nach links aber das hat der dann auch gelernt dass er eben sagen muss was er will und das man dann mal kurz fragt ob n Problem ist oder ob man wartet und dann ... da hat er ein ganz großes Problem gehabt und ich (.) brauchst dich nicht wundern das wusste keiner so richtig. und wenn du nur so vor dich hin grummelst. ja stimmt hm hm. so was. ne. oder wenn es darum ging äh ne Unterkunft klar zu machen dann haste dann da auch mal so aufgebrachte Leute wenn du dich da an irgendso einen See knallst. das geht aber nicht. hier ist der Verein und es darf nicht sein. da hab ich gesagt na komm geht mal. hier geht ihr beide da mal hin klärt das mal. sagt was ihr seid was ihr vorhabt warum ihr hier seid. vielleicht lassen sie sich ja erweichen. müsst ihr mal mit denen reden. die kennen Euch ja nicht. die denken ihr macht hier irgendwas schmutzig oder randaliert. ja und dann haben die mit denen gesprochen. dann gings eben halt eine Nacht. und solche Prozesse. na also ich hab mich da absolut zurückgenommen weil (.) ich dachte irgendwie geht das schon. da wird hier schon keiner eine Schulklasse hier irgendwie war ja keine Schulklasse waren acht Leute. [Y: ah okay] wird ja keener n Problem haben. [...] ja das war dann so meins wo ich sage sowas macht mir Laune und da nehm ich dann Freizeit oder Zeit bis rund um die Uhr wo ich dann halt mitfahre. bei sowas.*

Kerstin Neumann, 2. Sequenz, 402–437

Kerstin Neumann verdeutlicht hier, dass Demokratie für sie bedeutet, dass die Beteiligten alles selbst bestimmen und „selber machen", also entscheiden und auch durchführen. Demokratie wird somit als Selbstbestimmung bzw. Selbstverwaltung durch die Beteiligten eines Vorhabens verstanden – ähnlich wie bei Typ 3. Entscheidungs- bzw. Abstimmungsprozesse werden, wie sich hier zeigt, auf kurzem Wege im Gespräch miteinander geklärt. Dass jede/r Beteiligte seine/ihre eigene Meinung bzw. das eigene Anliegen äußert, wird dabei als Grundvoraussetzung erachtet, um darauf auch als Gruppe eingehen zu können. An dieser Stelle wird eine Praxis des Demokratielehrens deutlich, der zufolge sie den/die Einzelne im Gespräch auffordert, eigene Bedürfnisse in der Gruppe mitzuteilen, wenn man möchte, dass die Gemeinschaft darauf eingeht. Auch in der Klärung des Übernachtungsplatzes wiederholt sich diese Praxis, gemäß der sie den Schülern/innen die Aufgabe überträgt, das eigene Anliegen mit dem Verein zu klären. Dabei bestätigt sich noch einmal, dass sie sich als Lehrerin zurückhält und vor allem den Schülern/innen die Verantwortung überträgt.

In der Übertragung der Klärung des Übernachtungsplatzes an die Schüler/-innen wird deutlich, dass Kerstin Neumann zum einen den Schülern/innen vertraut, diese Frage selbst klären zu können, und zum anderen implizit davon ausgeht, dass der Verein dem letztlich zustimmen wird. Sie entscheidet damit an dieser Stelle, Verantwortung abzugeben und die Schüler/innen zu beauftragen. Damit gestaltet sie implizit aber auch den Prozess und fordert von den Schülern/-innen eine Anpassung an ihre Planung. Konkret geht hiermit die Anforderung an die Schüler/innen einher, das eigene Anliegen kommunizieren und glaubhaft vermitteln zu können, dass sie nicht ‚randalieren' und etwas ‚schmutzig' machen werden. Auch wird hier implizit erwartet, dass sie das eigene Sozialverhalten in der Gruppe regulieren und sich diszipliniert verhalten. Hiermit werden somit erneut Kompetenzen vorausgesetzt, über die gegebenenfalls nicht alle Schüler/-innen verfügen. Ihre Form des Demokratielehrens erweist sich damit als voraussetzungsvoll.

Wie an diesem Beispiel deutlich wird, findet Demokratielernen für Kerstin Neumann außerhalb des Unterrichts anhand ‚realer' Erfahrungen statt, die die Schüler/innen im Zuge der Fahrradtour machen. Sie selbst lebt dabei vor, wie eine andere Form des demokratischen Handelns in der Praxis einer Gemeinschaft erfolgen kann. Sie transportiert dadurch in dieser Demokratie-Lehrpraxis ungefiltert ihre eigenen Überzeugungen. Dadurch nimmt sie letztlich implizit Einfluss auf die Schüler/innen, die sich in der Praxis an ihre Vorstellungen anpassen müssen.

Diese in der Fahrradtour rekonstruierte Uminterpretation von Demokratie gemäß eigenen Vorstellungen, demnach Verantwortung an die Schüler/innen übertragen wird, alles in der Gemeinschaft selbst zu organisieren und zu entscheiden, wird fallintern an anderer Stelle bestätigt. Im folgenden Zitat wird die Organisation des jährlich stattfindenden Abiturientenballs durch den Abschlussjahrgang von ihr thematisiert.

Aw: *[…] das seh ich schon bei bei der Organisation des Abiballs (.) weil die sind bei uns nur drei Jahre an der Schule und äh sollen irgendwie ne Gemeinschaft werden wo man dann am Ende verbindlich und verantwortlich etwas organisiert und da haben die riesige Probleme. zum einen wegen dem Geld (.) da klinken sich von vornherein welche raus. ja und die anderen die es gern möchten. da haben dann drei Mann den Hut auf die haben die die Löwenarbeit und die anderen die machen nicht so richtig mit. (.) also dann ist das*

Y: I_ aber die gehen dann am Ende trotzdem hin und?

Aw: *die gehen schon hin aber die sind wie Schmarotzer weil die anderen die den Hut aufhaben sich krumm machen. das ist wie im Ameisenvolk. na du hast dann da (..) na eigentlich ist anders rum du hast nen Haufen Ameisen die arbeiten und hier hast du praktisch die Organisatoren die am Ende die Arbeit haben und die anderen profitieren alle davon. [Y: okay] also das ist zwar auch demokratisch aber am Ende machen es immer dieselben*

Kerstin Neumann, 2. Sequenz, 269–283

In diesem Abschnitt rahmt Kerstin Neumann die Organisation des Abiballs als Gemeinschaftsvorhaben eines Abschlussjahrganges. Dieses wird von ihr in der Durchführung problematisiert, wobei in ihrer Ausführung insbesondere die Kritik daran heraussticht, dass nur eine kleine Gruppe die gesamte Organisationsarbeit leistet, während die Mehrheit ohne etwas dazu beizutragen davon profitiert. Dies dokumentiert sich ganz besonders in der stark negativ und abwertend konnotierten Metapher „Schmarotzer". Die Metapher des ‚Ameisenvolkes' steht dem diametral gegenüber und steht sinnbildlich für eine Organisation und Mitarbeit durch alle Beteiligten. Hierin wird somit erneut ihre Demokratieorientierung deutlich, laut der nicht etwa ein Teil der Gruppe die anstehende gemeinschaftliche Aufgabe bewältigt (negativer Gegenhorizont), sondern es gilt diese gemeinsam zusammen mit allen Beteiligten zu bearbeiten (positiver Gegenhorizont).

Inwiefern dieses Demokratieverständnis in einer größeren Gruppe oder gar auf gesamtgesellschaftlicher Ebene umzusetzen wäre, wird von Kerstin Neumann nicht reflektiert. Auch wird nicht hinterfragt, ob alle die von ihr vorausgesetzten Fähigkeiten dafür mitbringen.

Obwohl dem Anschein nach ihr implizites Verständnis von Demokratie damit dem Demokratieverständnis von Typ 3 sehr nahe steht, gibt es hier auch deutliche Differenzen. Im Vergleich kommt vor allem ein Unterschied in der Vermittlung dieses Demokratieverständnisses zum Ausdruck. Während Kerstin Neumann weitgehend in ihrer Demokratie-Lehrpraxis eine Anpassung an ihre Vorstellungen erwartet und viele Kompetenzen für eine Beteiligung bereits voraussetzt, dokumentiert sich im Demokratielehrmodus von Typ 3 eine Befähigung der Schüler/innen, selbstbestimmt eigene Interessen zu vertreten und Entscheidungen in der Gemeinschaft zu treffen. Dabei wird von Typ 3 die Offenheit und Möglichkeit den Prozess mitzubestimmen betont. Weiterhin zeigt sich im Vergleich bei Typ 3 keine derartig starke Ablehnung der Politik im politischen System der repräsentativen Demokratie. Demokratie als Selbstbestimmung und Gestaltung der eigenen Lebenswelt soll diese nicht ersetzen, sondern wird in der Praxis vielmehr als Ergänzung auf lebensweltlicher Ebene verstanden. Auch müssen Typ 3 nach nicht immer alle Beteiligten mitentscheiden.

Um den Modus des Vorlebens einer anderen Demokratie noch einmal in der Unterrichtspraxis zu verdeutlichen, möchte ich noch ein weiteres Beispiel aus dem Interview mit Bernd Schneider zur Illustration hinzufügen. Bernd Schneider unterrichtet neben Politik noch Englisch, Sport und Geschichte an einem Gymnasium in Bayern.

Km: *[…] das heißt das erste was mich wirklich störte vielleicht beantwortet das Ihre Frage zum Teil (..) wenn hier im Fernsehen und in ner Schule und in den Büchern von* ***der Demokratie*** *gesprochen wird ist das schon mal ein (.) is n Fehler es gibt nicht* ***die Demokratie*** *sondern wovon die sprechen ist die parlamentarische oder repräsentative Demokratie.* ***davon*** *sprechen die. (.) andere Möglichkeiten werden ausgeblendet. und das ist nicht ausgewogen (..) [Y: ja]*

Y: *wie machen Sie das in ihrem Unterricht? mhm*

Km: *naja die Kunst besteht ja darin @ äh mit Widersprüchlichkeiten umzugehen und das nicht Sichtbare sichtbar zu machen. ich geb mal n Beispiel äh in irgendeinem*

Lehrwerk wird denn zum Beispiel der Tagesablauf einer Parlamentarier- Parlamentarierin beschrieben in Berlin wie die so so ihren Tagesablauf [Y: mhm] jetzt is sie natürlich von der CSU. (..) interessant wäre in der Schule wenn es gelänge (.) solch einen Politiker mal äh (.) herzubitten. jeder Wahlkreis also nu is sein Wahlkreis hier is es der Herr [Müller] (.) äh das man solch einen nimmt (.) einen Fragebogen ausarbeitet lässt von den Schülern (..) damit auch n Problembewusstsein entsteht was soll der eigentlich? wie viel Leute vertritt der? ja 200.000 wie viel Geld kriegt der im Monat? ja circa 10.000 blablabla was macht der da eigentlich? er müsste gar nichts in Parlament weil er hat ja n freies Mandat undundund ja (.) und dann mal gegenspielen spielen wenn es das gibt (.) äh politische Abgeordnete die ein (.) einen gesellschaftlichen Anspruch Systemverbesserung oder Veränderung haben. das man einmal einmal den einen sieht und einmal den oder die andere und denn könnten Schüler herausarbeiten nicht nur das der vielleicht schwarze Haare hat oder blonde Haare @ is ja oberflächliches sondern worin unterscheiden sich A inhaltlich? °wenn sie sich unterscheiden°. und B im politischen Handeln (...) das wär ein Bespiel (...)"

Bernd Schneider, 1. Sequenz, 156–182[111]

In diesem Zitat spricht Bernd Schneider seine Kritik an einer einseitigen Bezugnahme in den Medien und im Schulunterricht auf die repräsentative Demokratie aus. Durch diese Einseitigkeit werden andere Demokratieformen seiner Ansicht nach ausgeblendet, was er für ‚unausgewogen' hält (Orientierungsschema). Auf die Frage nach seiner Umsetzung in der Unterrichtspraxis entwirft er Demokratie-Lehrpraktiken, die seiner Meinung nach helfen, ein anderes Bild von Demokratie zu vermitteln. Dabei wird jedoch an dieser Stelle keine Enaktierung deutlich. Die hier zum Ausdruck kommenden Orientierungen bestätigen sich aber an späterer Stelle im Interview[112].

In der Antwort auf die Frage nach der Umsetzung seiner Demokratielehrvorstellung gebraucht er zwei Redewendungen. Zum einen bezieht er sich auf die Redewendung ‚die Kunst das Nicht-Sichtbare sichtbar zu machen', die dafür steht Verborgenes aufzudecken und genauer zu analysieren, und zum anderen auf die Redewendung ‚die Kunst mit Widersprüchlichkeiten umzugehen', die auf einen Umgang bzw. eine Arbeit mit Gegensätzen verweist. Daran anschließend verdeutlicht er die praktische Umsetzung dessen und schildert das Beispiel einer Demokratie-Lehrpraktik der Beschäftigung mit dem Tagesablauf eines/einer ‚Parlamentariers/in der CSU' im Bundestag, wie er im Lehrbuch dargestellt wird. Hierin bezieht er sich auf eine Lehrbuchdarstellung in der Auseinandersetzung

---

111 Dieses Zitat wurde anteilig bereits zur empirischen Illustration in den Aufsatz *Empirische Einblicke in kritischen Politikunterricht* (Kessler 2017a: 114) aufgenommen.

112 Weitere Zitate aus dem Interview mit Bernd Schneider greife ich in der empirischen Vertiefung des Typs 1 der Typik II in Kapitel 4.2.1 und in der empirischen Vertiefung zum relationalen Typ 2 in Kapitel 4.3.2 auf.

mit der Politik der repräsentativen Demokratie. Er schlägt dabei vor, diese um die Einladung eines/r solchen Politikers/in zu ergänzen, der/die mit Hilfe eines mit den Schülern/innen zusammen vorbereiteten Fragebogens interviewt werden soll. Er führt dann einige Fragen an, die er zum Teil selbst beantwortet („was soll der eigentlich? wie viel Leute vertritt der? ja 200.000 wie viel Geld kriegt der im Monat? ja circa 10.000 blablabla was macht der da eigentlich? er müsste gar nichts in Parlament weil er hat ja n freies Mandat undundund ja"). Darin kommt somit implizit ein Abgleich mit der Lehrbuchdarstellung, die nicht alle diese Aspekte aufzeigt und ‚sichtbar' macht, zum Ausdruck. Erst durch den Vergleich werden diese aufgedeckt.

Danach folgt ein zweiter Vergleich, indem die Fragen dann noch einmal einer „politische[n] Abgeordnete[n] die ein (.) einen gesellschaftlichen Anspruch [auf] Systemverbesserung oder Veränderung [hat]", gestellt werden. Damit spricht Bernd Schneider in seiner Ausführung bereits dem/der Parlamentarier/in der CSU ab, dass er das System verbessern oder verändern möchte, worin seine eigene politische Einstellung gegenüber der CSU zum Ausdruck kommt. Zur Systemverbesserung/-veränderung braucht es seiner Ansicht nach eine/n Gegenspieler/in, auch wenn er sich gar nicht sicher ist, ob es solch eine Person gibt („wenn es das gibt"). Dieser Vergleich zwischen diesen zwei gegensätzlichen Abgeordneten soll den Schülern/innen ermöglichen, die Unterschiede in ihren Positionen und ihrem politischen Handeln herauszuarbeiten. Der Begriff der Systemveränderung bzw. -verbesserung bestätigt zudem auf sprachlicher Ebene noch einmal seine Kritik am bestehenden politischen System, dass seiner Ansicht nach durch systemische Änderungen verbessert werden muss.

In seiner didaktischen Bearbeitung wird damit der Vergleich als Mittel genutzt, um sich an einer als einseitig wahrgenommenen Darstellung und Gestaltung der repräsentativen Demokratie abzuarbeiten und andere Perspektiven aufzuzeigen. Darüber hinaus verdeutlicht er hier eine Abgrenzung von einer Lehre nach Lehrbuch. Dieses wird als unzureichend verstanden, weil es eben keine kritische Perspektive aufzeigt. Die didaktische Gestaltung dieser Demokratie-Lehrpraxis ist sehr stark durch den Politiklehrer bestimmt und gesteuert, was sich fallintern auch in weiteren Sequenzen bestätigt.

In diesem Beispiel wird erkenntlich, dass Bernd Schneiders eigene politische Einstellung und Bewertung der politischen Handlungspraxis der Abgeordneten mitschwingt und er eine bestimmte Handlungspraxis eines/r Abgeordneten als die positive bzw. fortschrittliche versteht. Damit vermittelt er den Schülern/innen implizit, welches das ‚richtige' bzw. ‚bessere' politisch-demokratische Handeln ist.

In der hier entworfenen Demokratie-Lehrpraxis von Bernd Schneider dokumentiert sich vorrangig, dass er eine andere, bessere demokratische politische Ordnung als notwendig erachtet. Wie bei Kerstin Neumann interpretiert Bernd Schneider Demokratie gemäß eigenen Vorstellungen um. Im Interview wird deutlich, dass politisch-demokratische Handlungspraxen des Protests und des

Widerstandes im Vergleich zu einem politisch-demokratischen Handeln innerhalb des politischen Systems der repräsentativen Demokratie positiv verstanden werden. Dies wird auch im folgenden Zitat zum „Schülerstreik" deutlich.

Km: *[...] äh ich geb noch n Beispiel (..) wir hatten hier in Bayern in [Stadt] vor zwei- drei Jahren vor zwei Jahren einen* **Schülerstreik** *(.) das Kultusministerium Ministerium hat das also sogenannten Schülerstreik bezeichnet. es ist vom Kultusministerium und von den Schulen* **verboten** *worden da hinzugehen (.) Lehrer die das geduldet haben sind abgemahnt worden oder sind mit einer Gehaltskürzung äh bedient worden. die ich kenne Schüler ich hab da n bisschen mitgemacht ich kenn Schüler die äh da an vorderster Front beteiligt warn es warn nicht von irgendeiner* **Partei** *organisiert sondern das war autonom autochthon von denen. das warn sehr vernünftige Forderungen (.) ähm da musste äh ne Demonstration anmelden da musste Flugblätter schreiben da musste n Internetseite machen da musste Leute organisieren undundund (.) das wäre etwas konkretes gewesen wo Schüler sich hätten (.) wo Schüler hätten (.) auch mitmachen können aber dann kommts du in Konflikt mit der Obrigkeit. also das war für mich in den zweieinhalb letzten Jahren äh das beste konkrete Beispiel was politisches Handeln bedeutet. (..) [...]*

Bernd Schneider, 1. Sequenz, 332–346

Der „Schülerstreik" wird in diesem Zitat von Bernd Schneider als beste Möglichkeit des Demokratielernens für die Schüler/innen gerahmt. Wie bei Kerstin Neumann werden somit ‚reale' Erfahrungen als bevorzugte Lerngelegenheiten verstanden, die er als Politiklehrer unterstützt.

Darüber hinaus dokumentiert sich hier das implizite Demokratieverständnis von Bernd Schneider. Hier wird zum einen der Staat als „Obrigkeit" verstanden, das heißt als Herrscher, der repressiv gegenüber den Menschen auftritt, die Missstände anprangern und etwas verändern möchten. Politisch-demokratisches Handeln ist für ihn, wie sich hier abzeichnet, nicht die Arbeit in einer Partei als Teil des politischen Systems der repräsentativen Demokratie, sondern das Engagement in einer außerparlamentarischen Opposition in Form von Demonstrationen, organisiertem Protest und Streik.

In beiden Interviews wird deutlich, dass die von ihnen kritisierte Form der repräsentativen Demokratie „zwar auch demokratisch" ist, aber eben nicht die ‚richtige' oder eigentlich sinnvollere, gerechtere etc. Form von Demokratie. Das heißt, eigentlich wäre der Form der repräsentativen Demokratie doch eine andere, vermeintlich bessere vorzuziehen. Diese andere Form von Demokratie wird in den Demokratie-Lehrpraktiken vorgelebt. Dabei ist festzuhalten, dass die Politiklehrer/innen nicht bewusst agitieren, sondern vielmehr selbst sehr gefestigt sind in ihrer Ablehnung der repräsentativen Demokratie bzw. Bevorzugung einer Demokratievorstellung und genau diese Ablehnung und auch Überzeugung immer wieder durch ihre Praxis hindurch vermitteln.

Dem liegt somit ein implizites Verständnis von Demokratie als Gegenentwurf zur repräsentativen Demokratie zugrunde.

4.2 Typik II: Das implizite Selbstbild als Politiklehrer/in

In den geschilderten Demokratie-Lehrpraktiken konnte ich eine zweite sinngenetische Typik rekonstruieren zum impliziten Selbstbild als Politiklehrer/in.

Ich fasse den Begriff des Selbstbildes im Anschluss an Assmanns Unterscheidung von Identität und Selbstbild als implizites, konjunktives Wissen[113]. Nach Assmann ist „Identität (...) eine Sache des Bewußtseins, d.h. des Reflexivwerdens eines unbewußten Selbstbildes", was für ihn sowohl „im individuellen wie auch kollektiven Leben [gilt]" (Assmann 1999: 130). Er unterscheidet somit 1) Identität und 2) Selbstbild, die im Sinne der praxeologischen Wissenssoziologie damit als 1) kommunikativ, theoretisch und 2) konjunktiv, atheoretisch gefasst werden können. Sowohl Selbstbilder als auch Identität werden von Assmann als „soziogen" (ebd. 1999: 130) verstanden, demnach entwickelt ein Mensch ein Selbstbild durch „seine Teilnahme an den Interaktions- und Kommunikationsmustern der Gruppe, zu der er gehört, und kraft seiner Teilhabe am Selbstbild der Gruppe" (ebd. 1999: 130)[114]. Dementsprechend wird das Selbstbild maßgeblich durch die Teilhabe und Sozialisation eines Individuums an bzw. in einem kollektiven Erlebniszusammenhang geprägt. Assmann versteht das unbewusste Selbstbild zugleich als „handlungsleitend" (ebd. 1999: 134). Damit kann Assmanns Verständnis eines unbewussten Selbstbildes als anschlussfähig an Mannheims Wissenssoziologie verstanden werden.

Mit Bezug auf Wincklers Rekonstruktion politischer Selbstbilder von Jugendlichen (siehe Winckler 2017) werden implizite Selbstbilder in der Sicht und im Umgang mit der Welt und anderen zum Ausdruck gebracht, und sie bestimmen das Handeln bzw. die Bereitschaft zu handeln (ebd. 2017: 19, 108 f.)[115]. Das Selbst-

---

113 Ich bin mir bewusst, dass der Selbstbildbegriff umgangssprachlich und auch in anderen Forschungsarbeiten als explizites Selbstverständnis, im Sinne eines bewussten Bildes von sich selbst verstanden wird. Von diesem Begriffsverständnis grenze ich mich hier ab.

114 Bei Identität handelt es sich in Abgrenzung zum Selbstbild um „das im Bewußtsein des Einzelnen aufgebaute und durchgehaltene Bild der ihn von allen („signifikanten") Anderen" (Assmann 1999: 131) unterscheidet. Sie ist, so Assmann, „eine Sache individuellen Wissens und Bewußtseins" (ebd. 1999: 131) und somit dem Bereich des expliziten, kommunikativen Wissens zu zuordnen.

115 Winckler bezieht sich in ihrem Verständnis von impliziten Selbstbildern auf Taylor, laut dem ein Individuum sein/ihr Selbst nur in Bezug auf andere bzw. die Umwelt beschreiben kann (vgl. Taylor 1994: 69). Diese Akte der Selbstinterpretation können nach Taylor niemals vollständig explizit artikuliert werden (im Sinne von subjektiven Theorien über sich selbst), sondern kommen in unseren Handlungen vielfach implizit zum Ausdruck (vgl. ebd. 1994: 68; siehe auch Meyer-Heidemann 2015: 77).

bild als Politiklehrer/in dokumentiert sich demnach in ihrer Demokratie-Lehrpraxis sowie spezifisch in ihrer Beziehung und in ihrem Umgang mit den Schülern/innen. Es ist zugleich als handlungsleitend für die Gestaltung zukünftiger Demokratie-Lehrpraktiken der Politiklehrer/innen zu verstehen.

Das Selbstbild umfasst Orientierungen zu den folgenden Subdimensionen: 1) zur Ausgestaltung der Rolle des Politiklehrers/in in Demokratie-Lehr-Lernprozessen und 2) eine damit einhergehende Haltung gegenüber Schülern/innen sowie 3) einen spezifischen Umgangsmodus mit eigenen politischen Positionen in Demokratie-Lehr-Lernprozessen. Ich grenze mich dabei von einem Verständnis der expliziten Definition der Lehrer/innenrolle ab und lehne mich an das Begriffsverständnis von Bressler und Rotter von der Lehrer/innenrolle als „eigenen Unterrichtsstil und Umgang mit den Lernenden" (Bressler/Rotter 2019: 195) im Zuge der beruflichen Praxis als Lehrer/in an. Die Lehrer/innenrolle wird gemäß Bressler und Rotter als Teil des beruflichen Habitus gefasst. Auch der Haltungsbegriff lässt sich mit Bezug auf Kramer (2019a) hier einordnen und als Teil des beruflichen Lehrer/innenhabitus verstehen. Konkret begreife ich unter Haltung gegenüber Schülern/innen die in den geschilderten Praktiken eingelassenen Wahrnehmungsmuster und Bilder der Lehrer/innen, die sie von ihren Schülern/-innen haben, sowie ihr sich hierin dokumentierendes Beziehungsverhältnis zu ihnen[116]. Da insbesondere die ersten beiden Subdimensionen weitgehend ineinander übergehen, werde ich sie in der Typendarstellung nicht analytisch trennen.

Ich konnte in dieser Typik zwei konträre Typen rekonstruieren: dies ist einerseits ein *Selbstbild des/der Politiklehrers/in als Demokratieexperten/in im propositionalen Sinne* und andererseits ein *Selbstbild des/der Politiklehrers/in als Demokratielernbegleiter/in im performativen Sinne*. Der gravierende Unterschied zwischen diesen Typen wird in der Bezeichnung bereits deutlich: während die Typbezeichnung des/der Politiklehrers/in als Demokratieexperten/in im propositionalen Sinne sich auf eine Expertise zum Unterrichts-/Lerngegenstand Demokratie bezieht und sich hier eine enggefasste Lehrer/innenrolle als Vermittler von Fachwissen dokumentiert, betont die Typenbezeichnung des/der Politiklehrers/in als Demokratielernbegleiter/in im performativen Sinne eine Expertise in

116 Dies entspricht einem philosophischen Verständnis von Haltung, demnach Haltung eine „grundlegende menschliche Bezüglichkeit, die immer eine Wechselwirkung aus den Bezügen zu Anderen, Selbst und Welt ist. Jede Haltung referiert implizit oder explizit auf dieses Geflecht aus Anderen, Selbst und Welt und ist zugleich Realisierung dieses komplexen Bezugs. (…) Haltungen drücken [somit] immer ein spezifisches Verhältnis zum Anderen, zum Selbst und zur Welt aus, mehr oder minder explizit, mehr oder minder reflektiert" (Kurbacher/Wüschner 2006: 5). Nach Kurbacher und Wüschner kommt Haltung zu allererst performativ, das heißt in den Handlungen gegenüber Anderen, zum Ausdruck – und zwar konkret „wie" ich in der Situation mit anderen umgehe (vgl. ebd. 2006: 6 f.). Dieser Begriff der Haltung ist damit anschlussfähig an das hier verwendete Begriffsverständnis des Selbstbildes und an die Perspektive der dokumentarischen Methode der Interpretation.

der Gestaltung von Demokratie-Lehr-Lernprozessen für die Schüler/innen einer Klasse. Mit dem Zusatz propositional bzw. performativ hebe ich hervor, dass das Selbstbild von Typ 1 fokussiert *was* vermittelt werden soll, und das Selbstbild von Typ 2 *wie* Lehr-Lernprozesse gestaltet und das Lernen der Schüler/innen unterstützt werden können.

Das bedeutet jedoch nicht, dass Politiklehrer/innen, in deren Praktiken sich Typ 1 dokumentiert, nicht auch ein Wissen über die Gestaltung von Lehr-Lernprozessen hätten, wie umgekehrt Politiklehrer/innen, in deren Praktiken sich Typ 2 zeigt, auch über Fachwissen zu Demokratie verfügen; es dokumentiert sich jedoch nicht vordergründig in der geschilderten Praxis. Das heißt, die Selbstbildtypen verweisen darauf, welches implizite Selbstbild in den Demokratie-Lehrpraktiken zum Ausdruck kommt.

Anzumerken ist hierbei, dass diese Orientierungen nicht zwangsläufig fachspezifisch sein müssen, sondern sich gegebenenfalls auch darüber hinaus dokumentieren.

Aus Tabelle 4 geht hervor, in welchen Fällen sich der jeweilige Selbstbildtyp in den geschilderten Demokratie-Lehrpraktiken dokumentiert. Im folgenden Abschnitt stelle ich beide Typen dar und werde sie mit Hilfe von Zitaten aus den Interviews illustrieren.

Tabelle 4: Übersicht zu den Typen der Typik II Implizites Selbstbild als Politiklehrer/in

	Typ 1	Typ 2
Implizites Selbstbild als ...	Demokratieexperte/in im propositionalen Sinne	Demokratielernbegleiter/in im performativen Sinne
Zugeordnete Praktiken aus den Fällen	Kerstin Neumann (Aw) Andreas Schmidt (Bm) Markus Lange (Jm) Bernd Schneider (Km) Sabine Klein (Lw) Tobias Krüger (Mm) Volker Zimmermann (Sm)	Julia Weber (Cw) Stephan Fischer (Dm) Wolfang Meyer (Em) Jan Becker (Fm) Matthias Lehmann (Gm) Peter Hoffmann (Hm) Katrin Wolf (Iw) Sabine Klein (Lw)[117] Tobias Krüger (Mm) Anja Krause (Nw) Frank Walter (Pm) Melanie Wagner (Qw) Nicole Koch (Rw) Nadine Schwarz (Tw) Robert Engel (Tm) Ulrich Müller (Um) Sarah Kern (Vw) Daniel Hartmann (Wm)

117 In den in grauer Schrift gesetzten Fällen dokumentiert sich kontextabhängig in verschiedenen Demokratie-Lehrpraktiken auch der jeweils andere Selbstbildtyp.

4.2.1 Typ 1: Der/die Politiklehrer/in als Demokratieexperte/in im propositionalen Sinne

In den Demokratie-Lehrpraktiken der interviewten Politiklehrer/innen zeigt sich als einer von zwei Typen das implizite *Selbstbild des Politiklehrers/in als Demokratieexperte/in im propositionalen Sinne.* In dieser Typenbezeichnung kommt zum Ausdruck, dass der/die Politiklehrer/in in der Praxis eine Lehrer/innenrolle als *Experte/in* zum Unterrichts- bzw. Lerngegenstand Demokratie einnimmt. Der Fokus ist somit gerichtet auf ein *Wissen über* Demokratie und dem entspricht eine Demokratielehre, die darauf ausgerichtet ist, das der/die Politiklehrer/in das eigene Wissen über Demokratie vermittelt.

In Übereinstimmung hiermit dokumentiert sich in den Demokratie-Lehrpraktiken eine Auffassung von dem/der Politiklehrer/in als *Wissendem/r*, während die Schüler/innen als *Unwissende* in Bezug auf den Unterrichts-/Lerngegenstand Demokratie betrachtet werden. Damit einher geht die implizite Haltung, sich als Politiklehrer/in im Vergleich zu den Schülern/innen besser im politischen System orientieren zu können sowie besser Bescheid zu wissen zu politisch-demokratischen Fragen und aus dieser Position heraus den Schülern/innen Wissen über Demokratie zu vermitteln. Hierin zeichnet sich ein *asymmetrisches Wissens- und Kompetenzgefälle* im Beziehungsverhältnis von dem/der Politiklehrer/in und den Schülern/innen ab.

Im Zuge dessen kommt auch eine Wahrnehmung der Schüler/innen als homogener Gruppe zum Ausdruck, mit der in der Praxis eine Nivellierung unterschiedlicher Voraussetzungen (z. B. Vorwissen, Interesse, politisches Engagement der Schüler/innen) und eine Neutralisierung von Perspektiven (z. B. erste Meinungen der Schüler/innen zu verschiedenen Themen) einhergeht, die die Schüler/innen möglicherweise bereits in den Politikunterricht mitbringen. Dies fällt insbesondere im Kontrast zum anderen Selbstbildtyp auf, der sich sehr genau mit dem Vorwissen und Fähigkeiten, die die Schüler/innen in den Politikunterricht ‚mitbringen', befasst und Differenzen unter den Schülern/innen in den jeweiligen Klassen sehr genau wahrnimmt und darauf in seinen/ihren Demokratie-Lehrpraktiken eingeht.

Besonders auffällig ist dies in den Fällen von Sabine Klein und Tobias Krüger, bei denen einige Demokratie-Lehrpraktiken im Demokratielehrmodus von Typ 1 und andere im Demokratielehrmodus von Typ 3 erfolgen. In diesen unterschiedlichen Demokratie-Lehrpraktiken zeigt sich auch jeweils der eine oder der andere Selbstbildtyp. Erklären lässt sich diese Parallelität durch Sabine Kleins und Tobias Krügers Umgang mit Anforderungen an ihren Politikunterricht im Modus von Typ 2 (Typik III), wie ich es in Kapitel 4.4.2 anhand ihrer Fälle verdeutliche. Beide ordnen eigene Vorstellungen von Demokratielehren der Erfüllung von Lehrplanvorgaben unter. Die Orientierung an der Erfüllung von Vorgaben wird von beiden höher gewichtet.

Davon ausgehend zeigt sich, dass der Typ des/der Politiklehrers/in als Demokratieexperte/in im propositionalen Sinne davon ausgeht, dass ein *Wissens- und Kompetenzzuwachs* bei den Schülern/innen linear über die Schuljahre hinweg entsprechend den Klassenstufen erfolgt. Demzufolge werden Differenzen nur zwischen den Klassenstufen und insbesondere zwischen Sekundarstufe 1 und Sekundarstufe 2 wahrgenommen.

Für das Selbstbild dieses Typs ist es charakteristisch, dass in der beschriebenen Praxis erkenntlich wird, dass der Schwerpunkt darauf liegt, dass der/die Politiklehrer/in sein/ihr Fachwissen über Demokratie den Schülern/innen vermittelt. Damit korrespondierend zeigt sich in den Demokratie-Lehrpraktiken dieser Politiklehrer/innen, dass alle wesentlichen Impulse von der Lehrkraft ausgehen. Gemein ist den Demokratie-Lehrpraxen, dass sich in ihrer Darstellung abzeichnet, dass die Lehrkraft die Zielvorstellung bestimmt und entsprechend erwartet, dass die Schüler/innen zu einem vorherbestimmten Lernziel, sei es einem bestimmten Wissen oder Können, gelangen – und zwar oft in einem vorgegebenen Zeitrahmen. Hierin kommt eine Steuerung und eine Kontrolle des Unterrichts durch den/die Politiklehrer/in zum Ausdruck.

Mit Blick auf die Frage, inwiefern den eigenen Demokratie-Lehrpraktiken möglicherweise eine politische Tendenz zugrunde liegt und man als Politiklehrer/in durch die eigene Lehrpraxis Schüler/innen in ihrem politischen Denken und in ihren Positionen beeinflusst, wird hier ein Unterschied zum Typ des/der Politiklehrers/in als Demokratielernbegleiter/in im performativen Sinne deutlich. Es fällt auf, dass Politiklehrer/innen dieses Typs entweder nicht thematisieren, wie sie mit ihrer eigenen politischen Einstellung im Unterricht umgehen oder aber darauf verweisen, dass man als Politiklehrer/in neutral sein und sich entsprechend im Unterricht nicht explizit politisch äußern sollte. Dabei wird Neutralität nur in Bezug zu expliziten politischen Positionierungen gesetzt, aber es wird nicht danach gefragt, inwiefern Schüler/innen durch die Form der Demokratie-Lehrpraxis selbst politisch beeinflusst werden.

Im Anschluss werde ich nun den Typ des/der Politiklehrers/in als Demokratieexperten/in im propositionalen Sinne empirisch anhand von Interviewzitaten illustrieren.

Exemplarische empirische Vertiefung

In diesem Abschnitt werde ich die Charakteristika des Typs anhand von Ausschnitten aus den Interviews mit den Lehrern Tobias Krüger (Mm) und Bernd Schneider (Km) aufzeigen. Tobias Krüger unterrichtet Politik fachfremd an einer Erwachsenenschule in Niedersachsen, an der junge Erwachsene ihre Schulabschlüsse nachholen oder eine schulische Ausbildung machen können. Er ist im doppelten Sinne fachfremd, da er weder Lehramt noch das Fach Politik studiert hat. Seine geschilderte Demokratie-Lehrpraxis kann dem Modus des Einübens repräsentativer demokratischer Verfahren zugeordnet werden (Typ 1/Typik I). Bernd Schneider ist ausgebildeter Politiklehrer an einem Gymnasium in Bayern. Er unterrichtet neben Politik noch Englisch, Sport und Geschichte. Seine geschilderte Demokratie-Lehrpraxis erfolgt im Modus des Vorlebens einer anderen Demokratie (Typ 5/Typik I). In beiden Interviews wird das implizite Selbstbild eines Politiklehrers als Demokratieexperten im propositionalen Sinne besonders stark deutlich.

Auf sprachlicher Ebene dokumentiert sich ein Selbstbild als Demokratieexperte im propositionalen Sinne bei Bernd Schneider insbesondere in der Nutzung vieler Fachbegriffe und -kenntnisse (Namen von Politikern/innen, politischer Ereignisse, Demokratietheorien etc.) sowie verschiedener Autorennamen (z. B. Aristoteles, Marx, Harald Schumann). Damit vermittelt er bereits in der Interviewsituation implizit der Interviewerin, dass er als Politiklehrer ein *Experte* im propositionalen Sinne ist, also über ein großes Fachwissen über Demokratie verfügt.

Dieses Selbstbild dokumentiert sich bei beiden Politiklehrern auch in der Beschreibung ihres Verhältnisses zu ihren Schülern/innen, wie ich es im Folgenden an einem ersten Zitat von Tobias Krüger veranschaulichen möchte.

Y: *ähm du hast grad am Anfang gesagt man muss Basics schaffen ähm mit was kommen die denn hier an? also*

Mm: *ja viele wissen nicht was äh der Bundestag ist [Y: ja] ja um es mal platt zu sagen. und ähm auch das äh jede Gemeinde über n Rat und n Bürgermeister und ne Verwaltung organisiert ist ähm das ist zwar klar das man irgendwie immer zu Ämtern geht aber warum man das tut (.) ist weniger bekannt oder das es ähm ähm in den meisten Fällen einfach äh nicht nur ausm Bauch heraus Regeln gibt sondern klar festgeschriebene Gesetze nach denen man sich orientieren kann. das ist zwar irgendwo hinten im Hintergrund bekannt aber wie ich an den Gesetzestext rangehe (.) oder warum mir n Amt ähm n positiven oder negativen Bescheid schickt und das mit den den und den Argumenten begründet ja ist halt so wir abgeheftet wenns gut läuft wirds abgeheftet (.) und wird so hingenommen aber es ist halt nicht so das äh da ne mhm ja ne bewusste Verarbeitung stattfindet (.) und deswegen muss man da erstmal anfangen. ähm beispielsweise was passiert n auf deinem Lohnzettel? ja wennse arbeiten gehen beide. warum stehen da bestimmte Beträge drauf? [Y: mhm] ja was ist da warum also was ist brutto und netto? das wissen se meist noch ja [Y: @] das da irgendwie brutto mal irgendwie n ne fiktive Summe draufsteht das landet aber nie aufm Konto [Y: @ ja@] und warum das so ist da wirds dann schon wieder schwierig. und deswegen also da ist halt in ner kurzen Zeit ne Menge zu machen ne Menge aufzuholen (.) ähm (.) ja genau [Y: ah ja] das sind so die grundständigen Dinge (..)*

Tobias Krüger, 1. Sequenz, 215–236

Während die Interviewerin hier offen danach fragt, was die Schüler/innen bei Tobias Krüger in den Politikunterricht ‚mitbringen' und wie sich ihm als

Politiklehrer entsprechend die Ausgangssituation der Schüler/innen präsentiert, bezieht sich Tobias Krüger hier fast ausschließlich auf den Wissensstand der Schüler/innen – nicht aber auf ihr (Des-)Interesse an Politik, ein Engagement einzelner Schüler/innen oder bereits vorhandene Fähigkeiten. Tobias Krüger rahmt die Schüler/innen dabei in mehrfacher Hinsicht als Unwissende, während er im Zuge dieser Aufzählung verschiedener Thematiken implizit herausstellt, dass er sich als Lehrer dagegen aber sehr wohl auskennt. Hierin zeigt sich, dass er sich als Politiklehrer als Experte begreift, der im Vergleich zu den Schülern/innen einen deutlichen Wissensvorsprung hat. Die Schüler/innen müssen dagegen ‚ne Menge aufholen', und zwar bereits bei sehr ‚grundständigen Dingen', woran deutlich wird, dass er bei den Schülern/innen einen Rückstand bzw. Nachholbedarf sieht in Bezug auf ein fiktives Wissensniveau, das er bei ihnen erwarten würde. Dabei geht es um Grundlagenkenntnisse, mit deren Hilfe man sich im Alltag orientieren kann, wie sich exemplarisch am Beispiel des Lohnzettels andeutet. Die Gruppe der Schüler/innen wird, wie für diesen Typ charakteristisch, hier zudem nicht weiter differenziert.

Auch im Interview mit Bernd Schneider werden Differenzen unter den einzelnen Schülern/innen in den Klassen kaum angesprochen und es zeigt sich ein deutliches Kompetenzgefälle zwischen ihm und seinen Schülern/innen, wie ich anhand eines Zitats noch einmal verdeutlichen möchte. Die folgende Passage schließt an eine Ausführung von Bernd Schneider zu Demokratielehren im Unterricht an.

Km: *[...] das sehn sehn die Bücher aber nicht vor alles was ich gesagt sehn die Bücher nicht vor. (.) aber dann wirds konkret. (.)*

Y: *was finden Sie dann schwierig an dem was vorgeschlagen wird von den Büchern?*

Km: *schwierig also für die Schüler oder für mich?*

Y: *na sowohl als auch*

Km: *na für mich ich durchschau das ja. äh für die Schüler is es für- seh ich die ähm die Besonderheit darin die solln ja (.) äh (.) motiviert werden sich über das Politische und das (.) Gestalten des Le- Lebens (..) Gedanken machen und äh die solln einerseits <u>Kenntnisse</u> haben aber auch <u>Erkenntnisse</u> ich glaub es werdn mehr A Kenntnisse vermittelt so wie sies äh die das gern hätten aber keine <u>Erkenntnisse</u> es sei denn ähm äh äh Sowjetunion war äh Kommunismus äh siehe Stalin alles Mist. das heißt <u>Kommunismus gleich Mist</u> so primitiv wirds ja gemacht und das halt ich für manipulativ ja da wird Stalin kam kam ja in meiner Aussage gar nicht vor (..) also Kenntnisse Erkenntnisse is das eine. und das andere is (.) sie zu motivieren (.) mal drüber nachzudenken wenn ich zur Wahl geh also wenn die 18 sind gehn se zur Wahl oder nehm an einer äh Volksabstimmung teil Nichtraucherschutz is ein Beispiel. (.) dann is ja die Frage* ***war es das denn schon?*** *ich gebe also das aktive Wahlrecht ab bin also ein passiver Mensch und die anderen machen dann die ich auch gar nicht kenn (.) oder <u>suche</u> ich nach Möglichkeiten wo ich mich (.) selber <u>einmischen</u> und <u>einbringen</u> kann?*

das is hier nicht erwünscht. hab ich nirgends gesehen oder- (..) da steht jetzt da drin man kann selber ne Partei gründen was natürlich Quatsch is @ (.) das es Quatsch is wird aber auch nicht gesagt. formal geht das natürlich. aber das ich vielleicht äh in einem Stadtteilbezirk mitmach in einer Bürgerinitiative (.) oder das ich in einem (.) äh (..) äh bei einer äh (.) wie auch gearteten sozialen Initiative mitmach oder eine politische Partei wenn se einem denn gefallen würde (.) äh (.) das wäre konkret. also das Ziel (.) äh erkenne dich selbst organisiere dich selbst äh sieh zu dass du im klarn bist und in in ner Lage bist mit anderen sozial zu handeln. äh mit pro und contra Synthese äh also These Antithese Synthese. dieses ganze Spiel. ähm dafür ein Bewusstsein zu wecken (..) zu schauen ob man da sich einbringen kann im Rahmen der persönlichen Möglichkeiten das wär schön. oder wenn jemand später irgendwo mal arbeitet ja ignoriert der nun den Betriebsrat äh äh geht gar nicht zur Wahl hin aber mehr Lohn will er haben @ ja was denn nun? (..) wie gesagt äh und dann natürlich intellektuell (.) wenn jetzt meinetwegen Politiker im Fernsehen auftreten oder es- Kommentare werden abgeben (.) zu durchschauen was meinen die denn wirklich? was ist die Botschaft hinter der Botschaft? das is aber ein Langfristthema und der Politikunterricht kann vielleicht den ein oder andern Baustein setzen (.) wobei ich differenzieren muss zwischen Mittelstufe und Oberstufe [Y: husten]

Bernd Schneider, 1. Sequenz, 200–241

An dieser Stelle dokumentiert sich, dass Bernd Schneider selbst der Auffassung ist, dass er den in den Lehrbüchern angelegten Politikunterricht und die damit verbundenen Ziele ‚durchschaut'. Er sieht sich somit in seiner Rolle als Politiklehrer als derjenige, der die ‚wahren' Zielsetzungen der Lehrbücher erkennt und versteht. Es bestätigt sich somit ein implizites Selbstbild als *Experte*. Die Schüler/-innen werden dagegen von ihm – wie für diesen Typ bezeichnend – recht homogen als Gruppe der Lernenden verstanden, denen solch ein kritisches Verständnis noch fehlt und die durch die Lehrbücher noch ‚manipuliert' werden können. Mit dieser Wortwahl rahmt Bernd Schneider die Lehrbücher als Gefahr für Demokratie-Lehr-Lernprozesse (negativer Gegenhorizont), womit ein Bild der Schüler/innen als potenziell Gefährdete entsteht.

Zugleich wird in diesem Zitat deutlich, dass er eine klare Zielvorstellung verfolgt, dernach sich die Schüler/innen möglichst zu kritisch denkenden und engagierten Bürger/innen entwickeln sollen („also das Ziel (.) äh erkenne dich selbst organisiere dich selbst äh sieh zu dass du im klarn bist und in in ner Lage bist mit anderen sozial zu handeln"), wobei ihm bewusst ist, dass dies nicht allein durch den Politikunterricht erreichbar ist („das is aber ein Langfristthema und der Politikunterricht kann vielleicht den ein oder andern Baustein setzen"). Solch eine klare Zielvorstellung ist wiederum charakteristisch für diesen Typ, auch wenn sich die einzelnen Politiklehrer/innen in den konkreten Zielvorstellungen unterscheiden und Tobias Krüger beispielsweise ganz andere explizite Ziele verfolgt. Darin kommt wiederum ein Bild von dem/der Politiklehrer/in zum Ausdruck, der/die als Wissende/r die Zielperspektive des Politikunterrichts bestimmt.

Damit einher geht eine Orientierung, dernach Demokratie-Lehr-Lernprozesse vom/von der Politiklehrer/in initiiert und gesteuert werden (müssen). Dies möchte ich anhand eines Interviewausschnitts mit Tobias Krügers illustrieren.

Y: *ähm du hattest ja vorhin schon- da fiel schon mal das Stichwort Demokratie in dem was du vermitteln möchtest [Mm: mhm] ähm da würd ich mich- da würde ich gern dich fragen ähm wie du das oder einerseits als Thema oder vielleicht im Rahmen deiner Unterrichtsgestaltung versuchst deinen Schülern und Schülerinnen zu vermitteln?*

Mm: *(…) ähm (..) also wir müssen hier erstmal immer die die Basics schaffen. ja das heißt ähm was ähm ist die Staatsgewalt? welche äh Organe gibt es überhaupt in den einzelnen Bereichen? ähm was is überhaupt ne Bundestagsdebatte? (.) ähm ist das wirklich so groß anders als das was man sonst Debatten nennen könnte? (.) ähm welche lokalen äh (..) Stellen gibt es wo man sich hinwenden kann? ähm also so ne Art eigentlich erstmal nur ne reine Informations- äh Bereitstellung (..)*

Tobias Krüger, 1. Sequenz, 180–191

Y: *wie läuft das dann? wie kann ich mir das konkret vorstellen in deiner- in deiner Stundenumsetzung?*

Mm: *mhm (..) zu Beginn als ich anfang- anfing dacht ich damals (.) mach viel Übungen äh nicht unbedingt Gruppenarbeit ich bin noch nie so n großer Fan von Gruppenarbeit gewesen aber mach viel Übungen versuch sie äh in so (.) ja was weiß ich Diskussionsähgruppen dann schon auch einzubinden [Y: mhm] ähm da bin ich dann aber auch nach- regelmäßig auf die Nase gefallen hier auch ähm was Eigenaaarbeit anbelangt. und bin dann zwischenzeitlich äh wieder stark zurückgekommen auf den Frontalunterricht und hab dann aber auch wiederum gezielt versucht ähm (.) Aufgaben zu delegieren. also was weiß ich äh recherchiert bitte zu ähm MeinungA jetzt die nächsten 10 Minuten. nutze auch oft äh neue Medien also die haben ja alle n Smartphone dabei. dann können sie halt das Smartphone nutzen. und sollen sich dann Argumente rausschreiben und die andere Seite macht halt äh das Gegenteil und dann bitte versucht das ähm mal mitenander zu verhandeln. das klappt mal sehr gut. und dann klappt es oft mal weniger gut. ähm so dass es schon ich sag mal n in 60 70 Prozent äh des Unterrichts schon frontal ist. und der Rest ist so versuch ich so n bisschen gruppendynamisch das aufzufangen dass sie sich halt untenander auch ähm in ins Gespräch begeben. (.) weil hier ist schon so das äh im Realschulbereich auf jeden Fall die (.) Fokussierung und auch die Konzentration auf eine Lehrperson (.) ähm bessere Ergebnisse noch nach wie vor zu Tage fördert [Y: mhm] ähm als wenn die Ablenkungen zu groß werden. also wenn ich sie in Kleingruppen stecke dann ist eben das Smartphone nicht nur Recherchemittel sondern halt auch zu (.) Whatsapp schreiben und Facebook gucken [Y: mhm] und das kann man dann halt schwierig äh wieder ähm einkaschieren ja das sie dann wieder zurückkommen zum Thema. deswegen ist da (.) Frontalunterricht hier oft schon noch hilfreich. ja. °und ich find ihn auch gar nicht so verkehrt muss ich sagen° nachdem ich das jetzt ne Weile ausprobiert habe in unterschiedlichen Formen ähm ist das schon ähm in manchen Situationen auch einfach hilfreich wenn da die Konzentration auf einer Person liegt die dann die Diskussion steuern kann (.) ja und moderieren kann. (..)*

Tobias Krüger, 1. Sequenz, 148–179

In diesen zwei Zitaten von Tobias Krüger zeigt sich, dass Demokratielehren von ihm, also vom Politiklehrer ausgeht, wie es für diesen Typ sehr charakteristisch ist. Dabei geht es hier vorrangig um die Präsentation von Fachwissen („nur ne reine Informations- äh Bereitstellung"). Seiner Erfahrung nach ist nämlich ein „Frontalunterricht" im Vergleich zu anderen Arbeitsformen die am besten geeignete Form, um den Schülern/innen Wissen zu präsentieren („die (.) Fokussierung und auch die Konzentration auf eine Lehrperson (.) ähm bessere Ergebnisse noch nach wie vor zu Tage fördert"). Darin dokumentiert sich eine Orientierung, der zufolge eine Vermittlung von Wissen nur durch den/die Politiklehrer/in erfolgen kann. Andere Arbeitsformen, die im Gegensatz dazu eine Aneignung von Wissen bei den Schülern/innen verorten, werden von ihm als nicht funktionierend erfahren. Seinem Erleben nach können sich zumindest die Schüler/innen im Realschulbereich nicht zielgerichtet in „Eigenarbeit" Wissen erwerben, sondern lassen sich leicht ablenken („also wenn ich sie in Kleingruppen stecke dann ist eben das Smartphone nicht nur Recherchemittel sondern halt auch zu (.) WhatsApp schreiben und Facebook gucken [Y: mhm] und das kann man dann halt schwierig äh wieder ähm einkaschieren ja das sie dann wieder zurückkommen zum Thema.") (negativer Gegenhorizont). Auffällig ist in seiner Schilderung eine nur geringe didaktische Aufbereitung in der Wissensvermittlung sowie ein implizites Verständnis von Wissensvermittlung als Wissensübertragung. Der Frontalunterricht gibt ihm entsprechend als Lehrer die Möglichkeit, das Wissen zu vermitteln, das von ihm und seinen Kollegen/innen als notwendig erachtet wird und von den Schülern/innen aufgenommen werden soll („also wir müssen hier erstmal immer die die Basics schaffen"). Hierdurch kann er somit den Unterricht steuern und kontrollieren sowie darüber hinaus die Schüler/innen auch besser disziplinieren.

In diesem Zielhorizont der Wissensübertragung ist zudem bereits ein Wissensgefälle angelegt. Es bestätigt sich somit noch einmal die Asymmetrie zwischen dem wissenden Lehrer und seinen unwissenden Schülern/innen, die an dieser Stelle zusätzlich noch als unfokussiert, leicht ablenkbar und störend gerahmt werden. Was die Schüler/innen dagegen schon können oder wissen wird hier ausgeblendet.

Im Interview mit Tobias Krüger deutet sich zudem eine Reziprozität ein.

Mm: *[…] (..) ich will jetzt nicht dieses große Wort in den Mund nehmen aber so ob Demokratie so erlernt werden kann. ich denke schon. also ich bin selber auch äh (.)*

ähm daran interessiert das sie sich jetzt zum Beispiel ähm im Sommer intensiv mit der Wahl und mit den Wahlprogrammen der Parteien auseinandersetzen. hab sie da teilweise auch zu genötigt. ähm dass das eben mal funktioniert und ähm das hat aber dann auch den Effekt gehabt dass es dann auch äh von den selber dann Rückmeldungen kam. ach Mensch wie isn das eigentlich? und kannste da nochmal was zu erzählen? (.) [...]

Tobias Krüger, 1. Sequenz, 124–131

Tobias Krüger berichtet hier davon, wie er von seinen Schülern/innen gebeten wurde, noch mehr Informationen zur Verfügung zu stellen. Er wird hier folglich von ihnen als Experte zum Thema Wahl angesprochen (und somit als Wissender zum Gegenstand Demokratie). Hier deutet sich somit an, dass das Selbstbild des/der Politiklehrers/in als Demokratieexperte/in im propositionalen Sinne reziprok ist, also auch von den Schüler/innen in der Interaktion mit dem/der Politiklehrer/in anerkannt und reproduziert wird. Dem müsste jedoch anhand einer Unterrichtsbeobachtung und möglicherweise auch begleitender Interviews mit den Schülern/innen nachgegangen werden.

Auch in der Demokratie-Lehrpraxis von Bernd Schneider dokumentiert sich das Selbstbild des Demokratieexperten im propositionalen Sinne, was ich nochmal anhand eines Zitats zu seiner Demokratielehre illustrieren möchte.

Km: *[...] ahja ich hab wie gesagt Powerpoint ähm Vorträge ausgearbeitet die ich schon von früher hatte auch schon [in der Gewerkschaft] hab ich hiermit angefangen. (.) wie funktioniert diese Wirtschaft? ähm (.) was heißt Erfolg? (.) äh was heißt wirklich Sozialismus? also nicht Stalinismus das war- warum war Einstein einer? ja (.) Pablo Picasso mhm wieso? mhm (.) Bertolt Brecht wieso? (.) warn ja keine dummen Leute. das man wirklich nüchtern die Fakten hat. was is es wirklich? damit die hinterher sagen können äh (.) das sind nicht irgendwie ne Meinung äh vorgestellt bekommen und können gar nicht differenzieren was meint der eigentlich? dann hab ich in dem Zusammenhang aus einer sogenannten Mitarbeiterzeitschrift bei Siemens einen äh Vorstandsvorsitzenden zitiert wie er sagt ähm wir müssen so und so viel Rendite machen nicht weil wir schlechte Menschen sind °ich interpretiere jetzt° sondern die* ***Shareholder*** *wolln das. die Banken. blablabla da steht wortwörtlich drin wie die ticken. und zwar (express des werkes) klare Quelle klarer Mensch klare Aussage klarer Inhalt hochintelligenter Mensch hat am MIT studiert war bei Siemens im Vorstand [...] und das kann man sich mal als Quelle Quelle Quellen halte ich für sehr wichtig. ganz konkret angucken. weil in den Lehrbüchern äh Wirtschaft und Politik steht das nicht drin. so und dann öffne ich vielleicht die Augen. das man wirklich äh (.) nicht die Dinge so nimmt also glaube kein falschem Propheten nicht für face value nimmt sondern wirklich mal über den Tellerrand hinaus denkt und äh sich nichts äh vormachen lässt. (.) [...]*

Bernd Schneider, 1. Sequenz, 416–438

Bernd Schneider erläutert hier, dass er in seinem Politikunterricht auf fertig ausgearbeitete Vorträge aus seiner vorherigen beruflichen Tätigkeit als Gewerkschaftsvertreter zurückgreift, um den Schülern/innen „nüchtern die Fakten" zu vermitteln. In der Wiederverwendung bereits ausgearbeiteter Vorträge dokumentiert sich, dass die Zuhörer/innen mit ihren individuellen Voraussetzungen (Interessen, Wissensstände etc.) für seine Demokratielehre keine Rolle spielen. In dem Anspruch, ‚nüchtern Fakten' zu vermitteln und nicht etwa ‚ne Meinung vorzustellen' zeigt sich, dass er in seinen Vorträgen versucht betont sachlich zu sein und sich auf eine Präsentation von Wissen konzentriert. Dies bestätigt sich auch in dem Verweis auf die Arbeit mit Originalquellen. Die Vermittlung einer Meinung wird dagegen abgewertet. Dass auch in der Auswahl der Themen und bestimmter Originalquellen eine politische Tendenz zum Ausdruck kommt, die auf seine politische Position und Überzeugung zurückverweist, wird von ihm nicht wahrgenommen und thematisiert.

In der Vortragspraxis dokumentiert sich wie bei Tobias Krüger eine frontale Form der Wissensvermittlung, die vorwiegend von ihm als Politiklehrer bestimmt und gesteuert wird und den Schülern/innen wenig Freiräume bietet. Der Politiklehrer wird dabei als Wissender verstanden, der sein Wissen den unwissenden Schülern/innen präsentiert und sie zur Erkenntnis führt. Auch hier wird folglich ein Verständnis von Wissensvermittlung als Wissensübertragung deutlich.

Bernd Schneider inszeniert sich damit gegenüber den Schülern/innen als Demokratieexperte, der im Gegensatz zur Darstellung der Lehrbücher, das richtige Wissen vermittelt, das ‚ihnen die Augen öffnet'. In dieser Redewendung kommt ein Rollenbild des Politiklehrers zum Vorschein, demzufolge dieser den Schülern/innen die Realität aufzeigt und damit ihren Horizont erweitert. Die Redewendung ‚glaube keinem falschen Propheten' verweist darauf, dass die Schüler/-innen Lügen und falsche Darstellungen hinterfragen und entlarven sollen. Dabei wird jedoch ausgeblendet, dass auch die Einordnung von Lügen und falschen Darstellungen aus einer bestimmten Perspektive heraus geschieht.

Im Folgenden soll nun der zweite Typ aus der Typik II vorgestellt und anschließend empirisch vertieft werden.

4.2.2 Typ 2: Der/die Politiklehrer/in als Demokratielernbegleiter/in im performativen Sinne

Der zweite Typ bildet einen Kontrast zum Selbstbild des/der Politiklehrers/in als Demokratieexperten/in im propositionalen Sinne und umfasst ein *Selbstbild des/der Politiklehrers/in als Demokratielernbegleiter/in im performativen Sinne*. Im Gegensatz zu Typ 1 steht nicht ein *Wissen von* oder *über* etwas im Vordergrund, das auf den Gegenstand Demokratie bezogen ist, sondern ein *Wissen, wie* man als Politiklehrer/in Demokratielernprozesse von Schülern/innen gestaltet und unterstützt.

In ihren Ausführungen dokumentiert sich, dass die Politiklehrer/innen dieses Typs ihre eigene Rolle darin sehen, einen Rahmen im Politikunterricht (oder darüber hinaus in Projekten etc.) zu gestalten, durch den sie den Schüler/innen Demokratielernen ermöglichen und sie in ihren individuellen Lernprozessen begleiten. Sie bereiten somit die Settings und die Aufgaben methodisch vor oder aber leiten die Schüler/innen darin an, diese selbst zu gestalten.

Wie in der geschilderten Praxis ersichtlich wird, nehmen sich die Politiklehrer/innen stark zurück und überlassen die ‚Bühne' den Schülern/innen. Sie selbst sind dann eher Beobachter/innen. Die dargestellten Settings und Aufgaben sind offen gestaltet und im Vergleich zu Selbstbildtyp 1 nicht durch eine bestimmte Zielsetzung bzw. einen eindeutigen Erwartungshorizont des/der Politiklehrenden gekennzeichnet. Damit wird den Schülern/innen selbst variabel gestaltbarer Raum in den Lehr-Lernsettings übertragen. In den hier einzuordnenden Demokratie-Lehrpraktiken wird deutlich, dass die Politiklehrer/innen ihren Politikunterricht partizipativ anlegen, das heißt die Themen der Schüler/innen im Unterricht aufgreifen oder durchaus auch sie selbst den Unterricht, Projekte etc. organisieren lassen. Darin dokumentiert sich eine Begegnung auf Augenhöhe mit den Schülern/innen, bei der die Schüler/innen mit ihren Themen und Kompetenzen ernst genommen werden.

Punktuell zeigt sich, dass die Politiklehrer/innen sich zuweilen als kritische/r Impulsgeber/in in Diskussionen einbringen, mit dem Ziel die Schüler/innen herauszufordern und zum Beispiel mehr Kontroversität herzustellen. Sie sehen sich jedoch nicht als wissender oder gar allwissend gegenüber den Schülern/innen im propositionalen Sinne, das heißt auf den Gegenstand Demokratie bezogen. Im Gegenteil weisen die Politiklehrer/innen in den Interviews öfter auch auf eigene Grenzen hin, wenn sie etwas selbst zu einem Thema nicht wissen. Darin dokumentiert sich ihr Wissen um das eigenen Nicht-Wissen.

Explizit wird von Politiklehrern/innen mit diesem Selbstbild betont, wie wichtig es ist, eine Beziehung zu den Schülern/innen herzustellen und sie auch stark in die Gestaltung des Unterrichts einzubeziehen. Dieses Orientierungsschema dokumentiert sich auch im in der Praxis erkennbaren Beziehungsverhältnis zwischen Politiklehrer/in und Schüler/innen.

Im Vergleich zum Selbstbildtyp 1 wird im Gespräch mit den Politiklehrkräften dieses Typs deutlich, dass sie die Gruppe der Schüler/innen sehr differenziert betrachten. In ihren geschilderten Demokratie-Lehrpraktiken nehmen sie Bezug auf Unterschiede bei den Vorkenntnissen, dem politischen Interesse, der Fähigkeit die eigene Position zu begründen etc. der Schüler/innen. Zudem dokumentiert sich dort ein Zusammenhang zwischen ihrer Schüler/innenwahrnehmung und ihrer Gestaltung von Demokratie-Lehrpraktiken im Politikunterricht und im weiteren Schulkontext. Zum Beispiel nutzen sie in Diskussionen ihr Wissen über die unterschiedlichen politischen Positionen der Schüler/innen, um (mehr) Kontroversität zu forcieren.

Den Politiklehrern/innen dieses Typs ist bewusst, dass die Schüler/innen ohnehin wissen, welche politische Einstellung sie vertreten. Im Gegensatz zum Selbstbildtyp 1 gehen sie jedoch davon aus, dass sie als Politiklehrer/innen gar nicht politisch neutral sein können. Eine vermeintliche Neutralität entspricht ihrem negativen Gegenhorizont. In den Interviews zeigt sich, dass sie darüber nachdenken, in welchen Situationen sie sich im Politikunterricht politisch positionieren. Auch sie wollen, wie sie im Interview verdeutlichen, einen Einfluss auf die Schüler/innen im Sinne einer Überwältigung und Indoktrinierung vermeiden (negativer Gegenhorizont) und halten sich daher mit offenen, starken Positionierungen zurück. Sie verheimlich aber auch nicht ihr politische Position, das heißt in den geschilderten Umgangspraktiken zeigt sich entsprechend ein zurückhaltender, aber offener Umgang.

Im nächsten Abschnitt werde ich den Typ empirisch anhand von Zitaten aus den Interviews veranschaulichen.

Exemplarische empirische Vertiefung

In diesem Abschnitt soll der Typ des/der Politiklehrers/in als Demokratielernbegleiter/in im performativen Sinne noch einmal eingehender mit Rückbezug auf Zitate aus den Interviews beschrieben werden. Dafür werde ich mich auf Sequenzen aus den Interviews mit dem Politiklehrer Ulrich Müller (Um) und der Politiklehrerin Nicole Koch (Rw) stützen. Ulrich Müller (Um) unterrichtet Politik in der Sekundarstufe II an einem Gymnasium in Berlin[118] und Nicole Koch in der Sekundarstufe I und II an einem Gymnasium in Baden-Württemberg.

Im Gegensatz zu Typ 1 ist die Vermittlung von Wissen über Demokratie im propositionalen Sinne nachrangig, wie es im folgenden Zitat von Ulrich Müller deutlich wird.

Um: |_ ja-ja ok äh ja ok also je nachdem was ich vorhabe obs nun wirklich ums äh Sichern von Basiswissen geht [Y.: hmm] da gibts natürlich dann schon einfach mal nen Arbeitsbogen oder dann in der Regel verplämper ich ungern die Zeit mit solchen Sachen im Unterricht [Y: mhm] das ist dann eher die Hausaufgabe [Y: ja] die vorbereitende äh wo dann zusammngetragen wird und die Schüler meinetwegen die Aufgabe haben zu Hause [Y: mhm] das zu lesen und dann aber äh in nem Schaubild oder so umzusetzen [Y: hhmm] und die Schüler dann äh das irgendwie aufn Smartboard die Tafel oder sonst woran irgendwo äh pinseln und äh die andern dann drüber diskutieren obs akkurat wiedergegeben is [Y: hmm] und ähm im Unterricht würd ich dann eher diskutieren lassen äh was denn hinsichtlich der Akzeptanz oder der der Effizienz

118 Im Gegensatz zur Sekundarstufe I gab es in der Sekundarstufe II bereits vor dem Schuljahr 2019/2020 in Berlin das Schulfach Politik. Das heißt, Ulrich Müller unterrichtet Politik tatsächlich im Fach Politik – und nicht wie Nadine Schwarz im Fach Wirtschaft.

*von von Entscheidungen oder der demokratischen Legitimation oder so äh äh jeweils n Vorteil oder Nach- von Nachteil an so nem Modell is und äh find dass dann eher so die Diskussionen und Urteilsphasen eher die spannenderen für den Unterricht sind und ich das Aneignen von Wissen dann eher **versuche** in die Hausaufgaben dann so äh zu verlagern. dazu is mir die Zeit dann doch zu kostbar.*

Ulrich Müller, 1. Sequenz, 132–148

In diesem Abschnitt wird eine Praxis von Wissensvermittlung bzw. -aneignung deutlich, die in den Bereich der Hausaufgaben ausgelagert wird. Im Politikunterricht selbst findet lediglich eine gegenseitige Präsentation und Kontrolle des erarbeiteten Wissens durch die Schüler/innen (und nicht durch den Lehrer!) statt. Dabei dokumentiert sich sowohl in dieser Praxis als auch auf sprachlicher Ebene („verplämper ich ungern die Zeit mit solchen Sachen im Unterricht"; „äh das irgendwie aufn Smartboard die Tafel oder sonst woran irgendwo äh pinseln"), dass Wissensvermittlung bzw. -aneignung keinen Fokus für Ulrich Müllers Politikunterricht bildet. Diese entspricht seinem negativen Gegenhorizont. Stattdessen steht für ihn eine Praxis von „Diskussionen und Urteilsphasen" im Vordergrund, wie es für ein Demokratielehren im Modus von Typ 2 / Typik I charakteristisch ist. An dieser Stelle äußert Ulrich Müller dies sehr explizit in Form einer Gegenüberstellung, fallintern dokumentiert sich dieser Unterrichtsfokus auch in geschilderten Demokratie-Lehrpraktiken.

In den von den Politiklehrern/innen beschriebenen Demokratie-Lehrpraktiken dokumentiert sich im Kern ein Selbstbild als Demokratielernbegleiter/in („Coach") und Gestalter/in der Rahmenbedingungen für die Demokratielernprozesse der Schüler/innen, wie ich es im Folgenden nochmal anhand von Zitaten veranschaulichen möchte.

Nicole Koch berichtet hier von einem Planspiel, dass sie aktuell mit den Schülern/innen in der Kursstufe durchführt.

Rw: *[...] in ähm (.) der Kursstufe hab ich mir jetzt n neues Modell überlegt [Y: mhm] weil ich fünf Jahre lang dasselbe gemacht hab und jetzt mal was Neues machen wollte. [Y: mhm] da hab ich mir überlegt dass wir einen Staat beraten der bisher ne Monarchie hatte und eine Demokratie gründen möchte und [Y: ja] wir erarbeiten die Verfassung aus. [Y: ah ja] ja und ähm dann schaun wir uns jede Woche an n Stück weiter was wir wolln. zuerst war ähm die erste Stunde wolln wir überhaupt ne Demokratie? ne [Y: mhm] und dann am Ende kam die Abstimmung ja wir wolln eine Demokratie. [Y: mhm] jetzt die nächste Stunde war die Unterscheidung zwischen repräsentativen und ähm direkter Demokratie [Y: mhm] und da sind wir jetzt da brauch ich jetzt letztendlich zwei Doppelstunden für da sind wir jetzt dran zu entscheiden solln wir diesem Staat jetzt ne repräsentative Demokratie empfehlen oder eher ne direkte Demokratie und so geht es letztendlich immer weiter bis ma äh kleinere Details bespricht wie Wahlrecht ähm Gesetzgebungsverfahren und so weiter [Y: okay] genau*

Y: *und nehmen die Schüler da irgendwie ne Rolle ein oder?*

Rw: *ja die Schüler sind die ähm Verfassungsentwickler [Y: okay] und die Berater von diesem neuen König der jetzt Demokrat werden möchte [Y: ah ja] ja*

Y: *und wie wird das von den Schülern angenommen? wie läuft das?*

Rw: *also die Schüler fanden die Idee erstmal n bisschen äh skeptisch hab die sie aufgenommen [Y: ja] weil die den normalen Unterricht gewöhnt sind mit äh Frontalunterricht Gruppenarbeit und so weiter [Y: mhm] wo man Stoff macht [Y: mhm] letztendlich und dann darüber diskutiert und das is ja jetzt n ganz anderer Ansatz und die ähm die erste Stunde warn se relativ skeptisch weil ich ihnen das Konzept vorgestellt hab aber natürlich in der Rolle drin das Konzept vorgestellt hab. und einige haben dann auch diesen Staat Zarenien gegoogelt und den gibts nicht ja [Y: ja] @ und dann haben se gemeint äh Sie haben uns ja da (.) ganz schön aufs Glatteis geführt ne? [Y: ja] und ähm mittlerweile finden sie s aber ganz gut und sind ganz eifrig bei der Sache ja [Y: ah ja] (...)*

Nicole Koch, Volltranskript, 15–44

Rw: *ja also ähm die letzte Stunde jetzt bei meiner Kursstufe mit dem Planspiel [Y: mhm] war so gelaufen da ähm war man jetzt an dem Punkt stehen geblieben wo se direkte gegen repräsentative Demokratie abwägen mussten [Y: mhm] und dann hatten wir die zwei verschiedenen Theorien [Y: ja] also bei der Kursstufe ist alles Theorielastig also die Theorie von Rousseau das Menschen den Allgemeinwillen haben [Y: mhm] und ähm auf für das Allgemeinwohl eintreten und deswegen die direkte Demokratie die bessere ist und die andere sagen Menschen haben Einzelinteressen und hier sollte die Mehrheit letztendlich dann entscheiden und deswegen die repräsentative Demokratie. und dann haben die ganz stark diskutiert über diesen Theorieansatz ob Menschen so gut sein können das sie das Allgemeinwohl wählen oder ob Menschen so schlecht sind das sie immer den eigenen äh Interessenpunkt in den Vordergrund stellen beim Wählen ne? [Y: mhm] und da hat sich ne Wahnsinnsdiskussion entwickelt weils ja letztendlich auch die Diskussion dieser zwei Systeme dann ist ja [Y: ja] und die habn dann noch also der Eine hat dann gesagt die Menschen sind so gut [Y: ja] die können das und der Ander- die Anderen haben gesagt nee jeder entscheidet doch egoistisch ja*

Y: *und wie ist es ausgegangen?*

Rw: *wir haben- das ist äh das Problem in Politik [Y: ja] dass es die wolln dann häufig vom Lehrer wissen wie is es jetzt richtig? [Y: ja] und da muss ich sagen es ist beides richtig [Y: ja] jeder von Euch hat Recht ne? [Y: ja] das ist dann manchmal n bisschen unbefriedigend [Y: @] aber ähm is ja auch wichtig in ihnen das beizubringen [Y: mhm] dass es kein richtig und falsch gibt [Y: ja] eigentlich in dem Hinblick ja (.) genau.*

Y: *und wie gehen die Schüler damit um wenn sie jetzt hören ja es gibt eigentlich kein richtig und kein falsch?*

Rw: *die sind erstma unbefriedigt. [Y: ja] weil se gerne n richtig oder falsch hätten und jeder hätte ja gerne Recht [Y: ja] ne aber sie lernen auch das es ne Grauzone gibt [Y: mhm] ne oder das also auch wenn man über Parteien spricht da kann ich ja nett sagen dass es die Richtige und das ist Falsche sondern es gibt diese Richtung diese Richtung und diese Richtung jeder von Euch muss sich für eine entscheiden letztendlich ne. [Y: mhm] und äh das ist ja auch dieses demokratische Lernen ne? das es nicht immer richtig und falsch gibt sondern das jede Meinung und jeder Ansatz auch sein Bedenkenswertes hat [Y: mhm] nu? und das müssen die lernen. (.) aber Menschen wollen immer Lösungen habn [Y: ja] ja*

Nicole Koch, Volltranskript, 105–141

In diesem Beispiel von Nicole Koch wird deutlich, dass die Initiierung selbstläufiger Diskussionen unter Schülern/innen, die auch gern über das Stundenende hinausgehen, ihren positiven Gegenhorizont bilden – so wie es für ein Demokratielehren im Modus von Typ 2 / Typik I charakteristisch ist. Dabei dokumentiert sich in diesem Beispiel aber auch, dass sie als Politiklehrerin die Organisation des Settings vornimmt. Folglich richtet sie den Rahmen des Planspiels aus und führt die Schüler/innen in dieses Setting ein, überlässt aber die inhaltlichen Debatten den Schülern/innen. Im Gegensatz zum Selbstbildtyp 1, dem/der Politiklehrer/in als Demokratieexperten/in im propositionalen Sinne, zeigt sich an dieser Stelle, dass die Politiklehrer/innen dieses Typs den Lernenden in ihren Lehr-Lernsettings viel Freiraum bieten und ihnen die inhaltliche Bestimmung anvertrauen.

Im Text spricht Nicole Koch sehr häufig aus der Wir-Perspektive, wenn sie die Durchführung des Planspiels beschreibt, worin deutlich wird, dass sie als Politiklehrer/in Teil der Gruppe ist und zusammen mit den Schülern/innen auf Augenhöhe arbeitet und gespannt die Diskussionen verfolgt. Die Diskussionen werden von ihr sehr positiv erlebt („Wahnsinnsdiskussion“).

In dem ersten Zitat berichtet Nicole Koch von der anfänglichen Skepsis und Zurückhaltung bei den Schülern/innen, die solch eine Unterrichtsgestaltung offenbar bisher nicht gewohnt waren. Das heißt sie nimmt wahr, dass ihre Lehrpraxis im Planspiel nicht der überwiegend von den Schülern/innen erlebten Unterrichtspraxis entspricht. Nicole Koch geht davon aus, dass Schüler/innen eine Unterrichtspraxis kennen, die vergleichsweise stark durch die Lehrperson strukturiert wird und in der Inhalte meist durch den/die Lehrer/in vermittelt werden („weil die den normalen Unterricht gewöhnt sind mit äh Frontalunterricht Gruppenarbeit und so weiter [Y: mhm] wo man Stoff macht [Y: mhm] letztendlich und dann darüber diskutiert“). Sie bezieht sich damit auf einen Unterricht, in dem der/die Lehrer/in als Experte/in im propositionalen Sinne auftritt. Diese bei den Schülern/innen wahrgenommene Erfahrung muss nicht unbedingt aus dem vorherigen Politikunterricht stammen, sondern kann auch durch alle anderen Unterrichtsfächer bestimmt sein.

Die Irritation der Schüler/innen ist im zweiten Zitat nochmals Thema – hier jedoch ausgelöst durch ihre Zurückweisung der Rolle, die die Schüler/innen ihr mit der Ansprache als wissende Lehrerin, die die ‚richtige‘ Antwort, also die

Lösung kennt, zuweisen. Darin kommt zum Ausdruck, dass sie als Demokratieexpertin im propositionalen Sinne angesprochen wird, was dem Muster der von den Schülern/innen zuvor erlebten Unterrichtsgestaltung in anderen Fächern entspricht, wie sie es zuvor thematisiert hatte.

Darin deutet sich an, dass sich die Schüler/innen an der Praxis des/der Politiklehrers/in orientieren und bei den Schülern/innen erst ein Gewöhnungsprozess an dieses als neu und anders erlebte Selbstbild des/der Politiklehrers/in als Demokratielernbegleiter/in im performativen Sinne erfolgen muss. Dieses Erleben von anfänglicher Irritation, Umdenken und langsamer Gewöhnung wird von vielen Politiklehrern/innen thematisiert, deren geschilderte Demokratie-Lehrpraxis diesem Selbstbild entspricht. Ergänzend möchte ich daher noch ein Zitat von Ulrich Müller aufnehmen.

Y: *okay und mit was für Methoden arbeiten Sie dann im Unterricht?*

Um: *also im Leistungskurs ham was dann doch eher äh seminarartig das dann äh die Schüler äh diskutieren [Y: hmm] also ich versuch mich rauszunehmen also die Schüler is für die meistens ne Umgewöhnung. die müssen dann eigentlich immer äh dann selber drannehmen und und geben dann halt [Y: ah ja] die Stafette weiter sozusagen einschließlich meiner das is dann meistens n bisschen die Irritation der Schüler das halt nicht der große spiritus rector da irgendwo vorne ist sondern sie das schon selber auf Rei- äh Reihe kriegen müssen du äh die stupsen sich dann schon selber an °hey du musst weitergeben°. [Y: hm] und äh aber dasss äh trainieren die sich schon an.*

Ulrich Müller, 1. Sequenz, 149–158

Nicole Koch und Ulrich Müller erleben somit beide bei den Schülern/innen einen Umdenk- bzw. Lernprozesses, demnach sie realisieren, dass die Politiklehrkraft nicht die Rolle des/der Allwissenden einnimmt und es gerade im Politikunterricht auch kein Richtig und kein Falsch gibt. Über die Zeit beobachten die Politiklehrenden, dass die Schüler/innen lernen, dass sie hier vergleichsweise stärker selbst in der inhaltlichen Bestimmung und Ausgestaltung der Demokratie-Lehr-Lernprozesse gefordert werden. Dazu gehört, dass sie als Schüler/innen lernen, sich selbst ein Urteil zu bilden bzw. im Fall von Ulrich Müller auch Diskussionen selbst zu gestalten und zu moderieren.

Der/die Politiklehrer/in nimmt entsprechend dem Selbstbild dieses Typs in der Praxis die Rolle des/der Unterstützers/in ein.

Um: *[…] da solln die Schüler aber jetzt erarbeiten weil [Y: mhm] dann halt ähm Fahrplan für die Stundengestaltung haben und wissen das es halt nicht nur um Wissenserwerb geht sondern also auch um die Kontroversität dann da und das se sich irgendwie ein überschaubarn Aspekt raussuchen müssen der dann diskutiert werden soll das es (.) passen muss und das auch der Schüler dann n adäquaten Impuls dazu setzen das* *ist dann natürlich schon ne **Herausforderung** für einige aber wir ham ne Checkliste und [Y: mhm] da bin ich dann als Lehrer natürlich schon halbwegs äh zurückgenommen aber in dem Fall muss ich dann halt ja auch nur letztlich (.) (meinen Themen in) äh Themenpunkte sozusagen inhaltlich planen und dann geb ichs an die Schüler ab und äh die dann an der Regel eins zwei Wochen vorher mir son son son Grobplanung abgeben solln und ich frag dann bisschen doof nach wie willst das? wie kommst von dort nach dort? wie- wieso komm ich mit deinen Material zu der Fragestellung? oder wwwas kann ich denn als Lesender da eigentlich rausnehmen und wie kann ich da n Urteil fällen? und äh von daher bin ich da sozusagen dann eher zurückgenommen und äh gib gib sozusagen halt als Supervisor Coach oder wie auch immer man das so [Y: mhm] nennen will dann (.) äh sozusagen die Anregung da äh sozusagen. und mach ich mir am am Anfang auf der Metaebene eher die Gedanken was da passiern soll und äh hängt aber son bisschen auch an den den Themen*

Ulrich Müller, 1. Sequenz, 338–375

In dem Zitat von Ulrich Müller zeigt sich, wie bereits zuvor angedeutet, dass er den Schülern/innen die Gestaltung des Unterrichts überträgt („da solln die Schüler aber jetzt erarbeiten"). In der Metapher vom „Fahrplan für die Stundengestaltung" dokumentiert sich, dass es eine geteilte Vorstellung davon gibt, welche Punkte eine Stundengestaltung/-durchführung der Reihenfolge nach erfüllen muss, die ähnlich – um in der Metapher zu bleiben – wie Haltestellen angefahren werden. Dabei „wissen" die Schüler/innen, wie er sagt, bereits, dass eine Unterrichtsgestaltung, die nur auf „Wissenserwerb" zielt, nicht vollständig ist (negativer Gegenhorizont), sondern es auch darum geht, „Kontroversität" aufzuzeigen und eine Diskussion unter den Schülern/innen anzuleiten. Darin dokumentiert sich ein geteiltes Wissen über den Demokratielehrmodus im Typ 2 / Typik I.

Als Erwartungshorizont formuliert Ulrich Müller, dass die Schüler/innen ihm zwei Wochen vor ihrem Unterricht eine „Grobplanung" der Stunde geben, womit er sie auffordert, eine Verschriftlichung ihrer Vorbereitung einzureichen, die dann als Grundlage für ein gemeinsames Gespräch dient. Dabei handelt es sich um eine Routinepraxis („und äh die dann an der Regel eins zwei Wochen vorher mir son son son Grobplanung abgeben solln"), worin sich abzeichnet, dass er regelmäßig Unterricht durch die Schüler/innen gestalten lässt.

In den von ihm aufgezählten Fragen gibt er das Gespräch zwischen ihm und den vorbereitenden Schülern/innen wieder. Darin wird deutlich, dass er als Politiklehrer die Rolle eines Fragenden einnimmt, der genau weiß, wie Demokratie-Lehrprozesse zu gestalten sind, was an den abgefragten Themen erkenntlich wird. Die Formulierung als Fragen verdeutlicht eine Aufforderung zum kritischen Hinterfragen und Durchdenken der eigenen Stundenplanung durch die Schüler/innen selbst. Dies deckt sich somit mit seinem eigenen explizierten Selbstverständnis als „Supervisor Coach", der Hinweise gibt, aber die Schüler/innen weitgehend selbst entscheiden und gestalten lassen möchte. Zugleich sichert sich Ulrich Müller so natürlich auch ab, dass die Lehr-Lernprozesse im Politikunterricht seiner Vorstellung entsprechend didaktisch ausgearbeitet und durchgeführt werden. Die Steuerung und Kontrolle bezieht sich dabei aber nur auf das *wie* der Gestaltung, nicht aber auf eine Bestimmung der konkreten Inhalte, wie das bei dem Selbstbildtyp 1 der Fall wäre. Zudem wird hier im Vergleich zu Typ 1 deutlich, dass ein sehr starker Fokus auf die didaktische Vorbereitung und Reflexion gelegt wird, die hier nicht nur von Lehrern/innen sondern bereits von den Schülern/innen erwartet wird.

Darüber hinaus zeigt sich, dass er als Politiklehrer eher eine Rolle im Hintergrund einnimmt. Das heißt, er plant die Themen und die Reihenfolge ihrer Bearbeitung und verteilt die Themen an die Schüler/innen, die dann den konkreten Politikunterricht vorbereiten.

Insgesamt dokumentiert sich hierin sehr viel Zutrauen in die Fähigkeiten der Schüler/innen, Politikunterricht selbst zu gestalten. Dabei deutet sich auch an, dass er wahrnimmt, dass die Aufgabe, Politikunterricht selbst vorzubereiten und durchzuführen, die Schüler/innen unterschiedlich stark fordert („das ist dann natürlich schon ne **Herausforderung** für einige"). Hierin kommt eine differenzierte Wahrnehmung der Fähigkeiten der Schüler/innen zum Ausdruck.

Dieses Selbstbild dokumentiert sich nicht nur in Demokratie-Lehrpraktiken im Politikunterricht, sondern auch im weiteren Schulkontext. Das folgende Zitat von Nicole Koch bezieht sich auf die Unterstützung des Engagements der Schüler/innen in der Schüler/innenvertretung und in Projekten, die von ihnen selbst initiiert wurden.

Rw: *genau also meine Rolle is die der Unterstützerin na [Y: mhm] also ich schau was machen Schüler? dann lass ich mir das erklären was sie vorhaben und dann sage ich ja bedenkt vielleicht nochmal da oder [Y: mhm] überlegt euch nochmal da was könnt ma doch noch verbessern? und so also ich unterstütze ne. äh und geb Anregungen aber die Schüler planen und organisieren und man muss auch als Lehrer damit leben [Y: mhm] das das manchmal dann nich so gut is wie wenn man das selbst gemacht hätte [Y: ja] und die Schüler müssen dann auch aus ihren Fehlern lernen ne [Y: mhm] na aber nur so können ses ja dann vergessen se halt mal das Wechselgeld oder so [Y: @ okay] ja das ist dann halt so. [Y: ja]*

Nicole Koch, Volltranskript, 318–328

Nicole Koch sieht ihre Rolle ähnlich wie Ulrich Müller explizit als „Unterstützerin", die, wie in der folgenden Beschreibung deutlich wird, Hinweise gibt und die Schüler/innen auffordert, darüber nachzudenken, was sie „noch verbessern" können. Ihr ist es wichtig, dass die Schüler/innen es selbst machen, weshalb sie sich als Lehrerin zurückzuhält. Fehler zu machen wird von ihr als inhärenter Teil des Erfahrungs-/Lernprozesses der Schüler/innen gerahmt. Das heißt, ihr ist bewusst, dass sie es als Lehrerin vermutlich besser weiß und den Schülern/innen dies vermitteln könnte, aber das Ziel ist eben keine Reproduktion ihrer Vorgaben (negativer Gegenhorizont), sondern ein eigenständiges Handeln durch die Schüler/innen (positiver Gegenhorizont).

Wie sich in diesen Zitaten bereits andeutet, denken die Politiklehrer/innen im Vergleich zu Typ 1 über ihre Rolle gegenüber den Schülern/innen und insbesondere für ihren Lernprozess sehr viel stärker nach. Entsprechend beschäftigen sie sich auch mit der Frage, wie sie die Schüler/innen möglicherweise durch ihre eigenen politischen Positionen beeinflussen und wie sie damit am besten umgehen können. Um dies zu illustrieren möchte ich zwei Zitate von Ulrich Müller nutzen.

Um: *[...] und äh °kommunal politisch bisschen aktiv° wieder also äh googeln kann heute jeder äh und die wissen dann schon das ich geistestätig bin und äh ja die fragen dann schon mal nach also (.) warten dann glaub ich ab und äh und <u>überlegen ob es dann so ihrer Erwartungshaltung erfüllt</u> oder auch nicht ja und ähm manchmal (xxx) mich auch selbst und (xxx) meine sehr konservative Ader und das und das und das [Y: hmm] und dann gibts auch mal Gelächter dann ja [Y: @] und wundern sich dann das sie jetzt zum zweiten Mal nen CDUler in irgend ner Position halt in der Klausur hatten naja und ähm fanden es dann eher lustig irgendwie und das hatten sie persönlich nicht so erwartet und äh (.) ja ansonsten äh (.) bemühe ich mich halt schon äh ne inhaltliche subjektive Kritik an ner Position [Y: hmm] zu trennen von dem was ich halt dann auch äh bewerte und (xxx) ich persönlich seh das sachlich was sie das und das sagen äh und äh es gibt dann natürlich halt diese Grauzonen dieser Typ der mit dem °wir müssen die Bundeswehr wir und überhaupt° äh wo es natürlich dann ne Ebene gibt die sozusagen Politikwissenschaftlich zu monieren ist weil sie unpräzise ist [Y: hmm] und das andere ist dann natürlich auch ne ideologische Haltung und äh da mags dann sicherlich verschwimmen und äh ja aber in der Regel war ich dann auch transparent und da haben wir nen Konsens und das seh ich ganz anders als du und äh solange so was halt auch transparent ist können Schüler auch relativ gut damit umgehen [Y: hmm] ähm (...) schlimmer ist glaube wenn so Prozesse subtil laufen [Y: hmm] und ähm Schülern dann äh genötigt äh sich genötigt sehn dann irgendwie so ne Dressurleistung da irgendwo [Y: ok ja hmm] zu vollziehen ja äh ja ja (...) [...]*

Ulrich Müller, 2. Sequenz, 8–33

Um: *[...] und [Y: hmm] da dreht sich auch viel darum das man authentisch ist es gibt ja auch Kollegen die sich dann ganz bewusst als völliges Neutrum da stilisieren äh ja und das halte ich für welt- und wirklichkeitsfremd und die heben sich da auch nicht wirklich ab und das verkommt dann da auch eher zum Staatsbürgerkundeunterricht und da geht es nicht nur drum das die Schüler die Institution der BRD kennenlernen ja (.) °<u>ja das wäre nicht mein Verständnis von Politikunterricht</u>°*

Ulrich Müller, 2. Sequenz, 72–79

Wie gerade das erste Zitat verdeutlicht, ist Politiklehrern/innen dieses Typs bewusst, dass die Schüler/innen ohnehin wissen, welche Einstellung sie vertreten. Wenn Politiklehrer/innen neben ihrem Beruf politisch engagiert sind, lässt sich ohne Weiteres herausfinden, wie sie sich dort positionieren. Da macht es keinen Sinn diese zu ‚verstecken' (negativer Gegenhorizont). Als Politiklehrer/in vollkommen neutral zu sein, ist ihrer Ansicht nach daher gar nicht möglich, wie im zweiten Zitat von Ulrich Müller deutlich wird. Wer versucht neutral zu sein, macht, so Ulrich Müller, „Staatsbürgerkundeunterricht". Mit dieser Metapher bezieht sich Ulrich Müller auf den Politikunterricht der DDR, der für die politisch-ideologische Erziehung der Bürger/innen zentral war und in dem nur die Positionen des Staates vermittelt wurden. In der Gleichsetzung eines politisch neutralen Politikunterrichts mit einem „Staatsbürgerkundeunterricht" kommt somit zum Ausdruck, dass durch diesen dennoch politische Positionen – und seien es die des Staates – vermittelt werden. Solch ein Politikunterricht entspricht seinem negativen Gegenhorizont und widerspricht seiner Orientierung von Demokratielehren im Modus des Auseinandersetzens mit politischen Positionen (Typ 2 / Typik I), demnach die Schüler/innen sich ein eigenes Urteil bilden und nicht etwa die Positionen des Lehrers oder des Staates übernehmen sollen.

Bei Politiklehrern/innen dieses Typs wird ein Bewusstsein für diese Problematik deutlich und in ihren geschildeten Umgangspraktiken zeigt sich ein zurückhaltender aber offener Umgang mit der eigenen politischen Position. Das heißt, Ulrich Müller sagt durchaus auch, wenn er inhaltlich anderer Meinung ist und darauf angesprochen wird. Kritik wird er aber nicht an der Meinung eines/r Schülers/in üben, sondern nur daran, dass diese gegebenenfalls nicht präzise oder ausreichend genug begründet ist.

Vergleichsweise viel schwieriger wäre es für Ulrich Müller, wenn er seine politische Position verheimlichen müsste und die Schüler/innen, die ja dennoch seine Position kennen, denken, sie müssten dieser entsprechen („schlimmer ist glaube wenn so Prozesse subtil laufen und ähm Schülern dann äh genötigt äh sich genötigt sehn dann irgendwie so ne Dressurleistung da irgendwo zu vollziehen"). In der Metapher der „Dressurleistung" dokumentiert sich somit sein negativer Gegenhorizont, demnach er keine ‚abgerichteten' Schüler/-innen erziehen möchte, die nur seine Meinung reproduzieren. Ich schließe daraus, dass Ulrich Müller sich durchaus der Gefahr einer Überwältigung bzw. Indoktrination (negativer Gegenhorizont) bewusst ist und zur Vermeidung dessen einen offenen, transparenten Umgang mit seiner eigenen politischen Position wählt.

Im nächsten Teil werde ich nun die relationale Typik dieser Arbeit vorstellen, die die Verbindungen zwischen den Typen der Typik II zum impliziten Selbstbildes des/der Politiklehrers/in und den Typen der Typik I zu den Modi des Demokratielehrens und des zugrundeliegenden Demokratieverständnisses aufzeigt.

4.3 Relationale Typik

Die relationale Typenbildung ermöglicht es, typisierte Zusammenhänge zwischen den sinngenetischen Dimensionen herauszuarbeiten und dadurch soziale Zusammenhänge zwischen Orientierungen aufzuzeigen, die auch auf eine Genese der Orientierungen verweisen können (vgl. Nohl 2013b). Dabei geht die relationale Typenbildung über die Rekonstruktion von parallelen Orientierungen hinaus, indem die Sinnhaftigkeit der Relation herausgearbeitet wird. Relationale Typen sind dabei als „Strukturlinien und sinnhafte Verbindungen zwischen den typisierten Dimensionen" zu verstehen (Haag 2018: 228).

Ich konnte in der vorliegenden Arbeit fallübergreifende Verbindungen zwischen den Typen aus der Typik I (Modi des Demokratielehrens[119]) und den Typen aus der Typik II (Implizites Selbstbild als Politiklehrer/in) in den Demokratie-Lehrpraktiken rekonstruieren (siehe Abbildung 7). Das heißt, hier überlagern sich in der Praxis beide sinngenetischen Dimensionen. Dabei lässt sich feststellen, dass mit einem bestimmten Demokratielehrmodus ein bestimmtes implizites Selbstbild als Politiklehrer/in in der Praxis verbunden ist oder umgekehrt ein bestimmtes Selbstbild auf mögliche Demokratielehrmodi verweist (siehe Abbildung 6). Der modus operandi des Demokratielehrens steht somit in einem Struktur- bzw. Sinnzusammenhang mit dem impliziten Selbstbild als Politiklehrer/in. Beide Dimensionen sind dabei als gleichwertig zu verstehen, das heißt, sie stehen nicht in einem kausalen Verhältnis zueinander.

Die sich dokumentierenden Relationen bilden jeweils einen eigenen Typ. Insgesamt gibt es damit fünf Typen, die in diesem Kapitel eingehender dargestellt und anhand von Zitaten aus den Interviews veranschaulicht werden.

Abbildung 6: Rekonstruierter Bezug von Dimension A Demokratielehren auf Dimension B Implizites Selbstbild in den Relationen beider Dimensionen (eigene Darstellung)

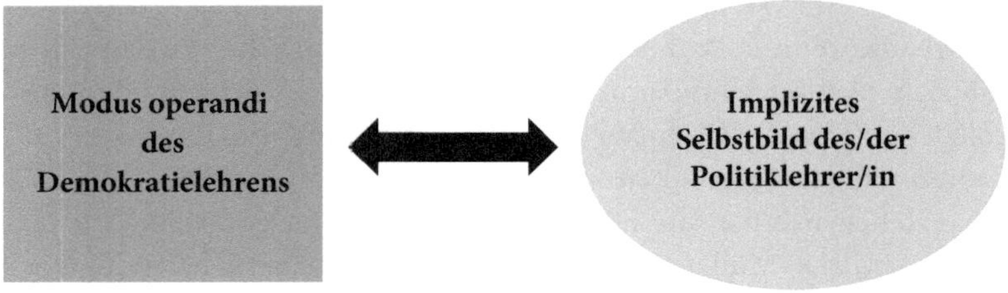

119 Ich beziehe mich in der Typik I nur auf die Demokratielehrmodi und klammere das implizite Demokratieverständnis aus.

Abbildung 7: Überblick über die fallübergreifenden Relationen der Typen aus Typik I zu den Typen aus der Typik II (eigene Darstellung)

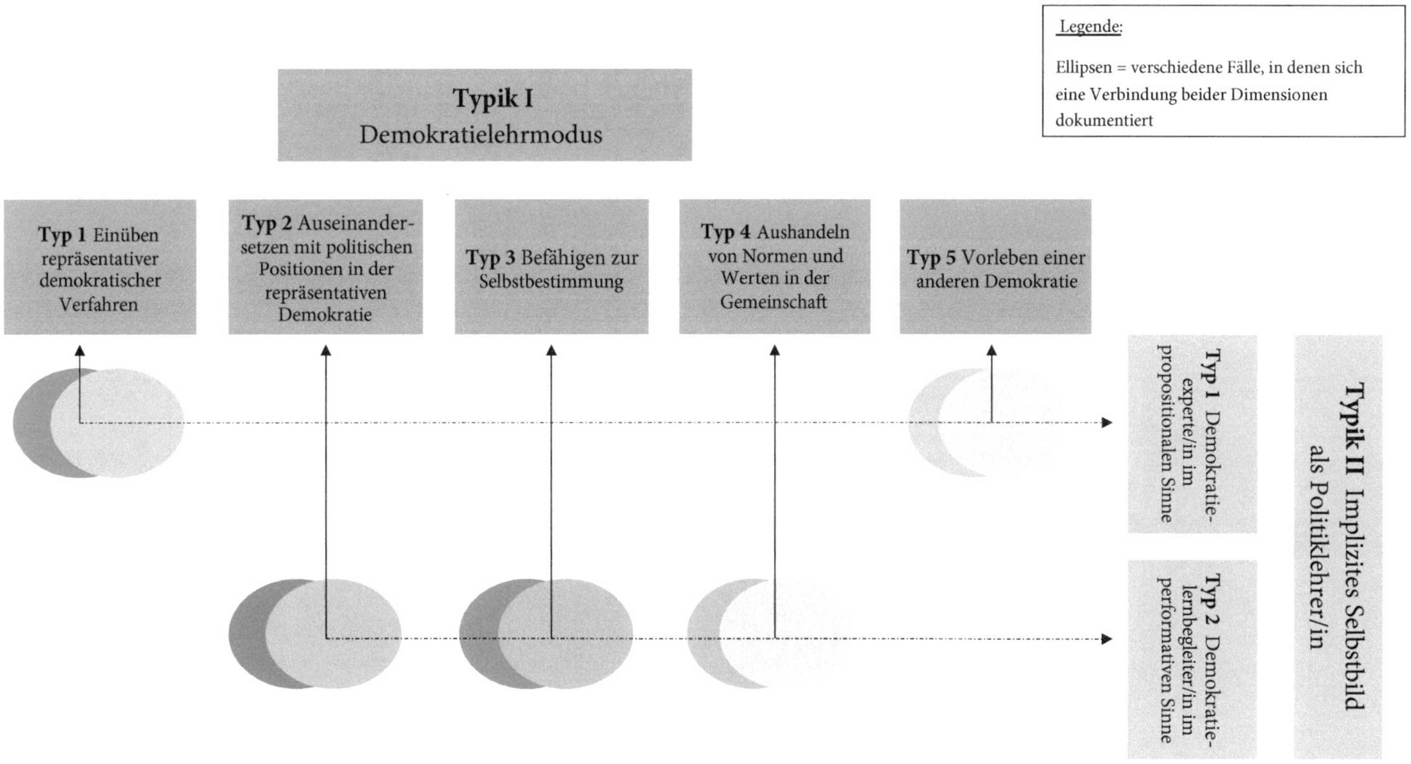

4.3.1 Relationaler Typ 1

In den geschilderten Demokratie-Lehrpraktiken, die im Modus des Einübens repräsentativer demokratischer Verfahren (Typ 1 / Typik I) erfolgen, dokumentiert sich zugleich fallübergreifend auch ein Selbstbild des/der Politiklehrers/in als Demokratieexperte/in im propositionalen Sinne (Typ 1 / Typik II). Dabei lässt sich eine Verbindung zwischen dem Demokratielehrmodus und dem impliziten Selbstbild feststellen, die auf einen strukturellen Zusammenhang des Demokratielehrmodus des Einübens repräsentativer demokratischer Verfahren und dem impliziten Selbstbild von dem/der Politiklehrer/in als Demokratieexperte/in im propositionalen Sinne in der Praxis verweist.

Abbildung 8: Relation zwischen Typ 1 / Typik I und Typ 1 / Typik II (eigene Darstellung)

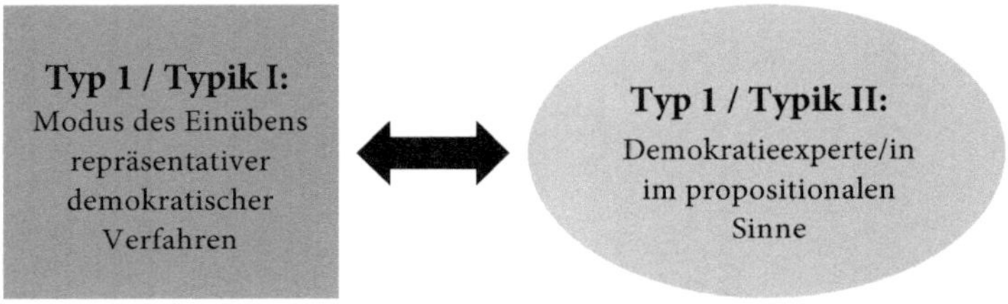

In der didaktischen Gestaltung der Demokratie-Lehrpraktiken in diesem Demokratielehrmodus liegt der Fokus auf dem Verinnerlichen und Einüben von Wissen zu repräsentativen demokratischen Verfahren und dem politischen System der repräsentativen Demokratie im Zuge einer Simulation, einem Planspiel oder auch einer Klassensprecher/innenwahl. Dabei werden die Lehr-Lernsettings durch den/die Politiklehrer/in bestimmt und gesteuert. Insbesondere in der durch den/die Politiklehrer/in vorgenommenen authentischen Inszenierung dieser Demokratie-Lehr-Lernsettings kommt sein/ihr Wissen zum Lerngegenstand zum Ausdruck. Das heißt, auch wenn der/die Politiklehrer/in hier vorgibt, sich stark am Lehrplan zu orientieren, vermittelt er/sie in diesem Demokratielehrmodus sein/ihr Wissen zu repräsentativen demokratischen Verfahren und dem politischen System der repräsentativen Demokratie.

In der in diesem Demokratielehrmodus angelegten Zielperspektive, Fachwissen zum politischen System sowie Regeln und Regelpraktiken zu repräsentativen Beteiligungsverfahren (wie zum Beispiel Wahlen) wiedergeben und reproduzieren zu können, ist demnach die Erwartung zugrunde gelegt, das Wissen des/der Politiklehrers/in zu verinnerlichen und die von ihm/ihr vorgegebenen bzw. dargestellten Regelpraktiken möglichst genau wiederholen zu können. Mit solch einer Praxis geht ein Kompetenz- und Wissensgefälle zwischen Politiklehrer/in und Schüler/innen einher. Das Beziehungsverhältnis entspricht dem von einem/r Meister/in zum/zur Schüler/in und ist äußerst hierarchisch. Insofern werden insbesondere jüngere Schüler/innen als Unwissende wahrgenommen, während ältere Schüler/innen, die bereits die Verfahren der repräsentativen Demokratie häufiger geübt und sich mehr Wissen zum politischen System angeeignet haben, bereits als Wissendere verstanden. Unterschiede der Schüler/innen in ihren Voraussetzungen und ihrem politischen Interesse werden hier nivelliert.

Auffällig ist bei diesem relationalen Typ, dass die Politiklehrer/innen betonen sich am Lehrplan zu orientieren und selbst politisch ‚neutral' zu sein, sich also an keiner Stelle selbst politisch zu äußern (Orientierungsschema). Diese explizite Positionierung widerspricht jedoch letztlich ihrer Praxis, die darauf baut, dass sie ihr eigenes Wissen über Demokratie den Schülern/innen vermitteln. Inwiefern dieses Wissen und ihr Demokratielehrmodus durchdrungen ist von eigenen politischen Vorstellungen und Orientierungen wird durch die Annahme neutral zu sein, ausgeblendet und nicht reflektiert.

Umgekehrt verweist der Strukturzusammenhang darauf, dass das implizite Selbstbild von einem/r Politiklehrer/in als Demokratieexperten/in im propositionalen Sinne (Typ 1 / Typik II), welches die Überlegenheit der Politiklehrkraft gegenüber seinen/ihren Schülern/innen mit Blick auf den Lerngegenstand betont, nur mit diesem Demokratielehrmodus (Typ 1 / Typik I) oder dem des Vorlebens einer anderen Demokratie (Typ 5 / Typik I) in der Lehr-/Unterrichtspraxis im Zusammenhang steht, nicht aber mit den anderen Demokratielehrmodi (Typen 2–4 / Typik I).

Diesen ersten relationalen Typ möchte ich als nächstes noch einmal empirisch an den Demokratie-Lehrpraktiken eines Falls veranschaulichen.

Exemplarische empirische Vertiefung

Die Relation vom Demokratielehrmodus des Einübens repräsentativer demokratischer Verfahren mit dem Selbstbild des/der Politiklehrers/in als Demokratieexperten/in stelle ich im Weiteren anhand der Demokratie-Lehrpraktiken von Markus Lange (Jm), einem Politiklehrer an einer Realschule in Bayern, dar.

Relativ zu Beginn des Interviews thematisiert er die Klassensprecher/innenwahl als „Klassiker" der Demokratielehre. Sie ist somit für ihn ein Vertreter seines Standardrepertoires von gängiger, routinierter Demokratielehre in den Klassen, in denen er unterrichtet.

Jm: *[...] ähm ist es ja so das ähm ja man man versucht in der Klasse seis jetzt ähm ähm wenns in der fünften Klasse ist ähm fängt eigentlich am Anfang des Jahres natürlich au schon an mit der Klassensprecher-Wahl. Klassensprecher-Wahl ist jetzt immer so der Klassiker wenns einfach darum geht Demokratie zu zu vermitteln und einfach heißt (das Wahlsystem) geheim und so weiter und so fort. äh das Ganze (zu vermitteln) [...]*

Markus Lange, 1. Sequenz, 92–98

Jm: *(.) in den unteren Klassen in den unteren Klassen ist es ja noch gänzlich unbekannt in in in oberen Klassen ist es vollkommen klar wie a so [Y: mhm] ne Klassensprecher-Wahl ähm abzulaufen hat. ähm natürlich immer wieder mit Hinweis darauf wenn jetzt so gespickt wird <u>was schreibst du</u>? oder der Zettel wird einfach net zusammengefaltet. in den unteren Klassen ist es einfach so dass ma in in Anlehnung macht oder vielleicht in in Vorbereitung darauf wie man vielleicht mal später <u>wählen</u> darf. ja wie das einfach bei uns abzulaufen hat. dass keiner jemanden <u>reinreden</u> ähm <u>darf</u>. ja wen welchen Kandidaten jetzt welcher Kandidat zu wählen ist. sondern dass das einfach geheim bleibt und deine eigene freie Entscheidung sein soll und ähm und ja das ist jetzt einfach mal das Wichtigste. dadurch ja und dann einfach die ähm wie heißen die die vier oder fünf die ähm die Wahl- (.) °Wahl- Wahl- Wahl- wie heißen die° Wahlgrundsätze. [Y: ja] Wahlgrundsätze ja. genau dann zu zu vermitteln. verstehen alle. gibt da auch nie irgendwie Proteste. [...]*

Markus Lange, 1. Sequenz, 111–125

Jm: *[...] und ähm aber ähm dadurch dass es einfach schon in der Grundschule trainiert wird was ne Klassensprecher-Wahl ist und wie es abzulaufen hat dann sitzt es dann einfach und denk ich mal dann muss ich das auch nicht steuern sondern das ist einfach dann klar dass es so gemacht wird. (.) [Y: okay] und ich erklärs immer zumindest in den oberen Klassen (also) (x) als Wahlhelfer tätig bin dass man als Wahlhelfer ja auch die Aufgabe hat in dem Fall als als Lehrer vielleicht die Aufgabe hat das zu steuern. ja und wenn zwei versuchen in der Wahlkabine reinzugehen und dann muss das oder wird das ja im Prinzip auch unterbunden. ja das einfach geheim sein muss. weil es zu den Wahlgrundsätzen dazu gehört. ja.*

Markus Lange, 1. Sequenz, 140–150

In diesen drei Zitaten, in denen Markus Lange sich zur Klassensprecher/innenwahl äußert, dokumentiert sich ein Demokratielehrmodus des Einübens repräsentativer demokratischer Verfahren. Die Klassensprecher/innenwahl wird entsprechend von Markus Lange als Möglichkeit gerahmt, Demokratie im Sinne eines Wählen-Lernens zu lernen. Es geht folglich vor allem darum, dass die Schüler/innen mit dem Vollzug der Klassensprecher/innenwahl die Durchführung einer Wahl üben, die an dem Wahlverfahren unseres politischen Systems der repräsentativen Demokratie orientiert ist. Im Fokus steht dabei insbesondere, dass die Schüler/innen die Einhaltung formaler Regeln der Wahl verinnerlichen und richtig ausführen. In seiner Ausführung zeichnet sich ab, dass die älteren Schüler/innen im Gegensatz zu den jüngeren dies bereits verinnerlicht haben und er als Politiklehrer die Regeln entsprechend nicht mehr von Neuem vorgeben und erklären muss.

Zugleich wird hier deutlich, dass er als Politiklehrer den Ablauf der Klassensprecher/innenwahl steuert und kontrolliert. Das heißt, er achtet auf die richtige Einhaltung der Regeln und interveniert, wenn gegen Regeln verstoßen wird. Darin zeigt sich, dass er weiß, wie eine Wahl richtig abzulaufen hat und dass er dies den Schülern/innen auch vermittelt, indem er bei Fehlern einschreitet. Das heißt, die Anleitung der Klassensprecher/innenwahl als Setting des Demokratie-Lehrens basiert vorwiegend auf seinem Fachwissen zur Wahl im politischen System. Hierin kommt somit das Selbstbild des Politiklehrers als Demokratieexperte im propositionalen Sinne zum Ausdruck.

In der von Markus Lange geschilderten Praxis dokumentiert sich folglich, dass der Demokratielehrmodus des Einübens repräsentativer demokratischer Verfahren mit seinem impliziten Selbstbild eines Politiklehrers als Demokratieexperte im propositionalen Sinne gekoppelt ist, beide also in der Praxis miteinander verbunden sind und sich gegenseitig bedingen.

Die bestätigt sich fallintern auch im Politikunterricht von Markus Lange, wie in den folgenden Zitaten ersichtlich wird.

Y: *okay. ähm können Sie vielleicht äh ne typische Unterrichtsstunde beschreiben ähm wo so die Demokratie darin vorkommt? [Jm: mhm] oder wie Sie die demokratisch gestalten? oder*

[...]

Jm: *ja ähm klassisches Beispiel ist natürlich immer wenn wenn Wahlen anstehen. ähm ähm ich nehm jetzt einfach a mal a achte Klasse. wo das Thema einfach auch drin ist wenn wenn Wahlen anstehen. das ma ähm vielleicht per Beamer irgendwelche politischen Köpfe jetzt nehmen wir mal Bundestagswahl an die an die Wand wirft. ähm mit einem kleinen Video einsteigt ähm wo einfach eine Befragung ist und vielleicht irgendein Wahlwerbespot von irgendeiner werdenden Partei. dass man damit einsteigt so hab ich das schon gemacht oder einfach politische Köpfe und die Kinder Jugendlichen dürfen einfach jetzt mal äußern ob sie jemanden vielleicht vom vom Gesicht her denn schon kennen und äh dann einfach ähm einfach ähm Vorwissen reaktivieren. und dann die Freude natürlich dann irgendwie auch an Politik zu wecken. und dann einfach dann hinzugehen und vielleicht mit mitgebrachten Wahlzetteln die es ja im äh Vordruck äh ja gibt ähm auszuteilen (x) so ähm schau ma uns das mal an. ja. ob wir den Namen oder irgendwelche Namen die du vielleicht da drauf findest auf den Wahlzetteln vielleicht wiederfindet und ähm (.) wenn wir jetzte mal bei der Wahl bleiben ähm mit Wortkärtchen oder auch mit äh Powerpointpräsentationen die verschiedenen Wahlgrundsätze da rein zu packen. und ähm dementsprechend das dann zu koppeln mit irgendwelchen Blättern. ja. die ma die man da im Unterricht einsetzt um dann zum Ende zu kommen. je nachdem was halt einfach das Thema ist. dass dann am Ende eben das Thema mit einer Tafelanschrift äh an der Tafel oder am Beamer dann fixiert ist.*

Markus Lange, 1. Sequenz, 151–180

Y: *wenn Sie jetzt sagen Sie steuern. also Sie machen das auf der einen Seite demokratisch aber auf der anderen Seite steuern Sie ähm wie sieht das konkret aus wie kann ich mir das vorstellen?*

Jm: *ja Demokratie ist ja auch gesteuert. äh insofern ähm gibts gewählte Abgeordnete die das Ganze dann in ne richtige Richtung steuern und in dem Fall bin ich als Lehrer halt einfach auch der Abgeordnete der das dann halt in die Richtung zu steuern versucht. ja wenns halt einfach in eine falsche Richtung geht ähm egal jetzt welches Thema ohne auf jetzt a bestimmtes Thema zu gehen. ja ich will irgendwo hin wenn i a bestimmtes Thema habe und das Thema so rüberbringen will und wenn verschiedene Meinungen da sind dann ist das (xx) das gehört natürlich dazu wird auch schriftlich fixiert verschiedene Meinungen. dann immer mit namentlichen Nennungen aber das funktioniert dann schon. also ohne jetzte herrisch oder tyrannisch auch zu werden. sondern ähm dafür is is ja Unterricht au da. ne?*

Markus Lange, 1. Sequenz, 269–283

Markus Lange beschreibt in diesen Zitaten einen typischen Politikunterricht, in dem Demokratielehre stattfindet. Demokratielehre wird hier von ihm assoziiert mit der Vermittlung von Wissen zu Wahlen und Wahlverfahren, wobei die Auseinandersetzung mit politischen Positionen von Kandidaten/innen und Parteien ausgelassen wird. Stattdessen erfolgt eine Beschäftigung mit möglichst authentischen Materialien (Wahlwerbespot, Wahlzetteln etc.), die einen realitätsnahen Eindruck der Wahl vermitteln, so wie es charakteristisch ist für den Modus des Einübens repräsentativer demokratischer Verfahren.

Auf didaktischer Ebene wird deutlich, dass die hier geschilderte Demokratie-Lehrpraxis vorwiegend vom Lehrer ausgeht und von ihm gesteuert wird. Sie ist geprägt durch eine überwiegend frontal gestaltete Wissensvermittlung durch den Politiklehrer sowie vereinzelt Aufgaben, die die Schüler/innen von ihm zur Bearbeitung erhalten. In der hier geschilderten Interaktion mit den Schülern/-innen zeigt sich, dass diese vorrangig von ihm ausgeht, das heißt, er erlaubt den Schülern/innen sich zu einer von ihm gestellten Aufgabe zu äußern („die Kinder Jugendlichen dürfen einfach jetzt mal äußern"). Darin kommt ein eher hierarchisches Verhältnis zu den Schülern/innen zum Ausdruck. Die eigenständige Bearbeitung von Aufgaben durch die Schüler/innen wird zudem in der Schilderung sprachlich eher abgewertet („und ähm dementsprechend das dann zu koppeln mit irgendwelchen Blättern. ja. die ma die man da im Unterricht einsetzt um dann zum Ende zu kommen") und hat für ihn entsprechend wenig Relevanz. Er spricht zwar davon, dass er versucht das ‚Vorwissen' der Schüler/-innen zu ‚reaktivieren', jedoch führt er dies nicht weiter aus. Sein Bezug auf die Reaktivierung von Vorwissen verbleibt sprachlich damit auf der Ebene eines kommunikativ generalisierenden Wissens und es ist aus diesem Grunde anzunehmen, dass ein aktives Einbeziehen und Aufbauen von/auf bereits vorhandenem Schüler/innenwissen nur eine geringe Bedeutung für seine Lehrpraxis besitzt. In Übereinstimmung damit wird die Gruppe der Schüler/innen wenig differenziert beschrieben und entsprechend im Vergleich zu anderen Politiklehrern/innen nicht auf mögliche Differenzen im Vorwissen, politische Interesse etc. unter den Schülern/innen einer Klasse eingegangen.

Auch wenn er sich explizit von einem Bild des ‚herrischen' bzw. ‚tyrannischen' Lehrers abgrenzt, der, wie hierin angelegt, gegenüber den Schülern/innen autoritär und bestimmend auftritt, dokumentiert sich in seiner geschilderten Demokratielehre dennoch ein implizites Selbstbild des Politiklehrers als Demokratieexperte im propositionalen Sinne.

Hier kommt somit eine starke Kopplung des Selbstbildes von Markus Lange und seinem Demokratielehrmodus zum Ausdruck. Beide Dimensionen überlagern sich hier stark in der Praxisbeschreibung und bilden einen Sinnzusammenhang.

Im folgenden Abschnitt werde ich nun die Relation zwischen Typ 5 der Typik I und dem Selbstbild Typ 1 / Typik II betrachten.

4.3.2 Relationaler Typ 2

Auch in den Demokratie-Lehrpraktiken, die im Modus des Vorlebens einer anderen Demokratie (Typ 5 / Typik I) erfolgen, wird zugleich ein Selbstbild des/der Politiklehrers/in als Demokratieexperten/in im propositionalen Sinne (Typ 1 / Typik II) deutlich. Dabei lässt sich eine Verbindung zwischen dem Demokratielehrmodus und dem impliziten Selbstbild feststellen, die darauf verweist, dass der Demokratielehrmodus des Vorlebens einer anderen Demokratie (Typ 5 / Typik I) in einem sinnhaften Zusammenhang mit einem implizit in der Praxis eingelassenen Selbstbild von dem/der Politiklehrer/in als Demokratieexperten/in im propositionalen Sinne (Typ 1 / Typik II) steht.

Abbildung 9: Relation zwischen Typ 5 / Typik I und Typ 1 / Typik II (eigene Darstellung)

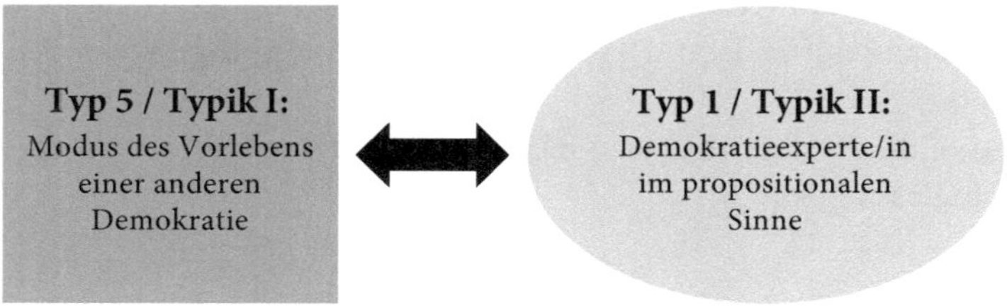

In den geschilderten Demokratie-Lehrpraktiken dokumentiert sich, dass die Politiklehrer/innen selbst als Experten/innen für eine Kritik an der repräsentativen Demokratie und dem Denken und Vermitteln von Alternativen auftreten. Das heißt, sie sind diejenigen, die über Wissen zum Lerngegenstand verfügen. In ihrer Wahrnehmung haben sie im Gegensatz zu den Schülern/innen einen

Wissens- und auch Erfahrungsvorsprung und können das ‚System durchschauen', während die Schüler/innen noch nicht über derartige Erkenntnisse verfügen. Wie auch im relationalen Typ 1 wird hier folglich ein starkes Kompetenz- und Wissensgefälle zwischen Politiklehrer/in und Schüler/innen ersichtlich, demnach die Schüler/innen relativ homogen als unwissend von den Politiklehrenden wahrgenommen werden. Ihre Vorkenntnisse, vorhandene Kompetenzen etc. werden nicht thematisiert. Explizit erwähnt werden nur Schüler/innen, die ein Interesse zeigen und in ihren Positionen wie in ihrem Handeln der Politiklehrkraft entsprechen.

Zugleich kommt in den Lehrpraktiken in diesem Demokratielehrmodus als Zielperspektive eine Befähigung und Aktivierung der Schüler/innen basierend auf den Vorstellungen zum politisch-demokratischen Handeln des/der Politiklehrenden zum Ausdruck. Dieses Selbstbild, das die Überlegenheit des/der Politiklehrers/in gegenüber seinen/ihren Schülern/innen im Hinblick auf den Lerngegenstand betont, geht in der Praxis mit einer fehlenden Reflexion darüber einher, wie ihre politischen Positionen und Vorstellungen von Demokratie ihre Lehrpraxis möglicherweise beeinflussen und welche Wirkung dies auf die Schüler/innen hat. Dies wird in den Demokratie-Lehrpraktiken, die im Demokratielehrmodus des Vorlebens einer anderen Demokratie (Typ 5 / Typik I) erfolgen, viel stärker deutlich als in den Demokratie-Lehrpraktiken im Demokratielehrmodus von Typ 1 / Typik I, da einerseits die Politiklehrer/-innen sich zum Teil offen positionieren und andererseits auch sehr schnell durch die Form ihrer Lehrpraxis und ihren Sprachduktus ersichtlich wird, dass sie hierdurch ihre politischen Positionen und Vorstellungen unterschwellig vermitteln.

Das Selbstbild von einem/r Politiklehrer/in als Demokratieexperten/in im propositionalen Sinne steht damit in einem Strukturzusammenhang mit dem Demokratielehrmodus des Einübens repräsentativer demokratischer Verfahren (relationaler Typ 1) oder mit dem Demokratielehrmodus des Vorlebens einer anderen Demokratie (relationaler Typ 2) in der Lehr-/Unterrichtspraxis. Ein Zusammenhang mit anderen Demokratielehrmodi wird dagegen in den Fällen nicht deutlich.

Im Anschluss werde ich diesen relationalen Typ nun anhand von einem Fall empirisch illustrieren.

Exemplarische empirische Vertiefung

Im Folgenden veranschauliche ich die Verbindung beider sinngenetischer Dimensionen anhand der Demokratie-Lehrpraxis von Bernd Schneider (Km), einem Politiklehrer an einem Gymnasium in Bayern. Hierfür beziehe ich mich auf ein Zitat, das an Bernd Schneiders Kritik an Politiklehrbüchern anschließt, die seiner Ansicht nach zu einseitig Bezug auf die repräsentative Demokratie nehmen[120].

Y: *wenn Sie jetzt sagen die Bücher sind eigentlich nicht zu gebrauchen was machen Sie denn dann konkret?*

Km: |_ nee nee äh (.) die die muss ich ja nehmen das mach ich auch äh werden dann wenn ich feststellen sollte °gut ich müsste das jedes Mal konkret konkretes Beispiel raussuchen° das ich sage äh dies müsste noch da fehlt was oder da- müsste n bis- bisschen kritisch konstruktiv Ausgewogenheit ähm hergestellt werden. dann kann ich das ja machen als Additum. (.) oder ich lass die Schüler selber rausarbeiten äh denn is das Buch nur ein ein Impuls. ich mein die sind schön aufgemacht äh vom Satzbau farbige Bilder äh (.) zwei Seiten ein Thema nicht zweieinhalb Seiten ein Thema. is alles wunderbar. (.) nur die Fragestellungen könnte man vielleicht mehr zu- zuspitzen. das heißt wenn man dies als ähm äh Vorschlag nimmt dann arbeitet man halt damit und äh muss dann halt mit den Widersprüchlichkeiten umgehen. [...]

Bernd Schneider, 1. Sequenz, 242–254

In seiner hier dargestellten Arbeitsweise mit den Lehrbüchern fällt auf, dass er als Politiklehrer derjenige ist, der glaubt, letztlich mehr zu wissen als in den Lehrbüchern steht. Im Politikunterricht versucht er, den Schülern/innen die Leerstellen der Lehrbuchdarstellung aufzuzeigen und alternative Perspektiven zu demonstrieren („das ich sage äh dies müsste noch *da fehlt was* oder da- müsste n bis- bisschen kritisch konstruktiv Ausgewogenheit ähm hergestellt werden"). Dabei ist es letztlich unerheblich, ob er die alternativen Sichtweisen selbst vorstellt oder sie durch die Schüler/innen erarbeiten lässt, da die Erwartungshaltung, Alternativen zur repräsentativen Demokratie aufzuzeigen, klar durch ihn bestimmt wird. Entsprechend werden hier sowohl der Demokratielehrmodus des Vorlebens einer anderen Demokratie als auch ein Selbstbild als Wissender, als Demokratieexperte im propositionalen Sinne deutlich.

In einem weiteren Ausschnitt aus dem Interview mit Bernd Schneider wird die Relation noch einmal stärker ersichtlich.

Km: *[...] und in ner Oberstufe (..) äh biete ich in Sozialkunde ein Seminar an also das von den meisten Leuten am meisten gewählt worden [Seminartitel] (..) im Bereich Sozialkunde. is auch genehmigt worden. so und da machen wir Exkursionen. wir gehn auf eine [Aktionärs]hauptversammlung besprechen das dann äh wie haben die Aktienvertreter äh sich dargestellt? wie hat der Vorstand sich dargestellt? wer*

120 Siehe auch Zitat in der empirischen Vertiefung zu Typ 5 / Typik I in Kapitel 4.1.5 sowie in der empirischen Vertiefung von Typ 1 / Typik II in Kapitel 4.2.1.

sitzt im Aufsichtsrat? mhm so. äh dann kommt äh dann hab ich zum Beispiel letztens im Fernsehen von Harald Schumann hatt er n Bericht gemacht zum Thema (.) Bankenrettung (.) der das das ist der die Globalisierungsfalle geschrieben hat. der hat das so schön aufgearbeitet das jeder Mensch diese Eurokrise verstehen kann. zwanzig Minuten hab nur ne Sequenz das werd ich zeigen. dann ähm (...) was mach wir denn noch alles mögliche? äh (..) Exp- die haben sich gewünscht das Experten geladen werden. (.) ja da gut da holen wir uns jetzt von der [Bank] und ich selber hab mal n Buch geschrieben das heißt [Buchtitel] da haben wieder die Wirtschaft und die Gesellschaft kombiniert. da hab ich n Artikel raus- äh kopiert den werden wir auch besprechen und das motiviert die auch weil das kommt von mir (..) [...]

Bernd Schneider, 1. Sequenz, 314–331

In diesem Zitat zeigt sich, dass Bernd Schneiders Vorstellung einer anderen Demokratie geprägt ist durch eine Kapitalismus- und Globalisierungskritik. In der Wahl des Exkursionsortes Aktionärshauptversammlung und dessen angedeuteter Reflexion, der Auseinandersetzung mit den Beiträgen des Globalisierungskritikers Harald Schumann und insbesondere in der Arbeit mit dem von ihm selbst veröffentlichten Buch[121] dokumentiert sich implizit das Vermitteln einer Kritik an Globalisierung und Kapitalismus. In der Schilderung zeichnet sich somit eine politisch tendenziöse Ausrichtung seiner Demokratie-Lehrpraxis ab, die stark durch seine eigene politisch-demokratische Vorstellung geprägt ist. Dabei wird hier offensichtlich, dass er derjenige ist, der als Demokratieexperte eine Auswahl und eine bestimmte Perspektive auf den Lerngegenstand trifft. Es zeigt sich hier somit, dass das Selbstbild des Demokratieexperten im propositionalen Sinne gekoppelt ist mit seinem Demokratielehrmodus des Vorlebens einer anderen Demokratie. Dementsprechend besteht somit in seinen Demokratie-Lehrpraktiken ein struktureller Zusammenhang.

Im Folgenden werde ich nun auf die Relationen zwischen den weiteren Demokratielehrmodi und dem Selbstbildtyp 2 eingehen.

4.3.3 Relationaler Typ 3

In Demokratie-Lehrpraktiken, die im Demokratielehrmodus des Auseinandersetzens mit politischen Positionen in der repräsentativen Demokratie (Typ 2 / Typik I) erfolgen, dokumentiert sich zugleich ein Selbstbild der/des Politiklehrers/in als Demokratielernbegleiter/in im performativen Sinne (Typ 2 / Typik II). Dabei zeigt sich in der Praxis, dass sich diese beiden Dimensionen überlagern und in einem Struktur- bzw. Sinnzusammenhang stehen.

---

121 Der Titel wird hier nicht genannt, um die Anonymität des Lehrers zu wahren. In dem Titel wird jedoch eine sehr klare Positionierung deutlich.

Abbildung 10: Relation zwischen Typ 2 / Typik I und Typ 2 / Typik II (eigene Darstellung)

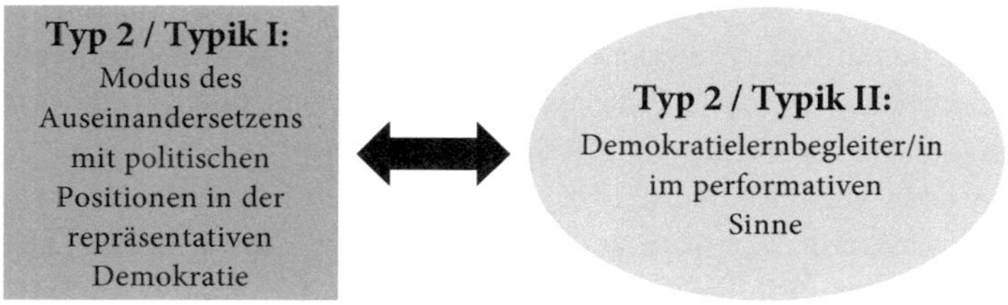

Wie auch bei den vorherigen relationalen Typen dokumentiert sich hier in diesen Demokratie-Lehrpraktiken neben dem Demokratielehrmodus, dass die Politiklehrer/innen eine spezifische Rolle in der Gestaltung und Durchführung von Demokratie-Lehrpraktiken einnehmen. So wird hier deutlich, dass der/die Politiklehrer/in Lehr-Lernsettings und Aufgabenstellungen vorbereitet (bzw. in manchen Beispielen durch die Schüler/innen vorbereiten lässt) und anschließend in der Unterrichtspraxis die Arbeits- und Lernprozesse der Schüler/innen beobachtet und sie darin begleitet, sich mit politischen Fragen und Positionen auseinanderzusetzen, ein eigenes begründetes Urteil zu entwickeln und dann in Diskussionen miteinander auch zu vertreten. Dabei kristallisiert sich heraus, dass in der Praxis – im Vergleich zu den relationalen Typen 1 und 2 – der inhaltliche Gehalt weniger durch den/die Politiklehrer/in festgelegt und vorherbestimmt ist und stattdessen vor allem die Lernprozesse der Schüler/innen im Vordergrund stehen. Die Vermittlung eines bestimmten Wissens (oder auch bestimmter Erkenntnisse) wird dem nachgeordnet. Die Politiklehrer/innen ermöglichen somit durch grundsätzlich inhaltlich weitgehend offene Lehr-Lernsettings eine durch die Schüler/innen bestimmte Auseinandersetzung mit politischen Positionen, während sie selbst als Politiklehrer/in während der Durchführung im Hintergrund unterstützend tätig sind. Folglich zeichnet sich hier ab, dass der Demokratielehrmodus des Auseinandersetzens mit politischen Positionen in der repräsentativen Demokratie mit dem Selbstbild der/des Politiklehrers/in als Demokratielernbegleiter/in im performativen Sinne in der Praxis miteinander verschränkt ist.

Wie es für diesen Selbstbildtyp charakteristisch ist, wird die Schüler/innenschaft als heterogen wahrgenommen hinsichtlich ihres Vorwissens, politischen Interesses und Engagements sowie der Fähigkeit, eigene Positionen begründet zu vertreten. In der geschilderten Praxis wird deutlich, dass die Politiklehrenden darauf Bezug nehmen und zum Beispiel unterschiedliche Einstellungen auch für die Herstellung von Kontroversität in Diskussionen aufgreifen oder aber einzelne Schüler/innen darin unterstützen, ihre Positionen auszudifferenzieren und stärker zu begründen. Die Gestaltung ihrer Demokratie-Lehrpraktiken steht somit in einer Verbindung zu ihrer Wahrnehmung einer diversen Schüler/innenschaft.

In den Interviews mit den Politiklehrern/innen, deren Lehrpraktiken diesem Modus folgen, wird der Umgang mit der eigenen politischen Position sehr stark reflektiert und ein Negieren oder Verheimlichen gegenüber den Schülern/innen als problematisch abgelehnt. Stattdessen wird ein zurückhaltender, aber transparenter und authentischer Umgang ersichtlich.

Umgekehrt verweist der strukturelle Zusammenhang beider Dimensionen darauf, dass mit einem impliziten Selbstbild der/des Politiklehrers/in als Demokratielernbegleiter/in im performativen Sinne (Typ 2 / Typik II) nur ein Demokratielehren im Modus von Typ 2, 3 oder 4 (Typik I) einhergehen kann, nicht aber mit einem Demokratielehrmodus von Typ 1 oder Typ 5 (Typik I).

Im Folgenden illustriere ich den Typ anhand von Interviewausschnitten.

Exemplarische empirische Vertiefung

In den Demokratie-Lehrpraktiken von Robert Engel (Tm), der als Politiklehrer an einer Gesamtschule in Thüringen arbeitet, wird diese Relation besonders deutlich. Immer wenn Robert Engel über Demokratie als Lerngegenstand in seinem Politikunterricht spricht, bezieht er sich implizit auf Demokratie als Herrschafts- bzw. Regierungsform auf Staatsebene. Dabei wird in seinen Demokratie-Lehrpraktiken überwiegend durch ihn und durch seine Schüler/innen Bezug genommen auf die Form der repräsentativen Demokratie und insbesondere deren Umsetzung im politischen System der BRD, wie es beispielhaft am folgenden Zitat erkenntlich wird.

Tm: *[...] achso wir hatten uns vor den Ferien vielleicht muss ich kurz ausholen damit auseinandergesetzt ähm zu überlegen warum ist die Wahlbeteiligung so niedrig gewesen [Y: ahja] und warum ist sie eher rückläufig [Y: ja] und dann die Frage abgeleitet naja das könnte damit zusammenhängen dass sich die Bevölkerung durch dieses Repräsentativverfahren vielleicht nicht mehr genügend vertretend- vertretend fühlt [Y: mhm] und haben daraus abgeleitet hat ich den Schülern n Aufsatz mitgegeben über die Ferien herauszufinden welche mit welchen Herausforderungen hat aktuell unsere Demokratie zu kämpfen? n Aufsatz von Wolfgang Thierse oder ne Rede von ihm [Y: ja] n Auszug daraus hab ich ihnen mitgegeben, ja von diesem Problembereichen der aktuellen Demokratie haben wir dann abgeleitet wie kann man darauf reagieren? ich hab die Schüler also aufgefordert welche Lösungsvorschläge habt ihr? und die, liefen schon im Wesentlich darauf hinaus zu sagen n höheres Maß an direkter Beteiligung an der Demokratie könnte ein Lösungsvorschlag sein [Y: ahja] es kamen noch andere Vorschläge einer war auch zum Beispiel den fand ich interessant ähm mehr politische Bildung da freu ich mich natürlich@ [Y: @] als Politiklehrer [Y: ja] sowohl im schulischen als auch im außerschulischen Bereich, die andern fallen mit jetzt nicht da müsst ich jetzt in die Aufzeichnungen schauen. aber wie gesagt das Haupt- der Hauptpunkt ging schon in die Richtung n höheres Maß an mehr Bürgerbeteiligung könnte da zu führen. [Y: mhm] das war so das Credo der Bearbeitung und wir leiten- wir haben dann in der Stunde besprochen na welche Möglichkeiten der direkten Demokratie bietet uns denn das Grundgesetz? und welche gibt es auf äh Landesebene? reichen die möglicherweise schon aus? und werden sie vielleicht nur nicht genutzt von der Bevölkerung? und wollen dann damit haben die Schüler noch die die Hinweis bekommen mal zu schauen wie groß sind denn die direktdemokratischen Elemente in einzelnen anderen europäischen oder demokratischen Staaten also westeuropäisch und, Kanada USA Australien haben wir mal nachgeschaut das war die Hausaufgabe mit den ich sie dann entlassen habe und wir wollen davon ausgehend zu sagen ja Moment was heißt denn jetzt Demokratie? das ist jetzt schon n kleiner Ausblick auf Montag Demokratie heißt Volksherrschaft aber wenn das Volk herrscht über wen wird denn dann geherrscht? gibts denn daraus nicht vielleicht n Dilemma? [Y: mhm] und äh- müssten wir daraus nicht ne Kritik an der direkten Demokratie äußern [...]*

Robert Engel, 2. Ausschnitt 1. Sequenz, 5–35

In der Form der Beschäftigung mit dem Thema Wahl und Wahlbeteiligung in unserem politischen System dokumentiert sich eine kritische Auseinandersetzung, die von Robert Engel durch eine offene Fragestellung angeleitet wird („mit welchen Herausforderungen hat aktuell unsere Demokratie zu kämpfen?", „welche Lösungsvorschläge habt ihr?" etc.). Obwohl der Impuls für die Auseinandersetzung von ihm als Politiklehrer ausgeht und auch er das Setting gestaltet, zeichnet sich dieses durch eine inhaltliche Offenheit für eine kritische Diskussion durch die Schüler/innen aus. Auch die weitere Stundenplanung basiert gemäß seiner Schilderung auf den Antworten der Schüler/innen und konzentriert sich infolgedessen auf das Thema Bürger/innenbeteiligung. Dabei dokumentiert sich, dass die Schüler/innen sich selbst Wissen zum Thema aneignen und dabei durch ihren Politiklehrer in ihrem Lernprozess angeleitet und unterstützt werden.

In dieser geschilderten Demokratie-Lehrpraktik deutet sich somit bereits die Relation des Demokratielehrmodus des Auseinandersetzens mit politischen Positionen in der repräsentativen Demokratie und des impliziten Selbstbildes des Demokratielernbegleiters im performativen Sinne an. Dies bestätigt sich an anderer Stelle im Interview, an der Robert Engel noch einmal seinen Unterricht aus der zwölften Klasse zum Thema Wahlbeteiligung aufgreift.

Tm: [...] ich hatte letztens, eine Stunde durchgeführt wos um die Frage ging ob es eine Wahlpflicht eingeführt werden soll um die Wahlbeteiligung zu erhöhen [Y: mhm] und als Auswertungsform haben wir uns- hab ich mich fürs Fishbowl entschieden, [Y: hustet] die Methode hatte ich neu eingeführt [Y: ja] und war überrascht dass die Methode so gut angekommen ist und auch im Anschluss in der Reflexionsphase der Stunde da haben die Schüler auch sich sehr kritisch dazu geäußert haben. also kritisch vor dem

Hintergrund wir fanden das toll dass wir dass sie sich intensiv mit drei vier Schülern unterhalten haben aber findens echt blöd dass nur ein freier Stuhl da ist auf den sich dann immer ein Beobachter von außen setzen kann. da würden wir gerne zwei Stühle haben, über solche Sachen haben wir uns lange unterhalten. da war ich überrascht. damit hätte ich nicht gerechnet. [Y: ja] und in der Rückmeldung kam dann bei den Schülern das war für sie ne gute Stunde wo ich dachte [Y: ahja] toll hätt ich nicht erwartet. […]

Robert Engel, Sequenz, 3. Sequenz, 32–44

Die Auseinandersetzung zur Wahlbeteiligung erfolgt in dem hier geschilderten Beispiel methodisch in Form einer Fishbowl-Diskussion, in der die Schüler/innen unterschiedliche Positionen zur Frage der Einführung einer Wahlpflicht vertreten. Dabei dokumentiert sich nicht nur der Demokratielehrmodus des Auseinandersetzens mit politischen Positionen in der repräsentativen Demokratie, sondern auch, dass Robert Engel mit den Schülern/innen ins Gespräch kommt über die Methode und hierbei sehr offen ist für ein Feedback der Schüler/innen zur Gestaltung des Lehr-Lernprozesses. Darin wird deutlich, dass er ein Verhältnis auf Augenhöhe mit den Schülern/innen pflegt und Lehr-Lernprozesse mit ihnen zusammen entwickeln möchte.

Die Relation zwischen Demokratielehrmodus und implizitem Selbstbild als Politiklehrer wird in dem nächsten Zitat zur Gestaltung einer aktuellen Minute im Politikunterricht noch stärker sichtbar.

Tm: […] und nach dem Stundeneinstieg durch das Protokoll gibt es immer eine aktuelle Minute, diese aktuelle Minute Minute mehr so im übertragenen Sinne man könnte auch ne aktuelle Stunde sagen (x) der Zeitraum ist auf maximal 15 Minuten begrenzt ist [Y: mhm] es gibt einen Referenten der sich auf drei Themen der zurückliegenden Zeit der zurückliegenden Woche vorbereitet. [Y: hustet] das sind zum einen Themen die nach Möglichkeit auch aus verschiedenen politischen Ebenen stammen sollen also ein regionales n lokales n nationales und n internationales Thema [Y: ahja] damit nicht nur international oder nur national also sollte mindestens zwei dieser Ebenen abdecken, zwei Themen davon wie so ne Art Kurzticker also ich hab den Schülern die Anregung gegeben so wie Tagesschau in 100 Sekunden ist ja auch nur ne Kurzmeldung zwei Kurzmeldungen [Y: ja] und eine ausführlicher [Y: mhm] und der Schüler erstellt dazu im Vorfeld ähm wie so ne Art, Deckblatt einer Tageszeitung. [Y: ja] wo die beiden Kurzthemen wie so als Randthemen und das ausführliche Thema schon meinetwegen schon mit Bild Graphiken Überschrift und [Y: ja] ein ausführlicher Bericht als Zusammenfassung im Vorfeld erstellt [Y: mhm] wird. diese Zusammenfassung im Umfang von einer Seite wird den ähm Schülerinnen und Schülern bis spätestens zwei Tage vorher per Mail zugeschickt damit sie wissen um welche Themen es geht [Y: ja] um die Diskussion dann auch zu beleben die können also [Y: ja] Randbemerkungen machen Gedanken dazu aufschreiben [Y: ja] was ihnen gut gefällt und was nicht, ja und der Referent stellt dann also seine drei- die zwei Kurzthemen und das Ausführliche vor die andern Schüler die zuhören sind ja inhaltlich insofern vorbereitet durch die Zusammenfassung und der Schüler schließt sein Hauptthema mit einer Diskussionsfrage die im Idealfall mit soll gestellt wird also soll das und das passieren? (.) und dann gibt es einen Koreferenten [Y: ja] der die Diskussion dann leitet [Y: mhm] der muss also folglich auch mit auf die Themen vorbereitet sein [Y: mhm] und Aufgabe des Koreferenten ist dann die Diskussion zu leiten, Argumente am Ende zusammenzufassen und ein Fazit der Diskussion [Y: hustet] zu formulieren [...]

Robert Engel, 4. Ausschnitt 1. Sequenz, 1–27

An dieser Stelle zeichnet sich ab, dass letztlich die Schüler/innen selbst einen Teil des Politikunterrichts, nämlich die Durchführung der ‚aktuellen Minute' und einer anschließenden Diskussion gestalten. In diesem Rahmen setzten sich die Schüler/innen selbst mit aktuellen politischen Themen auseinander und diskutieren diese kritisch. Dabei werden Nachrichten zu politischen Ereignissen durch die Form des Zeitungsdeckblatts sogar in der Klassenöffentlichkeit geteilt. Politik wird in diesem Zusammenhang eher eng gefasst und implizit auf das politische System bezogen. In diesem Unterrichtsbeispiel kommt entsprechend der Demokratielehrmodus des Auseinandersetzens mit politischen Positionen in der repräsentativen Demokratie zum Ausdruck.

Das Setting wird, wie in der Schilderung deutlich wird, durch Robert Engel vorgegeben, und muss dann durch die Schüler/innen selbst gefüllt werden. Was inhaltlich besprochen wird oder auch in welche Richtung sich die Diskussion entwickelt, wird durch die Schüler/innen bestimmt. Von Robert Engel geht hier folglich lediglich der Impuls für den Lehr-Lernprozess aus. Als Politiklehrer nimmt er in diesem Setting eine Rolle als Initiator und Lernbegleiter ein. In dieser geschilderten Praxis wird somit erkennbar, dass der Demokratielehrmodus mit dem impliziten Selbstbild als Politiklehrer gekoppelt ist und einen Strukturzusammenhang bildet.

Im nächsten Abschnitt werde ich die Relation zwischen Demokratielehrmodus in Typ 3 / Typik I und dem Selbstbildtyp 2 in den Blick nehmen.

4.3.4 Relationaler Typ 4

Des Weiteren gibt es in Demokratie-Lehrpraktiken fallübergreifend eine Verbindung zwischen dem Demokratielehrmodus des Befähigens zur Selbstbestimmung (Typ 3 / Typik I) und dem impliziten Selbstbild von der/dem Politiklehrer/in als Demokratielernbegleiter/in im performativen Sinne (Typ 2 / Typik II).

Abbildung 11: Relation zwischen Typ 3 / Typik I und Typ 2 / Typik II (eigene Darstellung)

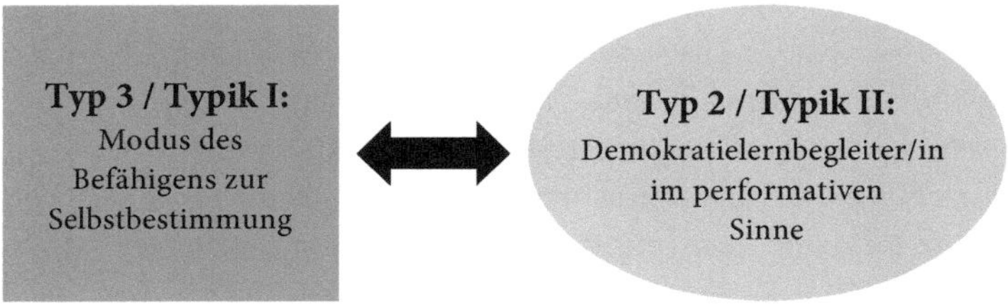

Ähnlich wie im relationalen Typ 3 wird auch in der geschilderten Praxis dieses Typs ersichtlich, dass sich diese Politiklehrer/innen eher zurücknehmen und die Schüler/innen vordergründig in ihren Lernprozessen unterstützen. Insbesondere das Erkennen und Erkunden eigener Interessen sowie ein selbstorganisiertes Arbeiten in Projekten durch die Schüler/innen wird von den Politiklehrern/innen als ein Paradigmenwechsel erlebt, wenn die Schüler/innen aus anderen Fächern oder durch einen vorherigen andere/n Politiklehrer/in einen stärker lehrer/innenzentrierten Unterricht gewohnt sind. Entsprechend nehmen sie hier den größten Unterstützungsbedarf bei den Schülern/innen wahr. Sie fordern die Schüler/innen immer wieder auf darüber nachzudenken, was sie interessiert und welche Themen ihrer Lebenswelt auch als politisch verstanden werden können.

Ebenso wie beim relationalen Typ 3 erfahren die Politiklehrer/innen die Schüler/innen als sehr heterogen, und zwar insbesondere in ihren Voraussetzungen, selbstbestimmt zu lernen und in ihrem Interesse an politischen Fragen, wie es für den Demokratielehrmodus des Befähigens zur Selbstbestimmung (Typ 3 / Typik I) charakteristisch ist. Sie schaffen, wie sich in den Interviews zeigt, hier Lehr-Lernsettings, die es Schülern/innen ermöglichen, auch unterschiedliche Interessen sehr selbstbestimmt zu verfolgen.

Charakteristisch für die Relation zwischen Typ 3 / Typik I und Typ 2 / Typik II ist eine starke Hinwendung des/der Politiklehrers/in zum/zur Schüler/in und ein Einfordern eigenständigen Denkens und Handelns durch diese/n. Insofern werden Schüler/innen in ihren Interessen und Ansichten als eigenständig denkende und handelnde Menschen ernstgenommen. Der/die Politiklehrer/in interagiert mit den Schülern/innen auf Augenhöhe.

Auch diese Politiklehrer/innen gehen relativ offen mit ihren politischen Positionen um, versuchen aber diese eher im Hintergrund zu halten, weil für sie die Interessen der Schüler/innen im Vordergrund stehen und sie diese nicht durch ihre eigenen bestimmen möchten.

Andersherum verweist der Strukturzusammenhang darauf, dass ein implizites Selbstbild des/der Politiklehrers/in als Demokratielernbegleiter/in im performativen Sinne (Typ 2 / Typik II) in der Demokratie-Lehrpraxis nur mit den Demokratielehrmodi der Typen 2, 3 oder 4 (Typik I) in Verbindung stehen kann, nicht aber mit einem Demokratielehrmodus von Typ 1 oder Typ 5 (Typik I).

Diesen vierten relationalen Typ werde ich im Folgenden anhand von Interviewausschnitten empirisch nachvollziehen.

Exemplarische empirische Vertiefung

In den Demokratie-Lehrpraktiken von Stephan Fischer (Dm), der als ausgebildeter Politiklehrer für die Berufsschule in einem Projekt in Bremen arbeitet, in dem Schüler/innen ihren Hauptschulabschluss nachholen und sich auf die Berufswelt vorbereiten können, wird sehr gut ersichtlich, wie sich beide Dimensionen überlagern und miteinander verbinden. Dies möchte ich anhand von einem längeren Zitat aus diesem Interview illustrieren. Stephan Fischer berichtet hier aus seinem Politikunterricht an der Berufsschule, an der er zuvor im Zuge seines Referendariats unterrichtete.

Dm: […] ich finde halt so Präsentationen Gruppenarbeiten so das sind so die Dinge die ich halt gut finde ähm irgendwie ne Collage erarbeiten also wo unterschiedliche Dinge einfach angesprochen werden also wenn ich jetzt ne Collage mache muss ich irgendwas basteln äh äh wenn ich dann präsentiere da kommt es oft darauf an dass ich irgendwie lerne frei zu sprechen möglichst das ne? […] naja und ähm also da ganz konkret wars halt so ähm das das Thema äh von mir völlig wurde völlig frei gehalten also es sollte irgendwas sein n Thema von dem sie glauben dass es kontrovers ist. also es konnte irgendwie das Thema sein Frauenquote in Unternehmen oder äh gentechnisches äh gentechnisch veränderte Lebensmittel irgendwas von dem sie glauben da ist ne Kontroverse und das interessiert sie auch. weil also sie ***sollten*** *(.) eine eine kurze Präsentation machen. das da konnten sie entweder mit Powerpoint arbeiten also wir hatten nen Beamer oder sie konnten ne kleine Collage machen oder mit Folien arbeiten das das hab ich denen völlig frei gestellt (.) ähm und dann sollten sie sozusagen einmal kurz diese äh vorstellen was ist das Thema überhaupt? also worum gehts überhaupt? und sie sollten ne Diskussion anleiten. das heißt sie sollten- ähm sollten sozusagen eine Problemstellung formulieren eine Fragestellung. [Y: hm] also um sozusagen die Kontroverse schon ein bisschen anzuschneiden. also alles was halt echt schwer ist. also das schon für die ne war schon ne echte Herausforderung. (.) ähm ich hab denen dafür ne Woche Zeit gegeben das zu recherchieren auszuarbeiten und in der nächsten Woche sollten sies präsentieren. und dann halt auch so versuchen diese Diskussion so bisschen so zu moderieren. und ich hab dann halt mich nur erst mal zurückgezogen und hab dann halt geguckt okay kriegen die das hin? die meisten haben das eigentlich auch ganz gut hingekriegt und wenn nicht hab ich hab ich dann am hab ich dann irgendwann ja interveniert und hab dann halt nochmal versucht den Moderator oder der Moderatorin so n bisschen unter die Arme zu greifen hab vielleicht auch nochmal eigene Fragen gestellt und äh ja dafür haben sie dann halt ne Note gekriegt. das war eine Sache die ich gemacht habe. ähm*

Y: *darf ich kurz zwischen fragen? [Dm: ja] äh wie die Schüler/innen damit umgegangen sind dass sie so den kompletten Freiraum hatten?*

Dm: *@ ja ähm unterschiedlich also (.) ähm (..) also das ist schwierig. ist tatsächlich so- das es für ähm also das muss ich dazu sagen also das war halt ne Berufsschule und ähm die- an dieser Schule gab es eben fast nur duale Ausbildungsgänge das heißt das sind- da hats schon mal nen starken Filter gegeben also weil da kommen ja nur die hin die auch von Betrieben als ausbildungsfähig eingestuft worden sind. also man hat da eigentlich äh (.) sag ich mal in Anführungszeichen ne ganz leistungsstarke Schülerschaft so gehabt.* ***aber*** *ähm was die eben nicht können oder viele von denen nicht können ist tatsächlich dann also so richtig für sich erst mal zu (.) äh oder die mussten lernen irgendwie zu sagen okay das interessiert mich jetzt überhaupt also die haben dann angefangen im Internet zu gucken und ich sag ihr braucht doch gar nicht unbedingt im Internet gucken was grade so diskutiert wird. überleg doch mal* ***was*** *ist in* ***eurem Leben*** *grade irgendwie* ***Thema****? und dann kann man auch gucken äh ist das jetzt irgendwie n politisches Thema? also ich mein- wenn da jetzt irgend ne Tamponproblematik oder so diskutieren wollt [Y: @] da sag ich also das reicht nicht aber keine Ahnung wenn jetzt ähm um Lebensmittel geht oder so was ja dann habt ihr doch irgendwie was so. äh das war das eine. also erst mal n Thema zu finden. ähm weil ich glaube die es gewöhnt sind man setzt den alles* ***vor****. man sagt halt so heute machen wir Deutsch und dann macht ihr das und das und das. und das andere war eben dass viele irgendwie gar nicht in der Lage waren das zeitlich einzuschätzen wie lange brauch ich n jetzt für so was? und haben dann sich erst mal lange- es hat sich lange hingezogen bis sie dann n Thema hatten und noch länger bis sie dann ihre Präsentation fertig hatten. ähm (.) aber so im* ***Endeffekt*** *haben sies dann mit n bisschen Drängen von mir und Hilfestellung da haben sies eigentlich fast alle hingekriegt. (.) und die nächste große Hürde war dann eben dieses Moderieren also wie moderiere ich? also ich kann zum Beispiel ja nicht- also das Ziel war eben auch dass sie möglichst versuchen (.) nicht sofort äh ihre subjektive Meinung ständig (.) darzustellen sondern sie sollten versuchen den Aspekt die für dieses Thema irgendwie mit sich bringt auch äh gerecht zu werden also möglichst halt objektiv unterschiedliche Gesichtspunkte darzustellen. das ist halt auch für die ne Riesenherausforderung gewesen.*

Stephan Fischer, Volltranskript, 141–206

Stephan Fischer beschreibt hier, wie er die Schüler/innen erlebt in der Bearbeitung des von ihm erteilten Arbeitsauftrages, ein politisch ‚kontroverses' Thema ihrer Wahl zu bearbeiten sowie eine Präsentation und anschließende Diskussion vorzubereiten. Dabei wird in der Schilderung der Fokus auf die Befähigung zur Auseinandersetzung mit eigenen Interessen gesetzt, wie es für den Demokratielehrmodus des Befähigens zur Selbstbestimmung zentral ist.

Konkret wird hier deutlich, dass Stephan Fischer in diesem Setting den Schülern/innen in ihren Gruppen den Freiraum gibt, ein Thema selbst zu wählen und zu bearbeiten. Folglich bereitet er als Politiklehrer das Setting vor, in dem die

Schüler/innen selbst aktiv handeln und eigenen Interessen folgen müssen. In der Durchführung selbst zieht er sich als Politiklehrer anfänglich sehr stark in die Rolle des Beobachters zurück und lässt die Schüler/innen eigenständig arbeiten. Er wird gemäß seiner Schilderung erst wieder aktiv, als sich Probleme bzw. Hilfebedarfe bei den Schülern/innen abzeichnen („die meisten haben das eigentlich auch ganz gut hingekriegt und wenn nicht hab ich hab ich dann am hab ich dann irgendwann ja interveniert und hab dann halt nochmal versucht den Moderator oder der Moderatorin so n bisschen unter die Arme zu greifen hab vielleicht auch nochmal eigene Fragen gestellt"). Stephan Fischer nimmt dann die Rolle des Unterstützers ein, indem er insbesondere durch eine Praxis des offenen Fragens Impulse gibt und den Schülern/innen hilft, wenn sie allein nicht vorankommen. Dabei versucht er an die Lebenswelt der Schüler/innen anzuknüpfen („und ich sag ihr braucht doch gar nicht unbedingt im Internet gucken was grade so diskutiert wird. überleg doch mal **was** ist in **eurem Leben** grade irgendwie **Thema**? und dann kann man auch gucken äh ist das jetzt irgendwie n politisches Thema?"). Sein Lehrerhandeln entspricht somit dem Selbstbildtyp 2, dementsprechend den Schülern/innen die Hauptrolle im Politikunterricht zugesprochen wird und der/die Politiklehrer/in sich eher im Hintergrund hält und die Lernprozesse der Schüler/innen begleitet.

An diesem Zitat fällt zudem auf, dass auch Stephan Fischer, wie für diesen Selbstbildtyp charakteristisch, eine Irritation und einen Umdenk-/Lernprozess bei den Schülern/innen erlebt, deren Verhalten bisher eher an die Praktiken eines/einer Lehrers/in des Selbstbildtyps 1 angepasst ist. So erfährt er, wie im zweiten Teil des Zitats deutlich wird, dass den Schülern/innen eine freie Themenwahl und -bearbeitung sehr schwerfällt. Dabei zeichnet sich als weiteres Problem ab, dass das Demokratie-/Politikverständnis der Schüler/innen sehr viel enger gefasst ist als seines, wodurch lebensweltliche Themen durch die Schüler/innen nicht unbedingt als politisch wahrgenommen werden. Auch die daran anschließende Formulierung des Themas als Problem sowie die Vorbereitung und Anleitung einer kontroversen Diskussion wird von ihm als „echte Herausforderung" für die Schüler/innen erkannt. In der Beschreibung der Bearbeitung zeigt sich zudem, dass den Schülern/innen auch die eigene Arbeitsorganisation schwerfällt („und das andere war eben dass viele irgendwie gar nicht in der Lage waren das zeitlich einzuschätzen wie lange brauch ich n jetzt für so was? und haben dann sich erst mal lange- es hat sich lange hingezogen bis sie dann n Thema hatten und noch länger bis sie dann ihre Präsentation fertig hatten"). Darin dokumentiert sich, dass durch Stephan Fischer die Interessenfindung und auch die selbstständige Bearbeitung als sehr fordernde Aufgaben für die Schüler/innen erfahren werden, und das, obwohl die Schüler/innen in der Schule als ‚ausbildungsfähig' und ‚leistungsstark' gelten.

In seiner Begründung führt er dies darauf zurück, dass die Schüler/innen solch eine Praxis nicht gewohnt sind und ihnen sonst oft von Lehrern/innen

Vorgaben gemacht werden („ähm weil ich glaube die es gewöhnt sind man setzt den alles **vor**. man sagt halt so heute machen wir Deutsch und dann macht ihr das und das und das.“). Er geht folglich davon aus, dass die Schüler/innen stärker darauf eingestellt sind, im Unterricht meist nur etwas reproduzieren zu müssen. In seiner Abgrenzung davon zeigt sich, dass solch ein durch den/die Lehrer/in eng strukturierter Unterricht, der die Schüler/innen nicht zu selbstständigem Denken und Handeln befähigt, seinem negativen Gegenhorizont entspricht. Ein Selbstbild entsprechend Typ 1 steht für Stephan Fischer somit in keinem Passungsverhältnis zu einem Demokratielehren im Modus des Befähigens zur Selbstbestimmung.

An diesem Beispiel wird somit ersichtlich, dass die Verbindung von Demokratielehren im Modus des Befähigens zur Selbstbestimmung einen Sinnzusammenhang bildet mit dem Selbstbild von dem/der Politiklehrer/in als Demokratielernbegleiter/in im performativen Sinne.

Im nächsten Abschnitt werde ich abschließend den verbleibenden relationalen Typ 5 betrachten, in dem ein Zusammenhang von Demokratielehren im Modus des Aushandelns von Normen und Werten in der Gemeinschaft (Typ 4 / Typik I) und dem Selbstbild von dem/der Politiklehrer/in als Demokratielernbegleiter/in im performativen Sinne (Typ 2 / Typik II) deutlich wird.

4.3.5 Relationaler Typ 5

Auch in den Demokratie-Lehrpraktiken, in denen sich der Demokratielehrmodus des Aushandelns von Normen und Werten in der Gemeinschaft (Typ 4 / Typik I) dokumentiert, wird zugleich ein Selbstbild von dem/der Politiklehrer/in als Demokratielernbegleiter/in im performativen Sinne (Typ 2 / Typik II) deutlich. Beide sinngenetischen Dimensionen überlagern sich in ihren Ausprägungen und bilden einen Struktur- bzw. Sinnzusammenhang und bilden damit den relationalen Typ 5.

Abbildung 12: Relation zwischen Typ 4 / Typik I und Typ 2 / Typik II (eigene Darstellung)

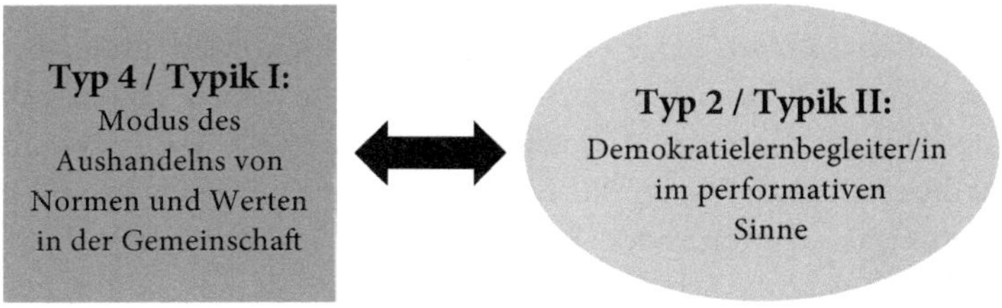

Wie für diesen Demokratielehrmodus charakteristisch zeigt sich in der Demokratie-Lehrpraxis ein durch den/die Politiklehrer/in offen gestaltetes Setting, in dem vor allem die Themen und Meinungen der Schüler/innen im Vordergrund stehen, auch wenn diese nicht der Vorstellung, der Position oder dem Interesse des/der Politiklehrers/in entsprechen. Während die Politiklehkraft sich in der Unterrichtspraxis zurücknimmt, sind die Schüler/innen dort vordergründig gefordert, untereinander Normen und Werte des Zusammenlebens in der Klassengemeinschaft auszuhandeln und im Fall von Problemen und Konflikten diese untereinander zu besprechen sowie einen Umgang damit zu finden.

In solch einem Lehr-Lernsetting nehmen die Politiklehrenden anfänglich eine moderierende Rolle ein, die sie den Schülern/innen im Zuge ihres Lernprozesses zunehmend übertragen. Folglich wechseln die Politiklehrer/innen immer mehr in die Rolle des/der Beobachtenden. Dabei zeigt sich somit zugleich, dass sie die Lernprozesse ihrer Schüler/innen initiieren und begleiten. Es kommt somit ein Selbstbild von dem/der Politiklehrer/in als Demokratielernbegleiter/in im performativen Sinne zum Ausdruck.

Dies bestätigt sich auch in der Wahrnehmung und in der Beziehung zu den Schülern/innen. In den Interviews fällt auf, dass Politiklehrende und Schüler/-innen wie auch bei den relationalen Typen 3 und 4 eine Beziehung auf Augenhöhe zu ihren Schülern/innen pflegen, sie ernst nehmen und sie aber auch sehr gut individuell einschätzen können. Charakteristisch für diesen Demokratielehrmodus ist ein ausgeprägter Schüler/innenbezug, demnach die Politiklehrer/innen sehr genau die Einstellungen und Wertvorstellungen der Schüler/innen im Blick haben. Und auch wenn diese sich zum Teil erheblich von denen der/des Politiklehrerin/s unterscheiden, wird deutlich, dass die Lehrkräfte ihren Schülern/innen sehr offen begegnen. Mit diesem Verständnis geht einher, dass die Politiklehrer/innen gegebenenfalls eher akzeptieren, dass die Schüler/innen zum aktuellen Zeitpunkt nicht selbst zu einer Erkenntnis gelangen, anstatt ihnen diese zu aufzudrängen. Dementsprechend sind diese Politiklehrenden zwar offen, aber auch vorsichtig im Umgang mit eigenen Wertvorstellungen und politischen Positionen gegenüber den Schülern/innen. Wie auch bei den relationalen Typen 3 und 4 wird hier ein reflektierter Umgang mit dem Einfluss eigener politischer Vorstellungen deutlich.

In dieser Demokratie-Lehrpraxis dokumentiert sich somit einer Überlagerung der sinngenetischen Dimensionen des Demokratielehrmodus und des impliziten Selbstbildes, die hier einen Sinnzusammenhang bilden. Wie auch bei den relationalen Typen 3 und 4 wird ausgehend von dem Strukturzusammenhang mit einem Selbstbild von dem/der Politiklehrer/in als Demokratielernbegleiter/in im performativen Sinne (Typ 2 / Typik II) auf einen Demokratielehrmodus von Typ 2, 3 oder 4 (Typik I) verwiesen. Ein Zusammenhang mit den Demokratielehrmodi von Typ 1 oder Typ 5 (Typik I) ist dagegen in der Praxis auszuschließen.

Dieser relationale Typ soll nun im Anschluss empirisch veranschaulicht werden.

Exemplarische empirische Vertiefung

Die Verbindung des Demokratielehrmodus des Aushandelns von Normen und Werten in der Gemeinschaft mit des Selbstbildes von dem/der Politiklehrer/in als Demokratielernbegleiter/in im performativen Sinne werde ich anhand von Zitaten aus dem Interview mit Julia Weber (Cw), einer Politiklehrerin an einer Gemeinschaftsschule in Berlin illustrieren.

> *Y:* *Sie haben jetzt grad schon gesagt ähm jetzt das Beispiel Grundgesetz angebracht [Y: hm] da würd ich einfach nochmal konkret nachfragen, wie dann beispielhaft ne ähm Stunde zum Thema Grundgesetz für Sie aussehen würde? wie würden sie das machen?*
>
> *Cw:* *also so n Klassiker ist find ich so mit ähm das kann man Grund- mit dem Grundgesetz machen oder auch mit Kinderrechten oder so also mit so so so nem Katalog von von ähm, Grundrechten sag ich mal ähm, ist zum Beispiel son Ranking. also darüber ins Gespräch zu kommen äh, was- also gut erstmal muss man ja irgendwie grob verstehen was ähm äh, was damit eigentlich gemeint ist aber, man kann das auch in nem zweiten Schritt äh klären und erstmal ne alle haben ja schon mal was erstes dazu im Kopf und was ist ihnen da eigentlich wichtig und das kann man auch. find ich ganz spannend dieses das auch wenn die das zum Beispiel erst für sich selber überlegen dann zu zweit oder in kleinen Gruppen und das dann nochmal zusammengetragen wird und dann so n Bild in der Klasse erstellt wird oder im Kurs was was äh wichtig ist und warum das wichtig ist und dann kommt man ähm kann man ganz gut darüber ins Gespräch kommen find ich, was da eigentlich so dahinter steckt oder was auch damit gemeint ist weil manchmal ist das ja gar nicht so einfach zu verstehen. (.)*
>
> Julia Weber, Volltranskript, 202–218

Julia Weber schildert, wie sie mit den Schülern/innen das Thema Grundrechte im Grundgesetz im Politikunterricht bearbeitet. Der Begriff des „Klassikers" verweist darauf, dass sie diese Form der Bearbeitung häufiger einsetzt. Konkret zeigt sich hier, dass sie hierfür den Schülern/innen die Aufgabe erteilt, ein Ranking der Grundrechte zu erstellen. Dafür müssen sich die Schüler/innen erst selbst mit den Grundrechten auseinandersetzen und ein eigenes Ranking anfertigen und anschließend ins Gespräch miteinander kommen und aushandeln, welche Grundrechte höher bzw. niedriger gerankt werden. In diesem Beispiel zeichnet sich ab, dass durch das Setting vor allem eine eigenständige Auseinandersetzung mit den Grundrechten bei den Schülern/innen angestoßen wird und sie sich auch untereinander damit befassen müssen, was die anderen Mitschüler/-innen unter den Grundrechten verstehen und welchen Wert sie diesen zuweisen. Dadurch entsteht auch, wie Julia Weber ausführt, ein Bild davon, was in der Klassengemeinschaft als wichtig erachtet wird. Auf der Ebene der didaktischen Gestaltung des Politikunterrichts kommt hier somit der Demokratielehrmodus des Aushandelns von Normen und Werten in der Gemeinschaft zum Ausdruck. Zugleich zeigt sich in der Vorbereitung dieses Lehr-Lernsettings, das eine eigenständige Auseinandersetzung der Schüler/innen vorsieht, ansatzweise auch das implizite Selbstbild der Politiklehrerin als Demokratielernbegleiterin im performativen Sinne. Dementsprechend verbinden sich hier beide Dimensionen in einem Sinnzusammenhang.

Diese Verbindung ist Julia Weber selbst durchaus bewusst und wichtig, wie im folgenden Zitat offensichtlich wird.

Cw: *[...] oder n Thema was ich mit son paar Kollegen habe ist dass wir hier denken Mensch wir als Schule wir wollen doch endlich mal. wir würden gerne Schule ohne Rassismus werden, aber es geht halt nur wenns von den Schüler ausgeht. [Y: ja okay] und das funktioniert halt nicht wenn wir uns jetzt hinstellen und sagen hey macht doch mal. wir haben hier ne gute Idee. [Y: @] und sowas ich glaub sowas ist in Schule gar nicht so selten dass halt irgendwie die Erwachsenen den äh den Kindern sagen so jetzt seid doch mal so jetzt engagiert Euch doch mal und das- und in anderen Bereichen wo halt irgendwie ne Art von Engagement da ist wenn das dann irgendwie nicht zu dem passt was sich die Lehrer und Lehrerinnen überlegen dann ist es halt ähm (.) ich denke da ist die Chance@ nicht so gut damit durchzukommen. ähm*

Julia Weber, Volltranskript, 388–397

Sie schildert hier, dass es im Kollegium durchaus einige Lehrer/innen gibt, die dafür wären, dass ihre Schule den Titel „Schule ohne Rassismus" dafür bekommt, dass sie als Wertegemeinschaft für bestimmte Werte einsteht. Nach Ansicht von Julia Weber muss die Initiative dafür jedoch von den Schülern/innen selbst kommen. Sie dazu zu drängen, so zu handeln, wie es sich die Lehrkräfte vorstellen, wird von ihr abgelehnt, auch wenn sie davon ausgeht, dass dies in der Praxis häufig so abläuft[122]. Ein Lehrer/innenhandeln des Druckausübens auf die eigenen Schüler/innen, damit diese in einer bestimmten Art und Weise politisch/demokratisch handeln, lehnt sie ab. Es entspricht ihrem negativen Gegenhorizont. An dieser Stelle wird deutlich, dass ein Demokratielehren im Modus des Aushandelns von Normen und Werten für sie nur vereinbar ist mit einem Selbstbild des/der Politiklehrers/in als Demokratielernbegleiter/in im performativen Sinne.

Das bedeutet für Julia Weber jedoch nicht, dass sie nicht durchaus auch ihren politischen Standpunkt den Schülern/innen verdeutlicht.

Cw: *[...] aber ich finde durchaus auch dass ich da auch ne gewisse Vorbildfunktion habe. gerade auch bei solchen Themen die wirklich auch wos auch um ja um Grundrechte @*

122 Vorgesehen ist formal tatsächlich, dass die Initiative für die Bewerbung um den Titel von den Schülern/innen ausgeht. Die Lehrerin nimmt entsprechend an, dass der formal vorgesehene Weg durch Lehrer/innen unterlaufen wird.

letztlich um die Verteidigung von Grundrechten geht ähm, äh da find ich das schon auch absolut okay und richtig dass ich da als als Lehrerin mit also mich auch einmische und das auch genauer damit begründe mit demokratischen Prinzipien die nicht gefährdet werden sollen. (.) das Grundgesetz ist ja schließlich auch nicht äh (.) das ist ja nicht vom Himmel gefallen sondern hat ja auch seine Geschichte oder beziehungsweise dieses Land hat seine Geschichte und da. damit kann man das find ich kann man das immer ganz gut begründen warum das so wichtig ist aber auch nicht nur aus der Geschichte heraus sondern ich finde auch ähm dann auch diesem und da haben wir ja leider viele viele Beispiele hier vor der Tür dann mit, letztes Jahr ist einer unserer Oberstufenschüler von Rechtsextremen angegriffen worden oder hier in der Nachbarschaft es gibt n Haus was schon öfter, ähm Anschläge wo schon öfter Anschläge verübt worden sind. und das sind schon so Sachen wo ich finde da kann man sich dann nicht als äh als Lehrerin neutral verhalten also wenn ich hier sowas irgendwie höre wie Politik in der Schule muss neutral sein dann denke ich Demokratie ist per se keine neutrale Veranstaltung es geht darum irgendwie bestimmte Werte zu verteidigen oder dafür einzustehen und deshalb kann man weder neutral noch unpolitisch sein find ich. und das geht eher darum, find ich als Politiklehrerin äh offen damit umzugehen wie ich selber argumentiere und äh anderen ihre Meinung zu lassen und nicht so zu tun als wäre ich neutral @ oder oder unpolitisch sondern eher (.) dass ich- ich erzähl den Leuten auch nicht was ich wähle oder so aber so zu sagen meine Meinung zu begründen wenn mich jemand danach fragt. ich trag das auch nicht vor mir her im Unterricht. aber ähm, ich steh halt für die Sachen ein die ich selber auch denke und das find ich wichtig dass sie das mitkriegen und dass die gleichzeitig aber auch ähm, mitkriegen dass sie es anders machen können und dass sie dafür keine schlechtere Note bekommen.

Julia Weber, Volltranskript, 472–499

Julia Weber lehnt hier eine vermeintlich neutrale oder unpolitische Positionierung als Politiklehrerin ab bzw. betrachtet sie sogar als gefährlich, da sie Politiklehrer/innen in der Pflicht sieht, für demokratische Werte, für die im Grundgesetz verankerten Grundrechte einzutreten und diese notfalls auch zu verteidigen. Sie weist Politiklehrer/innen hier eine „Vorbildfunktion" zu, das heißt sie sollten den Schülern/innen als Beispiel vorangehen. Sie plädiert somit dafür, ganz bewusst offen mit der eigenen politischen Position umzugehen und diese auch gegenüber den Schülern/innen zu begründen. Das bedeutet für sie jedoch nicht, dass die Schüler/innen ihre Position übernehmen sollen („und dass die gleichzeitig aber auch ähm, mitkriegen dass sie es anders machen können und dass sie dafür keine schlechtere Note bekommen").

Hierin dokumentiert sich ein für diesen Demokratielehrmodus reflektierter und authentischer Umgang mit der eigenen politischen Position und Wertorientierung als Politiklehrerin. Wie in diesem Beispiel deutlich wird, ist eine Verbindung des Demokratielehrmodus des Aushandelns von Werten und Normen in der Gemeinschaft für sie unvereinbar mit einem Handeln entsprechend dem

Selbstbild des/der Politiklehrer/in als Demokratieexperten/in im propositionalen Sinne.

Nach dieser Darstellung der relationalen Typik werde ich im nächsten Kapitel die sinngenetische Typik III *Modi des Umgangs mit Anforderungen an den Politikunterricht* vorstellen, die ich im Zuge des Vergleichs von Orientierungen in der Dimension C entwickeln konnte.

4.4 Typik III: Modi des Umgangs mit Anforderungen an den Politikunterricht

Ein Thema in vielen Interviews war der Umgang mit den an die Politiklehrer/innen gestellten Anforderungen durch den Lehrplan, anstehende Prüfungen, formale Vorgaben wie den Stundenumfang des Faches oder durch Erwartungen und Vorstellungen von Kollegen/innen, Schulleitung, Schüler/innen etc. Es handelt sich hier um berufliche Anforderungen, mit denen die Politiklehrer/innen im Fach Politik konfrontiert sind, und die sie als zu bearbeitende bzw. auch als zu bewältigende Aufgabe wahrnehmen. Dabei lässt sich – ähnlich wie in der Studie von Amling (2017) – feststellen, dass die Politiklehrer/innen unterschiedlichen „normativen Forderungen und Zwängen“[123] (Bohnsack 2014a: 33) ausgesetzt sind und hier auch kein Muster entsprechend dem Schultyp und/oder dem Bundesland deutlich wird. Auch zeichnet sich über das Sample hinweg ab, dass junge wie erfahrene Politiklehrer/innen sich mit an ihren Politikunterricht gestellten Anforderungen befassen.

Schwierig und belastend ist dabei für viele Politiklehrer/innen, dass diese Anforderungen als mögliche Beschränkung bzw. auch als Hindernis für die Umsetzung eigener Vorstellungen oder Praktiken des Demokratielehrens wahrgenommen und erlebt werden. Dabei werden vielfach Diskrepanzerfahrungen bei den Politiklehrern/innen deutlich, die auf Spannungen zwischen den an die Politiklehrer/innen gestellten Anforderungen und ihrer Handlungspraxis verweisen. Dabei fällt auf, dass sich in keinem Fall die Diskrepanzerfahrungen auf das eigene Verständnis von Demokratielehren bezieht. Vielmehr sind es Rahmenbedingungen, die durch den Organisationstyp Schule allgemein

123 Aus methodologischer Perspektive handelt es sich bei den hier thematisierten Anforderungen um Normen (d.h. kommunikativ-generalisierendes Wissen). Da die Politiklehrer/innen hierauf Bezug nehmen, wechseln sie in ihrer Auseinandersetzung und der Schilderung ihrer Umgangspraktiken mit den Anforderungen selbst immer wieder zwischen Reflexion und Beschreibung ihrer Praxis. Dies erschwert zum einen eine Rekonstruktion ihrer impliziten Handlungsorientierungen und zum anderen wird hieran auch erkenntlich, dass es sich bei den geschilderten Umgangspraktiken oftmals noch nicht um für die Politiklehrer/innen zufriedenstellende, etablierte und infolgedessen verinnerlichte Praktiken handelt, sondern sie vielmehr die Anforderungen immer wieder als Ein- oder Beschränkung für ihre Demokratielehre erleben.

bzw. die Organisationskultur[124] der konkreten Einzelschule für ein Erleben von Diskrepanzen ursächlich sind.

Die Politiklehrernden sind hier mit kritischen, konflikthaften und meist herausfordernden Situationen konfrontiert, für die sie zum Teil bisher noch kein gesichertes Handlungsrepertoire entwickelt haben, so wie es Nentwig-Gesemann bereits für Pädagogen/innen in der frühkindlichen Bildung verdeutlicht hat (vgl. Nentwig-Gesemann 2013b: 35). Hier dokumentiert sich somit bei einigen Politiklehrern/innen eine Rahmeninkongruenz, das heißt ein Missverhältnis zwischen den eigenen Orientierungen und den äußeren Anforderungen bzw. Erwartungen.

Dabei dokumentiert sich in den Interviews, dass die Anforderungen nicht für alle Politiklehrer/innen eine neue Situation darstellen, vielmehr setzen sie sich seit längerer Zeit damit auseinander und haben unterschiedliche Modi des Umgangs mit den an sie gestellten Anforderungen im Fach Politik entwickelt und etabliert[125]. Es können hier anhand des empirischen Materials sechs Typen des Umgangs ausgemacht werden: 1) der Modus des Nachdenkens und Entwerfens von Umgangspraktiken; 2) der Modus des sich Arrangierens mit den Anforderungen; 3) der Modus des Gestaltens und Verdeutlichens einer widersprüchlichen Lehrpraxis; 4) der Modus des Integrierens der Anforderungen in eine eigene Lehrpraxis; 5) der Modus des kollektiven Schaffens von Freiräumen und 6) der Modus des Distanzierens von den Anforderungen und des Ausstiegs aus der Situation. In den ersten fünf Typen abstrahiere ich individuelle Umgangspraktiken und der sechste stellt eine kollektive, organisationale Umgangspraktik dar.

In Tabelle 5 habe ich die Typen noch einmal übersichtlich dargestellt. Dabei habe ich hier zugeordnet, in welchen Fällen sich Umgangspraktiken mit Anforderungen an den Politikunterricht dokumentieren und welcher spezifische Umgangsmodus hier jeweils rekonstruiert werden konnte. Daraus geht hervor, dass die

---

124 Unter Organisationskultur (bzw. Schulkultur) der Einzelschule verstehe ich habitualisierte Alltagspraktiken an einer spezifischen Schule (wie beispielsweise informelle Regelpraktiken oder Praktiken der Interaktion zwischen Lehrern/innen und Schülern/innen), denen geteilte, kollektive Orientierungen von Lehrern/innen, Schulleitung und (oftmals in Passung dazu) Schülern/innen zugrunde liegen, wie Schul- und Unterrichts-/Lehrpraxis an ihrer Schule zu gestalten seien (siehe u. a. Helsper 2008a; sowie die Ausarbeitung des Begriffs durch Mensching 2008 am Beispiel der Organisation Polizei). Sie sind abzugrenzen von den formalen Regeln und Strukturen einer Schule.

125 Erste Ergebnisse dazu sind in eine gemeinsame Publikation mit Schieferdecker und Hinzke (2019) zum *Umgang mit Spannungen im schulischen Alltag. Eine studienübergreifende Synopse zur Rekonstruktion eines beruflichen Habitus von Lehrpersonen* eingeflossen. Darüber hinaus beziehe ich mich in einer Veröffentlichung zu den Handlungsorientierungen fachfremd unterrichtender Lehrer/innen im Fach Politik (siehe Kessler 2017b) auf den Umgang mit Orientierungsdilemmata, die sich zwischen einer Orientierung an der Erfüllung von Anforderungen an den Politikunterricht und eigenen Vorstellungen und Praxen von Demokratielehre im Politikunterricht in den Fällen fachfremd unterrichtender Lehrer/innen (Sabine Klein, Tobias Krüger, Matthias Lehmann und Wolfgang Meyer) dokumentieren.

Rekonstruktion der Typen auf jeweils mindestens zwei Fällen basiert. Allerdings wird der Umgang mit Anforderungen an den Politikunterricht durch die Politiklehrer/innen oft auch nur angerissen und nicht weiter ausgeführt. In manchen Interviews wird das Thema auch gar nicht angesprochen, weshalb in der Tabelle nicht alle interviewten Politiklehrer/innen einem Typ zugeordnet werden können.

Darüber hinaus wird in den Interviews deutlich, dass es sich für einige Politiklehrer/innen noch um relativ neue Anforderungen an ihren Politikunterricht handelt, während für andere die Anforderungen bereits seit längerem bekannt sind. So handelt es sich bei Typ 1, dem Umgang im Modus des Nachdenkens und Entwerfens von Umgangspraktiken, noch nicht um eine etablierte Handlungspraxis im Umgang mit den Anforderungen. Vielmehr befinden sich diese Politiklehrenden noch im Prozess und auf der Suche nach einer passenden Umgangspraxis. In den Umgangsmodi von Typ 2 bis Typ 5 wird dagegen deutlich, dass es sich eher um bereits etablierte habituelle Umgangspraktiken handelt, da die Anforderungen selbst mehr in den Hintergrund treten. Der Umgangsmodus des Distanzierens von den Anforderungen und des Ausstiegs aus der Situation (Typ 6) stellt im Vergleich zu den anderen Umgangsmodi eine Abweichung dar, da die Politiklehrer/innen zum Zeitpunkt des Interviews nicht mehr mit den betreffenden Anforderungen konfrontiert waren und retrospektiv darüber berichteten.

In den Schilderungen der Politiklehrer/innen gibt es Anzeichen dafür, dass die Entwicklung ihres spezifischen Umgangsmodus von ihnen als Lern- und Professionalisierungsprozess verstanden wird. Dies bedeutet jedoch nicht, dass den Typen 2 bis 5 zwangsläufig ein Umgang im Modus von Typ 1 vorangeht. Denkbar wäre theoretisch auch, dass Politiklehrer/innen direkt mit einer habituellen Umgangspraktik auf eine neue Anforderungssituation reagieren. Dies dokumentiert sich jedoch nicht im vorliegenden Material[126].

In Abbildung 13 versuche ich die Umgangsmodi graphisch im Spannungsverhältnis von Anforderungen und eigener Demokratielehrpraxis einzuordnen und zu verdeutlichen. Anhand dessen wird noch einmal das Spektrum der Umgangsmodi veranschaulicht, die sich zwischen der Erfüllung der Anforderungen und einer Distanz davon bewegen. Hierin wird zudem sichtbar, welchem Pol sich die Umgangsmodi tendenziell annähern.

Im Folgenden werde ich diese Typen ausführlicher darstellen und anhand von empirischem Material aus den Fällen illustrieren.

---

126 Hier gibt es somit weiteren Forschungsbedarf. Durch den Einbezug weiterer Daten (beispielsweise berufsbiographischer Interviews) müsste der Lern- und Professionalisierungsprozess im Umgang mit Anforderungen empirisch rekonstruiert werden. Auf diese Weise könnte man überprüfen, ob es sich bei Typ 1 um eine Phase handelt, die dann in eine weitere Phase übergeht, wenn die Politiklehrer/innen einen routinierteren Umgang mit den Anforderungen entwickelt haben. Es müsste somit der Frage nachgegangen werden, ob hier eine Phasentypik (vgl. Nohl 2017b: 78 f.) vorliegt.

Tabelle 5: Übersicht Typik III Modi des Umgangs mit Anforderungen an den Politikunterricht

	Neue Anforderungen – noch keine etablierte Umgangspraxis	**Bereits seit längerer Zeit bestehende Anforderungen** **Etablierte Umgangspraktiken**				**Keine Betroffenheit mehr von den Anforderungen**
	Typ 1	**Typ 2**	**Typ 3**	**Typ 4**	**Typ 5**	**Typ 6**
Modi des Umgangs mit Anforderungen an den Politikunterricht	Nachdenken und Entwerfen von Umgangspraktiken	Sich Arrangieren mit den Anforderungen	Gestalten und Verdeutlichen einer widersprüchlichen Lehrpraxis	Integrieren der Anforderungen in die eigenen Lehrpraxis	Kollektives Schaffen von Freiräumen	Distanzieren von den Anforderungen und Ausstieg aus der Situation
Zugeordnete Fälle	Katrin Wolf (Iw) Anja Krause (Nw)	Sabine Klein (Lw) Tobias Krüger (Mm) Frank Walter (Pm) Melanie Wagner (Qw)	Julia Weber (Cw) Wolfgang Meyer (Em) Jan Becker (Fm) Nadine Schwarz (Tw)	Bernd Schneider (Km) Melanie Wagner (Qw)	Thomas Schröder (Om) Nadine Schwarz (Tw) Sarah Kern (Vw)	Kerstin Neumann (Aw) Stephan Fischer (Dm)

Abbildung 13: Einordnung der Umgangsmodi im Spannungsfeld von Anforderungen an den Politikunterricht und eigenen Vorstellungen und Praktiken von Demokratielehre im Politikunterricht (eigene Darstellung)

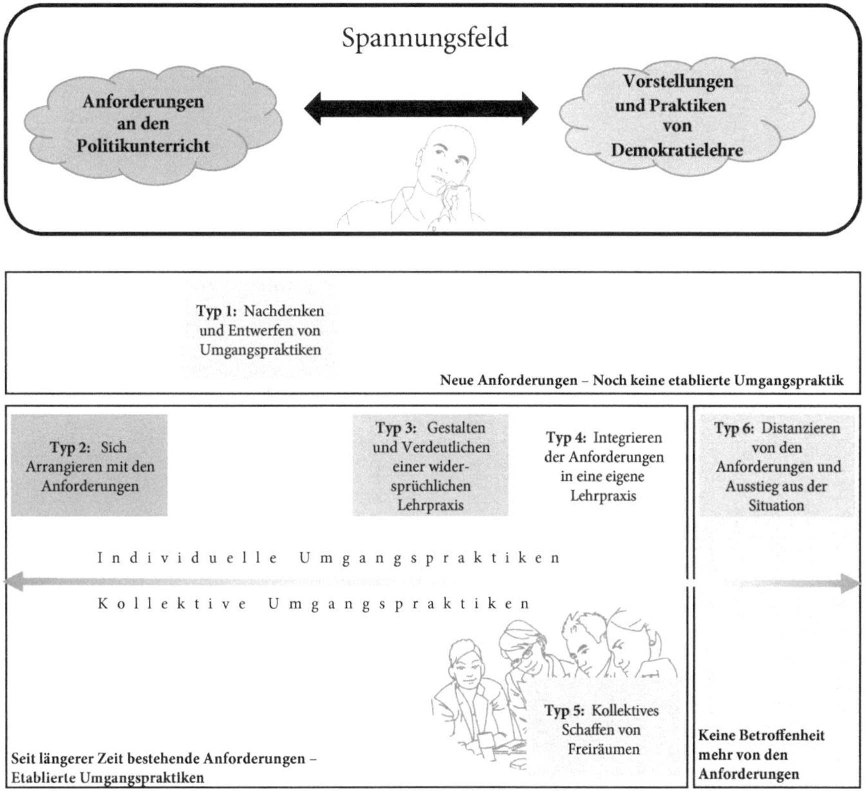

4.4.1 Typ 1: Modus des Nachdenkens und des Entwerfens von Umgangspraktiken

In den Fällen, die hier zugeordnet werden können, zeigt sich, dass die Politiklehrer/innen darüber nachdenken, wie sie mit den Anforderungen, die sie als ein- oder beschränkend für eigene Vorstellungen bzw. Praktiken des Demokratielehrens erleben, in ihrer Lehrpraxis umgehen sollen. Im Vergleich zu anderen Fällen zeichnet sich ab, dass sie sich zum einen noch sehr stark mit den Anforderungen reflexiv auseinandersetzen und zum anderen eher Handlungsentwürfe und erste Reaktionen schildern, die von ihnen jedoch noch nicht als erfolgreich erlebt werden. Es dokumentiert sich somit ein Handeln ins Ungewisse hinein. Da im Gegensatz zu den anderen Fällen noch kein gesichertes Handlungsrepertoire für die Gestaltung der Situation deutlich wird, gehe ich davon aus, dass bei diesem Typ die Anforderungen für die Politiklehrer/innen noch eher neu sind. Sie werden von den Politiklehrern/innen als belastend empfunden, was sich in der Äußerung von starken Emotionen andeutet. Dies ist ein Hinweis darauf, dass hier ein noch nicht aufgelöstes Orientierungsdilemma[127] vorliegt.

Die Rekonstruktion der Umgangspraktiken im Modus des Nachdenkens und Entwerfens von Umgangspraktiken mit den Anforderungen in den hier zuzuordnenden Fällen verdeutlicht, dass es sich bei diesem Typ eher um eine erste Prozessstufe handelt, die sich in der zukünftigen Lehrpraxis in Richtung eines der weiteren Typen auflösen wird.

Im Folgenden werde ich nun diesen Umgangsmodus anhand von zwei Fällen illustrieren.

Exemplarische empirische Vertiefung

Sowohl im Interview mit Katrin Wolf (Iw), einer Politiklehrerin an einem Gymnasium in Nordrhein-Westfalen, als auch im Interview mit Anja Krause (Nw), einer Politiklehrerin an einem Gymnasium in Thüringen, werden die an sie gestellten Anforderungen an ihren Politikunterricht als diskrepant zu ihrer Vorstellung bzw. ihren bisherigen Praktiken von Demokratielehren wahrgenommen. Die Anforderungen werden als Hindernis für eine Umsetzung ihrer geplanten Handlungspraxis und bisheriger Routinen erlebt.

---

127 Wie in Kapitel 3.3.2 schon einmal ausgeführt, ist unter dem Begriff des Orientierungsdilemmas eine von den Politiklehrern/innen erfahrene Diskrepanz zwischen den an sie gerichteten Anforderungen an ihren Politikunterricht und ihren gelebten Demokratie-Lehrpraktiken zu verstehen, die von den Politiklehrern/innen als belastend erlebt wird. Dabei werden die Anforderungen, die dem negativen Gegenhorizont der Politiklehrkräfte entsprechen, als Pflicht oder Zwang wahrgenommen, die unausweichlich erfüllt werden müssen.

Beiden ist gemein, dass sie erst seit kurzer Zeit an ihrer gegenwärtigen Schule arbeiten; so wechselte Katrin Wolf vor kurzem an ihre erste Schule nach dem Referendariat und die berufserfahrenere Anja Krause hat nach einem Umzug von Hessen nach Thüringen ebenfalls an einer neuen Schule ihre Arbeit begonnen.

In beiden Fällen wird deutlich, dass die Auseinandersetzung mit der Diskrepanz zwischen den Anforderungen und ihren eigenen Vorstellungen bzw. bisherigen Praktiken von Demokratielehre noch eher neu ist und sich hier der Modus des Nachdenkens und Entwerfens von Umgangspraktiken dokumentiert. Das heißt, beide Politiklehrerinnen haben noch keinen routinierten Umgang mit den Anforderungen etabliert und beschäftigen sich noch vergleichsweise stark mit den Anforderungen selbst. Ich werde zunächst den Fall von Katrin Wolf veranschaulichen und anschließend auf Anja Krause eingehen. Ich beziehe mich im Fall von Katrin Wolf auf Zitate, die ich bereits zur Illustration von Typ 4 / Typik I eingebunden habe (siehe empirische Vertiefung in Kapitel 4.1.4), weshalb ich hier ihre Wahrnehmung und ihren Umgang mit den Anforderungen nur beschreiben werden.

Im Fall von Katrin Wolf zeichnet sich bereits in der Darstellung der Demokratie-Lehrpraktiken im Demokratielehrmodus des Aushandelns von Werten und Normen in der Gemeinschaft (Typ 4 / Typik I) (siehe Zitate in der empirischen Vertiefung Kapitel 4.1.4) ihre Wahrnehmung eines Spannungsverhältnisses ab. Dieses bewegt sich zwischen ihrer Vorstellung bzw. bisherigen Praktiken von Demokratielehren und der Anforderung, einen Politikunterricht in einer Klasse zu gestalten, die sie als überwiegend homogen in ihren Wertorientierungen bzw. -haltungen erfährt. Im Vergleich zu anderen Politiklehrenden, deren Demokratielehren in diesem Modus erfolgt, fiel auf, dass ihre Schilderung stärker durch Unsicherheiten gekennzeichnet ist und mehr auf der Ebene der Handlungsentwürfe verbleibt, also wenig Demokratie-Lehrpraktiken in ihrer Umsetzung beschrieben werden.

In Katrin Wolfs Schilderung zeigt sich, dass sie vor allem die weitgehende Homogenität der Werthaltung unter den von ihr als dominant und durchsetzungsstark erlebten Schülern/innen als Problem für die Gestaltung ihres Politikunterrichts wahrnimmt. Diese Schüler/innen vertreten eher individualistische, leistungsorientierte Werte, durch die sozial schwächere Menschen abgewertet werden. Diese bilden einen Gegenpol zu Katrin Wolfs eigener Wertorientierung, wie im Interview durch ihre emotionale Involvierung deutlich wird. Sie möchte demokratische gemeinschaftsorientierte Werte vermitteln, kommt aber mit ihren bisherigen Praktiken, die auf der Arbeit mit viel heterogeneren Gruppen basieren, nicht weiter. Hier dokumentiert sich, dass sie bisher keine Lehrpraxen etabliert hat, um mit dieser Gruppe von Schülern/innen zu arbeiten. Das heißt, sie stellen eine neue Anforderung für ihre Demokratielehre im Politikunterricht dar.

Die Erfahrung der letzten Monate hat ihr verdeutlicht, dass ihre bisherigen Lehrpraktiken im Demokratielehrmodus des Aushandelns von Normen und

Werten in der Gemeinschaft mit der neuen Gruppe von Schülern/innen nicht funktionieren. Sie nimmt zum einen einen vermeintlichen Konsens unter den Schülern/innen wahr und zum anderen, dass sich Andersdenkende in der Klasse nicht trauen, ihre Positionen zu vertreten. Der Demokratielehrmodus des Aushandelns von Normen und Werten in der Gemeinschaft setzt jedoch voraus, dass die Schüler/innen sich gleichermaßen ermächtigt fühlen, sich zu beteiligen und zu äußern.

Im Interview zeigt sich, dass sie sich mit dieser Anforderung auf reflexiver Ebene befasst und dabei über mögliche Umgangspraktiken nachdenkt. Sie entwirft und verwirft mögliche Varianten der Unterrichtsgestaltung auf der Suche nach einer erfolgreichen Bearbeitung und Bewältigung dieser Anforderung. Dabei deutet sich an, dass sie die Situation als unbefriedigend und belastend erlebt.

Im Fall der Politiklehrerin Anja Krause zeigt sich, dass sie ihre gegenwärtige Unterrichtspraxis unter den gegebenen Rahmenbedingungen im Bundesland Thüringen als different zu ihren Handlungsmöglichkeiten und -praktiken im Bundesland Hessen, wo sie zuvor unterrichtet hat, erfährt. Dabei dokumentiert sich bei ihr neben ihren Vorstellungen zu Demokratielehre eine Orientierung an der Erfüllung der im Lehrplan festgelegten Vorgaben. Im Vergleich zu Hessen nimmt sie die jedoch in Thüringen vorgeschriebenen Lehrziele und -inhalte als deutlich umfassender wahr. Dabei sieht sie es als Problem an, dass in Thüringen der Politikunterricht über sehr viel weniger Wochenstunden verfügt als der in Hessen. Das heißt, die Anforderung, die sie als einschränkend für ihre Demokratielehre erlebt, liegt vor allem darin, deutlich mehr Lehrplanvorgaben in weniger Zeit erfüllen zu müssen.

Dies möchte ich veranschaulichen anhand eines Zitates von Anja Krause. Im Vorlauf schildert sie die Durchführung der Juniorwahl, die sie mit Kollegen/innen zusammen an ihrer neuen Schule durchgeführt hat. Darin kommt ein Demokratielehrmodus des Auseinandersetzens mit politischen Positionen in der repräsentativen Demokratie zum Ausdruck (Typ 2 / Typik I). Sie berichtet, dass die Piratenpartei nach der CDU von den Schülern/innen am stärksten gewählt wurde, da das Thema Internet und Datenschutz sie stark beschäftigt.

Y: *greifen Sie das im Unterricht auch irgendwie auf?*

Nw: *nee. [Y: nee] also dieses äh die Piraten?*

Y: *nee das Datenschutz-Internet-Thema*

Nw: *[atmet tief aus] mmm (...) das ist halt deshalb schwer weil wenn man eine Stunde Wochenstunde Sozialkundeunterricht hat [Y: mhm] ist das einfach (..) fallen halt solche Dinge einfach runter. aber ähm also es wurde in der Oberstufe beim Thema Grundrechte wird das mit angesprochen. [Y: ah ja] also bereits von der Kollegin. (..)*

Y: *und jetzt vorher in Hessen hatten Sie ja mehr Stunden [Nw: mhm] hat das da- ging das da sowas anzusprechen?*

Nw: *ja. ja. also ähm wenn man aber der sieben- ab der 7. Klasse zwei Stunden hat. in der 9. Klasse haben die drei Stunden. und es haben ganz viele den Leistungskurs gemacht mit fünf Stunden. [Y: ah ja] dann kann man viel vertiefender arbeiten. [Y: mhm] (..) und auch einfach problemorientierter also man kann auch einfach sagen so [schlägt auf den Tisch] wir nehmen n Artikel aus der Zeitung n Kommentar und nehmen den jetzt ausenander. (.) das die die Zeit habe ich in Thüringen nicht [Y: mhm]. (..) weil auch der Lehrplan der ist so vollgestopft. also da muss man wirklich in der 9. 10. Klasse muss man einmal von [schlägt auf den Tisch] ähm (.) Bundes- also Regierungssystem bis internationalen Beziehungen muss man da komplett alles abarbeiten und das is nicht möglich in einer Stun- mit einer Wochenstunde. (.) also beziehungsweise klar das kann man natürlich machen und äh aber ich glaube es bleibt am Ende nicht viel hängen bei den Schülern. [Y: okay] (...)*

Y: *wie gehen Sie damit um?*

Nw: *[pustet Luft aus] (..) ach @ [Y: @] ähm (.) mm gut ich hab- ich war jetzt selbst in der 9. und 10. Klasse jetzt noch nicht drin. ich hab das [Y: mhm] ich erleb das grad in Wirtschaft und Recht Unterricht den ich einstündig habe. ich find das frustrierend. ähm (.) die Schüler eine Stunde zu sehen und genau zu wissen nach der einen Stunde haben die- also mm spätestens am nächsten Tag haben die das vergessen. zumal man dann äh eine Woche später einfach nochmal also mindestens fünf Minuten im Unterricht braucht um erstmal wieder das zurückzuholen was in der letzten Stunde war. (..) und ähmm ja es bleibt einfach keine Zeit ähmm (.) intensiv aktuelle Dinge auch zu besprechen und zu vertiefen. [Y: mhm] (..) ich finds traurig.*

Anja Krause, 1. Sequenz, 164–194

Wie in diesem Zitat deutlich wird, gelingt es Anja Krause aufgrund der bestehenden Lehrplanvorgaben und Rahmenbedingungen im Fach nicht, das Thema der Schüler/innen im Unterricht aufzugreifen. Dabei werden von ihr die Rahmenbedingungen („wenn man eine Stunde Wochenstunde Sozialkundeunterricht hat [Y: mhm] ist das einfach (..) fallen halt solche Dinge einfach runter.") und ein Übermaß an im Lehrplan festgelegten inhaltlichen Vorgaben an das Fach („weil auch der Lehrplan der ist so vollgestopft." „und das is nicht möglich in einer Stun- mit einer Wochenstunde") als Einschränkung wahrgenommen. Im Vergleich dazu fasst sie die von ihr in Hessen erlebten Rahmenbedingungen als ermöglichend, das heißt, diese haben ihr weitaus mehr Raum gegeben, Demokratie-Lehrpraktiken im Modus des Auseinandersetzens mit politischen Positionen in der repräsentativen Demokratie im Politikunterricht (Typ 2 / Typik I) umzusetzen. Die neuen Anforderungen, mit denen sie in der Gestaltung ihres Politikunterrichts in Thüringen konfrontiert ist, werden folglich von ihr als Hindernis für eine Umsetzung ihrer bisherigen Demokratie-Lehrpraktiken wahrgenommen und sie sieht sich darin gefordert, einen Umgang mit diesen neuen Anforderungen zu entwickeln.

Auch in der Schilderung ihrer Erfahrung im Wirtschafts-Recht-Unterricht, in dem sie sich mit der gleichen Problematik befasst, zeigt sich ihre Frustration darüber, dass sie es nicht schafft, die Lehrplanvorgaben unter den bestehenden Rahmenbedingungen zu erfüllen und gleichzeitig den Schülern/innen auch etwas über eine reine Wissensvermittlung hinaus mitzugeben. Dabei deutet sich an, dass sie ihre Orientierung an der Erfüllung von Lehrplanvorgaben hinterfragt. So wird ein Erfüllen ‚um jeden Preis' von ihr als problematisch gesehen, da dies zu einem Unterricht führt, der keinen Lerneffekt bei den Schülern/innen mehr hat („also beziehungsweise klar das kann man natürlich machen und äh aber ich glaube es bleibt am Ende nicht viel hängen bei den Schülern.").

Fallintern bestätigt sich dieses Erleben der Anforderung, die Lehrplanvorgaben unter den gegebenen Rahmenbedingungen des Faches zu erfüllen, als Beschränkung für eigene Vorstellungen wie vorherige Praktiken von Demokratielehren auch an anderer Stelle. Anja Krause nimmt bei den Schülern/innen in Thüringen im Vergleich zu ihren vorherigen Schülern/innen in Hessen im stärkeren Maße rechte Einstellungen und Vorurteile wahr. Sie rahmt die Auseinandersetzung als wichtiges Thema des Politikunterrichts, findet es jedoch nicht im Lehrplan wieder.

Y: *und wie versuchen Sie da n Umgang zu finden mit? [Nw: atmet tief Luft aus] also wenn man jetzt- also wenns jetzt nicht im Lehrplan steht aber man trotzdem halt das irgendwie als Thema hat?*

Nw: *ja es- also man kanns nicht übergehen find ich. oder man darfs einfach nicht übergehen. [Y: mhm] ich versuch dann schon ähm (.) mit Argumenten erstmal entgegen zu steuern dass das nicht stimmt. ähmm aber (.) ja im Grunde genommen bräuchte man ne inten- intensivere Auseinandersetzung damit. und das hat- die Zeit hab ich aber einfach nicht. also [Y: mhm] ich kann das nicht leisten in nem Einstundenfach. (..) das bleibt in Thüringen auf der Strecke. also [Y: okay] (..) also find ich das muss auch äh überdacht werden einfach. [Y: mhm] also ich glaube öhm (..) rechtsradikale äh Grundeinstellung sind bei einigen Schülern einfach vorhanden (.) und ich finde aber keinen Raum oder ich äh sehe n- (.) ich sehe keinen Raum im im Unterricht das zu behandeln. also auch nicht in nem anderen Fach. [Y: mhm] ich weiß nicht wer das übernehmen sollte. also ich sehs ganz klar in unserem Fach. also es muss- es gehört zu Sozialkunde. aber wir haben gar keine Zeit dafür. [Y: mhm]*

Y: *wie gehen da Ihre Kollegen mit um?*

Nw: *(.) denen fällt das auf. ähm also ich hab jetzt schon mehrere Gespräche so im Lehrerzimmer mitbekommen. das fällt auf. (.) wir haben °aber mm ° @ man ist schockiert darüber.*

Y: *und mehr passiert nicht? oder*

Nw: |_ imim [verneinend]

Y: *okay (.) was würden Sie sich wünschen in dem Fall?*

Nw: *[holt Luft] (...) mhm (..) es gibt- ich glaub es gibt einfach viele Angebote die son Thema aufgreifen. also es gibt diese [Bildungsstätte] [Y: mhm] die machen ja doch einiges dazu. dazu müsste man aber einfach mal ähm ja n Projekttag auch zulassen und zu sagen Mensch [schlägt auf den Tisch] alle neunten Klassen oder so mit denen machen wir das mal. jetzt gehn wir mal als Schwerpunkt unserer Schule an und ähm (.) ja also legen eben verbindlich fest dass zum Beispiel alle zehnten Klassen oder alle neunten Klassen da mal was dazu machen. [Y: mhm] das ist glaub ich das ist n Profil der Schule. ich glaub das muss ähmm ja das muss muss an einer Schule wichtig sein ob sie das Thema (.) behandeln oder nicht. (..)*

Y: *und momentan (.)*

Nw: *ja [räuspert sich] mhm (.) jaaa (.) es ging (...) an meiner Schule herrscht ich ganz klar dieser Punkt es darf kein Unterricht ausfallen und schon gar nicht mein Fachunterricht. und zusätzlich Projekttage sind halt immer unbeliebt. (..) und schwer durchzubringen vor allem jetzt für diese gesellschaftwissenschaftlichen Dinge.*

Anja Krause, 1. Sequenz, 229–265

Anja Krause weist der Auseinandersetzung mit Rechtsextremismus aufgrund vorhandener rechter Einstellungen unter den Schülern/innen einen hohen Stellenwert zu. Obwohl sie die Thematik als genuinen Gegenstand von Politikunterricht versteht, weiß sie nicht, wie sie diese im erforderlichen Maße in der vorhandenen Zeit bearbeiten kann. An dieser Stelle bestätigt sich somit erneut, dass sie die Rahmenbedingungen als Beschränkung für eine intensive Auseinandersetzung erlebt.

In ihrer Überlegung, wer in welchem Fach das Thema aufgreifen könnte, zeigt sich, dass sie über mögliche andere Lehrpraktiken nachdenkt, jedoch im Unterrichtskontext keine Möglichkeit sieht, das Thema Rechtsextremismus angemessen zu bearbeiten. Als einen alternativen Umgang entwirft sie daher die Möglichkeit eines Projekttages außerhalb der Schule unter Einbindung der Expertise eines außerschulischen Bildungsträgers. Solch eine Bearbeitungsweise würde jedoch eine kollektive Entscheidung zur Unterstützung im Kollegium voraussetzen. Hier dokumentiert sich somit der Versuch der Initiierung einer kollektiven Bearbeitung.

Obwohl Anja Krause im Kollegium auch bei anderen Kollegen/innen schockierte Reaktionen auf die Einstellungen der Schüler/innen erlebt („also ich hab jetzt schon mehrere Gespräche so im Lehrerzimmer mitbekommen. das fällt auf. (.) wir haben °aber mm ° @ man ist schockiert darüber."), nimmt sie bei ihnen jedoch nicht den Handlungsbedarf wahr, den sie sieht. Stattdessen herrscht bei den Kollegen/innen die übergeordnete Orientierung vor, dass der eigene Fachunterricht stattfinden muss („an meiner Schule herrscht ich ganz klar dieser Punkt es darf kein Unterricht ausfallen und schon gar nicht mein Fachunterricht."), was sie frustriert zur Kenntnis nimmt. Ihr Versuch einer kollektiven Bearbeitung der Anforderungen scheitert somit. Dabei dokumentiert sich, dass ein gemeinschaftlicher Umgang mit Anforderungen auch ein Passungsverhältnis zu vorherrschenden Orientierungen im Kollegium voraussetzt. Anja Krauses Orientierungsdilemma besteht demzufolge fort und sie hat noch keinen routinierten Umgang mit den als einschränkend erlebten Anforderungen gefunden und etabliert.

Die Rekonstruktion der Umgangsweisen dieser zwei Fälle mit den Anforderungen an ihren Politikunterricht verdeutlichen, dass es sich bei diesem Typ eher um eine erste Prozessstufe im Umgang mit der wahrgenommenen Diskrepanz handelt. Das heißt, hier wird eine Diskrepanz zwischen den Anforderungen und der eigenen Vorstellung bzw. vorherigen Praktiken des Demokratielehrens wahrgenommen, darüber nachgedacht und erste Praktiken des Umgangs entworfen und ausprobiert. Das Orientierungsdilemma wurde jedoch noch nicht durch erfolgreiche Handlungspraktiken aufgelöst.

Im Anschluss werde ich nun Typen des Umgangs darstellen, die die Anforderungen als nicht mehr neu erleben und die bereits in der Praxis routinierte Umgangspraktiken etabliert haben.

4.4.2 Typ 2: Modus des sich Arrangierens mit den Anforderungen

Bei diesem Typ wird deutlich, dass der Umgang mit Anforderungen an den Politikunterricht für die Politiklehrer/innen nicht mehr neu ist. Sie haben bereits eine Handlungspraxis entwickelt, um mit Anforderungen umzugehen, die sie als beschränkend für eigene Vorstellungen bzw. Praktiken des Demokratielehrens wahrnehmen. Spezifisch für diesen Typ ist es, dass die Lehrkräfte Politikunterricht bzw. Demokratie-Lehrpraktiken vorrangig an den an sie gestellten Anforderungen ausrichten und ihre eigenen Vorstellungen und Praktiken von Demokratielehre hintenanstellen. Sie unterrichten nur dann entsprechend dem eigenen Demokratielehrmodus, wenn es nach Erreichen der Anforderungen respektive zwischendurch Zeit und Raum gibt, oder andere Freiräume außerhalb des Politikunterrichts hierfür in Frage kommen.

Hierbei dokumentiert sich bei ihnen eine übergeordnete Orientierung an der Erfüllung von Anforderungen an ihren Politikunterricht, beispielsweise durch Vorgaben des Lehrplans oder die Rahmenbedingungen des Faches. Sie richten ihre Lehrpraxis im Politikunterricht somit vorrangig an den externen Anforderungen aus.

In der Wahrnehmung der Politiklehrer/innen zeigt sich jedoch auch, dass sie eine Lehrpraxis, die sich an der Erfüllung der Anforderungen orientiert, als eher unbefriedigend und nicht ausreichend empfinden. Mithin dokumentiert sich eine gewisse Frustration der Politiklehrer/innen in Bezug auf eine Praxis, die hauptsächlich an der Umsetzung der Anforderungen orientiert ist, und die vermeintlich sehr eingeschränkten Möglichkeiten, die das Fach Politik darüber hinaus für eine Demokratielehre gemäß eigenen Vorstellungen und Orientierungen von Demokratielehre bietet. Beispiele aus der Demokratie-Lehrpraxis, die den eigenen Vorstellungen und Orientierungen folgen, werden dagegen von den Politiklehrern/innen sehr viel überschwänglicher beschrieben und infolgedessen positiver gerahmt. Hier zeigt sich zudem vergleichsweise, dass es ihnen in solchen

Situationen eher gelingt, die Schüler/innen mitzunehmen und für politische Themen zu interessieren. In diesem Verhältnis von Lehre nach Anforderungen zu Lehre nach eigenen Orientierungen deutet sich an, dass die Politiklehrer/innen weiterhin eine Diskrepanz erleben und ihr Umgang mit den Anforderungen für sie nicht zufriedenstellend ist.

Für diesen Typ ist es kennzeichnend, dass sich die Politiklehrer/innen mit den Anforderungen arrangieren und Wege und Möglichkeiten suchen, nicht nur die an sie gestellten Anforderungen zu erfüllen, sondern auch entsprechend den eigenen Vorstellungen und Orientierungen von Demokratielehren zu unterrichten. Im Folgenden werde ich diesen Modus anhand zweier Politiklehrer/innen verdeutlichen und hierfür Zitate zur Illustration einbeziehen.

Exemplarische empirische Vertiefung

Im Fall von Sabine Klein (Lw), einer Politiklehrerin, die Politik fachfremd neben Deutsch und Geschichte an einer Realschule in Bayern unterrichtet, und auch ansatzweise im Fall von Tobias Krüger (Mm), der Politik an einer Erwachsenenschule in Niedersachsen fachfremd unterrichtet, wurde in der Interpretation eine Parallelität von Demokratielehren gemäß den Anforderungen des Lehrplans und den eigenen Vorstellungen bzw. Orientierungen von Demokratielehren deutlich. Dabei zeigt sich in beiden Fällen besonders, dass sich beide stark an der Erfüllung von Lehrplananforderungen für den Politikunterricht orientieren und dabei ihre eigenen Vorstellungen und Praktiken von Demokratielehren zurückstellen.

Ich werde dies zuerst anhand von Zitaten aus dem Interview mit Sabine Klein veranschaulichen und dann noch einmal kurz auf Tobias Krüger eingehen.

Lw: *[…] es gibt n Lehrplan den muss ich durchziehen. […] also ich* ***mach das so*** *dass ich eigentlich so ziemlich schnell so diese theoretischen Dinge durchziehe und dass wir dann so Projekte dazu machen und Übungen und so was in der Richtung. […]*

Sabine Klein, 2. Sequenz, 3–7[128]

Lw: *[…] also ich ich muss ja eh auch immer gucken dass ich es überhaupt durchkriege ja. und ich mach viel mit Referaten auch und so. und das hält auch ungemein auf weil wir das dann auch immer besprechen und machen und tun. und äh dass ich eigentlich immer das Gefühl habe ich hetze nur diesen Themen hinterher. °so läuft das° in der Realität. […]*

[…] also auch ich mach jetzt zum Beispiel Vorbereitung von Kurzarbeit. das geht bei uns dann so über sechs Stunden Stoff. und jedes Mal wiederhol ich das. und ich krieg

128 Dieses Zitat wurde zur empirischen Illustration schon in die Veröffentlichung *Fachfremder Politikunterricht – Ein explorativer Blick in die Handlungsorientierungen fachfremd unterrichtender Lehrer*innen im Fach Politik* (Kessler 2017b: 69) eingebunden.

jedes Mal die Krise weil sie doch ja die Sachen einfach nicht °wissen oder können oder ja °. und das sind dann so wo ich so denke. uih ja das ist dann sehr problematisch. weil dis einfach ja wenn es- ich würde es viel lieber in Projektform machen dass man sagt okay. aber das gilt für alle Fächer eigentlich.

Sabine Klein, 2. Sequenz, 17–33[129]

Lw: *[...]. also wenn ich die jetzt als Jugendgruppe hätte oder so ja könnte man da sicher ganz anders mit umgehen. weil dann könnten man ja auch dran bleiben. und könnte mehrere Stunden was machen. aber immer nur [schnipst mit den Fingern] diesen Impuls setzen einmal die Woche. fällt dann auch oft dann noch mal aus weil Feiertag oder sonst was ist. also äh die Kontinuität ist da nicht so drin. [Y: mhm] und man muss ja immer wieder auch erstmal das wiederholen was war. und bis man wieder drin ist. und (.) das ist ganz schwierig. einfach auch von dem Stoff her den man durchbringen muss. die müssen ja eigentlich auch viel lernen und viel wissen. [...]*

Sabine Klein, 2. Sequenz, 145–153

Sabine Klein rahmt die Umsetzung der Vorgaben des Lehrplans[130] als Pflicht, die sie und die Schüler/innen zu erfüllen haben, und an denen sie ihren Unterricht ausrichtet („es gibt n Lehrplan den muss ich durchziehen"). Sprachlich dokumentiert sich hierin somit ein Bestreben, die Anforderungen, die durch den Lehrplan vorgegeben sind, möglichst schnell abzuarbeiten. Die Erfüllung dessen wird von ihr unter den gegebenen Bedingungen, von nur einer zur Verfügung stehenden Unterrichtsstunde pro Woche im Fach, jedoch als Herausforderung verstanden (siehe zweites Zitat). Zugleich kommt hier bereits das schwierige Unterfangen, Freiräume für andere Demokratie-Lehrpraktiken zu finden, zum Ausdruck.

Ein Politikunterricht, der sich nur an der Erfüllung von Anforderungen orientiert und der dem Demokratielehrmodus des Einübens repräsentativer demokratischer Verfahren (Typ 1 / Typik I) entspricht, wie ich es anhand der von ihr geschilderten Demokratie-Lehrpraktiken rekonstruieren konnte, ist für sie jedoch ungenügend. Sie würde Politikunterricht lieber anders gestalten („ich würde es viel lieber in Projektform machen" oder „also wenn ich die jetzt als Jugendgruppe hätte"), worin sich andeutet, dass sie explizit andere Vorstellungen von Demokratie-Lehr-Lernprozessen hat und unzufrieden mit ihrer Demokratielehrpraxis ist, die sich am Lehrplan und den bestehenden Rahmenbedingungen ausrichtet. Zugleich deutet sich an dieser Stelle an, dass sie der Ansicht ist, dass eine andere Demokratie-Lehrpraxis am besten außerhalb von Schule umsetzbar wäre.

---

129 Siehe vorherige Fußnote

130 Zum Zeitpunkt des Interviews (2013) galt in Bayern ein Lehrplan im Fach Sozialkunde, der noch sehr stark darauf ausgerichtet war politisches Grundwissen zu vermitteln. Das Fach verfügt in der Realschule nur über eine Wochenstunde.

Trotz der bereits bestehenden Herausforderungen zeichnet sich hier ab, dass sie versucht, den Politikunterricht auch über die Lehrplananforderungen hinausgehend anders zu gestalten („dass wir dann so Projekte dazu machen und Übungen"). Sofern sie tatsächlich vom Lehrplan im Politikunterricht abweicht, ändert sich ihre Darstellung von ihrem Erleben des Politikunterrichts mit den Schülern/-innen, wie anhand der nächsten zwei Zitate deutlich wird.

Lw: *[...] also zum Beispiel bei uns hier in [A-Süd-Stadt] gabs so diese Thematik Öffnungszeiten von ähm Disco und Lokalen und so. und das sollte eingeschränkt werden vom Stadtrat und dann haben wir das diskutiert und haben dann auch so schriftlich was verfasst ähm. was die Meinung der Schüler is zu diesem Thema und das im Stadtrat dann eingebracht und so Sachen. also da wenn sie da so ne lebendig mitmachen das find ich toll. (.)*

Sabine Klein, 1. Sequenz, 41–47[131]

Lw: *[...] oder eben wie das mit den Öffnungszeiten. das war dann natürlich n Aufreger auch in der ganzen Jugendszene hier ja alle so was? um 12 Uhr schon Schluss. und oh das geht doch nicht. und auch mal die Bürger zu sehen. und das wirklich so durchzuspielen. und dann auch so so ne Einigung vielleicht zu kommen dass man auch merkt ja es geht nicht nur um mich und meine Fete und was weiß ich sondern da wohnen ja wirklich Leute. und die müssen morgens um 6 aufstehen. wär für mich vielleicht auch blöd wenn ich dann da wohnen würde. also auch solche Dinge mal durchzuspielen. und das ihnen- das bringt ihnen wirklich auch so was ja das geht mich an. und ich erreich dann auch was. also wir haben ja dann auch diesen Brief da an den Stadtrat. und es wurde auch beantwortet. und sie waren dann auch auf der Sitzung und wir haben uns das angeguckt. und ja ich denke das war schon mal ne Erfahrung. ich weiß jetzt nicht ob das weiter geht ob sie dann weiterhin Gemeinderatssitzungen oder so besuchen. aber ich denke dass es schon was war was n positives Erlebnis war. auch (.) ja es wurde dann ja so entschieden dass es erst mal so ein Versuch ist und dass so Aufpasser kommen die durch die Stadt laufen und wenn einer besoffen ist den dann nach Hause geleiten und so Sachen. also es wurde so ein Kompromiss gefunden dann in der Stadt. und das hat ihnen auch gefallen. ja so. also ich denk ähm die Erfahrungen zu machen dass was auch klappt. aber das kann man im Unterricht (.) sehr selten wirklich so machen dass es ne Erfahrung auch gibt. [...]*

Sabine Klein, 4. Sequenz, 14–35

Sabine Klein berichtet hier von einem Unterrichtsbeispiel, in dem sie mit den Schülern/innen ein aktuelles lokalpolitisches Thema, das die Schüler/innen selbst betrifft, im Politikunterricht aufgreift. Dabei wird im Vergleich zu den Passagen,

131 Dieses Zitat wurde anteilig ebenfalls in dem in dem bereits genannten Aufsatz (Kessler 2017b: 69–70) abgedruckt.

in denen sie von ihrem Politikunterricht orientiert am Lehrplan spricht, deutlich, dass sie diesen Politikunterricht hier viel positiver rahmt. Auch wenn es sich hier nicht um eine komplette Erzählung handelt, haben diese Passagen einen viel stärkeren szenischen Charakter. Sie spricht hier belebter und selbstläufiger. Hierin kommt zum Ausdruck, dass sie Freude an diesem Politikunterricht hatte und dieser stärker ihrer eigenen Orientierung von Demokratielehren entspricht. Dabei dokumentiert sich in Ansätzen ein Demokratielehren im Modus des Befähigens zur Selbstbestimmung (Typ 3 / Typik I), der sich im Interview auch an weiteren Beispielen bestätigt. Möglichkeiten so zu unterrichten gibt es jedoch ihrer Ansicht nach zu wenige im Rahmen des Politikunterrichts.

Im Fall von Sabine Klein zeigt sich somit eine Parallelität von Demokratie-Lehrpraktiken im Demokratielehrmodus von Typ 1 und Typ 3 (Typik I), wobei sich der Demokratielehrmodus in Typ 1 auf die Anforderungen des Lehrplans bezieht und von der Politiklehrerin als Pflicht wahrgenommen wird, jedoch allein als unzureichend für ein Demokratielernen der Schüler/innen verstanden wird. Übergeordnet erfolgt hier somit eine Orientierung an der Erfüllung von Lehrplanvorhaben für das Fach Politik. Demokratielehren im Modus von Typ 3 wird dagegen als wertvolle Erfahrung für das Demokratielernen der Schüler/innen gerahmt und entspricht ihrer Orientierung auf der Ebene des Demokratielehrens. Insgesamt zeigt sich hier, dass die Diskrepanz fortbesteht, Sabine Klein aber aufgrund dessen, dass sie immer wieder versucht, Freiräume für einen Unterricht entsprechend der eigenen Demokratielehrorientierung zu schaffen, in der Lage ist, die von ihr erlebte Diskrepanz auszuhalten.

Auch im Fall von Tobias Krüger wird ersichtlich, dass er sich in der Gestaltung seines Politikunterrichts vorrangig an der Erfüllung von Lehrplananforderungen orientiert. Demokratie-Lehrpraktiken, die daran anschließen, erfolgen wie bei Sabine Klein im Demokratielehrmodus 1 (Typik I), und zugleich dokumentiert sich hierin eine Verbindung zum Selbstbildtyp 1 (Typik II). Doch sobald diese Anforderungen erfüllt sind, wechselt er zu einer anderen Gestaltung von Demokratielehren, wie im folgenden Zitat, ersichtlich wird.

Mm: *[…] dass wenn ich in meinen Hauptthemen durch bin dass ich immer sehr dankbar bin wenn sie mir ihre eigenen Interessen darstellen. dass wir dann n Thema ihrer Wahl machen. weil dann lern ich auch wieder was. [Y: mhm] dann muss ich nicht hier äh Dienst nach Vorschrift machen sondern kann ich mich wieder mal mit was Neuem beschäftigen. da bin ich noch sehr dankbar. (.) wobei ich auch merke dass ich manchmal (.) da auch nicht mehr die Energie so richtig für hab. also weil dann auch noch andere Sachen sind. das ist ja hier wie gesagt auch nur ein Job von vielen [Y: ja] ähm und (.) da baue ich dann häufig auch nur in Gruppen drauf wenn ich weiß dass die auch was leisten. (.) das heißt wenn ich jetzt alleine wieder den Hampelmann spielen muss und die Sachen aufbereiten dann mach ich das nicht. aber wenn ich weiß okay da können n paar gute Referate bei rumkommen ähm die können sich mit m Thema auch intensiver auseinandersetzen dann mache ich das sehr gerne. (…) ja und da hatte ich schon mal also ich hatte schon mal n wunderbaren Block über äh das Thema Nahost ähm Nahostkonflikt [Y: mhm] (.) das war deswegen auch interessant weil wir halt auch äh Teilnehmer da hatten ähm der eine kam aus äh ausm Libanon (.) und zwei ähm türkischstämmige Jugendliche und ein Kurden. das heißt sie waren emotional näher dran [Y: mhm] jüdische Vertreter hatten wir jetzt nicht dabei. ähm (.) aber da war dann halt auch ähm (..) ne deutlich höhere Bereitschaft weil se sich emotionalisierter fühlten. an dem Thema bei- beizusteuern auch mitzumachen als das sonst der Fall war. das dann das dann schon schön also wenn man das machen kann. aber passiert eben erst dann wenn die Grundlagen geschafft sind. und die muss man halt leider erstmal vor (.) kauen. ja. eh dann wirklich Mitbestimmung möglich wird. (..)*

Tobias Krüger, Eingangssequenz, 258–283

In diesem Zitat von Tobias Krüger zeigt sich ein Bestreben, die Anforderungen abzuarbeiten und zu erledigen („wenn ich in meinen Hauptthemen durch bin"). Seinen an den Anforderungen orientierten Politikunterricht fasst Tobias Krüger als „Dienst nach Vorschrift", worin anklingt, dass er sich an Weisungen orientiert, das heißt die geforderten Leistungen erbringt, die man von ihm erwartet. Seine eigenen Vorstellungen von Demokratielehren ordnet er somit der Erfüllung von an ihn gestellten Anforderungen unter. Seine eigene Rolle als Politiklehrer ironisiert er als „den Hampelmann spielen". In dieser negativ konnotierten Metapher dokumentiert sich, dass er das eigene Handeln als fremdgesteuert durch die gesetzten Anforderungen erlebt. In dem Begriff des ‚Spielens' deutet sich zudem an, dass er hier versucht, eine Fassade aufrecht zu erhalten, nämlich dem Verkörpern des Selbstbildes des Politiklehrers als Demokratieexperten im propositionalen Sinne, der Demokratielehren vorwiegend alleine inhaltlich bestimmt und steuert, obwohl er diese als anstrengend und kräftezehrend erfährt.

Dementsprechend will er auf keinen Fall in seinem Freiraum nach Erfüllung der verpflichteten Anforderungen erneut in dieser Rolle auftreten (negativer Gegenhorizont). Er erwartet, dass die Schüler/innen eigene Themen gemäß ihren Interessen einbringen und mit ihm zusammen oder auch selbstgesteuert den Politikunterricht gestalten. Hierin wird in Ansätzen ein Demokratielehren im Modus des Befähigens zur Selbstbestimmung (Typ 3 / Typik I) deutlich. Im Gegensatz zu Politiklehrern/innen, die überwiegend diesem Modus entsprechend lehren, fehlt ihm jedoch die Muße und die Energie, Schüler/innen dazu zu befähigen, das heißt, er setzt voraus, dass sie dies bereits können.

Ein Demokratielehren, das diesem Modus folgt, wird von ihm deutlich positiver erlebt. Er nimmt seitens der Schüler/innen ein höheres Engagement und eine stärkere Involvierung wahr. Auch bietet ihm solch ein Politikunterricht die Gelegenheit, selbst nicht als der Wissendere, sondern als Lernender aufzutreten, der auch etwas von seinen Schülern/innen lernen kann.

Die Veranschaulichung der Umgangsweisen dieser zwei Fälle mit den Anforderungen an ihren Politikunterricht verdeutlicht, dass die Politiklehrer/innen sich gemäß diesem Umgangsmodus mit den Anforderungen arrangieren, diese also durch ihre Lehrpraxis vorrangig zu erfüllen versuchen. Darüber hinaus schaffen sie neue Freiräume oder weichen auf bestehende aus, in denen sie Demokratie-Lehrpraktiken gemäß ihrer Vorstellung und Orientierungen durchführen können. Dennoch zeigt sich, dass sie eine gewisse Frustration darin erleben, überwiegend einen Politikunterricht gemäß der an sie gestellten Anforderungen zu gestalten.

Im nächsten Typ zeigt sich dagegen ein ganz anderer Umgang mit den Anforderungen, die an Politikunterricht gestellt werden.

4.4.3 Typ 3: Modus des Gestaltens und Verdeutlichens einer widersprüchlichen Lehrpraxis

Auch bei diesem Typ handelt es sich gemäß den Schilderungen der Politiklehrenden um bereits seit längerem bestehende Anforderungen an ihren Unterricht. Gemäß diesem Modus haben sie eine routinierte Handlungspraxis im Umgang mit den Anforderungen entwickelt. Ähnlich wie bei Typ 2 wird auch bei diesem Typ deutlich, dass der/die Politiklehrer/in einerseits nach den an ihn/sie gerichteten Anforderungen unterrichtet, und andererseits Demokratielehre im Einklang mit eigenen Vorstellungen bzw. Orientierungen gestaltet. Im Gegensatz zum Typ 2, der Demokratielehren nach eigenen Vorstellungen bzw. Orientierungen der Erfüllung der Anforderungen unterordnet, steht im Vordergrund dieses Typs – wie auch bei Typ 4 und Typ 5 – ein Demokratielehren nach eigenen Vorstellungen bzw. Orientierungen. Im Vergleich zum Typ 4 findet aber keine Integration statt, sondern es bestehen zwei verschiedene widersprüchliche Lehrpraktiken nebeneinander. Sofern es notwendig erscheint, wechseln diese Politiklehrer/innen von einer Demokratie-Lehrpraxis entsprechend den eigenen Vorstellungen bzw. Orientierungen hin zu einem Politikunterricht, der sich an den gestellten Anforderungen orientiert. Dieser erforderliche Wechsel wird den Schülern/innen auch verdeutlicht, sollten dazu Fragen aufkommen.

Besonders ist für diesen Typ, dass die Politiklehrer/innen die vorliegende Diskrepanz zwischen ihren Demokratie-Lehrpraktiken gemäß ihren Vorstellungen und Orientierungen von Demokratielehre und ihrem Politikunterricht, der sich an den Anforderungen orientiert, durchdenken und die Hintergründe dessen den Schülern/innen transparent machen.

Exemplarische empirische Vertiefung

Ich werde den Umgang mit Anforderungen im Modus des Gestaltens und Verdeutlichens einer widersprüchlichen Lehrpraxis anhand von Ausschnitten aus dem Interview mit Wolfgang Meyer (Em), der Politik an einer Berufsschule unterrichtet hat[132], sowie aus dem Interview mit Julia Weber (Cw), einer Politiklehrerin an einer Gemeinschaftsschule in Berlin, veranschaulichen.

Wolfgang Meyer nimmt die Anforderungen durch die Prüfung, die durch die Industrie- und Handelskammer (IHK) festgelegt wird, als diskrepant zu seinen Vorstellungen von Demokratielehren wahr.

Em: *(...) es gab Phasen äh (..) in den ich äh auf die Prüfung der Schüler achten musste [Y: mhm] das heißt die Fragen kamen von außen von der Industrie- und Handelskammer es ist keine eigene Prüfung gewesen (.) und da sind Demokratie äh (.) Aspekte und Vorstellungen äh nicht gefragt (.) sondern da ist äh da sind ja traditionelle und zum Teil eben auch wissenschaftliche falsche Dinge abzufragen (...) aber um die Schüler sicher durch die Prüfung zu bringen äh (.) hab ich gedacht jetzt äh lernen wir das und das auch wenn ich ne andere Meinung habe aber ihr müsst das dann (.) so und so in der Prüfung machen weil die die Multiple-Choice-Prüfung keine Rücksicht nehmen auf differenzierte Einschätzung äh anderer politischer Ideen oder (..) dass ihr wie früher in einem Aufsatz schreiben dürft äh was ihr zu dem und dem Thema wirklich denkt und das korrigiert sondern hier wird das vorgegeben. das heißt ein Verzicht auf wirkliche demokratische Auseinandersetzung äh mit der Arbeitswelt oder mit der Gesellschaft zugunsten dessen was von außen zum Bestehen der beruflichen Existenz notwendig war etwas was nicht immer (.) das hat mich immer geschmerzt wenn ich denn diese Fragen sah und sag so was so das geht eigentlich gegen meine gegen meinen beruflichen Ethos [...]*

Wolfgang Meyer, 1. Sequenz, 248–263[133]

Y: *und wie hast du das deinen Schülern dann vermittelt?*

Em: *(...) es gab Klassen die äh ich sag mal eher etwas einfacher gestrickt waren äh wo ich gesagt hab die müssen durch die Prüfung kommen (.) und was sehr heterogene Gruppen warn wie ich vorher gesagt habe hab ich den so in Übungsphasen in mancher Gruppe gesessen und hab gesagt das was ihr hier macht weil die Schüler das ja <u>selbst gemerkt</u> haben das n Widerspruch besteht zwischen dem was ich <u>unterrichtet</u> habe Herr [Meyer] das haben wir aber anders gelernt bei Ihnen ja in meinen Unterlagen steht das aber anders guck was da steht da hab ich gesagt jetzt- jetzt musst du einfach mal das was du gelernt hast äh nicht vergessen sondern nur <u>ausblenden</u> du machst das äh (.) was sozusagen da gefordert wird und anschließend machste wieder das äh was wir im Unterricht gemacht haben. dieses taktische Manöver oder dieses taktische Umgehen haben die haben viele Schüler <u>kapiert</u> aber andere eben nicht die*

---

132 Wolfgang Meyer ist zum Zeitpunkt des Interviews gerade in Rente gegangen, weshalb er retrospektiv über seine Demokratie-Lehrpraktiken spricht.

133 Dieses Zitat wurde schon einmal zur Veranschaulichung der Orientierungen von Wolfgang Meyer in der Veröffentlichung *Fachfremder Politikunterricht – Ein explorativer Blick in die Handlungsorientierungen fachfremd unterrichtender Lehrer*innen im Fach Politik* (Kessler 2017b: 71–72) genutzt.

zu sehr verhaftet warn an das was (.) eben von der IHK oder von anderen Institutionen kam. das war schon n Problem (.) gelegentlich in (.) zu fragen was stimmt? stimmt das was der Lehrer sagt? oder stimmt das was die Industrie- und Handelskammer sagt?

Wolfgang Meyer, 1. Sequenz, 291–307

Die Vorgaben der IHK-Prüfung bilden für Wolfgang Meyers Lehrpraxis einen negativen Gegenhorizont, d.h. sie widersprechen seinen Vorstellungen von Demokratielehren und überwiegend auch seiner Demokratie-Lehrpraxis, die im Demokratielehrmodus der Auseinandersetzung mit politischen Positionen in der repräsentativen Demokratie (Typ 2 / Typik I) erfolgt („und da sind Demokratie äh (.) Aspekte und Vorstellungen äh nicht gefragt (.) sondern da ist äh da sind ja traditionelle und zum Teil eben auch wissenschaftliche falsche Dinge abzufragen."; „weil die die Multiple-Choice-Prüfung keine Rücksicht nehmen auf differenzierte Einschätzung äh anderer politischer Ideen"; „Verzicht auf wirkliche demokratische Auseinandersetzung äh mit der Arbeitswelt oder mit der Gesellschaft"). Aber auch wenn er die Prüfungen ablehnt, ist es ihm wichtig, die Schüler/innen darauf vorzubereiten. Dem liegt eine starke Orientierung an den Interessen der Schüler/innen zugrunde, die er im Bestehen der Prüfungen und einem erfolgreichen Abschließen der Ausbildung unterstützen möchte. Diese Orientierung ist anschlussfähig an sein implizites Selbstbild als Demokratielernbegleiter im performativen Sinne (Typ 2 / Typik II).

Wie in diesen Zitaten von ihm geschildert wird, setzt er in der Zeit der Prüfungsvorbereitung seine Demokratielehre gemäß seinem Demokratielehrmodus zeitweise aus und orientiert seine Lehrpraxis an den Prüfungsvorgaben der IHK, um die Schüler/innen ausreichend auf die Prüfung vorzubereiten. Er stellt somit seine eigenen Demokratie-Lehrpraktiken in dieser Zeit zurück.

Den Schülern/innen, denen der Widerspruch zwischen seiner Demokratie-Lehrpraxis und der Prüfungsvorbereitung auffällt, erklärt er diese Problematik. Wolfgang Meyer macht den Schülern/innen also folglich transparent, dass sich seine Vorstellungen von Demokratielehren von den in den Prüfungen immanent angelegten Vorstellungen unterscheiden und erklärt ihnen die Hintergründe dessen.

Insgesamt genommen dokumentiert sich hier somit sein Umgangsmodus des Gestaltens und Verdeutlichens einer widersprüchlichen Lehrpraxis, die er den Schülern/innen aufzeigt und transparent macht. Es liegt kein Orientierungsdilemma vor. Im Gegensatz zu Typ 2 folgt Wolfgang Meyer in der Gestaltung seines Politikunterrichts überwiegend seinem Demokratielehrmodus. Die Abweichung davon in der Prüfungsvorbereitung wird als expliziter Schritt in der Unterstützung der Schüler/innen gegangen, von ihm aber durchaus als Ärgernis betrachtet. Die Anforderungen durch die Form und die Schwerpunkte der Prüfung durch die IHK werden von ihm auch als derart diskrepant zur eigenen Demokratie-Lehrpraxis wahrgenommen, dass eine Integration wie in Typ 4 nicht möglich wäre. Im Umgangsmodus von Typ 4 wird deutlich, dass die

Politiklehrer/innen die Anforderungen an ihren Politikunterricht in eine eigene Demokratielehrpraxis integrieren oder entsprechend ihrer Demokratielehrorientierungen umdeuten.

Auch im Fall von Julia Weber zeichnet sich der Umgangsmodus des Gestaltens und Verdeutlichens einer zum Teil widersprüchlichen Lehrpraxis ab.

Y: *okay. ähm das Eine war ja jetzt Thematisierung von Demokratie im Unterricht [Cw: mhm] und das Andere ist ja ist bisschen ähm vielleicht wie sie demokratisch Unterricht gestalten [Cw: mhm] ähm welchen Stellenwert hat das für Sie im Unterricht?*

Cw: *n ganz großen (.) weil (.) also ich mein ich denke zum Einen muss man sich als Lehrerin darüber im Klaren sein dass in der Schule erstmal nichts demokratisch ist@ und das ist glaube ich ne wichtige Voraussetzung damit man so zu sagen den Spielraum der vorhanden ist und den man auch gewährt dass man den trotzdem irgendwie demokratisch gestalten kann weil ich finde es gibt es gibt Handlungsspielräume aber, zu erzählen ich mach demokratischen Unterricht das glaube ich irgendwie niemand weil @ oder das ist halt einfach in dieser ganzen Rolle und in dieser Institution nicht möglich. aber (.) was ich wichtig finde damit auch ähm (..) das eben keine Worthülsen bleiben finde ich diese, also finde ich zum Einen wichtig die ne Handlungsspielräume was Unterrichtsgestaltung angeht wo ich kann ich die mit einbeziehen? ne sowas wie Entscheidungsfindung was machen wir für Schwerpunkte oder auch ähm ne wer verfolgt welche Interessen wer äh, muss ich das immer alles hier vorne machen oder können da auch möglichst viele sich aktiv dran beteiligen? sowas wie Klassenrat find ich das ist jetzt weniger Unterrichtsebene sondern eher so ähm so die, die ähm, also das das Leben der Klassengemeinschaft also das, ich glaube wenn das nicht und da gibts ja auch Untersuchungen zu wenn das nicht zusammen passt dass ähm man sich da auch selber Mühe gibt nach diesen Grundsätzen irgendwie zu zu handeln dann ähm, dann bleibt das halt dann führt das auch dazu dass sie sagen ja Sie können ja viel erzählen aber wenns dann drauf ankommt und wir mal was anderes wollen dann dann dürfen wir nicht oder so dann sitzen Sie eh immer am längeren Hebel oder wie auch immer und ich versuche ich geh da auch offen mit um dass ich denen das so sage ja ich weiß@ das jetzt hier bestimmte Dinge nicht demokratisch sind und ich das hier dann in dem Sinne Eure Chefin bin so zu sagen aber das ist halt Schule und an anderen Stellen könnt ihr mitbestimmen und ähm das finde ich auch gut wenn Leute da ihre Interessen wahrnehmen. also ich fördere das auch dass jetzt beispielweise die Klassensprecher ne dass wir uns auch nochmal genauer Gedanken darüber machen dass es nicht nur sowas Formelles ist. wofür brauchen wir den eigentlich? wofür ist das wichtig? wofür müssen sich auch alle einbringen in Klassenrat? warum ist das keine Veranstaltung wo man hier vorne steht und nur ein paar organisatorische Dinge abspricht sondern wir sitzen im Kreis und jemand moderiert und im Moment ist es so teilweise noch mit Hilfestellung von uns dann aber (.) es ist schon der Versuch dass sie halt selber einfach auch immer mehr diese Rollen auch ausgestalten können. das ist gar nicht so einfach aber (.) ähm aber ich glaube dass das eine geht nicht geht nicht ohne das andere. (.)*

Julia Weber, Volltranskript, 230–267

Julia Weber ist sich darüber im Klaren, dass die Organisation Schule in ihren Anforderungen an Lehrer/innen und Schüler/innen gleichermaßen nicht demokratisch ist. Dies wird von ihr als Beschränkung für einen demokratisch gestalteten Unterricht gesehen, der ihrer Ansicht nach in der Organisation Schule nicht möglich ist. Dem liegt die Vorstellung von einem Ideal zugrunde, das in der Praxis nicht erreicht werden kann. Darin zeigt sich eine wahrgenommene Diskrepanz zwischen Ideal und Wirklichkeit.

In ihrer Schilderung wird deutlich, dass sie einen Umgang mit den von ihr als diskrepant wahrgenommenen Anforderungen der Organisation Schule entwickelt hat und diese nicht mehr von ihr als Belastung wahrgenommen werden. Demnach liegt hier kein Orientierungsdilemma vor. Sowohl ihre Wahrnehmung der diskrepanten Anforderungen als auch ihr Umgang mit diesen wird von ihr hier sehr reflektiert geschildert, worin deutlich wird, dass sie sich mit der Problematik bewusst auseinandergesetzt hat und sie entsprechend explizieren kann.

Ihren Umgang fasst sie darin, vorhandene Spielräume für Demokratielehre auf der Ebene der Unterrichtsgestaltung und der Organisation des Zusammenlebens in der Klassengemeinschaft zu nutzen, in denen sie Entscheidungsmacht als Politik-/Klassenlehrer/in abgibt und die Schüler/innen aktiv einbezieht und mitgestalten lässt. Zugleich dokumentiert sich hier, dass sie, wie Wolfgang Meyer, den Schülern/innen vermittelt, dass ihre Lehrpraxis zuweilen widersprüchlich ist. Sie erklärt, wann eine Mitbestimmung durch die Schüler/innen möglich ist, das heißt, welche Spielräume sie einräumen kann, und wann dies eben nicht möglich ist, weil dies durch die Anforderungen der Organisation Schule begrenzt wird („ich versuche ich geh da auch offen mit um dass ich denen das so sage ja ich weiß@ das jetzt hier bestimmte Dinge nicht demokratisch sind und ich das hier dann in dem Sinne Eure Chefin bin so zu sagen aber das ist halt Schule und an anderen Stellen könnt ihr mitbestimmen“).

In der Veranschaulichung dieses Modus wird somit deutlich, dass von den Politiklehrern/innen wie auch in Typ 2 zwei unterschiedliche Lehrpraktiken verfolgt werden, die sich einerseits an den Anforderungen orientieren und anderseits dem eigenen Demokratielehrmodus folgen. Wie auch bei Typ 2 werden diese Lehrpraktiken als diskrepant erlebt, das heißt als nicht zueinander passend. Im Gegensatz zu Typ 2 gestalten die Politiklehrer/innen jedoch Lehrpraktiken überwiegend gemäß dem eigenen Demokratielehrmodus und ordnen diese nicht einer an den Anforderungen orientierten Lehrpraxis unter. Da die Anforderungen jedoch als nicht veränderbar wahrgenommen werden, entsprechen diese Politiklehrer/innen diesen zeitweise und wechseln für einen begrenzten Zeitraum in eine andere Lehrpraxis. Besonders ist für diesen Typ, dass sie diese Differenz auch den Schülern/innen transparent machen.

Im nächsten Typ 4 werden, wie ich im Folgenden darstellen werde, keine unterschiedlichen Lehrpraktiken mehr deutlich. Die Anforderungen werden in die eigene Lehrpraxis integriert.

4.4.4 Typ 4: Modus des Integrierens der Anforderungen in die eigene Lehrpraxis

Ähnlich wie bei den vorherigen Typen 2 und 3 dokumentiert sich bei diesem Typ, dass die Politiklehrer/innen mit Anforderungen umgehen, mit denen sie bereits seit längerem konfrontiert sind. Im Vergleich zum zweiten und dritten Typ erfolgt bei diesem in keinem Fall eine Unterordnung der eigenen Vorstellungen bzw. Praktiken des Demokratielehrens gegenüber den an die Politiklehrer/innen gestellten Anforderungen. Stattdessen gestalten die Politiklehrer/innen dieses Typs ihre Demokratie-Lehrpraxis vorrangig entsprechend den eigenen Vorstellungen bzw. dokumentiert sich darin durchweg ihr Demokratielehrmodus. Die Anforderungen werden damit als nachrangig behandelt, wobei sich zeigt, dass die Politiklehrer/innen die an sie gestellten Anforderungen zur Gestaltung von Politikunterricht aufgreifen, aber in ihre Demokratie-Lehrpraxis integrieren und gemäß eigenen Orientierungen von Demokratielehren bearbeiten oder auch umdeuten. Hier gibt es somit kein Orientierungsdilemma mehr und auch kaum noch Spannung zwischen den Anforderungen und den eigenen Vorstellungen bzw. Praktiken von Demokratielehre.

Ich vermute, dass von vielen Politiklehrern/innen, die diesem Typ zuzuordnen wären, die Anforderungen nicht mehr als diskrepant bzw. different zu eigenen Vorstellungen und Praktiken des Demokratielehrens verstanden werden und für sie das Thema als solches keine Relevanz besitzt und folglich auch nicht angesprochen wird.

Im Folgenden möchte ich den Typ anhand von zwei Fällen beispielhaft verdeutlichen, bei denen die Anforderungen noch ansatzweise als Zumutung wahrgenommen werden.

Exemplarische empirische Vertiefung

Diesen Typ veranschauliche ich am Fall von Bernd Schneider (Km), einem Politiklehrer an einem Gymnasium in Bayern, sowie am Fall von Melanie Wagner (Qw), die als Politiklehrerin an einer Berufsschule in Thüringen tätig ist. Da ich bereits in den zuvor dargestellten Typiken Zitate aus dem Fall Bernd Schneider zur Illustration nutze, werde ich seine Wahrnehmung und seinen Umgang mit den Anforderungen hier nur beschreiben.

Im Fall von Bernd Schneider zeigt sich, dass er die an ihn gestellte Vorgabe, mit bestimmten Lehrbüchern[134] im Politikunterricht der Sekundarstufe 1 zu arbeiten als Zumutung betrachtet. Dennoch wird im Interview deutlich, dass er es als Pflicht empfindet, mit den entsprechend vorgegebenen Lehrbüchern für das Fach Politik zu arbeiten. Er nimmt also die Anforderung durchaus ernst.

Die in den Lehrbüchern vorwiegend fokussierte normative Vorstellung von repräsentativer Demokratie nimmt er jedoch als zu beschränkt, einseitig und unkritisch wahr, als dass er hiernach unterrichten könnte. Eine Demokratielehre, die nur auf dem Lehrbuch basiert, wird von ihm abgelehnt (negativer Gegenhorizont) und widerspricht seinem Modus von Demokratielehren als Vorleben einer anderen Demokratie (Typ 5 / Typik I).

Da sich Bernd Schneider jedoch verpflichtet fühlt, dennoch mit den Lehrbüchern zu arbeiten, integriert er sie in seinen Unterricht, wie in seiner Ausführung ersichtlich wird[135]. Dabei deutet sich an, dass er die Lehrbücher nicht, wie vielleicht ein/e andere/r Politiklehrer/in, im Politikunterrichtet durcharbeitet, sondern sie in einen Politikunterricht entsprechend den eigenen Vorstellungen von Demokratielehre integriert und dabei als Kontrastfolie nutzt, an der er (und auch die Schüler/innen) sich im Unterricht abarbeiten. Die Demokratievorstellung des Buches sieht er dabei als eine Perspektive, die es durch andere zu ergänzen gilt („das nicht Sichtbare sichtbar machen"). Die alternativen Sichtweisen zum Lehrbuch werden hierbei von ihm deutlich positiver gerahmt. Bernd Schneider nutzt somit die Lehrbücher als Ausgangsbasis für einen Politikunterricht gemäß seinem Demokratielehrmodus.

Ein anderes Beispiel des Modus des Integrierens der Anforderungen in eine eigene Demokratie-Lehrpraxis wird im Interview mit Melanie Wagner deutlich. Sie nimmt die Rahmenbedingung des Fachs Politik als Einschränkung für ihr Anliegen, Schüler/innen zur Selbstbestimmung zu befähigen wahr, da Politik als „Randfach" ihr dafür nicht ausreichend Zeit zur Verfügung stellt. Dabei zeigt sich bei ihr ein Umgang im Modus des sich Arrangierens mit den Anforderungen und Vorgaben an das Fach (Typ 2 / Typik III). Das heißt, sie weicht explizit auf Freiräume aus, die sie als Klassenlehrerin hat (siehe auch empirische Vertiefung und Zitate in Kapitel 4.4.2), um Schüler/innen in ganz konkreten Situationen im Eintreten für ihre Interessen und Anliegen zu unterstützen. In den überwiegend von ihr im Interview geschilderten Lehrpraktiken aus ihrem Politikunterricht dokumentiert sich jedoch nicht wie in den Fällen von Sabine Klein und Tobias Krieger (Typ 2 / Typik III) eine Anpassung und Unterordnung an die Anforderungen des Lehrplans, sondern vielmehr eine Verschränkung ihres Demokratielehrmodus mit einer Orientierung an der Erfüllung von Lehrplananforderungen.

134 Inwieweit diese tatsächlich vorgegeben sind, kann dabei jedoch nicht rekonstruiert werden.

135 Siehe dazu Zitate aus der empirischen Vertiefung zum relationalen Typ 2 in Kapitel 4.3.2.

Es dokumentiert sich hier somit auch ein Umgang im Modus des Integrierens der Anforderungen in die eigene Lehrpraxis.

Im folgenden Zitat, das gegen Ende des Interviews entstand, reflektiert sie ihren Umgang mit den Lehrplanvorgaben.

Y: *apropos Lehrplan gibts setzen Sie da selber Schwerpunkte oder schaffen Sie da alles*

Qw: *also wir haben in der berufs- im berufsbildenden Bereich in ähm n Lehrplan der es möglich macht der ist ja n kompetenzorientiertes Modell ne? [Y: mhm] ähm wo man, die Schwerpunkte selber setzen kann ja und ähm das mach ich eigentlich auch. nun ich hab ich den Vorteil dass ich in der Prüfungsaufgabenkommission bin also dann auch weiß [Y: ja] ja was dort als Schwerpunkt gesetzt wird [Y: ja] und ähm von daher ermöglicht das n relativ gutes n relativ freies Arbeiten [Y: ja] der Lehrplan ist eng genug das wenn man also zumindest bei mir wars zu Beginn so dass man sich da auch schön entlang hangeln kann [Y: mhm] also er bietet eigentlich von bis man muss sich das nur rauspiken [Y: ja] so ist mein das ist mein Eindruck ne? mhm man kann da wirklich sehr schön also eigentlich sehr schön arbeiten natürlich kann man keinen Kompetenzbereich weglassen genauso wie man keinen inhaltlichen Schwerpunkt so komplett ignorieren kann das geht nicht ja aber man kann ja schon überlegen oder beziehungsweise die Schwerpunkte so setzen wie sie natürlich die Schüler ansprechen [Y: ja] das sollte schon immer so n bisschen erste Wahl sein oder ebend dass sie den Anforderungen die an sie dann gestellt werden in Form der Prüfung dass sie denen einfach auch genügen [Y: mhm] es nützt mir nichts wenn ich drei Jahre mache was ich will [Y: ja] ja und zum zehnten Mal Verschwörungstheorien zum 11. September [Y: @] ja weil da stehen sie ja so n bisschen drauf ähm (.) dann das nützt mir nichts [Y: ja] ja also der ist schon mein Grundgerüst aber des Wort Grundgerüst sagts auch na es ist n Gerüst aber wie ich die einzelnen Sachen ausfülle, ähm die Option hab ich. das ist was was ich sehr viel nutze [Y: ahja okay] ich weiß nicht wies in den anderen Schulformen ist aber in der berufsbildenden Schule gibt der Lehrplan das ähm das wirklich her [Y: mhm] (.) find ich gut (.)*

Melanie Wagner, 13. Sequenz, 1–24

Melanie Wagner verdeutlicht hier, dass sie ihren Politikunterricht nicht nur basierend auf den Interessen der Schüler/innen gestaltet, sondern sich auch verpflichtet fühlt, den Schülern/innen alle prüfungsrelevanten inhaltlichen Schwerpunkte aus dem Lehrplan zu vermitteln. Sie nimmt dabei durchaus noch in Ansätzen eine Diskrepanz zwischen ihrer Vorstellung und den Anforderungen wahr. Sie sieht die Anforderungen durch Lehrplan- und Prüfungsvorgaben jedoch lediglich als „Grundgerüst" für ihren Politikunterricht. In dieser Metapher dokumentiert sich ein Verständnis einer Basisstruktur durch diese Vorgaben, die sie selbst ‚ausfüllt'. Das heißt, sie nimmt hier einen Interpretationsspielraum wahr, der es ihr ermöglicht sowohl die Anforderungen zu erfüllen als auch nach ihren Vorstellungen zu lehren. Die Anforderungen werden insofern nicht als größeres Hindernis erfahren. Diese Wahrnehmung und diesen Umgang mit den Anforderungen begreift sie als Ergebnis ihrer Lehrerfahrung wie auch ihres Engagements in der Prüfungsaufgabenkommission. Wie an anderer Stelle deutlich wird, fühlt sie sich mittlerweile auch deutlich sicherer in ihrer Lehrpraxis und wird von Unterrichtsbeobachtern/innen als authentisch erlebt. Sie nimmt ihre Lehrpraxis demnach als Ergebnis eines Lern- und Erfahrungsprozesses wahr.

Insgesamt ist für diesen Typ im Kontrast zu den Typen 2 und 3 spezifisch, dass Politiklehrer/innen die an sie gerichteten Anforderungen an den Politikunterricht in eine Lehrpraxis entsprechend den eigenen Vorstellungen und/oder des eigenen Demokratielehrmodus integrieren, sodass sich hiermit kein Orientierungsdilemma mehr dokumentiert.

4.4.5 Typ 5: Modus des kollektiven Schaffens von Freiräumen

Bei den bisher dargestellten Typen 1–4 sowie dem noch folgenden Typ 6 handelt es sich um individuelle Umgangsweisen mit den Anforderungen, die an den Politikunterricht der Politiklehrer/innen gestellt werden. Der fünfte Typ stellt dagegen eine kollektive, organisationale Umgangsweise dar, die sich in den entsprechenden Fällen dokumentiert.

Wie bereits bei Typ 4 ist bei diesem Typ auffällig, dass Anforderungen, die an den Politikunterricht gestellt werden, von Politiklehrern/innen nicht (mehr) als Einschränkung für die eigene Lehrpraxis erfahren werden. Solche eine Rahmung deutet sich nur retrospektiv an. Sie nehmen jedoch wahr, dass die Anforderungen für andere Politiklehrer/innen durchaus hinderlich sein können. Im Vergleich zu Typ 4 zeigt sich hier jedoch eine andere Umgangspraxis.

Die Politiklehrer/innen erleben die Rahmenbedingungen, die an der eigenen Schule herrschen, als ermöglichend für die eigene Lehrpraxis. Konkret dokumentiert sich in der Schilderung der Politiklehrer/innen eine kollektive Umgangspraxis mit fachspezifischen Anforderungen an ihrer Schule bzw. unter Kollegen/innen, die den einzelnen Lehrern/innen in ihrer Lehrpraxis mehr Freiheiten ermöglicht. Dabei wird eine kollegiale Zusammenarbeit in der Bearbeitung und im Umgang mit Anforderungen unter den Lehrern/innen einer Schule deutlich. Im Gegensatz zum beschriebenen Fall von Anja Krause, die eine kollektive Bearbeitung von Anforderungen anstrebt, jedoch auf Ablehnung bei den Kollegen/innen stößt (siehe empirische Vertiefung Typ 1 / Typik III in Kapitel 4.4.1), wird bei diesem Typ ein Passungsverhältnis mit Kollegen/innen deutlich, das heißt es handelt sich um eine geteilte kollektive Orientierung.

Dies ist ein entscheidender Unterschied zu den anderen Typen, bei denen in mehreren Fällen deutlich wird, dass als hinderlich erlebte Anforderungen durchaus auch von der Schulleitung und den Kollegen/innen ausgehen oder durch diese verstärkt bzw. eingefordert werden (z.B. die Erwartung der Lehrplanerfüllung).

Den Modus des kollektiven Schaffens von Freiräumen möchte ich anhand von einem besonders prägnanten Fall veranschaulichen.

Exemplarische empirische Vertiefung

Besonders augenfällig ist der Modus des kollektiven Schaffens von Freiräumen im Interview mit Thomas Schröder (Om), einem ausgebildeten Politiklehrer an einer Berufsschule in Thüringen.

Gleich relativ zu Beginn im Interview berichtet Thomas Schröder, dass er zugunsten einer stärkeren Schüler/innenorientierung im Politikunterricht vom Lehrplan abweicht.

Om: *[...] weil ich habe es mit Erwachsenen zu tun die, bis 40 Jahre alt sind. im Regelfall sehr lebenserfahren., und da muss man jetzt nicht unbedingt [räuspert sich] mit Themen beginnen bei angesprochenen Themenfeld [holt Luft] das vielleicht in Sekundärstufe 1 gut funktioniert, aber eben mit Erwachsenen nicht nicht wirklich funktioniert. [Y: mhm] insofern weichen wir auch in der Berufsbildenden Schule stärker vom Lehrplan ab [Y: mhm] als vielleicht an anderen Schulen [Y: mhm] haben des aber intern auch so vereinbart [Y: mhm] (.) und beim Thema <u>Politik</u> ja da mache ich jetzt auch stark an den Interessen der Schüler orientiert. frag die ab was interessiert die, aktuell setze aber natürlich auch eigene Themen weil Schüler, vieles <u>nicht</u> ansprechen was man trotzdem mit abdecken muss. [Y: mhm] so läuft des. (.) ja.*

Thomas Schröder, Eingangssequenz, 12–21

Thomas Schröder verdeutlicht hier, dass er manche Themenfelder aus dem Lehrplan als nicht angemessen bzw. passend für seine Schüler/innen erachtet und aufgrund dessen nicht in seinem Politikunterricht aufgreift. Stattdessen öffnet er seinen Politikunterricht für Themen, die die Schüler/innen selbst einbringen. Dabei deutet sich hier bereits an, dass sich die Lehrer/innen an der Berufsschule, an der Thomas Schröder lehrt, darauf geeinigt haben vom Lehrplan abzuweichen („haben des aber intern auch so vereinbart"). Der eigenen Abweichung von den Lehrplanvorgaben im Politikunterricht geht somit eine kollektive, organisationale Entscheidung voraus.

Auf Nachfrage der Interviewerin hin berichtet Thomas Schröder an späterer Stelle noch einmal ausführlich dazu.

Y: *Sie hatten gerade am Anfang gesagt dass Sie ähm in der Schule auch abgesprochen haben dass sie immer mal vom Lehrplan abweichen. wo wo sind da so Differenzen? wo Sie sagen Sie setzen in der Schule vielleicht andere Schwerpunkte jetzt? (x)*

|_Om: ja. das Fach Sozialkunde wird bei uns faktisch ähm, nicht so unterrichtet wie das der Lehrplan vorsieht für berufsbildende Schulen. der berufs- der Lehrplan für berufsbildende Schulen äh für Sozialkunde erstes Ausbildungsjahr, muss neu geschrieben werden. @ [Y: okay] das ist jetzt noch nicht passiert. da sind auf jeden Fall Themen drin wie Demokratie in der Schule über 10 12 Stunden die eben ein 40jähriger, nicht interessiert, und da haben wir vor Jahren gesagt wir nehmen Arbeitsrechtsthemen rüber [Y: mhm] wir machen also, Arbeitsrechtsthemen mit Politikorientierung. also ich mache zum Beispiel ganz klassisch ganz ausführlich Arbeitskampf Streik Aussperrungen was auch in den klassischen Lehrplänen drin steht aber eben, bei dem bei diesem Lehrplan für berufsbildende Schulen würde das eben nicht drinstehen sondern das ist das ist einem Lernfeld untergebracht im Bereich der Wirtschaft. [Y: mhm] das haben wir sozusagen diesen Teil haben wir uns rausgelöst. und das sind wir aber äh der Lehrplan gibt uns diese Freiheit im Vorwort steht extra drin jede Schule soll n eigenen Lehr- Lehrlernkonzept entwickeln und insofern, äh wir gesagt da sind wir auf der rechtlich sicheren Seite. weil das Studienseminar das schon mal angemerkt hat, dass wir zu stark abweichen würden. aber die Öffnungsklausel, [Y: mhm] die ist ja vom Minister gegengezeichnet. [Y: ah okay], ja also es geht ja auch darum das das Fach Sozialkunde, aufzuwerten [Y: mhm] wenn sie nur Themen besprechen die nicht relevant sind für die Prüfung, äh ist das Fach aus Sicht der Schüler nicht wichtig, und seit dem wir das so machen seit zehn Jahren äh ist das Fach Sozialkunde eines der prüfungsvorbereitenden Fächer und hat damit n ganz anderen Status als Deutsch oder Ethik. [Y: ahja okay] das ist- das ist das große Ziel gewesen raus aus der Nische zu kommen, dass man irgendwie Freitagnachmittag noch ne Stunde hat@ zur Schülermitverantwortung [Y: okay] die es so faktisch äh an berufsbildenden Schulen gibt aber die natürlich nicht so funktioniert wie an an, Vollzeitschulen. [Y: mhm], weil die Gremien ja nicht wirklich so arbeiten können (.)

Thomas Schröder, Eingangssequenz, 77–106

Y: gehts dann auch um so was wie Arbeitnehmerrechte und?

Om: das wäre das ist der nächste Komplex. [Y: okay] da ist dann ähm Mitbestimmung im Betrieb [Y: ja] der Betriebsrat. [Y: ah okay] den haben wir auch uns rübergeholt weil natürlich Demokratie im Betrieb gehört zu uns. [Y: ja] und die Wirtschaftslehrer haben das auch relativ, schnell und ja °ich habe so auch das Gefühl gehabt° waren nicht unglücklich darüber dass sie dieses Thema nicht machen mussten [Y: mhm] weil die Kommentierung war gewesen dieses Thema das passt sowieso nicht so richtig zu uns. [Y: mhm] das ist zwar jetzt ein Lernfeld für Wirtschaft mit drin. aber wir wollen eher die Berechnungssachen machen kalkulieren und äh Buchhaltung im klassischen Sinne. und Betriebsrat das ist eigentlich eher etwas was in die Sozialkunde gehört. [Y: okay] und wenn dieser neue Lernplan irgendwann mal geschrieben werden sollte müssten diese ganzen Themen zur Sozialkunde. [Y: mhm] (.)

Thomas Schröder, Eingangssequenz, 128–139

Thomas Schröder erläutert hier, dass das Fach „bei uns faktisch ähm, nicht so unterrichtet wie das der Lehrplan vorsieht für berufsbildende Schulen". Die Abweichung wird damit zur regulären Praxis erklärt, und zwar nicht nur in seinem Politikunterricht, sondern an seiner Schule insgesamt. Diese kollektive Praxis im Umgang mit Lehrplanvorgaben wird, wie in Thomas Schröders Schilderung ersichtlich wird, auch rechtlich abgesichert („der Lehrplan gibt uns diese Freiheit im Vorwort steht extra drin jede Schule soll n eigenen Lehr- Lehrlernkonzept entwickeln und insofern, äh wir gesagt da sind wir auf der rechtlich sicheren Seite. weil das Studienseminar das schon mal angemerkt hat, dass wir zu stark abweichen würden. aber die Öffnungsklausel, [Y: mhm] die ist ja vom Minister gegengezeichnet."). In diesem Vorgehen zeichnet sich ein Streben nach Legitimität der kollektiven Umgangspraxis ab, um bei Anfragen die Abweichung auf rechtlicher Basis zu begründen.

Thomas Schröder berichtet dann, dass sie an seiner Schule entschieden haben, im Fach Politik Lehrplanthemen wie „Demokratie in der Schule", die zum einen für seine Schüler/innen nicht relevant sind und zum anderen auch kein Prüfungsthema, durch andere zu ersetzen. Das heißt, in der Entscheidung darüber, welche Themen (nicht) behandelt werden, gab es einerseits eine Orientierung an Schüler/inneninteressen und andererseits auch an der Prüfungsrelevanz. Weiterhin zeigt sich, dass sich an seiner Schule insbesondere die Politiklehrer/innen mit den Kollegen/innen aus dem Fach Wirtschaft abgestimmt haben und Themenfelder, die eigentlich im Wirtschaftslehrplan vorgesehen sind, in den Politikunterricht übernommen haben („Mitbestimmung im Betrieb [Y: ja] der Betriebsrat. [Y: ah okay] den haben wir auch uns rübergeholt weil natürlich Demokratie im Betrieb gehört zu uns."). Für Thomas Schröder bedeutet diese Veränderung, dass damit im Politikunterricht stärker die Interessen der Schüler/innen angesprochen werden können und das Fach in deren Wahrnehmung deutlich aufgewertet wird.

Dieser schulinterne neue Lehrplan wird von Thomas Schröder somit als Ermöglichung eines Politikunterrichts verstanden, der eine Relevanz für die Schüler/innen besitzt. Zugleich gibt ihm dies in seiner Demokratie-Lehrpraxis die Möglichkeit, die Schüler/innen in ihren Demokratielernprozessen zu begleiten (Typ 2 / Typik II) und einen stärkeren Fokus auf Demokratie-Lehrpraktiken im Modus der Auseinandersetzung mit politischen Positionen in der repräsentativen Demokratie (Typ 2 / Typik I) zu setzen, wie im weiteren Interview deutlich wird.

Die Abgabe der Themen aus dem Fach Wirtschaft wird, wie hier berichtet, von den Kollegen/innen auch als Entlastung von unbeliebten Themen und Ermöglichung, den eigenen Unterricht nach selbstgewählten Schwerpunkten zu gestalten, wahrgenommen. Diese Praxis der gegenseitigen Entlastung und Absprache von Themen wird auch an einem weiteren Beispiel in der Kooperation mit der Ethiklehrerin deutlich.

Om:	*[...] aber es wär zum Beispiel eine Sache die man immer noch mal an- ansprechen muss, fächerübergreifendes Lernen. °da sind wir auch dran°, ich praktiziere das aktuell vor allem mit Ethik.*
Y:	*ah okay wie? im im Zusammenhang mit Sozialkunde?*
Om:	*zum Beispiel hat ich jetzt äh das die Theorien zur sozialen Gerechtigkeit [Y: ja] hab ich mit der Ethiklehrerin das abgesprochen dass ich äh Schwerpunkte bei Rawls zum Beispiel hab jetzt mit der Klasse das als Einstieg gemacht Rawls. Rawls und äh Sen [Y: mhm], und es ging auch ganz gut. und hab ihr eben gesagt sie soll dann äh sie braucht also in dem Sinne mit sozialer Gerechtigkeit braucht- kann sie überspringen wenn sie das sie hatte da wohl noch n paar Themen mit den Gerechtigkeitsfragen. [Y: ahja] ja dass sie das dann weg lassen kann [Y: mhm] also ist so gesehen auch keine Verzahnung aber dass man wenigstens Doppelungen vermeidet was ja auch schon mal in der Praxis n Erfolg @ [Y: @]*

Thomas Schröder, Eingangssequenz, 56–68

Thomas Schröder schildert hier ein Beispiel fächerübergreifenden Lehrens zum Thema soziale Gerechtigkeit, in dem eine Absprache mit der Ethiklehrerin deutlich wird, dernach diese das Thema dann im Ethikunterricht „überspringen" kann. Diese Entlastung von einem Lehrplanthema, das nun nicht mehr doppelt unterrichtet werden muss, wird von Thomas Schröder positiv als Erfolg bewertet. Darin bestätigt sich nochmals, dass zwischen den Fachlehrern/innen Absprachen getroffen werden, um sich gegenseitig von Lehrplanvorgaben zu entlasten.

Im Interview von Thomas Schröder dokumentieren sich somit kollektive, organisationale Umgangspraktiken, die danach streben, den jeweiligen Fachkollegen/innen die Möglichkeit und den Freiraum zu geben, entsprechend den eigenen Orientierungen zu unterrichten sowie die einzelnen Lehrer/innen durch eine Reduzierung von Anforderungen zu entlasten, indem bewusst nicht prüfungsrelevante Themen ausgelassen sowie Themendopplungen in verschiedenen Fächern vermieden werden.

Im nächsten Abschnitt werde ich den letzten Typ darstellen, dessen Umgangspraktik einen deutlichen Kontrast zu den bisher dargestellten Typen bildet.

4.4.6 Typ 6: Modus des Distanzierens von den Anforderungen und des Ausstiegs aus der Situation

Was diesen Typ von den anderen klar unterscheidet ist, dass die entsprechenden Politiklehrer/innen im jeweiligen Interview retrospektiv über ihren Umgang mit den an sie gestellten Anforderungen an ihren Politikunterricht berichten. Sie sind also zum Zeitpunkt des Interviews nicht mehr mit den Anforderungen konfrontiert.

In dem von ihnen geschilderten Umgang wird deutlich, dass sie sich von den Anforderungen an ihren Politikunterricht distanzieren und letztlich gegen eine Anpassung daran entschieden haben. Das heißt, sie haben sich entschlossen, die Anforderungen nicht zu erfüllen. Eine Anpassung ihrer Demokratie-Lehrpraxis unter den gegebenen Bedingungen an die gestellten Anforderungen ist ihrer Ansicht nach nicht möglich, weshalb sie einen Ausstieg gewählt haben. Dies mag bewusst geschehen oder letztlich auch eine Konsequenz der Handlungspraxis entsprechend den eigenen Demokratielehrvorstellungen bzw. -orientierungen gewesen sein.

Hier dokumentiert sich somit ein Umgang im Modus des Distanzierens und des Ausstiegs aus der Situation, in der die Politiklehrer/innen mit Anforderungen an ihren Politikunterricht konfrontiert werden, die sie nicht umsetzen können oder wollen.

Im Folgenden möchte ich dies noch einmal anhand von zwei Interviews illustrieren.

Exemplarische empirische Vertiefung

Der Umgangsmodus des Distanzierens von den Anforderungen und des Ausstiegs aus der Situation dokumentiert sich im Fall der Politiklehrerin Kerstin Neumann (Aw) und des Politiklehrers Stephan Fischer (Dm). Kerstin Neumann ist an einem beruflichen Gymnasium in Brandenburg Lehrerin für Sport, Geschichte und Politik. Stephan Fischer ist Politik- und Wirtschaftslehrer für die Berufsschule und unterrichtet zum Zeitpunkt des Interviews in einem Projekt in Bremen, in dem Schüler/innen ihren Hauptschulabschluss nachholen und sich auf die Berufswelt vorbereiten können. Auf den Fall von Kerstin Neumann werde ich nur kurz eingehen, da dieser an anderer Stelle ausführlicher beschrieben ist (siehe Kapitel 4.1.5).

Kerstin Neumann hat sich, wie bereits in der Darstellung von Typ 5 in Typik I aufgezeigt wird, entschieden, nicht mehr das Fach Politik zu unterrichten, da sie die von ihr wahrgenommene Anforderung, ein positives Bild von repräsentativer Demokratie und den zugehörigen Entscheidungsprozessen im Politikunterricht zu vermitteln, nicht vereinbaren kann mit ihrer persönlichen Ablehnung der Politik und Performanz repräsentativer Demokratie. In ihrem Fall wird eine Distanzierung gegenüber der von ihr wahrgenommenen Anforderung deutlich, die sie persönlich nicht als Politiklehrerin umsetzen kann. Sie nimmt dagegen, wie im Interview deutlich wird, andere Möglichkeiten des Demokratielehrens gemäß ihrer eigenen Vorstellung und Orientierung im Modus des Vorlebens einer anderen Demokratie (Typ 5 / Typik I) außerhalb des Politikunterrichts wahr.

Der Fall von Stephan Fischer ist anders gelagert, wie ich mit den folgenden Zitaten veranschaulichen möchte. So berichtet er im Interview von den Reaktionen des Schulleiters (und indirekt auch der Kollegen/innen) seiner vorherigen Schule auf seine Demokratielehre im Politikunterricht sowie den damit einhergehenden an ihn gestellten Anforderungen zu einer Umgestaltung.

Dm: *ja vor allen Dingen wars halt so dass ich mir da keine Freunde mit gemacht hab. [Y: ja] also ich mein ich musste zum Schulleiter und der hat mir halt gesagt ja also sie müssen schon sehen dass sie irgendwie (.) bisschen* **härter** *mit den Schülern umgehen so. also wo ich so- ich wusste gar nicht so genau was er eigentlich meint so. also er meint der Graben wäre halt nicht groß genug zwischen ihnen und den Schülern so Sie müssen da manchmal vielleicht auch klare Kante zeigen so. und ich hab halt äh (.) keine Verbrüderung natürlich oder so [Y: ja] das hab ich nicht angestrebt. sonst verliert man irgendwann die Autorität so aber ich hab glaub ich einfach- (.) n ernsthaftes Interesse an den Schülern gehabt. (.) und wenn man n ernsthaftes Interesse hat dann geht man spricht man die einfach anders an. also nicht so distanziert und von oben sondern in dem Moment begibst du dich auf Augenhöhe. wenn du jemanden anderen signalisiert deine Meinung ist mir wichtig (.) dann schwebst du eben nicht da oben [Y: mhm] so. ich glaube das fand- fanden die meisten an der Schule also längst nicht alle aber die meisten fanden das befremdlich. [Y: die Lehrer jetzt?] ja*

Stephan Fischer, Volltranskript, 387–403

Dm: *[...] ähm was ich auch versuche <u>anders</u> zu machen ist- ich glaube wenn man von Demokratie redet dann dann muss es ja irgendwie sozusagen auch so was sich <u>auf Augenhöhe begegnen</u> [Y: hm] also so dass man also ich versuche sozusagen in dem Klassenraum bestimmte Elemente von Demokratie ähm so aufblitzen zu lassen also dass ich zum Beispiel eben versuche neben den Vorgaben aus dem äh na Stoffverteilungsplan ja schulinterner Stoffverteilungsplan hab ich immer auch versucht wieder Phasen zu schaffen wo Schüler selbst entscheiden konnten <u>mit welchem Thema will ich mich jetzt befassen</u>? ähm ich hab auch mal natürlich versucht irgendwie so zusagen <u>lass uns doch mal abstimmen das wir so ne Projektwoche machen</u>- mit irgendnem Thema wo wir dann in Gruppen ähm uns mit diesem Thema halt längerfristig befassen. das sind so Sachen die ich halt versucht hab umzusetzen und dann eben dieses auf Augenhöhe ist mir eben auch sehr wichtig. also natürlich ähm gibt es ne Hierarchie schon alleine aufgrund äh irgendwo äh der der Tatsache dass ich eben die Noten gebe und sie werden beurteilt. das heißt <u>wir sind natürlich nicht auf auf einer Ebene</u> aber der- ich hab halt trotzdem immer irgendwie versucht denen das Gefühl zu vermitteln <u>ich nehme Euch ernst</u>. ich respektiere Euch so ne? und und wenn wir irgendwie äh sozusagen es schaffen da- uns dann auf dieser Ebene zu begegnen dann dann ist das <u>für mich</u> auch irgendwie <u>ein Grund- eine Grundvoraussetzung</u> glaub ich um ja um Demokratie möglich zu machen. also du kannst <u>dich hart in der Sache sozusagen streiten</u> und äh musst auch nicht immer irgendwie- also schon allein aufgrund unterschiedlicher rhetorischer Fertigkeiten oder Fähigkeiten begegnen sich die ja auch nicht immer auf Augenhöhe so das ist bei uns im Klassenraum dasselbe. aber wenn man am* **Ende** *sozusagen oder wenn die- wenn man sich* **grundsätzlich** *irgendwo <u>respektiert</u> und bestimmte Spielregeln der politischen Auseinandersetzung respektiert dann fällt es glaub ich allen Beteiligten leichter am Ende mit dem Ergebnis irgendwie zu leben. [Y: hm] [...]*

Stephan Fischer, Volltranskript, 111–140

Dm: *[...] und äh was ich halt gemerkt hab ist dass ich sehr viel positive Feedbacks bekommen hab. also die ich heute immer noch habe so- wenn ich mal traurig bin guck ich da rein weil es [Y: @] weil es war wirklich so äh dass sie gesagt haben das war endlich mal Politikunterricht der Spaß gemacht hat wo man (.) irgendwie über spannende Sachen diskutiert hat und (.) äh ich glaube dass die das schon honoriert haben. also dass sie da auch Bock drauf [...] und ich hätte gerne länger mit denen gearbeitet aber ich hab die Schule gewechselt [Y: ahja okay]*

Stephan Fischer, Volltranskript, 258–268

In dem Zitat an erster Stelle führt Stephan Fischer seine Auseinandersetzung mit dem Schulleiter (und angedeutet auch mit anderen Lehrern/innen im Kollegium) aus. Stephan Fischer schildert hier, dass er sich mit seiner Art zu unterrichten „keine Freunde mit gemacht hab", worin erkenntlich wird, dass seine Demokratie-Lehrpraxis im Demokratielehrmodus des Befähigens zur Selbstbestimmung (Typ 3 / Typik I) auf Ablehnung in seinem Umfeld trifft und nicht den Vorstellungen der Schulleitung (und der Kollegen/innen) entspricht. Konkret erläutert er, dass der Schulleiter ihn in dem Gespräch aufgefordert hat, seine eigene Position als Lehrer gegenüber den Schülern/innen herauszustellen und stärker auf ein hierarchisches bzw. ‚autoritäres' Verhältnis zu setzen („der hat mir halt gesagt ja also sie müssen schon sehen dass sie irgendwie (.) bisschen **härter** mit den Schülern umgehen so. also wo ich so- ich wusste gar nicht so genau was er eigentlich meint so. also er meint der Graben wäre halt nicht groß genug zwischen ihnen und den Schülern so Sie müssen da manchmal vielleicht auch klare Kante zeigen so"). Stephan Fischer wird somit mit der Anforderung konfrontiert, seine Lehrpraxis zu verändern und entsprechend den Vorstellungen des Schulleiters anzupassen. Solch ein Beziehungsverhältnis zu den Schülern/innen entspricht jedoch nicht seinem Demokratielehrmodus des Befähigens der Schüler/innen zur Selbstbestimmung (Typ 3 / Typik I) und seinem impliziten Selbstbild vom Politiklehrer als Demokratielernbegleiter im performativen Sinne (Typ 2 / Typik II), was besonders darin deutlich wird, dass er die Erwartung des Schulleiters erst gar nicht versteht und dieser noch deutlichere Worte finden muss, um seine Erwartung Stephan Fischer zu vermitteln. Im zweiten Zitat wird deutlich, dass Stephan Fischer ein Verhältnis zwischen Schülern/innen und Politiklehrer/in auf Augenhöhe als integralen Bestandteil von Demokratielehren begreift. Eine reziproke Beziehung untereinander wird als „Grundvoraussetzung", also als Basis von Demokratielehren begriffen.

Darin deutet sich an, dass hier kein Passungsverhältnis zwischen den Orientierungen des Politiklehrers und den kollektiv geteilten Orientierungen des Schulleiters und anderer Lehrer/innen an seiner vorherigen Schule vorliegt; hier besteht also eine Diskrepanz.

Stephan Fischer distanziert sich, wie im ersten Zitat deutlich wird, von der Erwartung des Schulleiters. Er geht zwar in seiner Schilderung darauf ein, verdeutlicht aber, dass er diese auf keinen Fall umsetzen könnte. In seiner Demokratie-Lehrpraxis expliziert er denn auch, dass er ‚versucht es anders zu machen' (siehe zweites Zitat), womit er sich von den Vorgaben von Schulleiter und Kollegen/innen sowie anderen Praxen unter den Kollegen/innen an seiner Schule abgrenzt. Diese entsprechen folglich seinem negativen Gegenhorizont.

Für die konkrete Ebene seiner Demokratie-Lehrpraxis im Politikunterricht spielt diese Diskrepanz keine Rolle. Allerdings findet er neben den Schülern/innen an der Schule keine Verbündeten[136], sondern registriert stattdessen ein Erleben von ‚Befremden'. Der Austausch und die Zusammenarbeit mit Kollegen/-innen wird somit als unangenehm und nicht passend wahrgenommen. Hierin bestätigt sich, dass es auf organisationaler Ebene kein Passungsverhältnis zum Schulleiter und dem Kollegium gibt und eine Rahmeninkongruenz besteht. Seine Orientierungen stehen den dominanten schulkulturellen Orientierungen zu (Demokratie-)Lehren folglich unvereinbar gegenüber.

Dies resultiert letztlich in einem Schulwechsel. Wie bei Kerstin Neumann findet in Folge der Distanzierung ein Ausstieg aus der Situation statt. Und auch er sucht mit dem Schulwechsel einen Ort, an dem ein besseres Passungsverhältnis zu seinem Modus des Demokratielehrens und seinem impliziten Selbstbild als Politiklehrer möglich ist.

Charakteristisch ist für diesen Typ somit eine klare Distanzierung von den Anforderungen, da eine Umsetzung als unmöglich erlebt wird und die Diskrepanz zu eigenen Orientierungen des Demokratielehrens zu groß ist. Zugleich werden die Anforderungen jedoch als verpflichtend erlebt. Die Politiklehrenden nehmen wahr, dass von ihnen erwartet wird, dass sie diese umsetzen und sich hieran anpassen. Da eine Erfüllung der Anforderungen für die Politiklehrer/innen jedoch nicht möglich ist, kommt es zum Ausstieg aus der Situation.

136 In dem dritten Zitat wird deutlich, dass seine Art zu unterrichten auch den Vorstellungen der Schüler/innen entspricht. Diese haben ihm positives Feedback zu seinem Politikunterricht gegeben. Das heißt, hier wird ein Passungsverhältnis wahrgenommen.

5. Resümee

Schulische politische Bildung versteht sich in Deutschland als demokratische politische Bildung. Oberstes Ziel des Politikunterrichts ist es, junge Menschen in der Wahrnehmung ihrer Rolle als Bürger/innen in der Demokratie zu befähigen. Diese Zielperspektive ist relativ offen und lässt den Politiklehrern/innen in der inhaltlichen Ausgestaltung sehr viel Spielraum. Im politikdidaktischen und demokratiepädagogischen Diskurs wird seit Jahren darüber debattiert, wie Schüler/-innen in Schule und Politikunterricht am besten Demokratie lernen sollen und welche Demokratie-Lehrpraxis dies am besten unterstützen könnte[137]. Überraschenderweise wurde die Perspektive der Lehrer/innen in diesem Diskurs kaum thematisiert und untersucht. Wie ich im Forschungsstand (Kapitel 1.2) dargestellt habe, gibt es hier einen Forschungsbedarf, der bisher kaum aufgegriffen wurde.

Diese Studie hat daher zum Ziel, den Blick auf die Demokratie-Lehrpraktiken von Politiklehrern/innen und die hier zugrundeliegenden Orientierungen zu richten. In der vorliegenden Arbeit habe ich basierend auf in offenen Leitfadeninterviews (siehe Kapitel 3.2.1) geschilderten Demokratie-Lehrpraktiken von Politiklehrenden ihre Orientierungen zu Demokratielehren und Demokratie, ihre impliziten Selbstbilder als Politiklehrer/innen und ihre modi operandi im Umgang mit an sie gestellten Anforderungen an ihren Politikunterricht rekonstruiert. Ich gehe dabei entsprechend der praxeologischen Wissenssoziologie davon aus, dass in ihren Schilderungen von Demokratie-Lehrpraxen das konjunktive, implizite Wissen der Politiklehrkräfte eingelassen ist, welches sich zugleich als für ihre Lehrpraxis handlungsleitend erweist (siehe Kapitel 2.1).

Die hier erarbeitete Typenbildung bildet einen Ansatz, um empirisch die Verschiedenheit der Demokratie-Lehrpraktiken von Politiklehrernden im Fachunterricht und in der Schule zu beschreiben. Sie ermöglicht einen Einblick in die Praxis des Demokratielehrens von Politiklehrkräften sowie ein Hineinversetzen in ihr Handeln und die hier zugrundeliegenden konjunktiven, impliziten Orientierungen. Die Lösung der Ergebnisse vom Einzelfall im Zuge der Typenbildung ermöglicht zudem ein höheres Abstraktionsniveau. Damit stellt diese Typenbildung eine Struktur dar, um die Demokratie-Lehrpraktiken von Politiklehrenden einzuordnen und methodisch kontrolliert zu reflektieren.

137 Der Diskurs ist vor allem ein normativer, das heißt er ist vorrangig durch eine Diskussion über unterschiedliche Zielvorstellungen zum erforderlichen Bürger/innenengagement in der Demokratie und den hierfür notwendigen Kompetenzen geprägt. Davon ausgehend werden verschiedene pädagogische und fachdidaktische Konzepte zur Erreichung dieses Ziels empfohlen. Es gibt dagegen nur sehr wenige empirische Studien in diesem Diskurs, die die Lehrkräfte fokussieren und darunter noch weniger, die offen vorgehen und einer qualitativ-rekonstruktiven Herangehensweise folgen.

Nicht thematisiert werden in dieser Arbeit dagegen antidemokratische Unterrichtspraktiken, da Politiklehrer/innen, die möglicherweise solchen Tendenzen folgen, durch den freiwilligen Charakter der Interviewteilnahme, der immer auch eine Selbstselektion zugrunde liegt, nicht erreicht wurden[138].

Aufgabe und Anspruch von Forschung sollte über die Produktion neuer Erkenntnisse hinaus auch eine Verknüpfung mit bestehendem Wissen und ein Transfer in die Praxis sein. Dementsprechend bilden die Ergebnisse dieser qualitativ-rekonstruktiven Untersuchung auch eine Grundlage, um die Perspektive auf die Lehrenden im politikdidaktischen und demokratiepädagogischen Diskurs zu Demokratielernen mit mehr Wissen anzureichern und den Fokus auf das Handeln bzw. die Lehrpraxis der Politiklehrer/innen in ihrer Demokratie-Lehrpraxis zu richten. Die Ergebnisse werden dafür vor dem Hintergrund zentraler Erkenntnisse aus der politikdidaktischen, demokratiepädagogischen und erziehungswissenschaftlichen Professionstheorie und -forschung reflektiert. Dies erscheint mir insbesondere im Hinblick auf die Aus- und Fortbildung von Politiklehrern/innen als notwendig. Zwar hatte die Untersuchung anfänglich nicht den Transfer der Ergebnisse in die Praxis zum Ziel, jedoch können Implikationen und Ansatzpunkte für die Aus- und Fortbildung von Politiklehrern/innen abgeleitet werden.

In diesem Kapitel möchte ich zu Beginn die empirischen Ergebnisse meiner Arbeit noch einmal in Kürze zusammenfassen (siehe Kapitel 5.1), da ich eine solch komprimierte Darstellung als sehr hilfreich empfinde, um einen schnellen Ein- und Überblick in die vorliegende Studie zu geben. Daran anschließend sollen die Ergebnisse diskutiert und ihre Bedeutung im politikdidaktischen, demokratiepädagogischen und erziehungswissenschaftlichen Diskurs herausgearbeitet werden (siehe Kapitel 5.2). Auf Basis der zentralen Erkenntnisse dieser Reflexion werde ich die daraus zu ziehenden Schlüsse für die Lehrer/innenbildung aufzeigen (siehe Kapitel 5.2.6).

5.1 Zusammenfassung der Ergebnisse

In der vorliegenden Studie wurde der Frage nachgegangen, welche Orientierungen Politiklehrer/innen zu Demokratielehren und Demokratie in Politikunterricht und Schule haben. Da ich den Blick auf die Lehr- und Handlungspraxis der Politiklehrer/innen richte, handelt es sich hier um Demokratielehrorientierungen (auch modi operandi des Demokratielehrens genannt). Als empirische Grundlage dienten hierfür Schilderungen von Politiklehrern/innen über ihre Demokratie-Lehrpraktiken in Politikunterricht und im weiteren Schulkontext im Rahmen von narrativen Leitfadeninterviews[139] (siehe Kapitel 3.2). Im Zuge der Auswertung mit

138 Eine weitere Reflexion der Erhebung und des Samples erfolgt in Kapitel 3.

139 Als Datenbasis für diese Typologie dienten die geschilderten Demokratie-Lehrpraktiken aus Politikunterricht und weiterem schulischen Kontext aus 24 narrativen Leitfadeninterviews

der dokumentarischen Methode der Interpretation (siehe Kapitel 3.3) wurden die Orientierungen der Politiklehrer/innen rekonstruiert und mithilfe komparativer Analysen abstrahiert und in einer mehrdimensionalen sinngenetischen Typenbildung nach Nohl (2013b: 44ff.) strukturiert, die drei sinngenetische Dimensionen umfasst, zu denen ich jeweils eine Typik erarbeitet habe:

Dimension A: Typik I – Modi des Demokratielehrens und zugehörige Verständnisse von Demokratie,
Dimension B: Typik II – Das implizite Selbstbild als Politiklehrer/in,
Dimension C: Typik III – Modi des Umgangs mit Anforderungen an den Politikunterricht.

Demnach wurde in der Dimension A rekonstruiert, welchem modus operandi die Demokratie-Lehrpraktiken jeweils folgen oder anders formuliert, von welchen Demokratielehrorientierungen sich die Politiklehrer/innen in ihrer Handlungspraxis haben leiten lassen. Hierbei konnte ich fallübergreifend herausarbeiten, dass mit einem bestimmten Demokratielehrmodus immer auch ein bestimmtes in den Praktiken eingelassenes, implizites, konjunktives Demokratieverständnis einhergeht, weshalb ich diese in einer Typik zusammengefasst habe. Das Demokratieverständnis ist entsprechend von expliziten Demokratievorstellungen, -ideen oder auch -einstellungen der Politiklehrer/innen zu unterscheiden. Aus der Perspektive der praxeologischen Wissenssoziologie entsprechen diese dem Orientierungsschema der Politiklehrer/innen und sind somit auf der Ebene des expliziten, kommunikativen Wissens zu verorten.

Darüber hinaus konnte ich in meiner Untersuchung auch Orientierungen, die über Demokratielehren und Demokratie hinausgehen, rekonstruieren. Ich halte diese Ergebnisse, die erst im Auswertungsprozess erkenntlich wurden und die die zentrale Fragestellung dieser Arbeit überschreiten, für durchaus von Interesse und gewinnbringend für ein besseres Verständnis von Demokratie-Lehrpraktiken von Politiklehrern/innen in Politikunterricht und Schule, weshalb sie genauso Bestandteil dieser Arbeit sind. Es handelt sich hierbei zum einen um Orientierungen zum impliziten Selbstbild als Politiklehrer/in, die sich ebenfalls in den geschilderten Demokratie-Lehrpraktiken dokumentierten und die in der mehrdimensionalen Typenbildung die sinngenetische Dimension B bilden. Hier konnten ebenfalls Typen abstrahiert werden (Typik II). Das Selbstbild ist dabei ebenfalls als implizit zu verstehen und von einer expliziten Lehrer/innenidentität abzugrenzen. Zum anderen wurden in einer dritten sinngenetischen Dimension C die in mehreren Interviews

mit verschiedenen Politiklehrenden. Diese Lehrkräfte unterrichten an unterschiedlichen Schultypen in neun verschiedenen Bundesländern in Ost- und Westdeutschland. Es wurden weibliche und männliche Politiklehrer/innen im Alter von 28 bis 65 Jahren interviewt. Dabei handelt es sich überwiegend um ausgebildete Politiklehrer/innen, jedoch konnten auch vier fachfremd unterrichtende Lehrkräfte einbezogen werden.

deutlich gewordenen Umgangsmodi mit den an die Politiklehrer/innen gestellten Anforderungen an ihren Politikunterricht analysiert. In mehreren Interviews mit Politiklehrenden werden Differenzen und Spannungen deutlich, die sie zwischen ihren Demokratie-Lehrpraktiken als auch -vorstellungen und den an sie gestellten Anforderungen an ihren Politikunterricht (z.B. durch den Lehrplan, Kollegen/innen oder die Schulleitung) erleben. Dabei zeigt sich, dass die Anforderungen häufig als diskrepant zur eigenen gelebten oder auch vorgestellten Demokratie-Lehrpraxis wahrgenommen werden. Ich beziehe mich hier ausdrücklich sowohl auf Praktiken als auch Vorstellungen, da nicht in allen Fällen eine Praxisumsetzung deutlich wird und die Anforderungen an den Politikunterricht zum Teil als Beschränkung bzw. Verhinderung einer vorgestellten Praxis erlebt werden. Die von den Lehrkräften fallübergreifend rekonstruierten Umgangsmodi mit Anforderungen an den Politikunterricht stelle ich in der Typik III dar. Insbesondere diese dritte Typik verstehe ich als vorläufig, da ein Umgang mit als ein- bzw. beschränkend wahrgenommenen Anforderungen an den Politikunterricht nicht in allen Interviews deutlich und erst im Zuge der Auswertung als relevante Dimension erkenntlich wurde. Die hierin gewonnenen Erkenntnisse ließen sich sicherlich durch weitere Forschung ausdifferenzieren und ergänzen. Dennoch können hier Strukturen vorgestellt werden, die den Handlungspraxen der Politiklehrer/innen zugrunde liegen.

Ausgehend von dieser mehrdimensionalen sinngenetischen Typenbildung habe ich, wie von Nohl (2013b: 55 ff.) vorgeschlagen, nach fallübergreifenden Verbindungen zwischen den Dimensionen gesucht. In den Demokratie-Lehrpraktiken zeichnete sich bereits ab, dass sich der Demokratielehrmodus und das implizite Selbstverständnis in der Praxis überlagern. Ich konnte dann auch zwischen den Typen der Typik I zum Demokratielehrmodus und -verständnis und den Typen der Typik II zum Selbstbild der Politiklehrer/innen fallübergreifende Zusammenhänge feststellen. Davon ausgehend habe ich eine relationale Typik mit fünf relationalen Typen entwickelt, die auf strukturelle Zusammenhänge zwischen beiden Typiken verweisen. Der modus operandi des Demokratielehrens steht folglich in einem Strukturzusammenhang mit dem impliziten Selbstbild als Politiklehrer/in. Beide Dimensionen sind dabei als gleichrangig zu verstehen und stehen nicht in einem kausalen Verhältnis zueinander.

Im Folgenden präsentiere ich kurz die Typiken mit ihren Typen in stark verdichteter Form und in der anschließenden Diskussion in Kapitel 5.2 stelle ich Bezüge zum aktuellen Fachdiskurs her.

5.1.1 Typik I: Modi des Demokratielehrens und implizites Verständnis von Demokratie

Diese erste Typik bildet die in der sinngenetischen Dimension A rekonstruierten Orientierungen zu Demokratielehren und Demokratie ab, die in den geschilderten Demokratie-Lehrpraktiken der Politiklehrer/innen zum Ausdruck kommen. Die Rekonstruktion der Demokratielehrorientierungen (bzw. modi operandi des Demokratielehrens) erfolgte mit Blick darauf, *wie* Demokratielehren von den Politiklehrern/innen in Politikunterricht und Schule gemäß ihrer geschilderten Praxis gestaltet wurde. Der Fokus liegt somit auf der Seite des Unterrichtens bzw. Lehrens durch den/die Politiklehrer/in und *nicht* auf der Seite der Aneignung durch die Schüler/innen. Folglich wird hier der modus operandi freigelegt, dem die Lehrkräfte in der inhaltlichen und didaktischen Ausgestaltung ihrer Aufgabe, die Schüler/innen in der Wahrnehmung ihrer Rolle als Bürger/-innen in der Demokratie zu befähigen, folgen.

Die sinngenetische Dimension des Demokratielehrens umfasst drei Subdimensionen, die in den Demokratie-Lehrpraktiken der Politiklehrer/innen rekonstruiert und kontrastiert wurden: 1) der didaktischen Bearbeitung bzw. Ausgestaltung der Demokratie-Lehrpraktiken durch den/die Politiklehrer/in, 2) den hierin implizit gestellten Anforderungen an das Arbeits- und Sozialverhalten der Schüler/innen und 3) einer implizit angelegten Zielperspektive (zu unterscheiden von expliziten Unterrichtszielen).

Auf Basis dessen konnte ich verschiedene Ausprägungen des Demokratielehrens erfassen, die ich in fünf Typen abstrahiert habe: Typ 1) *Modus des Einübens repräsentativer demokratischer Verfahren*, Typ 2) *Modus des Auseinandersetzens mit politischen Positionen in der repräsentativen Demokratie*, Typ 3) *Modus des Befähigens zur Selbstbestimmung*, Typ 4) *Modus des Aushandelns von Normen und Werten*, Typ 5) *Modus des Vorlebens einer anderen Demokratie.*

Damit gebe ich eine Antwort auf den ersten Teil der zentralen Fragestellung dieser Studie nach den Orientierungen von Politiklehrern/innen zu Demokratielehren. Mit dem zweiten Teil meines Forschungsinteresses frage ich nach ihren Orientierungen zur Demokratie, die diesen Demokratie-Lehrpraktiken zugrunde liegen. Um hierauf eine Antwort zu finden, habe ich in einem weiteren Schritt die implizit in die Praxis eingelassenen Demokratieverständnisse rekonstruiert, die damit abzugrenzen und zu unterscheiden sind von expliziten Demokratievorstellungen, -ideen, -konzepten oder auch -einstellungen, die explizite bzw. kommunikative Wissensbestände darstellen.

Ich konnte in den Demokratie-Lehrpraktiken fünf Ausprägungen des impliziten, konjunktiven Demokratieverständnisses rekonstruieren, die mit den fünf Modi des Demokratielehrens korrespondieren: zu Typ 1) *Demokratie als formales Ordnungsprinzip*, zu Typ 2) *Demokratie als kontroverse Auseinandersetzung mit politischen Fragen*, zu Typ 3) *Demokratie als Selbstbestimmung und Gestaltung der eigenen Lebenswelt*, zu Typ 4) *Demokratie als Garant und Aushandlungsrahmen gesellschaftlicher Normen und Werte des Zusammenlebens*, zu Typ 5) *Demokratie als Gegenentwurf zur repräsentativen Demokratie.*

In Tabelle 6 fasse ich die Typen in stark verdichteter Form zusammen.

Tabelle 6: Zusammenfassung der Typen der Typik I Modi des Demokratielehrens und implizites Demokratieverständnis

Modus des Demokratielehrens	**Typ 1: Einüben repräsentativer demokratischer Verfahren**	**Typ 2: Auseinandersetzen mit politischen Positionen in der repräsentativen Demokratie**	**Typ 3: Befähigen zur Selbstbestimmung**	**Typ 4: Aushandeln von Normen und Werten in der Gemeinschaft**	**Typ 5: Vorleben einer anderen Demokratie**
Beispiele von Demokratie-Lehrpraktiken aus den Interviews	Wahl-/ Staatssimulationen, Schul-/ Klassensprecherwahlen, ergänzt durch Wissensvermittlung zum politischen System	Durchführung kontroverser Diskussionen unter den Schülerinnen und Schülern (SuS), Auseinandersetzung mit politischen Positionen von Politikern/innen	Eigenständige Beschäftigung mit u. Aufbereitung von politischen Themen; Verfolgen eigener, politischer Interessen in AGs u. im Schülerrat	Diskussion von alltäglichen Problemen des Zusammenlebens im Klassenrat; Besprechung von Grundrechtsverletzungen (z. B. Antisemitismus) u. Arbeit mit Fallbeispielen im Politikunterricht	Lehrer/innenvortrag, spezifische Formen von Stadtrundgängen und Exkursionen, Kleingruppenarbeiten mit entsprechendem Auftrag
Didaktische Bearbeitung durch den/die Politiklehrer/in	Wesentliche Impulse u. Aktionen gehen von der Lehrkraft aus; Inszenieren authentischer, stark strukturierter Lehr-Lern-Settings durch die Lehrkräfte	Voraussetzungen schaffen für kontroverse Diskussionen unter den SuS (durch entsprechende Themenwahl, Material etc.); Auffordern zur Begründung des eigenen Urteils u. Stellen kritischer Nachfragen	Offener Unterricht, Frei- u. Projektarbeit zu politischen Themen der Lebenswelt der SuS; Unterstützen im Erkunden u. Verfolgen eigener Themen/Interessen	Initiieren eines Rahmens zur Kommunikation von Problemen u. Interessen durch die SuS; Übertragen des Rahmens in die Eigenverantwortung der SuS; offener Unterricht u. aktivierende Aufgaben, durch die SuS sich Erkenntnisse selbst erschließen	Starke Strukturierung sowie Steuerung u. Kontrolle aller Arbeits- und Interaktionsprozesse durch die Lehrkraft; Prägung durch politische Positionen des/der Lehrers/in
Anforderung an die Schüler/innen	Teilnehmen und Reproduzieren der Regeln repräsentativer Verfahren; Lernen von Grundkenntnissen zum politischen System	Aktive, eigenständige Auseinandersetzung mit politischen Positionen und Fragen der Politik; Vertreten einer eigenen begründeten Position, eigene Organisation und Durchführung politischer Diskussionen	Lebensweltlicher Zugang zu Politik / Erkennen von politischen Themen in der eigenen Lebenswelt; selbständiges Arbeiten u. eigenständige Organisation in der Gruppe (Gruppen-/ Projektarbeit)	Kommunizieren eigener Themen und Positionen in der Klassenöffentlichkeit; Nachvollziehen anderer Positionen/Interessen; Interaktion u. Verständigen der SuS auf gemeinsame Regeln des Zusammenlebens	Teilnehmen, Erfüllen von Arbeitsaufträgen und Entsprechen der Erwartungshaltung des/der Lehrer/in; Rezipieren der Demokratievorstellung des/der Lehrers/in

Modus des Demokratielehrens	**Typ 1: Einüben repräsentativer demokratischer Verfahren**	**Typ 2: Auseinandersetzen mit politischen Positionen in der repräsentativen Demokratie**	**Typ 3: Befähigen zur Selbstbestimmung**	**Typ 4: Aushandeln von Normen und Werten in der Gemeinschaft**	**Typ 5: Vorleben einer anderen Demokratie**
Angelegte Zielperspektive	Aneignung von reproduzierbarem Fachwissen über das politische System sowie Ausführung der Regeln und Verfahren als Bürger/in im politischen System der repräsentativen Demokratie	Befähigung zum Vertreten eines eigenen, begründeten Urteils zu politischen Fragen und zur Gestaltung u. Moderation kontroverser Diskussionen	Aktivierung u. Befähigung im Erkennen u. Verfolgen von politischen Themen der eigenen Lebenswelt; gemeinsames Aushandeln von Entscheidungen	Aktivierung u. Befähigung zur eigenverantwortlichen Regelung des gemeinsamen Zusammenlebens miteinander	Anpassung an die u. Befolgen der Demokratievorstellung der Lehrkraft: d. h. Kritiküben an der Politik der repräsentativen Demokratie u. Entwickeln von Gegenentwürfen
Implizites Demokratieverständnis	**Demokratie als formales Ordnungsprinzip**	**Demokratie als kontroverse Auseinandersetzung mit politischen Fragen**	**Demokratie als Selbstbestimmung und Gestaltung der eigenen Lebenswelt**	**Demokratie als Garant und Aushandlungsrahmen gesellschaftlicher Normen und Werte des Zusammenlebens**	**Demokratie als Gegenentwurf zur repräsentativen Demokratie**
	Demokratische Organisation einer Gemeinschaft basiert auf festen Regeln u. Verfahren, die durch Bürger/innen verinnerlicht u. in formalen Beteiligungsverfahren bestätigt werden	Gestalten einer kritisch diskutierenden Öffentlichkeit, getragen durch das Vertreten eigener politischer Positionen durch die Bürger/innen u. ein Diskutieren miteinander	Vertreten eigener Anliegen und Interessen in der Gemeinschaft sowie gemeinsame Gestaltung des Entscheidungsrahmens; hierdurch gemeinsame Gestaltung der eigenen Lebensverhältnisse	Demokratie dient als Rahmen für das Aushandeln grundlegender Werte für das Zusammenleben miteinander; die schriftlich festgehaltenen Regeln dienen als Handlungsorientierung für den/die Einzelne/n u. zum Schutz der geteilten Grundwerte	Einnehmen einer Gegenposition und Kritiküben an der repräsentativen Demokratie sowie das Denken u. Suchen nach der ‚richtigen' Alternative

5.1.2 Typik II: Das implizite Selbstbild als Politiklehrer/in

In den Demokratie-Lehrpraktiken der Politiklehrer/innen wurde eine zweite sinngenetische Dimension B zum impliziten Selbstbild als Politiklehrer/in in Demokratie-Lehr-Lernprozessen deutlich, zu der ich eine weitere sinngenetische Typik II basierend auf den geschilderten Demokratie-Lehrpraktiken erarbeiten konnte. Selbstbilder verstehe ich, wie ich einführend zur Darstellung der Typik erläutere (siehe Kapitel 4.2), als implizit bzw. konjunktiv. Sie werden in der Sicht auf und im Umgang mit der Welt und anderen zum Ausdruck gebracht, und sie bestimmen das Handeln bzw. die Bereitschaft zu handeln. Ich grenze mich damit von anderen Verständnissen ab, die das Selbstbild synonym zu Identität in ihrer Beschaffenheit als explizit-kommunikatives Wissen begreifen.

Die Dimension des impliziten Selbstbildes umfasst drei Subdimensionen. Mit der Subdimension 1) werden Orientierungen zur Ausgestaltung der Rolle des/der Politiklehrers/in in Demokratie-Lehr-Lernprozessen einbezogen. Darunter fasse ich einen spezifischen Unterrichtsstil und Umgang mit den Schülern/innen, die sich in der jeweiligen geschilderten Demokratie-Lehrpraxis dokumentieren. Die Subdimension 2) nimmt im Anschluss an die vorherige Dimension noch Orientierungen zu einer damit einhergehenden Haltung gegenüber Schülern/innen auf. Unter Haltung gegenüber Schülern/innen begreife ich Wahrnehmungsmuster und Bilder von Schülern/innen sowie das Beziehungsverhältnis zu den Schülern/innen. Sowohl die Lehrer/innenrolle als auch die Haltung gegenüber Schülern/innen verstehe ich dabei als Teil des beruflichen Lehrer/innenhabitus. Mit der Subdimension 3) werden spezifische Umgangsmodi mit eigenen politischen Positionen in Demokratie-Lehr-Lernprozessen als Teil des Selbstbildes aufgenommen.

Ich konnte in der Rekonstruktion und Kontrastierung unterschiedlicher Sequenzen zu diesen Subdimensionen zwei konträre Typen des Selbstbildes als Politiklehrer/in herausarbeiten: dies ist Typ 1) das *Selbstbild des/der Politiklehrers/in als Demokratieexperte/in im propositionalen Sinne* und Typ 2) das *Selbstbild des/der Politiklehrers/in als Demokratielernbegleiter/in im performativen Sinne*. Die Typenbezeichnung *Demokratieexperte/in im propositionalen Sinne* betont das Selbstbild als Experte/in zum Unterrichtsgegenstand Demokratie. In den Demokratie-Lehrpraktiken dokumentiert sich, dass der/die Politiklehrende die Rolle des/der Wissensvermittlers/in in Bezug auf den Lern-/Unterrichtsgegenstand Demokratie einnimmt. Den Schülern/innen wird unterdessen die Rolle der Unwissenden zugeschrieben, denen erst Wissen über Demokratie vermittelt werden muss. Das Verhältnis von Politiklehrer/in zu Schülern/innen ist entsprechend durch ein Wissens-/Kompetenzgefälle geprägt. Der Unterrichtsstil ist gekennzeichnet durch eine Wissensvermittlung in Form einer Wissensübertragung auf die Schüler/innen. Dagegen fokussiert die Typenbezeichnung *Demokratielernbegleiter/in im performativen Sinne* ein Selbstbild als Begleiter/in von Lernprozessen. Ein Fachwissen über Demokratie als Lern-/Unterrichtsgegenstand steht für diesen Typ nicht im Vordergrund. Stattdessen dokumentiert sich eine Rolle des/der Politiklehrers/in als Unterstützer/in der Demokratielernprozesse seiner/ihrer Schüler/innen. Damit einher geht ein Unterrichtsstil, der im Vergleich sehr viel stärker methodisch-didaktisch aufbereitet ist und eine Aneignung von Wissen und Kompetenzen durch die Schüler/innen selbst unterstützt.

Anzumerken ist hierbei, dass diese Orientierungen nicht zwangsläufig fachspezifisch sein müssen, sondern sich gegebenenfalls auch darüber hinaus dokumentieren.

Im Folgenden stelle ich die zwei Typen verdichtet tabellarisch dar (siehe Tabelle 7).

Tabelle 7: Zusammenfassung der Typen der Typik II Implizites Selbstbild als Politiklehrer/in

Selbstbild	Typ 1: Der/die Politiklehrer/in als Demokratieexperte/in im propositionalen Sinne	Typ 2: Der/die Politiklehrer/in als Demokratielernbegleiter/in im performativen Sinne
Rolle des/der Politiklehrers/in in Demokratie-Lehr-Lernprozessen	Experte zum Unterrichtsgegenstand Demokratie; die Lehrkraft vermittelt ihr Fachwissen den Schülerinnen und Schülern (SuS): alle Impulse gehen in der Praxis von dem/der Lehrer/in aus; Steuerung u. Kontrolle des Unterrichts durch den/die Politiklehrer/in	Politiklehrer/in als Begleiter/in von Demokratie-Lernprozessen der Schülerinnen und Schüler (SuS); die Lehrkraft fördert u. unterstützt Lernprozesse durch differenzierte Aufgabenstellungen; sie beobachtet u. begleitet bei der Bearbeitung u. hilft bei Problemen der SuS; Lehrkräfte wissen um ihr Nicht-Wissen zum Unterrichtsgegenstand Demokratie
Wahrnehmung der Schülerinnen u. Schüler (SuS)	Homogenes Verständnis der SuS als Unwissende u. Nivellierung von individuellen Unterschieden; Wahrnehmen der SuS nach Leistungsunterschieden zwischen den Klassenstufen	Wahrnehmen von Heterogenität u. Differenzen unter den SuS: Erkennen pol. Interessen und Vorkenntnisse, Einschätzen der pol. Sozialisation der SuS; Erkennen unterschiedlicher Lern- und Unterstützungsbedarfe
Beziehungsverhältnis zu den SuS	Starkes Wissens-/ Kompetenzgefälle zwischen Lehrkraft u. SuS; hierarchisches Verhältnis Lehrer/in zu SuS; Neutralisierung individueller Schüler/innenperspektiven	Notwendigkeit der Herstellung einer Beziehung zu den SuS u. Arbeit auf Augenhöhe miteinander; Thematisierung der Perspektiven von SuS sowie Einbezug in die Themenwahl und Gestaltung des Unterrichts
Umgangsmodus mit eigenen politischen Einstellungen	Fehlende Thematisierung u. Reflexion: die Unterrichtspraxis ist implizit durchdrungen durch hierin angelegte politische Orientierungen	Thematisierung u. Reflexion: eigene pol. Positionen werden auf Nachfrage den SuS erläutert, aber nicht durch Lehrer/innen im Unterricht thematisiert; schüler/innenorientierte Demokratielehre als Gegenmaßnahme zu implizitem pol. Unterricht

5.1.3 Relationale Typik

Nach der Rekonstruktion der Orientierungen in den sinngenetischen Dimensionen habe ich nach Verbindungen zwischen diesen im empirischen Material geschaut. In der vorliegenden Studie konnte ich fallübergreifend in den geschilderten Demokratie-Lehrpraktiken Verbindungen rekonstruieren zwischen der Dimension A Modi des Demokratielehrens und der Dimension B des impliziten Selbstbildes als Politiklehrer/in. Einen Bezug auf das implizite Demokratieverständnis habe ich an dieser Stelle ausgeklammert. Dementsprechend liegt einer Demokratie-Lehrpraktik ein Strukturzusammenhang zwischen einem bestimmten Demokratielehrmodus und einem der beiden Selbstbildtypen zugrunde. Diese stehen dabei nicht nebeneinander, sondern sind sinnhaft miteinander verbunden.

Die sich in den Demokratie-Lehrpraktiken dokumentierenden Relationen zwischen den Typen der Typik I und den Typen der Typik II wurden zu jeweils eigenen relationalen Typen abstrahiert. In der folgenden Abbildung 14 stelle ich diese typisierten Verbindungen in einer Übersicht dar. Darin wird ersichtlich, zwischen welchen Typen aus der Typik I und welchem der beiden Typen der Typik II Relationen bestehen. Daran anschließend werde ich die Relationen nun kurz erläutern.

In den Demokratie-Lehrpraktiken, die im Demokratielehrmodus des Einübens repräsentativer demokratischer Verfahren erfolgen, dokumentiert sich zugleich ein Selbstbild des/der Politiklehrers/in als Demokratieexperte/in im propositionalen Sinne. Dabei wird deutlich, dass sich Dimension A Demokratielehrmodus und Dimension B implizites Selbstbild in den Lehrpraktiken der Politiklehrer/innen überlagern und in der Praxis miteinander verknüpft sind. Diese Verbindung bildet den *relationalen Typ 1.*

Konkret zeigt sich in der geschilderten Praxis, dass entsprechend dem Demokratielehrmodus und dem Selbstbild des/der Politiklehrers/in als Demokratieexperte/in im propositionalen Sinne die Lehrkraft den Schülern/innen Wissen zur repräsentativen Demokratie vermittelt sowie Regeln und Abläufe demokratischer Verfahren in einer Simulation, einem Planspiel oder auch im Zuge einer Klassensprecher/innenwahl authentisch inszeniert. Die didaktische Gestaltung der Demokratielehrpraktiken wird hiernach überwiegend durch das Fachwissen des/der Politiklehrers/in zum Lern-/Unterrichtsgegenstand bestimmt. Der/die einzelne Schüler/in erscheint in dieser Form der Demokratielehre dagegen als austauschbar, und Unterschiede zwischen den Schülern/-innen werden nicht wahrgenommen bzw. nivelliert. Von ihnen wird erwartet, dass sie das von dem/der Politiklehrer/in vermittelte Fachwissen – sei es in Form von Fakten oder Praktiken – zu Regeln und Abläufen repräsentativer demokratischer Verfahren verinnerlichen, einüben und dann auch wieder reproduzieren können.

Abbildung 14: Übersicht über die Typen der relationalen Typik (eigene Darstellung)

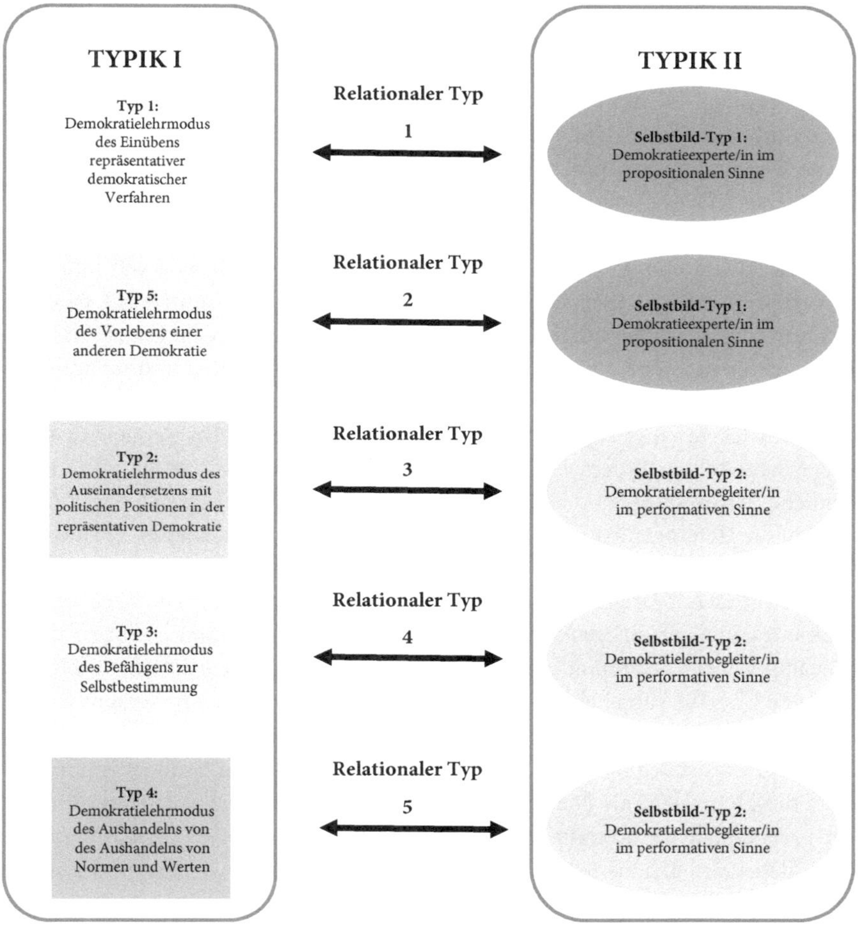

Der *relationale Typ 2* verdeutlicht den Zusammenhang zwischen dem Demokratielehrmodus des Vorlebens einer anderen Demokratie und ebenfalls dem Selbsttyp des/der Politiklehrers/in als Demokratieexperten/in im propositionalen Sinne. In den Demokratie-Lehrpraktiken kommt zum Ausdruck, dass die Politiklehrenden sich als Experten/innen begreifen (bzw. inszenieren) für die Kritik an der repräsentativen Demokratie sowie dem Denken und Vorleben einer anderen, sich hiervon absetzenden Demokratie. In den geschilderten Praktiken wird deutlich, dass die Vermittlung dieses Wissens von den Politiklehrern/innen ausgeht und vorwiegend als Wissensübertragung gestaltet wird. In ihrer Wahrnehmung haben sie einen deutlichen Wissens- und Erkenntnisvorsprung gegenüber den Schülern/innen, welche noch nicht über die entsprechenden Einsichten verfügen.

Sowohl im relationalen Typ 1 als auch im relationalen Typ 2 dokumentiert sich in dem hier angelegten Selbstbild eine Überlegenheit des/der Politiklehrenden gegenüber seinen/ihren Schülern/innen, die in der Praxis mit einem fehlenden Bewusstsein darüber einhergeht, inwiefern die eigene Lehrpraxis durchdrungen ist von eigenen Demokratievorstellungen und politisch-demokratischen Positionen und inwiefern sie damit ihre Schüler/innen möglicherweise beeinflussen.

In Demokratie-Lehrpraktiken, die durch den Demokratielehrmodus des Auseinandersetzens mit politischen Positionen in der repräsentativen Demokratie bestimmt werden, konnte fallübergreifend eine Verbindung mit dem Selbstbild des/der Politiklehrers/in als Demokratielernbegleiter/in im performativen Sinne rekonstruiert werden. Diese bildet den *relationalen Typ 3*. Wie für diesen Demokratielehrmodus charakteristisch, zeigt sich in den geschilderten Praktiken, dass die Politiklehrer/innen im Unterricht Lehr-Lernsettings vorbereiten und sie anschließend Schüler/innen in der Auseinandersetzung mit politischen Positionen und dem Entwickeln eines eigenen politischen Urteils begleiten. Im Vergleich zu den zuvor dargestellten Typen sind diese Lehr-Lernsettings offen gestaltet und die inhaltliche Bestimmung wird den Schülern/innen übertragen. Zugleich beziehen sie hiermit die Heterogenität der Schüler/innen in den jeweiligen Klassen ein. So wird in den geschilderten Praktiken deutlich, dass die Politiklehrer/innen die einzelnen Schüler/innen mit ihrem Vorwissen, ihren Interessen und Fähigkeiten kennen und auch auf daraus resultierende Unterschiede zwischen den Schülern/innen in der Gestaltung ihrer Demokratie-Lehrpraktiken reagieren. Dabei dokumentiert sich hier eine Überlagerung beider Dimensionen in ihren jeweiligen Ausprägungen.

Der *relationale Typ 4* stellt die typisierte Verbindung zwischen dem Demokratielehrmodus des Befähigens zur Selbstbestimmung und dem Selbstbild des/der Politiklehrers/in als Demokratielernbegleiter/in im performativen Sinne in entsprechenden Demokratie-Lehrpraktiken dar. Auch hier zeigt sich, dass die Politiklehrkraft sich zurücknimmt und die Schüler/innen vordergründig in ihren Lernprozessen begleitet. Für diesen Demokratielehrmodus ist insbesondere das Erkennen und Erkunden eigener politischer Interessen sowie ein selbstbestimmtes und selbstorganisiertes Verfolgen dieser – auch in gemeinschaftlichen Kontexten – charakteristisch. Dabei nehmen die Politiklehrenden anfangs wahr, dass dies den Schülern/innen sehr schwer fällt, da sie ein solches Arbeiten bzw. Lernen an der Schule oft nicht gewohnt sind. In ihrer Lehrpraxis initiieren sie durch die Gestaltung offener Lehr-Lernsettings, vieler Freiräume etc. ein durch die Schüler/innen zunehmend selbstbestimmtes Lernen. Dies begleiten sie durch konkrete Hilfestellungen für einzelne Schüler/innen. Dabei nehmen die Politiklehrer/innen die individuellen Schüler/innenperspektiven wahr und differenzieren zwischen den Schülern/innen.

Die Verbindung von Demokratielehren im Modus des Aushandelns von Normen und Werten in der Gemeinschaft mit dem Selbstbild des/der Politiklehrers/in als Demokratielernbegleiter/in im performativen Sinne bildet den verbleibenden *relationalen Typ 5*. Konkret zeigt sich in der geschilderten Praxis, dass auch hier von den Politiklehrern/innen gestaltete Demokratie-Lehr-Lernsettings Freiräume bieten und den Schülern/innen die Möglichkeit geben, ihre Themen und Meinungen den anderen Schülern/innen vorzustellen und miteinander ins Gespräch zu kommen, um Normen und Werte des Zusammenlebens miteinander auszuhandeln und bei Bedarf Konflikte zu regeln. Wie sich hier zeigt, tritt der/die Politiklehrer/in vorbereitend und eventuell noch moderierend auf, befähigt aber auch die Schüler/innen, dies zunehmend selbst zu übernehmen. Die Politiklehrkraft wechselt somit immer mehr in die Rolle des/der Beobachters/in, der/die nur bei Bedarf unterstützende Hilfestellungen gibt. Der Fokus liegt demnach auf dem Initiieren und Begleiten der Lernprozesse der Schüler/innen.

Die relationalen Typen 3–5 haben durch ihre Verbindung zum Selbstbild des/der Politiklehrers/in als Demokratielernbegleiter/in im performativen Sinne gemeinsam, dass die Politiklehrenden über einen möglichen Einfluss ihrer politisch demokratischen Vorstellungen respektive Einstellungen auf ihren Politikunterricht nachdenken und einen reflektierten Umgang damit entwickeln. In den Interviews wird deutlich, dass sie einerseits ihre eigenen Positionen gegenüber den Schülern/innen nicht verheimlichen, aber sie andererseits auch nicht in den Vordergrund stellen und ständig äußern. Durch die Form ihrer Demokratielehre vermitteln sie ihren Schülern/innen, dass sie nicht für eine bestimmte Meinung bewertet werden, sondern ihre Fähigkeiten im Vordergrund stehen und beurteilt werden (wie z. B. die Begründung eines politischen Urteils).

Im nächsten Abschnitt werde ich nun die dritte sinngenetische Typik mit ihren Typen kurz zusammengefasst darstellen.

5.1.4 Typik III: Modi des Umgangs mit Anforderungen an den Politikunterricht

In vielen Interviews werden von den Politiklehrern/innen berufliche Anforderungen – sei es durch Schwerpunktsetzungen des Lehrplans, Prüfungsvorgaben, Vorstellungen oder Erwartungen durch die Schulleitung, Kollegen/innen oder Schüler/innen etc. – thematisiert. Diese werden als mögliche Beschränkung oder Hindernis für ihre Vorstellungen[140] von bzw. ihre Praktiken von Demokratielehren wahrgenommen. Vielfach werden die Anforderungen daher als diskrepant zu eigenen geplanten oder auch zu bisher ausgeübten Demokratie-Lehrpraktiken erlebt. Hier dokumentiert sich somit bei einigen Politiklehrern/innen eine Rahmeninkongruenz, das heißt ein Missverhältnis zwischen den eigenen Demokratielehrorientierungen und den äußeren Anforderungen bzw. Erwartungen. Trotz

140 Ich spreche hier von Vorstellungen, da zum Teil die Anforderungen als ein Hindernis für eine Praxis gemäß eigenen Vorstellung verstanden wird.

dessen zeichnet sich in den Interviews ab, dass die Politiklehrer/innen bestrebt darin sind, die Anforderungen ernst zu nehmen und ihnen zu entsprechen. Vielfach dokumentiert sich in den Interviews auch eine Orientierung an der Erfüllung von Anforderungen an ihren Politikunterricht.

Dabei wird über das Sample hinweg ersichtlich, dass nicht nur junge, unerfahrene Politiklehrer/innen betroffen sind, sondern durchaus auch solche, die bereits schon lange unterrichten. Zudem zeigt sich, dass manche als diskrepant empfundenen Anforderungen bereits seit längerer Zeit bestehen und die Politiklehrer/innen hierfür Umgangspraktiken entwickelt und etabliert haben.

In der sinngenetischen Dimension C habe ich die geschilderten Umgangspraktiken mit den Anforderungen, die als mögliches Hindernis oder Beschränkung für ihre Demokratielehre im Politikunterricht erlebt werden, in den Blick genommen. Im Zuge der komparativen Analyse konnte ich auch hier unterschiedliche Umgangsmodi rekonstruieren und eine sinngenetische Typik entwickeln, die sechs Typen umfasst.

In den Interviews dokumentieren sich sechs unterschiedliche Modi des Umgangs mit den Anforderungen an den Politikunterricht: Typ 1) *Nachdenken und Entwerfen von Umgangspraktiken*, Typ 2) *sich Arrangieren mit den Anforderungen*, Typ 3) *Gestalten und Verdeutlichen einer widersprüchlichen Lehrpraxis*, Typ 4) *Integrieren der Anforderungen in die eigene Lehrpraxis*, Typ 5) *kollektives Schaffen von Freiräumen*, und Typ 6) *Distanzieren von den Anforderungen und Ausstieg aus der Situation*. Es handelt sich bei den Typen 1 bis 4 sowie Typ 6 um individuelle Umgangspraktiken und bei Typ 5 um eine kollektive Umgangspraktik. Die Typen werden in der tabellarischen Übersicht in verdichteter Form dargestellt (siehe Tabelle 8).

In den Umgangspraktiken wird zudem ersichtlich, dass für manche Politiklehrer/innen die an ihren Unterricht gestellten Anforderungen noch eher neu sind, während für andere die Anforderungen bereits seit längerem bekannt sind. Insofern wird im Typ 1) *Nachdenken und Entwerfen von Umgangspraktiken* deutlich, dass die Politiklehrer/innen noch keine Routinen etabliert haben, sondern sie noch im Prozess darin sind, eine passende Bearbeitung der für sie noch neuen Anforderungen zu entwickeln. Alle anderen Umgangsmodi stellen dagegen bewährte Handlungspraktiken dar. Die Anforderungen, mit denen sich diese Politiklehrer/innen in ihren Schilderungen auseinandersetzen, erweisen sich als bereits bekannte, für die die Politiklehrer/innen einen routinierten Umgang entwickelt haben. Typ 6) *Distanzieren von den Anforderungen und Ausstieg aus der Situation* bildet einen Sonderfall, bei dem die Politiklehrer/innen im Interview retrospektiv berichten, dass sie die Anforderungen an ihren Politikunterricht nicht erfüllen konnten und daher entschieden haben, sich von diesen zu distanzieren und aus dieser Situation auszusteigen. Für diese Politiklehrer/-innen bestanden die Anforderungen somit zum Zeitpunkt des Interviews nicht mehr.

Tabelle 8: Zusammenfassung Typik III Modi des Umgangs mit Anforderungen an den Politikunterricht

	Neue Anforderungen Noch keine etablierte Umgangspraktik	**Bereits seit längerer Zeit bestehende Anforderungen Etablierte Umgangspraktiken**				**Keine Betroffenheit mehr von den Anforderungen**
Modi des Umgangs mit Anforderungen an den Politikunterricht	**Typ 1: Nachdenken und Entwerfen von Umgangspraxen**	**Typ 2: Sich Arrangieren mit den Anforderungen**	**Typ 3: Gestalten und Verdeutlichen einer widersprüchlichen Lehrpraxis**	**Typ 4: Integration der Anforderungen in eine eigene Lehrpraxis**	**Typ 5: Kollektives Schaffen von Freiräumen**	**Typ 6: Distanzieren von den Anforderungen und Ausstieg aus der Situation**
Beispiele von Anforderungen an den Politikunterricht, die als Hindernis oder Einschränkung erlebt werden	Konfrontation mit geringerem Stundenumfang des Faches und mehr Lehrplananforderungen nach dem Schulwechsel in ein anderes Bundesland	Vermittlung aller Lehrplanvorgaben für den jeweiligen Jahrgang, Erwartung von Kollegen/innen diese zu erfüllen	Prüfungsvorgaben durch die IHK im Zuge der dualen Ausbildung	Arbeit mit einem bestimmten Lehrbuch im Politikunterricht	Lehrplanschwerpunkte im Fach Politik: zu viele, die keine Relevanz für die Schülerinnen und Schülern (SuS) haben	Erwartungen von Schulleitung und Kollegen/innen, den Politikunterricht stärker lehrer/innenzentriert und Verhältnis zu SuS hierarchischer zu gestalten
Umgang mit den Anforderungen	Spannungen zwischen Erfüllung von Anforderungen und Vorstellungen von eigener Demokratielehre – noch keine gesicherte bzw. etablierte Umgangspraxis; Entwicklung von Handlungsentwürfen und Ausprobieren erster Handlungspraktiken	Erfüllen der Anforderungen; Nachrangigkeit eigener Demokratielehr-vorstellungen und -praktiken, Verfolgen dieser im Rahmen vorhandener Freiräume	Wechsel zwischen Lehre nach Anforderungen und eigenen Demokratielehrpraktiken; Transparenz der Differenzen zwischen diesen widersprüchlichen Lehrpraktiken gegenüber den Schülerinnen und Schülern (SuS)	Erfüllen der Anforderungen im Zuge eigener Demokratielehrvorstellungen und -praktiken; Vorrangigkeit eigener Demokratielehrvorstellungen und -praktiken	Entwickeln eines kollektiven Umgangs zusammen mit den Kollegen/innen zur Entlastung und Schaffung von Freiräumen im jeweiligen Fachunterricht	Distanzierung und keine Erfüllung der Anforderungen, Vorrangigkeit eigener Demokratielehr-vorstellungen und -praktiken; Ausstieg bzw. Verlassen der Situation

	Neue Anforderungen **Noch keine etablierte Umgangspraktik**	**Bereits seit längerer Zeit bestehende Anforderungen** **Etablierte Umgangspraktiken**				**Keine Betroffenheit mehr von den Anforderungen**
Konkrete Umgangspraktiken im Beispiel	Erfüllen der Lehrplananforderungen; Nachdenken darüber, wie eigene Schwerpunkte des Demokratielehrens dennoch in der Praxis von Projektwochen und Exkursionen umgesetzt werden könnten	Schnelles Abarbeiten der Lehrplanthemen und dadurch Schaffen von Zeit und Freiräumen zur anschließenden Durchführung von Demokratie-Lehrpraktiken gemäß eigenen Vorstellungen / Orientierungen; Ausweichen auf andere Unterrichtsfächer oder AGs	Erkennen einer Notwendigkeit, den Anforderungen zu entsprechen, damit die SuS ihre Prüfungen bestehen; kurz vor der Prüfung Aussetzen eigener Demokratielehrpraktiken und Unterrichten gemäß der Prüfungsanforderungen; Schüler/innen, denen die Differenz auffällt, wird diese erklärt und transparent gemacht	Integration des Lehrbuches in eine Demokratielehre gemäß eigenen Vorstellungen – Abarbeiten am Lehrbuch und Ergänzen eigener Perspektiven und Alternativen zur Lehrbuchdarstellung	Kollektive Entscheidung bestimmte Lehrplanschwerpunkte nicht zu bearbeiten, Absprachen unter den Kollegen/innen um eine doppelte Bearbeitung von Themen in unterschiedlichen Fächern zu vermeiden, hierdurch Schaffen von Freiräumen in den einzelnen Fächern	Schulwechsel

Ich konnte hier keine fallübergreifenden Verbindungen zu bestimmten Modi des Demokratielehrens oder zum impliziten Selbstbild der Politiklehrer/innen feststellen, auch wenn auffällig ist, dass die Anforderungen oftmals dem negativen Gegenhorizont der Politiklehrer/innen entsprechen und diametral den eigenen Demokratie-Lehrvorstellungen oder -praktiken gegenüberstehen. Ein Grund dafür ist sicherlich, dass es in den Bundesländern und an den Schulen keine einheitlichen Anforderungen an das Fach Politik gibt, sondern vielmehr sehr viele unterschiedliche. Auch ist davon auszugehen, dass die Politiklehrer/innen, je nachdem welchem Demokratielehrmodus und Selbstbild ihre Lehrpraxis folgt, auch jeweils unterschiedliche Erwartungen und Anforderungen als ein- bzw. beschränkend für ihre Lehrpraxis wahrnehmen.

5.1.5 Fazit I

Zentrales Ergebnis dieser qualitativ-rekonstruktiven Studie ist die hier dargestellte Typologie, die den Blick auf die Demokratie-Lehrpraktiken von Politiklehrern/innen und die ihnen zugrundeliegenden Handlungsorientierungen gerichtet hat. Sie stellt somit die ‚Antwort' auf die zentrale Fragestellung nach den Orientierungen von Politiklehrern/innen zu Demokratielehren und Demokratie im Politikunterricht und im weiteren schulischen Kontext dar. Das Ziel dieser Untersuchung war es, das implizite, konjunktive Wissen der Politiklehrer/innen zu rekonstruieren, das sich für ihre Demokratie-Lehrpraxis als handlungsleitend erweist.

Anhand der Demokratie-Lehrpraktiken aus allen Fällen (d. h. interviewten Politiklehrern/innen) konnte ich die sinngenetische Typik I *Modi des Demokratielehrens und implizites Demokratieverständnis* rekonstruieren, in der fünf typisierte Demokratielehrmodi und dazugehörige implizite Demokratieverständnisse dargestellt werden: Typ 1) *Modus des Einübens repräsentativer demokratischer Verfahren – Demokratie als formales Ordnungsprinzip*, Typ 2) *Modus des Auseinandersetzens mit politischen Positionen in der repräsentativen Demokratie – Demokratie als kontroverse Auseinandersetzung mit politischen Fragen*, Typ 3) *Modus des Befähigens zur Selbstbestimmung – Demokratie als Selbstbestimmung und Gestaltung der eigenen Lebenswelt*, Typ 4) *Modus des Aushandelns von Normen und Werten – Demokratie als Garant und Aushandlungsrahmen gesellschaftlicher Normen und Werte des Zusammenlebens*, Typ 5) *Modus des Vorlebens einer anderen Demokratie – Demokratie als Gegenentwurf zur repräsentativen Demokratie*. Diese wurden durch einen Kontrast der in den Einzelfällen rekonstruierten Orientierungen zu Demokratielehren und Demokratie und deren Abstraktion herausgearbeitet. Sie geben eine Antwort auf die Frage nach den handlungsleitenden Orientierungen zu Demokratielehren und Demokratie der Politiklehrenden. Mit ihnen kann beschrieben werden, *wie* Demokratielehren in der Praxis erfolgt und welches implizite Demokratieverständnis den Praktiken zugrunde liegt.

Weiterhin hat sich in der Analyse der geschilderten Demokratie-Lehrpraktiken aus allen Interviews gezeigt, dass für die Demokratie-Lehrpraxis der Politiklehrer/innen neben ihren Orientierungen zu Demokratielehren und Demokratie (Demokratielehrmodi) auch ihr implizites Selbstbild als Politiklehrer/in bestimmend ist. Entsprechend konnten in der sinngenetischen Typik II *Implizites Selbstbild des/der Politiklehrers/in* zwei unterschiedliche Typen eines impliziten Selbstbildes nachgewiesen werden: Typ 1) *der/die Politiklehrer/in als Demokratieexperte/in im propositionalen Sinne* und Typ 2) *der/die Politiklehrer/in als Demokratielernbegleiter/in im performativen Sinne.* Beide Dimensionen überlagern sich in der Praxis und bestimmen damit die spezifische Form der Demokratie-Lehrpraxis der Politiklehrer/innen, wie in der *relationalen Typik* verdeutlicht wird.

Neben diesen für die Demokratie-Lehrpraxis handlungsleitenden, impliziten Orientierungen zeigte sich in einigen der analysierten Interviews, dass die Demokratie-Lehrpraxis der Politiklehrer/innen in einem Spannungsverhältnis zu Anforderungen an ihren Politikunterricht steht. Je nachdem wie die Politiklehrenden mit diesen Anforderungen umgehen, können sie eine Demokratie-Lehrpraxis gemäß ihren Vorstellungen und Orientierungen im Politikunterricht auch umsetzen. Durch ihren Umgangsmodus wird bestimmt, wie ein- bzw. beschränkend die Anforderungen dann tatsächlich für ihre Demokratie-Lehrpraxis sind. In der sinngenetischen Typik III *Modi des Umgangs mit Anforderungen an den Politikunterricht* konnten sechs Umgangsmodi rekonstruiert werden, die sich im Spannungsverhältnis der Erfüllung und Distanzierung der Anforderungen und einer daraus resultierenden Umsetzung der Demokratie-Lehrpraxis gemäß den eigenen Orientierungen bewegen: Typ 1) *Nachdenken und Entwerfen von Umgangspraktiken,* Typ 2) *sich Arrangieren mit den Anforderungen,* Typ 3) *Gestalten und Verdeutlichen einer widersprüchlichen Lehrpraxis,* Typ 4) *Integrieren der Anforderungen in die eigene Lehrpraxis,* Typ 5) *kollektives Schaffen von Freiräumen,* und Typ 6) *Distanzieren von den Anforderungen und Ausstieg aus der Situation.* Dabei deutet sich in Ansätzen an, dass die Politiklehrer/innen das Herausbilden eines passenden Umgangsmodus, der ihnen Raum für die Umsetzung ihrer Demokratie-Lehrpraxis gibt, als Lern- bzw. Professionalisierungsprozess verstehen.

Durch die minimale vs. maximale Kontrastierung im Zuge des empirischen Fallvergleichs und die daran anschließende Typisierung der Orientierungen, die ich anhand der von den Politiklehrern/innen geschilderten Demokratie-Lehrpraktiken und Umgangspraktiken mit den Anforderungen an ihren Politikunterricht rekonstruieren konnte, konnten mit der Typisierung fallübergreifende Muster – das heißt „überindividuelle Muster“ (Nohl 2019: 58 f.) – herausgearbeitet werden. Zudem sind die Ergebnisse einer relationalen Typenbildung gemäß Nohl generalisierbar (vgl. Nohl 2013b: 60 f.). Die Ergebnisse stellen somit eine gegenstandsbegründete Theorie mittlerer Reichweite[141] (vgl. Flick 2012: 124 ff.) dar, die auf Basis der interpretierten Daten entwickelt wurde. Konkret handelt es sich hierbei um ein heuristisches Modell, mit Hilfe dessen der Zusammenhang von handlungsleitenden Orientierungen, die die Demokratie-Lehrpraxis von Politiklehrern/innen im Politikunterricht und im weiteren schulischen Kontext bestimmen, besser verstanden werden können.

Eine soziogenetische Typik wurde in dieser Studie dagegen nicht erreicht. Es konnten zwar in einzelnen Fällen relevante konjunktive Erfahrungsräume rekonstruiert werden, jedoch konnte nicht nachgewiesen werden, dass bestimmte Typen der drei sinngenetischen Typiken in typischen konjunktiven Erfahrungsräumen verwurzelt sind. Das heißt, es können hier somit keine Aussagen darüber getroffen werden, inwiefern die handlungsleitenden Orientierungen für Demokratielehren durch eine bestimmte politische, berufliche, organisationale etc. Sozialisation bedingt sind.

Im nächsten Kapitel soll der zweiten und dritten Fragestellung dieser Studie nachgegangen werden, die sich an die Rekonstruktion der Handlungsorientierungen anschließen: *Inwiefern entsprechen diese Orientierungen den Vorstellungen von Professionalität im Fach* und *welche Schlüsse sind hieraus für die Lehrer/innenbildung von Politiklehrern/innen zu ziehen*. Dafür werden die Ergebnisse im Fachdiskurs verortet und diskutiert.

5.2 Reflexion der Ergebnisse

Nachdem ich nun die Ergebnisse zusammengefasst habe, möchte ich sie in der bisherigen Forschung zur Professionalität von Lehrern/innen in der Politikdidaktik und Erziehungswissenschaft einordnen und diskutieren.

Für diesen Zweck möchte ich die von Helsper sowie von Kramer und Pallesen vorgenommene Differenzierung zwischen einem beruflichen und professionellen Lehrer/innenhabitus, auf die ich im Theorieteil bereits hingewiesen hatte (siehe Kapitel 2.2.1), wieder aufgreifen. Während der berufliche Lehrer/innenhabitus eine empirische Deskription verinnerlichter, handlungsleitender Regeln für berufliche Anforderungssituationen, eine bestimmte Schwerpunktsetzung in der beruflichen Unterrichts-/Lehrpraxis und implizite Bilder und Haltungen von/zu Schülern/innen darstellt (vgl. Kramer/Pallesen 2018: 43 f.), handelt es sich beim professionellen Lehrer/innenhabitus um eine Prüfung dieser impliziten, handlungsleitenden Orientierungen vor dem Hintergrund normativer

141 Den Begriff der Theorien mittlerer Reichweite hat der amerikanische Soziologe Merton geprägt. Laut ihm sind sie einzuordnen zwischen „the minor but necessary working hypotheses that evolve in abundance during day-to-day research and the all-inclusive systematic efforts to develop a unified theory that will explain all the observed uniformities in social behavior, organizations, and change“ (Merton 1968: 39).

„Anforderungen an eine professionelle Handlungspraxis“ (Helsper 2018a: 129). Nach Helsper wird somit der empirisch rekonstruierte Lehrer/innenhabitus daraufhin befragt, ob und inwieweit dieser normativen Professionalitätsvorstellungen entspricht.

Die hier rekonstruierten Orientierungen der Politiklehrer/innen sind entsprechend als berufliche Handlungsorientierungen zu verstehen und bilden somit einen Teil des beruflichen Lehrer/innenhabitus. Diese sagen allein jedoch noch nichts über die Professionalität der Demokratielehre der Politiklehrenden aus. Was jedoch nicht bedeuten soll, dass sie keine ‚Profis‘ im alltäglichen Politikunterricht sind. Ich gehe davon aus, dass sie sehr wohl erfolgreich Lehren und Unterrichten können und dass sie Demokratielehre im Politikunterricht flüssig und routiniert gestalten können. Sie entsprechen damit durchaus einer Form intuitiver, praktischer Professionalität gemäß Neuweg (siehe Kapitel 2.2.1). ‚Profis‘ bewältigen und reproduzieren somit performative Routinen auf Basis von Übung und Intuition.

Ihre beruflichen Orientierungen erfüllen damit aber noch nicht zwangsläufig den Maßstab, den die Politikdidaktik, die Demokratiepädagogik oder die Erziehungswissenschaft an professionelles Lehrer/innenhandeln stellt – also einen normativen Anspruch, wie Demokratielehre durch Politiklehrer/innen gestaltet werden sollte, um Schüler/innen zu demokratischem Denken und Handeln zu befähigen.

Das bedeutet, dass die hier rekonstruierten beruflichen Handlungsorientierungen der Politiklehrer/innen nun im nächsten Schritt nach der Rekonstruktion vor dem Hintergrund von Professionalitätsvorstellungen bewertet werden müssen, um zu prüfen, inwieweit diese dem Anspruch an einen professionellen Lehrer/innenhabitus gerecht werden. Damit greife ich die zweite Fragestellung dieser Studie, *inwiefern entsprechen diese Orientierungen den Vorstellungen von Professionalität im Fach*, auf und versuche im Folgenden eine Antwort[142] darauf zu entwickeln.

Ich werde dafür die empirischen Ergebnisse 1) vor dem Hintergrund des politikdidaktischen Diskurses und 2) des demokratiepädagogischen Diskurses zu professioneller Demokratielehre im Politikunterricht und in der Schule reflektieren und im Anschluss 3) im Diskurs der Professionstheorie und -forschung zum Lehrberuf verorten. Danach knüpfe ich 4) an bestehende Ergebnisse zum Umgang mit Spannungen zwischen Normen und Lehrer/innenhabitus und deren Bedeutung für eine Professionalisierung von Lehrern/innen an, und ordne

142 Ich kann an diesem Punkt keine umfassende Analyse im Sinne eines Abgleichs normativer Professionalitätsvorstellungen in Politikdidaktik, Demokratiepädagogik und den weiteren Erziehungswissenschaften leisten, möchte aber auf einige sehr augenfällige Punkte eingehen. Ich erhebe somit keinen Anspruch auf Vollständigkeit und werde folglich nur auf ausgewählte Theorien und Studien Bezug nehmen.

5) die Ergebnisse vor dem Hintergrund von Schule als Möglichkeits- bzw. Begrenzungsraum für Demokratielehre ein.

Im Anschluss daran greife ich die dritte Fragestellung, *welche Schlüsse sind hieraus für die Lehrer/innenbildung von Politiklehrer/innen zu ziehen,* auf und zeige 6) Implikationen für die Lehrer/innenbildung auf.

5.2.1 Politikdidaktische Reflexion

In diesem Kapitel werde ich die Ergebnisse im politikdidaktischen Diskurs verorten und der Frage nachgehen, *inwiefern die hier typisierten Orientierungen den Vorstellungen von Professionalität im Fach entsprechen.* Dabei beziehe ich mich auf die erarbeiteten Typiken: Typik I *Demokratielehrmodus und implizites Demokratieverständnis* sowie Typik II *implizites Selbstbild des/der Politiklehrers/in.* Auf die Relevanz der Ergebnisse aus der sinngenetischen Typik III zum Umgang der Politiklehrer/innen mit Anforderungen an ihren Politikunterricht gehe ich gesondert ein (siehe Kapitel 5.2.4 und Kapitel 5.2.5).

Grundlegend lässt sich feststellen, dass alle interviewten Politiklehrer/innen das Bildungsziel, Schüler/innen in ihrer Rolle als Bürger/innen in der Demokratie zu befähigen, in ihrer Praxis verfolgen – allerdings entsprechend ihren eigenen Handlungslogiken, die einem der fünf hier rekonstruierten Typen der Modi des Demokratielehrens folgen. Damit verbunden ist auch ihr jeweiliges implizites Demokratieverständnis, das hier als in den Praktiken eingelassenes Verständnis gefasst wird, das sich von expliziten bzw. normativen Demokratievorstellungen oder -ideen sowie -einstellungen unterscheidet. Damit bestätigt sich, wie bereits Becker u. a. (1967: 134) und später Henkenborg (2002: 100) festgestellt haben, dass das Bildungsziel durch die Politiklehrer/innen unterschiedlich interpretiert und in der Praxis ausgestaltet wird. Auch dient den Politiklehrern/innen ein unterschiedliches Verständnis von Demokratie als Referenzpunkt ihrer Handlungspraxis. Dabei deutet sich bereits in der Untersuchung von Henkenborg, Krieger, Pinseler und Behrens (2008) an, dass die Demokratieverständnisse, die in der Praxis vorherrschen, nicht unbedingt dem Verständnis der Politikdidaktik oder auch Demokratiepädagogik entsprechen. Im Gegensatz zu den bisherigen Forschungsarbeiten im Feld (siehe Forschungsstand in Kapitel 1.2) diente als Ausgangsbasis für die hier vorliegenden Ergebnisse nicht die Analyse expliziter Wissensbestände, sondern die Rekonstruktion impliziter Handlungsorientierungen aus den von Politiklehrenden geschilderten Demokratie-Lehrpraktiken in Politikunterricht und Schule.

In der Typik I *Modi des Demokratielehrens und implizites Demokratieverständnis* wird deutlich, dass die Politiklehrer/innen sehr unterschiedliche Schwerpunkte in der Vermittlung des zentralen Bildungsziels des Faches setzen. Dabei werden Problemlagen, die bereits seit längerem in der Politikdidaktik diskutiert werden, ersichtlich.

Insbesondere in den geschilderten Demokratie-Lehrpraktiken im *Modus des Einübens repräsentativer demokratischer Verfahren* und einem hier zugrundeliegenden Verständnis von *Demokratie als formales Ordnungsprinzip* (Typ 1 / Typik I) fällt im Kontrast zu den anderen Typen auf, dass den Schülern/innen hauptsächlich Wissen über das politische System und die Abläufe seiner Beteiligungsverfahren vermittelt wird, sie sich dort aber nicht mit politischen Positionen auseinandersetzen und befähigt werden, eigene begründete Urteile zu entwickeln und zu vertreten. Diese Form des Demokratielehrens zielt auf ein Verinnerlichen und Reproduzieren von propositionalem Wissen über Demokratie sowie auf ein Einüben und Nachahmen performativen Wissens repräsentativ-demokratischer Beteiligungsverfahren ab. Sie aktiviert und befähigt die Schüler/-innen jedoch nicht zum selbstständigen Denken und Handeln. In den Typiken anderer Studien zu Alltagstheorien und -didaktiken von Politiklehrern/innen (siehe Forschungsstand in Kapitel 1.2) findet sich keine Entsprechung zu diesem Typ. Allerdings erinnert dieser Demokratielehrmodus an den von Henkenborg, Krieger, Pinseler und Behrens beobachteten Politikunterricht ostdeutscher Politiklehrer/innen, der stark auf eine „traditionelle Institutionenkunde" fokussiert und „wichtige didaktische Anforderungen an eine zeitgemäße Institutionenkunde, z. B. Fragen nach dem Sinn von Institutionen, nach dem Herrschafts- und Interessencharakter und nach dem Zusammenhang mit politischen Prozessen und Inhalten" (Henkenborg et al. 2008: 125) nicht erfüllt. Insbesondere in der von ihnen protokollierten und analysierten Politikunterrichtsstunde zum Thema Wahlen (vgl. ebd. 2008: 49 ff., 77 ff.) deutet sich eine Lehrpraxis an, die diesem Modus entsprechen könnte. Wie für diesen Modus charakteristisch, wird auch dort von der Politiklehrerin die Vermittlung von Wissen zum politischen System ergänzt um eine Wahlsimulation, die vorwiegend technischen Charakter hat und in der unterschiedliche politische Positionen, wie sie von den etwaigen Kandidaten/innen vertreten werden, nicht angesprochen werden (vgl. ebd. 2008: 81). Auch das Wahlergebnis, demzufolge immerhin 15 % der Schüler/innen für die NPD gestimmt haben, wird nicht als Diskussionsanlass genutzt (vgl. ebd. 2008: 81). Henkenborg und Mitarbeiter/innen fassen diesen Politikunterricht entsprechend als eine Vermittlung von „Politik als Technik" (ebd. 2008: 77), in der jegliche politische Diskussion vermieden wird.

In der Politikdidaktik wird ein solch ‚unpolitischer', vorwiegend institutionenkundlicher Politikunterricht seit längerem bereits problematisiert. Nach Massing (1996) meint die Kritik an einem ‚unpolitischen' Politikunterricht eine auf die Vermittlung von Wissen über Demokratie eingeengte Orientierung, die eine Auseinandersetzung der Schüler/innen mit politischen Positionen, mit ihren eigenen Interessen etc. ausschließt. Damit wird nicht infrage gestellt, dass die Vermittlung bzw. Aneignung von Fachwissen nicht durchaus ein wichtiger Bestandteil von Politikunterricht ist, jedoch sollte sich Politikunterricht nicht darauf beschränken. Der in meiner Arbeit rekonstruierte Typ des

Demokratielehrens im Modus des Einübens repräsentativer demokratischer Verfahren (Typ 1 / Typik I) kann als Hinweis darauf verstanden werden, dass das Problem weiterhin besteht, auch wenn hier natürlich keine Aussage über das Ausmaß der Verbreitung in der Lehrer/innenschaft getroffen werden kann. Im Anschluss an diese Kritik wird in der Politikdidaktik diskutiert, was hierfür mögliche Ursachen sein könnten, und wie dem im Zuge der Lehrer/innenbildung begegnet werden kann (vgl. Massing/Weißeno 1995b). Dabei lässt sich mit Blick auf die diesem Modus zugrundeliegenden geschilderten Demokratie-Lehrpraktiken aus meiner Studie bereits feststellen, dass solch ein Politikunterricht kein rein ostdeutsches Phänomen darstellt (siehe zugeordnete Fälle in der Tabelle 3 in Kapitel 4.1) und somit nicht durch eine ostdeutsche Sozialisation als Lehrer/in bedingt sein kann.

Mit Blick auf die relationale Typik lässt sich die Problematik genauer einordnen. Wie dort deutlich wird, besteht ein Strukturzusammenhang zwischen dem Typ Demokratielehren im Modus des Einübens repräsentativer demokratischer Verfahren und dem impliziten Selbstbild des/der Politiklehrers/in als Demokratieexperten/in im propositionalen Sinne (relationaler Typ 1). Das heißt, die Art und Weise der Demokratielehre dieser Politiklehrer/innen steht in einem Zusammenhang mit ihrem impliziten Selbstbild als Politiklehrer/in und damit auch mit ihrer Haltung gegenüber den Schülern/innen und der Form ihrer Beziehung zu ihnen. Für Politiklehrer/innen mit einem Selbstbild als Demokratieexperte/in im propositionalen Sinne steht die Vermittlung im Sinne einer Übertragung ihres/seines Wissens über Demokratie (sowohl von Fakten als auch von Techniken) an die Schüler/innen im Vordergrund. Darin kommt ein starker Bezug zum Fachwissen und zur eigenen Fachlichkeit zum Ausdruck, wie es für Fachlehrer/innen durchaus typisch ist (vgl. Hericks et al. 2020). Die Politiklehrer/innen nehmen hier folglich in der Praxis eine Rolle als Fachexperten/innen ein. Ihre Demokratielehre wird vor allem von ihnen gesteuert und durch ihre Demokratievorstellung bestimmt, auch wenn dies nicht bewusst oder beabsichtigt geschieht. Indem die Schüler/innen als unwissend konstruiert werden, ist das Beziehungsverhältnis zu den Schülern/innen durch ein Wissens-/Kompetenzgefälle gekennzeichnet. Zugleich werden Schüler/innenperspektiven damit neutralisiert und ihre individuellen Voraussetzungen, ihre Interessen etc. in die Gestaltung der Demokratielehre nicht einbezogen.

Diese Orientierungen können – unter Bezugnahme auf die Publikation von Asbrand und Martens (2018) zur dokumentarischen Unterrichtsforschung, auch wenn diese zugegebenermaßen einen leichten Exkurs vom politikdidaktischen Diskurs darstellt – einem instruktiven bzw. transmissiven pädagogischen Verständnis zugeordnet werden, demnach Lehr-Lernprozesse als Informationsweitergabe durch die/den Lehrenden gedacht und die Schüler/innen als passive Rezipienten verstanden werden, die entsprechend den Jahrgangsstufen einer Schule einen Wissenszuwachs verzeichnen. Dieses instruktive bzw.

transmissive Lehr-Lernverständnis ist auf der Ebene des Orientierungsrahmens bzw. des beruflichen Habitus angesiedelt und entsprechend kann hier von einem „transmissiven Habitus" (Asbrand/Martens 2018: 271) gesprochen werden.

Ein Blick auf die Praktiken verdeutlicht jedoch, dass es sich bei diesen Demokratie-Lehrpraktiken nicht ausschließlich um einen Frontalunterricht handelt, sondern unterschiedliche Sozialformen, unter anderem auch schüleraktivierende und kooperative Methoden, eingesetzt werden. Diese Politiklehrenden versuchen also durchaus didaktisch abwechslungsreich und ‚modern' zu arbeiten. Damit liegt hier ähnlich wie im empirischen Beispiel in der Arbeit von Asbrand und Martens eine „Inkonsistenz von Orientierungsschema und -rahmen" (ebd. 2018: 22) bei den Politiklehrern/innen vor. Laut dieser bestimmt „nicht allein der Einsatz bestimmter Methoden oder Lernformen" (ebd. 2018: 22) die Lehr-Lernprozesse, sondern die situative Interaktion zwischen Lehrkraft und Schülern/innen. Diese Problematik zeigt sich auch in dem von Henkenborg, Krieger, Pinseler und Behrens während einer Unterrichtsbeobachtung protokollierten Politikunterricht einer Politiklehrerin zur ‚wehrhaften Demokratie' (Henkenborg et al. 2008: 43–45, 66 ff.). Zwar wird dort deutlich, dass die Politiklehrerin versucht, kooperative Lernformen in den Politikunterricht zu integrieren, doch werden diese von den Schülern/innen nicht als solche wahrgenommen und erfahren. Auch werden Diskussionsanlässe nicht für Diskussionen genutzt. Ein anderes Beispiel findet sich in einem Aufsatz von Petrik, der eingangs davon berichtet, wie ein Politiklehrer in einer „inhaltlich offenen Lernsituation[143] [die Schüler/innen] systematisch [übergeht]" (Petrik 2011: 65). Indem dieser Politiklehrer die Äußerungen der Schüler/innen als inhaltlich unpassend zurückweist, zeigt sich, dass er eigentlich Äußerungen erwartet, die seiner Vorstellung entsprechen. Auch hier ist somit eine Inkonsistenz von Orientierungsschema und -rahmen zu vermuten. Dies birgt, wie Petrik hinweist, die Gefahr, dass die Schüler/innen „sich an die Rolle von ‚didaktischen Rekonstrukteuren' [gewöhnen], die ihr eigenes Urteil zugunsten offiziell erwünschter Sichtweisen zurückhalten und so in eine opportunistische Zweisprachigkeit hineinwachsen oder verstummen oder das Unterrichtsgeschehen zu sabotieren beginnen" (ebd. 2011: 67).

Es greifen hier somit zwei Problemlagen ineinander, die zu einer institutionenkundlichen, ‚unpolitischen' Demokratielehre im Politikunterricht führen. Als Problem zeichnet sich zum einen ab, dass die Politiklehrer/innen, deren Demokratie-Lehrpraktiken im Demokratielehrmodus von Typ 1 erfolgen, im Vergleich zu den Typen 2–4 / Typik I einem instruktiven bzw. transmissiven Habitus

143 Es handelt sich hierbei um das Inselszenario, bei dem die auf einer Insel gestrandeten Schüler/innen das Zusammenleben miteinander regeln sollen (vgl. Petrik 2011). Dabei handelt es sich um eine offene Methode des Demokratielehrens.

entsprechend Demokratielehre als Wissensvermittlung verstehen, die auf ihrer Expertise beruht. In Zusammenhang damit steht eine hierarchische Beziehung zu den Schülern/innen und eine Neutralisierung ihrer Schüler/innenperspektiven. Demokratielehren wird somit von den Politiklehrern/innen als fachliche, nicht aber pädagogische und fachdidaktische Anforderung interpretiert. Zugleich fehlt ihnen ein Zugang zu den Schülern/innen. Die Politiklehrer/innen schaffen es dadurch nicht, die Schüler/innen in ihren Lernprozessen zu begleiten und eine Relation zwischen ihnen und dem Unterrichts-/Lerngegenstand Demokratie didaktisch zu inszenieren. Dies ist jedoch Voraussetzung für ein professionelles Lehrer/innenhandeln im Politikunterricht (vgl. May 2014a: 180 ff.). Das heißt, „die Fähigkeit zur Kommunikation mit Laien" als „professionelle Aufgabe" (Hericks et al. 2020: 10) von Fachlehrern/innen, die sich vor allem auch „auf fachdidaktische und bildungswissenschaftliche Kompetenzen" (ebd. 2020: 10) stützen sollte, gelingt diesen Politiklehrern/innen nicht.

Zum anderen zeigt sich, dass sie versuchen, als Politiklehrenden in ihrem Unterricht möglichst politisch neutral zu sein, um die Schüler/innen nicht politisch zu beeinflussen und zu überwältigen. Diese selbstverordnete Neutralität steht in einem Zusammenhang mit dem Vermeiden jeglicher politischen Auseinandersetzung und auch der Wahrung einer starken Distanz gegenüber den Schülern/innen. Bereits Breit hat darauf hingewiesen, dass die Angst davor, sich als Politiklehrer/in politisch im Unterricht zu äußern, zu einem ‚unpolitischen' Politikunterricht führen kann (vgl. Breit 2002: 143).

Doch politische Neutralität ist nicht möglich, auch wenn dies viele Politiklehrer/innen annehmen (vgl. Hoffmann 2016: 202). So wird auch in der vorliegenden Studie deutlich, dass den Demokratie-Lehrpraktiken im Modus des Einübens repräsentativer demokratischer Verfahren implizit ein Demokratieverständnis von Demokratie als formales Ordnungsprinzip zugrunde liegt. Hier wird somit implizit als Teil der Lehrpraxis ein Verständnis vermittelt, dementsprechend Demokratie von den Schülern/innen als Funktionszusammenhang von Institutionen zur Regelung des gesellschaftlichen Zusammenlebens verinnerlicht und erfahren wird, in dem ihr politisches Interesse und ihre Positionen letztlich keine Rolle spielen. Zudem besteht die Gefahr, durch ein Vermeiden einer politischen Auseinandersetzung, sich auch nicht klar gegenüber antidemokratischen Positionen und Tendenzen unter den Schülern/innen zu positionieren und diesen damit Raum zu geben – wie dies beispielsweise in der Politikstunde zum Thema Wahlen aus der Studie von Henkenborg, Krieger, Pinseler und Behrens (2008: 81) der Fall ist (siehe auch Dissertation zum Umgang von Politiklehrern/innen mit rechtsextremer Jugendkultur in der Schule von Behrens 2014, vgl. 2019).

Damit bestätigen die Ergebnisse dieser Arbeit die Problematik eines falsch interpretierten Verständnisses des Beutelsbacher Konsens (vgl. Hoffmann 2016; Wille 2013), demzufolge Politiklehrer/innen diesen fälschlicherweise als „Neutralitätsgebot" oder auch „Neutralitätspflicht" interpretieren (siehe

u. a. Besand 2017, 2019; Oberle 2017)[144], sowie das Plädoyer der Politikdidaktik für eine Stärkung der fachdidaktischen Ausbildung und für die Notwendigkeit von Beziehungsarbeit im Politikunterricht (vgl. Weißeno 1997).

In den Demokratie-Lehrpraktiken im *Modus des Vorlebens einer anderen Demokratie* (Typ 5 / Typik I) und dem damit verbundenen impliziten Verständnis von *Demokratie als Gegenentwurf zur repräsentativen Demokratie* wird dagegen eine andere Problematik deutlich. Die Politiklehrer/innen, die in diesem Modus unterrichten, grenzen sich explizit von der repräsentativen Demokratie ab und versuchen den Schülern/innen in Abgrenzung davon ein anderes Demokratieverständnis zu vermitteln[145]. Dabei nehmen sie als Politiklehrer/innen in der Praxis eine Vorbildrolle ein und vermitteln durch ihre Lehrpraxis implizit sowohl Kritik als auch Alternativen zur repräsentativen Demokratie.

Der Typ erinnert an den „Typ ‚Mission'" in Henkenborgs Untersuchung zu Alltagsphilosophien von Politiklehrern/innen (Henkenborg 2006: 77), den er darin als einen von zehn Typen ausmacht. Gemäß Henkenborgs Typbeschreibung ‚predigen' und ‚missionieren' diese Politiklehrer/innen aus voller Überzeugung; ihr „Grundmuster" entspricht der „Belehrung, Moralisierung oder Überwältigung – im alltäglichen Unterricht" (ebd. 2006: 83). Ebenso zeichnet sich eine Nähe zum „Generationsprofil B" ab, das Besand in ihrer Interviewstudie mit Politiklehrer/innen herausgearbeitet hat (vgl. Besand 2006: 78 f.). Diese Politiklehrer/-innen verfolgen einen explizit politischen Unterricht mit dem Ziel, hierdurch die Gesellschaft zu verändern und die Schüler/innen zu Selbstbestimmung und Emanzipation zu erziehen (vgl. ebd. 2006: 78 f.). Inwiefern sich diese von Henkenborg und Besand herausgearbeiteten Typen auf der Praxisebene dokumentieren und damit dem hier rekonstruierten Typ von Demokratielehre im Modus des Vorlebens einer anderen Demokratie entsprechen, lässt sich nicht nachvollziehen, da sowohl Henkenborg als auch Besand in ihren Untersuchungen stärker auf der expliziten Wissensebene verbleiben (siehe Kritik dazu im Forschungsstand 1.2) und die empirische Illustration nur sehr knapp erfolgt.

Nach Besands Generationszuordnung handelt es sich bei den Politiklehrenden des Generationsprofils B überwiegend um Lehrkräfte, die im Zuge der Studentenbewegung von 1968 sozialisiert wurden. Bei den Fällen, die in dieser Arbeit dem Demokratielehrmodus des Vorlebens einer anderen Demokratie

144 Es sei an dieser Stelle noch einmal darauf hingewiesen, dass der Beutelsbacher Konsens mit dem Überwältigungsverbot Lehrkräfte verpflichtet, Schüler/innen im Politikunterricht nicht zu indoktrinieren, nicht aber neutral zu sein.

145 Interessant ist dabei, dass diese Politiklehrer/innen, trotz ihres Frusts und ihrer Verdrossenheit gegenüber dem politischen System der repräsentativen Demokratie, Demokratie nicht per se ablehnen – wie es beispielsweise Breit bei politikverdrossenen Politiklehrkräften wahrgenommen hat (vgl. Breit 2002: 144 f.). Bei den von mir interviewten Politiklehrern/innen wird dagegen deutlich, dass sie stattdessen nach Alternativen suchen und vermitteln, dass ein Gegenentwurf möglich und denkbar ist.

entsprechen, findet sich neben einem durch die Studentenbewegung geprägten Lehrer aber auch eine ostdeutsche Politiklehrerin. Das heißt, eine politische Sozialisation in der 1968er-Generation ist nicht ausschlaggebend für diesen Modus[146], auch wenn er vielleicht unter Politiklehrern/innen mit dieser politischen Sozialisation häufig zu beobachten war.

Eine diesem Modus ähnliche Demokratie-Lehrpraxis zeigt sich auch in den Ergebnissen der Studie von Henkenborg, Krieger, Pinseler und Behrens (2008). In der beobachteten und analysierten Politikstunde zum Thema „Arme Welt – Reiche Welt" eines Politiklehrers, konnten Henkenborg et al. herausarbeiten, dass der Politiklehrer durch die Form seines Politikunterrichts versucht, den Schülern/innen seine Demokratievorstellung zu vermitteln (vgl. ebd. 2008: 64 f.). Dabei zeichnet sich in der Analyse ab, dass der Politiklehrer eine andere Vorstellung von Demokratie hat und hier dem „Idealbild einer konfliktfreien Gesellschaft" folgt, bei der Demokratie etwas ist, „was durch Harmonie und Einvernehmen der Beteiligten gekennzeichnet ist" (ebd. 2008: 64). Durch die Art und Weise seines Politikunterrichts vermittelt dieser Politiklehrer den Schülern/innen also eine andere Form von Demokratie, von der er selbst überzeugt ist – so wie es auch in diesem Demokratielehrmodus deutlich wird. Henkenborg, Krieger, Pinseler und Behrens verstehen diese Praxis des Politikunterrichts aus der Politikstunde „Arme Welt – Reiche Welt" als „Politische Bildung als Überwältigung" (Henkenborg et al. 2008: 61 ff.).

Auch in dem von mir rekonstruierten Typ wird erkenntlich, dass diese Form der Lehrpraxis, die Weißeno passenderweise als „Vorbilddidaktik" (Weißeno 1995: 250) bezeichnet, die Gefahr der Parteilichkeit und der Indoktrination der Schüler/innen birgt. Breit (2002: 144 f.) zufolge können sich solch in der Praxis eingelassene politische Positionierungen auf die Schüler/innen übertragen und dazu führen, dass auch diese die repräsentative Demokratie und das politische System in Deutschland ablehnen. Dagegen ist Weißeno der Ansicht, dass Schüler/innen Indoktrinierungsversuche durchschauen und Vorbilder nur dann wirksam werden, „wenn der andere [der/die Schüler/in] es akzeptiert" (Weißeno 1995: 250). Henkenborg et al., die in ihrer Studie zumindest in Ansätzen auch die Schüler/innenperspektive mit untersucht haben, nehmen wahr, dass die Schüler/innen einerseits „lehrerzentrierte Unterrichtsmethoden durch diesen Lehrer offensichtlich gewöhnt sind" (Henkenborg et al. 2008: 62) und andererseits bei den Schülern/innen Unsicherheit bzw. Gehemmtheit im Politikunterricht aufkommt, wenn diese selbst gefordert sind, sich aktiv zu beteiligen. Hier wird somit vor allem deutlich, dass die Schüler/innen versuchen, die Erwartungen ihres

146 Ich kann jedoch keine Aussagen über den mit diesem Modus verknüpften konjunktiven Erfahrungsraum treffen, da ich keine Soziogenese im Rahmen dieser Studie durchgeführt habe. Auf welchen konjunktiven Erfahrungsraum dieser Demokratielehrmodus typischerweise zurückzuführen ist, muss folglich in einer anderen Forschungsarbeit geklärt werden.

Politiklehrers zu antizipieren, was zu Unsicherheit führt, wenn sie sich selbst äußern sollen (vgl. ebd. 2008: 62).

Mit Blick auf die relationale Typik wird, wie beim relationalen Typ 1, ein Strukturzusammenhang zum impliziten *Selbstbild des/der Politiklehrers/in als Demokratieexperten/in im propositionalen Sinne* (Typ 1 / Typik II) deutlich (relationaler Typ 2). Entsprechend zeigen sich hier strukturelle Ähnlichkeiten. Auch diese Politiklehrer/innen steuern und bestimmen die Demokratie-Lehrpraktiken im Politikunterricht sehr stark inhaltlich – orientiert an ihren Demokratievorstellungen. Demzufolge liegt auch den Demokratie-Lehrpraktiken dieses relationalen Typs ein instruktives bzw. transmissives Lehr-Lernverständnis zugrunde. Diesem Habitus folgend werden die Schüler/innen als unwissend und noch nicht erkennend konstruiert, das heißt sie verfügen noch nicht über die Erkenntnisse und Einsichten ihrer Politiklehrer/innen. Wissen und Erkenntnisse müssen – gemäß der Perspektive der Politiklehrer/innen – daher den Schülern/innen durch Lehrkräfte vermittelt werden. Wie auch beim relationalen Typ 1 geht damit eine Neutralisierung der Schüler/innenperspektiven sowie ein Wissens-/Kompetenzgefälle einher.

Dabei zeigt sich, dass die Politiklehrer/innen, wie es auch bei Demokratie-Lehrpraktiken im Modus des Einübens repräsentativer demokratischer Verfahren deutlich wurde, durchaus mit modernen, schüler/innenorientierten Methoden arbeiten, diese aber derart stark durch ihre eigene Demokratievorstellung dominieren, dass den Schülern/innen kein Raum für andere Positionen bleibt. Auch hier liegt somit eine Inkonsistenz zwischen Orientierungsschema und -rahmen vor. Das heißt in der Praxis, auch wenn Indoktrinierungsversuche von den Schülern/innen erkannt werden sollten, gibt es im Politikunterricht dieser Politiklehrer/innen wenig Spielraum für andere Positionen als die des/der Politiklehrers/in. Die Schüler/innen werden von den Politiklehrern/innen nur wahrgenommen, wenn sie die Demokratievorstellungen und -positionen des/der Politiklehrers/in reproduzieren bzw. mit diesen übereinstimmen. Da verwundert es nicht, wie bei Henkenborg, Krieger, Pinseler und Behrens deutlich wurde, dass die Schüler/innen versuchen, die Erwartungen des/der Politiklehrers/in vorherzusehen und entsprechend zu handeln. Im Gegensatz zu Politiklehrern/innen, deren Demokratie-Lehrpraktiken im Modus des Einübens repräsentativer demokratischer Verfahren erfolgen, befassen sich diese Politiklehrer/innen jedoch nicht mit der Frage, inwiefern sie ihre Schüler/innen beeinflussen oder gar überwältigen. Das Thema kommt in den Interviews nicht zur Sprache und wird nicht als mögliches Problem erachtet. Dies zeichnet sich auch in den von Henkenborg, Krieger, Pinseler und Behrens ergänzend durchgeführten Interviews ab – zumindest soweit in der Publikation dargestellt. Dies deutet daraufhin, dass hier eine kritische Reflexion darüber fehlt.

In den Demokratie-Lehrpraktiken in den *Demokratielehrmodi der Typen 2–4* (Typik I), die jeweils in einem Strukturzusammenhang mit dem *Selbstbild des/der*

Politiklehrers/in als Demokratielernbegleiter/in im performativen Sinne (Typ 2 / Typik II) stehen (relationale Typen 3–5), zeigt sich bei den Politiklehrern/innen dagegen ein offener Umgang mit der eigenen politischen Position im Politikunterricht. In der Thematisierung der Frage, wie sie mit der eigenen politischen Position im Politikunterricht verfahren, deutet sich an, dass sie nach einem passenden Umgang suchen und hierbei auch fachdidaktische Überlegungen einbeziehen. In den geschilderten Umgangspraktiken wird deutlich, dass die Politiklehrenden ihre politische Position den Schülern/innen transparent machen, wenn diese danach fragen und wenn es in Diskussionen mit den Schülern/-innen notwendig wird, um eine andere Sichtweise und Position zu der von den Schülern/innen vertretenen aufzuzeigen. Zugleich zeichnet sich jedoch ab, dass sie diese nicht ständig in den Mittelpunkt stellen. „Der Lehrer lässt die Klasse", wie Breit es sagt, „spüren, dass er sie nicht von seiner Meinung überzeugen will" (Breit 2002: 136). In den Demokratie-Lehrpraktiken dieser Politiklehrer/innen kommt zudem zum Ausdruck, dass sie sich darum bemühen, dass die Schüler/-innen mit ihren Interessen, Meinungen und Positionen im Vordergrund stehen und miteinander ins Gespräch kommen. Dabei äußert sich bei allen drei Typen in ihrer Demokratielehre eine Anerkennung der Schüler/innenpositionen, und zwar auch dann, wenn diese nicht der Position des/der Politiklehrers/in entsprechen. Ihre Handlungspraktiken, insbesondere bezüglich ihrem Umgang mit ihrer eigenen politischen Position gegenüber den Schülern/innen im Politikunterricht, stimmen hier folglich mit dem politikdidaktischen Professionalitätsverständnis überein (vgl. Breit 2002; Reinhardt 2009: 27, 2014: 29–32; Weißeno 1995: 250).

Diese Politiklehrer/innen arbeiten mit offenen, kooperativen Lernformen, die stärker durch die Schüler/innen bestimmt bzw. inhaltlich gefüllt werden. Sie ermöglichen damit ein individualisiertes Lernen, das, wie sich in einigen Fällen dokumentiert, in ein selbstständiges Lernen und zum Teil auch in ein Peer-Lehren überführt wird. Gemäß ihrem geteilten impliziten Selbstbild von dem/der Politiklehrers/in als Demokratielernbegleiter/in im performativen Sinne (Typ 2 / Typik II) werden die Lehr-Lernsettings durch den/die Politiklehrer/in offen gestaltet, und er/sie tritt im Unterrichtsgeschehen als Lernbegleiter/in auf, der/die die Schüler/innen in ihren Lernprozessen unterstützt. Sie sind Experten/innen für das Lehren, und ihre Expertise basiert auf einem impliziten, performativen Wissen von der Gestaltung politisch-demokratischer Bildung in Politikunterricht und Schule.

Dem liegt – unter erneuter Bezugnahme auf die Publikation von Asbrand und Martens (2018) zur dokumentarischen Unterrichtsforschung – ein konstruktivistisches Lehr-Lern-Verständnis zugrunde, demnach die Demokratielehre dieser Politiklehrer/innen auf die Lernautonomie der Schüler/innen setzt und ihnen zutraut, sich selbst Fachwissen und Fähigkeiten zu erarbeiten und anzueignen durch eine aktive Auseinandersetzung der Schüler/innen mit dem

Lerngegenstand und ihrer Umwelt. Der/die Politiklehrer/in nimmt entsprechend an, dass er/sie nur Impulse geben und die Schüler/innen in ihrem Lernprozess begleiten und unterstützen kann, indem er/sie die Lehr-Lernsettings gemäß den Voraussetzungen der Schüler/innen, also orientiert an ihrem Vorwissen, ihren bisherigen Erfahrungen und ihrem Interesse, gestaltet. Ihm/ihr ist bewusst, dass er/sie als Politiklehrer/in das Lernen durch die Schüler/innen nicht erzwingen und ihnen Wissen ‚eintrichtern' oder es auf sie übertragen kann. Dabei nehmen die Politiklehrer/innen jede/n einzelne/n Schüler/in als eigenständig denkenden und handelnden Menschen ernst und suchen eine Beziehung auf Augenhöhe zu ihnen. Im Anschluss an Asbrand und Martens (2018) lässt sich hier von einem konstruktivistischen Lehrer/innenhabitus[147] sprechen.

Die Relation des Demokratielehrmodus mit dem impliziten Selbstbild des/der Politiklehrers/in als Demokratielernbegleiter/in im performativen Sinne in der Demokratielehrpraxis verweist zudem darauf, dass diesen Politiklehrenden die Kommunikation mit Schülern/innen als fachlichen Laien in der Lehr-/Unterrichtspraxis sehr viel besser gelingt. Damit ist im Anschluss an Hericks, Keller-Schneider und Meseth davon auszugehen, dass bei diesen Politiklehrern/innen eine stärkere Verknüpfung von fachlichen, fachdidaktischen und bildungswissenschaftlichen Wissensbeständen vorliegt (vgl. Hericks et al. 2020: 10 f.)

Insbesondere in den Demokratie-Lehrpraktiken im *Modus des Befähigens zur Selbstbestimmung* (Typ 3 / Typik I), aber auch im *Modus des Aushandelns von Werten und Normen in der Gemeinschaft* (Typ 4 / Typik I) wird jedoch ein anderes Problem ersichtlich, das in der Politikdidaktik unter der Bezeichnung „Brückenproblem" (May 2014a: 178; Petrik 2007b: 53, 2007a: 556) bekannt ist. Die geschilderten Demokratie-Lehrpraktiken beider modi operandi setzen stark an der Lebenswelt der Schüler/innen an, und es wird ein eher weit gefasstes, lebensweltliches Verständnis von Demokratie und Politik erkenntlich. Dabei deutet sich in den Interviews mit einigen Politiklehrern/innen die von ihnen erfahrene Herausforderung an, Demokratie-Lehr-Lernprozesse von der lebensweltlichen Mikro- auf die gesellschaftliche Makroebene zu übertragen, oder anders formuliert: Soziale, lebensweltliche Demokratie-Lehrpraktiken mit politischen Demokratie-Lehrpraktiken im engeren Sinne zu verknüpfen. Ein Einsatz von Transferpraktiken deutet sich dabei insbesondere in der Demokratielehre im Modus des Aushandelns von Werten und Normen in der Gemeinschaft (Typ 4 / Typik I) an, während bei Politiklehrern/innen, deren geschilderte Demokratie-Lehrpraktiken im Modus des Befähigens zur Selbstbestimmung (Typ 3 / Typik I) erfolgen, überwiegend nicht ersichtlich wird, inwiefern sie überhaupt versuchen diese Brücke zu schlagen, da die ausgeführten Praktiken häufig auf der Ebene der

147 In der Politikdidaktik wird ein konstruktivistisches Lehr-Lernverständnis im Politikunterricht u. a. von Sander (2007) vertreten.

Lebenswelt der Schüler/innen verbleiben und Demokratie auf der Makroebene kaum thematisiert wird.

Auch hier besteht die Gefahr eines ‚unpolitischen' Politikunterrichts, in dem zwar Demokratielehre stattfindet, diese jedoch nicht mit der politisch demokratischen Regelung des Zusammenlebens auf gesellschaftlicher Ebene, also mit Politik im engeren Sinne verbindet. Kritik an solch einem ‚unpolitischen' Politikunterricht, der mehr auf „‚soziales Lernen' und ‚Lebenshilfe'" (Massing 1997: 23) setzt, gibt es in der Politikdidaktik seit längerem[148] (vgl. auch Massing 1995, 1996; Massing/Weißeno 1995a). Damit wird nicht bestritten, dass soziales Lernen nicht auch ein wichtiger Teil einer politisch-demokratischen Bildung ist, sondern viel mehr die Beschränkung darauf kritisiert, da davon auszugehen ist, dass soziales lebensweltliches Demokratielernen nicht automatisch zu einem politischen Lernen bei den Schülern/innen führt (vgl. Wohnig 2020). May zufolge bewegen sich die Politiklehrer/innen hier in einem Spannungsverhältnis, das sie vor das Problem stellt, entweder den für die Schüler/innen nachvollziehbaren „(mikropolitischen) Nahraum zum Gegenstand des Unterrichts zu machen (…) und darüber das Verständnis des politischen Makrosystems dem Zufall zu überlassen oder aber durch die auf Zukunft ausgerichtete Behandlung des von der jugendlichen Lebenswelt abgekoppelten politischen Makrosystems – im besten Falle – nur unverstandene Begriffshülsen zu erzeugen" (May 2014a: 178). Damit verweist May zugleich auf ein Problem, mit dem Politiklehrer/innen, deren Demokratie-Lehrpraktiken im Modus des Auseinandersetzens mit politischen Positionen in der repräsentativen Demokratie (Typ 2 / Typik I) erfolgen, konfrontiert sein können. In diesen Demokratie-Lehrpraktiken wird zuweilen nicht deutlich, wie die Politiklehrer/innen diese mit der Lebenswelt der Schüler/innen verbinden. Von den interviewten Politiklehrern/innen wird dies jedoch selbst nicht als Problem thematisiert.

Wie die Politiklehrer/innen das Brückenproblem lösen, wurde in dieser Untersuchung nicht fokussiert, und aus diesem Grunde kann nicht systematisch nachvollzogen werden, welche Umgangspraktiken diese Politiklehrer/innen hierfür entwickelt haben. Es sei jedoch darauf hingewiesen, dass die Lösung des Brückenproblems zumindest von einigen Politiklehrern/innen, deren Demokratie-Lehrpraktiken im Modus des Befähigens zur Selbstbestimmung (Typ 3 / Typik I) oder im Modus des Aushandelns von Werten und Normen in der Gemeinschaft (Typ 4 / Typik I) erfolgen, als Herausforderung und somit als zu bearbeitende Anforderung in ihrem Politikunterricht erkannt wird. Hier besteht somit ein Wille zur Professionalisierung, der in der Lehrer/innenbildung entsprechend

148 Auch hier bezieht sich die Kritik von Massing (1996) an einem ‚unpolitischen' Politikunterricht, der einen Schwerpunkt auf lebensweltliches politisches Lernen setzt, auf eine verengte Orientierung darauf. Das heißt, die Kritik zielt darauf, dass in diesem Politikunterricht kein oder kaum ein Bezug zu Politik und Demokratie auf der Makroebene hergestellt wird.

aufgegriffen und als Lernanlass genutzt werden sollte. In der Politikdidaktik gibt es, wie May (2014a) und Petrik (2007b, 2007a) verdeutlichen, Konzepte, um dem Brückenproblem in der Praxis zu begegnen.

Die Fähigkeit, sich ein eigenes politisches Urteil zu bilden, wird in der Politikdidaktik als unumstrittenes Kernziel des Politikunterrichts gefasst (vgl. Besand 2019: 266 f.; Juchler 2005; siehe auch Kompetenzmodell der GPJE 2004). In der Typik Modi des Demokratielehrens zeigt sich, dass dieses als Zieldimension in den Demokratie-Lehrpraktiken nur explizit im *Demokratielehrmodus des Auseinandersetzens mit politischen Positionen in der repräsentativen Demokratie* (Typ 2 / Typik I) angelegt ist und sich in Ansätzen noch implizit in den *Demokratielehrmodi des Befähigens zur Selbstbestimmung* (Typ 3 / Typik I) und des *Aushandelns von Normen und Werten in der Gemeinschaft* (Typ 4 / Typik I) abzeichnet. Darin wird deutlich, dass das unumstrittene Kernziel der Politikdidaktik eventuell kommunikativ geteilt wird, jedoch in der Praxis nicht von allen Politiklehrern/innen verfolgt wird. Dies bestätigen die Ergebnisse von Henkenborg, Krieger, Pinseler und Behrens, laut denen Demokratielehre im Politikunterricht oftmals auf einen „Wissensaufbau" (Henkenborg et al. 2008: 123) zielt, und dieser entsprechend stärker ‚wissens- und inhaltsbezogen' ist und hierbei die „Vermittlungsperspektiven der Lehrer dominieren" (ebd. 2008: 128). Die „für Demokratie-Lernen wichtige[n] Operatoren – z. B. ‚Beurteilen', ‚Sich positionieren', ‚Anwenden', ‚Problemlösen'" spielen, so Henkenborg et al., „eher eine untergeordnete Rolle" (Henkenborg et al. 2007: 39). Mit Blick auf die Ergebnisse dieser Studie denke ich, dass dies zutreffend formuliert ist für die Demokratielehre im Modus des Einübens repräsentativer demokratischer Verfahren (Typ 1 / Typik I) und im Modus des Vorlebens einer anderen Demokratie (Typ 5 / Typik I), nicht aber für die anderen Demokratielehrmodi (Typen 2–4 / Typik I), die diese Operatoren durchaus verfolgen. Dabei lässt sich bei den diesen modi operandi zugeordneten Fällen auch keine Differenz zwischen ostdeutschen und westdeutschen Politiklehrern/innen herauslesen.

Eingangs hatte ich schon einmal darauf verwiesen, dass den hier geschilderten Demokratie-Lehrpraktiken im Kern auch ein *implizites Demokratieverständnis* zugrunde liegt, das in dieser Studie ebenfalls rekonstruiert wurde. Hierbei handelt es sich um ein in der geschilderten Lehrpraxis eingelassenes Wissen, das zugleich auch die Lehrpraxis der Politiklehrer/innen anleitet. Diese impliziten Demokratieverständnisse sind jeweils verknüpft mit den Demokratielehrmodi, das heißt jeder Demokratielehrmodus ist in der Praxis mit einem bestimmten impliziten Demokratieverständnis verbunden.

Die hier rekonstruierten Demokratieverständnisse entsprechen damit nicht den ‚Beliefs' zu Politischer Bildung und Politik, die Allenspach (2012, 2013a, 2013b) in seiner Untersuchung von Deutschschweizer Lehrkräften herausgearbeitet hat. Diese basieren viel stärker auf den subjektiven Theorien der Lehrer/-innen, sprich expliziten Wissensbeständen. Allenspach hatte die Lehrkräfte in den Interviews unter anderem nach ihrer Vorstellung zur „Gestaltung des Zusammenlebens der Menschen und nach den Fähigkeiten eines politisch gebildeten Jugendlichen“ (ebd. 2012: 81) gefragt (siehe Forschungsstand in Kapitel 1.2).

Trotz dessen gibt es natürlich Schnittmengen mit den drei von Allenspach herausgearbeiteten Typen. Der Typ des „Funktionalisten“ geht „von einem engen, systemorientierten Politikbegriff“ (ebd. 2012: 83) aus. Für ihn sind Jugendliche dann politisch gebildet, wenn sie dem Gesetz nach politisch mündig sind. Sie orientieren sich stark an der vorgegebenen Ordnung. Politische Bildung hat entsprechend für die Funktionalisten den Auftrag, dass Jugendliche ihre Rechte und Pflichten lernen und später wahrnehmen können (vgl. ebd. 2012: 86, 2013b: 225, 2013a: 83). Dieser Typ erinnert sehr stark an den Typ 1 / Typik I, bei dem Demokratielehren im Modus des Einübens repräsentativer demokratischer Verfahren verbunden ist mit einem impliziten Demokratieverständnis von Demokratie als formales Ordnungsprinzip. Allenspachs Typ des „Kommunitaristen“ geht dagegen „von einem weiten, handlungsorientierten Politikbegriff“ (ebd. 2012: 83) aus. Dieser Typ fasst einen kritisch reflektierten Jugendlichen, der im Gemeinwesen sozial engagiert ist, als politisch gebildet. Politische Bildung hat somit die Aufgabe, die politische Interessens-/Meinungsbildung von Jugendlichen zu unterstützen und ein Verständnis für gesellschaftliche Zusammenhänge zu vermitteln (vgl. ebd. 2012: 84 f., 2013b: 223, 2013a: 81 f.). Dieser Typ ist insbesondere anschlussfähig an Typ 3 / Typik I, dessen Demokratie-Lehrpraktiken dem Modus der Befähigung zu Selbstbestimmung folgen und die verbunden sind mit einem Verständnis von Demokratie als Selbstbestimmung und Gestaltung der eigenen Lebenswelt. Der dritte Typ von Allenspach ist der Typ des „Demokraten“, der „von einem Politikbegriff aus[geht], der sehr stark mit dem Recht und Gesetz verknüpft ist“ (ebd. 2012: 83). Ein politisch gebildeter Jugendlicher ist für diesen Typ einer, der eine demokratische Grundhaltung hat und sein eigenes egoistisches Verhalten dem Mehrheitsprinzip in der Gesellschaft unterordnet. Politische Bildung hat entsprechend die Aufgabe, demokratische Regeln und Pflichten zu vermitteln sowie durch soziales Lernen zu Toleranz und Respekt zu erziehen, was für diese Lehrer/innen bereits in der Schule als Mikrokosmos beginnt (vgl. ebd. 2012: 85, 2013b: 224, 2013a: 82 f.). In diesem Typ deuten sich Ähnlichkeiten zum Demokratielehrmodus des Aushandelns von Normen und Werten sowie dem damit verbundenen Verständnis von Demokratie als Garant und Aushandlungsrahmen gesellschaftlicher Normen und Werte des Zusammenlebens an.

Es lassen sich also durchaus Parallelen zu den drei Typen der Beliefs zu Politischer Bildung und Politik von Deutschschweizer Lehrer/innen nach Allenspach finden. Sie sind aber keinesfalls deckungsgleich, zumal sie sich auf unterschiedlichen Wissensebenen bewegen und ich auch das empirische Material, das der Studie von Allenspach zugrunde liegt, nicht kenne. Während Allenspachs Untersuchung stärker von expliziten Wissensbeständen ausgeht, rekonstruiere ich die Typen des Demokratielehrens und des impliziten Demokratieverständnisses anhand von geschilderten Demokratie-Lehrpraktiken. Auch finden zwei von mir rekonstruierte Typen der Demokratielehre und des impliziten Demokratieverständnisses (Typ 2 / Typik I und Typ 5 / Typik I) keine richtige Entsprechung in der Typik von Allenspach.

Henkenborg, Krieger, Pinseler und Behrens formulieren in ihrer Untersuchung eine Kritik am oftmals als diffus wahrgenommenen Verständnis der Politiklehrkräfte zum Bildungsziel Demokratielernen und ihrer Idee zu Demokratie (vgl. ebd. 2008: 121 ff.). Dabei zeigt sich, dass sie selbst von einer Vorstellung von „Demokratie als Konflikt" (ebd. 2008: 125 f.) ausgehen, demnach sich Demokratie in der Auseinandersetzung gegensätzlicher Positionen und Argumente realisiert. Sie bewerten hier somit das Demokratieverständnis der Politiklehrer/innen vor dem Hintergrund eines politikdidaktischen Demokratieverständnisses, das als Ausgangsbasis für die Befähigung der Schüler/innen erachtet wird, sich mit verschiedenen Positionen auseinander zu setzen und ein eigenes politisches Urteil zu entwickeln und zu vertreten. Diese Demokratievorstellung entspricht am ehesten dem in dieser Studie in Typ 2 / Typik I rekonstruierten Verständnis von Demokratie als kontroverse Auseinandersetzung mit politischen Fragen. In dem damit verbundenen Demokratielehrmodus des Auseinandersetzens mit politischen Positionen in der repräsentativen Demokratie wurde bereits zuvor deutlich, dass dieser dem politikdidaktischen Kernziel für den Politikunterricht, der politischen Urteilsbildung, am ehesten gerecht wird. Ausgehend davon stellt sich die Frage, ob die anderen in der Praxis angelegten Demokratieverständnisse unerwünscht oder falsch sind?

Im nächsten Abschnitt werde ich die Ergebnisse vor dem Hintergrund des demokratiepädagogischen Diskurses reflektieren.

5.2.2 Demokratiepädagogische Reflexion

In der vorliegenden Untersuchung habe ich danach gefragt, welche Orientierungen von Demokratielehren und Demokratie den Demokratie-Lehrpraktiken von Politiklehrern/innen in Politikunterricht und Schule zugrunde liegen. In den Interviews haben viele Politiklehrer/innen demzufolge auch von Demokratielehren außerhalb ihres Politikunterrichts erzählt. Mit Blick auf die Typen der Typik I *Modi des Demokratielehrens* und den hier eingelassenen *Demokratieverständnissen* kann ich zudem feststellen, dass nur Politiklehrer/innen, deren Demokratie-Lehrpraktiken dem Typ 2 *Demokratielehren im Modus des Auseinandersetzens mit politischen Positionen in der repräsentativen Demokratie* zuzuordnen sind, sich überwiegend auf den Unterrichtskontext im Fach Politik beschränken, aber zuweilen auch darüber hinausgehen. Bei allen anderen Typen dokumentiert sich jedoch, dass sie ein Demokratielehren allein im Politikunterricht als unzureichend verstehen. Hier zeigt sich somit eine Entgrenzung von Demokratielehren im Politikunterricht. Damit wird empirisch offensichtlich, was Röken (2013) in seinem Aufsatz gefordert hat, nämlich, dass Politiklehrer/innen die „Schule als Lernort für Demokratie" entdecken und als „genuines Aufgabenfeld" (ebd. 2013: 575) wahrnehmen (sollen). Sie entsprechen damit zumindest auch in Ansätzen Henkenborgs Theorie, laut der „Demokratie-Lernen nur als Zusammenhang von Schulkultur und Unterrichtsfach funktionieren kann" (Henkenborg 2005: 263).

Die Annahme, dass Demokratie-Lernen[149] einen weiteren Rahmen als den des Politikunterrichts benötigt, ist anschlussfähig an die Perspektive der Demokratiepädagogik, die sich neben der Politikdidaktik mit der Frage befasst, wie Demokratie in Schule und Unterricht vermittelt werden kann und dabei über den Politikunterricht hinaus auch auf weitere Praxen im schulischen Kontext blickt. Ich möchte daher auch aus demokratiepädagogischer Perspektive der Frage nachgehen, *inwiefern die in dieser Arbeit typisierten Handlungsorientierungen für Demokratielehre den Vorstellungen von Lehrer/innenprofessionalität in Demokratie-Lehr-Lernprozessen entsprechen.*

Der demokratiepädagogische Diskurs befasst sich stärker normativ-programmatisch mit der Frage, wie Demokratie-Lernen (eigentlich Demokratie-Lehren[150]) gestaltet werden sollte und wie im Zuge dessen den Schülern/innen demokratische Kompetenzen vermittelt werden können. Die Rolle von Lehrenden und die Frage der für eine entsprechende Demokratielehre notwendigen Professionalität wird dagegen nur am Rande diskutiert, obwohl Himmelmann, einer der bedeutendsten Vertreter der Demokratiepädagogik, davon ausgeht, dass es für ein Demokratie-Lernen, das über ein Politik-Lernen[151] hinausgehend auch Demokratie als Lebens- und Gesellschaftsform in den Blick nimmt, es „ganz entscheidend auf die jeweiligen Lehrkräfte [ankommt]" (Himmelmann 2002: 34).

Die Demokratiepädagogik fokussiert im Vergleich zur Politikdidaktik sehr viel stärker das soziale, lebensweltliche Lernen. Dementsprechend soll die Schule und/oder auch das lokale Umfeld stärker genutzt und einbezogen werden, um den Schülern/innen Demokratieerfahrungen zu ermöglichen und Ansätze für Demokratie-Lernen zu schaffen, die über ein Wissens-Lernen bzw. ein Lernen *über* Demokratie hinausgehen (vgl. Beutel 2011: 57). Dabei wird insbesondere

149 Ich übernehme hier die Schreibweise aus dem demokratiepädagogischen Diskurs um einen Anschluss daran herzustellen.

150 Im Diskurs wird auch dann von Demokratie-Lernen gesprochen, wenn eigentlich Demokratie-Lehre gemeint ist.

151 Unter Politik-Lernen fasst Himmelmann eine politische Bildung, die politisches Wissen und Kompetenzen vermittelt und sich hierbei an einem engen Politikverständnis orientiert, das heißt sich auf das politische System des Staates bezieht (vgl. Himmelmann 2004: 8, 18). Er ordnet Politik-Lernen – entsprechend seinem Verständnis von Demokratie-Lernen auf den drei Ebenen von Demokratie als Lebensform, Demokratie als Gesellschaftsform und Demokratie als Herrschaftsform – im Verständnis von Demokratie als Herrschaftsform ein (vgl. ebd. 2004: 18, siehe auch 2001). Damit inkludiert er Politik-Lernen als Teil von Demokratie-Lernen (siehe auch ebd. 2003).

die Erfahrung der Partizipation von Schülern/innen als essentiell für ihr Demokratie-Lernen verstanden[152] (vgl. ebd. 2011: 65f.). Dazu zählen unter anderem Möglichkeiten des aktiven Handelns in der Schüler/innenvertretung oder auch in anderen Bereichen der Schüler/innenmitbestimmung in der Schule bzw. in den einzelnen Klassen wie beispielsweise dem Klassenrat oder der Schüler/innenstreitschlichtung sowie in zivilgesellschaftlichen Projekten im Zuge von Service-Learning[153] (vgl. ebd. 2011: 70ff.).

Auch wenn die in dieser Studie rekonstruierten Typen sich nicht auf *alle* Lehrer/innen, sondern vorwiegend auf jene beziehen, die das Fach Politik unterrichten, entsteht hierdurch ein Bild darüber, welche modi operandi des Demokratielehrens diesem demokratiepädagogischen Ansatz von Demokratie-Lernen am ehesten entsprechen.

Mit Blick auf die Typen der Demokratielehre (Typik I) findet sich diese demokratiepädagogische Schwerpunktsetzung besonders in den Demokratie-Lehrpraktiken, die im *Modus des Befähigens zur Selbstbestimmung* (Typ 3 / Typik I) oder im *Modus des Aushandelns von Normen und Werten in der Gemeinschaft* (Typ 4 / Typik I) erfolgen[154]. Hier werden über den Politikunterricht hinaus die Schule, die Klasse und auch das lokale Umfeld der Schüler/innen als Rahmen für eine lebensweltlich orientierte Demokratielehre genutzt. Die Schüler/innen sind dabei gefordert, sich unter anderem mit ihren eigenen Interessen und Belangen auseinanderzusetzen, ihre Positionen zu vertreten und andere davon zu überzeugen sowie Konflikte miteinander auszuhandeln. Aber auch in der Demokratielehre im *Modus des Einübens repräsentativer Verfahren* (Typ 1 / Typik I) werden die formal geregelten Möglichkeiten von Mitbestimmung in der Schule und in der Klasse als Rahmen für eine entsprechende Demokratielehre gebraucht. Im Gegensatz zu den zuvor genannten Typen steht hier jedoch

152 Liening-Konietzko, die Erfahrungen von Lehrern/innen mit Schüler/innenpartizipation untersucht hat, merkt hier an, dass die Demokratiepädagogik sich weitgehend auf ein Verständnis von Partizipation auf der Schul- und Klassenebene beschränkt, „die unterrichtliche Ebene und die lerntheoretische Seite von Schülerpartizipation" aber „weitgehend vernachlässigt" (Liening-Konietzko 2017: 32).

153 Zur Konzeption von Demokratie-Lernen wurde in der Demokratiepädagogik viel geschrieben (siehe u.a. Himmelmann 2001). Dies soll jedoch nicht den Fokus der Diskussion der Ergebnisse bilden, weshalb ich dies an dieser Stelle nicht weiter ausführen werde.

154 Typ 2 und Typ 5 / Typik I klammere ich im Folgenden aus. Bei Typ 2 / Typik I Demokratielehre im Modus des Auseinandersetzens mit politischen Positionen in der repräsentativen Demokratie wird deutlich, dass die Politiklehrer/innen überwiegend im Regelunterricht des Faches Politik verbleiben, auch wenn sie durchaus aus dem Unterricht herausgehen und andere Lernorte einbeziehen. Im Gegensatz zu den im Text genannten Typen wird der Politikunterricht aber nicht als unzureichender Rahmen für die Demokratielehre verstanden. Typ 5 / Typik I Demokratielehre im Modus des Vorlebens einer anderen Demokratie entspricht ebenfalls nur ansatzweise demokratiepädagogischen Vorstellungen und wird daher hier nicht ausführlicher besprochen, da die hier vorliegende Problematik ebenso in Typ 1 / Typik I deutlich wird, wie ich im Text ausführe.

nicht die Mitbestimmung und Mitentscheidung gemäß den Interessen und Belangen der Schüler/innen im Vordergrund, sondern das Einüben und Reproduzieren der Regeln repräsentativer demokratischer Beteiligungsverfahren. Entsprechend werden Schüler/innenpositionen und -forderungen nur dann als legitim im schulischen Kontext anerkannt, wenn die Schüler/innen in der Vertretung dieser formal die Regeln und Verfahren befolgen. Daraus schlussfolgere ich, dass auch wenn diese Politiklehrer/innen den Ansatz teilen, die Schule und/oder die Klasse als Ort(e) von Demokratie-Lernen zu nutzen, sich dahinter jeweils ein anderer Modus der Demokratielehre verbirgt. Das heißt, auch wenn man meint, vom Gleichen zu sprechen, verbirgt sich dahinter oftmals doch eine andere Praxis. Daher halte ich es auch in demokratiepädagogischen Zusammenhängen für sinnvoll, hinter ein kommunikativ-generalisierendes Wissen zu schauen, da die Praxis durch unterschiedliche Demokratielehrorientierungen angeleitet wird.

In der unterschiedlichen Art und Weise, Demokratielehre im Zuge von Mitbestimmungsmöglichkeiten in der Schule bzw. in den Klassen zu gestalten, deutet sich an, dass in den Demokratielehrmodi auch unterschiedliche Verständnisse von Partizipation angelegt sind. Ein Blick auf die mit den *Demokratielehrmodi* verbundenen *impliziten Demokratieverständnisse* hilft, dies zu klären.

Im *Demokratielehrmodus des Befähigens zur Selbstbestimmung* ist ein implizites Verständnis von *Demokratie als Selbstbestimmung und Gestaltung der eigenen Lebenswelt* (Typ 3 / Typik I) angelegt, und im *Demokratielehrmodus des Aushandelns von Normen und Werten in der Gemeinschaft* ein implizites Verständnis von *Demokratie als Garant und Aushandlungsrahmen gesellschaftlicher Normen und Werte des Zusammenlebens* (Typ 4 / Typik I). Mit dem Demokratieverständnis von Typ 3 geht eine Auffassung von Partizipation einher, demnach Schüler/-innen ihre eigenen Anliegen und Interessen in der Gemeinschaft (Klasse, Schule, Stadtteil) vertreten sowie an der gemeinsamen Gestaltung des Entscheidungsrahmens und den zu treffenden Entscheidungen teilhaben und folglich an einer Gestaltung der eigenen Lebensverhältnisse mitwirken. Bei Typ 4 wird Partizipation verstanden als ein Aushandeln grundlegender Werte für das Zusammenleben durch die Schüler/innen untereinander (konkret in der Klasse und in der Schule). Teil dessen ist, dass die Schüler/innen ihre eigenen Bedürfnisse in der Gemeinschaft äußern und Konflikte und Regelbrüche mit den anderen besprechen und Lösungen dafür finden. Partizipation wird gemäß beiden Typen folglich als aktives Handeln der Schüler/innen verstanden, als ein Einbringen eigener Interessen und Positionen sowie als ein Entscheiden bzw. Verhandeln untereinander bzw. mit Politiklehrern/innen als gleichberechtigten Parteien. Zum Teil wird in beiden modi operandi des Demokratielehrens den Schülern/innen die alleinige Entscheidungsmacht übertragen (Selbstbestimmung) oder aber ihnen wird zumindest ein gleichberechtigtes Stimmrecht (Mitbestimmung) zugesprochen (siehe Partizipationsstufen in Liening-Konietzko 2017: 43).

Im *Demokratielehrmodus des Einübens repräsentativer demokratischer Verfahren* (Typ 1 / Typik I) ist ein implizites Verständnis von *Demokratie als formales Ordnungsprinzip* eingelassen, das sich an der gegebenen Ordnung der repräsentativen Demokratie und den hier vorgesehenen formalen Beteiligungsmöglichkeiten orientiert. Partizipation wird damit als ein Abgeben der eigenen Stimme für eine/n Kandidaten/in verstanden, der/die den/die individuelle/n Schüler/in im mikropolitischen System Klasse oder Schule vertritt und stellvertretend Entscheidungen mit trifft; oder aber als ein Abstimmen nach dem Mehrheitsprinzip über eine bestimmte Frage (z. B. Themen für den Unterricht). Von den gewählten Vertretern/innen wird zudem eine Regelkonformität zum System erwartet, damit ihre Positionen und Vorschläge als legitim anerkannt werden. Daraus lässt sich somit schlussfolgern, dass Partizipation als sehr stark formal geregelt verstanden wird und dadurch für die Schüler/innen voraussetzungsreich ist; und dass Partizipation in diesem Rahmen eher als Mitsprache gefasst wird, wobei die Entscheidung darüber, ob Anliegen der Schüler/innen aufgenommen werden, bei dem/der Politiklehrer/in liegt (siehe Partizipationsstufen in Liening-Konietzko 2017: 43).

Ein weiterer Unterschied wird deutlich, wenn man auf die *Relation* der Demokratielehrmodi mit dem jeweiligen *impliziten Selbstbild der Politiklehrer/innen* und hier insbesondere auf das damit verbundene Beziehungsverhältnis zu den Schülern/innen (Typik II) schaut. Die Demokratielehrmodi des *Befähigens zur Selbstbestimmung* (Typ 3 / Typik I) und des *Aushandelns von Normen und Werten in der Gemeinschaft* (Typ 4 / Typik I) stehen in einem Strukturzusammenhang mit dem impliziten *Selbstbild des/der Politiklehrers/in als Demokratielernbegleiter/in im performativen Sinne* (Typ 2 / Typik II) (relationale Typen 4 und 5), während der Demokratielehrmodus des *Einübens repräsentativer demokratischer Verfahren* in einem Strukturzusammenhang mit dem *Selbstbild des/der Politiklehrers/in als Demokratieexperte/in im propositionalen Sinne* (Typ 1 / Typik II) (relationaler Typ 1) steht. Mit dem impliziten Selbstbild als Politiklehrer/in geht eine unterschiedliche Wahrnehmung von Schüler/innenperspektiven und damit einhergehendes Verständnis vom Beziehungsverhältnis mit den Schülern/innen einher.

Bei dem Selbstbild des/der Politiklehrers/in als Demokratieexperten im propositionalen Sinne (Typ 1 / Typik II) werden Schüler/innenperspektiven neutralisiert und somit individuelle Perspektiven eher nicht wahrgenommen. Es dokumentiert sich ein hierarchisches Beziehungsverhältnis zwischen Politiklehrer/in und Schüler/innen. Damit geht einher, dass die Regeln für die Partizipation der Schüler/innen durch die Lehrkraft vorgegeben und kontrolliert werden. Sie erkennt damit die Legitimität von Partizipationsversuchen zu bzw. ab. Dagegen werden bei dem Selbstbild des/der Politiklehrers/in als Demokratielernbegleiter/in im performativen Sinne (Typ 2 / Typik II) individuelle Schüler/innenperspektiven wahrgenommen und in die Gestaltung von Demokratielehre aufgenommen. Es zeigt sich eine Annäherung an ein egalitäres Beziehungsverhältnis, demnach die Positionen der

Schüler/innen ernstgenommen und als gleichwertig zu der der Politiklehrer/innen anerkannt werden.

Daraus leite ich ab, dass für eine Demokratielehre im Sinne der demokratiepädagogischen Schwerpunkte ausschlaggebend ist, an welchem impliziten Selbstbild des/der Politiklehrers/in sich die Politiklehrer/innen in ihrer Demokratielehrpraxis orientieren.

Entsprechend forciert nur eine Demokratielehre im Modus von Typ 3 und Typ 4, die in einem Strukturzusammenhang mit dem impliziten Selbstbild des/der Politiklehrer/in als Demokratielernbegleiter/in im performativen Sinne (Typ 2 / Typik II) steht, ein aktives und eigenständiges demokratisches Handeln durch die Schüler/innen, das mehr ist als eine Reproduktion der Lehrer/innenerwartungen und -vorstellungen. Eine Demokratielehre im Modus von Typ 1, die in einem Strukturzusammenhang mit dem impliziten Selbstbild des/der Politiklehrers/in als Demokratieexperte/in im propositionalen Sinne (Typ 1 / Typik II) steht, kann ein solches dagegen nicht anbahnen.

Diese Interpretation der Ergebnisse ist anschlussfähig an Himmelmanns Position im demokratiepädagogischen Diskurs, demzufolge Demokratielehre und insbesondere die Beziehung zu den Schülern/innen „auf einem ‚demokratischen Erziehungsstil' (Kurt Lewin) beruhen [sollte], der auf wechselseitiger Achtung, auf gegenseitiger Anerkennung und auf Vertrauen aufbaut" (Himmelmann 2004: 14). Auch spricht sich Himmelmann dafür aus, dass Lehrer/innen, die die Partizipation ihrer Schüler/innen erwarten, „zunächst selbst am Leben der Schüler" (ebd. 2004: 14) teilhaben sollten. Das heißt Demokratielehre entsprechend dem demokratiepädagogischen Programm setzt voraus, dass die Lehrer/innen ihre Schüler/innen individuell wahrnehmen und kennen – so wie es in Demokratie-Lehrpraktiken, in denen sich ein implizites Selbstbild des/der Politiklehrers/in als Demokratielernbegleiter/in im performativen Sinne (Typ 2 / Typik II) dokumentiert, deutlich wird. Auch Henkenborg u. a. sehen ein Anknüpfen an das Vorwissen und die alltäglichen Erfahrungen von Schülern/innen zu Demokratie als essentiell an für ein erfolgreiches Demokratie-Lernen (vgl. Henkenborg et al. 2007).

Mit Dewey, auf den sich viele Demokratiepädagogen/innen im Diskurs zu Demokratie-Lernen beziehen, lässt sich zudem festhalten, dass es Aufgabe von Lehrern/innen ist, Lehr-Lernsettings zu gestalten, die Impulse zum Nachdenken geben, die das aktive, eigenständige Handeln der Schüler/innen und gemeinsame Erfahrungen fördern (vgl. Dewey 1993: 213). Damit nehmen sie im Unterricht vor allem eine Rolle als Impulsgeber/in und „Lernberater" (Bohnsack 2005a: 84) ein, sollten sich aber inhaltlich weitgehend zurückhalten und nicht den Unterricht bestimmen.

Umgekehrt kann Fausers Einschätzung, dass „ein Unterricht, der grundsätzlich auf die eine, vermeintlich allein richtige Antwort angelegt ist, und jede Art von ‚Teaching to the test' denkbar schlecht geeignet ist" (Fauser 2009: 22) um Demokratie-Lernen bei den Schülern/innen anzuregen, als Indiz gedeutet werden, dass auch Demokratiepädagogen/innen eine Demokratielehre, in der sich ein implizites Selbstbild des/der Politiklehrers/in als Demokratieexperte im propositionalen Sinne (Typ 1 / Typik II) dokumentiert, kritisch sehen. Ein auf Wissensvermittlung und -kontrolle hin fokussierter Unterricht wird somit auch in diesem Diskurs als ungeeignet aufgefasst, um ein eigenständiges Denken und Handeln der Schüler/innen zu initiieren und sie im autonomen Lernen anzuleiten. Stattdessen beruht die „Erwartung an einen professionell geführten Unterricht" (ebd. 2009: 27) darauf, am Verstehen der Schüler/innen anzusetzen, um ihre Lernprozesse zu unterstützen.

Insgesamt zeigt sich in diesen ausgewählten und von mir kurz skizzierten Vorstellungen zu professionellem demokratiepädagogischem Lehren, dass diese wie auch in der Politikdidaktik nicht mit einem instruktiven bzw. transmissiven Lehrer/innenhabitus vereinbar sind, sondern vielmehr einen konstruktivistischen Lehrer/innenhabitus voraussetzen (siehe Politikdidaktische Reflexion in Kapitel 5.2.1).

Zugleich impliziert dies, dass auch Demokratie-Lehrpraktiken im Modus des Auseinandersetzens mit politischen Positionen in der repräsentativen Demokratie (Typ 2 / Typik I) anschlussfähig sein können für den demokratiepädagogischen Ansatz, da sich auch hier eine Relation zum Selbstbild des/der Politiklehrers/in als Demokratielernbegleiter/in im performativen Sinne (Typ 2 / Typik II) (relationaler Typ 3) zeigt, auch wenn der Demokratielehrmodus stärker auf das politische System der repräsentativer Demokratie bezogen ist (d.h. stärker auf Demokratie als Herrschaftssystem und weniger auf Demokratie als Lebens- und Gesellschaftsform Bezug nimmt). Die Demokratielehre in diesem Modus fordert aber ähnlich wie die im Modus von Typ 3 und Typ 4 die Schüler/innen zum aktiven und eigenständigen Handeln auf.

Der Demokratielehrmodus des Vorlebens einer anderen Demokratie (Typ 5 / Typik I) ist dagegen wie der Modus von Typ 1 nicht anschlussfähig, da sich in den Demokratie-Lehrpraktiken ein Strukturzusammenhang zum Selbstbild des/der Politiklehrers/in als Demokratieexperte im propositionalen Sinne (Typ 1 / Typik II) (relationaler Typ 2) zeigt.

Zur Frage, welche Form der professionellen Lehre ein Demokratie-Lernen der Schüler/innen im Unterricht ermöglicht, möchte ich im Folgenden noch Bezug auf die die Professionstheorie und -forschung zu Lehrern/innen nehmen und die hier vorliegenden Ergebnisse in diesem Diskurs verorten.

5.2.3 Verortung der Ergebnisse im Diskurs der Professionstheorie und -forschung zum Lehrberuf

Wie ich im Theorieteil herausgearbeitet habe (siehe Kapitel 2.2), gibt es im Diskurs der Professionstheorie und -forschung zum Lehrberuf vor allem Anschlüsse an die strukturtheoretische Professionstheorie und den hieraus hervorgegangenen Diskurs zum Lehrer/innenhabitus. Zudem hat sich zuletzt auch Bohnsack aus praxeologischer Perspektive in den Professionsdiskurs eingebracht (vgl. Bohnsack 2020), dessen Betrachtungsweise ich in die Diskussion der Ergebnisse einbeziehen möchte, auch wenn er kein genuiner Vertreter des professionstheoretischen Diskurses zum Lehrberuf ist. Vor diesem Hintergrund will ich der Frage nachgehen, *inwiefern es sich aus dieser Perspektive bei den rekonstruierten Demokratielehrmodi und damit verbundenen impliziten Selbstbildern der Politiklehrer/innen um eine professionelle Lehrpraxis handelt.* Den Umgang mit den Anforderungen an den Politikunterricht klammere ich an dieser Stelle weitgehend aus und diskutiere ihn in den Kapiteln 5.2.4 und 5.2.5 ausführlicher.

Entsprechend Bohnsacks praxeologischer Perspektive auf Professionalität (2020: 19f.) arbeiten Lehrer/innen unter Bezugnahme auf Luhmann (2002) dann professionell, wenn sie in ihrer Lehr-/Unterrichtspraxis auf ein Wissen zugreifen, dass sie nicht zugleich auch lehren und ‚übertragen' wollen. Damit unterscheidet er sich von Neuweg, für den sich Professionalität in einer intuitiven, flüssigen Lehrpraxis manifestiert (siehe Kapitel 2.2.1). Gemäß Bohnsack dürfen Lehrer/innen also nicht als Fachexperte/in mit Ziel der Wissensübertragung in ihrer Lehrpraxis auftreten, sondern müssen vielmehr über ein professionalisiertes praktisches Handlungswissen vom Lehren und Lernen verfügen (vgl. Bohnsack 2020: 20). Ihre Expertise muss demnach auf einem impliziten, performativen Wissen von der Gestaltung politisch-demokratischer Bildung in Politikunterricht und Schule beruhen. Oder anders formuliert im Sprachgebrauch der praxeologischen Wissenssoziologie: in ihrer Lehrpraxis muss ein „Primat" ihres „handlungspraktischen, (…) performativen Wissens (…) gegenüber einem propositionalen Wissen" (ebd. 2020: 19) zum Ausdruck kommen.

Vor diesem Hintergrund können Demokratielehrpraxen, in denen sich ein implizites Selbstbild des/der Politiklehrers/in als Demokratielernbegleiter/in im performativen Sinne (Typ 2 / Typik II) dokumentiert, als professionelle Lehrpraxen bewertet werden, während solche, in denen sich ein implizites Selbstbild des/der Politiklehrers/in als Demokratieexperte/in im propositionalen Sinne (Typ 1 / Typik II) zeigt, als professionalisierungsbedürftig verstanden werden müssen. Der Zusatz performativ bzw. propositional in der Typenbezeichnung verweist bereits darauf, dass in den Lehrpraxen von Selbstbildtyp 2 stärker ein performatives Wissen von der Gestaltung von Lehr-Lernprozessen zum Ausdruck kommt, während bei Selbstbildtyp 1 ein propositionales Wissen im Vordergrund steht, demnach der/die Politiklehrer/in bereits über das zu vermittelnde Wissen verfügt, das die Schüler/innen von ihm/ihr lernen sollen.

Dies bedeutet nicht, dass Politiklehrer/innen, in deren Demokratielehrpraktiken sich Selbstbildtyp 2 dokumentiert, nicht auch über ein Expertenwissen über Demokratie verfügen, jedoch steht dieses nicht im Vordergrund ihrer Demokratielehre. Stattdessen wird der Fokus auf die Initiierung und Begleitung von Lernprozessen der Schüler/innen gelegt. Umgekehrt verfügen auch Politiklehrende, in deren Demokratielehrpraktiken sich Selbstbildtyp 1 zeigt, über performatives Wissen der Gestaltung von Lehr-Lernprozessen, jedoch ist dieses nachrangig und dokumentiert sich kaum in der Schilderung ihrer Praxis. Es handelt sich hier, wie Bohnsack ausführt, um „primäre Rahmung[en]“ (ebd. 2020: 22) – an denen jedoch ihre Professionalität gemessen wird.

Mit Kramer lässt sich dieses professionelle performative Handeln von Lehrern/innen gemäß Bohnsack begrifflich als *„Habitus des praktischen Könnens“* (Kramer 2020: 53, Hervorhebung aus dem Original übernommen) fassen, der „nur im Vollzug von Praxis zu erwerben“ (ebd. 2020: 53) ist. Er kann somit nicht durch ein wissenschaftliches Studium gelernt oder durch theoretische Reflexion gebildet werden und entwickelt sich erst, wenn Lehrer/innen praktisch in der Schule tätig werden. Die Bildung eines solchen Habitus des praktischen Könnens ist dabei immer „unmittelbar den Logiken und Zwängen der Praxis selbst unterworfen und ausgesetzt“ (ebd. 2020: 53). Dies dokumentiert sich in der vorliegenden Studie auch in der Auseinandersetzung der Politiklehrer/innen mit den Anforderungen an ihren Politikunterricht, die sie als ein- bzw. beschränkend für ihre Vorstellungen und Praktiken von Demokratielehre erleben. In den rekonstruierten Modi des Umgangs mit diesen Anforderungen (Typik III, siehe Kapitel 4.4) wird ersichtlich, dass die Politiklehrer/innen in der Praxis einen Umgang mit den an sie gestellten Anforderungen im Verhältnis zur eigenen Demokratielehrpraxis entwickeln (müssen), um handlungsfähig zu bleiben (siehe Diskussion dazu in den Kapiteln 5.2.4 und 5.2.5).

Nach Kramer bildet dieser Habitus des Könnens die Grundlage für eine weitere Professionalisierung und die Herausbildung eines *„Habitus der wissenschaftlichen Reflexion“* (ebd. 2020: 53, Hervorhebung aus dem Original übernommen). Mit diesem Verständnis eines *„doppelten Habitus“* (ebd. 2020: 53, Hervorhebung aus dem Original übernommen) knüpft Kramer an Helsper an, der davon ausgehend annimmt, dass Lehrer/innen eine „doppelte Professionalisierung“ (Helsper 2001) vollziehen müssen.

Kern eines professionellen Lehrer/innenhabitus ist für Helsper vor dem Hintergrund des strukturtheoretischen Professionsansatz im Anschluss an Oevermann (1996), dass Lehrer/innen „eine[n] wissenschaftlich-reflexiven, forschenden Habitus [herausgebildet haben]“, durch den sie „in der Lage (…) [sind], auch eigene ideale Ziele, normative Entwürfe und Orientierungen einer Relativierung und Geltungsüberprüfung zu unterziehen“ (ebd. Helsper 2018a: 129). Dies setzt voraus, wie es auch Reinhardt für die Politikdidaktik fordert, dass Politiklehrkräfte zunehmend ihr Handeln reflektieren können und sich im Falle von Problemen damit kritisch-distanziert befassen, um ihr Handeln gegebenenfalls zu ändern (vgl. Reinhardt 2009: 25).

Wie in Kapitel 2.2.1 ausgeführt, versteht Helsper darunter, dass Lehrer/innen ihre implizit in ihrer Lehrpraxis getroffenen Entscheidungen nachvollziehen und begründen können. Demnach gilt es, sich implizites Wissen bewusst zu machen, was Lehrer/innen allein ohne Weiteres nicht möglich ist, sondern nur im Zuge der Lehrer/innenbildung erreicht werden kann. In diesem Rahmen müssen Studierende in der Ausbildung und Lehrer/innen begleitend zu ihrer Berufspraxis in ihrem impliziten Erfahrungs- und Alltagswissen irritiert werden, um damit die Voraussetzungen für einen reflektierten Umgang zu schaffen (vgl. Helsper 2002: 78) und sich einem reflexivem, professionellen Lehrer/innenhabitus zu nähern.

Helspers Auffassung von Reflexion als Teil von Professionalität ist dabei von Bohnsacks Verständnis abzugrenzen. Im Anschluss an Schöns Werk des reflektierten Praktikers („The Reflective Practitioner") (1983) fasst Bohnsack die für Professionalität entscheidende Reflexion als „reflection-in-action" bzw. implizite Reflexion. Diese ist zu unterscheiden von einer theoretischen Reflexion über Praxis, die einer propositionalen Logik folgt, der entsprechend Handlungen argumentativ begründet werden. Eine implizite Reflexion folgt dagegen einer performativen Logik, es handelt sich also um eine situative Reflexion in der Handlungspraxis (vgl. ebd. Bohnsack 2020: 58). Konkret kommt dies zum Tragen, wenn in Lehr-/Unterrichtssituationen Routinen nicht mehr funktionieren und Lehrer/innen spontan und intuitiv auf andere, für die Situation neue Orientierungen zugreifen müssen, um handlungsfähig zu bleiben. Damit bleibt die Reflexion implizit und in der Praxis verankert, das heißt sie wird nicht bewusst reflektiert (vgl. ebd. 2020: 58). Bohnsack fasst hier somit die von Helsper gemeinten impliziten, in der Praxis getroffenen Entscheidungen als implizite Reflexion, während Helsper anstrebt, dass professionelle Lehrer/innen zunehmend über diese implizite Reflexion nachdenken. Dabei besteht natürlich, wie von Bohnsack angemerkt, die Gefahr, hier einer propositionalen Logik zu folgen und nicht wirklich das eigene implizite Wissen zu reflektieren.

In der vorliegenden Studie kann Bohnsacks Verständnis einer impliziten Reflexion als Teil von Handlungen nicht nachvollzogen werden, da das zugrundeliegende empirische Material – Interviews, in denen Politiklehrer/innen ihre Demokratielehrpraxis in Politikunterricht und Schule schildern, – nicht nah genug an die situative Lehrpraxis der Politiklehrer/innen heranreicht. Helspers Verständnis eines wissenschaftlich-reflexiven, forschenden Lehrer/innenhabitus wird dagegen durchaus bei einigen Politiklehrern/innen wie etwa Julia Weber oder auch Ulrich Müller deutlich, bei denen sich ein hoher Reflexionsgrad in der Auseinandersetzung mit der eigenen Demokratie-Lehrpraxis dokumentiert. Darüber hinaus zeigt sich gerade in den geschilderten Demokratie-Lehrpraktiken, in denen ein implizites Selbstbild des/der Politiklehrer/in als Demokratielernbegleiter/in im performativen Sinne zum Ausdruck kommt, dass sich diese Politiklehrer/innen in der Praxis sehr genau mit der Frage befassen, wie und wann sie sich selbst politisch gegenüber den Schülern/innen positionieren können und sollen, hier also eine Reflexion ihrer Praxis erfolgt. Dabei zeichnet sich zumindest in Ansätzen bei einigen Lehrern/innen wie beispielsweise Wolfgang Meyer ein

Lernprozess ab. Seine frühere Lehrpraxis, in der er versucht hat, einen starken politischen Einfluss auf seine Schüler/innen zu nehmen (gemäß einem impliziten Selbstbild als Demokratieexperte im propositionalen Sinne), bewertet er retrospektiv als Scheitern, das heißt als eine Lehrpraxis, die an den Schülern/innen vorbeiging und zu keinen Lern-/Erkenntnisprozessen bei ihnen geführt hat (zumindest nicht zu den intendierten). In seiner Schilderung wird dann deutlich, dass er im Laufe seiner Lehrertätigkeit seine Lehrpraxis angepasst und verändert hat – hin zu einer Demokratielehre, in der sich ein implizites Selbstbild als Demokratielernbegleiter im performativen Sinne dokumentiert. Hier kommt somit eine sehr selbstkritische Auseinandersetzung mit der eigenen Demokratielehrpraxis zum Ausdruck.

Kramer und Pallesen (Kramer/Pallesen 2019a: 83, 2017, 2018)[155] haben sich eingehender damit befasst, nach welchen Kriterien im Anschluss an den strukturtheoretischen Professionsansatz ein beruflicher Lehrer/innenhabitus bewertet werden sollte, um der Frage nachzugehen, inwiefern dieser auch einem professionellen Lehrer/innenhabitus entspricht. Sie haben hierfür ein heuristisches Modell mit vier „Anforderungsprofilen" (ebd. 2019a: 83) an einen professionellen Lehrer/innenhabitus entwickelt: „(1) Anforderungen zur Anregung, Wahrnehmung und Begleitung von Bildungsprozessen über paradoxe Kriseninterventionen, (2) die Anforderung zur Gestaltung eines pädagogischen Arbeitsbündnisses in der Auseinandersetzung mit den Antinomien pädagogischen Handelns, (3) die Anforderung des Fallverstehens unter Berücksichtigung theoretischen Wissens und schließlich (4) die Anforderung einer grundlegenden Reflexivität" (Kramer/Pallesen 2019a: 83)[156]. Wie hier deutlich wird, haben sie somit das Kriterium der Reflexionsfähigkeit um drei weitere Anforderungen ergänzt. Je nachdem wie weit sich die rekonstruierten beruflichen Orientierungen diesen idealtypischen Anforderungen annähern, kann von einem professionellen Lehrer/innenhabitus gesprochen werden.

Im Folgenden werde ich die drei von Kramer und Pallesen ergänzten Dimensionen genauer betrachten und auf die von mir herausgearbeiteten Typen des impliziten Selbstbildes des/der Politiklehrers/in (Typik II) beziehen. Auf den vierten Punkt der Reflexionsfähigkeit werde ich nicht nochmals eingehen, da hier keine grundsätzlich neuen Aspekte durch Kramer und Pallesen aufgegriffen werden.

Nach Kramer und Pallesen ist unter dem ersten Punkt, der Anregung, Wahrnehmung und Begleitung von Bildungsprozessen, die Befähigung eines/r Lehrers/in, Lern- und Bildungsprozesse der Schüler/innen anzubahnen, zu verstehen,

155 Ich bin in mehreren Publikationen auf das Manuskript von Kramer und Pallesen (2017) gestoßen (u. a. bei Bohnsack 2020: 20; Bonnet/Hericks 2019: 103 f.). Dazu hatte ich keinen Zugang. Das dort erarbeitete heuristische Modell wird aber auch in anderen Publikationen von Kramer und Pallesen aufgegriffen (so z. B. in Kramer/Pallesen 2018, 2019a).

156 Ähnliche Aspekte greift beispielsweise auch Košinár in ihrer Untersuchung zu Professionalisierungsprozessen angehender Lehrer/innen auf (vgl. Košinár 2018: 258 f.).

indem er/sie durch seine/ihre Lehr-/Unterrichtspraxis die Alltagsvorstellungen/-theorien der Schüler/innen beständig irritiert und sie in den hierdurch ausgelösten Krisen begleitet sowie in deren Bewältigung unterstützt (vgl. Kramer/Pallesen 2019a: 84, 2018: 47 f.). Dies setzt unter Bezugnahme auf Helsper voraus, dass Lehrkräfte die fachspezifischen Voraussetzungen der einzelnen Schüler/innen kennen, um diesen im Unterricht gerecht werden zu können (vgl. Helsper 2016: 119; siehe auch Kramer/Pallesen 2019a: 84, 2018: 48). Insofern müssen Lehrende im Fach auch über ein Bewusstsein für mögliche Probleme und Fallstricke in der Auseinandersetzung der Schüler/innen mit dem Lern-/Unterrichtsgegenstand verfügen (vgl. Kramer/Pallesen 2019a: 85). Entsprechend verstehen Kramer und Pallesen in diesem Punkt unter einem nicht-professionalisierten Lehrer/innenhandeln eine Lehrpraxis, die „einseitig auf die Sache ausgerichtet ist“ (ebd. 2018: 48) und nicht an die Voraussetzungen der Schüler/innen anschließt; oder eine Lehrpraxis, in der die Autonomie überbetont wird, das heißt die Schüler/innen ‚allein gelassen‘ werden in der Bewältigung von Lern-/Bildungskrisen.

Unter Punkt zwei, der Gestaltung eines pädagogischen Arbeitsbündnisses, ist orientiert an Kramer und Pallesen das Aufbauen und Bewahren einer Beziehung und Interaktion mit den Schülern/innen in der Lehr-/Unterrichtssituation zu verstehen, das sich fallspezifisch im Spannungsverhältnis von Nähe und Distanz zu den Schülern/innen bewegt (vgl. ebd. 2019a: 85 f., 2018: 48 f.). Ein nicht-professionalisiertes Lehrer/innenhandeln wäre nach Kramer und Pallesen, wenn sich der/die Lehrer/in zu distanziert gegenüber den Schülern/innen verhält. Bei diesem/dieser Lehrer/in ‚funktioniert‘ zwar der Unterricht, aber sie können keine Verbindung zu den Schülern/innen herstellen. Die Kehrseite dessen wäre, wenn der/die Lehrer/in die Beziehung zu den Schülern/innen zu personalisiert und dies zu einer Entgrenzung des Verhältnisses führt – auch dies wäre kein professionelles Lehrer/innenhandeln (vgl. ebd. 2019a: 85 f., 2018: 48 f.).

Der nächste Punkt bezieht sich auf das Fallverstehen der Lehrer/innen, worunter orientiert an Kramer und Pallesen in der Auseinandersetzung mit dem Einzelfall (dem/der einzelnen Schüler/in) eine „fallbezogene ‚Anwendung‘ von abstrakten, theoretischen Wissensbeständen“ (ebd. 2019a: 86) erkenntlich werden sollte. Oder anders formuliert: In der Praxis wird im Verstehen und im Umgang mit dem/der einzelnen Schüler/in eine implizite Bezugnahme/Verwendung wissenschaftlicher Theorien deutlich, die über eine zweckrationale Nutzung, beispielsweise in der Begründung und Planung von Lehrpraxis, hinausgeht. Es handelt sich dabei um eine „hermeneutische Kompetenz zum Umgang mit struktureller Ungewissheit“ (ebd. 2019a: 86). Diese drückt sich im professionalisierten Handeln von Lehrern/innen vor allem darin aus, dass diese eine individuumszentrierte Perspektive einnehmen, die den Fokus auf die Lernenden richtet. Eine nicht-professionalisierte Lehrpraxis wäre dagegen, wenn Lehrer/innen ihren Unterricht ähnlich wie Ingenieur/innen planen und konstruieren (vgl. ebd. 2019a: 86, 2018: 49).

Mit Hilfe dieses heuristischen Modells können die von mir herausgearbeiteten Selbstbildtypen des/der Politiklehrers/in (Typik II) als professionalisiert bzw. nicht professionalisiert bewertet werden. Mit Blick auf die drei ausgeführten Anforderungen schätze ich den Selbstbildtyp 1 des/der Politiklehrers/in als Demokratieexperte/in im propositionalen Sinne als tendenziell nicht-professionalisiert und den Selbstbildtyp 2 des/der Politiklehrers/in als Demokratielernbegleiter/in im performativen Sinne als vergleichsweise stärker professionalisiert ein, was ich noch eingehender begründen möchte.

Bei Selbstbildtyp 1 wird deutlich, dass die entsprechenden Politiklehrenden eine Lehr-/Unterrichtspraxis verfolgen, die einseitig die Vermittlung eines bestimmten Wissens durch die Lehrkraft betont; wie die Schüler/innen lernen ist dagegen kaum Gegenstand der Praxisbeschreibungen der Politiklehrer/innen. Dabei zeigt sich, dass die Politiklehrer/innen eine Expertenrolle zum Fachgebiet Demokratie einnehmen, während die Schüler/innen als unwissend verstanden und im Einklang damit ihre Vorkenntnisse, Vorerfahrungen etc. nivelliert werden. Sie bleiben damit für die Lehrpraxis der Politiklehrer/innen unerheblich. Auf den Entwicklungsstand der Schüler/innen wird nur generisch Bezug genommen, das heißt Unterschiede werden nur entsprechend den Klassenstufen wahrgenommen, jedoch nicht unter den individuellen Schülern/innen. In Übereinstimmung hiermit wird von einem Lernen als Wissenszuwachs gemäß der Alters-/Klassenstufen ausgegangen. Damit einhergehend dokumentiert sich auch ein eher distanziertes Verhältnis zu den Schülern/innen. In der Lehrpraxis wird eine starke Steuerung und Kontrolle des Verlaufs durch den/die Politiklehrer/in erkenntlich bis hin dazu, dass Unsicherheitsvariablen wie eine selbstständige Erarbeitung von Wissen durch die Schüler/innen nur in stark begrenztem Maße zugelassen oder gänzlich vermieden werden. Darin deutet sich eher eine ingenieurhafte Planung und Konstruktion von Lehr-/Unterrichtspraxis durch die Politiklehrer/innen an.

Bei Selbstbildtyp 2 zeigt sich dagegen, dass die Politiklehrer/innen sehr viel mehr orientiert sind an der Anbahnung und Begleitung von Lernprozessen ihrer Schüler/innen. In ihren geschilderten Demokratie-Lehrpraktiken werden zudem ansatzweise auch von ihnen wahrgenommene Lernkrisen der Schüler/innen erkenntlich, deren Bewältigung sie aktiv unterstützen. Im Vergleich zu Selbstbildtyp 1 dokumentiert sich, dass diese Politiklehrer/innen sehr viel stärker an die Voraussetzungen der Schüler/innen anschließen. So wird in den Demokratie-Lehrpraktiken deutlich, dass sie eine sehr gute Kenntnis der einzelnen Schüler/innen in ihren Klassen haben, die Schüler/innen in ihren Perspektiven ernstnehmen und an diese in ihrer Lehre anknüpfen. Inwiefern dabei eventuell die Beziehung zu den Schülern/innen überbetont wird, lässt sich anhand der Interviewdaten nicht herausarbeiten. Insgesamt zeigt sich, dass ihr Blick sehr viel stärker auf den Lern-/Bildungsprozessen der Schüler/innen liegt und weniger auf der Vermittlung eines bestimmten Wissens.

Damit einher geht eine Lehr-/Unterrichtspraxis, die die Schüler/innen in den Vordergrund stellt.

Auch wenn dem heuristischen Modell nach der Selbstbildtyp 2 als professionalisiert einzuschätzen ist, schließt dies nicht aus, dass auch Politiklehrer/innen, in deren Demokratie-Lehrpraktiken Selbstbildtyp 2 deutlich wird, einen Professionalisierungsbedarf haben.

Im nächsten Abschnitt reflektiere ich ausführlicher die Ergebnisse der Typik III Modi des Umgangs mit Anforderungen an den Politikunterricht vor dem Hintergrund anderer empirischer Forschungsarbeiten sowie einschlägiger Theorien, die sich mit dem Umgang mit Spannungsverhältnissen im pädagogischen Lehrer/innenhandeln befassen.

5.2.4 Der Umgang mit Anforderungen an den Politikunterricht als professioneller Umgang mit Spannungen zwischen Normen und Lehrer/innenhabitus

In den Interviews mit den Politiklehrern/innen wurden vielfach Anforderungen an ihren Politikunterricht thematisiert, in denen normative Erwartungen an sie zum Ausdruck kommen, die entweder der Organisation Schule oder der konkreten Einzelschule, an der die Politiklehrer/innen unterrichten, zuzurechnen sind. Diese werden oftmals von den Politiklehrern/innen als ein- bzw. beschränkend für ihre Vorstellungen und Praktiken von Demokratielehre wahrgenommen und erfahren. Darin kommen Spannungen zwischen ihren Demokratielehrorientierungen (sowohl in Bezug auf die modi operandi des Demokratielehrens als auch auf das implizite Selbstbild des/der Politiklehrer/in) und den an sie herangetragenen normativen Erwartungen an ihren Politikunterricht zum Ausdruck. Aus praxeologischer Perspektive dokumentiert sich in diesen Ergebnissen die Bearbeitung von Spannungsverhältnissen zwischen Normen (d.h. normativen Erwartungen und Zwängen) und Orientierungen (als Teil des Lehrer/innenhabitus) (vgl. Bohnsack 2014a).

Die an die Politiklehrer/innen gestellten Erwartungen, Vorstellungen etc. bezeichne ich als Anforderungen, da im Gespräch mit den Lehrkräften deutlich wurde, dass sie in der Auseinandersetzung einen Handlungsdruck bzw. – wie es Kramer unter anderem in der Schulforschung für Schüler/innen herausgearbeitet haben – einen „Transformationsdruck auf den individuellen Orientierungsrahmen“ (Kramer et al. 2009: 90f.) verspüren. Dementsprechend unterscheidet sich auch individuell, welche Erwartungen als Anforderungen erlebt werden. So werden die externen normativen Erwartungen nicht etwa sofort abgewiesen, sondern die meisten Politiklehrer/innen setzen sich damit auseinander, da es sich um Erwartungen an ihre Rolle als Lehrer/innen im Feld Schule handelt (siehe Bohnsack 2014a: 50f., der dies für die Auseinandersetzung von Schülern/innen mit normativen Erwartungen an ihre Schüler/innenrolle im Feld Schule dargestellt hat). Unterrichtspraktisch müssen die Politiklehrer/innen hier einen Umgang mit diesem Spannungsverhältnis entwickeln, um handlungsfähig zu bleiben. Gemäß Bohnsack ist zu erwarten, dass sich die Politiklehrenden mit Anforderungen „auseinander[setzen], [sich] distanzieren (…) oder [sie] übernehmen“ (ebd. 2014a: 43). Die Art und Weise dieser Auseinandersetzung geschieht wiederum durch ihren Habitus (vgl. ebd. 2014a: 43). In den Interviews zeigen sich entsprechend bei den Politiklehrern/innen unterschiedliche Umgangspraktiken mit den Anforderungen an ihren Politikunterricht, deren modi operandi ich in der sinngenetischen Typik III *Modi des Umgangs mit Anforderungen an den Politikunterricht* abstrahiert als Typen dargestellt habe (siehe Kapitel 4.4 bzw. die Zusammenfassung der Ergebnisse in Kapitel 5.1.4). Auch diese sind somit als Teil des Lehrer/innenhabitus zu verstehen.

Im Folgenden werde ich die Ergebnisse in Bezug stellen zu anderen Forschungsarbeiten, die sich mit Spannungsverhältnissen zwischen externen Normen und dem Lehrer/innenhabitus befasst haben, und daran anschließend eine theoretische Reflexion vornehmen.

Eine ähnliche Problematik wie in der vorliegenden Studie kommt in der Dissertation „Schülerpartizipation ermöglichen“ von Liening-Konietzko (2017) zum Ausdruck, die auf Basis von Interviews mit Lehrern/innen an Gemeinschaftsschulen in Berlin untersucht hat, welche Orientierungen zu Schüler/innenpartizipation sich in deren geschilderter Unterrichtspraxis dokumentieren und welche beruflichen Anforderungen sie in der Umsetzung von Schüler/innenpartizipation wahrnehmen. Sie kommt dabei zu dem Ergebnis, dass „das *Verständnis des schulischen Auftrags* und der empfundenen Aufgabe als Lehrperson auf den Umgang mit Schülerpartizipation wirken“ (ebd. 2017: 289, Hervorhebung aus dem Original übernommen). Liening-Konietzko stellt somit fest, dass Orientierungen der Lehrer/innen zu Schüler/innenpartizipation in einem Strukturzusammenhang mit ihrem jeweiligen impliziten Verständnis des schulischen Auftrags stehen, hier folglich eine Relation vorliegt. Ihre Praxis ist somit nicht nur durch ihre Orientierungen zu Schüler/innenpartizipation bestimmt, sondern zugleich durch ihr implizites Verständnis des schulischen Auftrags, an dem sie sich als Lehrer/innen ebenfalls orientieren.

Im Zuge einer relationalen Typenbildung hat Liening-Konietzko drei Typen herausgearbeitet: Relationaler Typ 1) Lehrer/innen, die Schüler/innenpartizipation gegenüber eher distanziert sind und sie dennoch situationsbezogen ermöglichen, verfügen zugleich über ein Verständnis des schulischen Auftrags als Vermittlung von „vorgegebenem Lernstoff“ (ebd. 2017: 291). Dabei zeigt sich, dass Schüler/innenpartizipation gegenüber den Vorgaben als nachrangig behandelt wird. Relationaler Typ 2) Lehrer/innen, die eine ambivalente Haltung gegenüber Schüler/innenpartizipation haben und diese „prozessorientiert“ umsetzen, betrachten es ebenfalls als ihre Aufgabe, vorgegebenen Lernstoff sowie zusätzlich „soziales, diszipliniertes Verhalten" (ebd. 2017: 291) zu vermitteln. Die Relation ist entsprechend von „Spannungen zwischen der Erfüllung von Vorgaben und von Schülerpartizipation" (ebd. 2017: 290) gekennzeichnet. Relationaler Typ 3) Lehrer/innen, die dagegen von Schüler/innenpartizipation überzeugt sind, ermöglichen diese „ziel- und prozessorientiert". Durch ihre andere Interpretation des schulischen Auftrags als „Vorbereitung" der Schüler/-innen „auf das Leben" zielen sie auf das Entwickeln von „Handlungsfähigkeit" (ebd. 2017: 290) der Schüler/innen. Damit steht das Verständnis des schulischen Auftrags in einem Passungsverhältnis zu ihrer Orientierung an Schüler/innenpartizipation. Im Vergleich zu den anderen Typen ist diese Relation bestimmt durch eine Vorrangigkeit von Schüler/innenpartizipation gegenüber der Erfüllung schulischer Vorgaben.

Im Fall der relationalen Typen 1 und 2, bei denen Lehrer/innen ihre Aufgabe als Lehrkraft an der Vermittlung von vorgegebenem Lernstoff orientieren, wird demnach ein Streben nach der Erfüllung von externen Normen deutlich. Dies kommt in meiner Arbeit ebenfalls zum Ausdruck. Bei einigen Politiklehrern/innen werden Spannungen zwischen einer Orientierung an der Erfüllung der an sie gestellten Anforderungen, beispielsweise durch vorgegebene Lehrplanschwerpunkte/-inhalte für das Fach Politik, und ihren Orientierungen zu Demokratielehren im Fach deutlich. Natürlich muss es hier nicht zwangsläufig zu Spannungen mit den Lehrplanschwerpunkten/-inhalten kommen. Das wird etwa im relationalen Typ 1 von Liening-Konietzko offensichtlich, bei dem die Orientierung an der Erfüllung der vorgegebenen Lernstoffvermittlung in einem Passungsverhältnis zur Umsetzung von Schüler/innenpartizipation steht. Von den entsprechenden Politiklehrern/innen in dieser Studie wird jedoch wahrgenommen, dass ihre Demokratielehre nicht zwangsläufig mit den vorgegebenen Lehrplanschwerpunkten/-inhalten vereinbar ist, oder – selbst wenn dies der Fall ist – beides zusammen im zur Verfügung stehenden Stundenkontingent für das Fach Politik nicht umsetzbar wäre. Wie im Fall des relationalen Typs 2 von Liening-Konietzko dokumentieren sich somit bei den Politiklehrern/innen Spannungen zwischen der eigenen Demokratielehrpraxis und der Orientierung an der Anforderung der Lehrplanerfüllung.

Während Liening-Konietzko in ihrer Dissertation verdeutlicht, dass die Ermöglichung von Schüler/innenpartizipation davon abhängt, ob sich Lehrkräfte in ihrem Verständnis des schulischen Auftrags an der Erfüllung vorgegebener Anforderungen orientieren (im relationalen Typ 3 wird ja keine solche Orientierung deutlich) und in welchem Verhältnis diese zu ihren eigenen Orientierungen zu Schüler/innenpartizipation stehen, rekonstruiere ich in dieser Studie unterschiedliche Umgangsmodi mit ganz unterschiedlich gelagerten Anforderungen an den Politikunterricht (d. h. nicht nur den Lehrplanvorgaben), die von den Politiklehrern/innen als ein- bzw. beschränkend für ihre Demokratielehre im Politikunterricht erlebt werden. Damit bleibt Liening-Konietzko im Fall des relationalen Typs 2 bei der Rekonstruktion eines Spannungsverhältnisses stehen, während in der vorliegenden Studie sechs typisierte Bearbeitungsweisen dieser Spannungen in der Typik III *Modi des Umgangs mit Anforderungen an den Politikunterricht* herausgearbeitet wurden.

Ich schließe mit diesen Ergebnissen an weitere empirische Forschungsarbeiten zu Lehrern/innen an, die diese Thematik ebenfalls näher untersucht haben (u. a. Amling 2017; Hericks et al. 2018b, 2018c). Im Folgenden möchte ich die Ergebnisse in diesen Zusammenhängen verorten und diskutieren.

Die Ergebnisse dieser Untersuchung sind dabei insbesondere an die von Hericks u. a. herausgearbeiteten modi operandi der Bearbeitung des Spannungsverhältnisses zwischen Norm und Habitus (vgl. Hericks et al. 2018b: 58 ff.) anschlussfähig, die durchaus Ähnlichkeiten zu der von mir herausgearbeiteten Typik III aufweisen. Gemäß ihrer Basistypik bewegen sich die Bearbeitungsweisen auf den „Polen eines *modifizierenden* und eines *konsolidierenden* modus operandi" (ebd. 2018b: 58, Hervorhebung aus dem Original übernommen). Entsprechend dem konsolidierenden Typ wird in der Bearbeitung der Lehrer/innen eine Distanzierung von den Normen deutlich. Sie orientieren sich an ihrem beruflichen Habitus und versuchen sich nicht irritieren bzw. beeinflussen zu lassen. Bei dem modifizierenden Typ wird dagegen deutlich, dass die Lehrer/innen sich mit den Normen auseinandersetzen, alternative Handlungsoptionen durchspielen und auch zur Veränderung bzw. Anpassung ihrer beruflichen Handlungspraxis bereit sind.

Diese Pole zeigen sich auch im Spannungsfeld von Anforderungen an den Politikunterricht und eigenen Vorstellungen und Praktiken von Demokratielehre im Politikunterricht. In der Abbildung 13 (siehe Einführung Darstellung der Ergebnisse zur Typik III in Kapitel 4.4) habe ich graphisch verdeutlicht, dass sich die in Typik III dargestellten Typen im Umgang mit den Anforderungen entweder einer Erfüllung der Anforderungen annähern oder aber stärker an den eigenen Praktiken von Demokratielehre orientieren. Eine Annäherung an die Erfüllung der Anforderungen an den Politikunterricht entspricht dabei dem modifizierenden Typ nach Hericks u. a., und eine Orientierung an der eigenen beruflichen Demokratielehrpraxis dem konsolidierenden Typ. Dementsprechend sind Typ 1 *Nachdenken und Entwerfen von Umgangspraktiken*, Typ 2 *Sich Arrangieren mit den Anforderungen* und Typ 3 *Gestalten und Verdeutlichen einer widersprüchlichen Lehrpraxis* dem modifizierenden Typ zuzuordnen und Typ 4 *Integrieren der Anforderungen in eine eigene Lehrpraxis*, Typ 5 *Kollektives Schaffen von Freiräumen* und Typ 6 *Modus des Distanzierens von den Anforderungen und Ausstieg aus der Situation* dem konsolidierenden Typ, wobei Typ 6 ein Extrem dessen darstellt, da die Politiklehrer/innen eine weitere Durchführung ihrer Vorstellungen und Praktiken von Demokratielehre unter dem Handlungs- bzw. Anpassungsdruck an die normativen Erwartungen nicht als umsetzbar erachten und sich daher für einen Ausstieg aus dieser Situation entscheiden.

Amling konnte in seiner Untersuchung von Umgangsweisen von Grundschullehrern/innen mit Spannungsverhältnissen eine gemeinsame Form der Bearbeitung durch „externe Problemattributierung“ (Amling 2017: 113) feststellen, die entsprechend Hericks et al. auf dem Pol der konsolidierenden Bearbeitung einzuordnen wäre. Konkret zeigte sich übergreifend in den von Amling geführten Gruppendiskussionen mit Grundschullehrern/innen, dass sie in ihrer Begründung für die Nicht-Passung von ihrer Unterrichtspraxis und den Lehrplananforderungen das Problem auf die soziale Herkunft der Schüler/innen verschieben und ihnen die Verantwortlichkeit dafür zuschreiben. Eine solche Bearbeitungspraxis wäre durchaus auch durch Politiklehrer/innen denkbar, auch wenn sie sich nicht in den Interviews dieser Studie zeigt, und müsste entsprechend empirisch überprüft werden.

Nach dieser Darstellung empirischer Anschlüsse will ich im Folgenden zu einer theoretischen Reflexion übergehen.

Ein weit verbreiteter und viel diskutierter Ansatz zur theoretischen Reflexion von Spannungsverhältnissen ist der strukturtheoretische Professionalisierungsansatz von Lehrern/innen von Helsper (1996) im Anschluss an Oevermann (1996). Helsper geht davon aus, dass jedes pädagogische Handeln durch Spannungsverhältnisse – er spricht von „Antinomien“ (Helsper 1996)[157] – gekennzeichnet ist. Antinomien sind dabei als gegensätzliche Zielanforderungen zu verstehen, mit denen Lehrer/innen in ihrem pädagogischen Handeln konfrontiert sind. Es handelt sich dabei um widersprüchliche Erwartungen, die durch die Gesellschaft, die Schule oder das Schulsystem, die Schüler/innen oder die Eltern an Lehrer/innen herangetragen werden, und „die gleichermaßen relevant sind und Anspruch auf Gültigkeit erheben“ (ebd. 2004: 61). Lehrer/innen geraten dadurch in Situationen, in denen sie mit widersprüchlichen Anforderungen an ihr pädagogisches Handeln konfrontiert sind, die sich im Grunde nicht vereinbaren lassen und somit Spannungen hervorbringen, die grundsätzlich nicht auflösbar sind, aber reflektiert werden können.

Ausgehend von Helsper besteht ein professioneller Umgang mit Antinomien darin, zu lernen diese auszuhalten und eine Balance zwischen den Polen zu finden. Dies findet sich so auch in der politikdidaktiken Diskussion zur Professionalität von Politiklehrern/innen wieder. May geht im Anschluss an Reinhardt (1972) davon aus, dass Politiklehrer/innen über eine „Ambiguitätstoleranz“ (May 2014a: 184) verfügen müssen, um „die spannungsreichen Erwartungen an das eigene Handeln, die mit den Antinomien verknüpft sind, auszuhalten“ (ebd. 2014a: 184), sowie „situationsangemessen die eine oder die andere Seite der Antinomien zu

157 Helsper (1996) arbeitet hier auch typische Spannungsverhältnisse heraus, in denen sich Lehrer/innen in ihrer beruflichen Praxis bewegen. Diese sind für die Diskussion an dieser Stelle jedoch weniger relevant, weshalb ich darauf nicht weiter eingehen werde. Ich beziehe mich auf Helspers Verständnis von Antinomien im Sinne eines heuristischen Begriffs.

betonen oder beide Seiten in widersprüchlicher Einheit zur Geltung zu bringen“ (ebd. 2014a: 184). Dafür benötigen Politiklehrer/innen, so May, insbesondere „Unterrichtskompetenz“ (ebd. 2014b: 594), demzufolge sie Handlungsdilemmata in der Interaktion im Unterrichtsgeschehen ausbalancieren können müssen. Dies setzt auch eine „Planungskompetenz“ (ebd. 2014b: 594) voraus, um vorwegnehmend Paradoxien in der Planung einer Unterrichtsstunde mitzudenken und auszutarieren. Dafür brauchen Politiklehrer/innen wiederum grundsätzlich eine „Reflexionskompetenz“ (ebd. 2014b: 594). Entsprechend müssen Politiklehrene einen „reflexiven Habitus“ (ebd. 2014b: 594) entwickeln, um sich der Spannungsverhältnisse, in denen sich ihre Lehrpraxis bewegt, bewusst zu sein und den eigenen Unterricht vor diesem Hintergrund reflektieren zu können. Dieser reflexive Habitus ist damit als Teil eines professionellen Lehrer/innenhabitus zu verstehen. Mit Blick auf die Ergebnisse der vorliegenden Untersuchung deutet sich dies vor allem im Modus des Gestaltens und Verdeutlichens einer widersprüchlichen Lehrpraxis (Typ 3 / Typik III) an. Hier ist zu erkennen, dass den Politiklehrern/innen bewusst ist, dass sie den zu ihrer Demokratielehrpraxis widersprüchlichen Anforderungen nicht ausweichen können und sie aus diesem Grunde situativ von ihrer Demokratielehrpraxis abweichen müssen, um den Anforderungen an ihren Politikunterricht auch gerecht zu werden.

Einen weiteren Ansatz zur theoretischen Reflexion bietet Bohnsack als Teil seiner Auseinandersetzung mit Professionalisierung aus praxeologischer Perspektive (Bohnsack 2020: 30 ff.). Darin fasst er die Bearbeitung von Spannungen zwischen Norm und Habitus als Teil professionellen Handelns. Damit werden normative Anforderungen und Erwartungen von den Lehrern/innen vor dem Hintergrund ihres Lehrer/innenhabitus erfahren (ebd. 2017: 55). Erst dadurch bekommen Normen handlungspraktisch eine Bedeutung zugesprochen und werden als diskrepant erlebt. Das heißt, das wahrgenommene Spannungsverhältnis resultiert aus dem Deuten der Normen durch den eigenen Lehrer/innenhabitus. Die normativen Anforderungen und Erwartungen werden dementsprechend je nach Lehrer/innenhabitus anders erfahren und entfalten dadurch eine andere handlungspraktische Relevanz für die Lehrer/innen (vgl. Bonnet/Hericks 2019: 105 ff.).

Bohnsack unterscheidet zwischen Normen als Teil von „in den Common-Sense-Theorien explizierten Motivkonstruktionen zur Handlungspraxis“ (ebd. 2017: 54), normativen Erwartungen der Organisation Schule (z. B. der Bewertung durch Noten) als handlungs- bzw. verfahrensbezogenen Normen, und „Identitätsnormen“ (ebd. 2017: 54, 2020: 30 f.), die eine „Auseinandersetzung mit von außen herangetragenen Fremdbildern“ (Bonnet/Hericks 2019: 106) induzieren. Das heißt, es kann zu Spannungen zwischen Lehrer/innenhabitus und Normen kommen, die erstens) Teil der eigenen Motive oder Begründungen für das eigene pädagogische Handeln von Lehrern/innen sind (d. h. es kommt zu Spannungen zwischen Orientierungsschemata und -rahmen), die zweitens) normative

Erwartungen seitens der Organisation Schule darstellen, wie sie sich in der vorliegenden Studie zum Beispiel durch Lehrplan- und Prüfungsvorgaben im Fach Politik abzeichnen, oder die sich drittens) als Identitätsnormen erweisen, wie wenn durch Schulleitung, Lehrer/innen oder andere schulische Akteure/innen normative Erwartungen an das pädagogische Handeln der Politiklehrer/innen gerichtet werden. Identitätsnormen können dabei als „Fremd- oder Selbstzwang" (Bohnsack 2014a: 102) erfahren werden. Dies wird in der vorliegenden Studie im Fall des Politiklehrers Stephan Fischer deutlich, der die Erwartung der Schulleitung und Kollegen/innen, als Lehrer wesentlich autoritärer aufzutreten und sein Verhältnis mit den Schülern/innen hierarchischer zu gestalten (d. h. sich eher am Selbstbild eines Politiklehrers als Demokratieexperten im propositionalen Sinne auszurichten) als Fremdzwang erfährt (siehe exemplarische Vertiefung Typ 6 / Typik III in Kapitel 4.4.6).

Wie auch im Verständnis von Helspers Antinomien als konstitutives Element pädagogischer Handlungspraxis geht Bohnsack davon aus, dass es zu „eine[r] notorischen Diskrepanz zwischen den (...) normativen Erwartungen der Organisation und der Konstitution einer gemeinsamen Praxis mit der Klientel im Sinne eines konjunktiven Erfahrungsraums" (ebd. 2020: 31) kommt, die durch eine „interaktiv-routinisierte [Praxis] zu praktizierender Entscheidungen" (ebd. 2020: 31) bewältigt werden muss. Ein „handlungspraktisch[es] und letztlich habitualisiert[es]" (ebd. 2020: 30) Bewältigen von Spannungen zwischen Habitus und Normen ist, so Bohnsack, als Teil professionellen pädagogischen Handelns zu fassen. Insofern handeln Lehrer/innen professionell, die eine gewisse Routine im Umgang mit Spannungen zwischen Norm und Habitus entwickeln, so wie es sich auch in den Modi des Umgangs mit Anforderungen an den Politikunterricht (mit Ausnahme von Typ 6) zeigt. Im Fall von Typ 1 *Modus des Nachdenkens und Entwerfens von Umgangspraktiken* sind die Politiklehrer/innen von mit für sie neuen Anforderungen betroffen, wobei deutlich wird, dass ihre bisherigen Routinen zur Bewältigung nicht greifen und sie im Prozess sind, neue Umgangspraktiken zu etablieren. In den modi operandi der Typen 2 bis 5 handelt es sich um wiederkehrende und/oder bestehende Anforderungen an den Politikunterricht der Politiklehrer/innen, für die sie Routinen der Bewältigung entwickelt haben. Eine Ausnahme bildet der Umgangsmodus von Typ 6, demnach die Politiklehrer/innen keine Routine im Umgang entwickeln, sondern sich von den Anforderungen distanzieren und für einen Ausstieg aus der entsprechenden Situation entschieden haben. Das heißt, hier erfolgt keine erfolgreiche Bearbeitung des Spannungsverhältnisses.

Die Bewältigung notorischer Spannungen stellt, so Bohnsack, eine „Prozessstruktur [dar], welche sich interaktiv innerhalb organisationaler konjunktiver Erfahrungsräume entfaltet und diese zugleich mitkonstituiert" (ebd. 2020: 32) – das heißt, der Organisationszusammenhang, in dem Politiklehrer/innen agieren, hat eine Bedeutung für ihren Umgang mit den Anforderungen an den

Politikunterricht, und umgekehrt hat auch ihre Umgangsweise einen Einfluss auf den jeweiligen Organisationszusammenhang. Dies deutet sich beispielsweise im Fall der Politiklehrerin Anja Krause an (siehe empirische Vertiefung Typ 1 / Typik III in Kapitel 4.4.1), die mit ihrer Umgangspraktik, andere Kollegen/innen an ihrer neuen Schule einzubeziehen um fachübergreifende Demokratie-Lehransätze zu etablieren, scheitert und aufgrund dessen eine neue Umgangspraktik entwickeln muss. Damit hat der konkrete Organisationszusammenhang, in dem sie sich bewegt, einen entscheidenden Einfluss auf ihre Umgangsweise.

Darüber hinaus hat Amling in den Diskurs zum Umgang mit Spannungsverhältnissen zwischen Normen und dem Lehrer/innenhabitus eine lerntheoretische Perspektive zur Reflexion eingebracht (vgl. Amling 2019). Er bezieht sich dabei unter anderem auf Faulstich und Grotlüschen, die im Anschluss an Holzkamp Diskrepanzerfahrungen als Anlass für Lernprozesse verstehen (vgl. Faulstich/Grotlüschen 2006). Der Theorie nach treffen Subjekte in ihrer Tätigkeit auf Hindernisse und Probleme und erfahren dabei, dass ihre Handlungsroutinen und ihr Erfahrungswissen nicht mehr ausreichen um diese zu bewältigen. Für eine Bewältigung müssen Subjekte aus dieser konkreten Problematik im Handeln eine „*Lernproblematik* ausgliedern" (Holzkamp 1995: 212, Hervorhebung aus dem Original übernommen). Dafür ist es gemäß Holzkamp nicht ausreichend, wenn eine Diskrepanz zwischen dem „Vorgelernten" (ebd. 1995: 212) (Vorwissen, bisherige Handlungsroutinen) und dem „Lerngegenstand" (ebd. 1995: 212) (die zu bewältigende Handlungsproblematik) objektiv vorliegt, sondern diese Diskrepanz muss auch durch die Subjekte erfahren werden. Die Erfahrung der Handlungsunterbrechung und der damit verbundenen eigenen Unfähigkeit, das Hindernis zu bewältigen (Diskrepanzerfahrung) wird damit zum Lernimpuls und „zur Begründung für eine Lernschleife" (Faulstich/Grotlüschen 2006: 56). Dabei geht Amling mit Bezug auf die weitere Ausarbeitung durch Grotlüschen (2010) davon aus, dass die Wahrnehmung der Diskrepanzerfahrung und damit auch das Lerninteresse durch „eine spezifische implizite Perspektivität – oder eben einen Habitus – bedingt [ist]" (Amling 2019: 131). Wie auch Bohnsack ausführt, werden somit nicht alle normativen Erwartungen durch die Politiklehrer/innen als zu bearbeitende Anforderungen erfahren, sondern nur jene, die für ihre Demokratie-Lehrpraxis ein Hindernis bzw. Problem darstellen. Nur diese Anforderungen werden vor dem Hintergrund eigener Handlungsorientierungen (als Teil ihres Lehrer/innenhabitus) als diskrepant erfahren. Im Vergleich zu Bohnsack geht Amling jedoch davon aus, dass nicht Routinen im Umgang mit Spannungsverhältnissen zwischen Norm und Habitus in der Bewältigung der Handlungsproblematik helfen, sondern hier vielmehr Lern- bzw. Professionalisierungsprozesse erforderlich sind. Dabei sind aber auch diese nur vor dem Hintergrund des spezifischen Lehrer/innenhabitus zu verstehen und zugleich immer auch an Praxistätigkeit gebunden.

Diese lerntheoretische Perspektive richtet somit den Blick weniger darauf, welche Umgangspraktiken als professionelle Handlungspraktiken zu verstehen sind, sondern sieht die Erfahrung von Diskrepanzen zwischen Anforderungen an den Politikunterricht und den eigenen Vorstellungen und Praktiken von Demokratielehre als Impuls für einen Lern-/Professionalisierungsprozess der Politiklehrer/innen, der auch Gelegenheit bietet, sich mit der eigenen Demokratielehrpraxis zu befassen.

Im anschließenden Abschnitt werde ich die schon angeklungene Organisationsperspektive noch einmal gesondert aufgreifen und die Organisation Schule als Möglichkeits- bzw. Begrenzungsraum für Demokratielehre betrachten.

5.2.5 Die Organisation Schule als Möglichkeits- bzw. Begrenzungsraum für Demokratielehre

Theoretisch betrachtet erscheint es nicht verwunderlich, dass Politiklehrer/innen immer wieder Spannungsverhältnisse zwischen Normen, die als Anforderungen an sie gerichtet sind, und ihrer Demokratielehrpraxis in Politikunterricht und Schule bearbeiten müssen. Mit der Frage, wie Demokratielehre in Politikunterricht und Schule zu gestalten sei, befinden sie sich grundsätzlich in einer ‚anspruchsvollen Position' (Nonnenmacher 2009: 272). Denn die Schule in Deutschland ist zwar in einem demokratisch verfassten System institutionalisiert, auch findet ein „öffentlicher Diskurs um die Ausgestaltung der Schulen statt" (ebd. 2009: 270), aber sie ist dennoch keine vollends demokratisch geführte Organisation. Vielmehr hat sie neben Bildung und Erziehung eine gesellschaftliche „Funktion der Normierung" (ebd. 2009: 271). Das heißt, Schüler/innen werden gesellschaftliche Werte vermittelt mit dem Ziel, diese zu verinnerlichen, um hierdurch zur Selbsterhaltung und Reproduktion der gesellschaftlichen Ordnung beizutragen. Dabei können, so Nonnenmacher, auch Begriffe, die im Kontext von Demokratie-Lernen fallen, wie „selbsttätiges Lernen, Gruppenarbeit, Selbstverantwortliches Lernen in Projekten" in die „Indienstnahme" für eine Qualifikation im „modernen Kapitalismus" (ebd. 2009: 271) gestellt werden. Es gibt natürlich Frei- und Spielräume, aber die kann man als Politiklehrer/in nur entsprechend gestalten, wenn man sich der Tatsache bewusst ist, dass Schule keine vollends demokratisch geführte Organisation darstellt, die zudem gesellschaftliche Funktionen zu erfüllen hat, die im Widerspruch zu einer Befähigung zur Mündigkeit der Schüler/innen stehen. Das heißt, als Politiklehrer/in Demokratielehre in Politikunterricht und Schule zu gestalten, bedeutet per se Widersprüche aushalten zu müssen (vgl. ebd. 2009: 272).

Infolgedessen ist es nicht trivial, den Raum Schule als Gelegenheit für Demokratie-Lernen zu nutzen, so wie es die Demokratiepädagogen/innen vorschlagen. Im Gegenteil muss davon ausgegangen werden, dass viele Schüler/innen hier eher die Erfahrung von Fremdbestimmung denn Mitbestimmung machen. So weist auch de Boer in ihrer Untersuchung der Perspektiven von Schülern/innen zu interaktiven Praktiken des Klassenrats – der in meiner Arbeit ebenfalls von den Politiklehrern/innen als Kontext von Demokratie-Lehrpraktiken beschrieben wird – darauf hin, dass sich die pädagogische Intention der Lehrer/innen oft von den Erfahrungen der Schüler/innen unterscheidet (vgl. de Boer 2006, 2008). „Sichtbar wurde, dass die Auseinandersetzungen im Klassenrat von der Macht der Institution gerahmt werden und sich im Spannungsfeld schulischer Antinomien bewegen" (ebd. 2008: 137).

Für ein professionelles Handeln der Politiklehrer/innen bedeutet dies, dass es gemäß Leser gilt dieses nicht auflösbare Grundspannungsverhältnis zwischen der gesellschaftlichen Funktionalität von Schule und pädagogischen Normen wie der Befähigung zur Mündigkeit „pädagogisch zu bearbeiten" (Leser 2018: 81). Dies setzt ein Verstehen und eine Reflexion der Bedeutung dieses Grundspannungsverhältnisses für die eigene Demokratielehrpraxis voraus, wie sie beispielsweise im Fall der Politiklehrerin Julia Weber deutlich wird (siehe empirische Vertiefung Typ 3 / Typik III in Kapitel 4.4.3). Im Interview zeigt sich, dass ihr sehr wohl bewusst ist, dass sie dieses Grundspannungsverhältnis in ihrer Lehrpraxis nicht auflösen, aber dennoch den Schülern/innen transparent machen kann. Dementsprechend dokumentiert sich bei ihr ein Umgang mit den Anforderungen an den Politikunterricht im Modus des Gestaltens und Verdeutlichens einer widersprüchlichen Lehrpraxis.

Ein anderer Umgang mit diesem Grundspannungsverhältnis wird jedoch möglich, wenn Schule „nicht als vorab formal-geregelte Organisation[] (...) [verstanden wird], sondern als sinnvermittelte und sinnkonstituierte Institution (...), die durch das Handeln schulischer Akteure konstituiert [wird], wobei die darin erzeugten schulkulturellen Strukturen und Regeln wiederum als Möglichkeits- aber auch Begrenzungsraum pädagogischen Handelns" (Helsper 2008a: 116) zu verstehen sind. Dieses Verständnis von Schule verweist darauf, dass Lehrer/innen gemeinsam in ihrer konkreten Schule eine Schulkultur[158] gestalten (können), die

158 Unter Schulkultur wird im Anschluss an Helsper somit mehr als nur die „Schauseite" der Organisation Schule verstanden (d.h. Schulleitbild, -programm, Schulverfassung etc.), sondern vor allem Strukturen und Regeln, die durch das Handeln der schulischen Akteure/innen „generiert, reproduziert bzw. transformiert" (Helsper 2008a: 122) werden. „Strukturen" werden dabei zugleich „dynamisch und als Ausdruck des sozialen Handelns begriffen" (Böhme et al. 2015: 11). Schulkultur ist damit als kollektive, oftmals informelle symbolische Ordnung zu verstehen, die „die Handlungsmöglichkeiten [des/der einzelnen Lehrers/in] einerseits begrenzt und vorstrukturiert (...), andererseits aber auch spezifische Möglichkeitsräume des Handelns eröffnet (...)" (Helsper 2008a: 122). Dabei ist die Schulkultur einer Schule nicht als „homogen" oder „einheitlich" (ebd. 2008a: 127) zu verstehen, sondern vielmehr gibt es unterschiedliche Gruppierungen von Lehrern/innen, die „unterschiedliche pädagogische Sinnentwürfe, Praktiken und Regeln repräsentieren", die „in den schulischen informellen und institutionalisierten Entscheidungs- und Aushandlungsarenen" (ebd. 2008a: 127) verhandelt werden. Dabei dominieren gemäß Helsper

Demokratielehre ermöglicht oder begrenzt. Mit dieser Perspektive wird dem/der einzelnen (Politik-)Lehrer/in mehr Handlungsfähigkeit im Umgang mit dem Grundspannungsverhältnis zugesprochen. Er/sie muss es nicht nur aushalten, sondern kann aktiv eine Schulkultur mitgestalten, die eine Demokratielehre in Unterricht und Schule ermöglicht.

In den Umgangspraktiken der Politiklehrer/innen wird Schulkultur als Möglichkeits- oder Begrenzungsraum für ihre Demokratielehre durchaus deutlich, wenn wie im Fall des Politiklehrers Stephan Fischer normative Erwartungen von Schulleitung und Kollegen/innen an seine Lehrpraxis gestellt werden, die er als gegensätzlich zu seiner Demokratielehrpraxis erlebt (siehe empirische Vertiefung Typ 6 / Typik III in Kapitel 4.4.6). In seiner Schule ist entsprechend eine Schulkultur zu vermuten, die nicht mit seinen Orientierungen des Demokratielehrens übereinstimmt und von ihm folglich als zusätzliche Belastung für sein pädagogisches Handeln erfahren wird. Umgekehrt wird im Fall des Politiklehrers Thomas Schröder dagegen deutlich, dass die Absprachen, die im Kollegium getroffen werden, die einzelnen Lehrer/innen in ihrer Lehrpraxis von einschränkenden Anforderungen durch den Lehrplan entlasten (siehe empirische Vertiefung Typ 5 / Typik III in Kapitel 4.4.5). Das heißt, die kollektive Regelpraktik des Absprechens in der Schule von Thomas Schröder ermöglicht, dass er seine Demokratielehrpraxis ohne Einschränkungen umsetzen kann. Er erfährt somit im Kollegium Unterstützung und kann auf kollektive Entlastungspraktiken zurückgreifen.

Im Fall der Politiklehrerin Anja Krause, die von Hessen an eine Schule in Thüringen gewechselt ist, deutet sich in der Ablehnung ihres Bemühens um kollektive Absprachen zur Gestaltung von Projekttagen etc. als erweiterter Rahmen für Demokratielehre (in Ergänzung zum Politikunterricht) durch die Kollegen/-innen an, dass dort eine Schulkultur wie an Thomas Schröders Schule nicht üblich ist (siehe empirische Vertiefung Typ 1 / Typik III in Kapitel 4.4.1). Vielmehr erlebt Anja Krause, dass ihr Bemühen um kollektive Absprachen nicht anschlussfähig ist und sie individuell eine Umgangsweise finden muss (entsprechend dokumentiert sich bei ihr ein Modus des Nachdenkens und Entwerfens von Umgangspraktiken mit den Anforderungen an den Politikunterricht).

Dieses Zusammenwirken von Schulkultur und Demokratielehre zeigt sich auch in weiteren Fällen dieser Studie. In diesen wird deutlich, dass die Politiklehrer/innen auf eine spezifische Schulkultur an ihrer Schule treffen und an diese entweder mit ihrem beruflichen Lehrer/innenhabitus (und als Teil dessen ihren Orientierungen zu Demokratielehren) anschließen oder aber im Zuge von Diskrepanzerfahrungen erleben, dass kein Passungsverhältnis vorliegt. Wenn sie an die spezifische Schulkultur einer Schule anschließen können, ist davon auszugehen, dass diese als unterstützend für die eigene Lehrpraxis erfahren wird. Ist ein

---

bestimmte Sinnentwürfe dann die Schulkultur. Entsprechend kann sich die Schulkultur einer Schule auch verändern und ist nicht als statisch zu verstehen (ebd. 2008a: 127 f.).

solcher Anschluss nicht möglich, bleiben Lehrer/innen mit ihrer Lehrpraxis in der Minderheit oder aber es kann im Extremfall dazu führen, dass ein Politiklehrer wie Stephan Fischer die Schule wechselt.

Helsper geht entsprechend davon aus, dass „pädagogische Lehrerprofessionalität und der Prozess der Professionalisierung (...) entscheidend dadurch mitkonstituiert [wird], in welcher symbolischen pädagogischen Sinnordnung der jeweiligen Schulkultur die Lehrer agieren" (Helsper 2008a: 116). Die Schulkultur einer Schule bildet gemäß Helsper einen „Professionalisierungsraum" (ebd. 2008a: 129) bzw. in der Sprache der praxeologischen Wissenssoziologie einen konjunktiven Erfahrungsraum für die Lehrer/innen. Dabei werden (insbesondere neue) Lehrer/innen mit „Anforderungen konfrontiert, die ihre Professionalisierung erheblich unter Druck setzen und bis hin zu Deprofessionalisierungstendenzen reichen können" (ebd. 2008a: 129). Das heißt, Anforderungen durch die Schulkultur können zu einer Bestätigung, Stabilisierung oder Transformation der impliziten Handlungsorientierungen zu Demokratielehren führen, jedoch nicht zwangsläufig zu einer professionelleren Demokratielehrpraxis. Im Gegenteil kann es, wie Helsper hinweist, auch zu Deprofessionalisierungen kommen.

Ich schließe daraus, dass es sinnvoll ist, neben einer Professionalisierung der Demokratielehre der einzelnen (Politik-)Lehrer/innen auch die Entwicklung einer entsprechenden Schulkultur in den Blick zu nehmen – so wie es durchaus von den Demokratiepädagogen/innen (siehe zum Beispiel Beutel 2016) verfolgt wird.

Im Folgenden sollen nun aus der Diskussion der Ergebnisse Implikationen für die Lehrer/innenbildung abgeleitet werden.

5.2.6 Implikationen für die Lehrer/innenbildung

Laut Schneider und Gerold (2018: 8) braucht es für die schulische Demokratiebildung eine entsprechende Aus- und Fortbildung der Lehrer/innen, da – wie May konstatiert – in den Schulen noch zu oft ein „lehrerzentrierter und kognitiv verengter Unterricht anzutreffen ist, der es nicht vermag, die Lebenswelt der Schüler(innen) mit den makropolitischen Strukturen zu verknüpfen" (May 2018: 52). Diese Einschätzung kann angesichts der Ergebnisse dieser Studie durchaus bestätigt werden (wenn auch nicht hinsichtlich der Verbreitung dieser Problematik). Daher möchte ich mich dem Plädoyer von Achour, Lücke und Pech (2020) anschließen, die sich für eine nachhaltige Verankerung von Demokratiebildung in der Lehrer/innenbildung einsetzen. Lehrer/innenbildung wird dabei als Oberbegriff genutzt für die Ausbildung von Lehrern/innen in der ersten Phase (Studium) und in der zweiten Phase (Referendariat) sowie für die berufsbegleitende Fortbildung von Lehrkräften in der Praxis. In allen drei Phasen sollte sie der Entwicklung von Professionalität der (angehenden) Lehrer/innen dienen. Zur

Frage, wie die Lehrer/innenbildung in diesen drei Phasen ausgestaltet werden sollte, möchte ich ausgehend von den Problemlagen, die sich in der Diskussion der Ergebnisse dieser Studie abzeichnen, Implikationen und Anregungen dazu ableiten – womit ich auf die dritte Frage dieser Studie zu sprechen komme.

Die Problematiken, die sich in den Demokratie-Lehrpraktiken abzeichnen, in denen sich ein implizites Selbstbild des Politiklehrers/in als Demokratieexperte/-in im propositionalen Sinne (Typ 1 / Typik II) dokumentiert (siehe politikdidaktische Reflexion in Kapitel 5.2.1), verweisen auf die Notwendigkeit einer pädagogischen und fachdidaktischen Aus- bzw. Fortbildung von Politiklehrkräften. Es reicht nicht aus, dass sich Politiklehrende als Demokratieexperten/innen im propositionalen Sinne verstehen und Demokratielehre als Wissensvermittlung gestalten, um dem Bildungsziel des Faches Politik gerecht zu werden und Schüler/innen zur Wahrnehmung ihrer Bürger/innenrolle in der Demokratie zu befähigen. Auch die demokratiepädagogische Reflexion der Ergebnisse (siehe Kapitel 5.2.2) verweist darauf, dass ein Demokratielehren im weiteren schulischen Rahmen, das Demokratielernprozesse bei den Schülern/innen initiieren möchte, von einem impliziten Selbstbild als Demokratielernbegleiter/in im performativen Sinne (Typ 2 / Typik II) angeleitet sein muss. Nicht zuletzt die Bewertung der handlungsleitenden Orientierungen zu Demokratielehren vor dem Hintergrund der Anforderungen an einen professionellen Lehrer/innenhabitus zeigt, dass Demokratie-Lehrpraktiken, in denen sich ein implizites Selbstbild des/der Politiklehrers/in als Demokratieexperte/in im propositionalen Sinne dokumentiert, professionalisierungsbedürftig sind.

Problematisch ist an Demokratie-Lehrpraktiken, in denen sich ein solches Selbstbild des/der Politiklehrers/in zeigt, dass der hierin angelegte Fokus auf eine Vermittlung von Wissen *über* Demokratie, das von dem/der Politiklehrer/in ausgeht, gerichtet ist. Wissensvermittlung wird dabei vor allem als Wissensübertragung von dem/der Lehrer/in auf die Schüler/innen verstanden. Darin kommt vor allem ein Bezug auf die eigene Fachlichkeit zum Ausdruck. Nur unzureichend ausgeprägt ist dagegen ein performatives Wissen über die Gestaltung und Begleitung von Demokratie-Lehr-Lernprozessen, bei denen Fach- bzw. Erfahrungswissen verknüpft wird mit Kompetenzen der fachdidaktischen Inszenierung, um einen kommunikativen Anschluss an das Vorwissen und Interesse der Schüler/-innen zu realisieren. Damit misslingt den Politiklehrern/innen die Kommunikation mit Schülern/innen als „fachlichen Laien" (Hericks et al. 2020: 10) in ihrer Demokratie-Lehrpraxis. Dies stellt jedoch eine „professionelle Aufgabe" (ebd. 2020: 10) von Fachlehrern/innen im Fachunterricht dar.

Notwendig sind hierfür zudem auch Kenntnisse über die Aneignungsperspektiven der Schüler/innen, um sie mit Demokratielehre im Politikunterricht zu erreichen, eine Beziehung zu ihnen herzustellen und im Zuge dessen Lerngelegenheiten für diese zu schaffen. Damit entsprechen Demokratie-Lehrpraktiken gemäß dem Selbstbild des/der Politiklehrers/in als Demokratieexperten/in im propositionalen Sinne nicht den Professionalitätsansprüchen der Politikdidaktik und Demokratiepädagogik sowie anschlussfähigen professionstheoretischen Ansätzen zu Lehrkräften.

Mit Blick auf die pädagogische und politikdidaktische Lehrer/innenbildung sollte, wie von Petrik bereits begonnen, selbstkritisch danach gefragt werden, „wie groß die Kluft zwischen unserem beachtlichen Fundus an didaktischen, methodischen und lernpsychologischen Werkzeugen und deren faktischen Lehrstandards ausfällt“ (Petrik 2009: 58). Petrik kritisiert, dass seiner Wahrnehmung nach insbesondere Hochschullehre oft dominiert ist durch „traditionell rezeptiv angelegte Vorlesungen und Seminare, in denen einzelne umfangreiche Wissensbestände vortragen, die Mehrheit zuhört, zurückfragt und eventuell (...) diskutiert“ (ebd. 2009: 58). In dieser Beobachtung von Petrik wird deutlich, dass Dozenten/innen in der Hochschullehre selbst allzu oft ein implizites Selbstbild des/der Fachexperten/in im propositionalen Sinne mit ihrer Lehrpraxis vermitteln und Lehramtsstudierende somit selten andere Erfahrungen machen. Dabei kann der Eindruck entstehen, dass eine solche Lehrpraxis alternativlos ist. Petrik plädiert daher dafür, dass Studierende auch in der Hochschullehre erfahrungsorientierter pädagogisches und politikdidaktisches Wissen lernen, und eine entsprechende Lehre angeboten wird (ebd. 2009: 58)[159]. Ich kann mich dem nur anschließen und nochmals darauf verweisen, dass ich mich an anderer Stelle bereits für partizipative Ansätze in der politikdidaktischen Hochschullehre ausgesprochen habe, die stärker aus der Sicht der Studierenden und ihrer Lern-/Professionalisierungsbedarfe gedacht werden (vgl. Kessler 2015).

Vor dem Hintergrund der Ergebnisse der vorliegenden Studie halte ich auch allein das Vermitteln moderner, kooperativer Lernformen, schüler/innenorientierter und handlungsorientierter Methoden oder anderen schulischen Formaten der Demokratiebildung in der Lehrer/innenbildung für nicht ausreichend, um grundlegend die Lehrpraxis dieser Politiklehrer/innen zu verändern und/oder zu professionalisieren. Denn dann kommt es nur zu den beschriebenen Inkonsistenzen von Orientierungsschemata und -rahmen, was dazu führt, dass die Politiklehrer/innen zwar mit modernen Methoden arbeiten, aber diese nicht zu ihrem Demokratielehrmodus bzw. impliziten Selbstbild passen und sie diese infolgedessen uminterpretieren und verformen. Damit werden die Ziele dieser Methoden und Ansätze karikiert. Diese Einschätzung wird auch von Grammes geteilt, der ständig neue, innovative Projekte und „euphorische Erfolgsstories, die Misserfolge und Probleme kaschieren“ (Grammes 2010: 217) als nicht hilfreich erachtet. Vielmehr muss sowohl die politikdidaktische als auch die demokratiepädagogische Lehrer/innenbildung einen Fokus auf die Etablierung einer „professionelle[n] Reflexionskultur“ (ebd. 2010: 217) legen. Damit kann Helspers

159 Petrik hat dafür ein entsprechendes Konzept in seinem Aufsatz ausgearbeitet (vgl. Petrik 2009: 70 ff., 2012)

Forderung nach einer Stärkung von Reflexion als fester institutionalisierter Bestandteil der Lehrer/innenbildung nur wiederholt werden, und zwar sowohl in der Ausbildung als auch begleitend zur Berufspraxis in Form von „Reflexionsräumen und -zeiten im Rahmen der Einzelschule" (Helsper 2002: 82). Dabei darf es nicht bei vereinzelten Momenten der Reflexion von Lehrer/innenhandeln bleiben, sondern es muss sich, so Helsper, eine „Routine der Reflexion" (ebd. 2008b: 166) etablieren. Nur hierdurch kann eine Professionalisierung des Lehrer/innenhandelns – auch von Politiklehrern/innen – vorangetrieben werden.

Angehenden wie berufserfahrenen Politiklehrenden sollte daher mehr Gelegenheit zur Reflexion der eigenen Demokratielehrpraxis als (angehende) Lehrkraft bzw. auch von Demokratielehrerfahrungen als Schüler/in in Politikunterricht und Schule gegeben werden, damit sie sich ihren hier zugrundeliegenden impliziten Orientierungen annähern können. Dies wird vor allem dann relevant, wenn angehende Lehrkräfte in die Praxis wechseln und sie einen beruflichen Lehrer/innenhabitus oder, wie Kramer es formuliert, einen „Habitus des praktischen Könnens" (Kramer 2020: 53) entwickeln. Dies ist bisher aber noch viel zu selten der Fall, wie unter anderem der Blick in das 6. Jahrbuch Demokratiepädagogik *Demokratische Schule als Beruf* verdeutlicht, das sich zentral mit Demokratiebildung in der Lehrer/innenbildung beschäftigt. Reflexion als Teil solch einer Lehrer/innenbildung wird dort nur ganz am Rande thematisiert, was aber natürlich nicht ausschließt, dass es derartige Ansätze in der Praxis durchaus doch gibt. Im politikdidaktischen und schulpädagogischen Diskurs ist das Thema Reflexion der eigenen Lehr-/Unterrichtspraxis als zentrale Notwendigkeit in der Lehrer/innenbildung dagegen sehr wohl angekommen und wird dort diskutiert (siehe u.a. Berndt et al. 2017; Besand 2009; Langner 2013; Manzel 2013; Petrik 2009; Reinhardt 2009).

Doch selbst dann, wenn es institutionalisierte Ansätze für eine Reflexion eigener (Demokratie-)Lehrpraxen gibt, bedeutet dies nicht, dass es sich hier um ein leichtes Unterfangen handelt. Zum einen sind der eigene Demokratielehrmodus und das eigene implizite Selbstbild als Teil des beruflichen Lehrer/innenhabitus nicht ohne weiteres den Politiklehrer/innen selbst zugänglich (vgl. Bohnsack 2020: 22). Gemäß Bohnsack können nur distanzierte Beobachter/innen diesen beschreiben und analysieren. Lehrer/innen selbst können sich diesen dagegen nicht durch eigene theoretische Analyse erschließen (vgl. ebd. 2020: 22). Damit sind (angehenden) Lehrern/innen gegebenenfalls bestimmte Aspekte ihrer Demokratie-Lehrpraxis im Politikunterricht, die der/die Beobachter/in als professionalisierungsbedürftig wahrnimmt, auch nicht bewusst – wie es etwa Wille als Fachleiter in der schulpraktischen Lehramtsausbildung in Nordrhein-Westfalen erlebt hat (vgl. Wille 2013: 155). Dementsprechend braucht es die Außenperspektive des/der Beobachters/in, um einen Zugang zu den eigenen handlungsleitenden Orientierungen zu erlangen und diese kritisch-reflexiv vor dem Hintergrund von Professionalitätsvorstellungen zu bewerten.

Zum anderen können Diskrepanzerfahrungen, ausgelöst durch für die eigene Lehrpraxis als ein- bzw. beschränkend erlebte Anforderungen an den Politikunterricht, einen Anlass für Lern- bzw. Professionalisierungsprozesse darstellen. Dann greifen nämlich Handlungsroutinen in der Demokratie-Lehrpraxis der Politiklehrer/innen nicht mehr und es entsteht ein Lern-/Professionalisierungsimpuls, ausgehend von dem sich Politiklehrer/innen mit ihrer Lehrpraxis befassen und nach einer Umgangspraktik mit den Anforderungen suchen. Damit es hier zu Lern-/Professionalisierungsprozessen kommt, müssen – als eine Grundvoraussetzung für eine Reflexion der eigenen (Demokratie-)Lehrpraxis – Politiklehrer/innen offen dafür sein, sich in ihren alltäglichen Lehr-/Unterrichtspraxen irritieren zu lassen und auch den Anreiz haben, diese zu professionalisieren (vgl. Hinzke 2018: 474). Darüber hinaus sollte man sich bewusst sein, dass die Bildung eines professionellen Politiklehrer/innenhabitus sowohl viel Erfahrung in der Lehrpraxis als auch eine ständige Reflexion dieser erfordert. Erst aus dem Wechselspiel von Praxis und Reflexion kann sich ein professioneller Politiklehrer/innenhabitus entwickeln (vgl. Reinhardt 2002: 47).

Im Weiteren möchte ich ausgehend vom Diskurs einige Anregungen geben, wie eine solche Reflexion eigener Lehrpraxen und insbesondere des hier zugrundeliegenden impliziten Wissens initiiert werden kann.

Im *Lehramtsstudium* kann eine Reflexion der für ein Demokratielehren handlungsleitenden Orientierungen durch Biographiearbeit, die Arbeit mit Fällen aus der Lehr-/Unterrichtspraxis und eine Begleitung der Praxisphasen angebahnt werden, was ich im Folgenden anhand von Beispielen aus der Praxis veranschaulichen möchte.

Petrik gibt in seinem Vorschlag für eine politikdidaktische Hochschullehre ein Beispiel für die Selbstreflexion der Studierenden mittels biografischen Materials, wie persönlichen Gegenständen oder Bildern, die die Studierenden an ihren eigenen erlebten Politikunterricht erinnern, und die einen Ausgangspunkt darstellen für eine Auseinandersetzung mit ihren eigenen schulischen Erfahrungen (vgl. Petrik 2009: 75). Ausgehend davon arbeitet Petrik in seiner eigenen Lehre mit typischen Zitaten der Politiklehrer/innentypen aus Henkenborgs Studie zu Alltagsphilosophien (siehe u. a. Henkenborg 2006), um den Studierenden „a) erlebte Lehrertypen im eigenen Politikunterricht kritisch in Erinnerung zu rufen und b) eigene implizite politikdidaktische Vorstellungen bewusst zu machen" (ebd. 2009: 75). Andere Beispiele zur biographischen Arbeit mit Studierenden, die zu einer Selbstreflexion anleiten, gibt unter anderem Besand (2009).

Beispiele der Integration einer Reflexion von Demokratielehrpraxis – fremder oder eigener – finden sich unter anderem in der Integration der Demokratiebildung in der Lehrer/innenausbildung an der Friedrich-Schiller-Universität Jena im Rahmen des Jenaer Modells (siehe Beutel/Möllers 2009; May 2014a: 185 ff., 2018) sowie spezifisch in der Politikdidaktik, die einen Schwerpunkt auf das „Prinzip didaktische Fallarbeit" (May 2018: 56) legt. Hier wird neben einer inhaltlichen Einführung in die Demokratiebildung auch eine Lehrveranstaltung angeboten, in der ausgewählte Fälle gelungener und problematischer Unterrichtspraxen theoretisch mit Hilfe wissenschaftlicher Theorien reflektiert werden und Handlungsalternativen entwickelt werden (siehe Seminarbeispiele in ebd. 2018: 56 ff., sowie in ebd. 2014a: 188 f.). Die forschende Begleitung von Erfahrungen Studierender in der Auseinandersetzung mit Ungewissheitssituationen anhand von Videofällen im Rahmen des Lehramtsstudiums an der Universität Hamburg verweist darauf, dass die Arbeit mit Fällen durchaus Irritationen bei den Studierenden auslösen kann. Zumindest bei den aktiv am Seminar beteiligten Studierenden konnte ein Einlassen auf und Bearbeiten dieser Irritationen festgestellt werden (vgl. Paseka et al. 2018), worin sich potenzielle Lernprozesse andeuten.

Teil der Demokratiebildung in der Lehrer/innenbildung im Jenaer Modell ist auch ein Angebot für Studierende zur Reflexion ihrer eigenen Demokratielehrerfahrungen während bzw. im Anschluss an das Praxissemester (vgl. Beutel/Möllers 2009: 82). Dabei liegt ein Fokus darauf, „sich mit den Schwierigkeiten und Ambivalenzen [zu] beschäftigen" (May 2018: 55). Diese Reflexion von Praxisphasen ist zwingend notwendig, damit angehende Politiklehrer/innen nicht einfach Orientierungen aus ihrer Schulzeit unreflektiert übernehmen (vgl. u. a. Kosinár 2017). Solche begleitenden Lehrveranstaltungen sollten gerade die Möglichkeit nutzen, die Krisen und Praxiszwänge bieten, die die Studierenden als Lehrende in der Schule erleben, um diese gemeinsam zu reflektieren (vgl. Hericks 2015). Dafür braucht es ausreichend Zeit, um Erfahrungen und insbesondere krisenhafte Momente nachzuvollziehen und gemeinsam mit anderen auch über Handlungsalternativen nachzudenken.

Aus meiner eigenen Erfahrung der Einbindung von Lehramtsstudierenden im Fach Sozialkunde an der Friedrich-Schiller-Universität Jena in der Erhebung und Auswertung der Interviews mit den Politiklehrern/innen im Zuge einer Lehrveranstaltung kann ich ein forschendes Lernen in der Lehrer/innenbildung nur empfehlen, das Studierenden die Möglichkeit gibt, sich aus der Perspektive des/der Forschenden mit fremder Lehr-/Unterrichtspraxis auseinanderzusetzen. Meiner Beobachtung nach gibt die Einbindung in die Interviewführung und auch die Interpretation der Interviewdaten, durch die sie mit den Demokratie-Lehrpraktiken unterschiedlicher Politiklehrer/innen konfrontiert werden, den Studierenden Impulse zum Durchdenken der eigenen erlebten Lehrpraxis bzw. erster eigener Erfahrungen als Lehrkraft in der Schule. Insbesondere die gemeinsame Interpretation und der Austausch unterschiedlicher Perspektiven auf das empirische Material in der Forschungswerkstatt im Seminar kann eine Reflexion eigener Schul- und Unterrichtserfahrungen anbahnen. Hierdurch können durchaus bei den Studierenden auch Irritationen ausgelöst werden, die es ihnen ermöglichen, ihren eigenen impliziten Demokratielehrorientierungen näherzukommen. Darüber hinaus können die Studierenden hier auch interpretierende und hermeneutische Fähigkeiten aufbauen. Das Potenzial von forschendem

Lernen für die Professionalisierung von angehenden Lehrer/innen wird auch durch eine Untersuchung von Paseka und Hinzke (2018) bestätigt, die Erfahrungen Studierender, die an einer Forschungswerkstatt in der Lehramtsausbildung an der Universität Hamburg teilgenommen haben, rekonstruiert haben. Dabei muss forschendes Lernen in der Lehramtsausbildung aber auch mehr sein als eine reine sozialwissenschaftliche Methodenausbildung.

Während des *Referendariats* und *begleitend zur Berufspraxis* bietet sich eine Arbeit an der konkreten Lehr-/Unterrichtspraxis von Politiklehrern/innen an. Denn Politiklehrer/innen, die in die Berufspraxis wechseln, entwickeln dort ausgehend von ihrem primären Herkunftshabitus und ihrem Schüler/innenhabitus einen beruflichen Lehrer/innenhabitus (vgl. Helsper 2018b). Dabei sind insbesondere angehende Politiklehrer/innen mit spezifischen Entwicklungsaufgaben konfrontiert, die Lern-/Professionalisierungsprozesse auslösen können (vgl. Hericks 2006). Unterstützend wirkt für eine Professionalisierung von Demokratie-Lehrpraktiken natürlich, wenn bereits im primären Herkunftshabitus und im Schüler/innenhabitus der Politiklehrer/innen eine generelle Lern-/Bildungsorientierung angelegt ist sowie ein optimistischer, aktiver Umgang mit Krisen- und Diskrepanzerfahrungen. Darüber hinaus ist es hilfreich, wenn angehende wie berufserfahrene Politiklehrer/innen bereits während ihres Studiums gelernt haben, „eine reflexive Haltung in Bezug auf ihre Biographie, das Fach und den antizipierten Beruf ein[zu]nehmen" (Hericks et al. 2018a: 267) und somit eine gewisse Vorbereitung schon mitbringen.

Ausgangspunkt für eine Reflexion der eigenen Demokratie-Lehrpraxis kann entweder die Beobachtung der eigenen Praxis durch Dritte oder aber die Beobachtung von Demokratie-Lehrpraktiken anderer, erfahrener Politiklehrer/innen sein (siehe dazu auch Hericks et al. 2018a: 261). Dabei bietet es sich gegebenenfalls auch an, die eigene/fremde Demokratie-Lehrpraxis im Politikunterricht bzw. im weiteren schulischen Kontext zu videographieren, um anschließend eine Grundlage für die gemeinsame Besprechung zu haben. Solch eine anschließende Nachbesprechung sehe ich als dringend notwendig an, um die eigene/fremde Demokratie-Lehrpraxis durchzusprechen und nachzuvollziehen sowie über Irritationsmomente nachzudenken. Die Beobachtung des eigenen/fremden Unterrichts kann helfen, das eigene schulische Alltags- bzw. Erfahrungswissen zu irritieren und sich – insbesondere in der Auseinandersetzung mit konträren Praktiken – den eigenen Demokratielehrmodus und das eigene implizite Selbstbild zu vergegenwärtigen. Dabei sollte man sich jedoch bewusst sein, dass hier die Gefahr besteht – wenn man als Beobachter/in selbst zu sehr in der Praxis verankert ist, ohne diese zu reflektieren – andere dann womöglich vor dem Hintergrund des eigenen Demokratielehrmodus bzw. des eigenen impliziten Selbstbildes zu bewerten (siehe dazu auch meine Selbstreflexion als Forscherin in Kapitel 3.4).

Im Studium, im Referendariat sowie in der Berufspraxis sollte daher begleitend die Möglichkeit genutzt werden, Krisen aus dem Lehr-/Unterrichtsalltag zu reflektieren und zu bearbeiten, da diese konkret Potenzial für eine Professionalisierung bieten (vgl. Hericks 2015). Dabei könnte es hilfreich sein, wenn der Kreis der teilnehmenden Politiklehrer/innen möglichst heterogen ist, um zum einen mit anderen Demokratie-Lehrpraktiken konfrontiert zu werden und zum anderen auch um von den Erfahrungen anderer lernen zu können.

Angenommen, die Demokratie-Lehrpraktiken der Politiklehrer/innen entsprechen bereits dem impliziten Selbstbild des/der Politiklehrers/in als Demokratielernbegleiter/in im performativen Sinne, dann geht es mit Blick auf den spezifischen Modus des Demokratielehrens eher um die Frage, wie die Politiklehrer/innen das Brückenproblem lösen und eine lebensweltliche Demokratielehre mit einer Demokratielehre im engeren Sinne, die auf Demokratie als makropolitisches System (oder auch Herrschaftsform) bezogen ist, verbinden können, um soziales Lernen mit einem politischen Lernen zu vereinen. Im Umgang damit gibt es bereits sowohl politikdidaktische als auch demokratiepädagogische Ansätze, die man zusammenzubringen sollte, um – bezogen auf die Problematik – voneinander zu lernen und den situativ am besten passenden Ansatz auszuwählen (siehe u. a. Wohnig 2017, 2020). Dabei sollte es somit nicht dogmatisch um die Frage gehen, wer die besseren Lehr-Lern-Methoden zu bieten hat, sondern welche gut mit der Demokratie-Lehrpraxis in den jeweiligen Demokratielehrmodi (Typ 2–4 / Typik I) verknüpft werden können.

Hier gilt es auf der Selbstwahrnehmung der Politiklehrer/innen aufzubauen, die das Brückenproblem als Herausforderung für ihre Demokratielehre im Politikunterricht wahrnehmen, da hier die Möglichkeit besteht, das Lernen der Politiklehrer/innen in der Weiterbildung zu unterstützen. Dabei ist es essenziell, Praxiserfahrungen zu reflektieren und sich insbesondere mit Unterrichtssituationen zu befassen, in denen Politiklehrer/innen das Gefühl hatten zu scheitern oder es aus ihrer Perspektive Probleme gab. In Fortbildungen kann hier angeknüpft werden, beispielsweise in Form von kollegialer Beratung unter externer Moderation, um Handlungsalternativen zu entwickeln und auch einmal in Form von Rollenspielen auszuprobieren.

Mit Blick auf das Zusammenwirken von Schulkultur und beruflichem Habitus von Lehrern/innen, wie ich es zuvor in Kapitel 5.2.5 verdeutlicht habe, erscheint es mir außerdem notwendig, dass für eine Professionalisierung von Demokratielehren nicht nur der/die einzelne Politiklehrer/in in seiner/ihrer Lehrpraxis geschult wird, sondern dabei auch seine/ihre Wirkungsstätte miteinbezogen wird. Von expliziten Maßnahmen der Schulentwicklung abgesehen sollte vor allem in der zweiten Phase der Lehrer/innenausbildung, also im Referendariat, sowie in der Lehrer/innenfortbildung eine Auseinandersetzung mit der Schulkultur, in der die Politiklehrer/innen arbeiten und agieren, mit in die Reflexion der Demokratielehrpraxis einbezogen werden. Dabei sollten sich die Politiklehrer/innen damit auseinandersetzen, welche Erfahrungen sie mit der Schulleitung und Kollegen/innen machen, inwiefern diese als unterstützend oder beschränkend für ihre Demokratielehre im Politikunterricht und auch an der Schule erlebt werden, um mögliche Spannungen und Diskrepanzen herauszuarbeiten und deren Bearbeitung bewusst zu reflektieren.

Darüber hinaus wäre für einen Austausch mit den Kollegen/innen eine Verankerung von Reflexionsräumen an der Einzelschule als „organisatorische Struktur" (Reh 2004: 360), wie Reh sie vorschlägt, sinnvoll, um sich mit der konkreten Handlungspraxis im eigenen Unterricht und dem Lernen der Schüler/innen, eingebettet in die jeweiligen Strukturen der Einzelschule, zu befassen.

Vor dem Hintergrund dieser Ausführung halte ich Reflexionspraxen, die den Raum geben, sich mit eigenen Demokratie-Lehrpraktiken und insbesondere auch Krisenerfahrungen zu beschäftigen, in der Lehrer/innenbildung für unabkömmlich und sehe hierin Potenzial für eine Professionalisierung.

5.2.7 Fazit II

Auch wenn für alle interviewten Politiklehrer/innen eine Demokratiebefähigung der Schüler/innen als Ziel einer demokratischen politischen Bildung anschlussfähig ist, bedeutet das noch lange nicht, dass sich dahinter ein geteiltes, kollektives Verständnis von Demokratielehren im Fach – im Sinne einer geteilten impliziten Handlungsorientierung für die Lehrpraxis – verbirgt. Vielmehr hat die Rekonstruktion der impliziten, handlungsleitenden Orientierungen in den geschilderten Demokratie-Lehrpraktiken der interviewten Politiklehrer/innen Unterschiede in der Lehrpraxis verdeutlicht. Die Ergebnisse der vorliegenden Studie richten den Blick somit auf den Unterschied zwischen expliziten (Ziel-)Vorstellungen von Demokratielehren und implizit der Demokratielehrehrpraxis zugrundeliegenden Handlungsorientierungen.

Die Politiklehrer/innen verfügen somit über unterschiedliche Handlungsorientierungen zu Demokratielehren in Politikunterricht und Schule, die zudem vor dem Hintergrund des Fachdiskurses unterschiedlich einzuordnen und zu bewerten sind. Dementsprechend ist nicht jede Form der Demokratie-Lehrpraxis als professionell einzuschätzen und es besteht daher eine Notwendigkeit von Professionalisierungsprozessen, die in der Lehrer/innenbildung aufgegriffen werden sollten.

Im Zuge der Verortung und Diskussion der Ergebnisse im Fachdiskurs bin ich der Frage nachgegangen, *inwiefern die hier rekonstruierten Handlungsorientierungen normativen Professionalitätsansprüchen genügen.* Als Grundlage hierfür diente Helspers Differenzierung eines empirisch beschreibbaren beruflichen Lehrer/innenhabitus von einem normativen idealtypischen professionellen Lehrer/innenhabitus, wonach zwischen den Handlungsorientierungen, die sich in der Lehrpraxis dokumentieren, und Professionalitätsansprüchen an diese unterschieden werden muss. Erst im Nachgang zur Rekonstruktion der empirisch vorfindbaren Handlungsorientierungen ist danach zu fragen, inwiefern diese auch als professionell zu bewerten sind.

In der *politikdidaktischen Reflexion der Ergebnisse* habe ich als zentrale Erkenntnis herausgearbeitet, dass sich insbesondere die Demokratie-Lehrpraktiken, in denen ein Demokratielehrmodus des Einübens repräsentativer demokratischer Verfahren (Typ 1 / Typik I) oder des Vorlebens einer anderen Demokratie (Typ 5 / Typik I) im Zusammenhang mit dem impliziten Selbstbild des/der Politiklehrers/in als Demokratieexperte/in im propositionalen Sinne (Typ 1 / Typik I) deutlich wird, als professionalisierungsbedürftig erweisen. Konkret besteht bei einer Demokratielehre im Modus von Typ 1 die Gefahr einer zu ‚unpolitischen' Lehrpraxis, in der die Schüler/innen sich nicht selbst mit politischen Positionen auseinandersetzen und nicht lernen, eigene Urteile zu bilden; während bei einer Demokratielehre im Modus von Typ 5 die Gefahr einer zu politisierten Lehrpraxis besteht, die die Schüler/innen überwältigt.

Bei Politiklehrern/innen, die im Modus von Typ 1 lehren, fällt auf, dass sie versuchen, als Politiklehrer/innen möglichst politisch neutral zu sein. Dieses falsch interpretierte Verständnis des Beutelsbacher Konsens ist unter anderem als eine Ursache dieser ‚unpolitischen' Demokratielehre im Politikunterricht zu betrachten. Zugleich verhindert dies eine Reflexion darüber, inwiefern die eigene Demokratielehrpraxis dennoch durchdrungen ist vom eigenen impliziten Demokratieverständnis. Von Politiklehrern/innen im Typ 5 wird dagegen gar nicht problematisiert, dass es problematisch sein könnte, sich als Lehrkraft im Politikunterricht politisch zu positionieren, worin deutlich wird, dass dieses Thema für sie einen ‚blinden Fleck' darstellt. Bei beiden Typen kann somit festgestellt werden, dass hier ein Erfordernis für mehr Reflexion der eigenen Demokratielehrpraxis besteht.

Eine weitere Ursache für den Professionalisierungsbedarf dieser Demokratie-Lehrpraktiken liegt in der Relation beider Demokratielehrmodi mit dem Selbstbild des/der Politiklehrers/in als Demokratieexperte/in im propositionalen Sinne (Typ 1 / Typik II), dementsprechend hier deutlich wird, dass sich in der Demokratie-Lehrpraxis dieser Politiklehrenden ein instruktiver bzw. transmissiver pädagogischer Habitus dokumentiert. Damit einhergehend fällt auf, dass es den Politiklehrern/innen nicht gelingt, eine Beziehung zu den Schülern/innen aufzubauen und den Lern-/Unterrichtsgegenstand Demokratie didaktisch zu inszenieren. Folglich liegt hier keine Verknüpfung der Fachkompetenz mit politikdidaktischen und bildungswissenschaftlichen Kompetenzen in der Praxis vor. Es besteht somit auch ein fachdidaktischer und pädagogischer Professionalisierungsbedarf.

Bei den anderen Politiklehrern/innen, deren Demokratielehre im Modus der Typen 2, 3 und 4 erfolgt, wird im Vergleich deutlich, dass sie sich sehr viel reflektierter damit befassen, inwiefern sie sich als Lehrkräfte im Politikunterricht politisch positionieren bzw. durch ihre Demokratie-Lehrpraxis hindurch politisch unterrichten. Der Gefahr einer Überwältigung der Schüler/innen durch ihre Lehrpraxis setzen sie vor allem eine Demokratie-Lehrpraxis entgegen, in der sich ein Selbstbild des/der Politiklehrers/in als Demokratielernbegleiter/in im performativen Sinne (Typ 2 / Typik II) dokumentiert. Zentral ist für diesen eine Gestaltung und Begleitung von Demokratie-Lehr-Lernprozessen gemäß einem konstruktivistischen pädagogischen Habitus sowie eine Verknüpfung von fachlichen mit fachdidaktischen und bildungswissenschaftlichen Kompetenzen in der Praxis. Demokratielehre im Modus der Typen 2, 3 oder 4 entspricht damit deutlich mehr politikdidaktischen Professionalitätsanforderungen.

Ein Professionalisierungsbedarf besteht bei diesen drei Typen insbesondere hinsichtlich des Brückenproblems, das heißt einer Verknüpfung von lebensweltlichem Demokratielehren mit politischem Demokratielehren im engeren Sinne (bzw. umgekehrt), wobei insbesondere bei Typ 3 Demokratielehren im Modus des Befähigens zur Selbstbestimmung die Gefahr besteht, auf der Ebene eines sozialen, lebensweltlichen Demokratielehrens zu verbleiben. Bei Typ 4 Demokratielehren im Modus des Aushandelns von Normen und Werten des Zusammenlebens, in dessen Demokratie-Lehrpraktiken auch Ansätze der Verbindung beider Ebenen deutlich werden, wird dagegen von diesen Politiklehrern/innen selbst ein Professionalisierungsbedarf hinsichtlich der Bearbeitung des Brückenproblems wahrgenommen.

Die Demokratielehre im Modus von Typ 2 Auseinandersetzen mit politischen Positionen in der repräsentativen Demokratie fokussiert durch ihre Art und Weise des Demokratielehrens von allen Typen am stärksten das unumstrittene Kernziel der Politikdidaktik für den Politikunterricht – die Befähigung des/der Schülers/in sich ein eigenes politisches Urteil zu bilden und dieses auch in Diskussionen zu vertreten. In Ansätzen verfolgen aber auch die Demokratielehrpraktiken im Modus von Typ 3 und 4 die für die Politikdidaktik wichtigen Operatoren des ‚Beurteilens', ‚sich Positionierens' etc. – allerdings stärker auf der sozialen, lebensweltlichen Ebene des Demokratielehrens.

Aus *demokratiepädagogischer Perspektive* ist vor allem interessant, dass von Politiklehrern/innen, deren Demokratie-Lehrpraktiken in den Demokratielehrmodi der Typen 1, 3, 4 und 5 erfolgen, der Politikunterricht als unzureichender Rahmen für ihre Demokratielehre erfahren wird und sich in den Demokratie-Lehrpraktiken eine Entgrenzung von Demokratielehren im Unterrichtsfach Politik zeigt. Überwiegend wird Demokratielehren daher im Zusammenhang von Unterrichtsfach und Schule gedacht. Das bestätigt die Annahme der Demokratiepädagogik, dass Demokratielehren über den Politikunterricht hinaus erfolgen muss, um den Schülern/innen demokratische Kompetenzen zu vermitteln. Den demokratiepädagogischen Vorstellungen von Demokratielehre entspricht vornehmlich eine Demokratielehre im Modus von Typ 3 Befähigen zur Selbstbestimmung und von Typ 4 Aushandeln von Normen und Werten in der Gemeinschaft, da diese zuerst einmal das soziale, lebensweltliche Lernen der Schüler/innen fokussiert und den Schülern/innen Erfahrungen von Partizipation ermöglicht.

Diese Typen gehen in der Praxis mit einem impliziten Selbstbild des/der Politiklehrers/in als Demokratielernbegleiter/in im performativen Sinne (Typ 2 / Typik II) einher. Die damit verbundenen impliziten Handlungsorientierungen entsprechen demokratiepädagogischen Erwartungen an eine professionelle Lehrer/-innenrolle und Haltung gegenüber den Schülern/innen. Die handlungsleitenden Orientierungen, die mit dem impliziten Selbstbild des/der Politiklehrers/in als Demokratieexperte/in im propositionalen Sinne (Typ 1 / Typik II) verbunden sind, müssen dagegen als professionalisierungsbedürftig bewertet werden.

Auch beim Blick auf die Ergebnisse vor dem Hintergrund anschlussfähiger *Ansätze der Professionstheorie/-forschung zum Lehrberuf*, hier insbesondere Bohnsacks aktueller Ausführung zur Professionalität aus praxeologischer Perspektive, Helspers strukturtheoretischem Professionsansatz sowie darauf aufbauend Kramers und Pallesens weiterer Ausformulierung des idealtypischen professionellen Lehrer/innenhabitus, bestätigt sich, dass insbesondere eine Demokratielehre, in der sich der Selbstbildtyp 1 zeigt, als professionalisierungsbedürftig einzuschätzen ist, und dagegen eine Demokratielehre, in der sich Selbstbildtyp 2 dokumentiert, sich normativen Vorstellungen von Lehrer/innenprofessionalität annähert. Nach Bohnsack sind Lehrer/innen dann professionell, wenn sie in ihrer Lehrpraxis implizit auf ein Wissen zugreifen, das sie nicht zugleich auch lehren wollen. Damit dürfen Lehrer/innen nicht als Fachexperten/-innen auftreten (wie in Selbstbildtyp 1), sondern müssen vielmehr Experten/-innen sein für die Gestaltung von Lehr-Lernprozessen (wie in Selbstbildtyp 2). Nach Helsper, Kramer und Pallesen müssen Lehrer/innen eine doppelte Professionalisierung durchlaufen: Sie müssen sich erst praktisches Können in der Lehrpraxis im Schulunterricht aneignen (Lehrer/innenhabitus des praktischen Könnens) und danach eine professionelle wissenschaftlich-reflektierte Lehrpraxis entwickeln (professioneller Lehrer/innenhabitus). Kramer und Pallesen haben basierend auf dem strukturtheoretischen Professionsansatz für den professionellen Lehrer/innenhabitus vier Anforderungen vorgeschlagen, mit denen die Bewertung als professionalisierte/nicht-professionalisierte Lehrpraxen weitaus ausdifferenzierter möglich ist. Damit gibt es bei Selbstbildtyp 1 einen Professionalisierungsbedarf hinsichtlich:

1) der Anregung, Wahrnehmung und Gestaltung von Lehr-Lernprozessen, demzufolge diese Politiklehrer/innen vor der Anforderung stehen zu lernen, die individuellen Voraussetzungen der Schüler/innen wahrzunehmen, um ihre Alltagsvorstellungen und -theorien in Lehr-Lernprozessen irritieren zu können und damit Lernanlässe bei den Schülern/innen zu schaffen;
2) der Gestaltung eines pädagogischen Arbeitsbündnisses, demnach die Politiklehrer/innen stärker daran arbeiten müssen, eine Beziehung zu den Schülern/-innen in der Demokratielehrpraxis herzustellen, die situativ in den Interaktionen mit den Schülern/innen mehr Nähe zulässt;

3) des Fallverstehens der Politiklehrer/innen, infolgedessen die Politiklehrer/-innen lernen müssen, Demokratielehre im Politikunterricht weniger ingenieurhaft zu planen und zu steuern und stattdessen in der Gestaltung der Demokratielehre eine individuumszentrierte Perspektive einzunehmen, die sich an den individuellen Lernbedarfen der Schüler/innen orientiert. Für den Selbstbildtyp 2 zeigt sich dagegen eine Annäherung an den idealtypischen professionellen Lehrer/innenhabitus.

Ausgehend von der Verortung der Ergebnisse aus der Typik III Modi des Umgangs mit Anforderungen an den Politikunterricht im *Diskurs zum Umgang mit Spannungen zwischen Normen und Lehrer/innenhabitus* schließe ich, dass Politiklehrer/-innen grundsätzlich mit widersprüchlichen normativen Zwängen und Erwartungen durch die Organisation Schule konfrontiert sind, die sich nicht auflösen lassen. Entsprechend werden in anderen Forschungsarbeiten zu Lehrkräften sowohl ähnliche Spannungsverhältnisse deutlich als auch Ähnlichkeiten in den rekonstruierten Bearbeitungsweisen der Lehrer/innen. Zentral ist dabei, dass normative Erwartungen vor dem Hintergrund des Lehrer/innenhabitus als diskrepant und somit spannungsreich zur eigenen Praxis erfahren werden; und dass auch der Umgang der Lehrer/innen mit diesen durch den eigenen Habitus angeleitet ist.

Die Professionalitätsanforderung im Umgang mit Spannungen besteht gemäß Helspers strukturtheoretischem Professionsansatz darin, diese Spannungen zu reflektieren und auszuhalten sowie situativ die eine oder andere Seite in der Lehrpraxis zu betonen. Dem entspricht insbesondere der Modus des Gestaltens und Verdeutlichens einer widersprüchlichen Lehrpraxis (Typ 3 / Typik III) in dieser Arbeit, bei dem die Politiklehrkräfte situativ neben der eigenen Demokratielehrpraxis ihre Lehre auch an den Anforderungen an ihren Politikunterricht ausrichten und Differenzen zwischen diesen Lehrpraktiken den Schülern/innen transparent machen. Dagegen liegt die Professionalitätsanforderung nach Bohnsack vor allem darin, handlungspraktisch einen habitualisierten Umgang mit Spannungen zwischen Normen und Lehrer/innenhabitus zu entwickeln. Damit wären bis auf die Typen 1 und 6 alle Umgangsmodi als professionelle Bewältigung der Spannungen zwischen den Anforderungen an den Politikunterricht und eigenen Vorstellungen und Praktiken von Demokratielehre zu verstehen.

Mit Amling ist der Umgang mit Anforderungen an den Politikunterricht lerntheoretisch als Lern-/Professionalisierungsprozess zu verstehen. Ausgegangen wird dabei von der Annahme, dass mit den Anforderungen Diskrepanzerfahrungen einhergehen, die eine Lernproblematik darstellen, mit der sich die Politiklehrer/innen befassen müssen, um sie in der Praxis zu bewältigen. Einen Umgang zu entwickeln erfordert somit einen Lern-/Professionalisierungsprozess, wie es sich auch ansatzweise in den Interviews mit einigen Politiklehrern/innen bestätigt, die ihre Bearbeitung der Anforderungen als Lernprozess rahmen. Dies bietet insbesondere für die Lehrer/innenbildung Ansatzpunkte.

In allen drei Ansätzen wird in Grundzügen deutlich, dass die Bearbeitung der Spannungsverhältnisse sich auch vor dem Hintergrund der Organisation Schule entfaltet. Die Organisation Schule hat dabei nach Bohnsack zugleich eine Doppelrolle: als Verursacher von Spannungsverhältnissen und als organisationskultureller Rahmen, der Umgangspraktiken der Politiklehrer/innen beeinflusst, wobei sich beide Perspektiven in den Interviews mit den Politiklehrern/innen dokumentieren.

Daran anknüpfend habe ich mich eingehender mit der *Organisation Schule als Möglichkeits- und Begrenzungsraum für Demokratielehre* befasst. In der Betrachtungsweise von Schule als nicht vollends demokratischer Organisation, die neben Bildung und Erziehung auch die gesellschaftliche Funktion der Normierung innehat, zeigt sich, dass ein professionelles Handeln der Politiklehrer/innen als eine pädagogische Bearbeitung des nicht auflösbaren Grundspannungsverhältnisses zwischen der gesellschaftlichen Funktionalität von Schule und pädagogischen Normen wie der Befähigung zur Mündigkeit zu verstehen ist. Dies setzt bei den Politiklehrern/innen ein Verstehen und eine Reflexion der Bedeutung dieses Grundspannungsverhältnisses für die eigene Demokratielehrpraxis voraus. Vor diesem Hintergrund kann der Umgang mit den Anforderungen an den Politikunterricht im Modus des Gestaltens und Verdeutlichens einer widersprüchlichen Lehrpraxis (Typ 3 / Typik III) als professionelle Handlungspraxis verstanden werden.

Eine andere Betrachtungsweise auf das Verhältnis von Schule und Demokratielehren wird deutlich, wenn man Schule nicht als formal geregelte Organisation, sondern als sinnvermittelte und sinnkonstituierte Organisation versteht, die durch die Akteure/innen (also auch die Politiklehrer/innen) mitgestaltet wird. Mit diesem Konzept wird den Lehrern/innen mehr Handlungsfähigkeit zugesprochen. Das heißt, sie können schulkulturelle Strukturen und Regeln an ihrer Schule mitgestalten, die wiederum einen Möglichkeits- und Begrenzungsraum für Demokratielehren in Politikunterricht und Schule darstellen. Damit kann gerade der Umgang mit den Anforderungen an den Politikunterricht im Modus des kollektiven Schaffens von Freiräumen als professionelle Handlungspraxis gefasst werden (Typ 6 / Typik III), da hier gemeinsam mit anderen Lehrern/innen im Kollegium Möglichkeiten für Demokratielehre an der Schule und im Politikunterricht geschaffen werden, die es sonst so nicht gäbe. Genauso kann Schulkultur aber auch, wie ebenfalls in den Interviews mit einigen Politiklehrenden deutlich wird, begrenzend auf die Demokratielehre in Politikunterricht und Schule wirken und im Zweifel sogar zu einer Deprofessionalisierung der Lehrpraxis führen.

Aus diesen zentralen Erkenntnissen der Reflexion und Diskussion der Ergebnisse habe ich Implikationen und Anregungen für die Lehrer/innenbildung herausgearbeitet. Eine Professionalisierung der Demokratielehre von Politiklehrern/innen in Politikunterricht und Schule erfordert generell auch eine professionelle Lehrer/innenbildung, in der die Dozenten/innen nicht selbst ein Selbstbild des/der Fachexperten/in im propositionalen Sinne (angelehnt an das Selbstbild des/der Politiklehrers/in als Demokratieexperte/in im propositionalen Sinne) reproduzieren, sondern vielmehr in Seminaren und Fortbildungen das Lernen der angehenden und berufserfahrenen Politiklehrer/innen begleiten und unterstützen. Es braucht somit eine Lehrer/innenbildung, die an den Lern-/Professionalisierungsbedarfen der Lernenden ansetzt und die ein erfahrungsorientierteres Lernen ermöglicht. Dabei reicht es aber nicht aus, Methoden und Formate der Demokratiebildung zu vermitteln, vielmehr braucht es eine reflexive Auseinandersetzung mit eigener oder fremder Demokratie-Lehrpraxis, die auch Probleme, Krisen und Erfahrungen des Scheiterns in den Blick nimmt, um daraus zu lernen und die eigene Lehrpraxis weiterzuentwickeln. Dafür ist einerseits eine Institutionalisierung von Reflexionspraktiken in der Lehrer/innenbildung und am besten auch an den konkreten Schulen notwendig. Anderseits muss man sich auch überlegen, wie man solch eine Reflexion initiieren und anleiten kann, insbesondere, wenn man nicht auf der Ebene des kommunikativ geteilten Wissens von Demokratielehren bzw. der eigenen subjektiven Theorien zu Demokratielehren verharren will. Hierfür habe ich einige Anregungen anhand von Beispielen für das Lehramtsstudium, das Referendariat und eine begleitende berufspraktische Lehrer/innenfortbildung zusammengetragen, die eine Orientierung bieten.

Im Anschluss sollen in einem abschließenden Kapitel die Grenzen dieser Arbeit aufgezeigt sowie Anregungen und Ideen für weitere Forschungsprojekte gegeben werden.

6. Ausblick: Grenzen dieser Arbeit und Anregungen für die weitere Forschung

Die vorliegende Studie ermöglicht nun einen tieferen Einblick in die Handlungsorientierungen von Politiklehrern/innen zu Demokratielehren und Demokratie. Dabei weist die Arbeit natürlich auch Grenzen auf und zugleich werden auch weitere Forschungsbedarfe und offene Fragen deutlich, die ich im Folgenden erläutern möchte.

Die Grenzen der vorliegenden Arbeit liegen vor allem in ihrem Charakter als Dissertationsprojekt. Ein Dissertationsprojekt ist Teil der wissenschaftlichen Qualifikation und als solche ein Lern- und Professionalisierungsprozess. Demnach bin ich natürlich als Forscherin am Ende eines solchen Projektes schlauer und erfahrener als zu Beginn und manch erste Entscheidungen am Anfang des Dissertationsprojektes hätte ich mit eben dieser Erfahrung und dem Wissen (hoffentlich) nicht getroffen. So denke ich, dass ich mit der im Forschungsprozess gewonnen Erfahrung als Interviewerin heute deutlich überlegter und offener die Interviews führen würde. Zumal ich durch meine wissenschaftliche Tätigkeit Distanz zu meiner vorherigen Tätigkeit in der politischen Jugend- und Erwachsenenbildung gewonnen habe, und mich im Zuge der Interviewführung weniger als ‚Praktikerin' angesprochen fühlen würde. Probleme, die ich anfänglich in der Interviewführung hatte, habe ich in der Beschreibung der Datenerhebung erläutert (siehe Kapitel 3.2) und in einer vertieften Selbstreflexion als Forscherin (siehe Kapitel 3.4) eingehend reflektiert. Nichtdestotrotz musste ich mit gewissen Grenzen im empirischen Material umgehen. So konnte ich einige Interviewpassagen, die keinen Bezug zur Lehr-/Unterrichtspraxis aufweisen, in die Auswertung nicht einbeziehen. Immerhin wurde dieses Problem mehr als ausreichend ausgeglichen durch die hohe Zahl an Interviews, die ich geführt habe. Somit hatte ich für die Interpretation mehr als genug Sequenzen, in denen Politiklehrer/innen aus ihrer Demokratielehrpraxis im Politikunterricht und im schulischen Kontext berichtet haben. Auch mit der Problematik meiner anfänglichen punktuellen Involvierung und Einflussnahme als Interviewerin konnte ich einen methodisch kontrollierten Umgang finden, wie ich anhand der Strategien, die ich im Kapitel zur Selbstreflexion als Forscherin (siehe Kapitel 3.4) dargestellt habe, zeige.

Weitere Grenzen bedingen sich durch die begrenzten Ressourcen eines Dissertationsprojektes, das immer auch zeitlichen, logistischen und finanziellen Restriktionen unterliegt. So könnte die vorliegende Typenbildung, insbesondere die sinngenetische Typik III, durch ergänzende Erhebungen überprüft und gesättigt werden. Jedoch ist eine weitere Erhebung im Anschluss an die Datenauswertung im Zuge dieses Dissertationsprojektes kaum umsetzbar, will man die Dissertation denn an einem bestimmten Zeitpunkt auch einreichen und abschließen. Aus diesem Grunde kann eine ergänzende Erhebung nur im Rahmen einer fortführenden Studie erfolgen.

Als Dissertationsprojekt mit begrenzten Ressourcen weist die vorliegende Studie durchaus auch Grenzen in der Auswertung auf. Das empirische Material könnte demnach noch weiter ausgewertet werden. Mit einem Mehr an zeitlichen Ressourcen hätte ich gern noch eine Typik zum impliziten Selbstbild der Politiklehrer/innen als Bürger/innen herausgearbeitet, da in vielen Interviews die Politiklehrer/innen vom eigenen politischen Engagement berichten und hier Parallelen zu ihrer Demokratielehrpraxis deutlich werden. Auch hätte ich gerne noch weiter an einer vertieften soziogenetischen Interpretation der Demokratie-Lehrpraktiken arbeiten wollen, um vielleicht doch noch eine soziogenetische Typenbildung zu entwickeln, die auf typische konjunktive Erfahrungsräume der Handlungsorientierungen verweist. Die Frage danach, in welchen konjunktiven Erfahrungsräumen die Handlungsorientierungen zu Demokratielehren wurzeln, ob sie durch die Sozialisation als Schüler/in, die politische Sozialisation der Politiklehrer/innen, ihre berufliche Sozialisation als Politiklehrer/in in der Schule oder anderweitig angeeignet wurden, bleibt damit offen. Hier müsste zudem auch differenziert danach geschaut werden, ob die modi operandi des Demokratielehrens und das zugehörige implizite Demokratieverständnis nicht auf andere konjunktive Erfahrungsräume zurückzuführen sind, als die Handlungsorientierungen, die Teil des impliziten Selbstbildes des/der Politiklehrers/in sind, und auch die modi operandi des Umgangs mit den Anforderungen an den Politikunterricht. Ich sehe diese Aspekte als Anregungen für mögliche weitere Forschung und eine Bearbeitung des empirischen Materials nach Abschluss der vorliegenden Arbeit.

Die Ergebnisse dieser Arbeit werfen aber auch neue Fragen auf. Demzufolge sollte meiner Ansicht nach ein mögliches fortführendes Forschungsprojekt, in dem neue Daten erhoben werden, deutlich über die Kontrolle bestehender Ergebnisse hinausgehen. Aus methodologischer Perspektive wäre für ein solches Projekt eine stärkere Fokussierung der Praxis mit Hilfe einer teilnehmenden Beobachtung oder Videographie von Demokratie-Lehrpraktiken in der Unterrichts- und Schulpraxis vielversprechend. Hierbei könnte man von der Spannbreite beschriebener Demokratie-Lehrpraktiken aus den Interviews der vorliegenden Studie ausgehen und den Blick im Zuge einer Beobachtung noch konkreter auf diese richten. Damit könnte man die Orientierungen noch einmal mehr ausdifferenzieren, vertiefen und gegebenenfalls ergänzen. Zudem wäre es in einer fortführenden Studie sinnvoll das Sample für die Fallauswahl stärker festzulegen, da dies Rückschlüsse auf eine Soziogenese der rekonstruierten Orientierungen hinsichtlich Schulform, Alter, Geschlecht etc. einfacher ermöglicht. Darüber hinaus könnte man videographierte Unterrichtssequenzen auch für eine Fallarbeit in der Lehrer/innenbildung nutzen. Aus politikdidaktischer Sicht wäre zudem für eine schulische politische Bildung, die das Ziel von Demokratiebildung verfolgt, sicherlich auch eine quantitative

Überprüfung der qualitativ-rekonstruierten Typen in der Lehrer/innenschaft interessant, um Schlüsse über die Verbreitung der Typen in der Lehrer/innenschaft zu ziehen und damit die Quantität der Professionalisierungsbedarfe besser einzuschätzen und entsprechend darauf reagieren zu können.

Des Weiteren lassen sich aus den Ergebnissen auch Impulse für weitere qualitative Forschungsarbeiten ableiten. Mit Blick auf die Lehrer/innenbildung bietet sich zum Beispiel eine qualitative Studie an, in der die Lern- bzw. Professionalisierungsprozesse von (angehenden) Politiklehrern/innen im Längsschnitt untersucht und der Frage nachgegangen wird, ob und inwiefern es zu Transformationen beruflicher Orientierungen zu ihrer Lehrpraxis kommt. Hier kann unter anderem an die berufsbiographischen Arbeiten von Bonnet, Keller-Schneider, Hericks u. a. (siehe u. a. Bonnet 2020; Bonnet/Hericks 2014, 2019; Hericks et al. 2018c, 2020; Keller-Schneider/Hericks 2017; Wittek et al. 2020) sowie von Košinár (siehe u. a. 2014a, 2014b, 2014c, 2018; Košinár/Laros 2020) angeknüpft werden. Weiterhin denke ich, dass eine Untersuchung geteilter kollektiver Orientierungen zu Demokratiebildung an der Schule mit unterschiedlichen Lehrern/innen (nicht nur von Politiklehrer/innen) sowie der Schulleitung einer Schule interessant sein könnte, da, wie die vorliegende Studie gezeigt hat, gerade die Umgangspraktiken der Politiklehrer/innen mit den Anforderungen an den Politikunterricht auf schulkulturelle Strukturen und Regelpraktiken hinweisen, die als befördernd bzw. einschränkend für die Demokratielehrpraxis von Politiklehrern/innen erlebt werden. Dabei sollte der Fokus jedoch erweitert werden auf die Ermöglichung bzw. Begrenzung von Demokratiebildung durch die jeweilige Schulkultur an Einzelschulen. Hier könnte man beispielsweise an die Forschungsarbeiten von Bressler und Rotter anschließen, die sich mit der Rekonstruktion eines kollektiven, beruflichen Lehrer/innenhabitus befassen (siehe u. a. Bressler/Rotter 2018). Interessant wäre es, dabei der Frage nachzugehen, ob und inwiefern sich möglicherweise langfristig die Orientierungen der Lehrenden eines Kollegiums angleichen (bzw. Lehrer/innen mit abweichenden Orientierungen die Schule wechseln) oder aber unterschiedliche Orientierungen verdeckt fortbestehen. Das könnte man jedoch nur in einer Längsschnittstudie mit mindestens zwei Zeitpunkten rekonstruieren. Mit solch einem Forschungsvorhaben ist zudem ein Anschluss an Forschung zur demokratischen Schulentwicklung möglich.

Insgesamt sehe ich die Ergebnisse meiner Arbeit als ideale Ausgangsbasis für weitere, daran anschließende Forschungsprojekte, insbesondere mit Blick darauf, wie Professionalisierungsprozesse bei Politiklehrern/innen erfolgen und wie diese durch die Lehrer/innenbildung unterstützt werden können; und inwiefern Demokratielehren schulkulturell verankert ist und durch Schulentwicklungsansätze professionalisiert werden könnte.

7. Literatur

Achour, Sabine/Lücke, Martin/Pech, Detlef (2020): Die Rückkehr der Demokratie in die (Lehrkräfte) Bildung. In: Haarmann, Moritz Peter/Kenner, Steve/Lange, Dirk (Hrsg.), Demokratie, Demokratisierung und das Demokratische: Aufgaben und Zugänge der Politischen Bildung. Wiesbaden: Springer VS, 177–187.

Ackermann, Paul (1996): Das Schulfach ‚Politische Bildung' als institutionalisierte politische Sozialisation. In: Claußen, Bernhard/Geißler, Rainer (Hrsg.), Die Politisierung des Menschen. Wiesbaden: VS Verlag für Sozialwissenschaften, 91–100.

Ackermann, Paul (2002): Die Bürgerrolle in der Demokratie als Bezugsrahmen für die politische Bildung. In: Breit, Gotthard/Massing, Peter (Hrsg.), Die Rückkehr des Bürgers in die politische Bildung. Schwalbach, Ts.: Wochenschau Verlag, 56–78.

Ackermann, Paul (2004): Die Politiklehrenden in Schulen – Rollenerwartungen und -konflikte, Qualifikationsprofil, Ausbildungserfordernisse. In: Breit, Gotthard/Schiele, Siegfried (Hrsg.), Demokratie braucht politische Bildung. Schwalbach, Ts.: Wochenschau Verlag, 267–277.

Albert, Mathias/Hurrelmann, Klaus/Quenzel, Gudrun (Hrsg.) (2020): Jugend 2019: eine Generation meldet sich zu Wort. Bonn: Bundeszentrale für politische Bildung.

Allenspach, Dominik (2012): Verständnisse Deutschschweizer Lehrpersonen von politischer Bildung: eine Typenbildung. In: *Zeitschrift für Didaktik der Gesellschaftswissenschaften*, 3 (1), 76–94.

Allenspach, Dominik (2013a): Die Überprüfung einer qualitativen Typologie zu den Verständnissen Deutschschweizer Lehrpersonen von politischer Bildung mithilfe standardisierter Daten. In: Besand, Anja (Hrsg.), Lehrer- und Schülerforschung in der politischen Bildung. Schwalbach, Ts.: Wochenschau Verlag, 78–97.

Allenspach, Dominik (2013b): Professionsverständnisse Deutschschweizer Lehrpersonen der politischen Bildung. In: Hufer, Klaus-Peter/Richter, Dagmar (Hrsg.), Politische Bildung als Profession. Verständnisse und Forschungen. Bonn: Bundeszentrale für politische Bildung, 217–228.

Amling, Steffen (2017): Formen von und Umgang mit Diskrepanzerfahrungen von LehrerInnen – Reflexionen auf die dokumentarische Analyse der Organisation Schule. In: Amling, Steffen/Vogd, Werner (Hrsg.), Dokumentarische Organisationsforschung: Perspektiven der praxeologischen Wissenssoziologie. Opladen: Barbara Budrich, 103–121.

Amling, Steffen (2019): Lehrerhabitus und Lernen der Lehrkräfte – Eine Diskussion empirischer Studien und konzeptioneller Überlegungen. In: Kramer, Rolf-Torsten/Pallesen, Hilke (Hrsg.), Lehrerhabitus. Theoretische und empirische Beiträge zu einer Praxeologie des Lehrerberufs. Bad Heilbrunn: Julius Klinkhardt, 127–146.

Amling, Steffen/Hoffmann, Nora Friederike (2013): Die soziogenetische Typenbildung in der Diskussion. In: *ZQF: Zeitschrift für Qualitative Forschung*, 14 (2), 179–198.

Amling, Steffen/Hoffmann, Nora Friederike (2018): Milieuanalyse im Kontext von Dokumentarischer Methode und Praxeologischer Wissenssoziologie. In: Müller, Stella/Zimmermann, Jens (Hrsg.), Milieu – Revisited: Forschungsstrategien der qualitativen Milieuanalyse. Wiesbaden: Springer VS, 79–110.

Anderson, Christopher/Avery, Patricia G./Pederson, Patricia V./Smith, Elizabeth S./Sullivan, John L. (1997): Divergent Perspectives on Citizenship Education: A Q-Method Study and Survey of Social Studies Teachers. In: *American Educational Research Journal*, 34 (2), 333–364.

Anderson, John R. (1982): Acquisition of Cognitive Skill. In: *Psychological Review*, 89 (4), 369–406.

Anderson, John R./Lebiere, Christian (1998): The atomic components of thought. Mahwah: Erlbaum.

Asbrand, Barbara (2011): Dokumentarische Methode. Text abrufbar unter: http://www.fallarchiv.uni-kassel.de/wp-content/uploads/2010/07/asbrand_dokumentarische_methode.pdf (Zugriff am 7.10.2020).

Asbrand, Barbara/Martens, Matthias (2018): Dokumentarische Unterrichtsforschung. Wiesbaden: Springer VS.

Assmann, Jan (1999): Das kulturelle Gedächtnis: Schrift, Erinnerung und politische Identität in frühen Hochkulturen. 2. Auflage. München: Beck.

Barboza, Amalia (2009): Karl Mannheim. Konstanz: UVK.

Barr, Robert D./Barth, James L./Shermis, S. Samual (1977): Defining the social studies. Arlington: National Council for the Social Studies.

Baumert, Jürgen/Kunter, Mareike (2006): Stichwort: Professionelle Kompetenz von Lehrkräften. In: *Zeitschrift für Erziehungswissenschaft*, 9 (4), 469–520.

Baumert, Jürgen/Kunter, Mareike (2013): Professionelle Kompetenz von Lehrkräften. In: Gogolin, Ingrid/Kuper, Harm/Krüger, Heinz-Hermann/Baumert, Jürgen (Hrsg.), Stichwort: Zeitschrift für Erziehungswissenschaft. Wiesbaden: Springer VS, 277–337.

Becker, Egon/Herkommer, Sebastian/Bergmann, Joachim (1967): Erziehung zur Anpassung. Eine soziologische Untersuchung zur politischen Bildung in der Schule. Schwalbach, Ts.: Wochenschau Verlag.

Behrens, Rico (2014): Solange die sich im Klassenzimmer anständig benehmen: Politiklehrer/innen und ihr Umgang mit rechtsextremer Jugendkultur in der Schule. Schwalbach/Ts.: Wochenschau Verlag.

Behrens, Rico (2019): „Aus meiner Sicht richtet er keinen Schaden an!" – Schulforschung und Pädagog*innenkonzepte. In: Schedler, Jan/Achour, Sabine/Elverich, Gabi/Jordan, Annemarie (Hrsg.), Rechtsextremismus in Schule, Unterricht und Lehrkräftebildung. Wiesbaden: Springer VS, 121–130.

Behse-Bartels, Grit/Brand, Heike (2009): Subjektivität in der qualitativen Forschung: der Forschungsprozess als Reflexionsgegenstand. Einleitung. In: Behse-Bartels, Grit/Brand, Heike (Hrsg.), Subjektivität in der qualitativen Forschung: der Forschungsprozess als Reflexionsgegenstand. Opladen: Budrich, 13–18.

Bennewitz, Hedda (2014): „doing teacher" – Forschung zum Lehrerberuf in kulturtheoretischer Perspektive. In: Terhart, Ewald/Bennewitz, Hedda/Rothland, Martin (Hrsg.), Handbuch der Forschung zum Lehrerberuf. Münster: Waxmann, 262–284.

Bereswill, Mechthild (2003): Die Subjektivität von Forscherinnen und Forschern als methodologische Herausforderung. In: *Sozialer Sinn*, Lucius & Lucius, 4 (3), 511–532.

Bergmüller, Claudia/Asbrand, Barbara (2010): Unterrichtsentwicklung und Lehrerprofessionalität. Dokumentarische Evaluationsforschung im Feld der Lehrerfortbildung. In: Bohnsack, Ralf/Nentwig-Gesemann, Iris (Hrsg.), Dokumentarische Evaluationsforschung. Opladen & Farmington Hills: Barbara Budrich, 99–116.

Berndt, Constanze/Haecker, Thomas/Leonhard, Tobias (Hrsg.) (2017): Reflexive Lehrerbildung revisited: Traditionen – Zugänge – Perspektiven. Bad Heilbrunn: Julius Klinkhardt.

Besand, Anja (2006): Wir sagen nicht mehr, wo die Bösen sitzen. Oder die Frage: Was will die neue Generation von Fachlehrerinnen und Fachlehrern in der politischen Bildung eigentlich? In: *Politisches Lernen*, 3–4, 76–81.

Besand, Anja (2009): 12 Jahre Berufserfahrung – Die besondere Situation des Lehramtsstudiums als Herausforderung für die fachdidaktische Ausbildung. In: *JSSE – Journal of Social Science Education*, 8 (2). 00001.

Besand, Anja (2017): Mit welcher Haltung machen wir unsere Arbeit? In: Frech, Siegfried/Richter, Dagmar (Hrsg.), Der Beutelsbacher Konsens: Bedeutung, Wirkung, Kontroversen. Schwalbach, Ts.: Wochenschau Verlag, 104–113.

Besand, Anja (2019): Was ist gute politische Bildung in der Schule? In: *Bildung und Erziehung*, 72 (3), 262–276.

Beutel, Wolfgang (2011): Demokratiepädagogik als eigentliche politische Bildung? In: Goll, Thomas (Hrsg.), Bildung für die Demokratie: Beiträge von Politikunterricht und Demokratiepädagogik. Schwalbach, Ts.: Wochenschau Verlag, 57–82.

Beutel, Wolfgang (2016): Demokratiepädagogik als Querschnittsaufgabe aktueller Schulentwicklung. In: *Die Deutsche Schule*, 108 (3), 226–238.

Beutel, Wolfgang/Fauser, Peter (Hrsg.) (2007): Demokratiepädagogik: Lernen für die Zivilgesellschaft. Schwalbach, Ts.: Wochenschau Verlag.

Beutel, Wolfgang/Möllers, Rigobert (Hrsg.) (2009): Demokratiepädagogik in Thüringen: Grundlagen, Schulentwicklung, Praxis, Service. Bad Berka: Thillm. Text abrufbar unter: https://www.db-thueringen.de/servlets/MCRFileNodeServlet/dbt_derivate_00027991/Heft_151.pdf (Zugriff am 28.8.2020).

Blumer, Herbert (1954): What is wrong with Social Theory? In: *American Sociological review*, 19 (1), 3–10.
de Boer, Heike (2006): Klassenrat als interaktive Praxis: Auseinandersetzung – Kooperation – Imagepflege. Wiesbaden: VS Verlag für Sozialwissenschaften.
de Boer, Heike (2008): Der Klassenrat im Spannungsfeld von schulischer Autorität und Handlungsautonomie. In: Breidenstein, Georg/Schütze, Fritz (Hrsg.), Paradoxien in der Reform der Schule: Ergebnisse qualitativer Sozialforschung. Wiesbaden: VS Verlag für Sozialwissenschaften, 127–140.
Boeser-Schnebel, Christian (2014): Bekommen wir „politikverdrossene“ Lehrer? – Ergebnisse einer ersten empirischen Annäherung bei Lehramtsstudierenden. In: *Gesellschaft – Wirtschaft – Politik (GWP)*, 63 (4).
Böhme, Jeanette/Hummrich, Merle/Kramer, Rolf-Torsten (2015): Keine Festschrift! Zur Einleitung einer Diskursschrift über Schulkultur. In: Böhme, Jeanette/Hummrich, Merle/Kramer, Rolf-Torsten (Hrsg.), Schulkultur: Theoriebildung im Diskurs. Wiesbaden: Springer VS, 11–20.
Bohnsack, Fritz (2005a): John Dewey: ein pädagogisches Porträt. Weinheim: Beltz.
Bohnsack, Ralf (1983): Alltagsinterpretation und soziologische Rekonstruktion. Opladen: Westdeutscher Verlag.
Bohnsack, Ralf (1989): Generation, Milieu und Geschlecht: Ergebnisse aus Gruppendiskussionen mit Jugendlichen. Opladen: Leske+Budrich.
Bohnsack, Ralf (1991): Rekonstruktive Sozialforschung. Einführung in Methodologie und Praxis qualitativer Forschung. 1. Auflage. Opladen: Leske + Budrich.
Bohnsack, Ralf (1998): Rekonstruktive Sozialforschung und der Grundbegriff des Orientierungsmusters. In: Siefkes, Dirk/Eulenhöfer, Peter/Stach, Heike/Städtler, Klaus (Hrsg.), Sozialgeschichte der Informatik: Kulturelle Praktiken und Orientierungen. Wiesbaden: Deutscher Universitätsverlag, 105–121.
Bohnsack, Ralf (2001): Dokumentarische Methode. In: Hug, Theo (Hrsg.), Wie kommt Wissenschaft zu Wissen? Einführung in die Methodologie der Sozial- und Kulturwissenschaften. Baltmannsweiler: Schneider, 326–345.
Bohnsack, Ralf (2005b): Standards nicht-standardisierter Forschung in den Erziehungs- und Sozialwissenschaften. In: *Zeitschrift für Erziehungswissenschaft*, 8 (Beiheft 4), 63–81.
Bohnsack, Ralf (2007): Dokumentarische Methode und praxeologische Wissenssoziologie. In: Schützeichel, Rainer (Hrsg.), Handbuch Wissenssoziologie und Wissensforschung. Konstanz: UVK, 180–190.
Bohnsack, Ralf (2009): Dokumentarische Methode. In: Buber, Renate/Holzmüller, Hartmut H. (Hrsg.), Qualitative Marktforschung: Konzepte – Methoden – Analysen. 2. Auflage. Wiesbaden: Gabler, 319–330.
Bohnsack, Ralf (2011a): Dokumentarische Methode. In: Bohnsack, Ralf/Marotzki, Winfried/Meuser, Michael (Hrsg.), Hauptbegriffe Qualitativer Sozialforschung. 3. Auflage. Opladen & Farmington Hills: Barbara Budrich, 40–44.
Bohnsack, Ralf (2011b): Praxeologische Wissenssoziologie. In: Bohnsack, Ralf/Marotzki, Winfried/Meuser, Michael (Hrsg.), Hauptbegriffe Qualitativer Sozialforschung. 3. Auflage. Opladen: Barbara Budrich, 137–138.
Bohnsack, Ralf (2012): Orientierungsschemata, Orientierungsrahmen und Habitus. In: Schittenhelm, Karin (Hrsg.), Qualitative Bildungs- und Arbeitsmarktforschung: Grundlagen, Perspektiven, Methoden. Wiesbaden: Springer VS, 119–153.
Bohnsack, Ralf (2013a): Die Milieuanalyse der Praxeologischen Wissenssoziologie. In: Isenböck, Peter/Nell, Linda/Renn, Joachim (Hrsg.), Die Form des Milieus: zum Verhältnis von gesellschaftlicher Differenzierung und Formen der Vergemeinschaftung. Weinheim: Beltz Juventa, 16–45.
Bohnsack, Ralf (2013b): Dokumentarische Methode und die Logik der Praxis. In: Lenger, Alexander/Schneickert, Christian/Schumacher, Florian (Hrsg.), Pierre Bourdieus Konzeption des Habitus. Wiesbaden: Springer VS, 175–200.
Bohnsack, Ralf (2013c): Typenbildung, Generalisierung und komparative Analyse: Grundprinzipien der dokumentarischen Methode. In: Bohnsack, Ralf/Nentwig-Gesemann, Iris/Nohl, Arnd-Michael (Hrsg.), Die dokumentarische Methode und ihre Forschungspraxis: Grundlagen qualitativer Sozialforschung. 3. Auflage. Wiesbaden: VS Verlag für Sozialwissenschaften, 241–270.

Bohnsack, Ralf (2014a): Habitus, Norm und Identität. In: Helsper, Werner/Kramer, Rolf-Torsten/Thiersch, Sven (Hrsg.), Schülerhabitus: Theoretische und empirische Analysen zum Bourdieuschen Theorem der kulturellen Passung. Wiesbaden: Springer VS, 33–55.
Bohnsack, Ralf (2014b): Rekonstruktive Sozialforschung: Einführung in qualitative Methoden. 9. überarbeitete und erweiterte Auflage. Opladen: Barbara Budrich.
Bohnsack, Ralf (2017): Praxeologische Wissenssoziologie. Opladen: Barbara Budrich.
Bohnsack, Ralf (2018a): Milieu als Erfahrungsraum. In: Müller, Stella/Zimmermann, Jens (Hrsg.), Milieu – Revisited: Forschungsstrategien der qualitativen Milieuanalyse. Wiesbaden: Springer VS, 19–52.
Bohnsack, Ralf (2018b): Rekonstruktion, Rationalismuskritik und Praxeologie. In: Heinrich, Martin/Wernet, Andreas (Hrsg.), Rekonstruktive Bildungsforschung: Zugänge und Methoden. Wiesbaden: Springer VS, 211–226.
Bohnsack, Ralf (2020): Professionalisierung in praxeologischer Perspektive: zur Eigenlogik der Praxis in Lehramt, Sozialer Arbeit und Frühpädagogik. Opladen: Barbara Budrich.
Bohnsack, Ralf/Nentwig-Gesemann, Iris/Nohl, Arnd-Michael (Hrsg.) (2013a): Die dokumentarische Methode und ihre Forschungspraxis: Grundlagen qualitativer Sozialforschung. 3. Auflage. Wiesbaden: VS Verlag für Sozialwissenschaften.
Bohnsack, Ralf/Nentwig-Gesemann, Iris/Nohl, Arnd-Michael (2013b): Einleitung: Die dokumentarische Methode und ihre Forschungspraxis. In: Bohnsack, Ralf/Nentwig-Gesemann, Iris/Nohl, Arnd-Michael (Hrsg.), Die dokumentarische Methode und ihre Forschungspraxis: Grundlagen qualitativer Sozialforschung. 3. Auflage. Wiesbaden: VS Verlag für Sozialwissenschaften, 9–32.
Bonnet, Andreas (2020): Das Verhältnis fachlicher und generischer Aspekte der Professionalität und Professionalisierung von Lehrerinnen und Lehrern – Erkenntnisse der strukturtheoretischen und berufsbiographischen Forschung. In: Hericks, Uwe/Keller-Schneider, Manuela/Meseth, Wolfgang/Rauschenberg, Anna (Hrsg.), Fachliche Bildung und Professionalisierung von Lehrerinnen und Lehrern. Bad Heilbrunn: Julius Klinkhardt, 27–48.
Bonnet, Andreas/Hericks, Uwe (2014): „… kam grad am Anfang an die Grenzen". Potenziale und Probleme von Kooperativem Lernen für die Professionalisierung von Englischlehrer/innen. In: *ZISU – Zeitschrift für interpretative Schul- und Unterrichtsforschung*, 3 (1), 86–100.
Bonnet, Andreas/Hericks, Uwe (2019): Professionalität und Professionalisierung als biographische Bearbeitung der Spannungen zwischen Norm und Habitus. In: Kramer, Rolf-Torsten/Pallesen, Hilke (Hrsg.), Lehrerhabitus. Theoretische und empirische Beiträge zu einer Praxeologie des Lehrerberufs. Bad Heilbrunn: Julius Klinkhardt, 101–123.
Borski, Sonja/Fenske, Felix/Klee, Andreas (2015): Fallrekonstruierende Didaktikforschung als Instrument zur Erhebung des Professionswissens von Lehrpersonen im Politikunterricht – Skizzierung eines Forschungsrahmens. ZeDiS-Arbeitspapier. Text abrufbar unter: https://www.uni-bremen.de/fileadmin/user_upload/sites/zedis/Dokumente/ZeDiS_Arbeitspapiere/ZeDiS_Arbeitspapier_1_2015.pdf (Zugriff am 16.9.2020).
Bourdieu, Pierre (1974): Strukturalismus und soziologische Wissenschaftstheorie. In: Zur Soziologie der symbolischen Formen. Frankfurt am Main: Suhrkamp, 7–41.
Bourdieu, Pierre (1976): Entwurf einer Theorie der Praxis auf der ethnologischen Grundlage der kabylischen Gesellschaft. 1. Auflage. Frankfurt am Main: Suhrkamp.
Bourdieu, Pierre (1987): Die feinen Unterschiede: Kritik der gesellschaftlichen Urteilskraft. 1. Auflage. Frankfurt am Main: Suhrkamp.
Bourdieu, Pierre (1992): Rede und Antwort. 1. Auflage. Frankfurt am Main: Suhrkamp.
Bourdieu, Pierre (1993a): Narzißtische Reflexivität und wissenschaftliche Reflexivität. In: Berg, Eberhard/Fuchs, Martin (Hrsg.), Kultur, soziale Praxis, Text: die Krise der ethnographischen Repräsentation. 1. Auflage. Frankfurt am Main: Suhrkamp, 365–374.
Bourdieu, Pierre (1993b): Sozialer Sinn: Kritik der theoretischen Vernunft. Frankfurt am Main: Suhrkamp.
Bourdieu, Pierre (2001): Meditationen. Zur Kritik der scholastischen Vernunft. Frankfurt am Main: Suhrkamp.
Bourdieu, Pierre/Accardo, Alain/Balazs, Gabrielle/Beaud, Stéphane/Bourdieu, Emmanuel/Broccilichi, Sylvain/Champagne, Patrick/Christin, Rosine/Faguer, Jean-Pierre/Garcia, Sandrine/et al. (1997): Das Elend der Welt: Zeugnisse und Diagnosen alltäglichen Leidens an der Gesellschaft. Konstanz: UVK.

Breidenstein, Georg (2006): Teilnahme am Unterricht: Ethnographische Studien zum Schülerjob. Wiesbaden: VS Verlag für Sozialwissenschaften.

Breit, Gotthard (2002): Parteinahme und Parteilichkeit im Politikunterricht zum Thema Wahlen. In: Roy, Klaus-Bernhard (Hrsg.), Wahlen 2002 in Sachsen-Anhalt. Wiesbaden: VS Verlag für Sozialwissenschaften, 133–152.

Breit, Gotthard/Massing, Peter (1992): Grundfragen und Praxisprobleme der politischen Bildung. Bonn: Bundeszentrale für Politische Bildung.

Breitenbach, Eva (2013): Sozialisation und Konstruktion von Geschlecht und Jugend. In: Bohnsack, Ralf/Nentwig-Gesemann, Iris/Nohl, Arnd-Michael (Hrsg.), Die dokumentarische Methode und ihre Forschungspraxis: Grundlagen qualitativer Sozialforschung. 3. Auflage. Wiesbaden: VS Verlag für Sozialwissenschaften, 179–194.

Bremer, Helmut/Lange-Vester, Andrea (2014): Die Pluralität der Habitus- und Milieuformen bei Lernenden und Lehrenden. Theoretische und methodologische Überlegungen zum Verhältnis von Habitus und sozialem Raum. In: Helsper, Werner/Kramer, Rolf-Torsten/Thiersch, Sven (Hrsg.), Schülerhabitus: Theoretische und empirische Analysen zum Bourdieuschen Theorem der kulturellen Passung. Wiesbaden: Springer VS, 56–81.

Bremer, Helmut/Teiwes-Kügler, Christel (2013): Habitusanalyse als Habitus-Hermeneutik. In: *ZQF: Zeitschrift für Qualitative Forschung*, 14 (2), 199–219.

Bremer, Helmut/Teiwes-Kügler, Christel/Lange-Vester, Andrea (2019): Habitus-Hermeneutik. In: Kramer, Rolf-Torsten/Pallesen, Hilke (Hrsg.), Lehrerhabitus: theoretische und empirische Beiträge zu einer Praxeologie des Lehrerberufs. Bad Heilbrunn: Julius Klinkhardt, 263–284.

Bressler, Christoph/Rotter, Carolin (2018): Die zwei Seiten des (Lehrpersonen-)Habitus – Praxeologisch-wissenssoziologische Überlegungen zur Erweiterung der Forschung zum Lehrerhabitus. In: Leonhard, Tobias/Košinár, Julia (Hrsg.), Praktiken und Orientierungen in der Lehrerbildung: Potentiale und Grenzen der Professionalisierung. Bad Heilbrunn: Julius Klinkhardt, 53–63.

Bressler, Christoph/Rotter, Carolin (2019): Habituelle Ausgestaltung der Lehrerrolle – Praxeologisch-wissenssoziologische Überlegungen zu einer soziogenetischen Analyse des Lehrerhabitus anhand erster Befunde. In: Kramer, Rolf-Torsten/Pallesen, Hilke (Hrsg.), Lehrerhabitus. Theoretische und empirische Beiträge zu einer Praxeologie des Lehrerberufs. Bad Heilbrunn: Julius Klinkhardt, 191–211.

Breuer, Franz (2003): Subjekthaftigkeit der sozial-/wissenschaftlichen Erkenntnistätigkeit und ihre Reflexion: Epistemologische Fenster, methodische Umsetzungen. In: *Forum Qualitative Sozialforschung*, 4 (2).

Breuer, Franz/Mruck, Katja/Roth, Wolff-Michael (2002): Subjektivität und Reflexivität: Eine Einleitung. In: *Forum Qualitative Sozialforschung*, 3 (3).

Breuer, Franz/Muckel, Petra/Dieris, Barbara (2019): Reflexive Grounded Theory: Eine Einführung für die Forschungspraxis. 4. Auflage. Wiesbaden: Springer VS.

Bromme, Rainer (1981): Das Denken von Lehrern bei der Unterrichtsvorbereitung: eine empirische Untersuchung zu kognitiven Prozessen von Mathematiklehrern. Weinheim: Beltz.

Bromme, Rainer (1992): Der Lehrer als Experte: zur Psychologie des professionellen Wissens. 1. Aufl. Bern [u. a.]: Huber.

Bromme, Rainer (1997): Kompetenzen, Funktionen und unterrichtliches Handeln des Lehrers. In: Weinert, Franz Emanuel (Hrsg.), Psychologie des Unterrichts und der Schule, Bd. Band 3. Göttingen: Hogrefe, Verlag für Psychologie, 177–212.

Budde, Jürgen (2005): Männlichkeit und gymnasialer Alltag: doing gender im heutigen Bildungssystem. Bielefeld: transcript.

Buhl, Monika (2003): Schulqualität und politische Sozialisation. Individuelle und klassenbezogene Zusammenhänge des Schüler-Lehrer-Verhältnisses mit Aspekten politischer Identität. In: *ZSE: Zeitschrift für Soziologie der Erziehung und Sozialisation*, 23 (4), 385–398.

Cochran, Kathryn F./DeRuiter, James A./King, Richard A. (1993): Pedagogical Content Knowing: An Integrative Model for Teacher Preparation. In: *Journal of Teacher Education*, 44 (4), 263–272.

Combe, Arno/Kolbe, Fritz-Ulrich (2008): Lehrerprofessionalität: Wissen, Könne, Handeln. In: Helsper, Werner/Böhme, Jeanette (Hrsg.), Handbuch der Schulforschung. 2. Auflage. Wiesbaden: VS Verlag für Sozialwissenschaften, 857–875.

Dann, Hans-Dietrich/Cloetta, Bernhard/Müller-Fohrbrodt, Gisela/Helmreich, Reinhard (1978): Umweltbedingungen innovativer Kompetenz Längsschnittuntersuchung zur Sozialisation von Lehrern in Ausbildung und Beruf. Stuttgart: Klett-Cotta.

Daphi, Priska/Kocyba, Piotr/Neuber, Michael/Roose, Jochen/Rucht, Dieter/Scholl, Franziska/Sommer, Moritz/Stuppert, Wolfgang/Zajak, Sabrina (2015): Protestforschung am Limit. Eine soziologische Annäherung an PEGIDA. ipb working paper. Berlin: Verein für Protest und Bewegungsforschung e. V. Text abrufbar unter: https://protestinstitut.eu/wp-content/uploads/2015/03/protestforschung-am-limit_ipb-working-paper_web.pdf (Zugriff am 7.10.2020).

Decker, Frank (2015): Die andere Seite der Zivilgesellschaft – Sozialwissenschaftliche Erkundungen der Dresdner Pegida-Bewegung. In: *Gesellschaft – Wirtschaft – Politik (GWP)*, 64 (2), 297–300.

Demuth, Christian (2016): Politische Bildung nach Pegida. Berlin: Friedrich-Ebert-Stiftung.

Devereux, George (1973): Angst und Methode in den Verhaltenswissenschaften. München: Hanser.

Dewey, John (1993): Demokratie und Erziehung. Eine Einleitung in die philosophische Pädagogik. Weinheim: Beltz.

Dippelhofer, Sebastian (2011): Politisch-demokratische Orientierungen von Lehramtsstudierenden – Empirische Hinweise aus zwei Erhebungen. In: *Diskurs Kindheits- und Jugendforschung*, 6 (1), 45–56.

Dippelhofer, Sebastian (2013): Politisch-demokratische Bildung in der Schule im Urteil von Lehramtsstudierenden: Empirische Befunde einer PH-Studie. In: *Die Deutsche Schule*, 105 (4), 402–414.

Dörner, Olaf/Schäffer, Burkhard (2012): Zum Verhältnis von Gegenstands- und Grundlagentheorien zu Methodologien und Methoden in der Erwachsenen- und Weiterbildungsforschung. In: Dörner, Olaf/Schäffer, Burkhard (Hrsg.), Handbuch Qualitative Erwachsenen- und Weiterbildungsforschung. Opladen: Barbara Budrich, 11–22.

Drygalla, Heike (2005a): Entwicklung demokratischer Einstellungen ostdeutscher Lehrer und ihre Relevanz für Schule und Studium. Berlin: Köster.

Drygalla, Heike (2005b): Mündigkeit im Kontext von Demokratiewahrnehmung und politischer Bildung in den neuen Bundesländern. In: Massing, Peter/Roy, Klaus-Bernhard (Hrsg.), Politik. Politische Bildung. Demokratie. Schwalbach, Ts.: Wochenschau Verlag, 158–171.

Dunkin, Michael J./Welch, Anthony R./Merritt, Alice Payne/Phillips, Ruth/Craven, Rhonda G. (1998): Teachers' explanations of classroom events: Knowledge and beliefs about teaching civics and citizenship. In: *Teaching and teacher education*, 14 (2), 141–151.

Ebrecht, Jörg (2004): Die Kreativität der Praxis Überlegungen zum Wandel von Habitusformationen. In: Ebrecht, Jörg/Hillebrandt, Frank (Hrsg.), Bourdieus Theorie der Praxis: Erklärungskraft · Anwendung · Perspektiven. Wiesbaden: VS Verlag für Sozialwissenschaften, 225–241.

Endreß, Martin (2007): Karl Mannheim. In: Schützeichel, Rainer (Hrsg.), Handbuch Wissenssoziologie und Wissensforschung. Konstanz: UVK, 77–93.

Faulstich, Peter/Grotlüschen, Anke (2006): Erfahrung und Interesse beim Lernen – Konfrontation der Konzepte von Klaus Holzkamp und John Dewey. Präsentiert auf: 2006, *Forum Kritische Psychologie*, 56–71.

Faulstich-Wieland, Hannelore/Nyssen, Elke (1998): Geschlechterverhältnisse im Bildungssystem – Eine Zwischenbilanz. In: Rolff, Hans-Günter/Bauer, Karl-Oswald/Klemm, Klaus/Pfeiffer, Hermann (Hrsg.), Jahrbuch Schulentwicklung. Weinheim: Juventa, 163–199.

Fauser, Peter (2004): Demokratiepädagogik oder politische Bildung? In: *Kursiv: Journal für politische Bildung*, 1, 44–48.

Fauser, Peter (2009): Warum eigentlich Demokratie? Über den Zusammenhang zwischen Verständnisintensivem Lernen, Demokratiepädagogik und Schulentwicklung. In: Beutel, Wolfgang/Fauser, Peter (Hrsg.), Demokratie, Lernqualität und Schulentwicklung. Schwalbach, Ts.: Wochenschau Verlag, 17–42.

Fenstermacher, Gary D. (1994): The knower and the known: The nature of knowledge in research on teaching. In: *Review of research in education*, 20, 3–56.

Flick, Uwe (2012): Qualitative Sozialforschung: eine Einführung. 5. Auflage. Reinbek bei Hamburg: Rowohlt.

Friebertshäuser, Barbara (2006): Verstehen als methodische Herausforderung für eine reflexive empirische Forschung. In: Friebertshäuser, Barbara/Rieger-Ladich, Markus/Wigger, Lothar (Hrsg.),

Reflexive Erziehungswissenschaft: Forschungsperspektiven im Anschluss an Pierre Bourdieu. Wiesbaden: VS Verlag für Sozialwissenschaften, 231–251.

Friebertshäuser, Barbara (2013): Denken, Forschen, Verstehen mit Bourdieu – eine reflexive Rekonstruktion des komplexen Verhältnisses zwischen Theorie und Empirie. In: Brake, Anna/Bremer, Helmut/Lange-Vester, Andrea (Hrsg.), Empirisch Arbeiten mit Bourdieu. Theoretische und methodische Überlegungen, Konzeptionen und Erfahrungen. Weinheim: Beltz Juventa, 255–277.

Garfinkel, Harold (1967): Studies in Ethnomethodology. Englewood Cliffs: Prentice-Hall.

Garfinkel, Harold (1980): Das Alltagswissen über Soziale und Innerhalb Sozialer Strukturen (0). In: Soziologen, Arbeitsgruppe Bielefelder (Hrsg.), Alltagswissen, Interaktion und Gesellschaftliche Wirklichkeit. 5. Auflage. Opladen: Westdeutscher Verlag, 189–262.

Gebauer, Gunter/Wulf, Christoph (1992): Mimesis: Kultur – Kunst – Gesellschaft. Reinbek bei Hamburg: Rowohlt.

Gebauer, Gunter/Wulf, Christoph (1998): Spiel, Ritual, Geste: mimetisches Handeln in der sozialen Welt. Reinbek bei Hamburg: Rowohlt.

Geimer, Alexander/Amling, Steffen (2019): Subjektivierungsforschung als rekonstruktive Sozialforschung vor dem Hintergrund der Governmentality und Cultural Studies. In: Geimer, Alexander/Amling, Steffen/Bosančić, Saša (Hrsg.), Subjekt und Subjektivierung: Empirische und theoretische Perspektiven auf Subjektivierungsprozesse. Wiesbaden: Springer VS, 19–42.

Glaser, Barney G./Strauss, Anselm L. (1967): The discovery of grounded theory: strategies for qualitative research. Chicago: Aldine.

Glaser, Barney G./Strauss, Anselm L. (1998): Grounded theory: Strategien qualitativer Forschung. Bern [u. a.]: Huber.

Gloe, Markus/Rademacher, Helmolt (2019): Lehrerinnen und Lehrer als Botschafter der Demokratie. Lehrkräftebildung und Demokratiepädagogik. In: Gloe, Markus/Rademacher, Helmolt (Hrsg.), Demokratische Schule als Beruf. 6. Jahrbuch für Demokratiepädagogik. Frankfurt: Wochenschau Verlag, 11–25.

Goffman, Erving (1961): Encounters: two studies in the sociology of interaction. Indianapolis: Bobbs-Merrill.

Goffman, Erving (1963): Stigma: Notes on the management of spoiled identity. Englewood Cliffs, N. J.: Prentice-Hall.

Goffman, Erving (1967): Stigma: über Techniken der Bewältigung beschädigter Identität. 1. bis 3. Tsd. Frankfurt am Main: Suhrkamp.

Goffman, Erving (1973): Interaktion: Spaß am Spiel, Rollendistanz. München: Piper.

Goll, Thomas (Hrsg.) (2011): Bildung für die Demokratie: Beiträge von Politikunterricht und Demokratiepädagogik. Schwalbach, Ts.: Wochenschau Verlag.

GPJE (2004): Anforderungen an nationale Bildungsstandards in der politischen Bildung an Schulen. 2. Auflage. Schwalbach, Ts.: Wochenschau Verlag. Text abrufbar unter: http://gpje.de/wp-content/uploads/2017/01/Bildungsstandards-1.pdf (Zugriff am 21.8.2020).

Graalmann, Katharina (2018): „man muss halt wissen wo ist gut wo fängt Lehrer an und wo fängt Lehrer auf" – zu habituell-dilemmatischen Aushandlungsprozessen einer Gesamtschullehrerin. In: *ZISU – Zeitschrift für interpretative Schul- und Unterrichtsforschung*, 7 (1), 95–108.

Grammes, Tilman (1998): Kommunikative Fachdidaktik: Politik – Geschichte – Recht – Wirtschaft. Opladen: Leske + Budrich.

Grammes, Tilman (2007): Interpretative Fachunterrichtsforschung. In: Reinhardt, Volker (Hrsg.), Forschung und Forschungsbedingungen. Baltmannsweiler: Schneider, 39–49.

Grammes, Tilman (2010): Anforderungen an eine Didaktik der Demokratie. In: Lange, Dirk/Himmelmann, Gerhard (Hrsg.), Demokratiedidaktik. Wiesbaden: VS Verlag für Sozialwissenschaften, 201–220.

Gropengießer, Harald (2005): Qualitative Inhaltsanalyse in der fachdidaktischen Lehr-Lernforschung. In: Mayring, Philipp/Gläser-Zikuda, Michaela (Hrsg.), Die Praxis der qualitativen Inhaltsanalyse. Weinheim: UTB, 172–189.

Gropengießer, Harald (2007): Didaktische Rekonstruktion des „Sehens": wissenschaftliche Theorien und die Sicht der Schüler in der Perspektive der Vermittlung. Nachdruch der 2 Auflage. Oldenburg: Carl-von-Ossietzky-Universität Oldenburg, Zentrum für Pädagogische Berufspraxis.

Grotlüschen, Anke (2010): Erneuerung der Interessetheorie: die Genese von Interesse an Erwachsenen- und Weiterbildung. 1. Auflage. Wiesbaden: VS Verlag für Sozialwissenschaften.

Gruber, Hans/Stamouli, Eleni (2015): Intelligenz und Vorwissen. In: Wild, Elke/Möller, Jens (Hrsg.), Pädagogische Psychologie. Berlin, Heidelberg: Springer, 25–44.

Haag, Hanna (2018): Im Dialog über die Vergangenheit: Tradierung DDR-spezifischer Orientierungen in ostdeutschen Familien. Wiesbaden: Springer VS.

Hans-Böckler-Stiftung (2012): Frauen und Männer studieren unterschiedliche Fächer – in Deutschland und der EU. Text abrufbar unter: http://media.boeckler.de/Sites/A/Online-Archiv/17194 (Zugriff am 7.10.2020).

Harms, Hermann/Breit, Gotthard (1992): Zur Situation des Unterrichtsfaches Sozialkunde / Politik und der Didaktik des politischen Unterrichts aus der Sicht von Sozialkundelehrerinnen und Sozialkundelehrern. Eine Bestandsaufnahme des Jahres 1989. In: Breit, Gotthard/Massing, Peter (Hrsg.), Grundfragen und Praxisprobleme der politischen Bildung. Bonn: Bundeszentrale für politische Bildung, 53–65.

Hattie, John (2003): Teachers Make a Difference, What is the research evidence? Präsentiert auf: Building Teacher Quality: What does the research tell us ACER Research Conference, 2003, Melbourne/Australien. Text abrufbar unter: http://research.acer.edu.au/research_conference_2003/4/ (Zugriff am 4.3.2021).

Hattie, John (2009): Visible learning: a synthesis of over 800 meta-analyses relating to achievement. London: Routledge.

Heidemeyer, Sven (2006): Schülervorstellungen und politikwissenschaftliche Vorstellungen über Demokratie: ein Beitrag zur politikdidaktischen Rekonstruktion. Oldenburg: Didaktisches Zentrum, Universität Oldenburg.

Heidemeyer, Sven (2009): Schülervorstellungen von Demokratie für den Unterricht nutzbar machen. In: *Polis*, 3, 15–17.

Heidemeyer, Sven/Lange, Dirk (2010): Wie sich Schülerinnen und Schüler Demokratie vorstellen. Zur didaktischen Rekonstruktion von Politikbewusstsein. In: Lange, Dirk/Himmelmann, Gerhard (Hrsg.), Demokratiedidaktik. Wiesbaden: VS Verlag für Sozialwissenschaften, 221–240.

Helfferich, Cornelia (2011): Die Qualität qualitativer Daten: Manual für die Durchführung qualitativer Interviews. 4. Auflage. Wiesbaden: VS Verlag für Sozialwissenschaften.

Helsper, Werner (1996): Antinomien des Lehrerhandelns in modernisierten pädagogischen Kulturen. In: Combe, Arno/Helsper, Werner (Hrsg.), Pädagogische Professionalität: Untersuchungen zum Typus pädagogischen Handelns. 1. Auflage. Frankfurt am Main: Suhrkamp, 521–569.

Helsper, Werner (2001): Praxis und Reflexion. Die Notwendigkeit einer „doppelten Professionalisierung" des Lehrers. In: *Journal für Lehrerinnen- und Lehrerbildung*, 1 (3), 7–15.

Helsper, Werner (2002): Wissen, Können, Nicht-Wissen-Können: Wissensformen des Lehrers und Konsequenzen für die Lehrerbildung. In: Breidenstein, Georg/Helsper, Werner/Kötters-König, Catrin (Hrsg.), Die Lehrerbildung der Zukunft — eine Streitschrift. VS Verlag für Sozialwissenschaften, 67–86.

Helsper, Werner (2004): Antinomien, Widersprüche, Paradoxien: Lehrerarbeit – ein unmögliches Geschäft? Eine strukturtheoretisch-rekonstruktive Perspektive auf Lehrerhandeln. In: Koch-Priewe, Barbara/Kolbe, Fritz-Ulrich/Wildt, Johannes (Hrsg.), Grundlagenforschung und mikrodidaktische Reformansätze zur Lehrerbildung. Bad Heilbrunn: Julius Klinkhardt, 49–98.

Helsper, Werner (2008a): Schulkulturen als symbolische Sinnordnungen und ihre Bedeutung für die pädagogische Professionalität. In: Helsper, Werner/Busse, Susann/Hummrich, Merle/Kramer, Rolf-Torsten (Hrsg.), Pädagogische Professionalität in Organisationen: Neue Verhältnisbestimmungen am Beispiel der Schule. Wiesbaden: VS Verlag für Sozialwissenschaften, 115–145.

Helsper, Werner (2008b): Ungewissheit und pädagogische Professionalität. In: Bielefelder Arbeitsgruppe 8 (Hrsg.), Soziale Arbeit in Gesellschaft. Wiesbaden: VS Verlag für Sozialwissenschaften, 162–168.

Helsper, Werner (2014): Habitusbildung, Krise, Ontogenese und die Bedeutung der Schule – Strukturtheoretische Überlegungen. In: Helsper, Werner/Kramer, Rolf-Torsten/Thiersch, Sven (Hrsg.), Schülerhabitus: theoretische und empirische Analysen zum Bourdieuschem Theorem der kulturellen Passung. Wiesbaden: Springer VS, 125–158.

Helsper, Werner (2016): Lehrerprofessionalität – der strukturtheoretische Ansatz. In: Rothland, Martin (Hrsg.), Beruf Lehrer/Lehrerin. Ein Studienbuch. Münster: Waxmann, 103–125.

Helsper, Werner (2018a): Lehrerhabitus. Lehrer zwischen Herkunft, Milieu und Profession. In: Paseka, Angelika/Keller-Schneider, Manuela/Combe, Arno (Hrsg.), Ungewissheit als Herausforderung für pädagogisches Handeln. Wiesbaden: Springer VS, 105–140.
Helsper, Werner (2018b): Vom Schülerhabitus zum Lehrerhabitus – Konsequenzen für die Lehrerprofessionalität. In: Leonhard, Tobias/Košinár, Julia (Hrsg.), Praktiken und Orientierungen in der Lehrerbildung: Potentiale und Grenzen der Professionalisierung. Bad Heilbrunn: Julius Klinkhardt, 17–40.
Henkenborg, Peter (1998): Politische Bildung als Kultur der Anerkennung: zum Professionswissen von Politiklehrern und -lehrerinnen. In: Henkenborg, Peter/Kuhn, Hans-Werner (Hrsg.), Der alltägliche Politikunterricht: Ansätze – Beispiele – Perspektiven qualitativer Unterrichtsforschung zur politischen Bildung in der Schule. Opladen: Leske + Budrich, 169–200.
Henkenborg, Peter (2001): Zur Philosophie des Politikunterrichts: Zum Kern politischer Bildung in der Schule. In: *Sowi-Onlinejournal*, 1, 1–8.
Henkenborg, Peter (2002): Interpretative Unterrichtsforschung in der politischen Bildung. Ansätze, Stand und Perspektiven. In: Breidenstein, Georg/Combe, Arno/Helsper, Werner/Stelmaszyk, Bernhard (Hrsg.), Forum qualitative Schulforschung 2. Interpretative Unterrichts- und Schulbegleitforschung. Opladen: Leske + Budrich, 81–110.
Henkenborg, Peter (2005): Demokratie-Lernen – eine Chance für die politische Bildung. In: Massing, Peter/Roy, Klaus-Bernhard (Hrsg.), Politik. Politische Bildung. Demokratie. Schwalbach, Ts.: Wochenschau Verlag, 261–271.
Henkenborg, Peter (2006): Alltägliche Philosophien der politischen Bildung. Ergebnisse einer empirischen Untersuchung. In: *Kursiv: Journal für politische Bildung*, 2, 76–88.
Henkenborg, Peter (2009): Demokratie-Lernen – eine Philosophie der Politischen Bildung. In: *Austrian Journal of Political Science*, 38 (3), 277–291.
Henkenborg, Peter/Krieger, Anett/Pinseler, Jan/Behrens, Rico (2007): Demokratie lernen und leben durch kognitive Anerkennung. Eigenverantwortliches Arbeiten und Lernen im Unterricht. Eine praxisorientierte Zusammenfassung. Dresden: Technische Universität Dresden. Text abrufbar unter: https://www.sachsen.schule/~sud/pdfs/tu_dresden.pdf (Zugriff am 7.10.2020).
Henkenborg, Peter/Krieger, Anett/Pinseler, Jan/Behrens, Rico (2008): Politische Bildung in Ostdeutschland: Demokratie-Lernen zwischen Anspruch und Wirklichkeit. Wiesbaden: VS Verlag für Sozialwissenschaften.
Hericks, Uwe (2004): Entwicklungsaufgaben, Habitus und Professionalisierung von Lehrerinnen und Lehrern. In: Trautmann, Matthias (Hrsg.), Entwicklungsaufgaben im Bildungsgang. 1. Auflage. Wiesbaden: VS Verlag für Sozialwissenschaften, 117–135.
Hericks, Uwe (2006): Professionalisierung als Entwicklungsaufgabe: Rekonstruktionen zur Berufseingangsphase von Lehrerinnen und Lehrern. 1. Auflage. Wiesbaden: VS Verlag für Sozialwissenschaften.
Hericks, Uwe (2015): Wie werden Lehrerinnen und Lehrer professionell – und was kann universitäre Lehrerbildung dazu beitragen. In: *Zeitschrift für sportpädagogische Forschung*, 3 (2), 5–18.
Hericks, Uwe/Keller-Schneider, Manuela/Meseth, Wolfgang (2020): Fachliche Bildung und Professionalisierung empirisch erforschen – zur Einführung in den Band. In: Hericks, Uwe/Keller-Schneider, Manuela/Meseth, Wolfgang/Rauschenberg, Anna (Hrsg.), Fachliche Bildung und Professionalisierung von Lehrerinnen und Lehrern. Bad Heilbrunn: Julius Klinkhardt, 9–25.
Hericks, Uwe/Meister, Nina/Meseth, Wolfgang (2018a): Professionalisierung durch Perspektivenwechsel? Lehramtsstudierende zwischen schulischer und universitärer Praxis. In: Artmann, Michaela/Berendonck, Marie/Herzmann, Petra/Liegmann, Anke B. (Hrsg.), Professionalisierung in Praxisphasen der Lehrerbildung. Qualitative Forschung aus Bildungswissenschaft und Fachdidaktik. Bad Heilbrunn: Julius Klinkhardt, 225–270.
Hericks, Uwe/Rauschenberg, Anna/Sotzek, Julia/Wittek, Doris/Keller-Schneider, Manuela (2018b): Lehrerinnen und Lehrer im Berufseinstieg. Eine mehrdimensionale Typenbildung zu Spannungsverhältnissen zwischen Habitus und Norm. In: Bohnsack, Ralf/Hoffmann, Nora Friederike/Nentwig-Gesemann, Iris (Hrsg.), Typenbildung und Dokumentarische Methode: Forschungspraxis und methodologische Grundlagen. Opladen: Barbara Budrich, 51–67.
Hericks, Uwe/Sotzek, Julia/Rauschenberg, Anna/Wittek, Doris/Keller-Schneider, Manuela (2018c): Habitus und Normen im Berufseinstieg von Lehrer*innen – eine mehrdimensionale Typenbildung

aus der Perspektive der Dokumentarischen Methode. In: *ZISU – Zeitschrift für interpretative Schul- und Unterrichtsforschung*, 7 (1), 65–80.
Himmelmann, Gerhard (2001): Demokratie Lernen als Lebens-, Gesellschafts- und Herrschaftsform. Ein Lehr- und Studienbuch. Schwalbach, Ts.: Wochenschau Verlag.
Himmelmann, Gerhard (2002): Demokratie-Lernen als Lebens-, Gesellschafts- und Herrschaftsform. In: Breit, Gotthard/Schiele, Siegfried (Hrsg.), Demokratie-Lernen: als Aufgabe der politischen Bildung. Bonn: Bundeszentrale für politische Bildung, 21–39.
Himmelmann, Gerhard (2003): Thesen zum Thema: „Demokratie lernen und Politik lernen – ein Gegensatz?" In: Breit, Gotthard (Hrsg.), Politische Kultur in Deutschland. Abkehr von der Vergangenheit – Hinwendung zur Demokratie. Schwalbach, Ts.: Wochenschau Verlag, 132–136.
Himmelmann, Gerhard (2004): Demokratie-Lernen: Was? Warum? Wozu? Berlin. Text abrufbar unter: https://www.pedocs.de/volltexte/2008/216/pdf/Himmelmann.pdf (Zugriff am 7.10.2020).
Hinzke, Jan-Hendrik (2018): Lehrerkrisen im Berufsalltag: zum Umgang mit Spannungen zwischen Normen und Orientierungsrahmen. Wiesbaden: Springer VS.
Hoffmann, Astrid (2016): Plädoyer für politisch nicht-neutrale Lehrende und die Förderung realen politischen Handelns. In: Widmaier, Benedikt/Zorn, Peter (Hrsg.), Brauchen wir den Beutelsbacher Konsens? Eine Debatte der politischen Bildung. Bonn: Bundeszentrale für politische Bildung, 197–206.
Hoffmann, Nora Friederike (2018): Über die Korrespondenzanalyse hinaus. In: Bohnsack, Ralf/Hoffmann, Nora Friederike/Nentwig-Gesemann, Iris (Hrsg.), Typenbildung und Dokumentarische Methode: Forschungspraxis und methodologische Grundlagen. Opladen: Barbara Budrich, 231–245.
Hoffmann, Nora Friederike/Keitel, Juliane (2018): Soziogenetische Typenbildung der Dokumentarischen Methode. In: Maier, Maja S./Keßler, Catharina I./Deppe, Ulrike/Leuthold-Wergin, Anca/Sandring, Sabine (Hrsg.), Qualitative Bildungsforschung: Methodische und methodologische Herausforderungen in der Forschungspraxis. Wiesbaden: Springer VS, 211–227.
Hofmann, Wilhelm (2014): Ideologien: Politische Konstruktionen in praktischer Absicht? Überlegungen zum konstruktivistischen Erbe der Ideologieforschung bei Karl Mannheim und Niklas Luhmann. In: Martinsen, Renate (Hrsg.), Spurensuche: Konstruktivistische Theorien der Politik. Wiesbaden: Springer VS, 117–135.
Holzkamp, Klaus (1995): Lernen: subjektwissenschaftliche Grundlegung. Studienausgabe. Frankfurt am Main: Campus.
Honneth, Axel (1992): Kampf um Anerkennung. Grammatik sozialer Konflikte. Frankfurt am Main: Suhrkamp.
Janning, Frank (1991): Pierre Bourdieus Theorie der Praxis: Analyse und Kritik der konzeptionellen Grundlegung einer praxeologischen Soziologie. Opladen: Westdeutscher Verlag.
Juchler, Ingo (2005): Politische Urteilsbildung — Kernkompetenz für den Politikunterricht. In: Weißeno, Georg (Hrsg.), Politik besser verstehen: Neue Wege der politischen Bildung. Wiesbaden: VS Verlag für Sozialwissenschaften, 62–75.
Jung, Thomas (2015): Die Seinsgebundenheit des Denkens: Karl Mannheim und die Grundlegung einer Denksoziologie. Bielefeld: transcript.
Keller-Schneider, Manuela/Hericks, Uwe (2014): Forschungen zum Berufseinstieg. Übergang von der Ausbildung in den Beruf. In: Terhart, Ewald/Bennewitz, Hedda/Rothland, Martin (Hrsg.), Handbuch der Forschung zum Lehrerberuf. Münster: Waxmann, 386–407.
Keller-Schneider, Manuela/Hericks, Uwe (2017): Professionalisierung von Lehrpersonen – Berufseinstieg als Gelenkstelle zwischen Aus- und Weiterbildung. In: *Beiträge zur Lehrerinnen- und Lehrerbildung*, 35 (2), 301–317.
Kessler, Stefanie (2015): Partzipative Ansätze in der politikdidaktischen Hochschullehre. In: Fröhlich, Iwelina/Gebauer, Bernt/Meyer-Heidemann, Christian/Partetzke, Marc/Straub, Christoph (Hrsg.), Hochschullehre in der politischen Bildung: didaktische und methodische Impulse. Schwalbach, Ts.: Wochenschau Verlag, 73–86.
Kessler, Stefanie (2016a): Empirische Einblicke in die Unterrichtspraxis von Lehrerinnen und Lehrern. Handlungsorientierungen für einen kritischen Politikunterricht. In: Reheis, Fritz/Denzler, Stefan/Görtler, Michael/Waas, Johannes (Hrsg.), Kompetenz zum Widerstand: eine Aufgabe für die politische Bildung. Schwalbach, Ts.: Wochenschau, 161–170.

Kessler, Stefanie (2016b): Subjektivität im Forschungsprozess. In: Deichmann, Carl/May, Michael (Hrsg.), Politikunterricht verstehen und gestalten. Wiesbaden: Springer VS, 201–216.

Kessler, Stefanie (2017a): Empirische Einblicke in kritischen Politikunterricht. In: Görtler, Michael/Lotz, Mathias/Partetzke, Marc/Poma Poma, Sara/Winckler, Marie (Hrsg.), Kritische politische Bildung: Standpunkte und Perspektiven. Schwalbach, Ts.: Wochenschau Verlag, 110–122.

Kessler, Stefanie (2017b): Fachfremder Politikunterricht – Ein explorativer Blick in die Handlungsorientierungen fachfremd unterrichtender Lehrer*innen im Fach Politik. In: Manzel, Sabine/Schelle, Carla (Hrsg.), Empirische Forschung zur schulischen Politischen Bildung. Wiesbaden: Springer VS, 65–75.

Klee, Andreas (2008): Entzauberung des Politischen Urteils: Eine didaktische Rekonstruktion zum Politikbewusstsein von Politiklehrerinnen und Politiklehrern. Wiesbaden: VS Verlag für Sozialwissenschaften.

Klee, Andreas (2010a): Vorstellungen von Politiklehrerinnen und -lehrern über Politische Urteilsbildung. Eine Untersuchung zur unterrichtspraktischen Bedeutung eines politikdidaktischen Kernkonzepts. Welche didaktische Relevanz besitzen Vorstellungen von Lehrerinnen und Lehrern? In: *Politik unterrichten*, 1, 31–34.

Klee, Andreas (2010b): Vorstellungen von Politiklehrerinnen und -lehrern und ihre Bedeutung für die Entwicklung einer Didaktik der Demokratie. In: Lange, Dirk/Himmelmann, Gerhard (Hrsg.), Demokratiedidaktik. Wiesbaden: VS Verlag für Sozialwissenschaften, 295–306.

Klieme, Eckhard/Abs, Hermann Josef/Diedrich, Martina (2004): Evaluation des BLK-Modellprogramms Demokratie lernen und leben. Erster Bericht über die Ergebnisse der Eingangserhebung 2003. Frankfurt am Main: Deutsches Institut für Internationale Pädagogische Forschung.

Klika, Dorle (2007): Fächerwahl im Lehramtsstudium-Zementierung der Geschlechtersegregation? In: Schellack, Antje/Große, Stefanie (Hrsg.), Bildungswege. Münster: Waxmann, 123–133.

Knoblauch, Hubert (2013): Wissenssoziologie, Wissensgesellschaft und die Transformation der Wissenskommunikation. In: *Aus Politik und Zeitgeschichte*, 18–20, 9–15.

Kolbe, Fritz-Ulrich (2004): Verhältnis von Wissen und Handeln. In: Blömeke, Sigrid/Reinhold, Peter/Tulodziecki, Gerhard/Wildt, Johannes (Hrsg.), Handbuch Lehrerbildung. Bad Heilbrunn: Klinkhardt, 206–232.

Košinár, Julia (2014a): Professionalisierungsverläufe in der Lehrerausbildung: Anforderungsbearbeitung und Kompetenzentwicklung im Referendariat. Opladen: Verlag Barbara Budrich.

Košinár, Julia (2014b): Typenspezifischer Umgang mit den Anforderungen des Referendariats. In: *Lehrerbildung auf dem Prüfstand*, 7 (2), 120–137.

Košinár, Julia (2014c): Die Bedeutung von Passungserfahrungen für Professionalisierungsverläufe im Referendariat. In: *ZISU – Zeitschrift für interpretative Schul- und Unterrichtsforschung*, 3 (1), 29–43.

Kosinár, Julia (2017): Reflexion eigener Handlungspraxis im Prozess des Erfahrungslernens. In: Berndt, Constanze/Haecker, Thomas/Leonhard, Tobias (Hrsg.), Reflexive Lehrerbildung revisited: Traditionen – Zugänge – Perspektiven. Bad Heilbrunn: Julius Klinkhardt, 147–158.

Košinár, Julia (2018): Konstruktionen von Professionalität und Ungewissheitserfahrungen im Referendariat. In: Paseka, Angelika/Keller-Schneider, Manuela/Combe, Arno (Hrsg.), Ungewissheit als Herausforderung für pädagogisches Handeln. Wiesbaden: Springer VS, 255–275.

Košinár, Julia/Laros, Anna (2020): Orientierungsrahmen im Wandel? Berufsbiographische Verläufe zwischen Studium und Berufseinstieg. In: van Ackeren, Isabell/Bremer, Helmut/Kessl, Fabian/Koller, Hans Christoph/Pfaff, Nicolle/Rotter, Carolin/Klein, Dominique/Salaschek, Ulrich (Hrsg.), Bewegungen. Beiträge zum 26. Kongress der Deutschen Gesellschaft für Erziehungswissenschaft. Opladen: Barbara Budrich, 255–268.

Kötters-König, Catrin (2001): Handlungsorientierung und Kontroversität. Wege zur Wirksamkeit der politischen Bildung im Sozialkundeunterricht. In: *Aus Politik und Zeitgeschichte*, B50, 6–12.

Kramer, Rolf-Torsten (2013): „Habitus(-wandel)“ im Spiegel von „Krise“ und „Bewährung“: strukturtheoretische Überlegungen zu einer dokumentarischen Längsschnittforschung. In: *ZQF: Zeitschrift für Qualitative Forschung*, 14 (1), 13–32.

Kramer, Rolf-Torsten (2015): „Reproduktionsagenten“ oder „Transformationsakteure“? Lehrkräfte im Blick der Bildungssoziologie von Pierre Bourdieu. In: *ZSE: Zeitschrift für Soziologie der Erziehung und Sozialisation*, 35 (4), 344–359.

Kramer, Rolf-Torsten (2018): Sequenzanalytische Habitusrekonstruktion. In: Heinrich, Martin/ Wernet, Andreas (Hrsg.), Rekonstruktive Bildungsforschung: Zugänge und Methoden. Wiesbaden: Springer VS, 243–267.
Kramer, Rolf-Torsten (2019a): Auf die richtige Haltung kommt es an? Zum Konzept des Lehrerhabitus und zu Implikationen für seine absichtsvolle Gestaltung. In: Rotter, Carolin/Schülke, Carsten/ Bressler, Christoph (Hrsg.), Lehrerhandeln – eine Frage der Haltung? 1. Auflage. Weinheim: Beltz Juventa, 30–52.
Kramer, Rolf-Torsten (2019b): Sequenzanalytische Habitusrekonstruktion. In: Kramer, Rolf-Torsten/ Pallesen, Hilke (Hrsg.), Lehrerhabitus: theoretische und empirische Beiträge zu einer Praxeologie des Lehrerberufs. Bad Heilbrunn: Julius Klinkhardt, 307–330.
Kramer, Rolf-Torsten (2020): Nachdenken über die Qualifizierungsbedeutsamkeit als Aufgabe der Disziplin? In: *Erziehungswissenschaft*, 31 (1), 51–55.
Kramer, Rolf-Torsten/Helsper, Werner (2011): Kulturelle Passung und Bildungsungleichheit – Potenziale einer an Bourdieu orientierten Analyse der Bildungsungleichheit. In: Krüger, Heinz-Hermann/Rabe-Kleberg, Ursula/Kramer, Rolf-Torsten/Budde, Jürgen (Hrsg.), Bildungsungleichheit revisited: Bildung und soziale Ungleichheit vom Kindergarten bis zur Hochschule. Wiesbaden: VS Verlag für Sozialwissenschaften, 103–125.
Kramer, Rolf-Torsten/Helsper, Werner/Thiersch, Sven/Ziems, Carolin (2009): Selektion und Schulkarriere: kindliche Orientierungsrahmen beim Übergang in die Sekundarstufe I. 1. Auflage. Wiesbaden: VS Verlag für Sozialwissenschaften.
Kramer, Rolf-Torsten/Helsper, Werner/Thiersch, Sven/Ziems, Carolin (2013): Das 7. Schuljahr: Wandlungen des Bildungshabitus in der Schulkarriere? Wiesbaden: Springer VS.
Kramer, Rolf-Torsten/Idel, Till-Sebastian/Schierz, Matthias (2018): Habitus und Berufskultur von Lehrkräften. Kulturtheoretische und praxeologische Zugänge. Ein Basisbeitrag zur Einführung. In: *ZISU – Zeitschrift für interpretative Schul- und Unterrichtsforschung*, 7 (1), 3–36.
Kramer, Rolf-Torsten/Pallesen, Hilke (2017): Lehrerhandeln zwischen beruflichen und professionellen Habitus – Praxeologische Grundlegungen und rekonstruktive Perspektiven.
Kramer, Rolf-Torsten/Pallesen, Hilke (2018): Lehrerhandeln zwischen beruflichem und professionellem Habitus – Praxeologische Grundlagen und heuristische Schärfungen. In: Leonhard, Tobias/ Košinár, Julia (Hrsg.), Praktiken und Orientierungen in der Lehrerbildung: Potentiale und Grenzen der Professionalisierung. Bad Heilbrunn: Julius Klinkhardt, 41–52.
Kramer, Rolf-Torsten/Pallesen, Hilke (2019a): Der Lehrerhabitus zwischen sozialer Herkunft, Schule als Handlungsfeld und der Idee der Professionalisierung. In: Kramer, Rolf-Torsten/Pallesen, Hilke (Hrsg.), Lehrerhabitus: theoretische und empirische Beiträge zu einer Praxeologie des Lehrerberufs. Bad Heilbrunn: Julius Klinkhardt, 73–99.
Kramer, Rolf-Torsten/Pallesen, Hilke (2019b): Theoretisch-konzeptionelle und empirische Herausforderungen des Lehrerhabitus. Eine Einleitung. In: Kramer, Rolf-Torsten/Pallesen, Hilke (Hrsg.), Lehrerhabitus: theoretische und empirische Beiträge zu einer Praxeologie des Lehrerberufs. Bad Heilbrunn: Julius Klinkhardt, 9–23.
Krüger, Heinz-Hermann/Reinhardt, Sibylle/Kötters-König, Catrin/Pfaff, Nicolle/Schmidt, Ralf/ Krappidel, Adrienne/Tillmann, Frank (2002): Jugend und Demokratie – politische Bildung auf dem Prüfstand: eine quantitative und qualitative Studie aus Sachsen-Anhalt. Opladen: Leske + Budrich.
Kruse, Jan (2011): Reader: Einführung in die Qualitative Interviewforschung. Institut für Soziologie / Albert-Ludwigs-Universität Freiburg.
Kruse, Jan (2014): Qualitative Interviewforschung: ein integrativer Ansatz. Weinheim: Beltz Juventa.
Kubisch, Sonja/Störkle, Mario (2016): In praxeologischer Perspektive: zentrale metatheoretische Begriffe, Analyseeinstellung und Erkenntnisinteresse der Studie. In: Kubisch, Sonja/Störkle, Mario (Hrsg.), Erfahrungswissen in der Zivilgesellschaft: Eine rekonstruktive Studie zum nachberuflichen Engagement. Wiesbaden: Springer VS, 57–73.
Kuhn, Hans Peter (2014): Politische Identitätsbildung im Jugendalter. In: Hagedorn, Jörg (Hrsg.), Jugend, Schule und Identität: Selbstwerdung und Identitätskonstruktion im Kontext Schule. Wiesbaden: Springer VS, 461–481.
Kurbacher, Frauke Annegret/Wüschner, Philipp (2006): Was ist Haltung. In: *Magazin für Theologie und Ästhetik*, 43.

Kurt, Ronald (2004): Hermeneutik. Eine sozialwissenschaftliche Einführung. Konstanz: UVK Verlagsgesellschaft.
Küsters, Ivonne (2009): Narrative Interviews: Grundlagen und Anwendungen. 2. Auflage. Wiesbaden: VS Verlag für Sozialwissenschaften.
Lange, Dirk (2007): Politikdidaktische Rekonstruktion. In: Reinhardt, Volker (Hrsg.), Forschung und Bildungsbedingungen. Baltmannsweiler: Schneider, 58–65.
Lange, Dirk/Himmelmann, Gerhard (Hrsg.) (2007): Demokratiebewusstsein: interdisziplinäre Annäherungen an ein zentrales Thema der Politischen Bildung. 1. Auflage. Wiesbaden: VS Verlag für Sozialwissenschaften.
Lange, Dirk/Himmelmann, Gerhard (Hrsg.) (2010): Demokratiedidaktik: Impulse für die Politische Bildung. Wiesbaden: VS Verlag für Sozialwissenschaften.
Lange-Vester, Andrea/Teiwes-Kügler, Christel (2013): Das Konzept der Habitushermeneutik in der Milieuforschung. In: Lenger, Alexander/Schneickert, Christian/Schumacher, Florian (Hrsg.), Pierre Bourdieus Konzeption des Habitus: Grundlagen, Zugänge, Forschungsperspektiven. Wiesbaden: Springer VS, 149–174.
Lange-Vester, Andrea/Teiwes-Kügler, Christel (2014): Habitussensibilität im schulischen Alltag als Beitrag zur Integration ungleicher sozialer Gruppen. In: Sander, Tobias (Hrsg.), Habitussensibilität: Eine neue Anforderung an professionelles Handeln. Wiesbaden: Springer VS, 177–207.
Langner, Frank (2013): Theoriegeleitete Praxis als Leitbild beruflichen Handelns – Reflexionen zu dem eigenen Professionsverständnis. In: Hufer, Klaus-Peter/Richter, Dagmar (Hrsg.), Politische Bildung als Profession. Verständnisse und Forschungen. Bonn: Bundeszentrale für politische Bildung, 135–145.
Leenders, Hélène/Veugelers, Wiel/Kat, Ewoud De (2008): Teachers' views on citizenship education in secondary education in The Netherlands. In: *Cambridge Journal of Education*, 38 (2), 155–170.
Leser, Christoph (2018): Demokratische Erziehung im Kontext pädagogischer Antinomien. In: Budde, Jürgen/Weuster, Nora (Hrsg.), Erziehung in Schule: Persönlichkeitsbildung als Dispositiv. Wiesbaden: Springer VS, 75–92.
Lessing-Sattari, Marie (2018): Zur Ausprägung und zum Zusammenspiel von Lehrerüberzeugungen zum literarischen Lesen im Deutschunterricht – Darstellung der dokumentarischen Rekonstruktion von domänenspezifischen Überzeugungen und erste Auswertungsergebnisse der Studie LiMet-L. In: *Leseräume: Zeitschrift für Literalität in Schule und Forschung*, 5 (Beitrag 4).
Liening-Konietzko, Antje (2017): Schülerpartizipation ermöglichen: Erfahrungen von Lehrerinnen und Lehrern an Gemeinschaftsschulen. Opladen: Barbara Budrich.
Lochner, Barbara (2015): Feldzugang und Feldrolle als praktisches Problem. In: Krüger, Heinz-Hermann/Sünker, Heinz/Thole, Werner (Hrsg.), Forschung als Herausforderung: methodologische Ansprüche und Praxis in erziehungs- und sozialwissenschaftlichen Projekten. Opladen: Barbara Budrich, 131–142.
Loenhoff, Jens (2012): Einleitung. In: Loenhoff, Jens (Hrsg.), Implizites Wissen: epistemologische und handlungstheoretische Perspektiven. 1. Auflage. Weilerswist: Velbrück Wissenschaft, 7–30.
Luhmann, Niklas (1997): Die Gesellschaft der Gesellschaft. Frankfurt am Main: Suhrkamp.
Luhmann, Niklas (2002): Das Erziehungssystem der Gesellschaft. 1. Auflage. Frankfurt am Main: Suhrkamp.
Maasen, Sabine (2015): Wissenssoziologie. Bielefeld: transcript.
Mafaalani, Aladin El- (2012): BildungsaufsteigerInnen aus benachteiligten Milieus: Habitustransformation und soziale Mobilität bei Einheimischen und Türkeistämmigen. Wiesbaden: Springer VS.
Mangold, Werner/Bohnsack, Ralf (1988): Kollektive Orientierungen in Gruppen Jugendlicher. Bericht für die Deutsche Forschungsgemeinschaft. Erlangen.
Mannheim, Karl (1921): Beiträge zur Theorie der Weltanschauungsinterpretation. In: *Jahrbuch für Kunstgeschichte*, 15 (4), 236–274.
Mannheim, Karl (1922): Über die Eigenart kultursoziologischer Erkenntnis. Unveröffentlichtes Manuskript.
Mannheim, Karl (1928): Das Problem der Generationen. In: *Kölner Vierteljahrshefte für Soziologie*, 7 (2–3).
Mannheim, Karl (1929): Ideologie und Utopie. Bonn: Cohen.
Mannheim, Karl (1931): Wissenssoziologie. In: Vierkandt, Alfred (Hrsg.), Handwörterbuch der Soziologie. Stuttgart: Enke, 659–680.

Mannheim, Karl (1964a): Beiträge zur Theorie der Weltanschauungsinterpretation. In: Wissenssoziologie: Auswahl aus dem Werk. Berlin: Luchterhand, 91–154.
Mannheim, Karl (1964b): Das Problem der Generationen. In: Wolff, Kurt H. (Hrsg.), Wissenssoziologie: Auswahl aus dem Werk. Berlin: Luchterhand, 509–565.
Mannheim, Karl (1980a): Eine soziologische Theorie der Kultur und ihrer Erkennbarkeit (Konjunktives und kommunikatives Denken). In: Strukturen des Denkens. Frankfurt am Main: Suhrkamp, 155–322.
Mannheim, Karl (1980b): Strukturen des Denkens. Frankfurt am Main: Suhrkamp.
Mannheim, Karl (1980c): Über die Eigenart kultursoziologischer Erkenntnis. In: Strukturen des Denkens. Frankfurt am Main: Suhrkamp, 33–154.
Mannheim, Karl (1984): Konservatismus: ein Beitrag zur Soziologie des Wissens. Frankfurt am Main: Suhrkamp.
Mannheim, Karl (2009a): Beiträge zur Theorie der Weltanschauungsinterpretation. In: Schriften zur Wirtschafts- und Kultursoziologie. 1. Auflage. Wiesbaden: VS Verlag für Sozialwissenschaften, 31–80.
Mannheim, Karl (2009b): Das Problem der Generationen. In: Schriften zur Wirtschafts- und Kultursoziologie. 1. Auflage. Wiesbaden: VS Verlag für Sozialwissenschaften, 121–166.
Mannheim, Karl (2009c): Schriften zur Wirtschafts- und Kultursoziologie. 1. Auflage. Wiesbaden: VS Verlag für Sozialwissenschaften.
Mannheim, Karl (2015a): Ideologie und Utopie. 9. Auflage. Frankfurt am Main: Klostermann.
Mannheim, Karl (2015b): Wissenssoziologie. In: Ideologie und Utopie. 9. Auflage. Frankfurt am Main: Klostermann, 227–267.
Manzel, Sabine (2013): Performanz im Politikunterricht – Theorieansätze und Entwicklungstrends zum professionellen Lehrer/innenwissen und Unterrichtshandeln. In: Hufer, Klaus-Peter/Richter, Dagmar (Hrsg.), Politische Bildung als Profession. Bonn: Bundeszentrale für politische Bildung, 203–216.
Martens, Matthias/Asbrand, Barbara/Wettstädt, Lydia (2012): Die Reflexion von Lehrerhandeln anstoßen. Beobachtungsergebnisse zu Lehrhaltungen in Unterrichtssituationen. In: *Lernende Schule*, 60, 46–49.
Martens, Matthias/Wittek, Doris (2019): Lehrerhabitus und Dokumentarische Methode. In: Kramer, Rolf-Torsten/Pallesen, Hilke (Hrsg.), Lehrerhabitus: theoretische und empirische Beiträge zu einer Praxeologie des Lehrerberufs. Bad Heilbrunn: Julius Klinkhardt, 285–306.
Massing, Peter (1995): Wege zum Politischen. In: Massing, Peter/Weißeno, Georg (Hrsg.), Politik als Kern der politischen Bildung. Wege zur Überwindung unpolitischen Politikunterrichts. Opladen: Leske + Budrich, 61–98.
Massing, Peter (1996): Plädoyer für einen politischen Politikunterricht. In: Weidinger, Dorothea (Hrsg.), Politische Bildung in der Bundesrepublik. Wiesbaden: VS Verlag für Sozialwissenschaften, 124–127.
Massing, Peter (1997): Zwischen Verunsicherung, Politikverdrossenheit und Engagement. Politiklehrerinnen und -lehrer in den neuen Bundesländern. In: *DVPB aktuell*, 2, 21–26.
Massing, Peter (2020): Der Zusammenhang von Demokratie, Politikdidaktik und politischer Bildung. In: Kost, Andreas/Massing, Peter/Reiser, Marion (Hrsg.), Handbuch Demokratie. Frankfurt am Main: Wochenschau Verlag, 295–308.
Massing, Peter/Weißeno, Georg (1995a): Einleitung: Für einen politischen Unterricht. In: Massing, Peter/Weißeno, Georg (Hrsg.), Politik als Kern der politischen Bildung. Wege zur Überwindung unpolitischen Politikunterrichts. Opladen: Leske + Budrich, 9–25.
Massing, Peter/Weißeno, Georg (Hrsg.) (1995b): Politik als Kern der politischen Bildung. Wege zur Überwindung unpolitischen Politikunterrichts. Opladen: Leske + Budrich.
May, Michael (2007): Demokratiefähigkeit und Bürgerkompetenzen: kompetenztheoretische und normative Grundlagen der politischen Bildung. 1. Auflage. Wiesbaden: VS Verlag für Sozialwissenschaften.
May, Michael (2008a): Demokratielernen oder Politiklernen? Schwalbach, Ts.: Wochenschau Verlag.
May, Michael (2008b): Erfahrungsorientiertes Lernen in der politischen Bildung. Zur bundesdeutschen Kontroverse zwischen Demokratiepädagogik und Politikdidaktik. In: *Erziehung und Unterricht*, 158 (3–4), 202–211.

May, Michael (2014a): Das Brücken-, Urteils- und Emanzipationsproblem als strukturelle Bedingung kompetenten Lehrerhandelns im Sozialkundeunterricht – Politiklehrerkompetenzen und deren Anbahnung in der ersten Phase der Lehrerbildung. In: Kleinespel, Karin (Hrsg.), Ein Praxissemester in der Lehrerbildung. Konzepte, Befunde und Entwicklungsperspektiven am Beispiel des Jenaer Modells der Lehrerbildung. Bad Heilbrunn: Julius Klinkhardt, 177–192.

May, Michael (2014b): Politische Bildung als Beruf – Oder: Welche professionellen Herausforderungen stellen politische Bildungsprozesse an die Lehrenden? In: *Gesellschaft – Wirtschaft – Politik (GWP)*, 63 (4), 585–596.

May, Michael (2018): Didaktik politisch-demokratischer Bildung als Gegenstand in der universitären Lehramtsausbildung im Jenaer Modell der Lehrerbildung. In: Deichmann, Carl/Partetzke, Marc (Hrsg.), Schulische und außerschulische politische Bildung: Qualitative Studien und Unterrichtsbeispiele hermeneutischer Politikdidaktik. Wiesbaden: Springer VS, 49–64.

Mayring, Philipp (2015): Qualitative Inhaltsanalyse: Grundlagen und Techniken. 12. überarbeitete Auflage. Weinheim: Beltz.

Mensching, Anja (2008): Gelebte Hierarchien: mikropolitische Arrangements und organisationskulturelle Praktiken am Beispiel der Polizei. 1. Auflage. Wiesbaden: VS Verlag für Sozialwissenschaften.

Merton, Robert King (1968): Social theory and social structure. enlarged edition. New York: Free Press.

Meuser, Michael (2011): Rekonstruktive Sozialforschung. In: Bohnsack, Ralf/Marotzki, Winfried/Meuser, Michael (Hrsg.), Hauptbegriffe Qualitativer Sozialforschung. 3. Auflage. Opladen & Farmington Hills: Barbara Budrich, 140–142.

Meuser, Michael (2013): Repräsentation sozialer Strukturen im Wissen. In: Bohnsack, Ralf/Nentwig-Gesemann, Iris/Nohl, Arnd-Michael (Hrsg.), Die dokumentarische Methode und ihre Forschungspraxis. 3. Auflage. Wiesbaden: VS Verlag für Sozialwissenschaften, 223–239.

Meyer-Heidemann, Christian (2015): Selbstbildung und Bürgeridentität: politische Bildung vor dem Hintergrund der politischen Theorie von Charles Taylor. 2. überarbeitete Auflage. Schwalbach, Ts.: Wochenschau Verlag.

Molander, Bengt (1992): Tacit Knowledge and Silenced Knowledge: Fundamental Problems and Controversies. In: Göranzon, Bo/Florin, Magnus (Hrsg.), Skill and Education: Reflection and Experience. London: Springer, 9–31.

Morrison, Ann D./Luttenegger, Kathleen Carroll (2015): Measuring Pedagogical Content Knowledge Using Multiple Points of Data. In: *The Qualitative Report*, 20 (6), 804–816.

Müller, Hans-Peter (2016): Pierre Bourdieu. Eine systematische Einführung. 2. Auflage. Frankfurt am Main: Suhrkamp.

Murmann, Lydia (2013): Wege für den Sachunterricht? Dreierlei Kategorienbildung. Text, Theorie und Variation – Ein Versuch, methodische Parallelen und Herausforderungen bei der Erschließung von Schülervorstellungen aus Interviewdaten zu erfassen. In: *www.widerstreit-sachunterricht.de*, Text abrufbar unter: http://www.widerstreit-sachunterricht.de/ebeneI/superworte/forschung/kategorie.pdf (Zugriff am 7.10.2020).

Nentwig-Gesemann, Iris (2013a): Die Typenbildung der dokumentarischen Methode. In: Bohnsack, Ralf/Nentwig-Gesemann, Iris/Nohl, Arnd-Michael (Hrsg.), Die dokumentarische Methode und ihre Forschungspraxis: Grundlagen qualitativer Sozialforschung. 3. Auflage. Wiesbaden: VS Verlag für Sozialwissenschaften, 295–323.

Nentwig-Gesemann, Iris (2013b): Professionelle Reflexivität: Herausforderungen an die Ausbildung frühpädagogischer Fachkräfte. In: Erdsiek-Rave, Ute/John-Ohnesorg, Marei (Hrsg.), Frühkindliche Bildung-das reinste Kinderspiel?!. Berlin: Friedrich-Ebert-Stiftung, 29–36.

Nentwig-Gesemann, Iris/Fröhlich-Gildhoff, Klaus/Harms, Henriette/Richter, Sandra (2011): Professionelle Haltung – Identität der Fachkraft für die Arbeit mit Kindern in den ersten drei Lebensjahren. München: Deutsches Jugendinstitut e. V.

Neumann, Dennis (2015): Politikdidaktisches Wissen Und Können – Eine Explorative Studie Zur Modellierung Und Operationalisierung Handlungsnaher Aspekte Professioneller Kompetenzen. Duisburg-Essen: Universität Duisburg-Essen. Text abrufbar unter: https://bibliographie.ub.uni-due.de/servlets/DozBibEntryServlet?id=ubo_mods_00060848 (Zugriff am 16.9.2020).

Neumann, Karl (2010): Professionswissen als Zentrum der Diskurse über Lehrerbildung. In: Gaus, Detlef/Drieschner, Elmar (Hrsg.), ‚Bildung' jenseits pädagogischer Theoriebildung? Fragen zu

Sinn, Zweck und Funktion der Allgemeinen Pädagogik. Wiesbaden: VS Verlag für Sozialwissenschaften, 269–282.

Neuweg, Georg Hans (2000): Mehr lernen, als man sagen kann: Konzepte und didaktische Perspektiven impliziten Lernens. In: *Unterrichtswissenschaft*, 28 (3), 197–217.

Neuweg, Georg Hans (2002): Lehrerhandeln und Lehrerbildung im Lichte des Konzepts des impliziten Wissens. In: *Zeitschrift für Pädagogik*, 48 (1), 10–29.

Neuweg, Georg Hans (2004a): Figuren der Relationierung von Lehrerwissen und Lehrerkönnen. In: Hackl, Bernd/Neuweg, Georg Hans (Hrsg.), Zur Professionalisierung pädagogischen Handelns: Arbeiten aus der Sektion Lehrerbildungsforschung in der Österreichischen Gesellschaft für Forschung und Entwicklung im Bildungswesen. Münster: LIT Verlag, 1–26.

Neuweg, Georg Hans (2004b): Könnerschaft und implizites Wissen: zur lehr-lerntheoretischen Bedeutung der Erkenntnis- und Wissenstheorie Michael Polanyis. 3. Auflage. Münster: Waxmann.

Neuweg, Georg Hans (2004c): Tacit knowing and implicit learning. In: Fischer, Martin/Boreham, Nicholas/Nyhan, Barry (Hrsg.), European Perspectives on Learning at Work: The Aquisition of Work Process Knowledge. Luxembourg: Office for Official Publications for the European Union, 130–147.

Neuweg, Georg Hans (2006): The Concept of Tacit Knowing. In: *Educational sciences*, 8 (1), 79–94.

Neuweg, Georg Hans (2008): Grundlagen der Lehrer/innen/kompetenz. In: *Odgojne znanosti*, 10 (1), 13–22.

Neuweg, Georg Hans (2011): Das Wissen der Wissensvermittler. Problemstellungen, Befunde und Perspektiven der Forschung zum Lehrerwissen. In: Terhart, Ewald/Bennewitz, Hedda/Rothland, Martin (Hrsg.), Handbuch der Forschung zum Lehrerberuf. Münster: Waxmann, 583–614.

Neuweg, Georg Hans/Fothe, Stefan (2011): In search of the golden mean: The ambivalence of knowledge explication. In: *Electronic Journal of Knowledge Management*, 9 (4), 340–352.

Nohl, Arnd-Michael (2005): Dokumentarische Interpretation narrativer Interviews. In: *Bildungsforschung*, 2 (2).

Nohl, Arnd-Michael (2012): Dokumentarische Methode in der qualitativen Bildungs- und Arbeitsforschung. In: Schittenhelm, Karin (Hrsg.), Qualitative Bildungs- und Arbeitsmarktforschung. Wiesbaden: Springer VS, 155–182.

Nohl, Arnd-Michael (2013a): Komparative Analyse. In: Bohnsack, Ralf/Nentwig-Gesemann, Iris/Nohl, Arnd-Michael (Hrsg.), Die dokumentarische Methode und ihre Forschungspraxis: Grundlagen qualitativer Sozialforschung. 3. Auflage. Wiesbaden: VS Verlag für Sozialwissenschaften, 271–293.

Nohl, Arnd-Michael (2013b): Relationale Typenbildung und Mehrebenenvergleich. Wiesbaden: Springer VS.

Nohl, Arnd-Michael (2017a): Grundbegriffe und empirische Analysen als wechselseitige Spiegel. In: Kreitz, Robert/Miethe, Ingrid/Tervooren, Anja (Hrsg.), Opladen: Barbara Budrich, 105–122.

Nohl, Arnd-Michael (2017b): Interview und dokumentarische Methode: Anleitungen für die Forschungspraxis. 5., aktualisierte und erweiterte Auflage. Wiesbaden: Springer VS.

Nohl, Arnd-Michael (2019): Zur Bedeutung der relationalen Typenbildung für die Dokumentarische Methode. In: Amling, Steffen/Geimer, Alexander/Schondelmayer, Anne/Stützel, Kevin/Thomsen, Sarah (Hrsg.), *Jahrbuch Dokumentarische Methode*, 1, 51–64.

Nohl, Arnd-Michael/Rosenberg, Florian/Thomsen, Sarah (2015): Bildung und Lernen im biographischen Kontext: empirische Typisierungen und praxeologische Reflexionen. Wiesbaden: Springer VS.

Nonnenmacher, Frank (2009): Politische Bildung in der Schule. Demokratisches Lernen als Widerspruch im System. In: Kluge, Sven/Steffens, Gerd/Weiß, Edgar (Hrsg.), Entdemokratisierung und Gegenaufklärung. Frankfurt am Main: Peter Lang, 269–279.

O. A. (1996): „Darmstädter Appell" Aufruf zur Reform der Politischen Bildung in der Schule. In: *Aus Politik und Zeitgeschichte*, B47, 34–38.

Oberauer, Klaus (1993): Prozedurales und deklaratives Wissen und das Paradigma der Informationsverarbeitung. In: *Sprache & Kognition*, 12 (1), 30–40.

Oberle, Monika (2017): Wie politisch dürfen, wie politisch sollen Politiklehrer/innen sein? Politische Orientierungen von Lehrkräften als Element ihrer professionellen Kompetenz. In: Frech, Siegfried/Richter, Dagmar (Hrsg.), Der Beutelsbacher Konsens: Bedeutung, Wirkung, Kontroversen. Schwalbach, Ts.: Wochenschau Verlag, 114–127.

Oevermann, Ulrich (1996): Theoretische Skizze einer revidierten Theorie professionalisierten Handelns. In: Combe, Arno/Helsper, Werner (Hrsg.), Pädagogische Professionalität: Untersuchungen zum Typus pädagogischen Handelns. 1. Auflage. Frankfurt am Main: Suhrkamp, 70–182.

Oevermann, Ulrich (2000): Die Methode der Fallrekonstruktion in der Grundlagenforschung sowie der klinischen und pädagogischen Praxis. In: Kraimer, Klaus (Hrsg.), Die Fallrekonstruktion. Sinnverstehen in der sozialwissenschaftlichen Forschung. 58–156.

Oevermann, Ulrich (2002): Professionalisierungsbedürftigkeit und Professionalisiertheit pädagogischen Handelns. In: Kraul, Margret/Marotzki, Winfried/Schweppe, Cornelia (Hrsg.), Biographie und Profession. Bad Heilbrunn: Julius Klinkhardt, 19–64.

Oevermann, Ulrich/Allert, Tilman/Konau, Elisabeth/Krambeck, Jürgen (1979): Die Methodologie einer „objektiven Hermeneutik" und ihre allgemeine forschungslogische Bedeutung in den Sozialwissenschaften. In: Interpretative Verfahren in den Sozial- und Textwissenschaften. Stuttgart: Metzler, 352–434.

Op't Eynde, Peter/De Corte, Erik/Verschaffel, Lievan (2002): Framing students' mathematics-related beliefs. In: Leder, Gilah C./Pehkonen, Erkki/Törner, Günter (Hrsg.), Beliefs: A hidden variable in mathematics education? New York u. a.: Kluwer Academic Publishers, 13–37.

Osler, Audrey (2011): Teacher interpretations of citizenship education: national identity, cosmopolitan ideals, and political realities. In: *Journal of Curriculum Studies*, 43 (1), 1–24.

Oulton, Christopher/Day, Vanessa/Dillon, Justin/Grace, Marcus (2004): Controversial Issues: Teachers' Attitudes and Practices in the Context of Citizenship Education. In: *Oxford Review of Education*, 30 (4), 489–507.

Panofsky, Erwin (1932): Zum Problem der Beschreibung und Inhaltsdeutung von Werken der bildenden Kunst. In: *Logos*, 21, 103–119.

Panofsky, Erwin (1975): Ikonographie und Ikonologie. Eine Einführung in die Kunst der Renaissance. In: Sinn und Deutung in der bildenden Kunst. Köln: Dumont, 36–67.

Paseka, Angelika/Hinzke, Jan-Hendrik (2018): Professionalisierung durch Forschendes Lernen!? Was tatsächlich in universitären Forschungswerkstätten passiert. In: Leonhard, Tobias/Košinár, Julia (Hrsg.), Praktiken und Orientierungen in der Lehrerbildung: Potentiale und Grenzen der Professionalisierung. Bad Heilbrunn: Julius Klinkhardt, 191–206.

Paseka, Angelika/Hinzke, Jan-Hendrik/Maleyka, Kathrin (2018): Hermeneutische Bearbeitung von Videofällen. In: Paseka, Angelika/Keller-Schneider, Manuela/Combe, Arno (Hrsg.), Ungewissheit als Herausforderung für pädagogisches Handeln. Wiesbaden: Springer VS, 299–322.

Patzelt, Werner J. (2007): Was für eine Art von „Demokratieerziehung" brauchen wir? In: *Gesellschaft – Wirtschaft – Politik (GWP)*, 56 (3), 343–354.

Petrik, Andreas (2007a): Basiskonzepte, Brückenbildung, Kompetenzentwicklung? Dewey, Spranger, Wagenschein, Piaget! Drei politikdidaktische Kontroversen und vier genetische Lösungsvorschläge. In: *Gesellschaft – Wirtschaft – Politik (GWP)*, 56 (4), 555–568.

Petrik, Andreas (2007b): Von den Schwierigkeiten, ein politischer Mensch zu werden: Konzept und Praxis einer genetischen Politikdidaktik. Opladen: Barbara Budrich.

Petrik, Andreas (2009): „… aber das klappt nicht in der Schulpraxis!" Skizze einer kompetenz- und fallorientierten Hochschuldidaktik für die Politiklehrer-Ausbildung. In: *JSSE – Journal of Social Science Education*, 8 (2).

Petrik, Andreas (2011): Welche Demokratie hättest Du gern? Zur bildungsgangdidaktischen Rekonstruktion von Politisierungstypen als individuelle Entwicklungswege der Urteils- und Konfliktlösungskompetenz. In: Lange, Dirk/Fischer, Sebastian (Hrsg.), Politik und Wirtschaft im Bürgerbewusstsein. Untersuchungen zu den fachlichen Konzepten von Schülerinnen und Schülern in der Politischen Bildung. Schwalbach, Ts.: Wochenschau Verlag, 65–85.

Petrik, Andreas (2012): Der heimliche politikdidaktische Kanon. Acht fachdidaktische Prinzipien und sechs „Teacher beliefs" als Kern einer kompetenzorientierten Politiklehrerausbildung. In: Juchler, Ingo (Hrsg.), Unterrichtsleitbilder in der politischen Bildung: GPJE. Schwalbach, Ts.: Wochenschau Verlag.

Philpott, Carey (2014): Theories of Professional Learning: A Critical Guide for Teacher Educators. Northwich: Critical Publishing.

Pille, Thomas (2009): Organisierte Körper. Eine Ethnographie des Referendariats. In: Alkemeyer, Thomas/Brümmer, Kristina/Kodalle, Rea/Pille, Thomas (Hrsg.), Ordnung in Bewegung. Choreographien des Sozialen. Körper in Sport, Tanz, Arbeit und Bildung. Bielefeld: transcript, 161–178.

Pille, Thomas (2013): Das Referendariat: Eine ethnographische Studie zu den Praktiken der Lehrerbildung. Bielefeld: transcript.

Pohl, Kerstin (2011): Demokratiepädagogik oder politische Bildung – Ein Streit zwischen zwei Wissenschaftsdisziplinen? In: *Topologik. Rivista Internazionale di Scienze Filosofiche, Pedagogiche e Sociali*, 6, 129–145.

Polanyi, Michael (1962): Personal knowledge: towards a post-critical philosophy. Corrected edition. London: Routledge & Kegan Paul.

Polanyi, Michael (1966): The tacit dimension. Garden City, NY: Doubleday.

Polanyi, Michael (1969): Knowing and being: essays by Michael Polanyi. London: Routledge & Kegan Paul.

Przyborski, Aglaja (2017): Bildkommunikation: Qualitative Bild- und Medienforschung. Berlin/Boston: De Gruyter.

Przyborski, Aglaja/Wohlrab-Sahr, Monika (2014): Qualitative Sozialforschung: ein Arbeitsbuch. 4. Auflage. München: Oldenbourg.

Puderbach, Rolf/Gottschlich, Stefanie/Weber, Anja (2012): Reform der Lehrerbildung an der TU Dresden: Perspektiven für eine bedarfsgerechte Schulart- und Fächerwahl im Lehramtsstudium. Dresden: Zentrum für Lehrerbildung, Schul- und Berufsbildungsforschung TU Dresden.

Radtke, Frank-Olaf (2004): Der Eigensinn pädagogischer Professionalität jenseits von Innovationshoffnungen und Effizienzerwartungen. Übergangene Einsichten aus der Wissensverwendungsforschung für die Organisation der universitären Lehrerbildung. In: Koch-Priewe, Barbara/Kolbe, Fritz-Ulrich/Wildt, Johannes (Hrsg.), Grundlagenforschung und mikrodidaktische Reformansätze zur Lehrerbildung. Bad Heilbrunn: Julius Klinkhardt, 99–149.

Ramsenthaler, Christina (2013): Was ist „Qualitative Inhaltsanalyse?" In: Schnell, Martin/Schulz, Christian/Kolbe, Harald/Dunger, Christine (Hrsg.), Der Patient am Lebensende: Eine Qualitative Inhaltsanalyse. Wiesbaden: Springer VS, 23–42.

Reckwitz, Andreas (2003): Grundelemente einer Theorie sozialer Praktiken: Eine sozialtheoretische Perspektive / Basic Elements of a Theory of Social Practices: A Perspective in Social Theory. In: *Zeitschrift für Soziologie*, 32 (4), 282–301.

Reh, Sabine (2004): Abschied von der Profession, von Professionalität oder vom Professionellen? Theorien und Forschungen zur Lehrerprofessionalität. In: *Zeitschrift für Pädagogik*, 50 (3), 358–372.

Reichertz, Jo (2013): Gemeinsam interpretieren: die Gruppeninterpretation als kommunikativer Prozess. Wiesbaden: Springer VS.

Reichhart, Barbara (2018): Lehrerprofessionalität im Bereich der politischen Bildung: Eine Studie zu motivationalen Orientierungen und Überzeugungen im Sachunterricht. Wiesbaden: Springer VS.

Reinhardt, Sibylle (1972): Zum Professionalisierungsprozeß des Lehrers: Überlegungen zur Lehrer-Schüler-Interaktion und ihrer Sozialisation. Frankfurt am Main: Athenäum.

Reinhardt, Sibylle (1976): Wie politisch darf der „Politik"-Lehrer sein? In: *Aus Politik und Zeitgeschichte*, 76 (8), 25–35.

Reinhardt, Sibylle (1981): Der Lehrer als „Balanceur" – weitere Überlegungen zur Konfliktstruktur der Lehrerrolle. In: *Die Deutsche Schule*, 73 (3), 139–152.

Reinhardt, Sibylle (1988): Kontroverses Denken, Überwältigungsverbot und Lehrerrolle. In: Gagel, Walter/Menne, Dieter (Hrsg.), Politikunterricht: Handbuch zu den Richtlinien NRW. Wiesbaden: VS Verlag für Sozialwissenschaften, 65–73.

Reinhardt, Sibylle (2002): Was müssen Lehrer wissen und können? Sie müssen Lehrer sein! In: Breidenstein, Georg/Helsper, Werner/Kötters-König, Catrin (Hrsg.), Die Lehrerbildung der Zukunft – eine Streitschrift. Wiesbaden: VS Verlag für Sozialwissenschaften, 43–52.

Reinhardt, Sibylle (2009): Gelingende Lehrerbildung – Professionstheorie und Fachdidaktik, Erfahrungen und Konsequenzen. In: *JSSE – Journal of Social Science Education*, 8 (2).

Reinhardt, Sibylle (2014): Politik-Didaktik: Praxishandbuch für die Sekundarstufe I und II. 5. Auflage. Berlin: Cornelsen Verlag.

Renkl, Alexander (2015): Wissenserwerb. In: Wild, Elke/Möller, Jens (Hrsg.), Pädagogische Psychologie. 2. Auflage. Berlin: Springer, 3–24.

Resch, Christine (2014): Reflexivität als Denkmodell und Perspektive in den Sozialwissenschaften. In: *Widersprüche: Zeitschrift für sozialistische Politik im Bildungs-, Gesundheits- und Sozialbereich*, 34 (132), 75–89.

Richter, Dagmar (1996): Politikwahrnehmung bei Studierenden. In: Reinhard, Sibylle/Richter, Dagmar/Scherer, Klaus-Jürgen (Hrsg.), Politik und Biographie. Schwalbach, Ts.: Wochenschau Verlag, 29–77.
Riemann, Gerhard (2011): Narratives Interview. In: Bohnsack, Ralf/Marotzki, Winfried/Meuser, Michael (Hrsg.), Hauptbegriffe qualitativer Sozialforschung. 3. Auflage. Opladen: Barbara Budrich, 120–122.
Röken, Gernod (2013): Gedanken über Demokratie-Lernen als gesamtschulische Aufgabe für Politiklehrer. In: *Gesellschaft – Wirtschaft – Politik (GWP)*, 62 (4), 575–580.
Rosenberg, Florian (2014): Bildung und Habitustransformation: empirische Rekonstruktionen und bildungstheoretische Reflexionen. 1. Auflage. Bielefeld: transcript.
Rosenthal, Gabriele (2008): Interpretative Sozialforschung: eine Einführung. 2. Auflage. Weinheim: Juventa.
Ryle, Gilbert (1949): The concept of mind. New York: Hutchinson's University Library.
Sander, Wolfgang (2007): Politik entdecken – Freiheit leben: didaktische Grundlagen politischer Bildung. 2. aktual. Auflage. Schwalbach/Ts.: Wochenschau Verlag.
Schelle, Carla (2003): Zur Tradition der Unterrichtsforschung zum Politikunterricht mit qualitativen Methoden. In: *Kursiv: Journal für politische Bildung*, 1, 36–41.
Scherf, Daniel (2013): Theoretische Einordnung: Das Wissen von (Deutsch-)Lehrern als Forschungsgegenstand. In: Scherf, Daniel (Hrsg.), Leseförderung aus Lehrersicht: Eine qualitativ-empirische Untersuchung professionellen Wissens. Wiesbaden: Springer VS, 17–42.
Schieferdecker, Ralf (2016): Orientierungen von Lehrerinnen und Lehrern im Themenfeld Heterogenität: Eine rekonstruktive Analyse. Opladen: Barbara Budrich.
Schieferdecker, Ralf/Hinzke, Jan-Hendrik/Kessler, Stefanie (2019): Umgang mit Spannungen im schulischen Alltag. Eine studienübergreifende Synopse zur Rekonstruktion eines beruflichen Habitus von Lehrpersonen. In: Kramer, Rolf-Torsten/Pallesen, Hilke (Hrsg.), Lehrerhabitus: theoretische und empirische Beiträge zu einer Praxeologie des Lehrerberufs. Bad Heilbrunn: Julius Klinkhardt, 167–188.
Schiele, Siegfried (2004): Vorwort. In: Breit, Gotthard/Schiele, Siegfried (Hrsg.), Demokratie braucht politische Bildung. Schwalbach, Ts.: Wochenschau Verlag, IX–XII.
Schmidt-Hertha, Bernhard/Tippelt, Rudolf (2011): Typologien. In: *Zeitschrift für Weiterbildungsforschung*, 34 (1), 23–35.
Schneekloth, Ulrich/Albert, Mathias (2020): Jugend und Politik: Demokratieverständnis und politisches Interesse im Spannungsfeld von Vielfalt, Toleranz und Populismus. In: Albert, Mathias/Hurrelmann, Klaus/Quenzel, Gudrun (Hrsg.), Jugend 2019: eine Generation meldet sich zu Wort. Bonn: Bundeszentrale für politische Bildung, 47–101.
Schneider, Helmut/Gerold, Markus (2018): Demokratiebildung an Schulen – Analyse lehrerbezogener Einflussgrößen. Gütersloh: Bertelsmann Stiftung. Text abrufbar unter: https://www.bertelsmann-stiftung.de/fileadmin/files/Projekte/Jungbewegt/Lehrerbefragung_Demokratiebildung_final.pdf (Zugriff am 1.9.2020).
Schön, Donald A. (1983): The reflective practitioner: how professionals think in action. New York: Basic Books.
Schön, Donald A. (1987): Educating the reflective practitioner: toward a new design for teaching and learning in the professions. San Francisco: Jossey-Bass.
Schöne, Helmar (2010): Politische Institutionen im Urteil von Lehramtsstudierenden und Lehramtsanwärtern. In: *Gesellschaft. Wirtschaft. Politik*, 59 (1), 91–104.
Schütz, Alfred (1971): Das Problem der sozialen Wirklichkeit. Den Haag: Nijhoff.
Schütz, Alfred (1974): Der sinnhafte Aufbau der sozialen Welt: eine Einleitung in die verstehende Soziologie. Frankfurt am Main: Suhrkamp.
Schütze, Fritz (1976): Zur Hervorlockung und Analyse von Erzählungen thematisch relevanter Geschichten im Rahmen soziologischer Feldforschung: dargestellt an einem Projekt zur Erforschung von kommunalen Machtstrukturen. In: Weymann, Ansgar/Arbeitsgruppe Bielefelder Soziologen (Hrsg.), Kommunikative Sozialforschung: Alltagswissen und Alltagshandeln, Gemeindemachtforschung, Polizei, politische Erwachsenenbildung. München: Fink, 159–260.
Schütze, Fritz (1978): Die Technik des narrativen Interviews in Interaktionsfeldstudien-dargestellt an einem Projekt zur Erforschung von kommunalen Machtstrukturen: Arbeitsberichte und Forschungsmaterialien. Bielefeld: Fakultät für Soziologie der Universität Bielefeld.

Schütze, Fritz (1983): Biographieforschung und narratives Interview. In: *Neue Praxis*, 13 (3), 283–293.

Schütze, Fritz (1987): Das narrative Interview in Interaktionsfeldstudien. Studienbrief. Teil 1. Hagen: Fernuniversität Hagen.

Shulman, Lee (1987): Knowledge and teaching: Foundations of the new reform. In: *Harvard Educational Review*, 57 (1), 1–23.

Shulman, Lee S. (1986): Those Who Understand: Knowledge Growth in Teaching. In: *Educational Researcher*, 15 (2), 4–14.

Shulman, Lee S./Wilson, Suzanne M./Hutchings, Pat (2004): The wisdom of practice: Essays on teaching, learning, and learning to teach. San Francisco: Jossey-Bass.

Soeffner, Hans-Georg/Hitzler, Ronald (1994): Hermeneutik als Haltung und Handlung: über methodisch kontrolliertes Verstehen. In: Schröer, Norbert (Hrsg.), Interpretative Sozialforschung: auf dem Wege zu einer hermeneutischen Wissenssoziologie. Opladen: Leske + Budrich, 28–54.

Sotzek, Julia (2018): Lehrer*innenhabitus und Emotionen – methodologische und empirische Überlegungen zur Bedeutung von Emotionen für die berufliche Praxis. In: *ZISU – Zeitschrift für interpretative Schul- und Unterrichtsforschung: Empirische Beiträge aus Erziehungswissenschaft und Fachdidaktik*, 7 (1), 81–94.

Sotzek, Julia/Wittek, Doris/Rauschenberg, Anna/Hericks, Uwe/Keller-Schneider, Manuela (2018): Spannungsverhältnisse im Berufseinstieg von Lehrpersonen. Empirische Befunde einer rekonstruktiven Studie zu Habitus und Normen aus Perspektive der Dokumentarischen Methode. In: *ZQF: Zeitschrift für Qualitative Forschung*, 18 (2), 315–333.

Steinke, Ines (2000): Gütekriterien qualitativer Forschung. In: Flick, Uwe/von Kardoff, Ernst/Steinke, Ines (Hrsg.), Qualitative Forschung. Hamburg: Rowohlt, 319–331.

Taylor, Charles (1994): Quellen des Selbst: die Entstehung der neuzeitlichen Identität. 1. Auflage. Frankfurt am Main: Suhrkamp.

Thon, Christine (2017): Geschlecht – Habitus – Transformation. In: Rieger-Ladich, Markus/Grabau, Christian (Hrsg.), Pierre Bourdieu: Pädagogische Lektüren. Wiesbaden: Springer VS, 129–146.

Torney-Purta, Judith (2002): The School's Role in Developing Civic Engagement: A Study of Adolescents in Twenty-Eight Countries. In: *Applied Developmental Science*, 6 (4), 203–212.

Torney-Purta, Judith/Lehmann, Rainer/Oswald, Hans/Schulz, Wolfram (2001): Citizenship and Education in Twenty-Eight Countries: Civic Knowledge and Engagement at Age Fourteen. Amsterdam: International Association for the Evaluation of Educational Achievement. Text abrufbar unter: https://eric.ed.gov/?id=ED452116 (Zugriff am 19.9.2020).

Turner-Bisset, Rosie (1999): The Knowledge Bases of the Expert Teacher. In: *British Educational Research Journal*, 25 (1), 39–55.

Vorländer, Hans/Herold, Maik/Schäller, Steven (2015): Wer geht zu PEGIDA und warum. Dresden: Zentrum für Verfassungs- und Demokratieforschung an der Technischen Universität Dresden.

Watermann, Rainer (2003): Diskursive Unterrichtsgestaltung und multiple Zielerreichung im politisch bildenden Unterricht. In: *ZSE: Zeitschrift für Soziologie der Erziehung und Sozialisation*, 23 (4), 356–370.

Weber, Max (1920): Die protestantische Ethik und der Geist des Kapitalismus. In: *Gesammelte Aufsätze zur Religionssoziologie*, 1, 17–206.

Wehling, Hans-Georg (1977): Konsens a la Beutelsbach? Nachlese zu einem Expertengespräch. In: Schiele, Siegfried/Schneider, Herbert (Hrsg.), Das Konsensproblem in der politischen Bildung. Stuttgart: Klett, 173–184.

Weißeno, Georg (1993): Zur Tradition empirischer Unterrichtsforschung in der politischen Bildung. In: Grammes, Tilman/Weißeno, Georg (Hrsg.), Sozialkundestunden. Wiesbaden: VS Verlag für Sozialwissenschaften, 15–33.

Weißeno, Georg (1995): Politiklehrerinnen und Politiklehrer. Ihre Rolle als politische Erzieher. In: Massing, Peter/Weißeno, Georg (Hrsg.), Politik als Kern der politischen Bildung. Wege zur Überwindung unpolitischen Politikunterrichts. Opladen: Leske + Budrich, 239–251.

Weißeno, Georg (1997): Dilemmata des Unterrichtens – Handlungsprobleme von Politiklehrerinnen und Politiklehrern. In: *Kursiv: Journal für politische Bildung*, 4, 26–31.

Weißeno, Georg (1998): Politikdidaktik aus der Perspektive von Fachleitern. Ein Beitrag zum Austausch von Profession und Wissenschaft. In: Henkenborg, Peter/Kuhn, Hans-Werner (Hrsg.), Der alltägliche Politikunterricht: Ansätze – Beispiele – Perspektiven qualitativer Unterrichtsforschung zur politischen Bildung in der Schule. Opladen: Leske + Budrich, 201–216.

Weißeno, Georg (2012): Zum Stand empirischer politikdidaktischer Forschung. In: Juchler, Ingo (Hrsg.), Unterrichtsleitbilder in der politischen Bildung. Schwalbach, Ts.: Wochenschau Verlag, 115–126.

Weißeno, Georg/Weschenfelder, Eva/Oberle, Monika (2013): Empirische Ergebnisse zur professionellen Kompetenz von Politiklehrer/innen. In: Hufer, Klaus-Peter/Richter, Dagmar (Hrsg.), Politische Bildung als Profession: Verständnisse und Forschungen; Perspektiven politischer Bildung. Bonn: Bundeszentrale für politische Bildung, 187–202.

Weißeno, Georg/Weschenfelder, Eva/Oberle, Monika (2015): Überzeugungen, Fachinteresse und professionelles Wissen von Studierenden des Lehramts Politik. In: Weißeno, Georg/Schelle, Carla (Hrsg.), Empirische Forschung in gesellschaftswissenschaftlichen Fachdidaktiken: Ergebnisse und Perspektiven. Wiesbaden: Springer VS, 139–154.

Weschenfelder, Eva (2014): Professionelle Kompetenz von Politiklehrkräften: Eine Studie zu Wissen und Überzeugungen. Wiesbaden: Springer VS.

Wille, Reinhard (2013): Zwischen Moderation und kritischer politischer Bildung – ein Plädoyer für mehr Mut im Politikunterricht. In: Hufer, Klaus-Peter/Richter, Dagmar (Hrsg.), Politische Bildung als Profession. Verständnisse und Forschungen. Bonn: Bundeszentrale für politische Bildung, 155–162.

Winckler, Marie (2017): Politische Selbstbilder und politische Bildung. Eine rekonstruktiver Studie mit Schülerinnen und Schülern der Sekundarstufe 1. Schwalbach, Ts.: Wochenschau Verlag.

Wittek, Doris (2013): Heterogenität als Handlungsproblem: Entwicklungsaufgaben und Deutungsmuster von Lehrenden an Gemeinschaftsschulen. Opladen: Budrich.

Wittek, Doris/Hericks, Uwe/Rauschenbach, Anna/Sotzek, Julia/Keller-Schneider, Manuela (2020): Professionalisierung von Lehrpersonen im Berufseinstieg – empirische Befunde und methodologische Überlegungen zum Längsschnitt aus praxeologischer Forschungsperspektive. In: Thiersch, Sven (Hrsg.), Qualitative Längsschnittforschung: Bestimmungen, Forschungspraxis und Reflexionen. Opladen: Barbara Budrich, 295–320.

Witzel, Andreas (2000): Das problemzentrierte Interview. In: *Forum Qualitative Sozialforschung*, 1 (1).

Wohnig, Alexander (2017): Zum Verhältnis von sozialem und politischem Lernen. Wiesbaden: Springer VS.

Wohnig, Alexander (2020): Aus sozialem wird politisches Lernen? Zur Wirkung und Ambivalenz des Demokratie-Lernens. In: Burth, Hans-Peter/Reinhardt, Volker (Hrsg.), Wirkungsanalyse von Demokratie-Lernen: empirische und theoretische Untersuchungen zur Demokratiedidaktik in Schule und Hochschule. Opladen: Barbara Budrich, 115–135.

Wulf, Christoph (1999): Mimesis in Gesten und Ritualen. In: Schäfer, Alfred/Wimmer, Michael (Hrsg.), Identifikation und Repräsentation. Wiesbaden: VS Verlag für Sozialwissenschaften, 255–278.

Wulf, Christoph (2001): Rituelles Handeln als mimetisches Wissen. In: Wulf, Christoph/Althans, Birgit/Audehm, Kathrin/Bausch, Constanze/Göhlich, Michael/Sting, Stephan/Tervooren, Anja/Wagner-Willi, Monika/Zirfas, Jörg (Hrsg.), Das Soziale als Ritual: Zur performativen Bildung von Gemeinschaften. Wiesbaden: VS Verlag für Sozialwissenschaften, 325–338.

Zurstrassen, Bettina (2009): Kompetenzorientierte Lehrerbildung in den sozialwissenschaftlichen Unterrichtsfächern – Blühende Landschaften in der Lehrerbildung von morgen? In: *JSSE – Journal of Social Science Education*, 8 (2).

Zurstrassen, Bettina (2013): Fachfremder Unterricht in den sozialwissenschaftlichen Unterrichtsfächern – zwischen bildungspolitischer Naivität und Fahrlässigkeit. Ein Kommentar. In: *Politisches Lernen*, 3, 35–36.

8. Anhang

8.1 Interviewleitfaden für die erste Datenerhebungsphase

Beginn – Allgemein Berufseinstieg und -entscheidung zum Politikunterricht

Erzählen Sie mir doch bitte, wie Sie Politiklehrer/in geworden sind. Was war Ihre Motivation?
Was verbinden Sie mit dem Fach? / Was ist Ihr Verständnis des Faches?
Was wollen Sie Ihren Schüler/innen vermitteln?

A Demokratielernen in Schule und Unterricht

Erzählaufforderung		
Wie vermitteln Sie Demokratie in Ihrem Unterricht?		
Inhaltliche Aspekte	**Aufrechterhaltungsfragen**	**Nachfragen**
• Persönliche Unterrichtspraxis – Thematisierung von Demokratie im Unterricht – Planung einer Unterrichtsstunde zum Thema – Teilhabe von Schülern/innen am Unterricht bzw. der Unterrichtsgestaltung • Rolle / Aufgabe von Politikunterricht • Schule / Unterricht allgemein / Klassenfahrten / Projekte	• Welche Erfahrungen haben Sie gemacht? • Fällt Ihnen noch etwas zu Demokratielernen in Schule und Unterricht / im Politikunterricht ein? • Wollen Sie noch etwas hinzufügen? • Würden Sie gern etwas verändern?	• Wie können sich Schüler/-innen an Ihrer Schule beteiligen? • Inwiefern werden die Schüler/innen ihrer Schule mit ihren Ideen zur Gestaltung der Schule einbezogen? • Wie reagieren Ihre Schüler/-innen darauf? • Wie kann man Ihrer Meinung nach Unterricht / Schule noch demokratisch gestalten? • Welchen Stellenwert hat Demokratielernen für Ihren Unterricht / an Ihrer Schule? • Inwiefern finden Sie Ihren Unterricht demokratisch?

B Demokratisch-Handeln & Beteiligung

Erzählaufforderung		
Wie beteiligen Sie sich an / in Demokratie?		
Inhaltliche Aspekte	Aufrechterhaltungsfragen	Nachfragen
• Eigene Erfahrungen als Bürger/in in der Demokratie • Persönliches politisches Engagement • Politische Sozialisation	• Was bedeutet für Sie demokratisch Handeln? • Was heißt es für Sie Bürger/in in einer Demokratie zu sein? • Fällt Ihnen noch etwas ein?	• Was haben Sie selbst in der Schule oder auch später über Demokratie gelernt? • Wer hat sie wie auf Ihre Rolle als Bürger/in vorbereitet? • Inwiefern hat das Ihr heutiges Verständnis geprägt? • Wie sollten sich Ihre Schüler/-innen als zukünftige Bürger/-innen beteiligen?

C Rolle der Bürger/innen & Qualifikation der Bürger/innen

Erzählaufforderung		
Wie sollten Bürger/innen auf ihre Rolle als Bürger/innen in einer Demokratie vorbereitet werden?		
Inhaltliche Aspekte	Aufrechterhaltungsfragen	Nachfragen
• Voraussetzungen (Kompetenzen & Wissen) • Vorbereitung / Qualifizierung – Wer hat die Verantwortung dafür? • Rolle / Aufgabe • Rechte / Pflichten • Normative Vorstellung	• Was fällt Ihnen noch ein, wenn Sie an die Rolle der Bürger/innen in der Demokratie denken? • Wollen Sie noch etwas hinzufügen?	• Inwiefern vermitteln Sie ihren Schüler/innen diese Kompetenzen / dieses Wissen? • Was denken Sie, stimmen Ihre Vorstellungen mit Ihrer Unterrichtspraxis überein? • Wer trägt die Verantwortung für die Qualifizierung der Bürger/innen? • Sind aktive Bürger/innen für eine Demokratie notwendig? Was denken Sie?

D Rolle der Institutionen

Erzählaufforderung		
Welche Bedeutung haben Institutionen in einer Demokratie?		
Inhaltliche Aspekte	Aufrechterhaltungsfragen	Nachfragen
• Definition Institutionen • Rolle / Aufgabe • Normative Vorstellung • Verhältnis zu Bürger/innen	• Was fällt Ihnen noch ein, wenn Sie an die Rolle der Institutionen in der Demokratie denken? • Wollen Sie noch etwas hinzufügen?	• Wie erleben Sie Institutionen? • Was müssen Bürger/innen über Institutionen wissen, um sich einzubringen? • Was ist Ihrer Meinung nach eine demokratische Institution? • Sind Institutionen notwendig für eine Demokratie? Warum? • Befinden sich die demokratischen Institutionen heute in einer Krise? Brauchen wir neue Institutionen?

E Persönliche Demokratievorstellung

Erzählaufforderung		
Wir haben ja nun schon viel über Demokratie gesprochen. Nun interessiert mich, was Sie denn persönlich unter ‚Demokratie' verstehen. Was ist Demokratie ihrer Meinung nach?		
Inhaltliche Aspekte	**Aufrechterhaltungsfragen**	**Nachfragen**
• Subjektive Definition • Normative Definition • Idee? • Grundprinzipien • Funktionsweise	• Was geht Ihnen bei ‚Demokratie' noch durch den Kopf? • Gibt es sonst noch etwas? • Und sonst?	• Wie erfahren Sie Demokratie? • Sollte sich etwas an unserer Demokratie ändern? Was für eine Demokratie wünschen Sie sich? • Inwiefern ist Ihre Vorstellung von Demokratie leitend für Ihren Unterricht?

8.2 Intervieworientierung für die zweite Datenerhebungsphase

VORHER
kurze Vorstellung des Interviewers/der Interviewerin
Klärung Sie/Du?
  Anonymität zusichern
  Interviewvereinbarung unterzeichnen lassen
  Klären der Interviewform (offenes, freies Erzählen)

Einstiegsfrage:
SIE –
Wie sieht Ihre Unterrichtspraxis aus? Erzählen Sie doch einfach mal, was Sie in den letzten Unterrichtsstunden mit Ihren Schülern/innen im Politikunterricht gemacht haben.
DU –
Wie sieht deine Unterrichtspraxis aus? Erzähl doch einfach mal, was du in den letzten Unterrichtsstunden mit deinen Schülern/innen im Politikunterricht gemacht hast.

immanente Nachfragen:
nach Konkretisierung, Beispielen, genauerem Erzählen oder bestimmten Details
Verständnisrückfragen

exmanente Nachfragen:
SIE –
Was sind für Sie gute / schlechte Situationen im Politikunterricht?
Wie gestalten Sie in der Regel Ihre Unterrichtsstunden? (Vorgehen/Methoden)
Wie beteiligen Sie Ihre Schüler/innen am Unterricht / an der Unterrichtsgestaltung?
Wie vermitteln Sie Demokratie in Ihrem Unterricht?
Was wollen Sie Ihren Schüler/innen vermitteln? (Anliegen/Ziele)
Wie haben Sie Politikunterricht und Schülerbeteiligung in Ihrer Schulzeit erlebt?
Wie sind Sie zum Fach gekommen? Welche Motivation hatten Sie Politiklehrer/in zu werden?
Sonstiges? Zu Ergänzendes? Was fehlt?
DU –
Was sind für dich gute / schlechte Situationen im Politikunterricht?
Wie gestaltest du in der Regel deine Unterrichtsstunden? (Vorgehen/Methoden)
Wie beteiligst du deine Schüler/innen am Unterricht / an der Unterrichtsgestaltung?
Wie vermittelst du Demokratie in deinem Unterricht?
Was willst du deinen Schüler/innen vermitteln? (Anliegen/Ziele)
Wie hast du Politikunterricht und Schülerbeteiligung in deiner Schulzeit erlebt?

Wie bist du zum Fach gekommen? Welche Motivation hattest du Politiklehrer/in zu werden?
Sonstiges? Zu Ergänzendes? Was fehlt?

NACHHER: Dank für das Interview + Ausfüllen des Kurzfragebogens

8.3 Transkriptionsregeln angelehnt an TiQ: Talk in Qualitative Social Research (Bohnsack 2014b: 253 f.)

|_	Beginn einer Überlappung von Redebeiträgen
ja-ja	schneller Anschluss, Zusammenziehen von Wörtern
,	kleine (Atem-)Pause
(.)	kurze Pause
(...)	lange Pause
jaaa	Dehnung von Wörtern; je länger die Dehnung, umso mehr Vokale werden aneinandergereiht
<u>nein</u>	Betonung
nein	Lautstärke
.	sinkende Intonation
?	steigende Intonation
vie-	Abbruch
(Text)	Unsicherheit bei der Transkription, z. B. bei schwer verständlichen Äußerungen
(xx)	unverständliche Äußerung; die Länge der Klammer
(xxxxx)	entspricht etwa der Dauer der unverständlichen Äußerung
[räuspert	nonverbale Äußerungen (z. B. Husten, Räuspern) oder gesprächs-
sich] [Text]	externe Ereignisse (z. B. Handy klingelt)
	bzw. Anonymisierung
######	fehlende Passagen der Tonbandaufzeichnungen
@Text@	Text wird lachend gesprochen
@	kurzes Auflachen
@@@	langes Lachen °Text° leises Sprechen innerhalb der Markierungen

8.4 Exemplarische Interpretation

8.4.1 Themenverlauf Interview 02.10.2013 mit Jan Becker (Fm)

Lehrer (Altersgruppe bis 29 Jahre) an einer Oberschule in Bremen, unterrichtet Politik und Mathematik in der Sekundarstufe 1

00:00–37:00 **Eingangssequenz** *transkribiert 00:00–25:17	Weg zum Lehrerberuf/Fach Politik (politisches Interesse in der Schulzeit, Beginn Studium Soziologie, Abbruch/Wechsel zum Lehramt Politik, unterrichtet gerne Politik) Eigenes Erleben Schule/Politik als Schüler (Lernen an authentischen Materialien; differenzierter als in politischen Gruppen; hoher Aktualitätsbezug/Alltagsbezug auch in Geschichte) Politische Einstellung der Lehrer (ostdeutsche Lehrer aus dem alten System / systemtreue Lehrer haben trotzdem umfassenden, kritischen Unterricht gemacht, eigene Perspektive nicht negiert worden) Erleben von Demokratie in der Schulzeit (formal alle Mitbestimmungsgremien da, Schüler/innen aber nicht über Rechte informiert; am Unterricht mitbestimmen durfte man nicht; autoritärer Direktor / keine demokratische Kultur im Kollegium) Vergleichende Wahrnehmung der Schulen in Bremen (chaotisch; hier Möglichkeit über einzustellendes Personal mitzubestimmen; Demokratie nach außen großgeschrieben – nach innen Schulleitung sehr autoritär/intransparent; für ihn wichtig Mitgestaltungsräume zu geben/Transparenz eigener Entscheidungen gegenüber Schülern herzustellen, d. h. manche Dinge im organisatorischen Rahmen nicht verhandelbar; wenig Schüler und Eltern in Gremien; man ist hier heute weiter als in seiner Schulzeit, aber es fehlt an klaren Entscheidungsabläufen und der Einhaltung von Regeln, lieber weniger überall Projekte beantragen und stattdessen klareres Konzept wählen und Schwerpunkte setzen, vernünftiger Fachunterricht; Modelljahrgang/neue Schule; Beteiligungsmöglichkeiten an der Schule (SV, Vertrauenslehrer, Schülerzeitung wird zensiert)) Wunsch nach Transparenz der Entscheidungsstruktur, unter Schülern gibt es Solidarität mit eigenem Lehrer, eigene Beteiligung der Schüler am Unterricht (indirekt, den Bedürfnissen der Schüler entsprechend, alle mitnehmen), Projektstunden, Möglichkeiten Oberstufe, Schulleitungsstudie
37:00–53:12 **2. Sequenz /** **3. Sequenz** * transkribiert	Demokratievermittlung im Politikunterricht Anliegen für den Politikunterricht
53:12–1:11:03 **4. Sequenz** *transkribiert	Vorbereitung der Schüler als Bürger

1:11:03–1:16:59	Demokratische Institutionen (es gibt Gründe für Demokratiedefizite in Institutionen, Überforderung/strukturelle Defizite), seine Schule als Institution (jung, haben noch nicht bewiesen, wie gut man Klassen im Griff hat, Verantwortung liegt bei Lehrern mehr Demokratie einzufordern, Prioritäten sind aber zu verschieden, Eltern müssten das auch machen/da kommt nichts/beschweren sich nicht, man kann von Lehrern nicht erwarten, dass sie allein für Schüler kämpfen)
1:16:59–1:19:10	Erfahren von Demokratie im politischen System (kein Bedarf für Veränderungen, Qualität wichtiger als Optimierung, …)
1:19:10–1:21:50	Grenzen von Demokratie (Missachtung von Menschen und Meinungen Bsp. Anerkennung von Abschlüssen, Gewalt gegen andere Menschen: Ausnahme ist staatliche Gewalt, Selbstjustiz geht nicht/sich über Gewalt profilieren)
1:21:50–1:22:33	Offene Frage zum Ende …

Kommentierung zur Auswahl der transkribierten Sequenzen

Ich habe die Eingangssequenz fast vollständig transkribiert sowie Sequenzen, die mir vor dem Hintergrund meiner Fragestellung relevant erschienen. Dabei habe ich sowohl Sequenzen aufgenommen, in denen Lehrpraktiken geschildert wurden als auch Sequenzen, in denen der Lehrer stärker seine Ziele ausgeführt und/ oder über Demokratielernen in Unterricht und Schule reflektiert hat.

Antworten auf die letzten Fragen habe ich nicht mehr verschriftlicht, da es hier vorwiegend um Einstellungen gegenüber dem politischen System als solchem und der performativen Politik darin ging. Eine Untersuchung dessen war jedoch nicht der Fokus meiner Untersuchung.

8.4.2 Transkript

Ausschnitt aus der 2. Sequenz

Y: *okay kommen wir noch mal zu deinem Unterricht zurück. ähm inwiefern versuchst du Demokratie in deinem Unterricht jetzt nicht in Mathe sondern im Politikunterricht ähm zu vermitteln?*

Fm: *hat ja jetzt auch gut gepasst mein erstes Thema war (.) passend die Wahl. ähm und (.) für mich war war es wichtig also einmal das Thema. auch politisches System in Deutschland. also wirklich n relativ trockenes Ding in meinen Augen was ich aber eigentlich geschafft hab. die warn- hinten die Bilder da [zeigt auf Plakate der Schüler, die an der Wand hängen] also Gewaltenteilung. das is war eine sehr leistungsstarke Gruppe haben sich so mit Wahlen Bundespräsidenten Bundestag und Bundesrat und noch mal mit der- mit dem Föderalismus auseinandergesetzt. (.) ähm dann sind wir langsam hin hingekommen zu*

Wahlen da hab ich die Parteiprofile der Bundeszentrale für politische Bildung zusammengeschrieben von den sechs Großen und mit den Piraten. (.) ähm (.) und das war viel Arbeit. wo ich mir manchmal also wo ich dann gewünscht hätte dass wir so ein bisschen zusammenarbeiten können aber mein Referendar ist frisch grade gekommen erst. der war noch nicht so weit. hier die neue Kollegin die ist Vertretungslehrer also wenn das Team halt regelmäßig wechselt [Y: ja] kann man da auch wenig kooperativ arbeiten [Y: mhm] aber da habe ich halt gemerkt [Y: räuspert sich] als dieses äh als ich also dann geschafft hab authentisches Material auch herzustellen teilweise auch ähm so Wahlprogramme hier auch mit reingebracht habe dass sie sich angucken konnten es ging mir nicht darum dass sies lesen sondern einfach nur sehen wie dick die Dinger sind. also das Politik nicht nur aus Wahlplakaten besteht ähm aber das also als sie sich dann mit diesem Wahlprogramm auseinandergesetzt haben das war für die ne also ne unglaubliche Politisierung die hat zwar nicht jetzt so lange angehalten aber die waren auf jeden Fall begeistert es hat gepasst in der- in in den Medien war die Wahl präsent. Pro7 Stefan Raab permanent irgendwas mit Wahlwerbespots liefen überall. äh also das war war glaub ich für die gut eingebettet. und dass warn- also so ne Sachen das Verständnis darüber auch jetzt herstellen kann wenn es akut ist also dass man grundsätzliche Sachen auch äh erstmal versteht warum Entscheidungen auch oftmals langwierig sind. ähm also das Ziel war bei den Profilen dass sie Standpunkte der Parteien herausarbeiten sollten und Unterschiede. das war dann leider aber auch oftmals auf so ner polemischen Ebene gut die einen wollen die Steuern hoch setzen die anderen runter. aber es war erstmal ein Spannungsverhältnis. wir hatten relativ gutes Beispiel diese ähm Datenschutz war auch n Thema bei vielen Parteien. da war erstmal die Frage was ist Datenschutz? (.) und dass man erst bei ***Datensicherung*** *war nee das ist Datenschutz jetzt nicht. und dann diese NSA Affäre und*

Y: |_ja das ist ne gute Vorlage @

Fm: und die Positionen letztendlich auch der Bundesregierung das musste ich natürlich einbringen aber diese Diskussion die darum entstand darüber entstanden ist die war sehr interessant und hat dann auch noch mal die Standpunkte zwischen den Parteien die Unterschiede die zwar leicht in einem Bereich auch nur marginal sind aber es auch darzulegen dass es für die Schüler greifbar wird okay. ähm da gibts verschiedene Positionen aber es ist halt auch schwer ne klare klare Position zum Datenschutz zu finden. laut und dann hab ich auch das Grundgesetz dann rangebracht. der erste das ist der Datenschutz und Briefgeheimnis ganz oben steht aber dann der nächste Satz gleich die Einschränkung wenn es um die innere Sicherheit geht blablabla. ähm und das ist n Riesendilemma. wo dieses Spannungsverhältnis auszudiskutieren und das ist für mich letztendlich auch n Zeichen also dass die Schüler begreifen dass es nicht ein Ja oder ein Nein gibt. sondern dass es Grauschattierungen gibt wo man sich letztendlich verankert. und es war teilweise mühselig ich hab die dann dazu noch sollten wie so ein kleines Essay schreiben dass wir diese Fragestellung stelln- also dass wir noch eine Pro und Contra Liste gemacht haben. dass sie zu nem begründeten Urteil kommen. (.) [...]

8.4.3 Interpretation der Sequenz

Formulierende Interpretation

1–32	**OT Unterricht zum Thema Wahlen und politischem System in Deutschland**
1–3	Interviewerin: Frage nach der Vermittlung von Demokratie im Politikunterricht, nicht im Mathematikunterricht
4–7	UT erstes Thema war die Wahl und auch das „politische[] System in Deutschland" – „n relativ trockenes Ding" hat er „geschafft"
7–10	UT deutet auf die Plakate der „‚leistungsstarke[n] Gruppe", die sich mit „Wahlen Bundespräsidenten Bundestag Bundesrat und [...] Föderalismus auseinandergesetzt" hat
10–13	UT anschließend nächstes Thema Wahlen er hat Parteienprofile der Bundeszentrale für politische Bildung nachbearbeitet = „viel Arbeit"
13–17	UT hätte sich dabei Zusammenarbeit gewünscht, man kann aber nur wenig „kooperativ arbeiten" – Referendar noch neu, Kollegin nur Vertretungslehrerin = Team wechselt häufig
17–18	UT er hat es geschafft „authentisches Material herzustellen"
18–21	UT er hat „Wahlprogramme" mitgebracht, damit Schüler sehen, „wie dick die Dinger sind" und „das Politik nicht nur aus Wahlplakaten besteht"
21–23	UT sie haben sich dann mit den Wahlprogrammen im Unterricht beschäftigt und das war für die Schüler eine „unglaubliche Politisierung", auch wenn diese nicht nachhaltig war
23–26	UT Schüler waren „begeistert", das Thema hat zeitlich „gepasst", es war auch in den Medien sehr präsent, war für Schüler „gut eingebettet"
26–29	UT Verständnis herstellen für „grundsätzliche Sachen", wenn es notwendig ist; Verstehen Entscheidungen brauchen viel Zeit
29–32	UT „Ziel" Standpunkte und Unterschiede in den Parteiprofilen herausarbeiten, geschah oftmals auf einer ‚polemischen Ebene' („gut die einen wollen die Steuern hoch setzen die anderen runter"), war ein „Spannungsverhältnis"
32–51	**Datenschutz als Unterrichtsthema**
32–35	UT ein Thema bei vielen Parteien war der Datenschutz – da kam die Frage auf, „was ist Datenschutz?", Datensicherung ≠ Datenschutz, Thema NSA Affäre
36	Interviewerin: „das ist ne gute Vorlage"
37–39	UT er bringt die Position der Bundesregierung dazu ein, es entstand eine ‚interessante' Diskussion um das Thema
39–43	UT Parteienpositionen unterscheiden sich zu dem Thema nur „marginal", nicht leicht dies für die Schülern „greifbar" zu vermitteln; es gibt unterschiedliche Positionen dazu, aber es ist nicht einfach eine „klare Position" zum Thema Datenschutz „zu finden"
43–46	UT er verweist auf das Grundgesetz – Hinweis auf Datenschutz & Briefgeheimnis sowie Einschränkung durch innere Sicherheit >> „Riesendilemma"
46–48	UT ‚ausdiskutieren' des „Spannungsverhältnis[ses]" mit den Schülern = „Zeichen" dafür, dass es keine klare Antwort gibt, sondern „Grauschattierungen"
48–51	UT Arbeit war „teilweise mühselig"; Schüler sollten ein „Essay" schreiben; dafür haben sie gemeinsam eine pro/contra Liste erstellt; sollten „zu nem begründeten Urteil kommen"

1–3 Exmanente Frage der Interviewerin
4–51 Schilderung von Politikunterricht zum Thema politisches System, Wahlen und Parteienpositionen im Modus der Beschreibung; 14–18 Hintergrundkonstruktion im Modus der Bewertung zum Wunsch nach mehr Zusammenarbeit mit Kollegen

In der Aussage der Interviewerin wird ein Abschluss des zuvor besprochenen Themas deutlich. Zugleich verweist sie auf ein bereits angesprochenes Thema, den Unterricht von Jan Becker. Sie stellt anschließend eine exmanente Frage, die ein neues Thema eröffnet. Sie fragt danach, wie Jan Becker Demokratie in seinem Unterricht vermittelt. Dabei stellt sie einen expliziten Bezug zum Politikunterricht her und schließt einen Bezug zum Mathematikunterricht aus. Darin wird implizit deutlich, dass aus der Perspektive der Interviewerin Demokratie durchaus auch im Mathematikunterricht vermittelt werden kann, dies jedoch an dieser Stelle nicht im Fokus steht. Die Frage nach der Vermittlung von Demokratie impliziert eine Rahmung von Demokratie als Lern-/Unterrichtsgegenstand.

Jan Becker schließt an die Rahmung von Demokratie als Lern-/Unterrichtsgegenstand an und assoziiert damit die Vermittlung des Themas „Wahl" (Z. 4) im Unterricht, das er im weiteren Themenzusammenhang des ‚politischen Systems in Deutschland' (Z. 5 f.) verortet. Er verbindet hier folglich Demokratievermittlung mit der Thematisierung der „Wahl" im Politikunterricht und bezieht sich damit auf den makropolitischen Kontext. Es wird somit ein Zusammenhang von Demokratie und politischem System hergestellt, wobei indirekt Bezug genommen wird auf das politische System der repräsentativen Demokratie in Deutschland.

Demokratievermittlung wird damit implizit als Frage des fachlichen, kognitiven Lernens über Demokratie verstanden.

In einem kurzen Einschub bewertet er die Vermittlung des Themas politisches System als „n relativ trockenes Ding in meinen Augen was ich aber geschafft hab" (Z. 6 f.). Damit wird die Vermittlung des politischen Systems als ein ‚trockenes Thema' gerahmt, das er persönlich nicht spannend findet und aus seiner Perspektive daher auch schwer zu vermitteln ist. Darin deutet sich an, dass eine reine Vermittlung von Fachwissen über Demokratie, hier am Beispiel des politischen Systems seinem negativen Gegenhorizont entspricht und folglich für ihn nicht den Kern von Demokratielehre bildet. Zudem impliziert dies, dass er leichter Themen vermitteln kann, die ihn selbst auch ansprechen.

Dennoch hat er es aber „geschafft", auch dieses Thema zu bearbeiten. Darin kommt ein stückweit Stolz auf die eigene Leistung, im Unterricht auch ‚trockene Themen' zu bearbeiten, zum Ausdruck. Er verweist dann auf die Arbeitsergebnisse dieser Unterrichtseinheit, in dem er performativ in der Interviewsituation auf die Plakate der Schüler[160] verweist, die noch an der Wand im Klassenraum hängen, und zugleich beschreibt, dass die Schüler sich im Rahmen der Plakaterstellung mit den Themen „Wahlen Bundespräsidenten Bundestag Bundesrat und [...] Föderalismus auseinandergesetzt“ (Z. 9f.) haben. Darin kommt zum Ausdruck, dass das Thema politisches System durch die Schüler selbst bearbeitet wurde und diese sich Wissen durch die eigene Auseinandersetzung mit einzelnen Aspekten selbst angeeignet und mit anderen Schülern in Form einer Plakatdarstellung geteilt haben. Jan Becker bewertet diese Schüler als „sehr leistungsstarke Gruppe“ (Z. 8), womit er die Leistung der Schüler im Vergleich zu anderen Schülern (Klassen?) hervorhebt. Die Eigenleistung der Schüler wird damit sehr positiv gewertet.

Er schildert, dass sie danach zum Thema „Wahlen“ im Unterricht gekommen sind. Daraufhin folgt ein weiterer Einschub zu seiner Unterrichtsvorbereitung. Daraufhin berichtet er, dass er basierend auf der Darstellung der Bundeszentrale für politische Bildung die „Parteiprofile [...] zusammengeschrieben“ (Z. 11–12) hat. Darin wird deutlich, dass er selbst Texte zu den Parteiprofilen in einer kürzeren Form verfasst hat, die ihm dann später als Unterrichtsmaterial dienen sollen. Diese vorbereitende Arbeit bewertet er als „viel Arbeit“ (Z. 13). In einem weiteren Einschub zeigt sich, dass er bei dieser Arbeit gern mit Fachkollegen kooperiert hätte, dies jedoch aufgrund der Umstände nicht möglich war. Entsprechend deutet sich eine Orientierung an der Kooperation und Arbeitsteilung mit Fachkollegen in der Unterrichtsvorbereitung an (positiver Gegenhorizont), die in seinem Schulkontext jedoch nicht enaktiert werden kann. Der von ihm erlebte regelmäßige Personalwechsel wird entsprechend als Hindernis für ein kooperatives Arbeiten gerahmt und entspricht seinem negativen Gegenhorizont.

Anschließend wechselt er zurück zu seiner Schilderung über die Erstellung von Unterrichtsmaterial, indem er zusammenfasst, dass er es „geschafft hab authentisches Material auch herzustellen“ (Z. 18). Der Begriff des ‚authentischen Materials‘ verweist darauf, im Unterricht möglichst mit Materialien zu arbeiten, die einen Eindruck der realen Welt vermitteln und sich an originalen Materialien orientieren. Damit wird der Unterricht als Raum gerahmt, der sich mit der realen Welt befasst und auf diese vorbereitet. Er entspricht aber zugleich nicht der realen Welt, sondern stellt einen vorgelagerten Raum dar.

Danach wechselt er in die Schilderung seines Unterrichts und berichtet, dass er die originalen Wahlprogramme der Parteien mit in den Unterricht gebracht. Im Unterschied zum authentischen Material wird mit den Wahlprogrammen jedoch nicht gearbeitet. Eine vertiefte Auseinandersetzung mit den Originalwahlprogrammen wird von ihm abgelehnt, stattdessen orientiert er sich an einer weiteren Auseinandersetzung mit didaktisch aufbereitetem authentischen Material

160 An dieser Stelle spreche ich nicht von Schülerinnern und Schülern, da der Interviewpartner selbst nur von Schülern spricht.

im Unterricht. Die Darstellung der Originalwahlprogramme diente vielmehr dazu, den Schüler/innen einen Eindruck davon zu vermitteln „wie dick die Dinger sind" (Z. 20) und „dass Politik nicht nur aus Wahlplakaten besteht" (Z. 21). Das heißt, sie dienen als Anschauungsmaterial dafür, dass Politik tiefgreifender ist als die verkürzte Form in der Darstellung der Wahlplakate. Er knüpft damit zugleich an die Lebenswelt der Schüler an, die auf der Straße vorwiegend Wahlplakate sehen und diese mit Politik verbinden. Hier deutet sich zudem ein eng gefasstes Verständnis von Politik, das sich auf Parteien und das politische System bezieht, an.

Daran anschließend dokumentiert sich, dass die inhaltliche Beschäftigung mit den Parteien auf Grundlage des von ihm vorbereiteten Unterrichtsmaterials durch die Schüler selbst erfolgt. Damit wiederholt sich seine Orientierung, dernach Wissensaneignung eigenständig durch die Schüler geschieht. Als Ergebnis dessen nimmt er bei den Schülern „ne unglaubliche Politisierung" (Z. 23) wahr. Unklar ist an dieser Stelle, ob diese sich nach der Auseinandersetzung selbst politisch positioniert haben oder aber eher politische Positionen stärker wahrgenommen haben. Auf letztere Lesart weist die weitere Ausführung hin, der zufolge diese Politisierung „nicht jetzt so lange angehalten" (Z. 23) hat, aber gut in die Zeit der Bundestagswahlen passte, da die Wahl in den Medien sehr allgegenwärtig war. Er rahmt damit das Thema Wahlen als ein aktuelles Thema, mit dem die Schüler zu der Zeit auch in ihrer Lebenswelt konfrontiert waren. Er bezieht sich dabei beispielhaft auf Medien aus der Lebenswelt seiner Schüler („Pro 7 Stefan Raab permanent irgendwas mit Wahlwerbespots liefen überall", Z. 25). Damit ist davon auszugehen, dass Politisierung als Sensibilisierung für politische Positionen, mit denen die Schüler konfrontiert sind, und als Fähigkeit diese Parteien zuordnen zu können, verstanden werden kann.

Danach wechselt Jan Becker zu einer grundsätzlichen theoretischen Ausführung seiner Ziele im Politikunterricht, nämlich bestimmte Einsichten bei den Schülern zu wecken, wie beispielsweise, dass „Entscheidungen auch oftmals langwierig sind" (Z. 28 f.). Damit deutet sich auf theoretischer Ebene an, dass für ihn Demokratievermittlung über eine Vermittlung von Fachwissen hinausreicht.

Nach diesem Einschub zu seinen Zielen wechselt er zurück zum konkreten Unterricht und zur Auseinandersetzung mit den Parteiprofilen. Dabei führt er aus, dass hier im Konkreten sein Ziel war, dass die Schüler „Standpunkte der Parteien herausarbeiten [...] und Unterschiede" (Z. 29 f.) zwischen diesen. In der Bewertung der Ausführung kommt eine Differenz zwischen seiner Vorstellung und der von ihm erlebten Praxis zum Ausdruck, der zufolge die Darstellung auf ‚polemischer Ebene' nicht ganz seinen Vorstellungen entspricht. In dem von ihm genannten Beispiel („gut die einen wollen die Steuern hoch setzen die anderen runter", Z. 31 f.) dokumentiert sich eine etwas unsachliche Vereinfachung der Unterschiede in den Standpunkten der Parteien, die eher Jan Beckers negativem

Gegenhorizont entspricht. Er sieht darin aber ein grundsätzliches Verständnis von Unterschieden und somit einen Ansatzpunkt, an dem man weiterarbeiten kann („aber es erstmal ein Spannungsverhältnis“, Z. 32).

Jan Becker führt dann weiter aus, dass sie in der Auseinandersetzung mit den Parteiprofilen das Thema Datenschutz aufgegriffen haben. Sprachlich fällt hier auf, dass er gedanklich in die Situation eintaucht, in dem er die Bearbeitung des Themas Datenschutz mit den Schülern sprachlich nachvollzieht („da war erstmal die Frage was ist Datenschutz? (.) und dass man erst bei Datensicherung war nee das ist Datenschutz jetzt nicht. und dann diese NSA Affäre und“, Z. 33–35). Hier dokumentiert sich in Ansätzen ein Nachvollziehen eines gemeinsamen Unterrichtsgesprächs, in dem er mit den Schülern gemeinsam klärt, was eigentlich mit Datenschutz gemeint ist.

Dann wird Jan Becker durch einen Kommentar der Interviewerin (Z. 36) unterbrochen, auf den er jedoch nicht eingeht. Er spricht stattdessen nahtlos weiter, was deutlich wird, wenn man den Kommentar ausblendet und weiterliest.

Jan Becker führt weiter aus, dass ausgehend von der Klärung des Themas Datenschutz eine „Diskussion […] entstand“ (Z. 38), die er als „sehr interessant“ (Z. 38 f.) bewertet. Damit wird die Diskussion mit den Schülern erst einmal positiv gerahmt. Ausgehend davon hat er versucht, die Unterschiede in den Positionen der Parteien zum Thema Datenschutz den Schülern zu verdeutlichen, so „dass es für die Schüler greifbar“ (Z. 41) wird. Hier wird somit eine Orientierung am Verständnis der Schüler deutlich, indem er versucht, Inhalte für sie konkret und verständlich aufzubereiten und zu vermitteln. Dabei verdeutlicht er auch, dass es sich beim Thema Datenschutz um eine komplexe Problematik handelt, bei der es „schwer [ist] ne klare Position […] zu finden“ (Z. 42).

In seiner Überleitung zum Einbezug des Grundgesetzes in diese Thematik werden dann Differenzen deutlicher. Er spricht hier von einem „Riesendilemma“ (Z. 46) und einem „Spannungsverhältnis“ (Z. 46) zwischen Datenschutz und einer „Einschränkung wenn es um die innere Sicherheit geht“ (Z. 45). Dabei deutet sich an, dass sie dieses Spannungsverhältnis im Unterricht ‚ausdiskutiert‘ (Z. 46) haben, es also zu einer Diskussion mit den Schülern kam. Diese sieht er denn auch als „n Zeichen als dass die Schüler begreifen das es nicht ein Ja oder Nein gibt sondern dass es diese Grauschattierungen gibt“ (Z. 47 f.). Hierin dokumentiert sich Jan Beckers Wahrnehmung der Diskussion mit den Schülern, die sich im Zuge der Auseinandersetzung wegbewegt hat von einer vereinfachenden, polemischen Darstellung durch die Schüler hin zu einem komplexeren Verständnis der Problematik, sich politisch zu positionieren. Er wertet diesen Prozess als „teilweise mühselig“ (Z. 49), das heißt die Schüler hin zu diesem Verständnis zu geleiten, war für ihn durchaus fordernd und anstrengend. Damit wird eine Demokratielehre, die die Auseinandersetzung der Schüler mit politischen Fragen und Problematiken fokussiert und beabsichtigt, dass diese selbst zu Einsichten gelangen, als durchaus herausfordernder Lehrprozess gerahmt.

Ausgehend davon sollten die Schüler ein „kleines Essay schreiben" (Z. 49), wofür sie vorbereitend gemeinsam noch einmal „eine Pro und Contra Liste" (Z. 50) erstellt haben. Ziel war es, dass sie dort „zu nem begründeten Urteil kommen" (Z. 51). Dies verweist auf eine an die Unterrichtseinheit anschließende Leistungskontrolle, in der nicht etwa Fachwissen abgefragt wird, sondern von den Schülern ein begründetes Urteil erwartet wird. Hierin dokumentiert sich die Anforderung an die Schüler, sich selbst zur Problematik zu positionieren und die eigene Position zu begründen.

In dieser von Jan Becker dargestellten Lehrpraxis zeigt sich, dass sich Demokratievermittlung im Laufe des Unterrichts wegbewegt von einer Vermittlung von Fachwissen über Demokratie hin zu einer Orientierung an der Auseinandersetzung der Schüler mit politischen Fragen und Problemen sowie der Schwierigkeit sich hierin zu positionieren. Es werden dabei politische Positionierungen der Parteien nachvollzogen und die Komplexität von Entscheidungsprozessen verdeutlicht. Dabei dokumentiert sich im Vergleich zur Vermittlung von Fachwissen zu Beginn der Unterrichtseinheit, dass er selbst viel involvierter ist und die Diskussion politischer Fragen und Probleme auch persönlich interessanter findet.

Durchgehend dokumentiert sich in seiner Schilderung eine Orientierung an einem eigenständigen Erarbeiten von Fachwissen, politischen Positionen etc. sowie einem eigenen Gelangen zu Erkenntnissen durch die Schüler selbst. Er nimmt dabei als Lehrer eine Rolle als Vorbereiter von Unterrichtsmaterialien und als Unterstützer im Lehr-Lernprozess ein, der durchaus auch Sachverhalte erklärt, aber erwartet, dass die Schüler auch selbst mitdenken und diskutieren.